記主顯意道教上人七百回大遠忌記念

顯意上人全集

第一巻　當麻曼荼羅聞書

浄土宗西山深草派

題字　井ノ口泰淳猊下御染筆

記主顯意道教上人御影（海北友雪筆　総本山誓願寺所蔵　中田昭氏撮影）

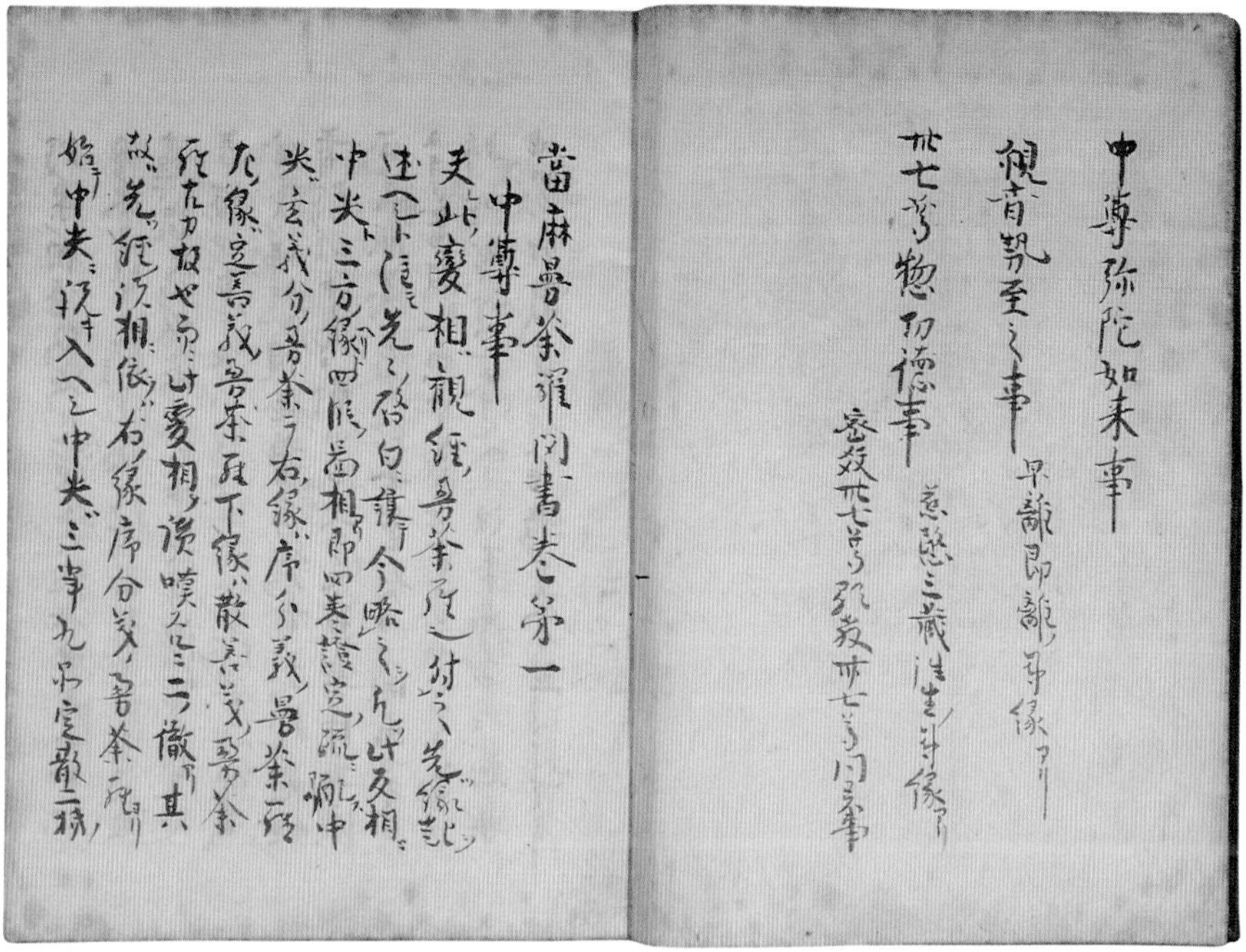

西教寺蔵本　巻第一冒頭

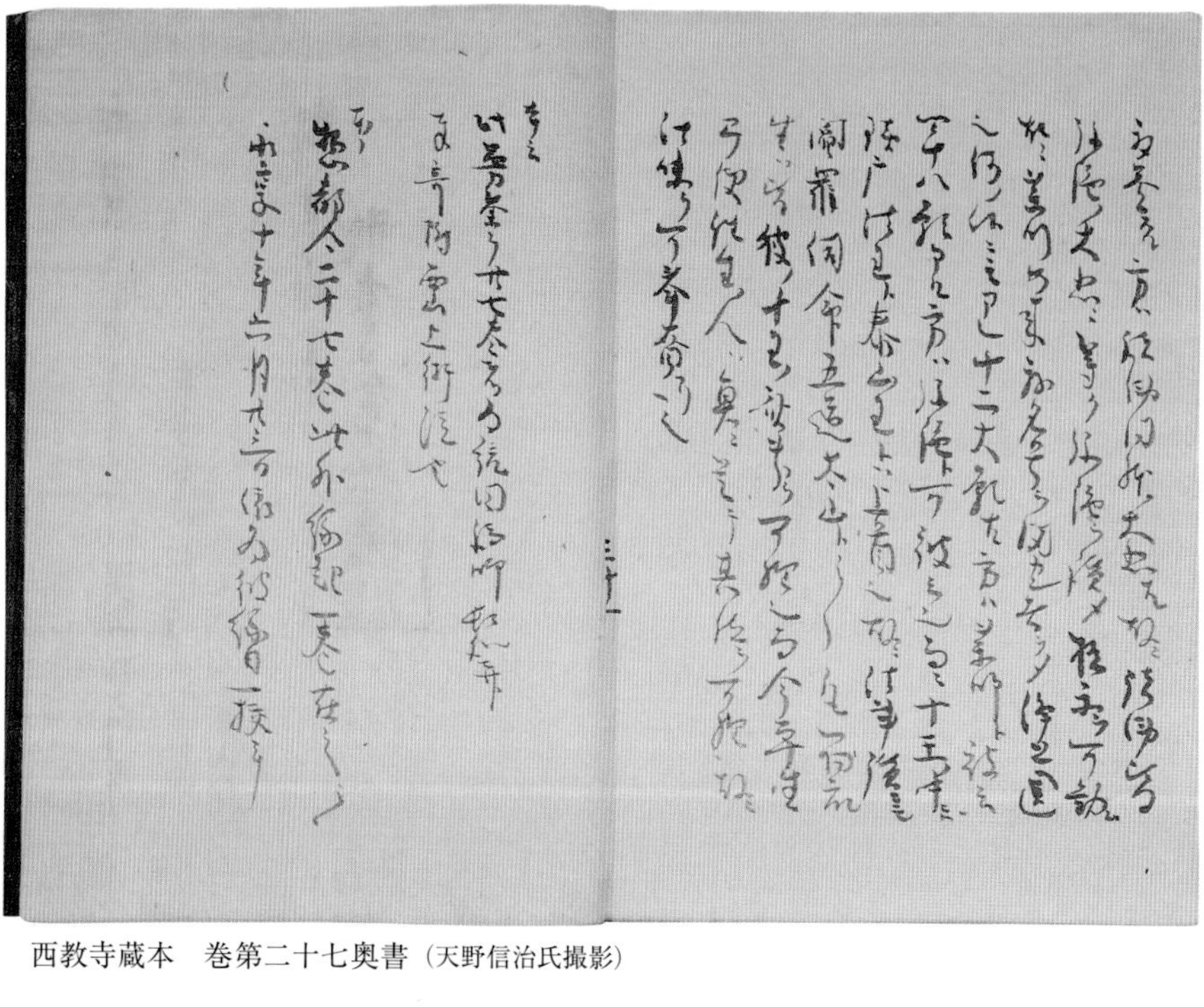

西教寺蔵本　巻第二十七奥書（天野信治氏撮影）

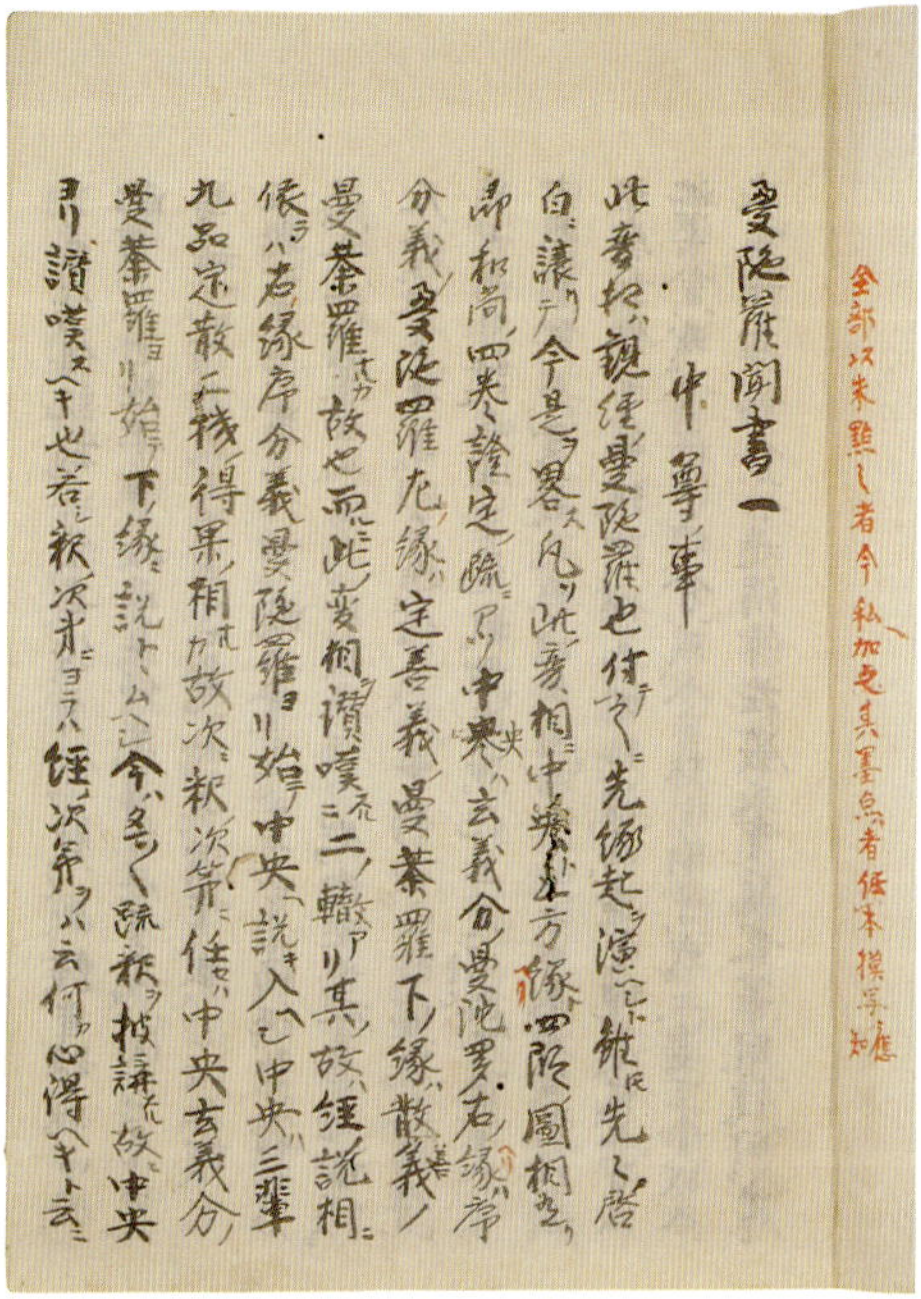

大善寺蔵本　巻第一冒頭

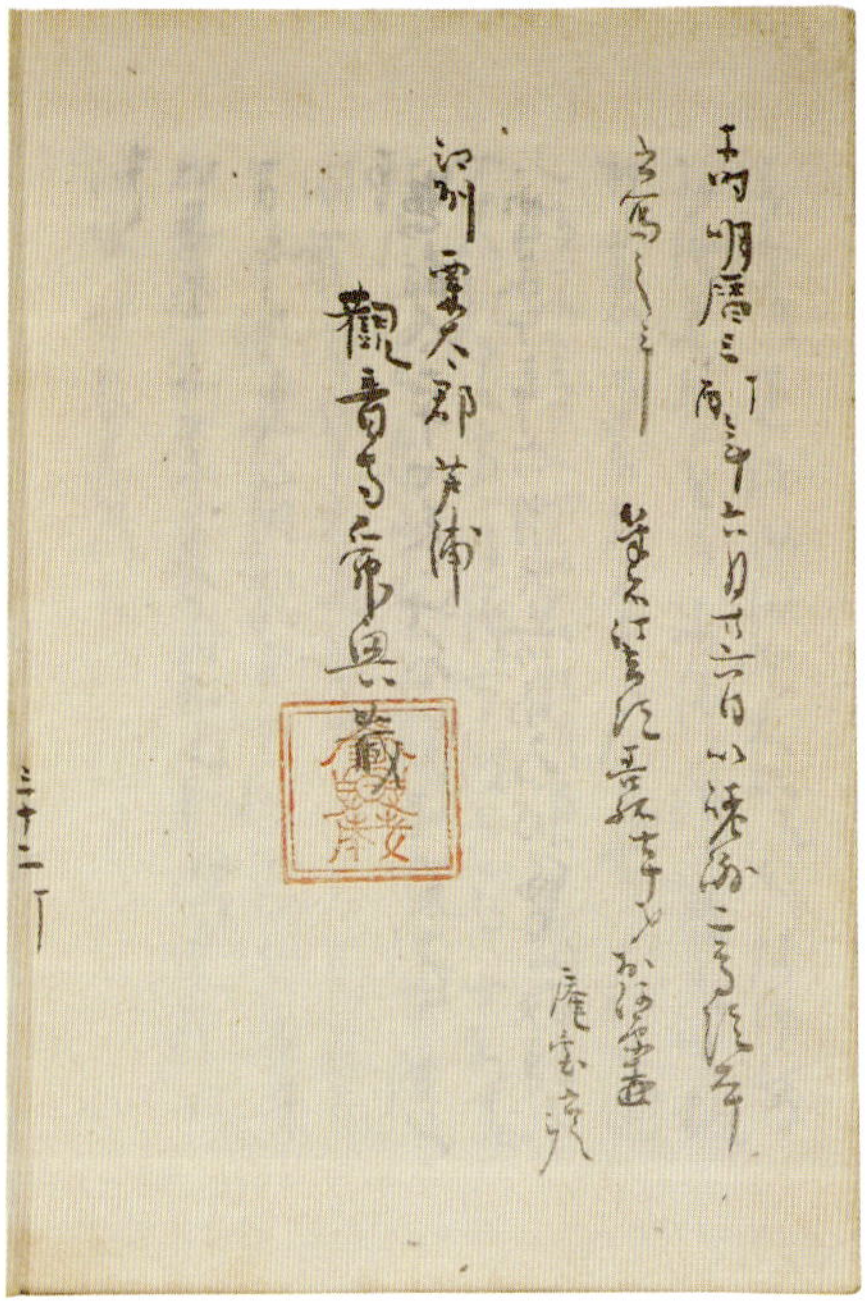

西教寺蔵本　巻第二十七奥書（続き）

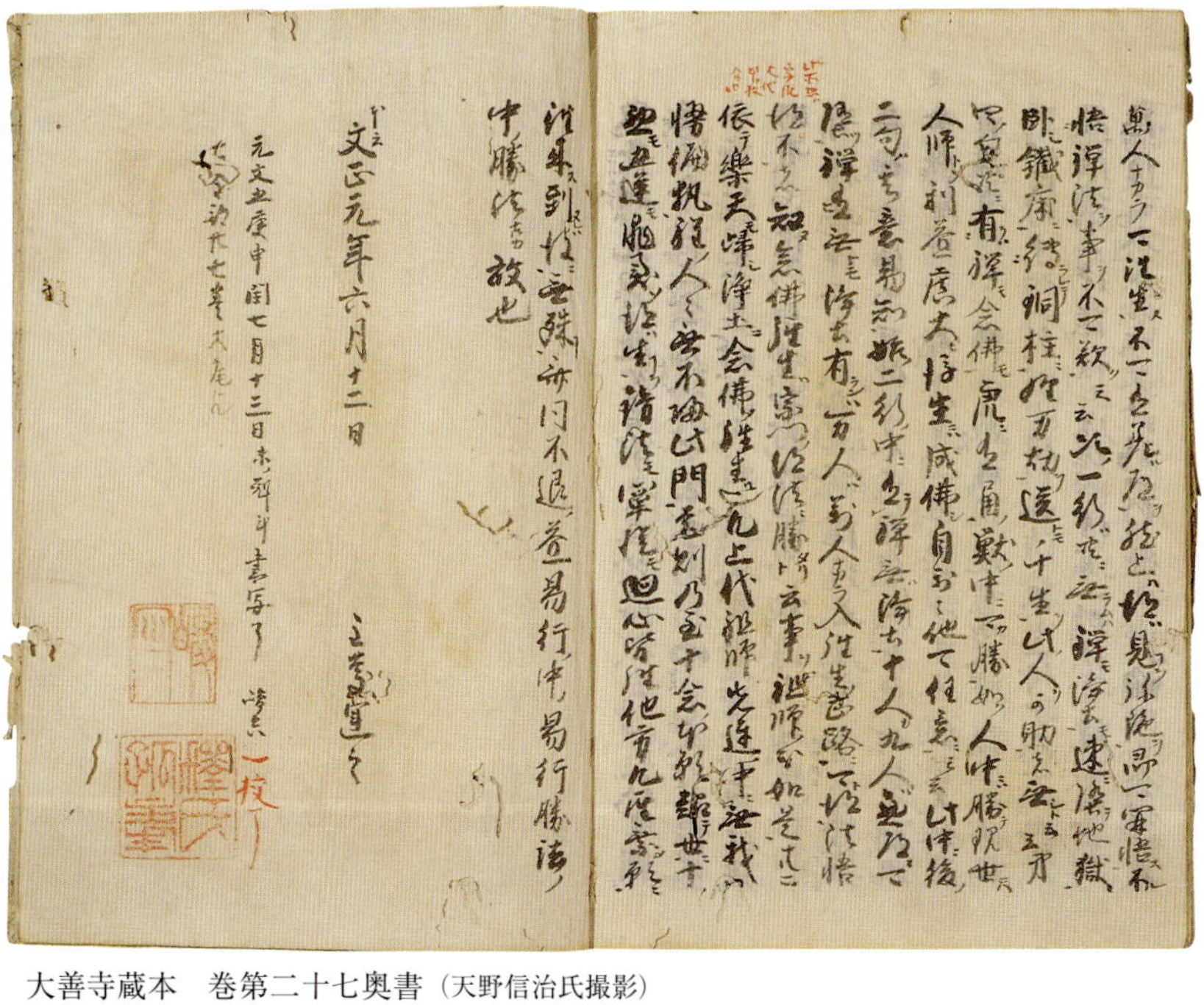

大善寺蔵本　巻第二十七奥書（天野信治氏撮影）

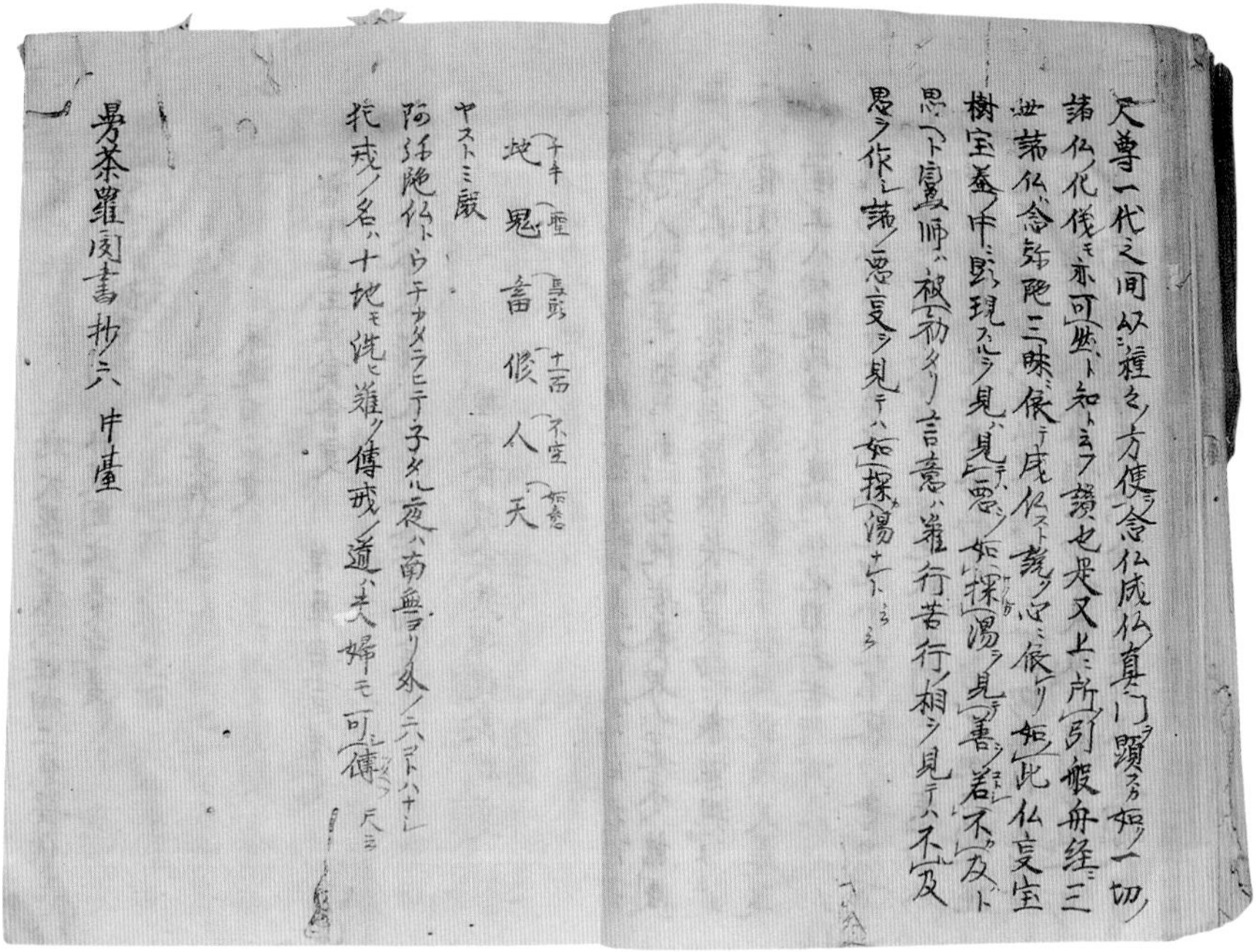

楊谷寺蔵本　Ａ本　巻第六表紙（書きこみは底本に由来するもの）

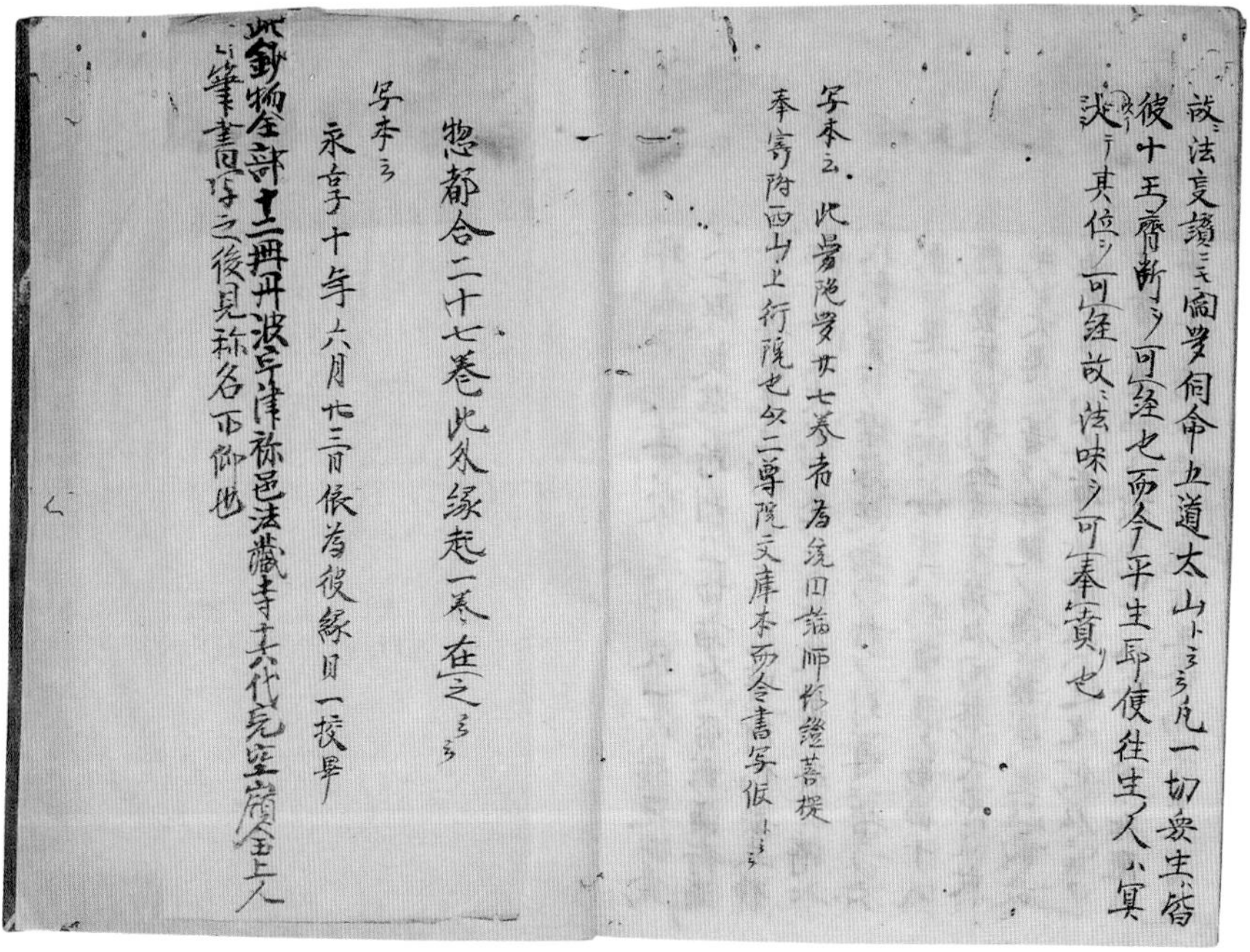

楊谷寺蔵本　Ａ本　巻第二十七　奥書（編者撮影）

刊行之辞

わが浄土宗西山深草派第二祖公空顯意道教上人の第七百回大遠忌を迎えるに際し、上人一代の著述を集成し、その全集を刊行し得ることは、上人の末流に教えを仰ぐ者にとってはこの上もなく喜びとするところであります。

上人は鎌倉時代、人皇八十七代四条天皇の暦仁元年（西紀一二三八年）、薩摩国に生を享けられ、幼くして肥前原山の聖達上人に傅育されました。長じて十八歳にして入洛、深草派々祖圓空立信上人の門に入られ、尓後、弘安七年（一二八四）、師圓空上人の示寂されるまで、その身辺に随従、講説を受けられました。師上人の寂後は嵯峨釈迦堂内の竹林寺に住し、九十四代後二条天皇嘉元二年（一三〇四）五月十九日、六十七歳を以て入寂されました。

顯意上人は幼少の頃より英俊の誉れ高く、長じて研学の功を積み、顕密の奥義を究められました。上人の没後七年、応長元年（一三一一）に著された東大寺凝然の『浄土法門源流章』には早くも「立信公ノ下ニ道教公アリ。浄教ヲ研窮シ、講敷伝通ス。嵯峨ニ居住シ、浄教ヲ弘メ、義路精詳ニシテ甚ダ嘉美ヲヒロム」と讃えられました。

顯意上人の御著述は、『記主竹林顯意道教大和尚伝』（淘空俊粋録、寛政十一年書）には総計十一部五十八冊と伝え、更に中途、釈迦堂が罹災延焼し、上人所蔵の書巻多く烏有となったため、書名のみ伝わり、書物は散逸したと述べています。

その主著『観経疏揩定記』三十六巻は、「古今揩定の疏」と鑽仰される善導大師『観経四帖疏』の本義を明らかにしようとの意図をもって、『観経疏』の註記を著作し、自ら『観経疏揩定記』と名付けられました。そこには「古今揩定の疏」の末疏を分別裁定して真意を揩定しようとする自負を伺うことが出来ると思います。またこの著書は顯意上人の主著と目され、その故を以て上人を「記主」と尊称することが通例となっています。

この度、記主、顯意上人の七百回大遠忌を迎えるに当たり、私どもが上人の著述の写本、刊本を博捜し、出来る限りの包括的な全集の出版を計画し、いま将さに刊行を開始しようとしています。この事業は事前の調査、編集に当たっても、又出版の経費の調達においても甚だしく困難でありました。それにも拘わらず、敢えてその実行に踏み切ったのには、顯意上人全集を刊行しうるのはこの大遠忌の機縁を逸しては二度とその機会は得られないのでは無いかとの大方の思いがあったからであります。

顯意上人の生涯やその教説については、今までにも幾つかの解説がなされています。しかしながら、それらの書物、論文等が十分な資料的な、また文献学的な検討を経ているとは思われません。上人の全生涯を覆う伝記研究や、その教学の全容を明かす教理研究の世に出ることは等しく当西山深草派の総ての僧俗の切望するところであります。そのことが今日まで叶えられることが無かったのは、それらの研究を可能にするための前提条件としての根本資料の全体的な利用が不可能であったからであります。

一例を挙げてみますと、上人の主著とされる『揩定記』は活字印刷本として「大日本仏教全書」第五十八・五十九巻、「西山全書」第六・七巻中に、また、その他『浄土宗要集』等十部は「大正大蔵経」第五十七・八十三巻中に出版されているので、披見に必ずしも不便ということはありません。しかしながら、それらの諸本も依用底本の選定において、また本文の校訂において十全を尽くしたものとは言いえないと思います。それ故、今回出版の全集においては、私どもは最善の努力を尽くし、底本の選定、異本の照合、本文校訂の綿密さにおいて十分に批判に耐えうる『揩定記』の定本を最も参見し易い形で提供することを目指しています。

さらに、此の全集においては、顕意上人の著作について写本、刊本を問わず、現存していることの明らかなものは総て利用し、加えて、著作と伝えられるものも、その他、語録等をも網羅し、正しく文字通り「全集」の名に相応しい内容としたいと念願しています。上人の教学と言えば『揩定記』のみを扱えば十分だと言うことでは無く、写本でのみ伝えられ、現在まで全く視野に入れられることの無かった『當麻曼荼羅聞書』も、その他の二十部を越える著書全体も、上人の教学研究の重要な資料であり、これらの全資料を彼此参照することによって、はじめて上人の教学の全容を明らかにすることができると信じています。その為には信頼しうる資料が不可欠であります。その根本資料を提供しようというのが、この全集の出版を企画した意図であります。

わが『顯意上人全集』全巻の出版完了の暁には、この全集を利用しての上人の研究が、西山深草派内外において澎湃として起こり、その研究の精密さが格段に深まることを、衷心切望し、その事によって、上人の遺徳、益々の光輝を増大せんことを冀がうものであります。

終わりに、本全集刊行に際し、終始渾身の努力を傾注された本派宗学院関係の諸師、十分の理解と熱意を以て出版計画に協力、その完遂を図られた本派宗務当局に対し、深甚の敬意と感謝の念を奉げます。

平成十五年五月十九日

浄土宗西山深草派管長
総本山誓願寺法主

井ノ口　泰淳　謹誌

刊行の辞

浄土宗西山深草派第二祖顕意道教上人七百回大遠忌を迎えるに当り、宗門一同心を合わせ、記主と尊崇し、西山の義虎と讃仰申し上げております顕意上人の著述を集大成し、ここに全集を上梓して、第一巻を御尊前に奉告出来ますことは、慶びにたえないところであります。

第一巻には『當麻曼荼羅聞書』を収録致しましたが、活字化は無論のこと、版本としても出版されたことのない、写本でのみ流伝している著述であります。本巻の底本は、天台真盛宗総本山坂本西教寺様正教蔵ご所蔵の写本（全二十七巻の内二巻欠）に依りました。この貴重な写本の翻刻と口絵写真掲載を許可下さいました西教寺様には、衷心より御礼申し上げます。また西山浄土宗楊谷寺様には、対校本として御所蔵の写本の借覧と口絵写真掲載を許可下さいましたことを厚く御礼申し上げます。なお、前記両本の欠巻部分は、当派大善寺様ご所蔵写本を以って補完することが出来ました。写本の利用と口絵写真掲載を快諾下さいました大善寺様に深謝申し上げます。その他、資料を提供していただいた所蔵者各位には、心より感謝申し上げます。

本全集は全六巻の構成で、第二巻以降各巻の大要は、第二巻　問答論義篇、第三巻　短編・資料篇、第四巻『措定記』上（玄義分十巻・序分義七巻）、第五巻『措定記』下（定善義八巻・散善義十一巻）、第六巻　索引篇であります。今日まで、すでに文献調査上で派内寺院はじめ、顕意上人にゆかりのある方々には多大の御協力を賜っておりますことを感謝致しますと共に、全集としての内容を充実する為に更なる御支援御協力をお願い申し上げます。

従来、顯意上人は、深草義の大成者と言われながら、その著述および行実の全貌が示されるのは初めてであります。この全集が、浄土教思想史上、また仏教文化史上に貢献できることを期するものであります。又、「浄土宗の一つの流義」としての「西山深草義」を提示するにとどまらず、善導大師と法然上人の浄土教思想を明確に領解する為にも必携の文献であると考えます。

本全集の刊行は、顯意上人の限りなき法益に浴している宗門一同の報恩行であり、この微志を、記主上人には哀愍納受したまわんことを切に念ずるところであります。

最後に、大遠忌委員会出版部として本全集編集の任に当たられた本派宗学院諸師と、種々無理を聞き入れて下さった株式会社法藏館の各位、特に編集長 上別府 茂氏と編集部製作 上岡 隆氏に深甚の謝意を表します。

平成十五年五月十九日　記主顯意道教上人七百回大遠忌聖日

浄土宗西山深草派宗務総長　畔柳　正顕

凡例

Ⅰ　底本と対校本

この翻刻は、『当麻曼陀羅聞書』諸本系統の中で私に甲類に分類し、最も原態に近い本文を持つと考えられる西教寺（天台真盛宗総本山）正教蔵文庫蔵本を底本として、これを活字で提供するものである。同文庫本に欠ける巻第十・巻第二十五については、乙類の大善寺（浄土宗西山深草派）蔵本を底本とする。対校本として、甲類は楊谷寺（西山浄土宗）蔵A本、乙類は時光寺（浄土宗西山禅林寺派）蔵本を使用した。諸本の詳細については解題を参照されたい。

Ⅱ　底本に対する処置

1　原則として通行の字体を使用したが、底本の字体をそのまま残した部分もある。

2　読解の便宜のため、私に句読点を施した。改丁は　」で示し、その丁数を（　）に入れて示した。

3　底本の本文中にある「ミセケチ」等の訂正は、これに従い訂した。

4　底本に付せられた訓点は、その有無・位置・大きさを底本に準じて再現した。よって、頻繁に出現する「二」点や「レ」点の欠除、送り仮名の不統一、特異な振り仮名や送り仮名など、古写本の通例としてしばしば見られる現象については、それらを尊重し、私意による訓点の補入や送り仮名の統一は行なわず、「（ママ）」等の注記もしない。但し、文意からみて明らかに誤ってつけられており、誤読を招く可能性が高いと判断した訓点に対しては、文意に即して訂正・補入の措置を取った。

5 難読と思われる語句について私の意により施した振り仮名は平仮名で表記し、底本にある片仮名の振り仮名と区別した。又、楊谷寺蔵本による振り仮名は片仮名で〈 〉に入れて示した。大善寺蔵本・時光寺蔵本による振り仮名は同じく片仮名で〔 〕に入れて示した。

6 メ（シテ）・ヿ（コト）・𪜈（トモ）等の略字は、これをそのまま翻字した。

7 尺（釈）、广（摩・魔）、ウ（密・蜜・宝）、ム（弗・厳）、阝（部）、厂（暦）、下（玉）、上（奉）、言（識）、㐬（疏）、犭（獄）、寸（樹）等の略字並びに特殊用例は、原則としてこれを通行の字体になおした。

8 𦬇（菩薩）、𦬆（菩提）、忄忄（懺悔）、女女（娑婆）、木木（栴檀）、九九（究竟）、汀（灌頂）、メメ（声聞）、舟若（般若）等の略字も、原則としてこれを通行の字体になおした。

9 その他、編者による注記等は（ ）に入れて示した。

Ⅲ 底本と楊谷寺本との異同に関する処置

1 底本と楊谷寺蔵本は共に同じ二尊院蔵本を書写したものであることを考慮して、明らかに底本の誤脱と判断される箇所は楊谷寺蔵本により訂正した。

2 底本と楊谷寺蔵本の語句が相違し、正誤の判断を留保した場合は、底本の翻字の右側に漢字で〈 〉に入れて楊谷寺蔵本の語句を示した。

3 底本の訓点で明らかに誤りと認められるものについては楊谷寺蔵本により訂した。

4 楊谷寺蔵本による左訓は〈 〉に入れて示した。

Ⅳ 底本と大善寺・時光寺蔵本との異同に関する処置

1　底本の誤字と思われる箇所もそのまま翻字し、その右側に大善寺蔵本・時光寺蔵本により、正しいと思われる語句を漢字で〔　〕に入れて補った。なお、底本と他本が共通して誤脱をおこしていると思われる場合は、私解を（　）に入れて示した。

2　底本の脱字脱文と思われる箇所については、大善寺蔵本や時光寺蔵本により補い、これを〔　〕に入れて本文中に挿入した。

3　底本（甲類）と大善寺蔵本等（乙類）の間の記事の出入りについては解題を参照されたい。また語句の異同等に関する詳細な対比は、将来乙類本の刊行を待って行ないたい。

V　その他

本文中に頻出する以下の語句の訓は、文脈により差異はあるものの、おおよそ次のように訓じている。これらについてはその一々に振り仮名をつけることはしないので以下の読みを参照されたい。

于時（ときに）、于今（いまに）、已来（このかた）、依之・依是（これにより）、如此・如是（かくのごとく）、雖然（しかりといへども）、御座・御（まします）、然者・尓者（しかれば）、云何・如何（いかむ）、加之（しかのみならず）、当将（まさに～すべし）、然而（しかして）、然間（しかるあひだ）、自元（もとより）、付之（これにつきて）、意（こころ）、若（もし）、其（その）、夫（それ）、即・則（すなはち）、凡（およそ）、是（これ・この・ここ）、以（もて）、爰・茲（ここ・これ）、抑（そもそも）、而（しかるに）、仍（すなはち・よる）、弥（いよいよ）、説・縦（たとひ）、乎（や）、者（は）、自（みづから）、実（まことに・げに）、旁（かたがた）

VI　付録について

1 『当麻曼荼羅聞書』に関連する資料として重要かつ稀少な写本の影印二種を今後の研究に資するため付録として掲載することとした。

2 崇運寺（愛知県幡豆郡佐久島・浄土宗西山深草派）蔵『曼陀羅聞書』写本一冊は、享禄元年（一五二八）の書写にかかるもので、零本一冊ながらこれまで確認されている『当麻曼荼羅聞書』の中では最古写本である。残念ながら現在原本の所在は不明で、影印にあたっては平成十年十月に編者が撮影したフィルムを使用した。書誌事項については解題を参照されたい。

3 西福寺（愛知県幡豆郡吉良町・浄土宗西山深草派）蔵『輪円草』写本一冊は縦二八・〇糎、横一八・五糎、袋綴じ墨付五十八丁で室町後期の書写と思われ、全三冊中三冊目のみの零本である。最後の段落に「輪円草第五十座、至徳三年丙寅六十二、引接結縁事」とある事とその内容から、至徳三年（一三八六）に行なわれた当麻曼荼羅讃嘆の記録であることがわかる。第四十三座本文割り注に「私云善人尚生況悪人乎」の文言が見られ、いわゆる「悪人正機」思想研究の上でも注目される資料である。讃嘆の様式は『当麻曼荼羅聞書』と類似し、随所に説話を利用して法門の開示に努めている。引用説話は『当麻曼荼羅聞書』と共通するものも多く思想的にも深い関係性が看取されることから、既に『深草教学』第十四号に影印紹介されてはいるが、改めて本書に収録することとした。本書及び深草派の「悪人正機」思想について詳しくは『深草教学』第一〇号（一九九〇年四月）所載の諸論考を参照されたい。

以上

目次

顯意上人全集

第一巻　當麻曼荼羅聞書

（表紙）

観音寺

浄土九番箱

舜興蔵（印）

（見返）

曼荼羅聞書中台一 中台

（1オ）

中尊弥陀如来事

観音勢至之事　早離即離ノ因縁アリ

三十七尊惣功徳事　慈愍三蔵往生ノ因縁アリ

密教三十七尊顕教三十七尊同異事

（1ウ）

当麻曼荼羅聞書巻第一

中尊事

夫レ此ノ変相ハ観経ノ曼荼羅也。付レ之先ッ縁起ヲ述ヘシト雖モ、先々ノ啓白ニ譲テ今略レ之ヲ。凡ソ此変相ニ中央ト三方ノ縁(ヘリ)ト、四段ノ図相アリ。即四巻証定ノ疏ニ配(アツ)ス。中央ハ玄義分ノ曼荼羅、右ノ縁ハ序分義ノ曼荼羅、左ノ縁ハ定善義ノ曼荼羅、下縁ハ散善義ノ曼荼羅ナルカ故也。而ニ此変相ヲ讃嘆スル ニ二ノ徹(轍カ)アリ。其故ハ先ッ経ノ説相ニ依ラハ、右ノ縁序分義ノ曼荼羅ヨリ始テ、中央ニ説キ入ヘシ。中央ハ三輩九品定散二機ノ」(2オ)得果ノ相ナルカ故ニ。次ニ釈ノ次第ニ任セハ中央玄義分ノ曼荼羅ヨリ始テ、下ノ縁ニ説キ留ムヘシ。其中ニ今ハ適マ疏釈ヲ披講スル間、中央ヨリ讃嘆スヘキ也。若釈ノ次第ニ依ラハ、経ノ次第ヲハ云何ンカ可心得ト云ニ、玄義ハ仏説観無量寿経ノ首題ヲ体トス。故ニ経ノ首題ヲ以、中央ニ配当スヘキ也。極楽浄土ノ依正真仮、悉ク首題ノ無量寿ヨリ開出セスト云ヿ無カ故也。而ハ中台ノ三尊三十七尊等ヨリ始テ此ヲ讃嘆シ奉ルヘシ。法事讃ノ中ニ極楽世界ノ荘厳多ト雖モ、略メ五会立テ、被レ嘆タリ。」(2ウ) 竊(ひそかにおもむみ)以レハ弥陀ノ妙果ヲ号メ曰フ二無上涅槃一ト。国土ハ則広大ニメ荘厳遍満ス。自然衆宝、観音大士ハ左ニ侍シ二霊儀一ニ、勢至慈尊ハ則右辺ニ供養ス。三華独リ迥(はるか)ニノ宝縵臨レ躯(ミ)ニ、珠ハ内ニ輝レシ光、天声ハ外ニ繞(めぐ)ル。声聞菩薩、数ス超タリ二塵沙一ニ。化鳥天ニアテ同ク無レ不云ヿ二遍セ会一ニ。他方ノ聖衆、起メ若二雲ノ奔(ハシルカ)一、凡惑(ワク)同ク生ルヿ過二踰(ユ)セリ盛ナル雨一ニ。十方来ノ者皆到テ二仏辺一ニ、鼓楽弦歌シ香花繞讃ス。供養周ク訖(おはり)テ、随レ処ニ遍歴親承ス。或ハ入リ二百宝池渠会一ニ、或入リ二宝楼宮殿会一ニ、或入リ二宝林宝樹会一ニ、或上ホリ二虚空会一ニ、或ハ入二大衆無生法食会一ニ。如レ是清浄荘厳大会ノ聖衆等、同ク」(3オ) 行シ、同坐シ、同去リ、同来ハ、一切ノ時ノ中ニ無レ不云ヿ二証悟一セ。西方極楽ノ種々ノ荘厳嘆(ホム)トモ莫ケン二能尽一スヿ云云。此大師ノ讃嘆ノ文、今ノ変相ニ相叶コト尤不思議也。而ニ三尊三十七尊等ハ、此中ノ百宝池渠会ノ分ナリ。其中ニ今日ハ先ッ、中尊ノ御功徳ヲ讃嘆シ奉ルヘシ。此仏ハ即経ノ首題ニ無量寿観ト題スル無量寿也。天竺ニハ阿弥陀ト号ス。此ニハ翻シテ無量寿トモ名ケ、無量光トモ云フ。而ニ大経ノ中ニ、無量光ノ名ヨリハ無量光等ノ十二光ヲ開出スレトモ、未タ無量寿ノ名ヨリ十二寿ヲハ不レ開也。然リト云ヘトモ、光明ニ准（なずら）ヘテ、寿命ニモ十二寿ノ徳アリト可意得也。而ニ」（3ウ）無量寿・無量光ヲ以テ、此仏ノ名トスル事、何ノ故カ有ト云ニ、無量寿ハ是レ所証ノ理、即法身ノ体也。無量光ハ又能証ノ智、即報身ノ徳也。一仏ノ徳トシテ尤モ此二アルヘキ也。故ニ四十八願ノ中ニ、光明無量・寿命無量ノ二願ヲ被レ立タリ。唐土人師元照ハ、此両願ヲ料簡スルニ、福智ノ二厳ニ配テラレタリ。今師ノ意ハ無量寿ト者、涅槃常住ノ法ト釈ス。即法事讃ニ、果得（ハタシエテ）シテ涅槃ヲ常ニ住レス世ニ。寿命延長ニシテ難レシ可レ量ル。千劫・万劫、兆載永劫ニシテ亦無央ナリト云云。是ハ無量寿法身ノ徳ヲ讃スル也。此法ヲ果得スル能証ノ智ハ」（4オ）報身ノ徳也。即同キ讃ニ、一ヒ坐シテ無レク移「亦不動ナリ。徹（てつ）ニ窮ノ後際（ごさい）ヲ、放ツ身光ヲ。霊儀相好真金ノ色ナリ。巍々トシテ独リ坐シテ度ス衆生ヲ云フ。即無量光報身ノ徳ヲ嘆ス。法花ニ、慧光照無量寿命無数劫ト云フ。即此仏ノ光明無量・寿命無量ノ二徳ヲ讃タル也。其ニ取テ所証ノ無量寿法ハ涅槃常住ノ法ニシテ、法界ニ周遍シテ不ル至所無キヲ以、能証ノ智徳ニ無量光・無辺光等ノ名ヲ立タル也。尋テ云ク、今無量寿ト者、法身ノ恵命、所証ノ法也。故ニ宗家ノ釈ニ、無量寿ト者、是レ法光ト者是人ナリ云。即涅槃経ニ、諸仏ノ所レハ仰玉フ」（4ウ）所レル謂法也。以ノ法常ナルヲ故ニ、諸仏モ亦タ常ナリト説ク是也。此法ヲ証スル能証ノ智徳ハ報身ニ主ル。若尓者、無量寿・無量光ハ諸仏同証ノ法ナルヘシ。何ソ事新ク本願ニ起テ弥陀ノ別徳トスルヤ。随テ法花ノ本門ノ仏ヲ慧光照無量寿命無数劫ト嘆タルヲハ、天台ハ三身ノ仏、諸仏ノ通号ト云云。諸仏同証ノ義顕然也。既ニ諸仏同証ノ功徳ナラハ何ソ超世ノ願ト号セン乎。答云ク、無量寿・無量光ヲ以テ別願ト立ル故ヲ能々可心得也。其故ハ若シ他宗ノ意ナラハ、此仏ハ同居土ノ教主、応身ノ仏ナルカ、シカモ其ノ」（5オ）因位ノ本願、報身ノ仏ノ如クニ、光明寿命無量ナラント願スト意得タリ。自宗ノ深義ハ不尓ラ。二乗門云ク、法蔵比丘在二テ世饒王仏ノ所一ニ、行玉シ菩薩道一ヲ時、発二セリ四十八願一ヲ。一々ノ願ニ言ク、若シ我レ得レンニ仏ヲ、十方ノ衆生称二メ我名号一ヲ、願レテ生二ント我国一ニ、下モ至ンニ十念一ニ、若不レンハ生者、不レシト取二正覚一ヲ。今既ニ成仏シ給ヘリ。即是酬因ノ之身ナリト。若我成仏ト者、因円果満ノ実身也。即法花経ニ霊鷲山ヲ指テ、我此土安穏ト云ヲ、天親ノ法花論ニ、報仏如来真実ノ浄土第一義諦ニ之所(これラレタルカ)レ摂セ故ニト一云是也。若此仏、実報身ニ」(5ウ)非スハ、我得仏トハ願スヘカラス。有ル論ニ、応化ハ非二ス真仏一ニト云カ故ニ、非真実ノ仏果ヲ指テ、我得仏ト不カ可願一ス故也。而ハ此願ノ意ハ、若我レ報身ノ実徳ヲ成メ、妙覚果満ノ位ニ登(ノホ)ランニ、十方罪悪ノ衆生、無始ヨリ已来タ、生死ノ浪ニ浮沈テ、出期ナカランニ、彼等ノ衆生、十方ノ諸仏ノ我名号ヲ称讃シ給ハンヲ聞テ、至心ニ信楽メ、我国ニ生レント欲テ、十声一声我カ名ヲ称ンニ、未来際ヲ尽メ光ヲ舒テ摂取シ、聖衆ト共ニ来リ迎テ、往生セシメスハ正覚ヲ不レシ取ト誓ヒケル故ニ、無量寿・無量光ヲ以テ本願トスル也。此罪悪生死ノ凡夫、一聞」(6オ)一称ノ力ニ依テ、忽ニ如来内証ノ国ニ入テ、仏ト等ク大乗ノ法楽ヲ受ル事、三世ノ諸仏モ未レ発一シ玉ハ所、十方ノ薩埵モ不二ル思ヒ寄一悲願也。是(コ)ヲ以テ超世ノ本願ト号スル、尤モ其謂レアル也。而ニ無量寿ハ法体也。無量光ハ智用也。今ノ経ヲ無量寿観経ト題スルハ、即此体用ヲ并テ首題トスル也。雖然、釈ニハ唯タ観経ト題スル事ハ、弥陀遍照ノ智用ヲ得テ、無量寿ノ法ヲ悟リ、観仏三昧ヨリ念仏三昧ニハ入ル間、此光用カ機ノ為大切ナル意ヲ顕ントメ、観ノ一字ニツ、メテ観経ト題スル也。但光明ノ辺ヲ取テ観経ト題スレトモ、意ニハ無量寿ノ義ヲ」(6ウ)含メリ。次ニ印相ニ付テ、密教ニ論義アレトモ、広座ニメ顕露ニ談スヘキ法門ニ非レハ略之一ヲ。今ハ只正坐ヨリ已来タ経二テ十劫一ヲ、心ニ縁二メ法界一ヲ照ス慈光一ヲ。蒙ル光触一ヲ者ハ、塵労滅メ臨終ニ見テ仏一ヲ往ク西方一ニ。相好弥ヨ多メ八万四ナリ。一々ノ光明照二十方一ヲ、不レス為ニ余縁一ノ、光普ク摂ルニ唯覓二ル念仏往生ノ人一ヲ御姿ト拝ムヘキ也。今ノ御願主、深ク此法ニ帰メ此作善ヲ営ミ御ス事、併ラ此光触ヲ蒙リ御ス故也。サレハ大経ニ、遇二斯光一ニ者ハ、善心生ストト焉云云。慈光ノ照触ヲ蒙ラスハ、三心モ不可発一ル、往生ノ益ヲモ」（7オ）不可得一。而ニ我身既ニ念仏ノ行者ニ成ヌト思ハ、我レ既ニ光益ヲ蒙レリト可知。故ニ、唯シ恨クハ衆生ノ疑ト不トレ疑ナリ。浄土ハ対面メ不ニス相忤(サカ)一ハ。莫レ論「弥陀ノ摂ト不摂一トヲ。意ロ在リ二専心ニ廻ルト不トニレ廻一セ。我心仏ニ帰スル歟、不レル帰歟ヲ可ニ尋知一ル。本願ノ光益ノ摂不摂ヲ論スル事莫レ。而ニ廻心念仏ノ身ト乍レ成リ、光摂ヲ疑ヒ往生ヲ慮(ウラオモフ)ハ愚昧ノ至也。本願ニハ乃至十念若不生者不取正覚ト誓ヒ、解釈ニハ、彼ノ仏今現ニ在レ世ニ成仏ヘリ。当レ知、本誓重願不レ虚ラ、衆生称念レハ、必ス得ニ往生一「ヲ云ヘリ。一念モ」（7ウ）不可有ニ疑心一。所ハ詮、果得涅槃常住世、寿命延長難可量、千劫万劫恒沙劫、兆載永劫亦無央ノ無量寿仏、正坐已来経十劫、以縁法界照慈光スル時、蒙光触者塵労滅、臨終見仏往西方ノ益無疑カ故ニ、無量寿・無量光ノ二名ヲ願ニ立ル「、深キ故アリケリト可キ信知一也。如ク是信シ念スル者ハ、今生ニハ滅罪護念ノ益ヲ得、即便証得ノ位ニ至リ、臨終ニハ三尊ノ迎接ニ預テ、無為ノ浄土ニ移ルヘシ。而レハ御願主姉妹、両所契リ深メ同心同時ニ此逆修ヲ被ル始行一」（8オ）是レ又一世ノ契ニ非シ。生々ノ御宿習ナルヘシ。例セハ舎利・目連ハ兄弟ニ非レトモ、同心メ道ヲ求シニ依テ、生々世々ニ同所ニ生メ、骨肉ノ如クナルカ如シ。又逆修ト云ニ付テ二ノ訓アリ。一ニハ逆(サカサマニ)修スト訓ス。二ニハ逆(アラカシメ)修スト訓ス。豫修(ヨ)十王経ト云フ名ハ此意也。豫ト者兼テト云事也。此義、浄土ノ行人尤可修事也。サレハ大経ニハ、不三スメ豫メ修セ二善ヲ、臨テレ窮(ヲハルニ)方ニ悔(クユ)、々レトモ之於テレ後ニ将ニ何ソ及ン乎云云。安楽集ニハ、若刀風一ヒ至ヌレハ百苦湊(アツマル)身ニ。若シ」（8ウ）習ヒ先ヨリ不スレ在(アラ)、懐(クワイ)念何ソ可キレ弁。各ノ宜ク下シ同志三五豫メ結テ二言要一ヲ、臨命終ノ時、遞(タカヒニ)相開暁メ為ニ称シ弥陀名号一ヲ、願メレ生二ムト安楽国一ニ、声々相次テ使レム成中セ十念上ヲ也云云。皆是レ逆修ノ善ヲ勧ル意也。故ニ先立テ能々可修行一スル事也。

観音勢至二菩薩事　早離速離ノ因縁アリ

昨日ハ中尊ヲ讃嘆畢。今日ハ観音勢至ノ二菩薩ヲ称揚讃嘆シ奉ルヘシ。即法事讃云ク、弥陀ノ妙果ヲ号メ曰二フ無上涅槃一ト。国土ハ則広大ニメ荘厳遍満ス。自然ノ衆宝ナリ。観音大士ハ左ニ侍シ霊儀一ニ、勢至慈」(9オ)尊ハ則右辺ニ供養ス。三花独リ迴(はる)カナリト讃ム。是又大経・観経ノ意ニ依テ嘆ル也。其中ニ観経ニハ、二菩薩両観ニ是ヲ説ク。左ノ縁(へり)ニ至テ、其委細ナルヘシ。大経ニハ、有テ二二ノ菩薩一最尊第一ナリ。威神ノ光明、普ク照ス二三千大千世界一ヲ。阿難白レク仏ニ、彼ノ二ノ菩薩、其ノ号云何ン。仏言ハク、一ヲハ名ケ観世音一ト、二ヲハ名ク大勢至一ト。是ノ二ノ菩薩ハ於テ此国土一ニ、修メ菩薩ノ行一ヲ、命終転化メ、生スト二彼仏ノ国一ニ云云。而ハ此二菩薩ハ、諸余ノ菩薩ノ中ニ第一也。弥陀如来左右ノ大士トメ処々ニ相離セスシテ、法界ノ衆生ヲ救ヒ御ス也。凡ソ一切ノ諸仏ニ各左右ノ脇士アリ。謂ル釈迦・舎那ハ」(9ウ)普賢・文殊ヲ脇士トシ、阿閦如来ハ高象・白高象ヲ侍者トシ、医王善逝ハ日光・月光ヲ脇士トス。此則、世間ノ天子左右ノ大臣ヲ以テ世ヲ収ル儀也。今ノ弥陀世尊ハ観音・勢至ノ二菩薩ヲ以テ左右ノ侍者トシ給ヘリ。而ニ此三尊不ス相離一セメ、衆生ヲ利益シ御ニ付テ、内証外用ニ約メアマタノ義分アルヘシ。内証ニ約ル時ハ、弥陀如来ニ大定・智・悲ノ三徳ヲ具足シ給ヘリ。法性寂然ナルヲ大定ノ徳トス。即中尊弥陀如来ニ主トル。此上ニ悲智ノ二徳アリ。其智ノ徳ハ勢至ニ主リ、大悲徳ハ観音ニ主レリ。而ハ弥陀一仏ノ具徳、三尊ト顕タル姿ヲ台」(10オ)上ノ三尊ト図スル也。惣メイヘハ、弥陀一仏ノ大定・智・悲ノ三徳ナルカ故ニ、三尊一体ノ御功徳ト可拝也。極楽ヲハ称メ為シ二無量寿一ト、娑婆ニ示現メハ観世音ナト云フ即此意也。外用ニ約スレハ三尊別人也ト見タリ。即悲花経ノ中ニ云ク、此娑婆世界ヲ昔シ、删提嵐国ト云テ、王ヲ無諍念王ト号ス。転輪聖王ノ位也。王ニ一千ノ太子アリ。大臣ヲ宝蓋梵士ト云フ。大臣ノ子、成等正覚メ、宝蔵仏ト名付キ。于時、宝蓋梵士、即無諍念王ヲ勧テ仏所ニ詣シ、説法ヲ聴聞セシム。無諍念王即一千人ノ太子ヲ相具メ仏所ニ詣ス。宝蓋梵士、又一千四ノ弟子ヲ相具メ、同ク」(10ウ)仏所ニ詣シ、三ケ月ノ供養ヲ展フ。此供養ノ福因縁ヲ以テ、各ノ無上ノ願ヲ発ス。就中、無諍念王及以(およ)

ヒ一千ノ太子ハ、各ノ浄土ノ願ヲ起ス。王ハ四十八願ヲ発メ弥陀ト成ル。第一ノ太子不眴(シユム)ハ観音也。第二ノ太子尼摩(ニマ)ハ勢至也。即未来ニ弥陀ノ補処トメ、可成仏一スト記莂セラレキ。是則、因位ヨリ三尊不ル可ニ相離一ル也。又観音本縁経ノ中ニハ、凡下ノ位ノ発心ヲ説クニ、過去久遠無量阿僧祇劫ニ、此南天竺ニ一ノ小国アリ。摩湿婆吒(シウハ)ト名ク。其国ニ一ノ梵士アリ。長那ト云。居家豊饒ニメ、眷属衆多ナリキ。其ノ梵士ノ妻アリ。摩耶〔那〕斯羅ト云。財宝饒カナリト」(11オ)雖モ、夫婦共ニ子ナキ事ヲ歎テ、天ニ祈リ地ニ祷ル。不レル久之間、其妻有(イウ)身メ月満テ一人ノ男子ヲ生ス。形貌端厳ニメ比(ナラヒ)無リキ。其子三歳ノ時、又一人ノ男子ヲ生ス。容顔微妙ナリ。夫婦共ニ二子ヲ得テ歓喜メ、相師ニ令レ見セルニ、良(やや)久ク無シ物言フ事一。父母問テ云ク、何ナル相カ有乎。相師答曰ク、此二子顔貌端正ナリ。又宿因モ殊勝ニ、当来モ出目(めでた)カルヘシト云ヘトモ、不レ久シテ父母ニ離ル、相アリ。此故ニ不物言一。而レハ兄ヲハ早離ト名ケ、弟ヲハ速離ト可レ名ト云。父母此ヲ聞テ愁歎スル事無極一。雖レ然、厭フ心ナクメ養育スル程ニ、兄七才、弟五才ノ」(11ウ)時キ、母摩耶斯羅女、身ニ重病ヲ受テ既ニ限ニ見ユル間、長那梵士、別ンノ事ヲ悲ム。七才ノ小児、漸ク有レ心故ニ、父ノ悲泣スルヲ見テ、声ヲ挙テ啼泣ス。五才ノ小児ハ無レ心ト雖モ、兄ノ悲泣スルヲ見テ、亦同ク流啼ス。其時、母ハ是ヲ見聞メ悲涙ヲ流ス。即病床ヨリ起テ、泣々左右ノ手ヲ以テ二子ノ頭ヲ摩テ云ク、一切世間ニ生アル者ハ必ス死スヘシ。一人トメモ此苦ヲ勉(まぬが)ルヽ者ハ不可有一。昔シ相師ノ云所、其言ハマコトナリケリ。但シ恨クハ、汝等未タ幼少ナルヲ棄テ、別レナンヿ、昔シ何ナル罪業アテカ、今此苦ニ遇ヘルト。早離、枕ノ辺リニアテ悶絶メ臥ス。」(12オ)良久クアテ、声ヲ挙テ天ヲ呼ハテ云ク、我等今幼稚ニメ無知所一ロ。非スハ生母一ニ者、誰カ明操ノ道ヲ教フヘキヤト。又速離幼稚ノ心也ト云ヘトモ、二ノ手ヲ母ノ頭(かう)ヘニ懸テ、高声ニ啼哭(コク)ス。其時、母摩耶斯羅女、二子ニ告テ云ク、汝等歎ク事ナカレ。生者必滅ハ世間法尓ノ道理也。我今、菩提心ヲ発メ仏ノ浄土ニ生ルヘシ。汝等モ同ク菩提心ヲ起メ、我生所ニ可来一ル。又我ハ死スト云トモ、父ハ可存。父ト共ニ住スヘシナント、サマ〳〵ニナクサメキ。又長那梵士ヲ呼テ云、我ト汝トハ車ノ二ノ輪ノ如シ。鳥ノ二ノ翼サノ如クメ二子ヲ養育シキ。我ハ今死トモ、汝ハ尚存スヘシ。他縁ニ依テ心」(12ウ)不改変一セメ、我カ在生ノ時ノ如ニ、二子ヲ愛養スヘシト懃ニ遺言ス。梵士、此言ヲ聞テ悶絶メ地ニ躄（タフル）。良久クアテ蘇生メ云ク、車ニ一ノ輪ナケレハ、寸歩ヲモ不進。鳥ニ一翼ナケレハ尺ノ天ヲモ不飛。汝チ死門ニ入ナハ、我残テ誰人トカ、二子ヲ育ムヘキ。夫婦共ニ別離シナントス。恩愛至テ悲シ。我レ世ニアラン事ヲ不レ願。汝ト共ニ死スヘシト云。婦ノ云ク、二子ハ汝ト我ト共ニ生スル所ナリ。願ハ別離ノ悲ヲ止テ、二子ヲ将養スヘシト云畢テ、息キ絶ヘ眼閉ヌ。爰ニ三人共ニ泣悲テ死屍（カイ）ヲ収メ、塔婆ヲ起テ、孝養ノ誠ヲ至ス。サテ過ルホトニ梵士思ハク、我一人メ此子共ヲ育」(13オ)メトモ、サスカニ男子ノ身ナレハ尚不ル細ナラ事多シ。廉（レン）直ナラン女ヲ覓メテ婦トメ、稚子ヲ生育セント。于時、梵士アリ。毘羅ト名ク。一人ノ女（ムスメ）アリ。此ヲ接テ婦（メ）トメ、二子ヲ将養スル程ニ、有時、世間大キニ飢饉メ、其家次第ニ衰微シ財宝モ尽キ眷属モ失ヌ。只夫婦兄弟四人残レリ。生活スルニ便無ク成ニケル時、梵士、婦ニ語テ云ク、我聞、自此（これより）北方ニ七日ヲ過テ山アリ。檀那羅山ト名ク。其山ニ菓ミ多シ。鎮頭菓ト名ク。我レ彼ノ山ニ行テ菓ヲ拾テ来テ、汝チ及ヒ二子ヲ養フヘシ。還リ来ラン程ハ、相構テ二子ヲ養育セヨト云テ、即二子ヲ以テ継母ニ預テ〔去ヌ。〕」(13ウ)婦其詞ヲ受テ二子ヲ養育スル事、生母ノ如シ。長那、彼山ニ入テ後、二七日ヲ経レトモ不帰。婦竊ニ思様ハ、帰ルヘキ程モ已ニ過ヌ。定テ狐狼野干ノ為ニ被レ害タルナルヘシ。我又二子ヲ可育ム術モ尽ヌ。縦亦菓ヲ拾テ還リ来ルトモ、二子ヲ愛念メ我ニ於テ志シ分ナカルヘシ。速カニ二子ヲ失ハント思惟シ畢テ、一人ノ船師ヲ語ラヒテ出ム時ヲ約束ス。即二子ニ語テ云ク、汝カ父ハ未レ還。我汝ヲ育ムニ術尽ヌ。自レ是南方ニ近キホトニ面白キ島アリ。峯ニ甘菓アリ。浜ニ美草アリ。我ト汝ト共ニ彼ノ島ニ行テ遊フヘシ。二子此ヲ聞テ悦フ。即船師ノ所ニ行テ、三人共ニ船ニ乗テ、海岸」(14オ)孤絶ノ島ニ至テ、二子ニ語テ云、先ツ下（ヲ）リテ浜ニ遊ヒ沙ニ戯ヨ。我ハ暫ク船ノ中ニ在テ、汝等カ食物ヲ料理メ後ニ可下（ヲル）ト云。依之、兄弟二人下リテ、東西ニ遊戯ノ他事ヲ忘レタリ。于時、継母即偸カニ古郷ヘ帰リヌ。二子還テ本ノ浜ニ至テ見ルニ、母モナシ。船モ不レ見。海辺ニ走リ疲レテ、声ヲ挙テ父母ヲ呼フニ、更ニ答ル者ナシ。二子数日ヲ経テ昼夜ニ悲ミ哭ホトニ、二人共ニ既ニ死門ニ至ラントスル時、早離、弟ニ告テ云ク、我等此島ニアテ命ヲ絶ム事ハ是レ継母ニ遇ル故也。而ニ悲ノ母ハ別離ノ雲ニ隠テ後チ、再ヒ不見エ。慈父ハ檀那羅山ニ行テ不帰、継母ハ」（14ウ）我等ヲ絶島ニ捨テ又帰リ去ヌ。此人跡絶テ還ル事ヲ不可得一。扶クル人亦不可有。我等只今死セントス。但悲母ノ遺言ニ任テ、共ニ無上道心ヲ発シ、菩薩ノ大悲願行ヲ成就シ、先他人ヲ度シテ後ニ成仏スヘシト云テ、其山ノ高キ巌(イハ)ノ上ニ登テ、十方ノ諸仏ヲ礼シ、種々ノ誓願ヲ発ス。若我カ如ク父母無ラン者ノ、為ニハ父母ノ形ヲ現シ、若師長無ラン者ノ、為ニハ師僧ノ身ヲ現シ、貧賤ノ者ノ為ニハ富貴ノ身ヲ現シ、乃至国王・大臣・長者・居士・宰官・婆羅門・四衆・八部、一切ノ形不ト現セ云事ナカラン。又願ハ、常ニ此島ニ有テ、十方ノ国土ニ於テ能ク安」（15オ）楽ヲ施シ、此島ノ山河大地ノ草木、五穀・甘菓等ヲ受用セン者ヲメ、早ク生死ヲ令ム出一サ。又願ハ諸ノ怖畏急難ニ遇ハン者ニハ無畏ヲ施ン。又願ハ母ノ生処ニ生レ、常ニ父母ノ生所ヲ離レサラント。如是一百ノ大悲誓願ヲ発メ、兄弟共ニ臨終正念ニメ仏国ニ生テ、浄仏国土成就衆生（ママ）ス。カ、リケル時、父長那梵士、鎮頭菓ヲ拾テ、本宅ニ還リ来テ見ニ一人ノ婦ハアレトモ、二人ノ子ハ無シ。仍二人ノ存不ヲ問フニ、継母答テ云、汝カ子ハ只今食ヲ求ンカ為ニ外ヘ出ヌト云云。梵士恠ク思テ、隣家年来知意ノ朋友アリケリ。彼ノ所ニ行テ、子ノ在所ヲ」（15ウ）問フニ、彼レ答テ云、汝出テ、後、二七日ヲ過テ後、継母、二子ヲ南海ノ絶島ニ送リ寄テ後、日数既ニ久ク成ヌ。今ハ餓死セン事無レ疑。哀ニ悲シキ事也ト云云。于時、梵士天ニ仰キ地ニ伏メ啼泣メ云ク、我レ昔シ長者ノ身トメ、万事ヲ心ニ任テ、婦去テ後、一旦(ホトナク)衰微メ貧賤ノ身ト成ル。唯是レ亡妻カ福力也ケリ。婦ヲ語フモ子ヲ養ンカ為也。菓ヲ拾テ来モ二子ヲ助カ為ナリ。昔シ何ナル罪アテカ、今此二子ヲ失ヘルト泣キ悲テ、即小船ヲ求メ得テ、是ニ乗テ彼島ニ行テ四方ニ走リ求ルニ、只白骨・衣裳、或ハモクツノ中、或ハ巌ノハサマ、縦横ニ散在セルヲノミ見テ、又啼哭スル」(16オ)事無極一リ。即種々ノ願ヲ発メ云ク、我レ諸ノ衆生ヲ度メ、速ニ仏道ヲ令レム成セ。或ハ大地水火風、乃至草木叢林ト変メ衆生ノ依怙ト成ラン。或ハ人天鬼神・貴賤上下、種々ノ形色、所トシテ不レト現云事ナカラント、如此五百ノ大願ヲ発ス。又願ハ常ニ此娑婆世界ニ住メ、説レテ法ヲ教二化セン衆生一ヲト云畢テ、即命終テ浄土ニ移リヌ。于時当テ閻浮提大ニ動キ、諸天来会シ、禽獣悲ヒ鳴テ不レ安カラ。空中ニ花ヲ散メ白骨ヲ供養ス。其時ノ父、長那梵士ト者、今ノ釈迦如来是也。母、摩那斯羅女ト者、今ノ西方ノ阿弥陀如来是也。早離・速離ト者、観」(16ウ)音勢至是也。朋(ヨキ)友ト者、惣持自在菩薩是也。昔ノ檀那羅山ト者、今ノ霊鷲山是也。昔ノ絶(タヘ)島ト者、今ノ補陀落山是也ト云云。因位ヲ云ハ、如此三尊ノ位差別セリ。若尓者、内証ニ約スレハ三尊一体ナリト云義相違スト云フニ、大乗ノ道理ニ会メ見レハ、全ク非ス相違一ニ。其故ハ、因位ニ未我執ヲ不離レ時ハ各別ナレトモ、果位ニ至ル時ハ、諸仏覚故・会成一仏ノ故ニ、前仏後仏、体皆同ニメ、只一仏ト成ル也。此時ハ大定・智・悲ノ三徳ハ只一仏ノ徳也。観音・勢至全ク弥陀ノ具徳也。然ト云ヘトモ」(17オ)自受法楽ノ位ニハ、衆生ノ為ニ益ナキカ故ニ、因位ノ本願、差別ノ位ニ立帰テ、摩耶〔那〕斯羅女ハ大定ノ徳ヲ主テ阿弥陀如来トイハレ、早離ハ大悲ノ徳ヲ主テ観音ト顕レ、速離ハ大智ノ徳ヲ主テ勢至ト号ス。此時ハ三尊ノ位各別也ト云ヘシ。仍観音ヲハ已得菩提捨不証ト讃メ、勢至ノ光明ヲハ諸仏浄妙ノ光明ニ等シト説ク。三十七尊等ノ形相各別坐シ玉ヘルモ、皆是因位ニ立帰ル差別ノ位也。而ニ仏菩薩一体ノ義ハ尤可レ尓。我等往生メ後、又一体ノ義可有一ヤト云ニ、其義尤可有一ル。」(17ウ)即今日所講スル道俗時衆等ノ二行八句ノ偈、此意ヲ顕ス也。時衆ト者、当今劫末ノ我等衆生也。無上ト者、弥陀無上功徳ノ体ヲホムル詞也。此無上功徳ヲ自力ニテハ難レ行シ難成シヲ、今無上ノ心、金剛ノ志シ発リ、他力ニ帰スル正念帰依ノ一念ノ下ニ、横(ヨコサマ)ニ四流ノ煩悩ヲ断スレハ、難厭生死ヲ頓ニ離レ、願メ弥陀界ニ入ヌレハ、難レ欣仏法忽ニ証スル時キ、弥陀ノ妙果ヲ号メ無上涅槃ト云フ。無量寿常住ノ仏体ト同体ニ成也。故ニ人天雑類等ク無為ナリ。究竟解脱金剛身ナリトモ云ヒ」(18オ)一ヒ到ニヌレハ弥陀ノ安養国一ニ、元もとよリ来このかたタ是レ我法王ノ家ナリトモ讃メ、若シ念仏スル者ノハ是レ人中ノ分陀利花ナリ。観世音菩薩・大勢至菩薩為ナテ二其勝友一ト、当ニ坐ス二道場一ニトモ説キ、捨テ二此穢身一ヲ証ス二彼法性之常楽一ヲトモ釈スル、皆是レ生仏一体ノ謂ヲ顕ス也。凡海会ノ聖衆ヲハ、又二菩薩ノ徳ニ摂取スヘシ。仏ノ功徳多シト云ヘトモ、大定ノ徳ニ主トル。自レ是悲智ノ二徳ヲ分出ス。仍観音座下ノ衆ヲハ、観音大悲ノ徳ニ摂シ、勢至座下ノ衆ヲハ、勢至大智ノ徳ニ帰スヘシ。我等又金剛志ヲ発シテ往生シナハ、仏ノ悲智ノ」(18ウ)徳ニ同メ果位ニ等同ナルヘキ者也。

三十七尊事

今日ハ、三十七尊ノ惣ノ功徳ヲ讃嘆シ奉ルヘシ。其三十七尊ト者、中台ノ三尊ノ階下カニ、観音ノ座下ニ十七尊、勢至ノ座下ニ十七尊、合ソ三十四尊ニ、中台ノ三尊通計スレハ三十七尊也。近来、密教ノ先達、今ノ三十七尊ノ名字及ヒ次位ヲ料簡スル事アリ。然トモ推義ナルカ故ニ合アヒ不レ合、難ニ治定一シ。而ニ今ノ義ノ意ニテ、密教ノ三十七尊、今ノ三十七尊、同異如何ト云フ尋アリ。教門ノ位ハ異也。其故ハ密教ノ三十七尊ハ、聖位経・金剛頂経・瑜祇経等ニ説ケリ。」(19オ)即五仏・四波羅蜜・十六大菩薩・八供・四摂セツナルカ故ニ、仏五体・菩薩三十二体也。今ハ仏一体・菩薩三十六体也。彼ノ中尊ハ大日如来即法身也。今ノ中尊ハ弥陀如来即報身也。彼レハ四方四仏也。今ハ左右ニ観音・勢至ノ二菩薩也。サレハ真言教ノ三十七尊ニハ非スト云云。而ニ実義ノ意ハ同体也。其故ハ凡ソ密教ノ意ハ一切ノ物ノ数ニ約メ、皆法門ノ表示トスル也。サレハ一法ヲ挙テハ一智ノ大日トモ習ヒ、二法ヲ上テハ両部ノ大日トモ習ヒ、三アル物ヲハ、三部ノ諸尊トモ談シ、四アル物ヲハ四種法身・四種曼荼羅トモ云、五アル物ヲハ五智五仏五部ノ諸尊トモ配テ、六アル物ヲハ六大法界トモ」(19ウ)当テ、七アル物ヲハ七仏薬師トモ云ヒ、八アル物ヲハ八葉トモ云ヒ、九アル物ヲハ九尊トモ名ケ、十アル物ヲハ十界トモ号ス。乃至、三十七アル物ヲハ三十七尊ニ配ス。故ニ仮令たとひもし竹木等三十七本アル所ナリトモ、其所即三十七尊ノ道場也ト観メ、三十七尊ノ三摩地法門ヲ修証スヘキ也。サレハ不動明王ニ三十六ノ童子アルヲハ、中尊ヲ具メ不動ノ三十七尊ト云習フ。又釈摩訶衍論ニ、前重ノ八法八門、後重ノ八法八門、合メ三十二門ニ不二摩訶衍ヲ具メ三十三門、法ノ四ヲ（法ヲ一トシ門ニ体相用ノ三アル故ニ惣メ四ナリ）具メ、通計スレハ三十七尊アルヲハ、高野ノ大師、此ハ三十七尊ノ三摩地法門也ト」（20オ）得給ヘリ。既ニ竹木等ノ数ニ約メモ法門ノ義理ヲ標ス。何ッ今ノ仏菩薩三十七尊御ス。即三十七尊ニ非サランヤ。又大日・不動ニ各三十七尊アリト云フ。何ッ極楽無漏ノ宝地ノ中央ノ台上ニ、座ヲ並ヘ給ヘル諸尊、弥陀ノ三十七尊ニ非ランヤ。既ニ三十七尊ノ数同シ。何ッ密教ノ三十七尊ニ非スト云ムヤ。世間出世ノ説法ニ経テ三十七種アル物ヲハ三十七尊ノ功徳法門ニ配当シナカラ、今ノ三十七尊密教ノ三十七尊ニ非スト云フハ、只是偏執ノ至リ也。凡ッ大日・弥陀ハ一体異名也。普賢観経ニ、毘盧舎那遍一切処、其仏住所名常寂」（20ウ）光ト説クハ、大日如来ノ光明遍照ノ徳ヲホメタリ。観経ニ弥陀ノ徳ヲホメテ、光明遍照十方世界ト云フ。即二仏一体ノ義ヲ顕セリ。新訳ニハ毘舎那ト云ヒ、旧訳ニハ毘盧舎那ト云フ。爰以テ少康法師（高麗ノ人師也）、花厳ニ付テ、一乗骨目章ト云フ文ヲ造ル、盧舎那ハ即無量寿也、極楽花蔵一体異名也ト云云。爰知ヌ、盧舎那・毘盧舎那ノ光明遍照ノ義ハ、只是、弥陀遍照ノ徳也ケリ。又彼ノ教意ハ、五仏ヲハ五智ト習ヘリ。五智ト者、大円鏡智・平等性智・妙観察智・成所作智・法界性智也。各具」（21オ）五智無際智、円鏡力故実覚智ノ故ニ、五仏互ニ五智ノ功徳ヲ具足ス。其中ニ今ハ弥陀ニ五仏五智ヲ具足スル事ヲ顕メ、弥陀一仏ヲ織レリ。大経ニ仏智・不思議智・不可称智・大乗広智・無等無倫最上勝智ノ五智ハ、弥陀一仏ノ功徳也ト説ク。法相ノ人師等、仏地経ノ中ニ説ク所ノ大円鏡智等ノ五智ノ功徳也ト得ルモ此意也。恵心往生要集ニ此義ヲ用タリ。二仏既ニ一体也ト意得レハ、密教ノ三十七尊、今ノ三十七尊全ク是レ一体也ト可意得也。其上、蓮花三昧経ニ、三十七尊ノ功徳ヲ讃タル、正ク今曼荼羅ニ符合セリ。彼ノ」（21ウ）経ハ法花ノ沖美、観経ノ深義ヲ説顕セリ。蓮花三昧ハ法花三昧也。法花三昧ハ弥陀ノ三昧也。妙法蓮華ト者、弥陀ノ三摩地法門ナルカ故也。彼経云ク、帰下命シタテマツル本覚ノ心法身ノ常ニ住中玉ヘルニ妙法ノ心蓮台上ニ。本ヨリ来タ具足メ三身ノ徳一ヲ、三十七尊住シ玉フ二心城一ニ。普門塵数ノ諸ノ三昧、遠二離メ因縁一ヲ法然トメ具ス。無辺ノ徳海、本ヨリ円満セリ。還テ我レ頂二礼スト心ノ諸仏一ヲ云云。文ヲ誦メ理ヲ不ルレ伺人者、彼経ハ密経也。法花・観経ハ顕経也。顕密既ニ異ナリ一同スヘカラスト云云。今云ク、顕密ノ差別ハ一往ノ義也。理実ニハ差別ナシ。尓者、観経ハ法花ノ」(22オ)沖美ヲ顕ス。法花ハ又蓮花三昧ノ法門ヲ述フ。始ニ、本覚心法身常住妙法心蓮台ト者、中尊ノ法体也。其中ニ本覚心法身ト者、無量寿常住ノ法身也。宗家ノ釈ニ云、無量寿ト者是法ナリト釈ル此意也。常住妙法心蓮台ト者、此法身ハ何ノ所ニカ住スル乎ト云フニ、六道流転ノ衆生ノ胸ノ内ノ心蓮台ニ住スル也。我等カ胸ノ内ニ五臓アリ。其中ノ心臓ヲ呵梨陀心ト名ク。其分際方寸ニメ其色赤色ナリ。仏ニ有テハ八万四千葉ノ蓮花也。此則、生仏一体ノ心蓮花ト可意得也。妙法蓮花ト云フハ」(22ウ)即此心蓮花ノ名也。故ニ智証大師ノ讃ニモ、阿字不生微妙体ハ即是衆生ノ内心法ナリ。本ヨリ来タ清浄ニメ如蓮花一ノ。故ニ題二ストス妙法蓮花経一ト云云。本来自性清浄ニメ阿鼻ノ炎ノ中ニ有レトモ不レ焼、紅蓮ノ氷ノ中ニ有トモ不朽。弥陀如来法身ノ体ハ此心蓮台ニ常住メ、本有トメ讃ル也。而ヲ此仏ノ本願成就シ、覚他ノ大悲円満メ、十方法界ノ衆生ヲ済度シ給フ方ヲ、三部経ニハ説キ、此本願成就ノ仏ノ自覚内証ノ方ヲ、聖位経・金剛頂経・蓮花三昧経等ニハ説也。本来具足三身徳ト者」(23オ)弥陀法身ノ功徳ヨリ報化ノ二身ヲ開出メ三身トナル。即観音ハ化身ニ配タリ。勢至ハ報身ニ当ル也。三十七尊住心城ト者、二菩薩ノ左右ノ三十四尊、皆又二菩薩ノ悲智ノ二徳ヨリ出タリ。此ノ三身三十七尊、自レ本我等カ胸ノ内ノ八葉ノ心蓮台ニ常住セリト讃ル也。普門塵数諸三昧等ト者、三十七尊ノ外ノ地上虚空海会ノ聖衆ニ当レリ。彼レ皆塵数ノ三昧門ヲ具足シ、無辺ノ功徳海ヲ円満スルカ故也。因縁ヲ遠離メ法然トメ具スト者、今始テ具足スル有為生滅因縁生ノ法ニハ非ス。本来法尓法然トメ具足スト云意也。如此」(23ウ)三身三宝海ノ功徳、本来タ我カ心性ニ具足セルニ、帰命頂礼スト讃ル也。然則、彼土ノ地下地上虚空ノ三種ノ荘厳、悉ク無始ヨリ以来タ我等カ心性ニ具足シケル也。問云ク、本来具足三身徳ト云ニ付テ不審アリ。其故ハ三身ノ中ニ、法身ハ本来常住ノ体ナルカ故、本来具足ト云フヘシ。報身ハ因位ノ万行ニ答テ所顕スノ果位ノ万徳也。応身ハ此ノ報ヨリ用ヲ垂ル、随類ノ身也。此二身ハ共ニ有為生滅ノ身也。何三身共ニ自レ本我等カ心城ニ住スト可云ヤ。何ニ況ヤ、三十七尊、本ヨリ来タ我等カ心城ニ住ストイハン事、其」(24オ)理アランヤ。答云、此ヲ会通スルニ性相二宗ノ諍ヒアリ。相宗ノ意ハ実ニ法身ハ円成実性ノ位、本来湛然常住ノ妙理也。報応二身ハ依他ノ性、其中ニ報身ハ有始無終、変易生滅ノ身也。応身ハ有始有終ノ身也。故ニ此始覚成仏ノ報身、八相作仏ノ応身、共ニ是レ有為生滅ノ身也。本来常住トハ不可云ト云ヘリ。花厳・天台・真言等ノ性宗ノ所談ハ不レ尓。其故ハ此三身ハ本有無作ノ三身トメ、自元我等カ心性ニ常住メ有ケルカ、即縁起メ出ル形ナルカ故ニ、全ク有為生滅不常住ノ身ニハ非スト云云。是二宗ノ」(24ウ)諍ヒ古来ノ異義也。而ヲ今ノ宗ノ意ハ、性宗ノ所談ニ似同セリ。故ニ、此レハ是レ弥陀ノ悲願力ナリ。無衰無変湛然常ナリト云云。凡本願成就ノ荘厳ハ、有為生滅ノ法ナルヲ抑(仰カ)テ、無衰無変湛然常ト讃メ、或ハ彼ノ土ノ菩薩等ノ作意修行スル功徳ヲモ、悲智双行法尓常ト嘆タリ。此則、恒沙功徳寂用湛然、無塵法界凡聖斉円、性相円融ヲ談スル宗ナルカ故ニ、三身並常倶体倶用ニメ本来常住ノ功徳ト云ル、也。尓レ者、三身及ヒ海会ノ聖衆、皆是心性本有ノ万徳ナレハ、押ヘテ本来具足三身徳、三十七尊住心城ト」(25オ)云也。抑此変相ノ三十七尊ノ功徳ヲ習ニ今ノ宗ノ意ニ二ノ徹(轍カ)アリ。一ニハ観仏三昧ヨリ習入ル姿タ。是ハ釈迦教即一代ノ教ニ亘ルヘシ。仏智ヲ明ラメテ、依正ノ荘厳、三十七尊ノ功徳法門、委細ニ解知メ入ル也。既ニ智解ヲ以テ入レハ、能令三業同於本尊五想三密ノ観行ヨリ成スト談スル諸教ノ謂イヒニ同也。故ニ猶是難行ノ門也。次ニ念仏三昧ヨリ、三十七尊ヲ習フ義ト者、即弥陀教弘願ノ宗義也。所謂ル、散乱麁動ノ凡夫、口称三昧ノ中ニ於テ、三十七尊ヲ拝見シ、往生ノ益ヲ得ル道也。即蓮花三昧経ノ意、此尊ヲ観想セヨトハ不説一、始メニハ」(25ウ)帰命ト標シ、終ニハ頂礼ト結ス。帰命頂礼ハ即是レ南無ノ義也。三身三十七尊ハ又是阿弥陀仏ノ名義功徳也。故ニ只帰仏ノ正念ヲ以テ阿弥陀仏ノ功徳ヲ念セヨト説テ、念仏三昧ヲ教タル経也。即今ノ経ニ観仏三昧ノ宗ヲ廃シテ、念仏三昧ノ宗ヲ立スル時キ、観仏ヲハ聞名ノ位ニ下メ、正念帰依ノ正業ヲ宗要ト付属流通スルニ説キ合セテ、我等障重ノ機ノ上ニ念仏三昧ヲ以テ安々ト此三十七尊ノ功徳ヲ可キ成就ス意ヲ説顕ス経也。サレハ此三十七尊ハ南無阿弥陀仏ト称念スル心ノ中、声ノ中ニ顕テ、念仏」(26オ)衆生摂取不捨ノ勝益ヲ可施ス尊也。サテ浄土往生シテ、見仏色身衆相具足、見諸菩薩色相具足、光明宝林演説妙法、聞已即悟無生法忍セン時、此土ニシテハ東寺・天台両流ノ奥義ヲモ究メス、三十七尊ノ名字ヲモ不レ知トモ、直ニ報仏如来ノ内道場ニ入テ、授職潅頂ノ位ニ至ラン時ハ、即真言ノ深義ニ可レキ同ス也。日中ノ讃ニ、弥陀ノ心水ヲ身頂ニ沐キ、菩薩付属ノ法衣ヲ与ヘ、欻(タチマチニ)尓法界ニ遊ヒ、須臾ニ記ヲ受テ無為ト号スト云フ即此意也。今ノ変相ノ上々品ノ二人ノ聖衆ニ、二人ノ菩薩法衣ヲ」(26ウ)授ル儀式ヲ図スルハ即此義也。而レハ彼ノ蓮花三昧経ハ、念仏メ浄土ニ往生シ、三十七尊ノ内道場ニ入テ、仏ニ奉リテ値一、可潅頂ス旨ヲ教ル故ニ、四行八句ノ妙伽陀ハ、只是念仏三昧ノ法門ヲ説ク殊勝ノ文也。宋朝ニ慈愍三蔵ト云人アリキ。諱ヲハ云フ二慧日三蔵一ト。慈愍ノ名ハ即勅号ト見ヘタリ。大小乗三蔵ノ教門ニ於テ懸レケ鏡ヲ無止事一高僧也キ。故ニ三蔵ノ名ヲ得タリ。此人本朝ニメ、未レタ帰二念仏一ニ、将来ノ仏法ニ於テ雖不ト闇一、仏生国ノ風ヲ恋慕メ、親(まのあた)リ釈尊ノ聖跡ヲ拝見シ、如来ノ遺法ヲ訪ハントト思テ、遙ニ流沙葱嶺ノ」(27オ)嶮難ヲ凌テ、五天竺ノ境ニ入テ、諸寺諸山ヲ巡礼スルニ、山々寺々ノ大徳長者ニ謁スル毎ニハ、末代罪濁ノ凡夫ハ何ナル法ヲ修行メカ、今度生死ヲ可離ト問ニ、高僧等同心ニ答曰ク、念仏メ浄土ニ往スルヨリ外ニハ全ク凡夫ノ出要ナシト云云。爰ニ三蔵、我本国ニメハ諸宗ノ学者偏執ヲ事トメ、面々ニ宗々ノ浅深ヲ論メ、鉾端(ホコサキ)ヲ諍ヒキ。仏国ノ風ハ不尓一、無偏執一。只念仏ノ一道ヲ以テ、末代ノ出要トシ為ケリトテ、一向専修ノ念仏者ニ成ニキ。帰朝ノ時ハ、北天竺ニカ、テ、胡国ノ地ニ至ヌ。其国ニ一ノ孤山アリ。彼山ニ寺アリ。」(27ウ)観音ノ霊地也。渡天ノ高僧等皆彼山ニ臨テ所願ヲ祈請ス。即、玄弉三蔵渡天之時モ、彼観音ノ御前ニメ、三ノ願ヲ被レキ立。坊中不多一ラ、三十余坊也。僧又三十余人皆龍象也。但其中ニ一ノ坊アリ。墻モ蕣(アハラニ)上モ破レテ風雨モタマラス露霜モ漏ル。其中ニ一人ノ僧アリ。非修非学・無智無行ノ僧也。髪モ不レ剃ラ、爪モ不レ切、衣裳モケカレ、手足モ不レ洗。其姿タ人ノ形ニハ非ス。只昼夜ニ寝タルヨリ外ニハ無他事一。日没・初夜ノ鐘鳴レ𪜈、衆会ニ出テ勤ムル事モナク、後夜・晨朝ノ鐘告レ𪜈参」(28オ)堂メ行フ事モナシ。徒ニ信施ヲ食テ夜ヲ明シ日ヲ暮ス。一寺ノ僧衆、此ヲ憎ム事死タル犬ノ如シ。虚受信施・嬾(ラ)堕(タ)懈怠・決定地獄ノ不当人也ト云テ、老若是ヲ悪(ヲ)厭(ニクミイトフ)ス。三蔵思様ハ、人ハ至テ善ラント思ヘトモ不叶、至テ悪(ワロ)カラント為スルモ不レ叶事也。当寺ノ僧衆ハ皆是浄行持律・勇猛精進也。其中ニ此僧一人、過レキ法ニ是レ程ニヤハ有ヘキ。若内徳アル人ニモヤト不審ニ思テ、座具香炉ヲ持メ、彼坊ニ行テ此僧ヲ礼拝メ云ク、願クハ我ニ一句ノ要法ヲ示シ玉ヘト。于時、此僧驚キ起テ怒レル景気」(28ウ)ニテ声ヲ高クメ云ク、此ハ何事ソ、我ヲ軽慢スル歟ト。三蔵ノ云ク、吾ニ一句ノ法ヲ授ケ給ヘト。僧云、我ハ是無行懈怠ノ乱僧也。更ニ無シレ所レ知ト。三蔵ノ云、吾ハ是東夏(カ)ノ愚僧也。如来ノ遺法ヲ訪ヒ、出離ノ指南ヲ知ランカ為ニ諸国ヲ巡礼ス。幸ニ今僧ニ奉レリ値。定テ子細御スラント覚ユ。曲テ我ニ一句ノ要法ヲ授ケ給ヘト三度請スルニ、此僧落涙シテ良久ク不レ言(モノイハ)。且ク在テ涙ヲ押拭テ云、善哉、汝ハ実ノ道人也。法ヲ求ニハ下問ヲ不恥ト云ニ、今汝是ヲ問ヘリ。我此寺ニ住メ年久シ。愚」(29オ)痴闇鈍ニメ、雖レ無ト所ロ覚知一スル、伝得タル出要又非ス無ニ。即先師ニ随テ、大乗修多羅ノ一偈ヲ習ヒ得タルヿ有トテ、即前ノ蓮花三昧経ノ四行八句ノ妙文ヲウラ、カニ貴ク誦メ、重テ其義ヲ談ス。三蔵此法ヲ聴聞スルニ身ノ毛堅(イヨタチテ)、心肝ニ染キ。僧ノ云、我レ年来此ノ法ヲ修行シテ、有時ハ合掌ヲ胸ニ置テ、此文ヲ誦メ寝(イネ)ヌレハ、夢中ニ三十七尊、座ヲ並テ胸ノ間ニ住シ給フヲ見、有時ハ合掌ヲ額(ヒタヒ)ニ当テ起キ居テ此文ヲ誦レハ、三十七尊光ヲ並テ、眼ノ前ニ現シ給フヲ見ル。我レ無智愚鈍ノ」(29ウ)身ナリト云ヘトモ、年来持テ二此偈一ヲ、見仏三昧ノ勝利ヲ得ルコト、盤独カ一偈ヲ持テ無学ノ証果ヲ得カ如シ。而ヲ年来雖三受持ストレ此法一ヲ、依レ無二器量之人一、敢テ是ヲ不披露一セ。為レ令メ下謗法之人ヲ不レサラ堕セ中悪道ニ上也。故ニ無行懈怠ノ相ヲ示キ。今汝、求法ノ志シ切ニメ三度請スルニ、不能辞スルヿシテ此ヲ授ク。東土ニ往テ、是ヲ以テ人ヲ化メ可シレ令ム往生一セ。我本望已ニ遂ヌ。今ハ在テレ世ニ無益一。今日可往生一ス。願ハ三蔵、授法ノ恩ヲ報セント思ハ、一寺ノ僧衆ニ此由ヲフレ給ヘ。最後ノ対面ヲ」(30オ)遂テ遷化セント思ト云。三蔵悲歎メ衆僧ニ此由ヲ触ルニ、若臈ハ例ノ物狂ヒカ、何条其不当人カ知リ死期一ヲ可往二生ス浄土一ニ。片腹イタキ事也ナント云フ。宿臈ハ、サル事モアルラン、牛羊ノ眼ヲ以テ人ノ賢愚ヲ察スル事無シ。日来ハ不法ナレトモ、臨終ニ勝相ヲ成得メ知二ム死期一ヲ事、非可難一カル。イサ往テ見ムトテ、老少悉ク彼ノ幣坊ヘ行テ見ニ、彼僧云ク、衆僧ノ対面只今計也。吾レ年来此寺ニアテ、虚受信施ノ罪雖レ重ト、我レ食ヲ受テ活命スルヿ偏ニ是レ衆僧ノ御恩也。只今」(30ウ)往生ノ期ニ臨メリ。仍最後ノ見参ヲモ遂ケ、此懈(おこ)タリヲモ申入カ為也。御涙尤本望也ト云テ、高声ニ上ノ文ヲ誦メ端坐メ入滅ス。希代ノ不思議也ト見ル所ニ、自ラ胸ヨリ智火ヲ出メ全身茶毘メ、一時ニ灰燼(クワイシン)ト成テ砕身ノ舎利ヲ残コセリ。一寺ノ老若、嗟歎(シヤタン)セスト云事ナシ。三蔵即附法ノ弟子タルヲ以テ、寺ノ傍ニ石塔ヲ建テ、遺骨ヲ納テ供養恭敬ス。数日逗留メ報恩ノ誠ヲ致メ、所ノ授ル法要ヲ胸ノ内ニ憶持メ帰朝シ給キ。有縁ノ道俗檀那等ニ」(31オ)逢毎ニハ、今度修行ノ得分アリ。西天ノ高僧ハ面々ニ浄土ノ一門ヲ教ヘ、胡国ノ乱僧ハ此偈ヲ持テ、自モ往生シ、我ニモ授ケキ。依之我レ諸行ヲ閣テ一心ニ念仏ス。汝等モ亦可レ尓勧メシカハ、貴賤ノ諸檀、此教ヘニ不レ随ト云事ナシ。其後、年月ヲ経テ三蔵入滅之時、又此偈ヲ誦メ往生ノ素懐ヲ被遂キ。是即、此曼陀羅ノ法門也。凡弥陀ノ名号ハ万徳ノ所帰也。三十七尊ノ功徳法門、名号ノ功徳ニ非スト云事無シ。三十七尊ノミナラス、余尊ノ功徳モ又尓也。恵心ノ正観記ニハ、金剛界ノ三十七尊」(31ウ)胎蔵界ノ百八十尊、蘇悉地ノ七百余尊、皆六字ノ中ニ摂在スト云ヘリ。今ノ偈ノ中、帰命本覚心法身、常住妙法心蓮台、本来具足三身徳ト者、此レ三身ノ功徳也。亦是三宝ノ中ノ仏宝也。三十七尊住心城ト者、此レ僧宝也。普門塵数諸三昧等者、法宝也。此三身三宝ノ功徳ハ、皆是名号ノ功徳也。故ニ慈恩〔ノ西方〕要決ニハ、諸仏ノ願行ハ成ス二此ノ果名一ヲ。但能ク念レハ号ミナヲ、具ニ包カヌ衆徳一ヲ。故ニ成テ大善一ト不廃セ二往生一ヲト釈シ、天台ノ観心念仏ニハ、阿弥陀ノ三字ハ是」（32オ）法・報・応ノ三身也ト釈シ、楞伽経ニハ、十方ノ諸刹土ノ衆生、菩薩中ノ所有ノ法報仏化身及ヒ変化ハ、皆従二無量寿ノ極楽界ノ中一カ出ト説キ、恵心ノ釈ニハ、因行モ果徳モ、自利モ利他モ、内証モ外用モ、依報モ正報モ、恒沙塵数無辺ノ法門モ、十方三世ノ諸仏ノ功徳モ、皆悉ク摂二在セリ六字之中一ニ。是故ニ、称レハ名ヲ功徳無尽ナリトモ云ヒ、十方三世ノ仏、一切ノ諸ノ菩薩、八万ノ諸ノ法門ハ皆是阿弥陀ナリトモ云フ、皆此意也。宗家ノ釈ニ、無碍光如来ノ一句ヲ開テ、尽十方ノ三身三宝トメ」（32ウ）所帰ノ体ト釈スルモ即此意也。而ハ帰命尽十方ノ帰命ト、帰命本覚ノ帰命ト、同ク是レ衆生ノ能帰、即南無ノ義也。三身三宝ト者、又阿弥陀仏ノ名義功徳、即所帰ノ体也。此道理アルカ故ニ、彼胡国ノ老僧、四行八句ノ伽陀ヲ念持メ往生シケルハ只是念仏往生也。今ノ我等モ此偈ヲ誦メ往生ヲ願カハ、、彼老僧・慈愍三蔵等ニ不レ替、必ス往生ノ本望ヲ可遂也。

以嵯峨二尊院本写之」（33オ）

于時明暦廿（衍カ）三酉年五月十四日染老筆了

江州栗太　芦浦　観音寺

舜興蔵」（印）

（表紙）

浄土九番箱

観音寺

舜興蔵（印）

（見返）

曼荼羅聞書中台二 中台

（1オ）

観音開華三昧事

勢至合華三昧事

除蓋障菩薩事

付五蓋障事

一 煩悩障　二 業障

三 生障　四 法障

五 所知障

（1ウ）

観音開花三昧事

三十七尊ノ惣ノ御功徳ハ昨日是ヲ讃嘆シ奉リ畢ヌ。大方ハ諸尊ノ名字、変相ニ不ルレ図上ハ、三尊ノ外ニハ何レト定メ難シ。観経ニ、見諸菩薩色相具足ト説キ、法花ニハ、大菩薩衆囲繞住処ト説ケモ、一々ノ名字ヲ不レ挙ケ、雖然、付テ威儀形相ニ、顕然ニ被レ知ラタル尊坐ス。重テ是ヲ可讃嘆スル也。但花厳経ノ普賢行願品ノ終ニ、一刹那中即得往生極楽世界、到已即見阿弥陀仏文殊師利菩薩普賢菩薩観自在菩薩弥勒菩薩トテ、一仏」(2オ)四菩薩ノ名ヲ挙タリ。薬師経ニハ、有八菩薩乗神通来ト説キ、十往生経ニハ、二十五菩薩ヲ挙ケ、恵心ノ六時讃ニハ、如ク是、除蓋障・薬王・薬上・跋陀婆羅・抰(アウ)崛花聚・山海慧・地蔵・千手観世音等ノ名ヲ列タリ。此等ノ大聖皆悉ク此三十七尊ノ中ニ御スヘシ。其中ニ先ツ、階下ノ右ノ一座ニ当テ、一菩薩アテ、左手ニ未敷蓮花ヲ持テ、右ノ手ニ開花ノ印ヲ持スルハ即観音ナルヘシ。左ノ一座ニ当テ一ノ菩薩アテ、合掌ヲ捧テ、合蓮花ノ勢ヒヲ作スハ、又勢至ナルヘシ。但シ普通ノ義ハ観音左・勢至右也。今ハ勢至左・観音右座ヲ」(2ウ)〔居リカエタル事ハ〕、諸経ノ異説也。観経ノ意ハ、観音左・勢至右也。陀羅尼集経ニハ勢至左・観音右ト説ク。其故ヲハ且ク置ク。抑此二菩薩何ナル時、台上ニ有テ三尊対座シ、何ナル時、階下ニ降リテ、此相ニハ住シ玉フソト云ニ、此二菩薩ノ徳、仏ニ離スル位アリ。仏ニ属スル位アリ。仏ニ属スル時ハ三尊対坐メ、三花独迥ノ相ヲ顕ス。即涅槃ノ三徳、性浄円明・三身円満・内証平等ノ体ヲ標スル也。仏ニ離スル時ハ、大悲大智ノ徳、利益衆生ニ向フ時キ、遙カニ階下ニ降テ、観音ハ開花三昧ニ入テ衆生ヲ度シ、勢至ハ合花三昧ニ住メ衆生ヲ度スル也。此時、我等カ為ニ殊ニ有巨益也。」(3オ)而ハ三尊対坐ノ威儀ハ、内証平等ノ徳ヲ標シ、一階ヲ下レル威儀ハ、利他ノ時キ三尊差別ノ相ヲ顕ス也。其中ニ観音ノ開花三昧ト云事、大日経・金剛頂経等ニ説リ。又定善義ノ釈ニ、或ハ因三リテ大悲ノ菩薩ノ入二玉フニ開花三昧一ニ等釈ス。即今ノ行者ノ三心開発ノ相也。大方ハ此開花三昧ノ事、聖道ノ教ニ委細ニ説之。就中、惣持教ノ中ニ四重ノ釈アリ。顕露ニ是ヲ雖不可談一ス、世流布ノ義ナル上ハ、此ヲ秘スルニ不及一。今、深秘ノ重ニ入テ此義ヲ成セハ、蓮花ト者、一切衆生ノ心性ニ具足スル所ノ、本来自性清浄仏性常住ノ妙理也。即今日披講スル」(3ウ)序題門ニ、真如法性広大深高、無塵法界凡聖斉円、恒沙功徳寂用湛然等釈スル法体是也。説偈分ノ中ニ、法性真如海ト云モ是也。此法ハ蓮花ト名付ル事ハ、世間ノ蓮花ハ根茎・枝條・葉花果共ニ具足シ、必ス淤泥ノ中ニ生ス。即仏ノ因行果徳、自利々他、恒沙ノ万徳具足シ、衆生ノ煩悩ノ淤泥ニ有ル事ヲ表スル也。故ニ高原ノ陸地ニハ蓮花ヲ不生一。卑湿ノ淤泥ニハ蓮花ヲ生スト釈ス。是則、二乗ヲ高原ノ陸地ニ喩フ。仏性ノ種ヲ失ヘルカ故也。我等凡夫ヲ淤泥ニ喩フ。心中ニ必ス如来ノ万徳ヲ具足スルカ」(4オ)故也。又世間ノ蓮花ハ泥中ニアテ、而モ泥ノ為ニ不被汚一サ。仏ノ万徳モ亦尓也。煩悩具足ノ我等、無明蔵海ニ雖沈一ト、所具ノ万徳ハ不被染一セ。此ノ義ヲ顕ン為ニ、此功徳ヲ蓮花トハ名付也。法花ニハ此ヲ妙法蓮花ト名ク。而モ此蓮花ニ根茎・枝條・葉花菓ヲ具足スレトモ、泥中ニ有ルホトハ、其花葉等未顕一レ、仏ノ功徳モ亦尓也。心性ニ衆徳ヲ具足スレトモ、不ル悟リ顕一サ程ハ、其体不顕レ。此法門ヲ悟リ、此蓮花ヲ開ケルハ阿弥陀仏也。サレハ理趣経ニハ、此仏ヲ得自性清浄法性如来ト名タリ。自性清浄法性ト者、前ノ蓮花ノ名也。此花ハ何ナル所ヲカ依所ト為ト云ニ、一切」(4ウ)衆生ノ煩悩ノ淤泥ノ中ヲ為二依所一ト。巻ク時ハ方寸ニ縮マリ、延ル時ハ法界ニ周遍ス。而ヲ今弥陀ノ果徳、観音ト顕レテ、此衆生ノ胸ノ内ノ心蓮花ヲ開ク形ヲ、開花三昧ノ姿ト図スル也。天台ニハ、此花ニ当体譬喩ノ二ノ蓮花アリト習フ。譬喩ノ蓮花ト者、世間ノ蓮花ノ泥中ニアテ、而泥ニ不ルカ被汚如ク、恒沙ノ万徳、煩悩ノ淤泥ノ中ニ有テ、而モ煩悩ニ不ル被二染汚一譬喩也。当体ノ蓮花ト者、一切衆生ノ五臓ノ中ノ心ノ臓、其形チ八葉ノ蓮花也。世間ノ蓮花ハ此似タルヲ以テ、借テ蓮花ノ名ヲ与ル也。真言教ノ意モ、此心ノ臓ヲ押〔指〕テ仏体ト談ス。此故ニ菩提心論云、八葉白蓮一時間、炳現ス」(5オ)阿字ノ素光色一ナルヲ。禅智倶ニ入二金剛縛一ニ、超コヘテ入ル二如来寂静智一ニト、即此意也。〔是ヲ開ク人ヲ観音ト名付タリ。観音ヲ開花三昧ノ主トシテ、此ノ華ノ開クヲ仏ト云、不ルヲレ開衆生ト云。然者、密教ノ意ハ、諸仏ノ仏ニ成ト云ハ、即弥陀ノ位ニ入ル也。自性清浄ノ法性ヲ悟ルヲ以テ、仏ト云カ故ニ、自性心即得自性清浄法性如来ト得テ、能令三業同於本尊ノ三密ノ観行ヲハ修スル也。」

凡一代ノ教主ハ真言教也。彼教既ニ即身成仏ノ義、弥陀ニ帰メ成ス。而ハ東寺ノ流ニハ、一仏二明王トテ、弥陀ト不動・愛染トヲ、諸尊ノ体ト習ヒテ、即諸尊ノ功徳、此ノ三尊ニ摂スル也。但シ彼ノ宗ノ意ハ、我身即観音ト観シ、能令三業同於本尊ノ観解ニ住メ、我レ即自心ノ花ヲ開クト談ル故ニ、難行ニメ開ケ難シ。今此宗ノ意者不尓一。観音開花三昧ノ力ニ依テ、一分信心開発メ往生シヌレハ、彼土ニシテ入我々入ノ三密ノ観行ハ可成就一ス也。我等此土ニ有テハ、真言三種ノ即身成仏ノ中ニ」(5ウ) 理具ノ成仏ハ雖有ト二其分一、加持顕徳ノ成仏ハ、難得其益一ヲ也。又、天台大師、我身ヲ六即ノ位ニ約セハ、初ノ理即名字即ノ位也ト被キ仰也。恵心僧都ハ我身ハ理即ノイサテタル〔ヒテタル〕位也ト云云。況ヤ我等薄地ノ凡夫ヲヤ。而ヲ法蔵菩薩因位ノ昔シ、我等カ為ニ大悲誓願ヲ発シ玉ヒキ。其願ノ意ト者、一切衆生ノ心内ニ此ノ自性清浄ノ仏体アリト云ヘドモ、垢障覆フ事深クシテ未レタ顕サ。我レ能ク此理ヲ悟リテ、本願トシテ願ニ酬ヘテ成仏セン時、十方衆生、其ノ名号ヲ聞テ一念十念センニ、我ト同ク解脱ノ床ニ登リ、如来正覚ノ花台ニ令レメ坐セスハ、我レ此花ヲ開テ無レト益誓ヒ玉キ。」(6オ) 其菩薩、既ニ本願成就メ、仏ニ成テ正覚ノ花台ニ坐シ玉ヘリ。故ニ今ノ我等衆生、此本願ノ名号ヲ聞テ称念センニ、自性清浄ノ心花不レト開イフ事不可有ル。依之、此界ニ一人念二レハ仏名一ヲ、西方ニ便チ有リ二一ノ蓮ス生一ヿ。但使一生一常ニ不レハ退セ、此花還テ到リ二此ノ間一迎フトイフ。一称一念ノ下ニ我等カ胸ノ内ノ八弁ノ肉摶(だん)、彼ノ仏ノ自性清浄ノ心水ノ中ニ開ケ儲ケタル也。但シ此花開テ往生ハスレトモ、因中ノ信不信ニ依テ、往生已後、花ノ開不開不同アリ。若シ人種ヘテ二善根ヲ一疑ヘハ、則花不レ開ケ。信心清浄ナレハ、花心開ケ即見ルトレ仏ヲ云此意也。言意ハ、我等ハ罪障深」(6ウ) 重也。又無道心也。行学共ニ疎ソカナレハ、往生如何ト疑フ者ハ、一分信スル方ニテ生ルレトモ、疑多辺地久ノ故ニ、花合メ開クルヿ遅シ。此時、観音階下ニ々リ降テ、拙キカナ、汝等往生ストイヘトモ、仏智ヲ疑カ故ニ、此花不開ケ、此花ハ仏智ノ浄花ナリ。仏智ノ浄花ハ亦衆生ノ心花ナリ。無明疑見ニ覆レテ、開クル事遅キ事ヲ悲テ、開花三昧ニ入テ加持シ給フ時キ、疑障ハ忽ニ除テ、心花速ニ開ケ相好ヲ具足シ、仏前ニ詣テ見仏聞法ノ益ヲ得也。是則、彼土ニ往生メ後、他力ニ依テ、心花ヲ開ク姿也。又我等娑婆ニ有テ、一分念仏ノ信心ヲ生スル、亦是観音ノ開花」(7オ)三昧ノ力也。三心ノ具不具ヲ不レ論、厭二ヒ生死ノ苦一ヲ、欣テ涅槃ノ楽一ヲ、一分信シ称スルハ此花開ル相也。疑猶残ル所ヲ、観音哀レテ加持シ玉フ時、疑障除テ即三心具足ノ位ニハ至ル也。而ハ正因ノ開花ハ平生漸々ニ此ヲ開ク。正行ノ開花ハ往生已後ニアリ。其時、花既ニ開テ、仏前ニ詣シヌレハ、弥陀心水沐身頂、観音勢至与衣被スル時、授職潅頂ノ位ニ入テ、還テ又観音等ノ如ク、利他ノ為ニ趣ク時ハ、我カ昔ノ如クメ衆生ヲ度メ、其ノ心花ヲ開ク也。浄土論ニ、菩薩ノ四種ノ荘厳ノ中ニ、利他ノ功徳ヲ讃スルニ、安楽国ハ清浄ニメ常ニ転ス無垢輪一ヲ。如ク化仏菩薩一ノ、如二須弥ノ住持一ノ、開クカ二諸衆」(7ウ)生ノ淤泥ノ花一ヲ故ニト云ヘルヲ、註家承釈スルニ、淤泥ノ花ト者、経ニ云ク、高原ノ陸地ニハ不生二セ蓮花一ヲ、卑湿淤泥ニ乃チ生二ス蓮花一ヲ。此ハ喩フ下凡夫在テ二煩悩ノ泥中一ニ、為ヨテ二菩薩ノ開導一ニ、能生ルニ中仏正覚ノ花ヲ上ト云ヘリ。是則、観音ノ開花三昧ニ依テ、心花開テ極楽ニ往生シタル菩薩、其本身ノ法身ハ、須弥山ノ如クレ不カレ動、浄土ニ乍ラ住シ、日ノ天上ニ有テ、而其光三千ニ遍スルカ如ク、其ノ化身十方ニ遍満メ、無垢ノ法輪ヲ転メ、而モ衆生ヲ度ル也。無垢輪ト者、仏地ノ功徳法門也。仏地ノ功徳法門ト者、衆生ヲシテ直ニ仏ニ作セシムル也。此ヲ淤泥ノ花ヲ開クトハ云也。淤泥ノ花ト者、即一切衆生ノ」(8オ)胸ノ内ノ心花是也。此自性清浄ノ心蓮ハ、即生仏一体ノ妙理、如来正覚ノ真体也。此ヲ開クハ、即仏ノ覚リノ開クル姿タ、又衆生ノ仏ニ作ル形也。故ニ無垢輪ト云。経ニ言クト者、維摩経也。彼経ニ、二乗ノ心ニハ蓮花不生一。譬ヘハ野原ナントハ高ク清ケレトモ、蓮花如不生一セ、我等凡夫ノ煩悩具足ノ心ハ穢ケカラハシケレトモ、而モ湿ツテ仏性ノ蓮花ヲ生スト云。此煩悩ノ泥中ニ在ル仏ノ正覚ノ花ヲ開ク、是ヲ開花三味ト云フ。此ノ花ハ、即生仏一体ノ心花ナル故ニ、法蔵菩薩、此ノ心花ヲ開テ、正覚ヲ成セシハ、一切衆生、同時ニ覚ヲ成スル義也。故ニ此道理ヲ聞ク所ニ、ヤカテ仏ト等ク、正覚ノ」（8ウ）花台ニ坐スル益ヲ得。サレハ、一切衆生、一聞一称ノ下ニ即聖衆ノ数ニ入リ、道場ノ座ニ坐スル也。此ヲ仏智ノ法門ト名ク。此仏智ノ法門ヲ疑者ハ、自力ノ迷情強キカ故也。大経ニ、仏智ヲ疑者ハ辺地ニ生〆五百歳三宝ヲ見聞セスト云云。而ニ、疑ヒ々モ往生スルハ、是レ本願ノ恩力也。花中ニ〆本罪ヲ悔ル心生シテ、花已ニ開テ、仏前ニ詣〆、見仏聞法シ法楽ヲ受ルハ、亦是観音ノ開花三昧ノ力也。乃至、此土ニ〆五欲ノ境界ニホタサレテ、仏教ヲ不レ信、自力ノ執情ニ依テ、此法ニ不帰ケリト、一分思知モ、皆是此菩薩ノ開花三昧ノ力也。

勢至合花三昧事」（9オ）

昨日ハ観音ノ開花三昧ノ法門ヲ述申キ。今日ハ階下ノ左一座ニ当テ、観音ニ対坐〆御ス勢至菩薩ノ合花三昧ノ功徳ヲ讃嘆シ奉ルヘシ。付之ニ疑アリ。観音ノ開花三昧ハ、一切衆生、煩悩泥濁ノ中ノ覚悟ノ花ヲ開ク故ニ、衆生ニ於テ其益甚深也。今、勢至菩薩、未敷蓮花ヲ持テ、是ヲ自愛シ給ハ何ナル意カ在ト云フ不審也。此ヲ意得ルニ、大日経ノ疏ニ、此未敷蓮花ヲ釈スルニ、此ハ是レ諸仏菩薩ノ宝篋(ハコ)也ト云云。即一切諸仏ノ法財ヲ納タル宝ノ篋也。有先達云ク、合花ニ二ノ位アリ。一ハ観音開花以前ノ合花、二ハ開花以後ノ合花也云云。凡(およそ)ハ如ノ此蓮花三昧ノ深」（9ウ）義ハ、密宗ノ学者、可レ過(トカム)処也。雖然ト念仏ノ行者ヲハ、仏自ラ嘆〆、是人中芬陀利花ト讃玉ヘリ。蓮花三昧ノ深義ヲハ、尤モ念仏者ノ可レ云法門也。還テ真言師ノ所談ヲ可キ過ム者也。初ニ開花以前ノ合花ト者、我等カ一念ノ浄心ノ有リノマヽナル姿タ、即合蓮花ノ形チ也。未開ケ二信解一シテ、只愚痴矇昧ナル心ノ中ニ、仏ハ貴キ人、浄土ハ可欣所ト思ヒ知テ、不知二識因果一ヲ、常没薄地ノ胸ノ内チ、貪瞋二河煩悩汚濁ノ心中ニ、纔ニ起レル浄心、中路ノ白道ニテ通リタル心蓮花、即合蓮花ノ形ニテ有也。譬ヘハ「泥中ノ蓮花ノ」(10オ)泥ヲ出テ、水中ニ透(スキテ)見ヘ、乃至水上ニ出テ、日光ニ被レ煖(アタヽメ)テ色付マテモ、未敷蓮花ノ位也。而ニ、彼菩薩ハ此位ノ心蓮花ノ中ニ、三世十方一切諸仏内証外用ノ万徳、悉ク具足ソ、闕クル事無事ヲ貴ヒ、曠劫已来、煩悩ノ泥中ニ埋レル、自性清浄法尓無漏ノ種子、只今二尊諸仏ノ教意ニ随ヒテ、開ケナントスル事ヲ悦ンテ、此ヲ恭敬渇仰シ玉フ也。サレハ、三心ノ具不具ヲ不論一セ、仏ヲ貴ヒ浄土ヲ願ヒ、一称一礼ノ浄心、八弁ノ肉摶、勢至菩薩ノ御手ニ奉レリテ被持、永ク生死ニ還ルマシキ者ト成ヌラン事、悦ノ中ノ喜也。空也上人ノ云ク、一度モ南無阿弥陀」(10ウ)仏トイフ人ノ蓮スノ上ニノホラヌハナシト詠セラレケルモ此意ナルヘシ。法照大師ノ五会法事讃ニ、此界ニ一人念二レハ仏名一ヲ、西方ニ便チ有二リ一ノ蓮ス生一ルヿト云フモ、先ツ此合蓮花ノ姿ニテ、弥陀ノ池ニハ生スル也。而ヲ我等衆生、無始已来、此蓮花ヲ煩悩ノ泥中ニ沈メシ、心習ヒニ、今弥陀八味ノ宝池ニ心蓮ヲ宿シ、勢至覚悟ノ御手ニ、心花ヲ被レ持ト云ヘトモ、ツヤ〳〵此ヲ不レ知、六根ニ随対ソ貪瞋競ヒ起リ、疑慮ノ心、難レキ断チ所ヲ、観音哀テ、其未敷蓮花ヲ左手ニ移シ持チ、右手ニ開花ノ印ヲ結ヒテ此ヲ開キ給フ時、三心具足ノ位ニハ至ル也。付レ之、正因」(11オ)正行ノ二ノ意アルヘシ。正因ノ開花ハ三心具足ノ位ニ平等ニ開ヌル故ニ、臨終ニ観音所持ノ花ハ開タル花也。正行ノ時ハ機ノ浅深ニ依テ生後ノ花、開遅疾不同也。臨終ニ観音所持ノ花ニ坐シ畢ヌレハ、其花合スルハ此正行門ノ値也。其正行ノ花既ニ開ケヌレハ、大会ニ入テ、身色寿命、仏ト等同也。次ニ開花已後ノ合花ト者、果後ノ方便也。凡ソ仏ノ功徳ヲ蓮花ニ喩ル事ハ、世間ノ蓮花ハ水上ニ出テ、開ケタレトモ、其ノ根ハ猶泥中ニ有ルカ如ク、菩薩ノ蓮花モ既ニ開ヌレトモ、而モ其ノ根ハ衆生ノ泥中ヲ不離一レ。而ハ仏前ニ詣シ、仏ト等キ自証ノ上ニ、還テ利他ニ」(11ウ)向フ時キ、普〔賢〕色身三味ニ入リ、無住所涅槃ニ住シテ、衆生ニ示同シテ、尽未来際、衆生ヲ度スル事ハ、未敷蓮花ノ位也。此ヲ、還来穢国度人天、大悲薫心遊法界トモ云ヒ、入テ重玄門一ニ、倒(さかさまに)修二凡事一ヲトモ云也。然則、此ノ菩薩ノ三味ハ、実行凡位ニ於テ、其未敷蓮花、諸仏ノ宝篋、万徳ノ宝蔵也。果後ノ方便ニ於テハ、其ノ未敷蓮花、尽未来際、衆生ヲ利益スル形チ也。如是、甚深ノ義アルカ故ニ、念仏三昧ノ御手ニ此合蓮花ヲ持チテ、三摩地ノ形チトスル也。真言教ニ、従因向果・従果向因ト談スルモ、此」(12オ)二重ノ未敷蓮花ノ法門ニ当レリ。サレハ、開花三昧ヨリモ合花三昧ハ猶勝レタル也。凡諸仏菩薩皆悉ク、此蓮花三昧ニ不レ住〔ト〕イフ事無シ。真言ノ胎金両部ノ法門モ亦此法門也。而ハ釈尊ノ成道モ、此三昧ニ依テ成スル故ニ、今日下座ニシテ所レ談、大悲西化ヲ隠メ驚テ火宅ノ門ニ入シモ、此ノ蓮花三昧ニ住メ出世シ玉ヘリ〔ト〕可意得也。蓮花三昧ハ念仏三昧ナルカ故ニ、此三昧ニ住スル諸仏菩薩ハ、皆弥陀ノ位ニ居スル也。故ニ其所居ノ土ハ即極楽也。十方諸仏国尽是法王家ト云此意也。サレハ、法花ノ本迹両門ノ成道、各別ナレトモ、即是一仏ノ」(12ウ)化儀ナルヲ以テ、無勝極楽霊山別所ニ非ス、本国他方元無二、悉是涅槃平等法ナルカ故ニ、只是一仏一土ト可意得也。

除蓋障菩薩事　三摩形持白払也

此三十七尊ノ中ニ、台上ノ三尊、階下ノ二尊、讃嘆已ニ畢ヌ。其ノ余ノ菩薩衆ハ何レト難レ定。第三日ニ、蓮花三昧経ヲ引テ、惣メ三十七尊ト讃嘆シ奉ルニ事足ヌレトモ、威儀形相ニ付テ、見及フニ随テ、此ヲ讃嘆スヘシ。其威儀形相ト者、所持ノ三摩耶形也。此所持物ハ即所得ノ法ヲ標スル也。其ニ取テ、或ハ合掌ヲ持スルモアリ。或ハ」(13オ)白払（ほっす）ヲ持モアリ。此等ノ所持物ニ付テ、諸経ノ意ニ依テ可讃嘆一ス也。其中ニ今日ハ先ッ白払ヲ持スル菩薩ヲ可シ讃嘆一ス。千手ノ四十二ノ御手ノ中ニ白払ノ御手アリ。鉄鈎ノ御手アリ。彼ノ経ニ、鉄鈎ノ御手ヲ礼スルハ、諸天ノ擁護ヲ蒙リ、白払ノ御手ヲ礼スル者ハ、諸ノ障難ヲ払ト云ヘリ。鉄鈎ト者鎰（かぎ）也。此鈎ヲ以テ物ヲ引寄セテ取カ如ク、仏法ノ鈎ヲ以テ衆生ヲ引キ寄テ可キ取事ヲ顕ス也。白払ハ白キ毛ヲ作レル蝿払ヒ也。是ヲ以テ、夏秋ノ比、虻・蚊・蝿等ノ類ヲ打払カ如ク、諸仏菩薩ノ善巧方便ヲ以テ、衆生ノ諸ノ障難ヲ打払フ表示也。世間ニ大麻（ヌサ）ト云テ祓（ハライ）スル物モ、此白払ノ皃（かたち）ヲマネタル也。」(13ウ)而ニ白キ毛ヲ以テ作レル事ハ、仏法無漏清浄ノ白業ヲ以テ、妄法有漏不浄ノ黒業ヲ可除ク表示也。爰以テ推スルニ、此菩薩ハ除蓋障菩薩ナルヘシ。有釈ニ、此除蓋障ノ義ヲ云ニ蓋障ニ五アリ。一ニハ煩悩障、即貪瞋痴ノ三毒ヲ根本トシテ、八万四千ノ煩悩、衆生ノ出離ヲ障タル是也。二〔二ハ〕業障、三毒ニ被レテ催思業カ、煩悩ト相応シテ現行スル時、仏道ノ障ト成也。十悪五逆謗法闡提等、皆此業障也。三ニハ生障、又ハ報障ト云フ。八難所ニ生ヌレハ、仏道ニ入ラサルカ故ニ、生障ト云フ也。八難所ト者、一ニハ地獄、二ハ餓鬼、三ハ畜生、此ノ三所即難ニシテ、仏法ニ不ル入事知リ安シ。四ハ北」(14オ)州、雖レ無ト二我々所一、〔千年ノ楽ニホコツテ〕不入仏法ニ所ナリ。五ハ無想天、此レハ外道ノ所居ナリ。外道ハ無想定ヲ以テ至極ト思ヘル故ニ仏法ニ不ス入、故ニ無想定即仏法ノ障リ也。又云フ二長寿天一トモ。長寿ノ諸天楽ニ着シテ、仏道ヲ不修故也。六ニハ仏前仏後。々々々々ト者、後仏出世ノ前キ、前仏入滅ノ後、二仏ノ中間也。サレハ釈尊入滅ノ後、慈尊出世以前ハ、無仏法一故ニ、此時ニ生タルハ難所ニ生タル也。七ハ世智弁聡。付レ之有二二義一。一義ハ世間世路ノ智慧ノ賢キハ、仏法ニ不レ入ヲ云ト云云。一義ハ外道ノ智慧ノ賢ハ仏法ニ入ラヌヲ云ト云云。八ハ諸根不具。六根不レハ具足一セ、不レ入カ二仏法一ニ故也。此八難ノ生ヲ受ル者ハ、不入二」(14ウ)仏法一ニ。出離ヲ礙〔サヘ〕タルカ故ニ生障ト云フ也。四ハ法障。不レ生二レ難所一ニモ、煩悩業モ雖不強一、於テ先世ニ他ノ聞法ヲ障〔サ〕ヘタル者ノ、今生ニ不ル聞カ二法ヲ一障リ有也。所レ謂、子アリテ学問セントスルニ、其父母、身ノ疲ル、事ヲ悲テ是ヲ制シ、婦女アテ聴聞セントスレハ、其夫此ヲ制シ、夫アテ学問セントスレハ、其婦又是ヲ制スル等也。如レ此、過去ニ他人ノ聞法ヲ礙タル者、今生ニ我カ聞法ノ障ト成也。即常啼菩薩、般若ヲ聴聞センカ為ニ、衆香城ニ往テ、七年ノ間不得聞一ヿヲ。セメテ曇無竭〔カツ〕菩薩ノ御顔ヲ拝セント欲〔思〕ヒシカトモ、七年マテ不叶事ヲ、龍樹ノ智論ニ、先世ノ障リノ阻ヘタツル故也ト釈スル此例也。」(15オ)或ハ師匠ハ説ケトモ、弟子障リ有テ不聞、或ハ弟子ハ聞ムト願ヘトモ、師匠又障リアテ不ル説アリ。大品経ノ魔事品ニ委細ニ是ヲ説ク也。五ハ所知障。可レキ知ル仏法ヲ覆テ、不レ知邪見無明等ノ障リ也。此障リハ菩提ヲ礙(サフ)ル也。此五障惣テ云ヘハ煩悩・所知ノ二障也。法事讃ニ五障ヲ釈シテ云ク、一切ノ悪障・業障・報障・煩悩等障・生死罪障、不得見聞仏法僧障等ト云云。而ヲ此五蓋ヲ除ク三昧、漸頓教説不同ナリ。漸教ノ意ハ、貪ヲ除カン為ニハ不浄観ヲ教ヘ、瞋ヲ治カ為ニハ慈悲観ヲ説キ、痴ヲ除ン為ニハ十二因縁ノ観ヲ作シ、散乱ヲ治カ為ニハ数息観ヲ教フ。如此」(15ウ)八万四千ノ塵労門ニ約シテ、八万四千ノ対治門ヲ修シテ、艱難苦労スル道也。頓教ノ意ハ不レ尓ラ。浄菩提心観ヨリ入レト教フ。即衆生ノ心性、本来自性清浄ニシテ、煩悩妄染ノ五蓋ノ為ニ、不レ被レ汚事、雲煙塵霧ノ四障アレトモ、日輪ノ体明白ナルカ如シ。即普賢経ニ云ク、一切ノ業障海ハ皆従リ二妄想一生ス。若シ欲懺悔一セント者、端坐シテ念ヨ二実相一ヲ。我心自空ナリ。罪福無レ主、観ルニ心ヲ無ク心、法不レ住レ法ニ説ク即此意也。此観ヲ作ス時、一切ノ業障、一時ニ除却ス。一切ノ業障ハ妄想ヨリ生シテ、本不生ナルカ故ナリ。今ノ疏ニ、門余レリ二八万四千一ニト釈スルハ、此ノ漸頓ノ二門也。余ハ」(16オ)一実ノ頓門、八万四千ハ漸門ナルカ故也。漸頓各称(カナ)ヒテ二所宜一ニ、随レ縁ニ者ハ、則皆蒙ル二解脱一ヲト云ハ、此二門ヨリ五蓋ヲ除ク意也。其頓門ト者、一念超悟ノ門ト名ク。即密教ニ、若シ人求テ二仏慧一ヲ、通達スレハ菩提心一ニ、父母所生ノ身、即証ス二大覚ノ位一ヲトモ云ヒ、法尓応レ住シ二普賢ノ大菩提心一ニトモ釈シ、天台ノ一念三千ノ妙観、花厳ノ一心法界、宗門ノ直指人心見性成仏等、皆是頓門ヨリ蓋障ヲ除ク法門也。是皆聖道門ノ除蓋障三昧ノ法門也。此上ニ、今ノ宗ノ除蓋障三昧義アリ。其名目無シト雖トモ義理ハ顕然也。般舟讃ニ云ク、門々不同ニシテ八万」(16ウ)四ナルハ、為レ滅ンカ二無明ト果ト業因一トヲ。利剣ハ即是レ弥陀ノ号、一声称念スルニ罪皆除ルト云云。是即、他力ノ除蓋障三昧ノ義ヲ釈ス。門々不同八万四ノ三昧ハ、漸教長遠ノ三昧也。利剣即是弥陀号ノ三昧ハ、一声ニ八万四千ノ蓋障ヲ打払フ易行頓教他力ノ三昧也。若尓者、彼諸教ノ一念超悟ノ除蓋障三昧ハ今ノ教ニ対セハ、彼漸教ニ摂スル歟、此頓教ニ摂スル歟ト云ニ、一往与テ云ハ、自力他力ノ差別アレトモ、彼モ凡夫地ヨリ超入如来寂静智スル故ニ頓教ナルヘシ。但シ頓ノ

勝劣ニメ論セハ、彼ハ自力ノ頓ナル故ニ尚劣也。今日、序題門ノ談義ノ如ク、花」(17オ)厳・法花等ノ頓教ハ観心ヲ宗トスルカ
故ニ、今ノ他力ノ頓ニ望レハ、猶漸ニ可レ属ス。諸教ノ頓ハ、雖レ頓ト機ニ還テ尚断証ヲ論スルカ故ニ、次位ヲ不レカ失セ故ニ、
宗門ノ円悟心要ニハ、二十重ノ次位ヲ判ス。即顕性大悟、大用現前等也。真言ニモ、後十六生成正覚トテ、十六大
菩薩ノ位ヲ明スニ、月愛三昧ノ喩ヲ借テ、初入ノ機モ仏智ヲ証スル事ハ、極位ニ隣(となル)ト雖モ、而モ其ノ智慧ノ明昧不同也。譬
ヘハ初月ノ光モ普天ニ遍ス。十五夜ノ月モ普天ヲ照セトモ、而モ明昧不同ナルカ如シ。花厳・天台同ク法界平等ニメ、無レク
可レモ説ク」(17ウ)無ト可レ示ス談スレトモ、而モ六即ノ位ヲ立テ、六相十玄ノ位ヲ判ス。菩薩ノ行位炳然也。観心得道ノ宗ナ
ルカ故ニ、初地初住ノ菩薩ハ雖レ証スト仏智ヲ、尚是因分ニメ不レハ及果分ニ、根性利者ト雖モ、究竟円極ノ仏果ノ悟リニ不
可及。而ヲ今ノ教ノ意ハ、常没無善ノ凡夫、漸頓ノ益ニ雖レ漏タリト、本願他力ノ名号ニ帰スル時、即便証得ノ現益ヲ
得、三障ノ雲自(オノツカラ)巻テ、捨身他世ノ当益ヲ得ル時キ、一切智慧波羅蜜ノ功徳ヲ具足スル事、如来ノ超日月光ニ斉シク、
一切ノ障難ニ不被礙(サヘラレサル)事、仏ノ無碍光ニ」(18オ)同シ。一毫ノ惑ノ品ヲモ雖不断セ、仏智ニ帰メ御名ヲ称スレハ、一念ニ除蓋
障三昧ヲ成メ、本来自性清浄ノ自心ノ浄体、頓ニ顕現メ、心性明於百千日ノ悟リ忽ニ顕ル、事、只是大願業力ヲ乗物トスル
故也。慧日照世間、消除生死雲トモ説キ、仏慧明浄日除世痴闇冥トモ釈ル此意也。此仏智ノ他力ニ帰スル意ハ、即
仏心也。故ニ経ニハ、是心作仏、是心是仏ト説キ、疏ニハ、彼此三業不相捨離ト釈ス。如此、大願業力ヲ乗物トスル
時ハ、衆生ノ善悪ニ目ヲ不係(カケス)、只願力ノ引ニ任ス。此故ニ、一切」(18ウ)善悪凡夫得生者、莫不皆乗阿弥陀仏大願業
力為増上縁也トモ釈シ、四十八願慇懃(ヲンコン)喚、乗仏願力往西方、娑婆永別更何憂、無間罪福時多少トモ演タリ。故ニ
今ノ教ハ頓中ノ頓也。自力ヲ乗物トスル時ハ、自心ノ智慧ニ明昧アル故ニ、頓モ尚漸ニ落ル也。爰以テ、我等衆生、昔大
通如来ノ十六王子、覆講(フクカウ)法花ノ座席ニアテ、円頓ノ法ヲ聴聞メ、一実無上ノ菩提心ヲ発シカ、観法ハ実ニ邪正一如ノ

妙解ナレトモ、機ニ還ル時キ、生死涅槃、昨日ノ夢未ルレ寤(サメ)故ニ、信楽慚愧ノ」(19オ)衣ノ裏ニ、一乗無價(價)ノ宝珠ヲ嚢(つつ)ミナカラ、空ク三千塵点ノ劫数ヲ送テ、于今生死ノ凡夫タリ。サレハ嘉祥大師、是ヲ釈メノ玉ハク、観心ハ微劣ナリ。煩悩ハ強盛ナルヲ以テ、退レメ大ヲ、流転メ輪二廻ス六道一ニ。而ニ舎利弗等ノ諸大声聞ハ、仏ノ在世ニ生メ、仏ニ値奉テ一乗ノ円珠ヲ顕シキ。我等衆生ハ煩悩賊害メ、今日マテ流転ノ凡夫タリ。宗家ノ大師、此ヲ釈メ曰ク、即自思念スラク、我身無際ヨリ已来(このかた)タ共レ他同時ニ発シレ願断レ悪行メ二菩薩ノ道一ヲ、他ハ尽ク不レ惜二身命一ヲ、行レ道ヲ進レミ位ニ、因円(まどか)ニ果熟メ証スルレ聖ヲ者」(19ウ)蹹(こへた)リ二於大地微塵一ニ。然ニ我等凡夫、乃至今日マテ虚然トメ流浪ス。煩悩悪障転々増多ニメ、福慧微々ナル「、若トシ下対メ二重昏一ニ之臨ム中明鏡ニ上也。忽ニ思(し)ニ忖(そん)スルニ此事一ヲ、不レ勝(た)ヘ二心驚キ悲歎一ルニ哉云云。而ヲ今ノ宗ノ意ハ、縦ヒ一念ノ下種ヲ不ムレ下サ薄地ノ凡夫也トモ、知識ノ勧メニ依テ、弥陀ノ願力ニ帰セハ、頓ニ仏智ニ可叶フ。今ノ三十七尊ノ中ニ、除蓋障菩薩、此煩悩業障ノ為ニ被レテ害、不ルカ二除蓋セ一為ニ、此三昧ニ住メ此蓋障ヲ除ク。即白払ヲ持テ御ス事ハ此義ヲ標ル也。安楽集ニハ、伊蘭栴檀ノ喩ヲ以テ、此ノ除蓋障三昧ノ」(20オ)義ヲ顕セリ。四十里ニ充(み)満(て)ル伊蘭林、花菓茂盛ニメ其香ヲカク者ノハ狂発メ即死ス。此中ニ一科(しな)ノ牛頭栴檀、纔ニ二葉ニ生スレハ、四十里ノ伊蘭、忽ニ栴檀ノ苟(香)ニ成テ、狂ヲ発メ死スル者ノ無カ如ク、衆生ノ煩悩ハ伊蘭林ノ如シ。六道生死ノ狂ヲ発メ、法身ノ恵命ヲ害ス。此ノ凡夫ノ心ニ纔ニ六字ヲ持得ツレハ、一声称念罪皆除スル事、一科ノ牛頭栴檀ノ四十里ノ伊蘭ヲ変メ、香美ト成カコトシ。而ハ二教相対メ与テ云フ時ハ諸教ノ頓ヲ許セモ、他力ノ頓ノ義立畢テ奪テ云時ハ諸教ノ頓ハ還テ漸教成也。サレハ彼大日経ノ」(20ウ)中ノ除蓋障ハ、浄菩提心ヲ観メ成スト説ケリ。而ヲ今ノ宗義ハ、浄菩提心ヲ実ノ如ク観達メ、究竟円極ノ無障碍智ヲ成就シ給ヘル仏ニ帰メ、他力ヨリ除蓋障三昧ノ義ヲ成スル甚深ノ法門也。

明暦三酉年五月十五日書之畢

江州栗太芦浦観音寺
舜興蔵（印）
以嵯峨二尊院本写之

（表紙）

浄土九番箱

観音寺

舜興蔵（印）

（見返）

曼荼羅聞書中台三 中台

（1オ）

金剛鈎菩薩

無天冠菩薩

或金剛梵香菩薩ト云

上品上生金剛台二人聖衆事

経ト与曼陀羅一相違事

（1ウ）

当麻曼荼羅聞書巻第三

金剛鈎菩薩事（三摩耶形持鉄鈎也／附初七日不動尊事）

今日ハ、逆修初七日ニ相当テ三十七尊ノ内ニ鉄鈎ヲ持シ玉ヘル菩薩ヲ讃嘆シ奉ルヘシ。即真言ノ三十七尊ノ中ニ、鈎・索・鎖・鈴、四摂ノ随一、金剛鈎菩薩是ナリ。千手経ニハ、鉄鈎ノ御手ヲ念スル者ハ、善神ノ擁護ヲ蒙ト云ヘリ。又是、召請ノ義也。諸仏菩薩、説法ノ時ハ此形ニ住ノ龍（ママ）天八部等ノ衆ヲ召請シ玉フカ故也。又只、対告衆ヲ召請スルノミニ非ス。一切衆生ヲ招寄セテ仏慧ニ令ル入義也。故ニ維摩経ニ、先以テ二欲鈎一ヲ牽ヒテ、後ニ令ムト入仏慧一ニ説ク。仍此」(2オ)鉄鈎ハ、布施・愛語・利行・同事ノ四摂ノ中ニ、布施ヲ以テ誘引スルカサシルシ也。又六度ノ中ノ檀波羅蜜ニ当レリ。是則、六度四摂等ノ万行ハ皆布施ヲ以テ入仏法ノ初トスル故也。序題門ニ、三檀等ク備ヘ、四摂斉シク収テ開二示シ長劫之苦因ヲ一、悟二入セシム永生之楽果一ニト釈スル。即、先以欲鈎一牽後、令入仏慧ノ意也。故ニ此菩薩ハ布施ヲ以テ衆生ヲ利ノ遂ニ仏慧ニ令レ入ラ義ヲ、金剛鈎ヲ以テ顕ス也。弥陀ノ四十八願、又此法門也。サレハ四十八願成就シ玉ヘル弥陀如来ノ御本意ニ任テ、十方ノ衆生ヲ彼土ニ引接スル相ヲ示シテ、此菩薩、此ノ三」(2ウ)摩耶形ニ住スル也。其故ハ、法蔵比丘、世饒王仏ノ所ニメ四十八ノ大弘誓願ヲ建畢テ、重テ三ノ誓約ヲ建ル事アリ。初ニ、我レ建ツ二超タル世願一ヲ、必ス至ン二無上ノ道一ニ、斯ノ願不ハ満足一セ、誓フ不レ成セ正覚一ヲ者、第十八ノ念仏往生ノ願ノ誓約也。十方三世ノ諸仏ノ中ニハ、未タ此ノ罪悪ノ凡夫ヲ摂メ、無為ノ浄土ニ令メ生セ、仏慧ニ令ル入一事無カ故ニ、超世ノ願ト云フ。次、我レ於テ無量劫一ニ、不下ハ為テ二大施主一ト普ク済中ハ諸ノ貧苦上ヲ、誓フ不シト成セ二正覚一ヲ者、無三悪趣不更悪道等ノ四十六箇ノ願ノ誓約也。次ニ、我レ至レラン二成ルニ仏道一ヲ、名声超ヘム二十方一ニ、究竟ノ靡（ナ）クハ所ロ聞一ク、誓フ不成セ二正覚一者、」(3オ)第十七ノ諸仏称揚ノ願ノ誓約也。十八生因ノ願成シ、無三悪趣等ノ願成ストモ、諸仏ノ称揚ナクハ、其義不可顕一ル。故ニ十七ニ称揚ノ願アリ。此願ノ意ヲ取テ、名声超十方等ト一云也。此中ニ第二ノ偈ニ、不為大施主普済諸貧苦ト者、十七・十八ノ両願ヲ除テ余ノ四十六箇ノ願、皆布施ヲ以テ衆生ヲ利セントイフ意也。貧苦ニ付テ、世間ノ貧苦・出世ノ貧苦アリ。世間ノ貧苦ト者、牛馬・六畜・衣食・眷属等ニ貧ヿヲイフ。出世ノ貧苦ト者、出離ノ資糧無クメ、悪道ニ堕スル者ヲ云也。此二種ノ貧苦ヲ共ニ済カ為ノ四十六ケノ願也。サレハ今生ニ於テ念仏ノ」(3ウ)行者ノ、如形ノ衣食資糧アルハ、偏ニ是レ大施主ト成テ世間ノ貧苦ヲ済フ弥陀願力ノ恩ト可思フ也。而ヲ彼ノ国ニ、或ハ三悪道アリ、或ハ他方ノ三悪道ニ更(カヘ)ラハ貧苦ノ至極也。三悪道モ無ク、他方ノ悪道ヘ更ルコトモ無カラント云ハ、貧苦ヲ済フ布施ノ功徳也。天眼・天耳・他心・宿命等ノ通力ナカランハ又貧苦也。是レ令レントラ有ライフハ即布施ノ行也。況ヤ第三十八衣服随意ノ願ニ、欲得衣服、随レ念ニ即至ラント云フ正キ布施ノ体也。又布施ニ付テ、財施・法施・無畏施ノ三アリ。財施ト者、宝ラ貧キ者ニ財宝ヲ施ス。法施ト者、仏法ニ貧キ者ニ法ヲ与フ。無畏施ト者、畏レアル」(4オ)者ニ恐レ無キ事ヲ施ス。一々ノ願ニ校メ可見ル。而ニ此ノ大施主ト為テ、諸ノ貧苦ヲ済フ願ノ意、即金剛鈎菩薩ノ布施ヲ以、衆生ヲ誘引ノ仏慧ニ令レ入ル三昧法門也。彼国ノ極妙楽事ノ鈎ヲ以テ愚痴ノ衆生ヲ引接スル故也。晨朝ノ讃ニ、願レ生ト何意ソ切ナル、正ク為ニナリ楽無レランカ窮リト云、又此意也。而ハ財宝ニ貧者ニハ衣服随念万物厳浄等ノ財宝、意ニ随ヒテ与ヘ、智慧ノ法雨乾ケル者ニハ、得弁・才智・弁無窮等ノ得忍、思ノ如ク叶ヒ、障難ヲ畏ル、者ノ為ニハ、無三悪道・不更悪道等ノ所望、願楽ニマカスヘシナト願スレハ、是先欲ノ鈎ヲ以、引テ後ニ仏慧ニ令レ入ル姿也。為ニ引カ二他方ノ凡聖類一ヲ、」(4ウ)故(ことさ)ラニ仏現二玉フ此不思議一ヲト釈スル、又此義ヲ顕也。如是聞ニ依テ我等カ欣慕ノ心ハ生スルヲ以テ、法然上人ハ、十八ノ願ハ正因ノ願、余ノ願ハ欣慕ノ願ト釈玉フ。欣慕ノ心ヲ生スルハ、即欲ノ鈎ヲ以テ引ク意也。彼土ヲ極楽ト名ルハ、是ヲ聞テ生ムト願ハセン為也。即先以欲鈎一牽ク義也。既ニ生ヌレハ、仏前ニ詣メ速ニ無生法忍ヲ証スルハ、即後ニ令入仏慧ノ義也。若シ衆生、自力ノ欲ニ住スレハ、三有ニ流転メ出期有事ナシ。諸仏如来有異方便ノ鉄鈎ニ任テ楽欲スル時ハ、一切ノ楽欲、不成ト云事ナシ。雖レ有ニ此楽事一、又仏道ノ障リト不成。故ニ、楽多ケレ𪜈無シレ廃ル「道ヲト云也。本願所成ノ極妙ノ楽事ナルヲ」(5オ)以テ見レハ色ヲ一皆真色ナリ。聞ケハ音一悉ク法音ナリ。皆是増進仏道ノ方便也。全ク三有流転ノ着楽ニ非ス。而ヲ無相大乗ノ人アテ、正見真実ノ教ニハ浄土モ無ク穢土モ無シ、諸仏モ無ク衆生モ無ト云ヘリ。是則、未タ大乗妙有不空ノ実義ニ不ス入、還テ是レ小乗偏空ノ失也。大乗ノ実義ト者、無ニ〆而モ有也、空ニ〆而モ不空也。何ソ実空実無ノ小乗ノ偏見ニ堕テ妙有不空ノ大乗ノ極理ニ不ル達哉。浄土ハ此ノ大乗妙有不空ノ荘厳也。サレハ論ノ注ニ云ク、出テレ有ヲ而モ有ナルヲ曰ニフ微(ミ)一ト。名能(よ)ク開悟セシムルヲ曰レフ妙ト。出レツト有ヲ者、謂ク出ルナリ二三有一ヲ、而モ有ナリト者、謂ク浄土ノ有也云云。此又涅槃経ニ、声聞之人ハ但見ニユ於空一ノミ。」(5ウ)諸仏菩薩ハ非ニス但見一レノミニ空一ヲ、亦見ニル不空一ヲモ。見ト者、即是レ二十五有ナリ。不空ト者、即大般涅槃ナリト説ク意ニ依レリ。彼ノ浄土ハ此涅槃ノ妙有不空ノ常楽ヲ以、荘厳スル土ナルカ故ニ極楽ト名ク。是以テ、浄土十方ニ有ケレ𪜈、西方ハ諸土ニ勝レ、仏ハ三世ニ御〔マシマ〕セト、弥陀ハ諸仏ニ超ヘタリ𪜈被レ讃メ也。其楽ノ中ニハ長寿ヲ以テ最トス。故ニ四十八願ノ中ニハ、仏寿無量眷属長寿ノ願ヲ建テ、阿弥陀経ノ中ニハ、彼ノ仏ノ寿命、及ヒ其人民、無量無辺阿僧祇劫ナリト説ケリ。而ハ当今、劫末ノ凡夫、誰カ彼土ノ極妙ノ楽事ヲ聞テ欣求ノ意ヲ不レン生乎。而ニ浄土ノ高祖曇鸞法師ハ、初ニハ」(6オ)四論宗ノ学者、相宗ノ賢哲也ナリシカ𪜈、後ニハ偏ヘニ浄土ニ帰〆専ラ念仏ヲ行シ玉ヒキ。其時、世俗ノ君子等、諌メテ云ク、大乗ノ極理ハ無相也。汝チ何ソ方便有相ノ教ニ留ル。又浄土十方ニ多シ、何ソ西方一方ニ限ル。仏三世ニ御ス、〔何ソ〕阿弥陀一仏ニ帰スル。是偏見也。邪見也ナト難詰セシヲ、答ニハ、実(まこと)ニ大乗ノ理ハ無相ナレ𪜈、我未タ道位ニ不レ入。若心ヲ一境ニ不置カ、一心ノ義難レシ成シ。草ヲ置テ牛ヲ引クニハ、心ヲ槽櫪(サウレキ/クサフネフミイタ)ニ係シムルカ如ク、浄土十方ニ有リ、仏三世ニ御セトモ、諸教ノ中ニ多ク極楽易往ノ義ヲ立テ、念仏易行ノ道ヲ勧メタリ。故ニ此教ニ入テ行スル也ト云テ、我身ヲ野飼ノ牛ニ」(6ウ)譬ヘ、極楽ヲ草ニ譬ヘ、浄土ヲ槽櫪ニ譬テ、草ヲ槽櫪ニ置テ、牛ヲ引ク位ニ願ヘハ生ル、教也ト得玉ヒキ。終焉之時ハ、龍樹菩薩ノ指誨ヲ蒙テ、臨終既ニ至レリト云事ヲ知リ、弟子三百余人ヲ集メテ香炉ヲ取リ、面ヲ西ニシテ念仏メ、即本意ノ如ク往生ヲ遂畢ヌ。三世已来ノ玄孫ノ道綽禅師モ又鸞師ノ風ニ帰メ、涅槃ノ広業ヲ閣テ浄土ニ帰メ往生ヲ被レ遂キ。又唐土ニ無為子楊傑ト云俗人アリキ。達摩ノ心要ヲ伝ヘタリシ得法ノ人也。雖然、偏ニ浄土ノ一門ニ帰メ往生ヲ願ヒシニ、未達二自己ノ本分一ニ放呵ノ禅師等、来テ諍ソヒ難セシカトモ、其心無レ改メ「、答云、汝、財」（7オ）色ヲ貪愛スル心ヲ以テ、移ツメ阿弥陀仏ヲ念セヨト。此土ノ財宝ハ速カニ磨滅ニ帰スヘシ。捨テ、即浄土勝妙ノ財ヲ貪セヨ。此土ノ色境ハ又無常ニ帰スヘシ。虚花・幻惑・詐相親ノ色法ヲ棄テ、極楽無漏ノ色身ヲ愛セヨ。若シ如レ此、心ヲ以テ往生ヲ願ハンニ、此心若邪念ニメ不レ生ト云事アラハ、我汝ニ代リテ地獄ニ可落ツ云ヘリ。俗ナカラ、イミシカリケル智者ナリ。又或人、達磨ニ問テ云ク、極楽ヲ念セハ可シ生ル乎。答云ク、正念ハ必生ス。邪念ハ不レ生ト。彼宗ノ人ハ正念ト者、無相ノ念也、邪念ト者、有相ノ念也ト思ヘリ。全ク不レ尓ラ。只是本願ニ相応スル心品・貪財・愛色ノ」（7ウ）心ヲ以生ヘシ。サレハ和尚モ、捨二厭シ娑婆一ヲ、貪欣セヨ極楽一ヲト釈メ、貪瞋ノ位ニイトイネカヘト勧メ給ヘリ、人トメ楽ヲ不ル願無シ。若此心アラン者、速ニ三界火宅ノ栖ヲ捨テ、宝楼宮殿ノ所居ヲ願ヒ、有為無常ノ財色ヲ棄テ、無為常住ノ法楽ヲ求ヘシ。此則、無相甚深ノ法ニ闇（くら）クシテ、常没流転スル有相執着ノ衆生ヲ、其心ナカラ厭ヒ欣テ、我ヲ念セハ、平等ニ摂化セント誓シ本願ノ素意ニ任テ生カ故ニ、有相定テ難キニ非ス云云。聖道門ノ中ニハ真言教ノシツライ、今ノ教ト相似ス。故ニ甚深無相ノ法ハ、劣慧ノ所ナリ不堪一。為ノ引二センカ彼等一ヲ故ニ、兼テ存ス二有相ノ説一ヲトテ、無相甚深ノ観解難キレ発シ」（8オ）衆生ノ為ニ不空常楽大乗金剛大曼荼羅ノ事相ヲ以テ引入スト教ヘタリ。此大曼荼羅ノ事相ハ、実相般若ノ深教ヲ会メ、而モ事相ニ立テタル故ニ、金剛幻ト名ル也。衆生ハ偏ニ実色実身ノ位ナレトモ、仏力加持メ、其ノ色声ニ不レ移サレ。今ノ曼荼羅ノ法門、又此位也。貪財・愛色・有相・執着ノ凡夫、此弥陀悲願力、無衰無変湛然常ノ法性無生ノ土ヘ入ヌレハ見色皆真色、聞音悉法音、不覚転入真如門ノ故ニ、仏ノ不二門ニ入ル。是ヲ、先以欲鈎牽後令入仏慧ト云ヘリ。此義ヲ顕ス鉄鈎ノ菩薩也。抑此鉄鈎ハ、何事ニ用ルソト云ニ、天竺ニ象ヲ調スル器也。此象ハ強力ニメ、牛馬」(8ウ)等ノ力ノ非所及一フ。野牛(此土ニ有牛也)七頭カ力ヲ合テ一ノ水牛ノ力トス。水牛七力ヲ合テ、一ノ凡象ノ力トス。凡象七カ力ヲ合テ一ノ香象ノ力トス。此大象ヲハ、手綱(タツナ)ヲ以モ不可調ス。鼻頬(ツラ)ヲ以モ不可随一。故ニ鉄鈎ニ鉄ノ柄ヲ長クツケテ、象ノ頭ラノ脳ニ打立テ、引ク時、象此ヲ痛ミテ即被ル、随ヘ也。此ヲ随フル人ヲハ象師ト云フ。仏ノ十号中ニ、調御師ト云フ名ハ此象師ノ義也。難調伏ノ衆生ヲ調伏スルカ故ニ、仏ヲ調御師ト名ナリ。今又如此、我等衆生ハ狂象ノ如シ。無始已来、六道ニ走リテ、其心仏法ニ不ルレ随ハヲ、本願所成ノ極妙楽事ノ鉄鈎ヲ以テ、引テ仏慧ニ令ル入ラ也。大師釈尊、楽ニ依テ悲化ヲ顕通シ、念仏ニ」(9オ)依テ成仏メ、還テ一切衆生ノ為ニ、此難信ノ法ヲ説ク時、六方ノ諸仏、面々ニ此事ヲ証誠シ玉ヘリ。此善巧方便ヲ象師ノ狂象ヲ調スルニ譬ヘタリ。此釈尊ノ巧方便ヲ、真言教ニハ金剛鈎菩薩トソ説出シタル也。サレハ釈尊ノ金剛鈎ハ衆生ヲ極楽ヘ誘引ス。此意ヲ顕サンカ為ニ、三十七尊ノ中ニ、金剛鈎菩薩ノ姿ヲハ連ネタル也。凡ソ諸仏菩薩ノ利生方便、弥陀ノ本願ヨリ不スト顕レ云事ナシ。故ニ極楽ヲハ諸仏ノ家ト名タリ。釈迦諸仏、悉ク皆浄土ニ有テ、三十七尊ト列坐メ、利生方便ヲウヌン(云云)メ、娑婆ニ八相ヲモ唱ヘ、十方ニ応化ヲモ垂ル、也。此皆、先以欲鈎牽後令入仏慧ノ」(9ウ)利益ナルヘシ。又智者ノ所見ハ、此法ニ於テ誹謗不信ナル者ハ、還テ疾ク此法ニ可キ帰ス者ト見ル也。譬ヘハ象師ノ、柔輭ナル象ニ於テハ必シモ鉄鈎ノ調伏ヲ不レ用、狂象ノ頭ラニハ必ス鉄鈎ノ調伏ヲ用ルカ如ク、諸仏菩薩ノ利生方便モ亦尓也。不信謗罪ノ者ニ於テ、弥ヨ鉄鈎益ヲ与ヘ玉也。次ニ阿弥陀経ハ八万法蔵ノ妙肝心、一代聖教之始経、出離生死最要ノ法、弥陀来迎メ得往生一スルヿヲ天台大師釈メノ玉ヘリ。次ニ初七日ハ不動明王、十王ノ中ニハ秦広王也。予修十王経ノ説也。今中陰七旬ニ配テ、十王中ノ七王菩薩ニ其本地ノ仏菩薩ヲ讃嘆シ」(10オ)奉ル。此則、聖道門ノ義也。今ハ弥陀一仏ノ変相万陀羅ノ功徳ヲ讃ニ、而モ彼仏菩薩ノ功徳ヲ悉皆可摂尽一ス。先ツ中陰ト云事ハ此ヲ捨テ、彼ニ至ル中間ノ程也。又ハ云二中有一ト。中有ノ位ニ形ヲ受テ暫ク住スルニ命ノ長短不同也。即須臾刹那ノ程ニ生ヲ受モアリ。七ケ日ニ生所定マルモアリ。七日ニ定ラネハ、或ハ二七日、或ハ三七日、乃至五旬七旬ニ定ル也。故ニ瑜伽論ニハ、四十九日ニ決テ得ト生縁一ヲ云ヘリ。又、極善極悪ニ無中有一ト云フ。中有ヲ在ル事ハ不定ノ機ニ約スル也。其中ニ初七日ヲ済度シ玉フハ不動尊也。今弥陀一尊ノ功徳ヲ讃嘆シ奉テ」（10ウ）而モ不動明王ニ会シ合ヘキ也。大方ハ真言教ニ五仏ノ教令輪身ニ五大明王ヲ配当スル事アリ。即、中央大日如来ニハ不動明王、東方阿閦仏ニハ降三世、南方宝生仏ニハ軍陀利夜叉、西方無量寿仏ニハ大威徳、北方不空成就仏ニハ金剛夜叉也。是則、五仏ノ皆印ヨリ使者ノ形ヲ現ノ魔界ヲ降伏スルヲハ教令輪身ト云フ。而モ其五大明王ノ菩薩形ヲハ正法輪身ト名ク。謂ク中央毘盧舎那仏ニハ大日如来、東方阿閦仏ニハ普賢菩薩、南方宝生仏ニハ虚空蔵菩薩、西方無量寿仏ニハ文殊師利菩薩、北方成就仏ニハ虚空蔵菩薩也。而ハ不動ハ大日ニ属スト云ヘトモ、今者」（11オ）此不動明王弥陀ト一体ナル義ヲ以テ可キ讃嘆一ス也。凡此不動尊ト者、第九識或第八識ヲ体トス。無相般若甚深ノ妙理ヲ指ノ不動ト名ク。此大明王ハ無シ有二所居一。但住スト二衆生ノ心性之中一ニ説ヲハ、第八観ニ諸仏如来是法界身入一切衆生心想中ト説クニ同シ。不レ捨二衆生一ヲ、常ニ居ス二一所一ニ。混二同ノ穢悪一ヲ悉ク令ムト二清浄ナラ一説クハ、真身観ノ念仏衆生摂取不捨ノ義ニ同シ。其中ニ不捨衆生常居一処ハ親縁ノ益、混同穢悪悉令清浄ハ増上縁ノ益也。サレハ、此尊ハ弥陀ト一体也。一坐無移亦不動ト云云。此義ヲ顕ス名号ノ万徳ヲ以テ不動明王ヲ奉レ造所入ノ火生三昧ハ名号ノ」（11ウ）智火無明煩悩ノ薪ヲ焼滅スル事ヲ標ス。所坐ノ盤石ハ、無量寿ノ法、本有常住ノ縁ヲ表ス。左ノ御手ニ絹索ヲ持シ玉ヘルハ、衆生ヲ誘引ノ取リ縛（ツナク）相、即名号摂取ノ益ヲ標ス。右ノ御手ニ利剣ヲ持シ玉ヘルハ、利剣即是弥陀号ノ義ヲ表ス。頂ニ八葉ノ蓮花ヲ戴キ玉ヘルハ、弥陀ノ三摩耶形、即芬陀利花正覚ノ浄花也。是則、弥陀一仏ノ功徳、諸尊ノ功徳ヲ尽ス故也。今此功徳ヲ以、秦広王ノ宮ヲ可奉貢(かさ)リ者也。

無天冠菩薩事

此三十七尊ノ中ニ、異相シタル菩薩一人御ス。余ハ皆宝冠ヲ着スル」(12オ)中ニ宝冠無メ髻(もとどり)ヲ放チタル菩薩是也。近来、仏師ノ中ニ宝冠可キカ有一ハケ〔ヲチ〕タルニコソトテ、宝冠ヲ着セテ図絵スル事ハ僻事也。多クノ菩薩ノ中ニ、此一菩薩ニ限テ、ハケ〔ヲチ〕タリト云義、不可然一ル。随テ本曼荼羅ニモ此形アリ。故ニ西山ノ上人ノ移シ玉ヘル第二伝ノ曼陀羅ニモ宝冠ナシ。付之、祖師、二義ヲ被レキ申。一義ニハ宝髻菩薩歟ト云云。経ノ中ニ此菩薩ノ願楽ヲ説クニ、我宝髻ヲ見ン者ニハ、無量ノ福徳ヲ令ント得一云云。サレハ態(ワサ)ト衆生ニ髻リヲ顕メ令レンカ見セ為ニ宝冠無之也。一義ニハ文殊歟ト云云。文殊ニ於テ、一髻ノ文殊・五髻ノ文殊ト云事アリ。皆是、童子ノ形ナリ。サレハ文殊師利童子トモ、文殊師利童真トモ名ル也。」(12ウ)十五歳以前、未タ欲法ニ不レル住セ位ヲ童子ト云フ。即、童男・童女ト云フ是也。而ニ一髻ハ一智ヲ標シ、五髻ハ五智ヲ表ス。一智ト者、無相般若ノ一智也。無相般若ノ体ハ平等、々々ニメ凡聖ノ高下モ無ク、迷悟ノ浅深ヲモ不レメ有、一体不二ニメ、惣メ差別ノ相ヲ不見。此無相ノ一法ヲ照ス智慧ヲ一智ト云也。如此、照見スル人ハ即此菩薩也。此義ヲ標メ頂ニ一髻ヲ戴ク、即平等門ノ法門也。五智ト者、一智ヲ開ケハ、大円鏡等ノ五智ト成ル。此義ヲ表メ、五髻ヲ戴ク、即差別門ノ法門也。サレハ一智五智ハ一法ノ開合、内証ノ本末也。此中ニ、今者、甚深般若無相ノ一智ニ約メ一髻ヲ織ル也。聖位経ノ」(13オ)中ニハ、自性及受用変化菩薩等、諸仏徳三十六皆同自性身トテ、一ノ法身ニ三十六ノ徳ヲ具ス。一ノ法身ノ徳ヲ三十六ト開ケハ、法界智ト現スト明ス故ニ、何レノ尊ト名ケテ称揚ストモ、不可有二相違一事也。其中ニ今ハ、文殊ト云義ニ付テ、可シ奉讃嘆一シ。即、所持ノ三摩耶形ヲ見ルニ、蓮花ノ香炉ニ梵香ヲ焼テ、仏ニ奉ル供養一シ威儀也。香炉ト者、文殊ノ身ニ当レリ。サレハ、文殊無相般若ノ智火ヲ以、戒定ノ香ヲ焼テ、弥陀及(およ)以ヒ三世ノ諸仏ニ供養スル姿也。即、法事讃ニ云、願クハ我身浄キヿ如ク香炉一ノ、願クハ我心如ノ二智慧火一ノ、念々ニ焚焼メ戒定ノ香一ヲ、供二養奉ラン十方三世」(13ウ)仏一ヲト云フ此意也。又此レハ文殊ニハ非ス、即三十七尊ノ中ノ金剛梵香菩薩ナルヘシト云フ一義アリ。若此義ナラハ、文殊ハ何クニ御座スト云ニ、仏ノ御後ノ左右ニ二ノ菩薩アリ。一人ハ梵篋ヲ捧ケ、一人ハ宝珠ヲ持ス。是則、如来ノ福智ノ二厳ヲ具足シ玉ヘル姿也。宝珠ハ福徳、梵篋ハ智慧ニ当ルカ故也。仏ト云フハ、此福徳・智慧ノ二ヲ以荘厳スル也。其中ニ宝ラノ珠ヲ持スルハ地蔵菩薩、梵篋ヲ持ツハ文殊菩薩也。梵篋ハ即梵教ナルヘシ。梵教ト者、無相般若ノ教ナリ。釈尊成道ノ後、大乗ノ空教ヲ説テ、諸ノ衆生ノ有相ヲ破テ無相ノ理ニ入玉ヒシハ此般若ノ梵教也。三世諸仏ノ成等」(14オ)正覚ト云ハ、即此法ヲ悟ル也。文殊ヲ三世ノ覚母ト云ハ、此梵教ノ主シナル故也。而ニ縦ヒ般若ノ智慧アリト云トモ、福徳無クハ利益衆生ノ義闕ケナン。故ニ宝珠ノ福相扶ケテ福智ノ荘厳満足スヘシ。此義ヲ標シテ、此二菩薩ヲ仏ノ左右ニ織ル也。極楽ノ珍宝荘厳モ此宝珠ヨリ流出スル所也。三十七尊ノ讃嘆略メ如此。抑此三十七尊ノ所座ハ、宗家ノ釈ニ対スルニ、百宝池渠会ノ分也。九品ノ往生人、皆先ッ仏前ノ百宝池渠会ニ入テ、教主世尊ヲ拝見シ奉テ後、宝林宝樹会ニ入リ、宝楼宮殿会ニ入リ、虚空会ニ登リ、無生法」(14ウ)食会ニ可入也。故ニ五会ノ中ニ初ニ此会ヲ挙タリ。仍五会ヲ以、此変相ニ合スヘシ。無尽ノ荘厳、略メ五会ニ摂シ尽スカ故ナリ。此土ニモ、サモトアル堂舎ニハ此儀式アリ。所ル謂、法勝寺ノ如キ、先ッ門ヲ指シ入リ見レハ池水アリ、宮殿アリ、林樹アリ。得道ノ聖人ニ非レハ、虚空ニ登ル事ハ無シト云ヘトモ、衆僧供養ノ分モアリ。即、大衆無生法食会ニカタトレリ。故ニ五会ノ儀式也。律院・禅院等ニハ、客僧出来レハ此ヲ摂シ入テ供養スル。即法食会ニ当レリ。仏ノ後ニ高キ机ノ上ニ衣裓（えこく）ニ花ヲ盛ナントメ、種々ノ飯食ヲ備ヘタルハ此大衆無生法食会也。而ニ仏ノ所座ノ蓮花ノ在所ヲ云ニ、」(15オ)観経ノ第七観ニハ、於テ二七宝ノ地ノ上一ニ、作セ二蓮花ノ想一ヲトテ、地ノ上ニ在リト説キ、龍樹ノ十二礼ニハ、金ヲ底トシ宝ヲ間〔マシ〕ヘタル池ニ生レセル花、善根モテ所レノ成ル妙台座ナリ。於彼座上如山王トテ池ノ中ニ在ト釈ス。変相ニ図スル処ハ池中ノ島ノ上ニアリ。経・釈・曼荼羅、三ノ相違、如何意得ルト云。雑想観ノ経釈、此義ヲ明タリ。経ニ、一ノ丈六ノ像ヲ在(お)ケ二池水ノ上一ニト説クハ龍樹ノ讃ニ符合ス。釈ニ、観レ像ヲ以表レ真ヲ、想レ水ヲ以表スレ地ト釈スルハ、池水花上ニ丈六ノ像ヲ令ルレ観セ、真仏ヲ見ム為ノ仮観ノ方便也ト顕ス。サレハ池水ト云ハ仮池・仮水也。此池水ヲ変メ彼真地ト成ンカ為也。而ハ」(15ウ) 池水ハ変メ真地ト成リ、像身ハ変メ真仏ト成ル位ヲ、経ニハ、於七宝地上作蓮花想ト説ク。曼陀羅ハ仮池ト真地ト真仮一体ナル義ヲ顕メ、池ノ中ノ地ノ上ノ花台ト図スル也。又池水ノ花ト観スル仮観ハ、即因分ノ法門也。地上ノ花ト観スル真観ハ即果分ノ法門也。因分果分別ナリト云ヘトモ、而モ因果一体ナル義ヲ変相ハ図スル也。而ニ此釈ニ、観メレ像ヲ以表シレ真ヲ、想テレ水ヲ以表スレ地ヲト釈スルハ、水観ニ既ニ見レ「水ヲ已リナハ、当シニ起ス二氷ノ想一ヒヲ。見ハ二氷ノ映徹セルヲ一、作セ二瑠璃ノ想一ヒヲトテ、水氷ノ仮観ト瑠璃地ノ真観ト真仮一体ナリト説ニ同キ也。此真仮一体ニ成スル所ノ宝地ノ上ニ於テ、経ハ、於七宝地上ト説ク。其ノ一体ノ義ヲ顕メ、変」(16オ) 相ハ池中ノ宝地ト織ル也。此界器世間ノ建立モ、下ニ風輪アテ其ノ上ニ火輪アリ。即車軸ノ雨フリテ、凝(こり)テ水輪ト成ル。其水輪ノ十六洛叉(ラク・シャ)ノ内、八洛叉ハ金輪ト成ル。次第ニ地輪ヲ成セリ。浄土ノ果報モ又此レニ想似タリ。先ツ宝池会ニ入ルハ、初入ノ因分、此ノ池水、次第ニ転メ無漏金剛ノ宝地ト成ル時ハ、即池水ノ衆転メ地上ノ衆ニ列ナル也。凡九品往生ノ衆位ノ浅深ニ依テ、水中宝地ニアリ。其中ニ上々品ハ、即悟無生ノ機ナル故ニ、宝地ノ上ノ金剛台ニ跪ヒテ、解脱ノ法衣ヲ着メ、授職灌頂ノ位ニ入ル相ヲ図ス。是ヲ讃ルニ、西方極楽ハ難シ思議一シ。渇メ聞二ハ般若一ヲ、絶ツレ思レ「ヲ漿(こん)一ツヲ。念レハ食ヲ無生即絶ツレ飢ヘヲ。一切ノ荘厳」(16ウ) 皆説クレ法ヲ。無クメ二心ノ領納一自然ニ知ル。七覚ノ花池ニ随テレ意ニ入ル。八背凝メレ神(たまし)ヒヲ会ス二一枝ニ一無辺ノ菩薩ハ為リ二同学一。性海如来ハ尽ク是師ナリ。弥陀心水ヲ沐キ二身頂一ニ、観音勢至、与テレ衣被玉フ。欻尓(タチマチ)ニ騰テレ空ニ遊ヒ二法界一ニ、須臾ニ授記メ号ス二無為一ト。如此、逍遥無キレ極リ処ロ、吾レ今不ハレ去、待ン二何ノ時一ヲカヤト云。彼土ノ衆生ハ自然虚無ノ身、無極ノ体ヲ得、段食ノ分ナシ。只法喜禅悦ヲ以テ食ト為。故ニ般若漿ツヲ思フヿヲ絶チ、無生食ヲ念コトヲ絶ト云ナリ。八背凝神ト者、八解脱ナリ。即宝池水ノ八味ナルヿヲ表ス。無辺菩薩ト者、三十七尊也。諸菩薩ノ惣体也。性海ト者、法性真如海也。花厳・法花・真言等ノ宗々ニ用ヒテ談スル所也。」(17オ) 其中ニ殊ニハ花厳・真言也。其ニ取テ、花厳ハ尚ヲ性海因分ヲ談ス。真言コソ性海ノ果分ヲハ談スレト、高野ノ大師ハ得玉ヘリ。今ノ師ノ意ハ、阿弥陀仏ヲ以テ性海如来ノ果徳トメ、一切得生ノ者ノ師ト為ス上ニ、弥陀ヲ法性真如海ト讃ルモ此意也。此ノ法性真如ヲ証スル仏ナル故ニ、弥陀ヲ性海如来ト名クルナリ。而ハ弥陀ヲ以、性海ノ体トスル時キハ、弥陀ノ外ニ別メ諸仏菩薩ヲ不可立一。皆是性海如来ノ内証ヨリ所ノ開出一スル仏菩薩也。而ニ密厳国土ヲハ顕宗ノ人師、高〔香〕象等ハ、八地已上ノ菩薩ノ所居・所見ト定テ、大菩薩等集会メ、此レカ為ニ性海ノ法門ヲ談スト得タリ。密教ノ意ハ密厳ノ花台ヲハ諸仏内証道場ト」(17ウ) 定テ而モ其中ニ四種法身等ノ異類異形ノ衆・三十七尊等集リ居メ、是ヲ以眷属トメ、性海内証真実ノ法楽ヲ受得スト得タリ。今ノ宗ノ意ハ密厳ハ即極楽也。サレハ弥陀ヲ性海ト讃メテ、彼宗ノ三十七尊ヲ宝地ノ上ニ列ネ置ケリ。此報法高妙ノ土ニハ、因分ノ功徳ヲ以ハ難レ入リケレハ、一念十念性海果徳ノ弥陀ノ名号ヲ唱テ、他力ニ乗メ究竟円極内証ノ道場ニ入テ、仏ト等ク究竟解脱金剛ノ身ヲ成スル頓教一乗ノ真門也。今、上々品金剛台ノ上ニメ一菩薩解脱ノ法衣ヲ授クル、即此儀式也。具縛ノ凡夫、名号ノ願力ニ乗メ前念命終後念即生シヌレハ、不空真実ノ弥陀内証ニ同メ、仏ト等ク大乗ノ法楽ヲ受ク。爰ヲ若念仏者、当知」(18オ) 此人、是人中芬陀利花、観世音菩薩大勢至菩薩、為其勝友、当座道場ヒ説ケリ。カヽル甚深ノ真門ナレハ、真宗叵（かた）ク遇、浄土之要難レ遇トモ釈スル也。無辺菩薩為同学ト者、同一念仏往生ノ人、互ヒニ為リ二主伴一、仏ト等同ナル三十七尊等ヲ同学トス。為得大利無上功徳ヒ説キ、諸上善人倶会一処ヒ説ク、此意也。弥陀ヲ師トメ仏前ニメ一菩薩ニ弥陀ノ心水ヲ身頂ニ灌〔ソ、カ〕レテ、授職灌頂ノ位ニ至ル。既ニ灌頂ノ位ニ至リヌレハ、欻（たちまち）ニ空ニ登リテ法界ニ遊ヒ、諸仏ノ御前ニメ成仏ノ記莂ヲ蒙ル也。無為ト者、仏果ノ名也。凡ッ灌頂ト者、四天下統領ノ転輪聖王、第一ノ太子ニ位ヲ譲ル時キ、龍神八部等、四海ノ水ヲ取リ来テ、太子ノ」（18ウ）頂ヲ灌ヒテ位ヲ授クル儀也。我等此土ニ有テハ、作着人皮ノ畜生也ト云ヘトモ、願力ニ乗ノ浄土ニ入ヌレハ、諸仏菩薩喜ヒテ、五智ノ心水ヲ首ニ灌テ、忽ニ仏位ニ補スル也。如此ノ妙益ハ只是本願力ノ故ヘ、念仏往生ノ故也。而ヲ此法門ヲ聞テ人思ハク、如此深義ヲ解知セン者、更ニ往生ノ此益ヲ可得一。我等愚痴ノ凡夫ハ此義ヲ不解一セ、剰ヘ破戒無慚也。往生ノ益猶難得一カルヘシ。況ヤ成仏ノ益ヲ乎云云。仏智ノ本願ハ不尓一、自リレ本ト衆生ノ智愚ニ依テ定ムル所ノ往生ニ非ス。衆生ニ替リテ願行ヲ円満ノ其願行ノ功徳無レ余ク（のこり）名号ニ摂（おさ）メテ一聞一称ノ衆生ヲ願力ニ乗テ浄土ニ往生ノ、忽ニ仏ノ悟ニ令レム入ト云本願也。譬ヘハ」（19オ）無キ二云フ計一リ田夫野客、王命ニ依ラハ殿上ヘモ可キカ登ル如ク、身ハ人身ナリト云ヘトモ、心ロ願力ニ帰セハ即内証ノ道場ニ入ランコト不可有疑一。只是無明煩悩被レ礙テ、自ラ仏智無碍ノ道ヲ疑フ也。生死ノ家ニハ疑ヲ以為二所止一ト、涅槃ノ城ニハ信ヲ以為二能入一ト云フ。誠ナル哉、斯言本願ノ信心ハ、先ツ機ヲ罪悪凡夫ト信ノ、次ニ定得往生ノ信ハ可シレ発一。能々可思之一ヲ。

上品上生金剛台二人聖衆事

上品上生ノ曼陀羅、中台ノ三十七尊ニ次テハ委細ニ讃嘆スヘシ。此上品ノ台ヲハ、経ニ金剛台ト説ク。已下ハ皆蓮花也。譬ヘハ花ハ因、実（み）ハ果也。金剛台ト者、此果実ノ値也。此台」（19ウ）未レタ熟程ハ花ニ覆ハレタリ。此ヲ云フ二合蓮花一ト。即下輩ノ蓮花是也。因分カ果分ノ功徳ヲ覆フ義也。至極ノ浅位也。中輩ハ開ル事漸ク速カ也。上輩ハ極テ速也。此則、果徳ノ至極スル相也。其中ニ此上々品ノ台ハ、花已ニ落テ果実許（ばか）リアテ、還リ花ニ成タル姿也。中間ノ諸位ハ朝ニハ開ケ、夕ニハ莟（ツホ）ム。至極熟シヌレハ、夕ヘニ至ントモ不萎（シホ）マ、還リ花ノ位ニ成テ、花実至極シヌレハ、金剛ノ体ト成ルヲ云フ二金剛台一ト也。即三世諸仏成正覚ヲ金剛座ト云フ。今ノ上々品ノ行者、此座ニ坐スルハ、位ヒ仏ト等同ナル義ヲ顕ス。此台ニ坐スル行者二人ヲ図メ、観音勢至与ヘテ衣一ヲ被法侶」(20オ)将レテモ衣ヲ競来リテ着ル形ヲ織リ顕スニ付テ不審アリ。其故ハ経ニ、若有テ二衆生一、願レハン生ント二彼国一ニ者ハ、発メ二三種心一ヲ、即便すなはチ往生ス。何等ヲカ為スルレ三一ト。一ニハ者至誠心。二者深心。三者廻向発願心。具二三心一者必生ル二彼国一ニト正因ノ益ヲ説テ、次ニ正行ノ益ヲ説クニハ、復有テ二三種ノ衆生一、当ニ三得二往生一ヲ、何等ヲカ為レ三一ト。一者慈心ニメ不殺具諸戒行一ヲ。二者読誦ス大乗方等経典一ヲ。三者修二行ス六念一ヲ等説テ、三人ノ往生ヲ明セリ。此ニ准セハ、変相ニモ三人ノ聖衆ヲ可レニ図ス二一人ヲ織レリ。観音ノ変相ト釈尊ノ金言ト相違ス。云何カ会スルト云ニ、此疑ヲ会セン事、嘉祥・天台・浄影・龍興等ノ」(20ウ)他師ノ料簡ニハ不可依一。自宗ノ祖師ノ釈ニ依ヘシ。其中ニ宗家ノ釈ニ此相違ヲハ明メタリ。但シ、西山ノ料簡無クハ、経・釈・変相不審ニテ可息(ヤム)也。散善義ノ釈ニ云ク、此ハ明ス二衆生ノ性習不同ニメ執レ「法ヲ各異一「ヲ。前ノ第一ノ人ハ但用テ二修慈持戒一ヲ為レシ能ト、次ノ第二ノ人ハ唯将モテ二読誦大乗一ヲ為レ是ト。然ニ戒即能ク持たもちテ二五乗三仏之機一ヲ、法ハ即薫二成ス三賢十地万行之智慧一ヲト云云。意ハ、同ク上々品ニ生スレトモ、機根万差ニメ、所修ノ行業異也。然トモ若シ徳用ヲ以テ比校スレハ、各々一能アリ。何レヲ是シ、何レヲ非スヘキニ非ス。万行ハ皆戒ヨリ成スル故ニ、能五乗三仏ノ機ヲ持テハ、持」(21オ)戒モ尊ク、一句ノ妙法ハ億劫ニモ難レク聞、万行ノ智慧ニ薫成スレハ読誦モ目出シ。二人共ニ殊勝ナレハ同ク一位ニ居ス。サテ第三ノ修行、六念ノ中ノ念仏ヲ釈スルニ、念仏ト者、専ラ念スルナリ二阿弥陀仏一ヲ。口業ノ功徳・身業ノ功徳・意業ノ功徳アリト云テ、六念ハ只一ノ念仏三昧ト顕ス。釈ノ本意ハ、持戒ノ人モ、読誦ノ人モ、能成ノ念仏無ハ不可生一。サレハ念仏ハ二行ノ惣体也。故ニ般舟讃ニ、上品上生ノ凡夫等ハ、持チ戒一念仏メ専ラ誦ス経一ヲ。上品中生凡夫等ハ、読誦念仏メ、専ラ持戒一ヲ等釈メ、念仏ヲ以九品ニ亘(ワタ)ス意モ此義也。念仏既ニ九品ノ通因ニメ、執法各異随縁受法ノ位ニ不可置一ク。」(21ウ)故ニ前ノ一人ハ修慈持戒ヲ以能ト為シ、次ノ第二ノ人ハ読誦大乗ヲ以是ト為ト釈メ、後ノ第三ノ人ハ修行六念ヲ以行ト為トハ不レ云ハ。此義ヲ顕ン為ニ、曼荼羅ニ只二人ノ聖衆ヲ織リテ、三人ヲハ不織ラ也。カク意得レハ、持戒読誦ノ二行ハ有ルモ無キモ不苦くるしか一ラ。往生ノ因ニ非ルカ故ニ。然レハ則チ経ト曼陀羅ト曽テ非相違一ニ。又此変相、和尚御釈ニ符合スルニ依テ、曼陀羅直〔タヽ〕人ノ所作ニ非ル分モ顕レ、証定ノ釈義、弥陀ノ直説ナル義モ被レ知也。而ニ此二人ハ、只多クノ人ノ中ニ、カヽル人二人アリケリト許ばかリ意得ハ、宗義ノハ幡〔タツ〕リセハ狭カルヘシ。今ノ二人ハ即諸教漸頓ノ二機、皆浄土ニ帰メ、可得益一スル事ヲ標スル也。其故ハ釈尊一代ノ機ヲ」(22オ) 機(衍カ)ヲ束テ摂スルニ、漸頓ノ二機ヲ不出一。此則、十方三世ノ仏化ヲ受ル漸頓ノ二機、難行ニメ不ル叶一ハ時ハ、弥陀ノ本願ニ帰メ、彼土ニ於テ其教益ヲ可ト成云宗義ヲ顕也。此二人漸頓ノ二機ニハ、如何カ当ルト云ニ、第一ノ人ハ漸機也。其故ハ、慈心不殺ノ一句ハ世福即チ人天ノ業也。具諸戒行ノ一句ハ人天声聞菩薩ノ戒ニ通ス。故ニ釈ニ、戒ハ能ク五乗三仏ノ機ヲ持〔タモ〕ツト釈セリ。此人、大菩提心ヲ発メ、人位已ニ定レル故ニ、自然ニ転ノ大戒ト成テ上品ニ往生ス。終ニハ大乗ノ機トナレトモ、已ニ廻小向大スル廻入ノ機ナルカ故ニ此漸機也。第二ノ人ハ頓機也。即大乗ヲ読誦スル、直入大乗ノ機ナルカ故也。此二機ヲ取テ、念仏ノ一門ヨリ浄土ニ摂スル意ヲ」(22ウ) 図スル也。六念ト者、念仏・念法・念僧・念戒・念捨・念天也。其中ニ戒・捨ハ法ニ摂シ、天ハ僧ニ摂メ、是ヲ三宝ト云フ。而モ其三宝ノ中ニ、法ハ仏ノ所修ノ法ヲ念シ、僧ハ仏ノ弟子ヲ念スル故ニ、三宝ハ只念仏ニ帰スル也。其念仏ハ即弥陀也。故ニ念仏ト者、専念阿弥陀仏口業功徳・身業功徳・意業功徳ト釈ス。口業功徳ハ口業讃嘆門也。身業功徳ハ身業礼拝門也。意業功徳ハ意業観察門也。此ヲ念仏三業ト名ク。此三念門ニ廻向・発願ヲ具メ念仏ノ五門ト名ク。廻向ハ々々門、発願ハ作願門ナルカ故也。故ニ讃ニ、上輩上行上根人乃至五門相続メ助ク三因ヲ一云云。五門ト者、今礼拝等ノ五門也。此五」(23オ) 門ヲ以テ三因ヲ助クト者、三因ハ三心ノ因、即念仏也。念仏ヨリ此五門ヲ開テ、還テ念仏ヲ助成スル也。依之、天親論主、此六念ノ念仏ヨリ、五念門ヲ開テ菩薩ノ要行ト為。念仏ノ五門ナレハ只是念仏也。故ニ五門ヲハ五念仏門ト釈スル也。サレハ此六念ハ頓教ノ菩薩モ修学スヘシ。故ニ花厳頓大ノ教ニモ六念ヲ教タリ。即善財大士、五十余ノ知識ノ中ニ、初メノ文殊、第二ノ徳雲、最後ノ普賢、皆念仏ヲ教ヘキ。其ノ普賢ノ十願ノ第十ノ廻向ノ文ニ、願クハ我レ臨テ下欲二命終一セント時上ニ、尽ク除テ二一切ノ諸ノ障碍一ヲ、面〔マノアタ〕リ見奉テ二彼仏阿弥陀一ヲ、即得三往二生スル「安楽国一ニトテ念仏ノ一門ニ帰ス。今読誦大乗ト云フ中ニ、花厳ハ頓教大」(23ウ) 乗ノ根本也。是ニ念仏ヲ勧ル、即頓機ノ浄土ニ帰シ念仏ヲ可証ス意也。次漸機ノ念仏スル姿ト者、仏、鹿野苑ニメ十二年ノ間、四阿含経ヲ説キ、四諦ノ理ヲ談セシハ、慈心・不殺・三帰・五戒等ヲ以所行トス。其機、方等・般若ヲ経テ法花ニ至テ廻心向大メ、大乗ノ機トナル時キハ、一称南無仏即往安楽国ト教ヘ入レキ。是則、漸入大乗ノ機ノ浄土ニ帰スル姿也。爰ニ知ヌ、諸教漸頓ノ二機ハ悉ク念仏ノ一行ニ依リ、弥陀ノ大願業力ニ乗メ、無生ノ本家ニ還レト教ヘタル教相ノ宗義也。故ニ今ノ変相ニ、上々品ノ二機、七宝ノ階ニ跪〔ヒサマツキ〕テ万徳尊容ヲ拝スル景色ヲ織ルハ、十方三世ノ一切ノ行者ヲ束テ」(24オ) 漸頓ノ二機トメ、皆悉ク浄土ニ可帰ス相ヲ織也。此二機、自力ニテハ、三福ノ諸善、煩悩賊害メ往生雖不可叶一、超世大願ノ不思義力ノ故ニ、金剛台ノ上ニ坐メ、一実ノ道ヲ聞テ、普賢ノ行願ニ悟入シ、須臾ニ受記メ仏ノ悟リヲ開クナリ。此ハ諸教漸頓ノ大乗ノ機ノ浄土ニ入姿也。今ノ教ノ本意ハ、漸頓ノ二機ヲハ、猶ヲ依心起行ノ位ニ押シ挙テ、此ニ漏タル仏法・世俗ノ二種ノ善根無キ一向行悪行・不修微少善ノ下輩ノ機、念仏一道ニ帰スレハ、直ニ報仏ノ果海ニ朝宗(ちょうそう)スル深義ヲ讃ス。故ニ、六念三昧ハ一品ニ不限一、九品ノ通因也。故ニ今、変相ニ修慈持戒・読誦大乗ノ二人ヲ織リテ」(24ウ) 修行六念ノ機ヲハ不ル織也。カ、ル他力頓教一乗ノ真門ナレハ、下機ヲ不簡一、我身下機也ト思知ラハ、弥ヨ念仏往生ノ信心可キ二開発一也。煩悩賊害ノ者ノ為ト説シハ、専ラ我等カ為ナリケリト深ク可レ信ス。而本所修業ヲモ修メ念仏メ生ヨト云ハ、尚是、執法各異ノ意ヲ顕ス。本願ノ素意ニ任セハ、只偏ニ念仏スヘキ也。故ニ漸頓二教ノ気分有人モ念仏メ往生シ、十悪五逆ノ重罪有ル人モ念仏スレハ往生スト云ヘハ、往生ハ只念仏也。サレハ漸頓ノ両門ハ実ノ道ニ非ス。又正門ニ非ス。只念仏ノ一門ノミ正門也。実道也ケリ。而ハ釈尊ノ観経ヲ説レシモ、雖説二両門一ヲ、意在リ専称ニ。南無」(25オ)阿弥陀仏ト唱テ、耆山ヘハ還リ玉シ也。仍十方ノ仏化ヲ受ル漸頓ノ二機モ、乃至下々品ノ悪人モ、此正門ニ帰セハ速ニ往生メ、上品ノ金剛台ニ乗シテ無生法忍ノ益ヲ得事、無疑者也。

以嵯峨二尊院本書之

明暦三年五月十六日書之畢

江州栗太芦浦観音寺舜興蔵（印）

（表紙）

浄土九番箱

観音寺

舜興蔵（印）

（見返）

曼荼羅聞書抄四　中台

（1オ）

二重花台事

覚鑁、定善三輩ヲ両部ニ配ル事

二乗往生ノ義ヲ決事

上中上下中上、三品聖衆事

中々已下五品聖衆事

鮮白比丘尼事

白色童子等事

新曼陀羅図絵事

五歳少児往生事

就白色一異義不同事

（1ウ）

上中・上下・中上、三品聖衆事二内宝池会ノ九品往生ノ中ニ、上々品ハ昨日讃嘆畢ヌ。已下ノ八品ハ、皆宝池ノ中ノ蓮花ニ坐ス。其ニ取テ、上品中生・上品下生・中品上生ノ三品ニ付テ子細アリ。其故ハ、上品中生・上品下生コソ、仏辺近クシテ左右ニ可キ坐スヲ、上品下生ヲハ仏ニ向ヘテ中ニ置キ、中品上生ヲ以、上品中生ニ対メ左右ニ坐メ、上品下生ヲ一階サケテ中ニ織レル意、不審也。又、上品中生ノ花座ト中品上生ノ花座ト、各二重ニ織ル事、不審也。如何ト云ニ、先、上品中生ノ花ノ二重ナル意ヲイハヽ、凡二重ノ花座ハ於テ真言教一ニ深キ習アレトモ、今ハ且ク置ク之。」(2オ) 顕宗ノ中ニ例証ヲ尋ルニ、梵網経ノ中ニ、我今盧舎那、方坐リ二蓮花台一ニ、周匝セル千花ノ上ニ、復現ス二千ノ釈迦一ヲ、一花ニ百億ノ国アリ、一国ニ一ノ釈迦イマメ、各ノ坐メ二菩提樹一ニ、一時ニ成玉ヘリト仏道一ヲ云々。文ノ意ハ、千葉ノ花実ノ上ニハ、盧舎那仏坐シ、葉上ニハ千ノ大釈迦居シ、葉中ニハ千百億ノ小釈迦坐シテ、各菩提樹下ニ坐メ成仏スト云々。付之、有人師、此経文ヲ得ルニ、千葉ノ大蓮花ハ即盧舎那仏ノ所座也ト判ス。太賢法師ノ意ハ不尓一。千葉ノ大蓮花ハ、只是世界ノ形也。同キ経ノ上巻ニ、此大蓮花ノ上ニ赫々タル天光獅子座アテ、盧舎那仏、其上ニ坐シ給ヘリト説ク故ニ、千葉ノ花実ノ」(2ウ) 上ニ、別ニ花座ヲ重ネタル也。仍盧舎那ノ所座ハ二重ノ花台也云々。今上品中生ノ花台ハ、盧舎那仏ノ所座ニ同スル意ヲ顕ス也。付テ之尋云ク、花蔵世界ノ花座ハ広大ナルヘシ。上品中生ノ所座ハ狭(サ)少ナルヘシ。何ソ其形相、々似セルヲ以、云二同シ物一ト乎。答云、此不審ハ事相執着ノ迷難也。凡ソ花蔵世界ト者、一切衆生各々ノ自性清浄ノ心蓮花開ル時キ、各々ノ所座ノ依報ノ形チト成ル姿タ也。今、極楽ヲ浄土論ニ花蔵世界ト釈スルハ、往生人各ノ花蔵世界ヲ可設意也。又、法花論ニ、妙法蓮花ヲ釈スルニ、一ニ」(3オ) 出水ノ義ト云ハ、舎利弗等ノ諸大声聞、妙法蓮花ノ悟ヲ開テ、其ノ蓮花ニ坐スル也云々。此則、花蔵世界ナリ。又、花厳経ニ、十方来ノ大士ヲ説ニ、仏ノ左辺ノ花蔵ニ坐シ、仏ノ右辺ノ花蔵ニ坐スト説ク。而ハ仏座モ花蔵也。菩薩ノ所座モ花蔵也。仍此ノ花蔵ハ、互為主伴周円無際ノ花蔵ナルヲ以、広略相入円融無碍ナレハ、彼ノ花蔵世界ノ花座ト、九品ノ花座ト只是同シ物也。仍弥陀ノ浄土ニ、九品ノ蓮台アリ。皆是三世諸仏、成正覚ノ所座ト可意得一。爰以テ覚鑁ハ、今経ノ」(3ウ) 定善十三観ヲハ金剛界ニ当テ、三輩九品ヲハ胎蔵界配テ、、九品往生人ハ胎蔵界ノ九尊也ト得タリ。サレハ今ノ上品中生ノ花座即花蔵世界ト云ニ、不可有異義一。爰ニ知ヌ、極楽ハ一切ノ世界ヲ摂スト云事ヲ。而ニ台上ノ姿タ許リヲ織リテ、葉上・葉中ノ儀式ヲ不ル織事ハ、可ト有其体一云ヘトモ、今ハ略メ不レト図、可意得也。勢至観ノ中ニ、此菩薩、諸国ヲ動揺スル時、蓮花世界顕現スト説クモ、花蔵世界也。而ニ今上品中生ノ蓮花、即花蔵世界也ト意得レハ、九品往生ノ座ハ成仏ノ道場也。仍二重ニ図スル事ハ此所座ノ」(4オ) 蓮花、即諸仏内証ノ道場ナル上ニ、往生人ノ別依ノ座可有意ヲ標スル也。次ニ中品上生ノ所座ノ二重ナルニ付テ、上品中生ハ大乗ノ行人ナレハ、其所座ノ蓮花ハ花蔵世界ヲ顕スレトモ中輩小乗ノ人也。二重ノ花座即花蔵世界ト不可云一。又上品下生ハ中輩ヨリモ高位也。何ソ変相ニ上品下生ヨリモ、中品上生ノ座席高キト云〔二〕、上輩・中輩相望重々ニメ互ニ勝劣アリ。其故ハ、上品中生ハ大乗人ナレトモ、或読不読ニシテ、其行劣ナレハ、花開モ一宿也。上品下生ハ、大菩提心ハ貴ケレトモ、大解大行ヲクレタル故ニ、花開ノ時分モ一日一夜也。大乗ナル方ハ、上」(4ウ) 輩勝レタレトモ、断証モ劣ニ行相モ不精一ナラ故ニ所座モ少ク、在所モ下タリ、花開ノ時分モ遅キ也。中品上生ハ、小乗ナル方ハ劣ナレトモ、戒行精進ニメ、断証ノ位進ムニ依テ、所座モ高ク大ニ、花開ノ時分モ上中・上下ニ超テ、蓮花尋開ト説ク故ニ、小乗ノ無学ハ上品下生ニ勝レテ、既ニ一国ノ主タル形ヲ顕メ、上品下生ヨリ上ニ織レルナリ。上品下生ハ亦信因果ノ人、善心数シハ〳〵退、悪法数起ノ劣機ナル間、未タ一国ノ主ト不レル成形ヲ顕メ、中品上生ヨリ下ニ織ル也。重テ難云、縦断証ニ約スレトモ、諸教ノ習ヒ、大乗ノ初心ハ小乗ノ極位ニ超タリト云。何ソ上品下生ヨリモ勝レンヤ。」(5オ) 随テ九品ノ次第モ小乗ハ中輩、大乗ハ上輩也。何ソ此位ヲ可乱乎。会メ云ク、実ニ大小相望スル時、大乗ノ初心勝レタル義ハ勿論也。九品ノ次第ハ、此ノ位ニ依ル。然モ小乗ノ当分ニ約レハ、自分ノ自性ノ蓮花開ク事、大乗ノ劣機ノ開悟ヨリモ勝レタリ。小機ナレハ位ハ中輩ニ居スレモ、断証行相強キ故ニ、廻心念仏ノ後ハ其位進ミテ、花開ノ早晩、以後ノ得益等、上品下生ニ超ヘタリ。花開已後ノ開悟ノ進退ハ、本所修ノ強弱ニ可依ル故也。而ヲ今ノ変相ニ、此形ヲ織顕ス時キ、本願他力ノ一乗ノ勝益、小機ヲ不阻一深義ハ顕ル、也。其故ハ、定性無余ノ小乗根性ノ者、願ニ乗メ往生ノ」(5ウ)進レミタル位ヒ形チ、殊ニ本願ノ世ニ超タルカサシルシナルヲ以也。此故ニ殊(ことに)賞翫シテ此相ヲ織ル也。然ハ天親論主モ、大乗善根ノ界ヒニシテ、等(ひとしくして)無シ二譏嫌ノ名一、女人及ヒ根欠、二乗種ハ不レト生讃テ、彼土ハ大義門功徳成就ノ土ナルカ故ニ、二乗往生メ而モ二乗心不生セ一。二乗ノ名モ体モ無ト云フヲ以、規模トスルモ此意也。注家此ヲ釈スルニ、不生ヲ者、他方ノ二乗、後ニ不レ生トイフニハ非ス。他方ノ二乗ノ二乗(衍カ)、彼ニ往生シヌレハ、還テ二乗心不生セ一、譏嫌ノ名体ヲ絶ヲ以テ、種不生ト云ソト釈ス。仍二乗ノ往生、甚深ノ義也。問云、若二乗ノ名無ト云ハ、何故ソ於テ二彼土ニ一立ル二」(6オ)二乗ノ名ヲ一乎。答云ク、論ノ注ニ、従リ本一立名ト釈ス。此土ニシテ二乗ナリシ故ニ、往生メ其二乗心不レ生トモ、本ノ穢土ニメ二乗ナリシヲ以、今尚二乗ノ名ヲ立也ト。難云ク、彼土ハ、既ニ云フ二大乗善根界一ト。従本一立名ヲ無ニ其詮一似タリ、如何。答云、誠ニ一切衆生、往生シヌレハ、大小ノ機ヲ不論セ一、大義門功徳ノ浄土ニ入テ、大乗ノ菩薩ト成レモ、尚ヲ本ト二乗成リシニ依テ、今往生ノ後、二乗ノ名ヲ立ル事ハ、弥陀超世ノ別願ノミ、此機ヲ済フ深義ヲ顕ム為也。其故ハ、二乗ハ空智ノ火ヲ以テ、大悲ノ種子ヲ煎(イリ)失テ永ク不成仏セ一。法花ニ至テ、二乗ノ」(6ウ)空執深カケレトモ、所具ノ仏性、金剛ノ如クシテ、不レ朽ヲ以テ、成仏ノ記莂ヲ与フ。雖レ然、此ハ尚ヲ、退大応化ノ声聞ニ当レリ。定性無余ノ二乗ヲハ、釈尊余国ニ於テ、更ニ異名アテ、法花ヲ説テ可シ済フ一ト説ク。爰ヲ龍樹ノ智論ニ、出二過メ三界ヲ一有リ妙浄土一、無シ二諸ノ煩悩一。諸ノ阿羅漢、当シニ生メ二其ノ中ニ一聞ク二法花経ヲ一ト釈ス。勝過三界ノ浄土ト者、極楽是也。故ニ天親ノ浄土論ニ極楽ヲ讃テ、観彼世界相勝過三界道ト云ヘリ。又宗家ノ釈ニ、灰身滅智メ無余ヲ証ス。二万劫尽テ復タ生レス心ヲ。々々覚動メ身還テ現ス。諸仏先ツ教テ発二シム大乗一ヲ云云。」(7オ) 此等ノ釈ノ意ハ、空見ノ闇ミ深キ定性無余ノ二乗、永不成仏一ト云ル、モ、本願力ニ乗メ、勝過三界ノ浄土ニ往生メ、報仏ノ説法ヲ聞テ、瑠璃明鏡ノ身ト成テ、空執ノ睡リ覚テ大菩提心ヲ発シ、成仏ノ益ヲ可ト得一也。仍無余ノ二乗発心成仏ノ義、本願ノ強縁ニ不ハ乗一セ、不ル可成意ヲ顕ス也。爰以、論ノ注ニ云ク、声聞ハ以二実際一ヲ為証一ト。計ルニ、不応(べか)ラ三更ニ能ク生二ス仏道ノ根牙(芽)一ヲ。而ヲ仏ケ、以テ二本願不可思議ノ神力一ヲ、摂メ令生彼一ニ。必ス当下ニ復以二神力一ヲ生中其無上道心上ヲ。譬ハ如下鴆(チン)鳥入レヌレハ水ニ、魚蜂(ホウ)咸ク死ス。犀(サイ)角触レルレハ之ニ、死セル者ノ皆活上ルカ。如此、不レルヲ可レ生ス而生セシム」(7ウ) 所以(コノユヘニ)可シ奇一トス。然ニ五不思議ノ中ニハ、仏法最モ不可思議也。仏能(よく)使ムメ声聞ヲ復生二セ無上道心一ヲ。真ニ不可思議ノ至リ也云云。廃種不生ノ二乗、実ニ本願ニ非ハ、何レノ教カ此ヲ救ハン。然ハ此中輩ノ二乗、仏性ノ種子悉ク廃失スト云ヘトモ、名号ニ帰シヌレハ、仏無量寿ノ徳和合シ、無上大利ノ功徳ヲ得ルカ故ニ、皆自性清浄妙蓮不染ノ徳ヲ開悟シテ、二重ニ開ケタル赫々天光、獅子座ノ上ニ坐スル相ヲ織ル也。此劣機ノ大小ヲ不レ論、念仏スレハ、願力ニ乗シテ、大義門功徳成就ノ土ニ入リ、花蔵世界ニ住メ、同ク正覚ノ花台ニ坐ス。何ソ小機也ト云テ」(8オ) 花蔵ニ不可坐一ス云ハン乎。凡ソ心内ノ妙蓮不染ノ徳ハ、一成一切成ナレトモ、未開悟ノ衆生ハ未レ知レ是ヲ。是ヲ令レンカ知ラ為ニ、釈尊出世シテ、種々ノ法門ヲ説クニ、門々不同ナレトモ、衆生ヲメ厭苦欣楽ノ心ヲ令レカ生セ為ニ非スト云事ナシ。其厭苦ト者、即此娑婆生死ノ苦ヲ厭フ也。其欣楽ト者、即彼極楽涅槃ノ楽ヲ欣フ也。既、厭苦欣楽スレハ即捨邪帰正ス。已ニ捨邪帰正スレハ、即莫レシ不レ云「帰二セ弥陀一ニ。故ニ法花ニ、若シ人散乱ノ心ヲモテ入二テ於塔廟ノ中一ニ、一ヒ称二スレハ南無仏一ト、皆已ニ成ス仏道一ヲト説ク。彼ノ経、即念仏三昧ヲ宗トスル意也。サレハ」(8ウ) 厭苦欣楽捨邪帰正ハ、即念仏三昧ノ体、妙蓮不染ノ徳ヲ開クニテ有ケレトモ、我等ハ乍備ヘ二此徳一ヲ、不知二其義一ヲ。退大応化ノ声聞ハ、此土ニシテ是ヲ悟リテ成仏ノ記莂ヲ得、定性無余ノ二乗ハ彼土ニ生メ仏前ニ詣シ、妙法蓮花ノ悟ヲ可シト開ク教ヘタル法花経也。而レハ此念仏ニ帰セン者ノ、一人トノ其不二ト成仏一ニ云理ハリ不可有一。例セハ涅槃経ニ説クカ如シ。若人好田ニ種子ヲ下メ後、此種子不ト可生一ロニ云トモ、其種子不生一事不可有ルカ如ク、大涅槃典（ママ）所説ノ常住ノ二字ヲ耳ニ触ム者ノ、我レ仏ニ不シトレ成ラ一云トモ、不ル成仏セ一事、曽テ不ト可有ル一云ヘリ。今又尓（シカ）也。無」（9オ）量寿常住ノ徳ヲ具足セル弥陀ノ名号ヲ聞クハ、仏性ノ種子ヲ聞ク位也。此名号ヲ聞テ後ハ、縦ヒ未領解ノ念仏ナリトモ、定性無余ノ二乗ナリトモ、合蓮花三昧ノ位ニテ、勢至菩薩ノ御手ニ被レ持（タモタ）一テ、可奉ル被二自愛一セ也。況ヤ又我等衆生、無始已来タ、六道四生二十五有ニ流転シツルカ、今、弥陀ノ本願ニ遇奉テ、無上功徳ノ名号ヲ持ツニ依テ、忽ニ人中ノ芬陀利花、当座道場ノ記莂ニ預リヌル事ハ、悦ノ中ノ悦也。譬ヘハ円頓ノ大戒ヲ説ニ、衆生受（うけ）ツレハ二仏戒一ヲ、即入ル二諸仏ノ位一ニ定也。既、此位ニ入ヌレハ、花蔵界ノ為（タラ）レン主シ事、不可有疑一。」（9ウ）生（イケ）ラハ念仏ノ功積リ、死（シセ）ラハ不疑ハ二往生一故ニ、於テ今生ニ無シレ思ヒ。来世ノ開悟無疑一。法事讃ニ、観音摂手入花台ト云フ。実ニハ彼ノ土ノ花台ニ既ニ坐シヌル思ヲ可レキ作也。

中々已下五品聖衆事

宝池中ノ上品中生・上品下生・中品上生、三品ノ人ハ昨日粗（あらあら）申述畢。又今日ハ、中品中生已下ノ五品ヲ可シ讃嘆一ス。其ニ取テ、中品中生ハ仏ノ左方ニアリ。中品下生ハ仏ノ右方ニアリ。此両品、宝地（池）ノ角ニ当テ、磯ニ寄セテ織テ、銘文ニ中品中生・中品下生ト書ケリ。」（10オ）下品上生・下品中生ハ又仏ノ左方ニアリ。下品下生ハ仏ノ右方ニアリ。其中ニ中品中生・中品下生ノ往生人ノ後ロニ各一人ノ聖衆アリ。何レノ品トモ銘セス。下品上生ハ別ノ子細ナシ。下品中生・下品下生ノ両品ニ於テ、又各白色・金色二人ノ聖衆ヲ図メ、中ニ下品中生・下品下生ト云フ銘アリ。此銘ハ何レニ可シトレ当ル一云事難シレ知リ。凡九品ノ往生人ヲ数ルニ惣メ十四人也。上々品ニ二人、池中ニ十二人アル故也。而ニ上々・中々・中下・

下中・下々ノ五品ニ、各ノ二人有ル故ニ、九品ノ外ニ五人ノ聖衆アリ。一人ナルヘクハ、何レノ品モ一人ナルヘシ。二人ナルヘクハ何レノ品モ」(10ウ)二人ツ、アルヘキニ、一人二人ノ不同アル事、大ニ不審也。此五人ハ九品ノ外ナリヤ、九品ノ内ナリヤ。有テ一義一可キ意得事也。縦ヒ義ヲ云ﾄﾓ、釈義ニ違カハ、不足ラ依用ニ。而者、釈義ニケ(シか)スラヒアリヤ。又余所ニ子細アリヤト云ニ、凡ッ此法門ハ散善義ノ曼陀羅ニ至テ云ヘキ法門也。然而、彼ノ修因、中央ノ曼荼羅ハ得果ノ相ヲ図スル故ニ、因果不レハ相離一、今其ノ得果ノ辺ニ約メ、中央ニ付テ此不審ヲ可キ明ム也。就中、上々ノ二人ハ先日述畢ヌ。中々已下ノ事、今可シ讃之ヲ。凡ッ九品ノ人ニ付テ連(アマタ)ノ義分アリ。先、三輩散善トテ、九品ノ人皆善人ニテ通ル一姿タアリ。」(11オ)釈ニ惣テ九品ヲ約束スルニ、従此一已下次ニ解ス二三輩散善一門之義一ト云フ此徹(轍)也。上輩ハ行福、中輩ハ戒福、下輩ハ世福、各就行差別分三品スレハ、九品正行ト成故也。而ヲ又下ノ釈ニ、中上ハ戒福上善、中々ハ戒福下善ト云テ次善ナシ。中下ハ世福上善ト云テ次善下善ナシ。上来上次下善ト云フ約束ニ依ラハ、道理トシテ戒福ニモ上次下善、世福ニモ上次下善可有一也。サレハ中々ニ二人ヲ織ルハ、一人ハ当品ノ戒福下善ノ機也。傍ノ一人ハ中上ノ戒福上善ノ人ニ対メ、戒福次善ノ人ニテ可キ有意ヲ顕ス也。而ハ戒福下善ノ人ヲ引」(11ウ)上テ、中々ニ織リツレハ、中下ハ只世福上善ノ一人ナルヘキヲ、二人織リテ一人余レル事ハ、既ニ中下ニアルヘキ人ヲ中々ニ畳ミ挙クレハ、又中々ノ人、中下ニ下ルヘキ意ヲ顕ス也。然ハ経ノ現文ハ上六品ハ善人、下三品ハ悪人ト見ユレﾄﾓ、又三福正因ヲ九品正行トメ九品共ニ善人ナルヘキトヲリ有カ故ニ、二人ノ聖衆ヲ織也。次ニ下上品ハ子細ナケレハ暫ク置ク。下中・下々ニ各ノ二人アリ。其中ニ花内白色ノ童子ハ残殃未尽花中合ト釈スル悪人、往生シテ六劫十二大劫花合ノ障リアル姿也。銘ハ正ク此ノ人ニ属ス。是ハ下三品ハ悪人往生ト云フ弥陀教ノトヲリ也。傍ノ金色ノ」(12オ)聖衆ハ九品皆善人往生ト云フ釈迦教ノトヲリニ約メ、花合ノ障リ無之意ヲ顕ス歟。但シ付テ之一大ナル不審アリ。其故ハ、中下ニアルヘキ、戒福下善ノ機ヲ畳ミ挙テ、中々ニ置カハ、中下ハ只一人ナルヘシ。二人ヲ織事如何。中下品ニ有二一人一歟、下々品ニ有二一人一歟ト云フニ、此レヲ会通スルニ有二二義一。一義ニハ更ニ中下ノ一人余レリ、中々品ニ有ル戒福下善ノ機コソ、即中下品ノ機ナレハ、中下品ニハ只世福上善ノ一人ナルヘシ。二人ヲ織ルヘキ事ハナケレトモ、前ノ中々品ニアル一人ハ、此品ノ人也ト知ラセン為、画様ハ絵ソラ事トテ、前ノ品ノ人ヲ重ネテ織ル也。故ニ下中ノ二人ニ、下々ノ」(12ウ) 二人ヲ具メ、惣メ池中ニ十二人ト可意得也。一義ニハ中下品ニ更ニ二人アルヘシ。二人ノ中ニ戒福下善ノ機ヲ当品ニ置キ、世福上善ノ機ヲ下上ニ下シテ、次第ニ押シ下シテ、下々品ノ外ニ一人ヲ余メ、弥陀教ノ位九品一致ニシテ、皆金色ノ聖衆ナルヘキ意ヲ標スル也。此義ヲハ且ク置ク。先ッ、下三品ハ善悪二行ノ文、前ノ十一門等云フ。先ッ此善悪ノ九品ノ義ヲ一通リ談メ、本願ノ不思議ヲ可シ顕一。凡曼荼羅讃嘆ノ詮句ト云ハ、此散善九品ノ変相ニ付テ、本願ノ不思議ヲハ可意得故也。談義ノ時申述カ如ク、能請・所請ノ義ヲ以、散善義ノ」(13オ) 曼荼羅ヲハ可意得一。其故ハ、散善ノ自体ハ出離ノ業ニ非ス。若離二レテハ択法一ヲ定テ無シ下余ハ能ク滅ル二諸ノ悲一ヲ勝方便上。智慧堅固ナラテ出離ヲ許ス事無シ。故ニ夫人得生ノ行ヲ請スルニハ、散ヲ捨テ、定ヲ取テ、教我観於ト請ス。観法ト者智慧也。但シ智慧ハ定散ニ通スレモ、散心ノ智慧ヲ以テハ障ヲ不除一カ。入室ノ燈ヒトテ風モ吹カス静カナル所ニ在ル燈ヒコソ、光モ円ニ周モ明ナル様ニ、定心ノ智慧ヲ以テ観法ヲ凝メコソト、夫人ハ思ヒ玉ヒシ故ニ、教我観於ノ請ヲ致ス。爰ニ釈尊、一切ノ機ニ定機アリ、散機アリ。偏ニ定ヲ不可説トテ、散善ヲ自開ス。散善自開ノ意ハ、」(13ウ) 如来出世ノ本意不ル及二定善ニ散機ノ為也。若夫人ノ請ニ答テ、唯定ヲ説カハ、散動ノ機ハ可シ漏一ル。凡如来出世ノ本懐ハ、一乗平等ノ智慧ヲ以テ、定散ノ二機ヲ摂シテ易行ノ門ヲ開カント思食之間、夫人ノ請ニ超テ、観心ノ乗分無キ微劣ノ散善モ、三世諸仏ノ浄業ノ正因ト開メ、定散ノ二機等シク可ト往生一スト顕ス也。雖然、序ノ三福ノ位ハ欲生彼国者ノ上ニ当修三福ト説テ、三世諸仏浄業正因ト引聖励凡スル間、一機ノ上ニ三福ヲ可キ兼行一スト旨ヲ説ク故ニ、善根ノ種子弱シテ三福ノ業並テ修スル事難叶次第ナル間、」(14オ) 示観縁ニ重テ顕開メ、為下メニ未来世一切衆生為ニ二煩悩賊之一所レ害者上ノ、説カン二清浄業一ヲト示ス。未来散動ノ根機、自力ニテハ難レ叶ヒケレハ、仏力ノ観門ニ入、願力易行ノ門ニ帰メ可ト往生一ス顕ス。即釈尊ノ本懐ノ所顕一ル也。故ニ、因縁極要利益処深シト云フ。夫人モ曠劫ニ未ル開カ所也。故、曠劫流転ノ凡夫タリ。釈尊モ成仏已来未ス説カ。不レハ説夫人モ不リ覚一ラケリ。今此仏力ノ門ヲ開ク時、夫人、未来ニ同ク未聞ノ益ニ預テ等ク可往生旨ヲ顕ス。其仏力ノ観門多レモ、真身観ヲ以要観トス。身ノ別相ヲ観メ見レハ、八万四千ノ相好光明、十方世界ヲ照ス。」(14ウ) 光中ニハ何ナル者ヲカ摂取スルト云フニ、十三ノ観法ニモ不堪、三学ノ福業ヲモ不修一、唯知作悪ノ機、但能ク念仏スレハ、親近二縁、平生ニ成メ、念々ニ所有ノ重罪消滅メ、臨終ニ、仏、聖衆ト来迎シ玉フ時キ、無量ノキツナ有レモ障リト不成シテ、迎ヘ取テ還リ玉フ時キ、仏ニ従ヒテ往生スル本誓重願成就ノ仏也ト見ル時キ、定善ヲ修メ生因ト為ト思シ心モタヲレ、散善ヲ行メ福業ト為ト思シ心モ蕩ケテ、罪悪ノ凡夫、正念ニ帰依スレハ、仏ノ願力ニ乗メ可往生一ト知ル時キ、煩悩賊害失此法財シツル定散ノ諸善ハ、悉ク三心正因ノ中ニ無行不成ト成メ、正因」(15オ) 正行ト成ル也。サレハ九品善人ノ往生、全ク是レ〔自力ニ〕果ス処ニ非ス。自力ノ時ニハ縦ヒ三福兼行スレモ、失此法財ノ故ニ難レシ生。専心ニ念仏メ願力ニ乗スル時、微少ノ世善マテモ往生ノ行ト成ル。世善尚尓也。況ヤ戒行ノ二福ヲヤ。凡此本所修ノ三福ノ諸善ハ、本念仏一乗ノ功徳ヲ開テ、機ニ随テ是ヲ与ヘケル故ニ、念仏ノ願力ニ帰スレハ、彼土ノ宝池ノ正覚浄花ノ中ニ生シテ、仏前ノ飾ト成ル也。仍三福ノ諸善、正覚浄花ノ種子ト成ル事ハ、偏ニ是念仏一乗ノ功徳也ケル故也。是則、善人往生メ、金色ノ聖衆ト顕タル位ノ法門也。而ニ此益ノ不思議ナルノミナラス、結句ハ孝養父母ノ微」(15ウ) 善モ無ク、小戒力微ノ少善モ無ク、但発道心ノ功モ無キ、十悪五逆具諸不善・応堕悪道経歴多劫ノ悪人、釈迦教ノ前ニハ、作着人皮ノ畜生ト被嫌シカモ、弥陀教ノ前ニハ、一念十念ノ名号ノ力ニ依テ往生シテ、如来正覚ノ花台ニ坐メ、不退無生ノ聖衆ト成ル事、一重ノ不思議也。サレハ懐感ノ釈ニハ、釈迦教ノ前ニハ法海ノ死屍タリト云ヘトモ、弥陀教ノ前ニハ下品中生ノ為リ二往生一ト云ヘリ。此レハ下品中生ノ人ヲ被嘆一タリ。凡釈迦教ノ中ニハ微少ノ善ナレトモ善心有ル者ヲ賞シ、年少ノ戒ナレトモ戒行アル者ヲ重ンス。三福無分ノ者ハ」(16オ)出離ノ期ナシ。而ヲ弥陀教ノ意ハ尚此機ヲ不レ捨下三品ノ花台ニ令ル坐也。故ニ恵心モ、極重悪人無他方便、唯称メ二弥陀ヲ一得レ生二ヲ極楽一ト釈玉ヘリ。是則、下三品ノ悪人、往生メ花中ノ白色ノ聖衆ト顕タル位ノ法門也。而ニ、世戒微少ノ善ヲ物立テ、中輩ノ花台ニ令ル坐セ事、諸教ニ超タル不思議ナレトモ、尚是ハ善ノ種子アレハ善所ニモ可生一ス。下三品ノ決定ノ悪道ノ機ノ、多劫苦ヲ可キ受ク者ノ、此ノ不思議利益ヲ蒙ル事、何レノ教ニカ如此ノ有ル巨益一乎。次ニ下々品ニ金色ノ聖衆一人余レルニ付テ、前ニ金色ノ聖衆ヲハ釈迦教ノ」(16ウ)位ニ校シ、白色ノ聖衆ヲハ弥陀教ノ位ニ交スルニ付テ、六劫十二劫花中ニ有モイフセク覚ユ。此花頓ニ開クル法門ハ有マシキカト云ニ、彼土ハ是悉皆金色ノ本願所成ノ国也。一念十念ノ力ニ依テ彼土ニ生シヌレハ、悉ク紫金ノ妙体ト成ル形ヲ顕メ、九品ノ外ニ一人ヲ図メ、弥陀教ノ前ニハ、九品ノ差降、花開ノ早晩無事ヲ顕ス也。前キニ善人悪人相対メ下中・下々六劫十二劫、花合ノ障リ有リト云モ、猶是釈迦教ニ附順スル抑止ノ方便也。花合ノ障リ即抑止門也ト云事ハ、下々品ノ釈分明也。而ハ方便教門ノ時ハ、下三品ノ罪人花合ノ障リ有ト云ヘトモ、実義ノ前ニハ花合ノ」(17オ)障リ無之。上中二輩モ亦尓也。九品ノ無差別也。証拠ヲ尋ルニ、法事讃ニ、衆生々ル者ハ、皆是レ阿鞞跋致ノ文ヲ受ケ釈スルニ、九品倶ニ廻メ得二不退一ヲ、阿鞞跋致即無生ナリト云。是則、九品ハ少キノ無差別一モ。花合ノ無ク障リモ一生ヌレハ一種不退ト讃ムル也。大経ニハ、諸有(アラユル)衆生、聞テ二其名号一ヲ、信心歓喜シ、乃至一念至シレ心廻向メ、願生彼国、即得テ二往生一ヲ、不退転ニ住スト説ケリ。即九品倶会得不退ノ文ト同シ。サテ次下ノ三輩ノ文ニ、三輩共ニ一向専念ノ正業ヲ以テ往生スト説クニ、上輩ハ自然ニ化生メ住二不退転一ニ、智慧勇猛ニメ神通自在ナリト云。中輩ヲハ次テ上輩ノ者ノ如ト説キ、下輩ヲハ次テ」(17ウ)中輩ノ者ノ如ト云フ。此三輩ハ観経ノ九品ニ同メ、一品不退ノ義ヲ顕ス也。而ニ乃至一念ト云ハ何クヲ説クソト云フニ、本願ノ乃至十念ノ意義ヲ顕ス也。其故ハ本願ノ乃至十念ノ意ノ中ニハ、乃至一念ノ義ヲ含カ故ニ、願成就ノ文ニハ乃至一念ト説ク也。サレハ此本願ノ乃至十念ヲ受テ、観経ニ逆者具足十念ト説ク意ハ、又逆者一念往生ノ義ヲモ含タリ。故ニ五会讃ニ、十悪五逆ノ至レル愚人ノ永劫沈輪メ在ルヘキモ久塵ニ、一念称シ得ツレハ弥陀ノ号ヲ、至テ彼ニ還テ同シ法性ノ身ト云云。法性無垢ノ膚ヘ仏ト等シキヲ真金妙色ノ形ト云フ。法事讃ニ、十方ノ凡聖専心ニ向ヘハ、分テ」(18オ)身ヲ遣メ化ヲ往テ相迎ヘシム。一念乗メ空ニ入ヌレハ仏会ニ、身ノ色モ寿命モ尽ク皆ナ平〔ヒト〕シト云フモ皆此意也。依カ本願力ニ故ニ、仏ト同ク法性ノ浄身ヲ得ルヲ、尽皆平ト云也。此益ヲ得ルヲ往生ノ至極トス。而ハ下中品ニ二人ヲ織レルハ、善悪二行ノ姿ヲ顕シ、下々品ニ二人ヲ織レルハ権実ノ二義ヲ顕ト可キ見也。サレハ下々品ノ極悪最下ノ罪人、直チニ三世諸仏成等正覚ノ道場タル正覚浄花ノ上ニ坐スル事、九品ノ次第ニ約スレハ悪人也ト被レ下シカトモ、正覚浄花ノ実義ヲ顕ス方ヨリ見レハ、上々品ノ善人ノ高位ナリシハ、尚是随縁雑善ノ形也。下々品ノ罪人ハ、実義ニ約レハ」(18ウ)遙ニ勝タル也。雖然、方便ノ方ニ約メハ、九品ノ次第ヲモ立テ、花合ノ障モ有ヘシ。故ニ花内白色ノ形ヲ図スル也。是則、他方凡聖類ノ意也。九品ハタ、一種不退トノミ拝マハ、他方ノ凡聖類悪無碍ノ可キ有難処ヲ対治セン為ニ此相ヲ顕也。銘文ハ正ク此人ニ当ル也。サレトモ実義ノ辺ハ九品ノ次第無ク、花合ノ障リ無シ。為ニ顕ンカ其意ヲ、無キ銘金色ノ聖衆ヲ別メ九品ノ外ニ織ル也。

白色童子事

九品ノ蓮花往生人ノ位ノ立テ様、昨日讃嘆シ畢ヌ。宝池会ノ荘厳ノ中ニ、下中・下々ノ聖衆、其外処々ノ白」(19オ)色ノ童子アマタアリ。今日ハ此ヲ可讃嘆ス。而ニ此白色ノ童子ニ付テ、世間ニ弥陀ノ本願ハ悉皆金色〔ト誓ヘリ〕云云。彼土ニ既ニ白色アリ。本願不ルニ成セ似タリ。本願ト変相ト相違スト云難アリ。此難ヲ承テ極難ト思テ、当世本寺ノ変相ヲハ、カリヤスヲ以綵色カヱ、中尊ノ御唇ヒルヲ朱ヲ以綵(いろ)トレリト二云風聞アリ。無キ勿体一僻見也。西山ノ上人以前、建保ノ比、後鳥羽院ノ御時、本寺ノ執行僧、遁世ノ恵阿弥陀仏ト号ス。此人ノ写セル曼陀モ童子ハ白色ナリ。其ト云ハ、有ル翁、熊野山ヘ年詣ヲシケルニ、有時夢ニ権現示メ言ク、我栖ハ当麻寺是也。何ソ身ヲ疲カシテ、遙ニ」(19ウ)是マテ参詣スルト云云。自レ是後、此翁サテハトテ熊野参詣ヲ止テ、一向ニ当麻寺ニ参詣ス。于時ニ、彼執行此事ヲ聞テ随喜シテ云ク、当寺ハ是レ曼荼羅所安ノ道場、即弥陀ノ浄土也。権現ノ御本地亦是弥陀ナリ。権現ト変相ト一体ノ御事ナル故ニ、此夢相アリトテ、随喜ノ余リ当寺ノ曼荼羅回禄ノ後ノ為ニ、長〔タケ〕幡(ハタハリ) 本曼荼羅ニ不違一写メ奉レラント置一キ願ス。于時、熊野山ニ参詣メ下向ノ時キ、道ニ光親(ミツチカ)ノ卿ニ逢タリケルニ、我ニカヽル願アリ。此様ヲ奏聞シテ給々(ママ)ヘト申合セケル。依テ終ニ所願成就メ、写メ当寺ニ安置ス。其ニモ白色ナリ。又」(20オ)建保以前七十年ノ前ニ、寺僧ナニカシトカヤ、三方ノ縁(ヘリ)ヲ略メ中央ハカリヲ写メ置ニモ白色也。亦智光ノ曼荼羅ニモ白色ノ童子是アリ。然間、西山上人、大小十三舗ノ〔曼陀羅ヲ〕書テ、都鄙有縁ノ道場ノ本尊ト被レシ弘ニモ、白色ニ書テ深義ヲ被レキ談。而ニ本寺ノ曼荼羅ヲ拝見スルニ、白色カキハミテ黄色ニ見(みゆ)ル也。其ト云ハ、昔ハタヤスク開ク事ナカリケルヲ、近年参詣帰依ノ人繁(しげき)ニ依テ常ニ開ク間、香ノ煙薫(フスボ)テス、ケ給ヘル色ナリ。然ニ白色ノキハミタルト金色ノス、ケタルトハ其色ニ浅深アリ。地ノ色・閻王ノ白馬・阿難・韋提等、皆同シ色ニウスキ也。本ト金色ナル三十七」(20ウ)尊等ハ其色コシ。然ハ同シ色ナル物多キ中ニ、童子計ヲ金色ニ成ス事比興也。若尓ハ地ノ色モ白馬色モ皆金色ニ可作一ス。此則大ナル偏頗ナリ。而今付テ二白色ニ有リ二多義一。一義ニ云ク、白色ハ花内ノ色ナリ。下中・下々ノ相是ナリ。本願ハ、花開以後、仏前ニ詣シ大会衆ニ入テ、列坐聞法ノ時ヲ指メ、悉皆金色ト誓フ故ニ、此白色本願相違ノ無レ過也。何以カ花内ノ色ハ白色ナリト知ト云フニ、経釈ノ明文アリ。経ニハ上品中生ノ文ニ云ク、此ノ紫金台ハ如大宝花一ノ、経レテ宿ヲ即チ開ク。行者ノ身、作ナル二紫磨金ノ色一ト云云。釈ニハ、定善義ニハ、帯二メ惑疑一ヲ生ル、「ハ花未レ発ケ。合掌籠々トノ喩レフ処レルニ胎ニ。内ニ」(21オ)受ニテ法楽一ヲ無ニ微スコシキノ苦一、障リ尽テ須臾ニ花自開ク。耳目精明ニメ身金色ナリ云云。又云、或ハ因ニテ大悲ノ菩薩ノ入ニ玉フニ開花三昧一ニ、疑障乃除テ宮花開発シ身相顕然ナリ云云。サレハ花内ノ色ハ已ニ金色ニ非スト聞ヘタリ。若尓ハ、下上品ノ花内モ白色ニ可レ織ル。何ソ不ルト然云ニ、下中・下々ハ経劫久ニ付テ白色ニ織レリ。下上ハ只七々日ニメ経劫ニ非カ故ニ、且ク是ヲ不レル織歟。一義云ク、白色ハ此レ辺地ノ花内ノ色ナリ。報土辺地修因相替ト云ヘトモ、花合ノ相既ニ同シ。報土得生ノ人既ニ花内ノ色ハ白色ナリト云フ。辺地ノ花内又可レ尓。前々所引ノ定善義ノ釈、又即此義ノ証拠也。」(21ウ)本願ハ仏前ニ進テ、大会衆ニ入ル時ヲ指メ、悉皆金色ト誓フ故ニ、本願相違ノ無レ過也。一義云、白色ノ童子ハ是仏ノ化現也。宝性論ニ、仏ケ現ニス嬰児一ト云フ、即此意也。宝地ノ上ニ歌舞シ、水ニ挊テウチ、花ノ上ニ戯タル是ナリ。此ハ彼土ノ荘厳周備セン為ニ、仏殊更ニ此相ヲ示現ス。為ニレ引ニンカ他方ノ凡聖ノ類一ヲ、故ラニ仏ケ現ニス此不思議一ヲ。他方ノ小児ヲ引導セン為也。其故ハ、仏殊更ニ白色少児ノ相ヲ現メ、彼土ニ遍満メ管絃歌舞シ、遊戯快楽シ給フニ依テ、善知識即少児等ニ対メ、汝等彼土ニ往テ彼等カ如ク」(22オ)遊ヒ戯レントト思ハ、今速ニ念仏シテ可往生一スナント懃ニ勧メハ、其勧メニ随テ念仏往生ノ益ヲ可得。此益ヲ成センカ為ニ、仏此相ヲ化現シ給也。而ハ観音ヲ如紅蓮花色ト説トモ、悉皆金色ノ願ニ背ク難ナク、彼土ハ無ニ三悪趣一ト誓トモ、化鳥等ノ類アルニ本願相違ノ無レ過カ如ク、白色ノ童子現ニ仏ノ化現ナレハ本願相違ノ無過者也。先年比、五歳ノ少児往生シタル事アリ。此少児ノ病中ニ善知識ノ僧、即此曼荼羅ヲ見セテ、念仏シテ彼ニ往生セヨト懃ニ勧ケレハ、少児」(22ウ)此変相ヲ拝見シテ喜テ疾ク仏前ニ詣リテ、此苦身ヲ捨テ、遊ハント云テ、自レ其以後、無レ間〔ヒ〕マ念仏シケルカ、正ク命終ノ時ハ仏前ノ礼盤ノ前ニ近付ヨテ、自ラ礼盤ニヒチヲツキテ、鐘木ヲ取テカネヲ打テ念仏ス。祖父等不思議ノ事也ト見ル程ニ、如此念仏百反唱テ、礼盤ノ上ニ頭ヲ付テ往生シケリ。サテ其死骸ヲ荼毘シケレハ、仏舎利ノ如クニナリヌ。其後七日毎ニ彼カ念仏セシ道場ノ雨垂ニ少蓮花生ス。七日毎ニ生スレトモ前ノ蓮花モ不萎（シホマス）、一所ニ同ク生ト云。」（23オ）サテ少児カ祖父、日来ハ大罪人ナリシカ、此事ヲ見聞ノ発心出家スト云。一義云、白色ハ是他方来ノ聖衆也。本願ハ自土ノ聖衆ニ約ノ金色ナラント誓フ。他方〔来〕ノ色ヲ不可妨一。故ニ本願相違ノ無レ過也。即宝池ノ上ニ衣裓ヲ持テ歩ミ虚空ヲ飛フ類、宮殿ノ中ニ住スル等是也。乃至、普賢菩薩ハ勝蓮花世界ヨリ来リ、文殊師利ハ金色世界ヨリ来ル。其色ニ白色相雑（アヒマシハ）レル是也。問云ク、色ニ多種アリ。青赤黒等ナリ。何ソ本相ニテモ化現ニテモ金色ニ非スノ白色ナルヤ。答云」（23ウ）白色ハ衆色ノ本也。一切衆生自性清浄本覚仏性ノ心蓮ハ其色白色ナル此意也。是ヲ妙法蓮花経ト説ク。念仏ノ行者ヲ芬陀利花ト云モ、念仏スレハ此妙理ヲ証スル故也。終焉ノ夕ニハ、即此花ニ乗ノ往生スル也。此ノ深義有カ故ニ尤可ニ白色一ナル。問云ク、若尓者（もししからば）、何カ故ソ本願ニハ白色ヲ捨テ、金色ヲ取テ悉皆金色ト誓ヤ。答云、因果ノ差異也。白色ハ因色、金色ハ果色ナルカ故也。サレハ本覚仏性ノ因徳ハ一切衆生平等ニ具足ノ雖レ無闕減一、其位因分ニノ未レ至ニ果位一ニ。而ハ弥陀如来」（24オ）始覚窮満ノ悟リ開テ、仏智ノ名号ヲ以、衆生ヲ度ル時、因徳転ノ果徳ト成テ大会衆ノ中ニ入リ、身色寿命尽皆平ナル位ニ約ノ、悉皆金色ト誓也。故ニ因色ヲ捨テ果色ヲ取テ本願ト為スル也。仏ヲモ霊儀相好身金色ト讃タリ。普賢ハ一乗ノ因分ヲ主カ故ニ白色ナリ。文殊ハ一乗ノ果分ヲ主カ故ニ金色ナリ。抑又白色ノ童子ノ中ニ天衣ヲ着スルモアリ、不着モアリ。何事ノ表示ソト云ニ、衣ヲ不ハ着、是無慚愧ノ衆生ノ念仏ノ往生シタル形ヲ顕也。三界ノ内ニモ色界ノ天ハ有ニ慚愧一故ニ天衣ニ嚢（ツヽマ）レテ」（24ウ）生ス。故ニ倶舎論ニ云ク、与レ衣倶ニ生ス、慚愧増ナルカ故ニト。欲界ノ人天ハ共ニ裸形ニテ生ス。無慚愧一故ナリ。在世ニハ鮮白比丘尼、滅後ニハ尚那和須、衣ヲ着ノ生（しょうじ）キ。舎衛城ニ一ノ貧女アリ。一人ノ女子ヲ生ス。其色白ク厳（いつくし）カリケルヲ以、其名ヲ号ス鮮白一ト。又白氎（ヒヤクテウ）トテ白絹（キヌ）ノ上品ナルヲ着ノ生ル。成人スルニ随テ其衣長ク成ケリ。歳漸ク長大ノ十六ニ成ケレハ、父母偸（ひそか）ニ可為（ス）レ娶（ムコトリ）一様ヲ云シケリ。女子聞テ之云ク、我レ都（かつ）テ世間ノ愛欲ノ事ヲ思ハス。只望ラクハ出家ノ仏ノ御弟子ト為テ後生ヲ願ント思フ。何ソ我ヲ以他人ニ」(25オ)合セント為ルヤ。父母聞レ之ヲ愁歎不レ少、種々ニ是ヲ誘（コシラ）フレトモ、敢テ承引ノ言ナシ。弥出家ノ暇ヲ乞フ。父母制スルニ無レ力メ終ニ此ヲ許ス。但シ初テ出家スルニハ五衣ヲ可シ具足一ス。五衣ヲ作テ令レント着云ニ女子云ク、我カ所着ノ白氎変メ五衣ト可レ作ル。別ノ五衣ヲ不可用一。只速ニ此姿ニテ仏前ニ具シテ可ト詣云云。父母具シテ仏前ニ参リテ出家発心ノ様ヲ仏ニ白ニ、仏即善来ト勅シ給ニ、此ノ仏勅ヲ聞テ髪不レルニ剃自落テ比丘尼ト成リ、白氎立所ニ変メ五衣ト作リ、三明六通ノ大阿羅漢ト成テ、衆ニ列テ坐ス。于時ニ」(25ウ)波斯匿王、此事ヲ見聞メ奇異ノ思ヲ作メ、事ノ因縁ヲ仏ニ奉レ問ニ、仏ノノ給ハク、過去ノ毘波尸仏出世ノ時、一人ノ勧進ノ比丘アテ、一切諸人ヲ勧テ布施ノ行ヲ修メ、来世ノ福因ヲ令レ殖。即有小家ニ夫妻二人アリ。貧窮孤独ニシテ衣食共ニ闕タリ。夫婦ノ中ニ唯タ一ノ白氎ヲ着タリ。比丘即此二人ニ来世ノ福因ヲ令レント殖欲メ、勧進ニ可奉加一ス由ヲ勧ムルニ、無二シ可供物一ト云。比丘云ク、汝先世ニ於テ慳貪ニメ不ル布施一ニ依テ、今貧賤ノ報ヲ得タリ。今生若シ福因ヲ不レハ殖、来世ノ果報又可レシ怖ル。」(26オ)如此来果ノ拙ナカラン事ヲ種々ニ説法スルニ、婦女即此一衣ヲ以、沙門ニ供養セント思フト云ニ、夫トノ云ク、両人ノ中ニ唯此一衣アリ。汝乞食ニ出ル時ハ、此一衣ヲ着、恥ヲ隠シ、我ハ裸形ニメコヽニアリ。我レ乞食ニ出ル時ハ此白氎ヲ着メ出ニ、汝ハ裸ニメ家ニアリ。今此ノ一衣ヲ施サハ、何以カ膚ヲ隠シテ里ニ出テ物ヲ乞テ命ヲ支ムト。婦ノ云ク、我等曠劫ヨリ已来タ慳貪ニメ三宝ニ布施セサリケル故ニ、今生貧賤ノ果報ヲ得タリ。今此ノ一衣ヲ三宝ニ供メ来世ニ仏ニ値遇シ生死ヲ可離一。仍今生一旦ノ白氎ヲ脱キ、未来」(26ウ)永生ノ仏果ヲ可シ期ト、種々ニ教化スルニ、夫云ク、汝カ云事尤尓也。急キ是ヲ可施ト云テ、窓ヨリ此ヲ供養スルニ、比丘受テレ之ヲ、急キ仏前ニ持テ参テ、事ノ由ヲ仏ニ奏スルニ、仏悦テ此垢付汗（ケカレ）タル白氎ヲ手自（てづからみづから）承ケ給フニ、人天大会心中ニ仏ヲ譏嫌シテ思ハク、如此ノ垢衣、仏何ソ自ラ是ヲ取給ト。仏ケ大衆ノ心中ノ所念ヲ知食メ告ケ言ク、汝等大衆、我ヲ譏嫌スル事ナカレ。其故ハ我カ心ハ全ク施物ノ勝劣ニフケラス、只施心ノ深重ナルヲ感ス。汝等ノ説(たと)ヒ種々ノ珍宝ヲ以、如来ニ布施スト(モ)、彼貧女カ清浄ノ布施ニハ」(27オ)不可及一。彼ノ貧女、只
今清浄ノ施心ヲ以、三宝ニ布施ス。白氎ハ垢穢也ト雖モ、施心ハ清浄也。故ニ此深心ヲ感メ此ヲ納受ス。努力(ユメユメ)謗心ヲ不
可生一ト云云。于時、大衆ノ不審悉ク晴レニキ。此事ヲ聞テ、時ノ夫人随喜ノ余リ所着ノ衣服ヲ脱テ送テ彼貧女ニ与ヘ、大王
同ク瓔珞細輭ノ衣ヲ脱テ送テ彼貧夫ニ賜ヒテ、共ニ令詣二仏前一ニ。時ノ程ニ富貴ノ身ト成リ、車ニ乗メ仏前ニ詣ス。于時、
種々ニ説法メ示教利喜シ給キ。従レ其已来、九十一劫ノ間、生々世々ニ富貴自在ノ身ト生レ、所生ノ所ニハ必ス着衣シテ」
(27ウ)生ス。故ニ今我カ出世ニ生スルニモ、昔ノ慚愧、布施ノ福因縁ニ依テ、与レ衣共ニ生レ乃至大阿羅漢ノ聖者ト成ト
云云。然ハ下三品ノ衆生ハ、経ニ已ニ無有慚愧ト説ク。当世ノ衆生、誰カ有慚愧心一哉。皆是無慚愧ノ機也。而ニ此十悪
五逆具諸不善、応堕悪道経歴多劫ノ衆生、一念十念ノ力ニ依テ、鮮白無垢自性清浄、法性ノ形色ヲ証スルハ喜ナリト
云ヘ(ドモ)、無慚無愧ノ過(トカ)尚残テ、衣ヲ不レ着シテ生ル也。但シ是ヲ以テ報仏報土ノ別願超世ノ笠シルシトスル也。三界
ノ内〔ノ〕色〔界〕ニソラ、尚無慚愧ノ者ハ不レ生。三界」ノ(28オ)外ノ微妙ノ浄土ニ此機ノ往生スル事、更ニ願力ノ世ニ超
タルカ所致ス也。然則、浄土マテモ無慚無愧ノ過ハ残リケリト知ナハ、慚愧増進ノ身ト可シ成一ル。又此ノ機ノ位ナレト
モ、本願ノ名号ヲ唱レハ、願力ニ乗メ往生ハ遂ケリト知ハ、弥ヨ信心ヲ可増進一ス也。如是ノ深義ヲ顕サン為ニ、報土ノ荘厳ニ
白色無衣ノ童子ヲ織ル甚深ノ法門也。是ヲ金色ナリトイハンヤ。又此白色ニ付テ、今一重ノ深義アリ。其故ハ悪業ヲハ
黒業ト名ケ、善業ヲハ白業ト名ク。此黒業ノ所感ナル故ニハ、地獄ノ荘厳ハ一切皆是鉄(クロカネ)也。此人間界」(28ウ)ニモ、
今度(コノタヒ)地獄ヨリ来レル者ハ其色黒シ。是則、黒業ノ余薫相残レル故也。而今(しかるをいま)、下三品ノ十悪破戒五逆謗法ノ罪人ハ、是
黒業成就ノ者、決定地獄ノ人也。雖レ然、弥陀ノ本願ニ乗スレハ、往生ノ其色白キハ一念十念ノ称名ニ依テ、忽ニ黒業ヲ
転メ白業ト成ス。超世大願ノ不思議ヲ顕也。サレハ白色ノ童子ハ是レ我等造罪ノ凡夫ノ決定往生ノ鏡也ト可拝ム也。

以嵯峨二尊院本写之
于時明暦三年五月十八日書之訖」(29オ)
近州栗太郡芦浦
観音寺舜興蔵（印）

（表紙）

浄土九番箱

観音寺

舜興蔵（印）

（見返）

曼荼羅聞書抄五

中台

（1オ）

宝鳥宝船事

宝林宝樹会事

緊那羅王琴音ニ迦葉舞玉フ事

付二七日釈迦大師

宝樹宝蓋ニ三千世界仏事顕現スル事

難易二門廃立事

祇園精舎無常院為本尊事

（1ウ）

当麻曼荼羅聞書巻第五〈三〉

宝鳥宝船事

百宝池渠会ノ荘厳ニ付テ聊カ相残ル事アリ。所謂、池水ノ宝鳥・宝船ノ荘厳也。池水ノ荘厳ハ即弥陀ノ心水也。定善義ノ宝池観ニ譲テ略之一。今ハ宝鳥・宝船ノ荘厳ヲ可讃嘆一ス。其中ニ宝鳥ハ或ハ池水ニ属セルモアリ。不レモ尓アリ。鳧・雁・鴛・鴦・鶖・鷺・鵞・鶴等ハ池ノ中ニアリ。伽陵頻迦・孔雀・鸚鵡等ハ必シモ水中ニ不可有一。故或宝地ノ上及宝林ノ中虚空等ニアリ。而ニ浄土ニハ無二三」(2オ) 悪趣一、既ニ此鳥アリ。相違如何ト云フ不審ヲハ、阿弥陀経ノ中ニ仏自会通シ給ヘリ。謂ク、此鳥ハ是レ罪報所生実業ノ鳥ニハ非ス。其故ハ彼国ニハ無二三悪趣一、無二三悪道ノ名一モ。何ソ有ム二実業ノ鳥一哉。而ハ是レハ五根五力七菩提分八聖道分等ノ法ヲ令メ説一テ、衆生ヲ〈ヘメ〉開悟ノ心ヲ為レニ令生一セ、阿弥陀仏ノ変化メ作シ給ヘル所也ト云云。故ニ形ハ鳥ナリト云ヘトモ、其性ハ仏体也。問云、説法メ衆生ヲ開悟セン為ナラハ、仏及菩薩声聞等、常ニ説法スルニ可足一ヌ。何ソ現ル此相一ヲ乎。答云ク、智論ノ中ニ有二此難一。彼論ニ会ルニ此難一ヲ、一切衆生ハ必ス」(2ウ) 依テ珍キ事ニ心ヲモ発シ道ニモ進ム。仏菩薩ノ説法ハ常途ノ事ナレハ、可有二不珍事一モ。彼土ノ宝鳥ノ昼夜六時ニ説法スト聞カハ、彼ヲ愛楽メ発心修行成仏得道ノ益ヲ可得故ト理〈コトハ〉レリ。往生伝ノ中ニモ、鸚鵡念仏シタリト見タリ。其鳥死スル時、往生ノ益ヲ得タリ。畜生マテモ、念仏メ往生スル事ヲ顕也。又賢愚経ノ中ニモ、鸚鵡ノ法ヲ説ク事ヲ挙テ奇特ノ事ニシタリ。此鳥ハ鸚鵡ノ囀〈サヘツリ〉トテ、義ヲハ不レ知トモ、人ノ口マネヲスル鳥也。智論ニ又難メ云ク、宝鳥ノ説法、其義可尓。彼土ノ水波林樹等説法スルハ何事ソト云云。会云、鳥ハ畜類ナレトモ」(3オ) 尚有情ナル故ニ、可有二不珍事一モ。説法ノ義不ル可有ル非情ノ殊勝甚深ノ法ヲ説ト聞ハ、弥〈いよいよ〉欣楽ノ心ヲ可発故也云云。仏説ノ上ニ、龍樹菩薩、如是問答シ給ヘリ。然者、樹鳥ノ説法、尤有其ノ詮事也。而ニ私ニ難メ云、彼土ノ衆生ハ身器清浄・正堪聞法ナルヲ以、仏ノ色相ヲ拝見シ、仏ノ説法ヲ聴聞メ心開〈ナイ〉意解ス。何ソ用ン㆓樹鳥等ノ説法ヲ㆒乎。会云、法事讃ノ中ニ雖㆑無㆓問端㆒、此疑ノ下ノ義ヲ会メ云、極楽ノ荘厳ハ出タリ㆓三界ニ㆒。雑類等クメ無為ナリ。法蔵ノ行因広弘ノ願、設〈タトヒ〉我レ得㆑ルニ仏、現ン㆓希奇ヲ㆒。或ハ現メ㆓鳥身ヲ㆒能ク説キ法ヲ、或ハ現〈衍カ〉メ」（3ウ）現メ㆓無請㆒能ク応ス㆑機ニ㆒。或ハ使メ㆔微波〈ハ〉ヲメ出サ㆓妙響音ヲ㆒、或ハ使メ㆔林樹ヲメ讃セ㆓慈悲ヲ㆒、使メ風光ヲメ相応メ動セ㆒、或ハ令ム㆔羅網ヲメ説カ㆓音辞〈シ〉ヲ㆒。一切荘厳ノ声遍満メ、恒沙ノ天楽自依㆑ル時ニ。為ニ㆑引センカ㆓他方ノ凡聖ノ類ヲ㆒、故（ことさ）ラニ仏現玉フ㆓此不思議ヲ㆒。我等聞テ㆑之ヲ、身毛竪（よだ）ツ、砕〈クタキテモ〉モ㆑骨ヲ㆒慚〈サン〉㆓謝スト阿弥師ヲ㆒云云。彼土ノ衆生ノ為ニハ、実ニ仏菩薩ノ説法ニテ、雖㆑不㆑可㆑有㆓不足㆒、樹鳥ノ有㆓説法㆒事ハ、他方凡聖ノ類ヲ為メ㆓誘引ンカ㆒也。其故ハ如㆑是不思議ヲ聞ハ、他方ノ凡聖、可キ㆓発心修行㆒故也。其ニ取テ凡類ノ為ハ可㆑尓、聖人ヲ引スル事不可然㆒ト云ニ、彼聖人等モ、鳥声」（4オ）波ノ音ヲ聞ハ、増進仏道スヘシ。例セハ、香〈カウ〉山〈セン〉ノ大樹緊那羅カ弾セシ琴ノ音ヲ聞テ、迦葉尊者、舞〈マイ〉カナテシカ如シ。彼大樹緊〈キン〉那羅王経ニ、舎利弗等ノ声聞、所作已ニ弁メ、不受梵行ノ思ニ住メ有シヲ、大樹緊那羅王、瑠璃ノ琴ノ音ヲ以テ呵嘖セシ、其音ニ云ク、一切ノ諸法ハ向㆓寂滅㆒ニ。無㆑生モ無㆑滅モ無シ㆓毀壊〈ヤフル〉スル㆒コトモ。寂静安楽ニメ無㆓レハ所得㆒、如㆑ノ是白法令ム㆓顕現セ㆒。若シハ法ニマレ非法ニマレ、無ク㆓妄想㆒推㆓求スルニ諸法ヲ㆒無㆓所有㆒。覚㆓了スレハ名色如実ノ性ヲ㆒、彼㆑行スルニ於世ニ㆒無染着ト云云。文ノ意者、寂滅涅槃ノ理ニ体達シヌレハ、一切ノ色法」（4ウ）即寂滅也ト悟カ実ノ覚ニテハ有也。〈小乗ノ空理ニ留ルハ若法非法ノ差別ノ位也。〉彼琴ノ音ニ此曲ヲ調〈シラヘ〉シヲ聞テ、迦葉尊者、愛仏愛菩提ノ心ヲ改メテ、立テ舞タリケリ。遂ニ法花ノ座ニ至テ、大菩提心ヲ発メ法花ノ悟ヲ開ク。而ニ今、他方ノ声聞、空理ニ留テ、仏ノ浄土ヲ願フ思ヒ無キ者ノ為ニ、[梵字]〈キリーク〉字ノ加持ノ力ニテ、一切ノ荘厳説法スル時キ、依テ此声㆒ニ、念㆔三宝ノ心生メ、為ニ㆑令㆑趣カ㆓無上道ニ㆒、現スルナリ㆓此不思議ヲ㆒也。仍テ樹鳥ノ説法ハ、他方ノ凡聖ヲ同ク如来一実ノ道ニ為ノ令㆓帰セ㆒方便ナルカ故ニ尤モ大切事也。次ニ池中ノ宝船ハ何事ソト云ニ、此ハ池ノ飾也。人間界ノ作法モ国王ノ御遊覧ニハ龍頭鷁〈ケキ〉」（5オ）首ノ船ヲ浮ヘテ、其中ニメ微妙妓楽ヲ作也。龍頭鷁首ヲ以、船ノ形トスル事ハ、毒蛇毒魚等ノ難ヲ為レ除也。此船ニ乗テ水中ニ浮ヌレハ彼毒蛇毒魚等悉ク逃却ルカ故也。而ニ浄土ニハ無二此難一レハ、只宝船ヲ以乗物トメ、菩薩童子等、此ニ乗テ池ノ中ニ遊覧スル也。此則、往生ノ後、弘誓ノ舟ニ乗メ生死ノ大海ニ浮テ衆生ヲ作下ス可キ済度一方便ノ形上ヲ也。般舟讃ニ、宝樹飛メ花ヲ浮二フ徳水一ニ。童子提取（トリ）已（おわり）テ為（ナシ）レ船ト、乗レテ船ニ直ニ入二ル蓮花会一ニ。化仏菩薩与レテ衣被（キセシム）ト云。サレハ此船ハ童子宝樹ノ花ヲ取テ船ト作メ乗テ入二ル宝池会一ニ也。加之（しかのみならず）、弥陀」(5ウ)三尊ノ像又船ノ中ニ御坐メ法衣ヲ与テ令着給フ。昨日モ讃嘆セシ白色ノ童子、無慚無愧ノ形ヲ顕メ裸形ニメ水中ニ遊（あそびし）カ、宝樹ノ花落テ池ニ浮ヘルヲ取テ船ト作テ仏会ニ入ラントスル時、菩薩来テ、汝仏前ニ詣セハ此法衣ヲ着メ参セヨト勧ル儀也。而ニ如此童子ノ所作ノ神力ハ併（しかしなが）ラ是弥陀願力ノ恩也。仏ノ願力ニ非スハ、自ラノ神力難施故也。〈注論ニ〉未タ自在ノ位ニ不至メ而モ自在ノ用ヲ施ト云即此意也。而ハ此童子ノ所作ノ神変通力ハ、即生仏一体・凡聖一同・因果不二ナリ。初後無別ノ法ノ深義ヲ尋ヌレハ、此船ハ又易行道ノ」(6オ)表示也。其故ハ、生死ヲ出ニ二種ノ道アリ。難行道・易行道是也。難行ハ陸路ノ歩行ノ苦キカ如シ。易行ハ水路ノ乗船ノ楽キカ如シ。故ニ、既ニ生二ヌレハ彼国一ニ更ニ無レシ所レ畏ル、。長時ニ起メ行一ヲ、果極ム菩提一ヲ。法身常住ナル事比（タトヘハ）若二シ虚空一ノト釈ス。浄土ニ往生メ仏ニ成ル事ノ易行ナル事ヲ讃也。サレハ龍樹ノ十住毘婆娑論ニ、弥陀ノ徳ヲ讃スルニ、乗二メ彼ノ八道ノ船一ニ、能ク度（わた）二ス難レ度シ海一ヲ。自ラ度リ亦度レタス彼ヲ。我レ礼二ス自在者一ヲト云。八道ト者、八聖道也。無漏ノ三学ヲ分チテ為二ス八道一ト。八カ中ニ初ノ二ハ戒学、中ノ三ハ定学、後ノ三ハ慧学也。此三」(6ウ)学ヲ以テ正受三昧ニ入ル時キ、生死ノ流ヲ渡リ畢（ハツル）故ニ、八聖道ヲ船ニ喩テ云二八道船一ト。是ハ自〈ミ〉生死ノ大海ヲ渡ル自利ノ悟也。法性ハ如二シ大海一ノ。不説有二リト是非一。凡夫賢聖人平等ニメ無二シト高下一。体達スル自覚ノ悟（さとり）円満シヌレハ、還テ利他ニ向フ時モ、此凡聖一同ノ覚リヲ以、衆生ヲ済（すく）フ。此ヲ云二ナリ自度亦度彼一ト。此自他平等ノ悟ノ至極スル処ハ、一念十念ノ名号ノ力ニ依テ、十方衆生浄土ニ往生メ彼土ニメ願力易行ノ船ニ乗ノ仏道ヲ修行シ成就スル一大事ノ因縁也。是ヲ但タ以テ二信仏ノ因縁一ヲ、願レハ生セント二浄土一ニ、乗メ仏ノ願力一ニ、便チ」(7オ)得テ三往生スルヿヲ二彼ノ清浄ノ土一ニ、仏力住持メ即入ル二大乗正定聚一ニ。正定ハ即チ阿鞞跋致ナリ。譬ハ如シ二水路ノ乗船ハ則チ楽カ一ト釈ス。此レ易行ノ表示ヲ顕メ宝船ヲ化作シ、童子此ニ乗メ宝池ノ蓮花会ニ遊戯スル也。又此船ハ仏ケ観仏念仏ノ両三昧ヲ以テ衆生ヲ度スル相ナリ。観音勢至ノ二菩薩モ此両三昧ノ船ヲ主トメ生死ノ大海ニ浮テ、尽未来際衆生界ヲ済度ス。観音ハ観仏三昧ノ船ヲ以テ衆生ヲ度シ、勢至ハ念仏三昧ノ船ヲ以テ衆生ヲ度スル故也。惣メ言ヘハ之、清浄覚経ノ中ニ、弥陀観音勢至等、自ラ大願ノ」(7ウ)舟ニ乗メ生死ノ大海ニ浮テ、大音声ヲ挙テ、一切衆生此舟ニ乗レト喚ヒ給フニ、若一人モ此船ニ乗ヌレハ、仏菩薩随喜ノ咲〈エミ〉ヲ含テ悦テ極楽ノ岸ニ送リ付給フ。若衆生、此弘誓ノ船ニ不レハ乗、愁歎ノ心無窮一ト云云。此船ハ此意ヲ顕ス也。仏菩薩ノ如レ此弘誓ノ船ニ乗メ、生死海ノ衆生ヲ済度シ給フカ如ク、往生ノ衆生モ遂ニハ又可キ如ナル是表示ノ宝船ナレハ、此舟ヲ拝セン者ハ、必ス此等ノ想ニ住メ願生ノ心可切ナル也。

宝林宝樹会事　附二七日釈尊事

中央五会ノ曼荼羅ノ中ノ百宝池渠会ノ分」(8オ)昨日畢ヌ。今日ハ宝林宝樹会ヲ可シ讃嘆一。彼土ノ界々毎〈ごと〉ニ、七重宝樹充満セリ。〈其ノ〉宝林宝樹会ノ儀式ハ、左右ニ大キナル樹二本アリ。其下ニ仏菩薩等囲繞セリ。是ハ中台ノ三十七尊、自ミ大乗ノ法楽ヲ受テ御坐カ、衆生利益ノ為ニ樹下ニ下リ降テ、化身ノ相ト成テ、化用ヲ十方ニ垂ル、御姿也。十三観ノ中ニハ、第八ノ像観ニ一々ノ樹下ニ復有リ二三ノ蓮花一。諸ノ蓮花ノ上ニ各ノ有〈まします〉メ二一仏二菩薩ノ像一、遍ニ満玉ヘリ彼ノ国ニ等説ク意也。此樹下ノ三尊ハ、即弥陀ノ三化身也。此ハ一界ノ荘厳也。其ノ一界即広闊〈ヒロシ〉〈クワツ〉無辺也。如此界々彼」(8ウ)国ニ遍満セリ。其中ニ今変相ハ一界ノ荘厳ヲ図セリ。抑、遍満彼国ノ宝樹ノ下もトコトニ、弥陀ノ三尊等御坐ハ何事ソト云ニ、花厳経ニ、毘盧舎那仏十方ニ遍満メ各樹下ニ御坐ス事ヲ讃テ云ク、往昔〈ムカシ〉ニ勤二修メ多劫海一ヲ、能ク転ス二衆生ノ深重ノ障一リヲ。故ニ、能ク分テレ身ヲ遍メ二十方一ニ、悉ク現ス二菩提樹王下一ニト云云。仏ハ一身一所坐メ一坐無移亦不動ナレトモ、分身遺化往相迎メ一身多身自在也。而ヲ衆生界無辺ナレハ、因位ノ時キ和光同塵メ彼ノ衆生ニ結縁シ、衆生ノ深重ノ障ヲ転セシ故ニ、得道ノ之後、分身亦彼ノ衆生界ニ遍満メ悉ク済度スル故ニ、仏身モ又無遍ニメ十方ノ菩提樹下ニ」(9オ)顕ル、也。法蔵比丘因位ノ昔、十方衆生ノ為ニ超世ノ大願ヲ発メ、兆載永劫修行之間、十方ノ六道四生二十五有ニ身ヲ雑(マシ)ヘテ、衆生ノ深重ノ障ヲ転シ縁ヲ結ヒ、願行既ニ成メ仏果ノ位ニ登テ結縁ノ衆生ヲ引導セン為ニ、十方世界ニ分身メ衆生ヲ摂引スル姿ヲ、此宝林宝樹会ノ儀式ト顕ス也。凡ソ十地ノ聖人ハ初地ヨリ一身無量身自在ノ作用ヲ施ス。然ハ或ハ被(ヒ)毛戴(タイ)角ノ衆生ヲ度セン為ニハ、其形ヲ受テ是ヲ度シ、乃至非情草木・衣服飲食・酒肉五辛・田園舎宅・奴婢僕従・水火大地、皆是諸仏菩薩ノ衆生利益ノ為ニ化シ給ヘル身体也。」(9ウ)此ヲ普現色身三昧ト名ク。雖レ然、衆生ハ不知二此義一ヲ。今ノ念仏ノ行者、諸事ニ於テ我カ為ニ益アル事ニハ皆仏ノ思ヲ可作ス一也。設ヒ又仏菩薩ノ変作ノ不(アラヌ)レ形チニ事ニ、此思ヲ作トモ不可有レ過(トカ)一。高野山ニハ仏法擁護ノ為ニ大師一日ニ三度一山ヲ巡リ御ス間、彼山ノ住侶、諸ノ禽獣等ニ逢毎ニ、若シ是ハ大師ノ御変作ニモヤ有ラントテ悉ク礼拝ヲ至スト云云。況ヤ弥陀ハ是法界身也。所トメ無レ不二レ遍一。万境ニ於テ可起二敬心一ヲ。設又我カ衣食等ノ財宝ヲ盗マレ、身命ヲ被ル、害セ一諸ノ悪縁ニ逢トモ、此モ仏菩薩ノ御計(はからひ)ニテ、憂世ヲハ厭ヘトテコソカ、ルラメナト可シ二思知一。況ヤ又見仏聞法ノ縁アラハ」(10オ)皆菩薩ノ眷属、真ノ善知識ト可思也。仍中台ノ三十七尊ヲ拝見セシ時モ、樹下ノ一仏二菩薩等ヲ拝見セン時モ、能転衆生深重障ノ仏ケ、已今当ノ往生人ニ被レン拝見一セ為ノ身ナル故ニ、悉ク皆我等往生ノシルシ也ト可拝一也。抑、此宝樹ハ是菩提樹也。菩提樹ト者、弥陀ノ覚体也。而ニ此樹ヲ経（二）讃ルニ、宝樹ノ宝蓋ニ三千大千世界ノ一切ノ仏事ヲ映現シ、十方ノ仏国又中ニ於テ現ト云ヘリ。十方仏国亦於中現ヲハ且ク置ク。今日ハ第二七日、釈尊ノ徳ヲ奉讃嘆一テ初江王ノ法楽ヲ可レ貢(カサル)折節、此宝樹会ニ当レリ。故ニ是宝蓋中映現三千大」(10ウ)千世界ト説ク方ヲ申シ述ヘキ也。凡此ノ宝樹宝蓋ニ三千世界ノ一切ノ仏事ヲ現スト云ハ、即娑婆ノ三千世界、釈尊一代ノ説法利生等ノ一切ノ仏儀、無レク残此宝樹宝蓋ノ中ニ現スル也。我等往生メ此相ヲ見ハ始テ釈尊ノ恩徳ノ深重ナル事ヲモ思知テ、報恩謝徳ノ心ヲ可発也。然ハ恵心僧都ノ六時ノ讃ニモ、或ハ宝樹宝蓋ニ、釈迦ノ一化見ル事エン。高山頓説花厳教、入法界会マテニ至リ、善財大士ノ善知識、文殊海童功徳雲、明智宝髪〈髻〉毘目舎、具足慈行婆須密、勝熱無厭妙月等、此等ノ大士ニ親近セン。或時ニハ現スヘシ。」(11オ) 鹿野苑ノ転法輪、麁弊垢膩ノ能化ノ相、客〈キャク〉作窮子ノ所化ノ行、乃至霊山法花会、見ル事在世ノ如ナラン。六瑞記莂了テハ、多宝出現証明セン。三変浄土荘厳シ、十方分身集会セン。地涌〈踊〉礼讃スルアヒタ、五十小劫経歴シ、久遠成道聞時ニ、利益供養希有ナラン。神力嘱累シ給〈ヘフニ〉、頭ヲ低レ聴受セン。妙音観音普賢等、各ノ仏化ヲ助成セン。乃至常住仏性教、一会儀式皆現セン。或ハ一ノ宝坊ニ、此等ノ事ヲ示現セン。浄飯王ノ都ヨリ、跋提双樹ニ至ルマテ、誕生童子ノ時ヨリ、八十年ヲ尽スヘシ。」(11ウ) 昔ノ所有ノ情非情、境界一モ不レ謬ラ一。時ニ我等釈尊ニ、随逐給仕セン事ハ、拘隣等ノ如シ、阿難尊者ノ如セント云テ、初メ浄飯王宮ヨリ、終跋提双樹ニ至ルマテ、一代ノ化儀ヲ皆宝樹宝蓋ニ顕現スト讃タリ。既ニ一代ノ化儀、悉ク拝見セハ、昔娑婆ニ有テ聞シ所ノ観経ノ法門ヲモ重テ可聞也。其時ノ歓喜ノ心幾乎。已ニ釈尊今日ノ化儀無レ残リ拝見セハ、又釈尊往昔ノ難行苦行ノ有様ヲモ可見。而ハ我等カ往昔ニ釈尊ニ結縁シケル因縁ヲモ見〈ミ〉、宝海梵士五百ノ大願ヲ発メ、処々ニ於テ我等ヲ利益シ給ケル遠キ由来マテヲモ可レ見。」(12オ)

又今日ノ同行尊侶・一切ノ行者、厭離穢土・欣求浄土ノ心起リ、決定往生ノ機ニ定リケル事モ、偏ニ是釈尊恩力也。然ハ我等ハ強剛難化ノ衆生ニ成ケルヲ、釈尊多生曠劫ノ間、種々ノ方便ヲ以、教化シ誘〔コシラ〕ヘ給ケルニ依テ、今得此益一ヲタリ。釈迦ノ方便ニ非ハ弥陀ノ名願ニモ不可帰一ス。不ハレ帰亦不可往〈生〉一。只是釈迦大悲ノ恩也。故ニ自今已後ハ釈尊ノ化導ヲ助ケ奉テ、生死海ニ入テ苦ノ衆生ヲ度メ我カ如ノ者ト作サント思心、此ノ時ニ当テ可シ発一。是ヲ以、見樹ノ徳トス。只無レク何ト樹ヲ見ニハ非サル也。然ハ釈尊ノ恩徳ヲ報謝セント思ハ、此」（12ウ）宝樹ヲ可観ス。々セハ即宝樹ノ下トニメ、三世ノ法ヲ無レ残リ可通達ス也。夫人ノ十方浄土ノ中ニ西方ノ一土ヲ選ヒ取シモ、宝樹ノ中ニ一切ノ法、顕現シケル中ニ、極楽浄土ハ三世ノ所帰、一代ノ宗本也ト見テコソ選ヒ取リケレ。此則、経文ハ略メ具ニ不ト説云ヘトモ、其意宛然タリ。而ニ釈尊ノ徳ヲ奉レル讃コト、諸経ニ多ク是ヲ説ト云ヘトモ、彼ニ依テ此ヲ讃メン事ハ無全〈念〉也。今ノ宗ノ意ニ依テ此仏ヲ発心得道利益衆生ノ始中終ヲ可讃也。若尓者、先般舟経ノ中ニ、三世ノ諸仏ハ念弥陀三昧ニ入テ正覚ヲ成スト説ク。知ヌ、釈尊ノ発心得道、念仏三昧ニ依テ」（13オ）成シ給ヒケリト云事ヲ。故ニ阿弥陀経云、当レ知我於テ五濁悪世ニ、行メ此難事ヲ、得ニ阿耨多羅三藐三菩提ヲ、為メニ一切世間ノ、説ク此難信之法ヲ。是ヲ為ス甚難ト云。念仏ニ依テ正覚ヲ成メ、還テ念仏ヲ以、衆生ヲ度ス行、此難事ト、難信之法トモ云ハ念仏ナル故也。但付ニ此義ニ有不審。其故ハ般舟経仏語也ト云ヘトモ、三世ノ諸仏、皆依テ念仏ニ成仏スト云フ事、甚以難レ思。先ッ悲花経ノ如ハ、無諍念王及ヒ一千ノ太子・宝海梵士、并ニ一千四ノ弟子、宝蔵仏ノ所ニメ各願ヲ発ス。無諍念王ハ浄土ノ願ヲ発ニ依テ、極楽ノ教主無量寿仏ト」（13ウ）可レ号ス被レキ記莂セ。第一第二ノ太子、又浄土ノ願ヲ起メ、無量寿仏ノ補処トメ、可成仏スト被ル記。第三以下ノ太子モ、皆、浄土ノ願ヲ発ス。宝海梵士ノ一千四ノ弟子中ニ、四人ハ賢劫以前ニ成仏スヘシト被レキ記。千人ハ賢劫ニ可得道スト被レキ記。爰ニ宝海梵士、此人々多ク浄土ノ願ヲ発メ、穢土ノ衆生ヲ捨ル事、大悲闕タルニ似タリ。我ハ此娑婆世界大罪ノ山ニ入リ、邪見林ニ籠テ、悪業ノ衆生ヲ化度セント云テ、即五百ノ大願ヲ発シキ。其ノ因ニ答テ、今此娑婆世界ニ八相成道シ給ト見タリ。而ハ諸仏菩薩、面々ニ発願成仏差別セリ。今一切ノ仏ハ念仏ニ依テ成仏スト」（14オ）説ク。二経ノ相違如何カ会スルト云ニ、凡聖道浄土ノ二宗ノ建様（ツクリ）ヲ知ハ、不可有此疑。其故ハ此土成仏ハ聖道宗ノ教門、浄土成仏ハ浄土宗ノ実義也。即、難行易行ノ差別也。而ハ此土ニメ、四乗ノ道ヲ修メ、四乗ノ果ヲ得ルハ聖道門、此ハ根性利者善根純熟ノ者ノ、可キ修得ス也。願力ニ乗メ往生メ彼土テ成仏スルハ浄土門。此レハ愚鈍下智造悪無善ノ機ノ可入道チ也。如是分別スル前ハ、穢土成仏ハ万行成仏ナルヘシ。万行円備メ方(マサ)ニ乃(スナハチ)剋成スヘシト釈スルカ故ニ、必シモ念仏ニ不レ依云ヘシ。浄土成仏ハ念仏成仏ナルヘシ。即念仏スレハ成仏スル、是レ真宗ト釈スルカ故ニ」(14ウ)必シモ不借万行ヲ一念仏ノ一因ニ依テ仏ニ成ト談ス。是ハ且ク二門教ノ差異ヲ分別ス。未タ両宗ノ相違不被二会釈一セ。而ニ此二門終(ツイ)ニ各別ニテハツルカト云ニ不レ尓ラ。宗々ノ習ヒ先教ヲ廃メ後教ヲ立メ、廃立ヲ以宗ヲ立ル也。故、安楽集ニモ第三大門ニハ難易ノ二道ヲ立テ、難ヲ捨、易ヲ取レト勧レトモ、第四大門ニ至テハ、此彼(シヒ)ノ諸経皆念仏ヲ以、宗ト為ト云テ、花厳・智論等ノ諸経論ヲ引テ証トメ、浄土正依ノ此経モ聖道所依ノ彼ノ経モ凡ソ菩薩ノ修行得果ノ道、只念仏往生成仏得道ノ一路ニアリト廃立セリ。此ト者、此ノ観経等ノ三部経ヲ指ス。彼(ヒ)ト者、彼花厳等ノ諸経ヲ指ス。」(15オ)又、浄土論・智度論等ノ諸論ヲモ摂スヘシ。然ハ三経一論モ一代ノ諸経論モ其宗只念仏ノ一道ニアリト釈スル也。此則、万行成仏ノ諸教ヲ廃メ念仏成仏ノ此教ヲ立スル意也。而ハ悲花経ノ意ハ且ク二門分別ノ位、各仏発願、各化衆生ノ一(ヒト)面ヲ説ク。サレハ此位ニテハ穢悪国土ニメ強剛難化ノ衆生ヲ教化スル釈迦ノ五百ノ大願ハ大悲余仏ニ勝レ、浄土ヲ取テ衆生利益スル弥陀ノ四十八願ハ、大悲未極ト下ス分モ可有也。雖然、浄土ノ宗義ヨリ見レハ宝海梵士発願ノ昔ヨリ内証ニハ念仏三昧ヲ持也。念仏三昧ハ」(15ウ)是菩薩ノ父母ナルカ故也。其故ハ凡ソ菩薩トメ普賢十願ヲ不レル発ハ無シ。其十願ノ中ニ第九ノ恒順衆生ノ一願ハ即釈尊ノ五百大願ノ位ニ当レリ。其十願ト云ハ即得往生安楽国ト云故ニ、念仏往生ニ窮(キハマ)レリ。此宗ノ眼開テ見レハ宝海梵士モ念仏往生メ浄土ニメ成仏シタリト見也。サレハ浄土ヲハ諸仏ノ家ト名ク。知ヌ、釈尊今日ノ出世ハ極楽ヨリ出タリト云事ヲ。楞伽経ニ、十方ノ諸ノ刹土ノ衆生、菩薩ノ中ノ所有ノ法報仏化身及変化ハ皆従リ無量寿ノ極楽界ノ中一出タリト説ク此意也。雖然、凡夫ハ此」(16オ)義ヲ不メレ知、今日始テ此土ニメ修メレ行ヲ成リレ仏ニ給ヘリト思ハ妄見ナリ。法事讃ニ此見ヲ遣(ヤ)ルニ、西方ノ諸仏如恒沙一。各於テ二本国ニ一讃ム二如来一ヲ。分(わか)二チテ身ヲ百億閻浮ノ内一ニ、示現ルヿ八相ヲ一大希奇ナリ。五濁ノ凡夫ハ将ニ謂玉ヘリ実一ナリト。六年苦行メ証シ無為ヲ一、降シ魔ヲ一成メレ道説ク妙法ヲ一、種々ノ方便不思議ナリト云。当レ知、釈尊ノ分身、百億ノ閻浮ニ応ヲ垂ル、事ハ、極楽ヨリ出タリト云事ヲ。此深義ヲ阿弥陀経ニハ、舎利弗ニ対メ、我レ此難事ヲ行メ成仏メ還テ衆生ノ為ニ此難信ノ法ヲ説トハ云也。凡過去ノ七仏乃ヒ三世一切ノ諸仏ハ」(16ウ) 本ト凡夫地ニメ、念仏メ浄土ニ生メ報身ハ常住ニメ永ク無シ生滅一、実ノ覚リ開テ後、還来穢国メ、機縁ニ随テ各願ヲ発メ、各ノ衆生ヲ化スル也。法蔵比丘ノ発願モ、如レ是三世一切ノ菩薩モ亦尓也。彼菩薩等、釈迦・弥陀二尊ノ御為心安キ人ト為メ、二尊ノ行化ヲ助テ無数劫已来難行苦行セシ事ハ、皆是浄土往生成仏得道ノ後、還来穢国ノ時之事也。今日、釈尊ノ八相成道モ亦復如是。仍、阿弥陀経ノ時、会ノ聴衆、サテハ我カ本師釈尊モ還来穢国ノ人也ケルニ、ナリ帰テ莚ヲ巻シ祇園ノ会也。」(17オ) 此等ノ儀式皆此宝蓋ノ中ニ映現セリ。又此甚深ノ妙法ヲ説給シ祇園精舎四十九院ノ内、西北ノ角ノ一院ヲ無常院ト号ス。其本尊ニハ弥陀ヲ安置セリ。病僧出来ハ悉ク此院ニ送テ終ヲ令取也。付之、有二二義一。一義ニハ本尊ヲ西ニ向、仏ノ後(ウシロ)ニ病者ヲ置テ、面ヲ西ニ向ヘテ本尊ノ御手ニ五色ノ幡ヲ懸テ、糸ノ末ヲ病者ニ取セテ仏ニ奉テ被引摂セ浄土ニ参ル想ヲ作ト云。一義ニハ、本尊ヲ東ニ向テ病者ヲ本尊ニ向ヘテ糸ヲ取事如是シテ、仏ニ奉被引摂一往生スル思ヲ作ト云。而ハ生者必滅ノ理ニ依テ無常ニ帰ナント」(17ウ) スル者ノ為ニ、仏此院ヲ構テ病者ヲ送リ、一切衆生ヲ往生ノ一路ニ令帰給キ。此儀式、亦阿弥陀経ノ意ニ全同セリ。又此伽藍ノ四ノ角ニ四ノ洪(ヲホカネ)鐘ヲ懸タリ。其ノ音各法音ヲ出セリ。先艮(ウシトラ)ノ鐘ハ諸行無常ノ音ヲ出セハ、巽(タツミ)ノ鐘ハ是生滅法ト鳴ル。坤(ヒツシサル)ノ鐘ハ生滅々已ト鳴レハ、乾(イヌイ)ノ鐘ハ寂滅為楽ト響ク。而ニ乾ハ西方ニ主(つかさど)レリ。寂滅為楽ト者、念仏往生・西方極楽〈ノ楽〉ニ当レリ。此則、念仏メ極楽ニ往生スルヲ楽ノ至極トスル教ノ深義ヲ相講(なら)ヘリ。深(ふかく)可思入之ヲ。而ニ此二門教ノ義ト一代浄土ノ義ト何レニ依テカ、大師ハ」(18オ) 宗義ヲ判シ給ト一云ニ、観念法門ニ般舟経ニ依テ、一代浄土念仏成仏ノ義ヲ以、自宗ノ実義ト為(す)ト見タリ。今ノ阿弥陀経ニ符合スルカ故也。而ニ有人ノ云、難事ト者、必(かならずし)モ念仏ニ非ス。只是、釈尊因位ノ難行苦行ヲ指メ云難事一ト也ト云云。如クハ此義一ノ、釈尊ハ難行ヲ修メ成仏シ、衆生ノ為ニハ易行ノ念仏ヲ教ト可レ二云歟。此義甚タ不可也。凡仏ト云ハ自覚々他覚行円満ノ名也。自覚ノ如ク覚他ス。自所得ノ法ヲ他ニモ施スヲ覚他ト云故也。仍(よりて)、法花ニモ、仏ハ自住二大乗一ニ、如二其ノ所得ノ法一ノ、定慧力荘厳メ」(18ウ)以テレ此ヲ度二ス衆生一ヲト云ヘリ。仏菩薩ノ本意ハ、我カ所得ノ法ヲ以、衆生ヲ教化メ令ン往生一ト也。此ヲ云覚他一ト。孔子ノ教ニモ、自カ欲サル所ヲ人ニ施ス事莫ト云ヘリ。諸教ノ通談〈儀〉、此分盛也。浄土ノ一宗ニ限テ可ン違二ス此義一ニ乎。若自身ノ成仏ハ諸行ヲ因トシ、利益衆生ハ念仏也ト云ハ、自覚々他乖角〈ケカク〉〈ソムク〉シヌ。諸教ノヲキテニ違背シテ無正体邪義也。サレハ龍樹菩薩ハ、念仏三昧ハ是菩薩ノ父母、諸三昧ノ母也ト釈シ、天台大師ハ花厳経等ニ依テ念仏ニ於テ五方便門ヲ立テ、念仏ヲ以十信三賢十地ノ諸菩薩ノ要行トス。」(19オ)為ニ、不レメ入此宗義一ニ、念仏所開ノ諸行ヲ執メ、是レコソト思フ人ヲハ迷倒自纏(じてん)〈マトヒ〉メ生死ニ流転シ、魔界ニ漂堕メ解脱スルニ無レ由ト誡メ給ヘリ。而ハ凡夫地ヨリ仏智地ニ至ルマテ、念仏ノ一道ノ外ニ修行得果ノ道、一一モ無ク三ニモ無シ。故ニ三世ノ諸仏ハ念仏三昧ニ依テ正覚ヲ成トモ説キ、行二メ此難事一ヲ得二タリ阿耨菩提一ヲトモ説也。惣メ是ヲ云ヘハ、仏ニ本迹ノ二門アリ。本門ノ仏ト者、念仏メ浄土ニ往生メ成仏ス。此ハ報身ノ仏也。迹門ノ仏ト者、此仏用ヲタレテ穢土ニ出テ、八相成道メ種々ノ方便ヲ説ク。此レハ化身仏也。難行苦行メ成仏スト説ハ迹門ノ成道也。是」(19ウ)皆浄土ヨリ出タリ。故ニ天親ノ浄土論ニ五念門ヲ開(ひらく)中ノ第五ノ廻向門ニ聖道門ノ利益ヲハ開ケリ。此則、聖道門ノ難行ハ念仏往生ノ上ニ還来穢国メ利他ノ為ニ所レ修スル也。此ヲ園林遊戯地門ト名ク。其時ハ生死ノ泥中ニ在レトモ仏力願力ニ被二扶持一故ニ生死ノ泥ノ為ニ不二被染〈ソム〉一セ、難行苦行セン事又今日ノ釈尊ノ如ナルヘシ。故ニ阿弥陀経ヲ聞シ大聖達ノ発願ヲ讃嘆スルニ、人天大衆皆来集メ、瞻仰二メ尊願一ヲ聴二ク未レルトコロヲ聞一。見レ仏ヲ聞レテ経ヲ同ク得レ悟ヲ、畢〈ヲ〉レヘテ命ヲ、傾レテ心入二ラン宝蓮一ニ。誓テ到二テ弥陀ノ安養界一ニ、還二来メ穢国一ニ、度二ム人天一ヲ。願ハ我カ」(20オ)慈悲無際限一、〈長時〉長劫ニ報二ム慈恩一ヲト云。今ノ道俗、聞カハ此説一ヲ、誰カ不発二サ此願一ヲ乎。但付二テ此義一ニ、釈尊ハ還来穢国ノ上ノ八相現成ノ身ナレハ迹門ノ仏也。難行苦行ノ可二成仏一ナル。何ソ念仏成仏ノ仏ト云ヤト云不審アル也。今此不審ヲ会セハ、万行諸波羅蜜ハ皆是念仏ノ所開也。故ニ難行苦行ノ宗ハ念仏ノ一行ニアリ。サレハ難行成仏ハ必念仏ノ宗ニ帰スル也。釈迦一仏ノ本迹両門ノ成道、只是念仏ノ成仏也ト知カ如ク、三世一切ノ諸仏ノ成道モ如此可意得也。故ニ般舟讃ニ、一切ノ如来、設二ケム「方便一ヲ、亦同二シ今日ノ釈迦」(20ウ)尊一ニ。随テレ機ニ説レ法皆蒙レリ益ヲ、各ノ得三悟解メ入二「ヲ真門一ニ釈セリ。釈尊一代ノ間、以テ種々ノ方便一ヲ、念仏成仏ノ真門ヲ顕スカ如ク、一切ノ諸仏ノ化儀モ亦可レ然也ト知ト云讃也。是又上ニ所ノ引般舟経ニ、三世諸仏ハ念弥陀三昧ニ依テ成仏ストト説ク心ニ依レリ。如ノ此仏事、宝樹宝蓋ノ中ニ顕現スルヲ見ハ、見テレ悪ヲ如レ探(サク)ルカ湯、見テハ善一ヲ若(ご)レトシ不レ及ト思ヘト鸞師ハ被勧タリ。言意ハ難行苦行ノ相ヲ見テハ、不レルレ及思ヲ作シ、諸ノ悪事ヲ見テハ如レ探ルカ湯一ヲナレト云。

以嵯峨二尊院本写之」(21オ)

明暦三年五月二十二日書之畢

江州栗太芦浦

観音寺舜興蔵（印）

（表紙）

観音寺

浄土九番箱

舜興蔵（印）

（見返）

曼荼羅聞書抄六　中台

（1オ）

樹下如意輪観音事

就大悲代受苦一　性相二宗異義事

丹波国穴憂寺事

左右立仏事

座立仏異義事

来迎有無事

宮殿会中無生法食会事

維摩居士所労事

無生法食会余残事

四食不同事

極楽食段食歟禅悦食歟事

（1ウ）

樹下如意輪観音事　三　内

今日モ宝林宝樹会ニ付テ可申述一事アリ。即宝樹ノ下〈モト〉ニ三尊対坐メ御ス。其中ニ仏ノ右方ニ当テ、左ノ膝ヲ立テ、頭ヲ低〈ウナタレ〉レ、左ノ手ヲ以テ頤〈ヲトカイ〉ヲサ、ヱテ、思惟ノ印相ヲ顕メ、三摩耶形トメ、頂半ナカハケタル菩薩御ス。此ハ如意輪観音ナルヘシ。普通ノ観音ハ化仏ヲ戴クニ、是ハ不レ尓。其ニ取テ思惟ノ御手ハ、衆生済度ノ方便ヲ案アンスル形也。頂髪半〈ナカハ〉ハケタル事ハ、此菩薩ハ殊ニ大悲深重ニメ、一切衆生ノ重苦ヲ受ヲ悲ム物思ヒ有カ故也。世間ニモ物思者ハ、髪ノ落ル事アリ。今モ此意也。而ニ名ニ「如意」(2オ)輪一ト事ハ、如意珠ト金剛輪トヲ持メ、衆生ニ福智ノ二門ヲ与ル故也。サレハ金剛輪ヲ持スル故ニハ、衆生ノ七難三毒ヲ摧〈サイ〉破シ、悪障業障ヲ消滅ス。如意珠ヲ持スル故ニハ、衆生ノ二求両願ヲ円満シ、一切ノ所望ヲ成就ス。如レ是メ昼夜六時ニ衆生済度、肝膽〈カンタン〉ヲ摧ク故ニ云二如意輪観音一ト也。天台両巻ノ疏ニ云ク、若其レ機感厚モノハ、定業モ亦能ク転ス。若過現ノ縁浅モノハ、微苦モ亦無〈シル〉徴〈テウ〉シ云云。妙楽、此文ヲ釈メ、若聞二大士ノ名一ヲ、即是機感厚モノナリ。難レ聞ト而不ルヲレ信、名なづく二過現ノ縁浅一シト云云。過去ニモ現在ニモ并ニ縁ヲ結フ者ニハ其ノ定業ヲ転シ、無キ「(2ウ)結縁一者ノハ少ノ苦モ転スル事不能。丹波国穴憂アナうノ観音ノ因縁、即定業亦能転ノ利益也。菩薩ノ胸ニ箭タ、スハ、仏師カ先世ノ定業難レ免〈マヌ〉カレ。但菩薩ノ方便力ヲ以ハ、其箭ヲ不二受ス給一ハトモ、仏師ヲ逃〈ニカ〉シテ其難ヲ令レ免レ給ヘカシト覚ユレトモ、彼レ先世ニ群賊悪獣ノ害ヲ可蒙一、定業成就ノ者ナルカ故ニ、大悲代リテ受ル苦一ヲ誓ヲ以、彼レニ代テ箭ノ難ヲ受給フ也。サレハ此菩薩ハ大悲深重ニメ、五道・六道ノ衆生ヲ光中ニ照シ浮ヘテ六時ニ観察メ、機感厚キ者アレハ、定業ヲ転メ自受ク。其ノ中ニ地獄ノ定業ヲ転スル事、殊ニ貴事也。弘猛海慧経ニ云、衆生若シ聞ケハ「(3オ)レ名ヲ、離レテ苦得二解脱一ヲ、或遊戯メ地獄一ニ大悲代リテ受レ苦ト云云。若シ衆生有テ此菩薩ニ結縁セシカトモ、菩薩ノ本誓ニ不相応一セシテ、而モ作ル悪業ヲ一者ノ、重キニ被引、堕メ地獄一ニ極重ノ苦ヲ受ル時キ、菩薩自地獄ニ行テ、向ヒ獄率一ニテ畏かしこまリ敬テ告テ言ク、此罪人ハ我ニ結縁ノ衆生也。願ハ彼レカ過ヲ我ニ許セト。凡此菩薩ハ等覚無垢ノ大士、三祇ノ修行満足シ、位既ニ仏ニ隣レリ。雖然、因果ノ道理ニ背テ理ヲ狂（マケ）テ、重罪ノ衆生ヲ乞請給義ナルカ故ニ、獄主ニ所ヲ置テ、敬ヒ畏テ此ヲ乞ヒ給フニ、獄卒等敢テ不承引一。増ス〳〵罪人ヲサイナム。菩薩見レ之、大悲心ヲ増ス事、父母ノ病子ヲ」(3ウ)思フニモ越タリ。重（かさねて）而告テ云ク、我レ既ニ大悲闡提ノ願ヲ発シ衆生ノ苦ヲ救ヒ、衆生ノ願ヲ令レ満ト誓ヘリ。故ニ若我誓願大悲ノ中ニ、一人モ不スハ成二世ノ願一ヲ、我レ堕シ二虚妄罪過ノ中一ニ、不還二本覚一ニ、捨テム二大悲ヲ一云云。若シ此衆生ニ令レ受ケ重苦一ヲ、終ニ不ハレ済、闡提ノ悲願空ク成テ、妄語ノ過ニ堕テ、永（ながく）本覚ノ悟ニ不ヌ還者ノニ成リナン。冀（コヒネカハ）クハ、狂（マケ）テ此ヲ免（メン）セヨト。于時、獄率答云、非ス三異（コト）人ノ作レ悪ヲ、異人ノ受（ウケ）シムルニ二苦報一ヲ。自（ミ）業モテ自得レ果ヲ衆生皆如是云云。異人ノ罪ヲ造テ、異人ノ苦報ヲ令ルニレ受非ス。自業ヲ以自果ヲ得ル事、衆生皆如是一。依テ自業自得果ノ道理一ニ、今此ノ重苦ヲ受ク。何ソ非分ニ」(4オ)許ンレ之一乎。然ニ闡提ノ悲願アレハトテ、無理ニ悪業ノ衆生ノ苦ヲ可クハレ抜、地獄ノ衆生一人モ不可有一。又菩薩ノ大悲モ悪人ヲ誡メ、善人ヲ賞メコソ、止悪修善ノ道モ可ニレ成、背テ因果ノ道理一ニ、悪業ノ衆生ヲ救給ハ、、何レノ衆生カ地獄ヲ厭ヒ、悪業ヲ恐ンヤ。然ハ、菩薩ノ所望還テ、衆生ノ為ニウシロメタキニ成ヌ。付二是非一ニ、不可然一ト道理ヲ以テ奉レ責時、菩薩理ニ折レテ無レ所二陳謝一スルニ。雖然一大悲尚ヲ無レ止コト、重テ告云、汝カ申ス所実ニ尓也。又、因果道理必然也。不可自由一ス。然而、今此重苦ヲ不救ハ、虚妄ノ罪過ニ堕ム事、尤遺（ヰ）恨也。但、自業自得果ノ道理ヲ可シ立ハ、彼罪人於テレ我ニ結縁セシ」(4ウ)功徳アリ。何ソ依二其業一ニ、不ン許彼一ヲ乎。但、結縁ノ善ハ々ナレトモ、悪業ハ重ク善業ハ軽シ。重ニ被引テ可受苦一故ニ、非レ可二自由一スト云者、其理尤尓也。若尓者、我レ代テ二彼カ重苦一ニ、自ラ苦ヲ受ム。彼ヲ許セト。于時、獄率答云、此段ハ由一ツ聞ヘ侍リ。但、私ニ非可計一トテ、上件子細ヲ琰魔法王ニ奏ス。琰魔王、獄率等ニ仰云、衆生ノ苦ニ代リテ、自受ムト云菩薩ノ大悲、実ニ甚深也、不可思議也。疾（ト）ク々罪人ヲ許シ、菩薩ヲ罪ニ奉レト行ヒ成敗ス。于時、獄率等罪人ノ手ニ付タル鉄ノ索（ナハ）ヲ解テ、忝ク菩薩ノ百福荘厳ノ御手ニ付ケ、罪人ノ身ニ触ル、鉄ノシモツト引替テ」（5オ）菩薩ノ忍辱柔和ノ膚（はだへ）ニアツ。菩薩既ニ衆生ヲ乞請テ、所望已ニ達メ、随テ機根ニ、或ハ送リ浄土ヘ、或ハ帰ヘシ人中ニ給フ時、慇懃ニ約束メ言ク、我既ニ助テ汝ヲ代ル苦ニ。欲ハ報ント此恩ヲ、自今以後、相構テ仏道修行ノ身ト成テ、往生浄土ニセヨ。其（それ）ノミソ我報恩ナルヘシト慇ニ契約シ給フ。其時、獄卒、菩薩ヲ地獄ニ奉堕、種々ニサイナミテ、諸ノ重苦ヲ奉トモ令受ケ、菩薩ハ敢テ以不為玉ハ痛ミト。還テ歓喜ノ咲ヲ含御ス。其故ハ焦熱大焦熱ノ炎ノ身ヲ焦カ非不ルニハ熱ラ。代テ衆生ニ受ルカ此苦ヲウレシク、紅蓮大紅蓮ノ氷ノ体ヲ責ルカ非不ルニハ寒ラ。代テ衆生ニ受ルカ」（5ウ）此苦ヲ喜ハシキ故也。然ハ衆苦ノ身心ヲ責ルニ付テモ、カシコクソ此苦ニ代ニケル。是程ニ難キ忍苦ヲ、彼レニ受サセタランハ、イカハカリカハ可キト悲シカル喜ヒ御ス故ニ、或遊戯地獄大悲代受苦ト説也。此菩薩如此、六道四生ヲ常ノ栖トメ、諸衆生ノ苦ニ代リ給ニ依テ、其衆生浮ヒ出テ難受人身ヲ受ケ、難値仏法ニ乍ラ遇、念仏修善ノ営ハ無メ、菩薩ノ約束ヲ忘レ、恣（ほしひまま）ニ悪業ヲ作テ、亦堕テ地獄ニ、重テ菩薩ニ苦ヲ奉令受事、不孝ノ至也。恥テモ可恥、悲テモ可悲。或又適（たまたま）、念スル此菩薩ヲ由ナル人モ、只今生一旦ノ名利ヲノミ貪メ、菩薩ノ本誓ニ不叶故ニ、悪ハ重レハ被引テ」（6オ）珍ラシケナク又堕ス地獄ニ。此菩薩ノ永キ物思ト為ス。今ノ如意輪観音ノ思惟ノ印相ハ此意ヲ顕也。既ニ堕地獄ニスレハ、菩薩モ物ウカラス。亦地獄ニ行テ、如ク前代ル重苦ニ。サレハ菩薩ハ如此為ニ衆生ノ、無量劫在テ泥梨ニ、衆生ノ苦ニ代ル。況ヤ多ノ衆生ノ為ニ代ル苦哉。如是種々ノ方便ヲ以テ、終ニ我等カ浄土欣求ノ心ヲ令ルヲ発サ以テ、大悲代受苦ノ利益ノ至極ト為ス。然ハ我等今度、浄土ヲ欣ヒ弥陀ヲ憑ム事ハ、併（しかしなが）ラ観音ノ悲願ノ顕終（は）ツル所也。深ク信シ解メ此理ヲ、弥往生ノ信心ヲ可増長ス也。而ニ大悲ノ菩薩ノ衆生ノ重苦ニ代テ受ルニ付テ、実ニ受ル歟、不受歟ト云、一重ノ論義アリ。」（6ウ）一流ノ相承如実ノ義ハ、有リ受ル辺、有リ不受辺。其故ハ大智門ノ時ハ不受。智慧ヲ以テ空スル故ニ、楽猶不受。況ヤ受苦乎。

大悲門ノ時ハ実ニ受ク。不敗〈ヤフ〉ラ二因果ノ道理一ヲシテ、衆生ノ決定メ応受ノ苦ヲ受玉フ故也。故ニ云二大悲代受苦一ト。若実ニ不受苦一ヲ者、冥官ヲ誑惑スルニ可シ成ル。我ハ実ニ不受苦一ヲ、受苦ノ相ヲ標セハ、可為タル二妄語ノ菩薩一故也。若尓者、何ソ如クニ衆生一ノ、退屈ノ心不メ起ラ、長時ニ代レテ苦ニ無退一乎ト云難有ヲハ、以テ二大悲代受苦之義一ヲ会スルナリ。菩薩ノ大悲ハ代テ衆生ニ受レルヲ苦ヲ以テ、喜ノ中ノ悦トス。故ニ、結縁ノ衆生ノ重苦ヲ受クヘカリツルヲ、其苦ニ代テ或ハ人中」(7オ)天上ヘモ送リ、或ハ諸仏ノ浄土ヘモ令レテ生セ、自ミ一中劫受ルヲ二無間ノ苦一ヲ、真実ノ悦トス。故ニ是ハ結縁ノ衆生ノ転ル定業一ヲ意也。若、無縁ノ衆生ノ過去今生ニ、無メ二結縁分一、在テ二三途八難ノ所一ニ、無量劫受レルニ苦ヲ代ムトスレトモ不レ叶ハ、助ムトスレトモ不ル及時キ、菩薩此事ヲ歎ク苦ハ、結縁ノ衆生ノ重苦ニ代テ、自多劫ノ受苦ニ増〈マサ〉レル事百千万倍ナリ。昼夜ニ悲歎メ此事一ヲ身心不ル安相ヲ、又今ノ為スル二如意輪観音ノ思惟ノ相一ト也。カヽル物思ヒ有ルカ故ニ髪モ抜給ヒタリ。抑亦在テカ二何ノ故一、菩薩ハ衆生ノ重苦ニ代ラント云意楽ハ在ソト云ニ、付之一有リ二性相二宗之異義一。相宗ノ意ハ、法尓ノ」(7ウ)道理也。其故ハ立カ二五性各別之宗一ヲ故ニ、決定ノ菩薩二乗等ハ自苦他安楽・他苦自安楽トテ、自他各別ナルヲ以為メ二自然ノ道理一ト、衆生ノ苦ニ代ラントト云意楽アル者モアリ、不尓者モアリト云ヘリ。性宗ノ意ハ不尓一。生仏一際也。凡聖不二也。此一体平等ノ理ニ迷ヲ衆生ト名ケ、此ヲ悟ヲ仏ト云フ。迷ヘル衆生ヲ同体ノ大悲ヲ発メ助ル時、大悲代受苦ノ意楽ヲ起セリ。サレハ為メ二菩薩一ト此同体平等ノ大悲意楽ヲ無レ不ルハ発サ。其中ニ此観音ハ一切如来ノ大慈悲ヲハ皆集ム二一体ノ観音一ニトテ、諸仏菩薩ノ大悲ヲ集テ一ノ観世音トス。其大悲ハ重苦ノ者ヲ助テ彼苦ニ代ル也。然ハ大智門ノ時ハ法性平等ニメ」(8オ)生仏無レハ隔、能代ノ菩薩モ無ク、所代〈カハラル丶〉ノ衆生モ無シ。即般若ノ智ヲ以テ内証トス。大悲門時ハ、能所相分〈あいわかる、〉ヲ以テ、大悲代受苦ノ意楽ヲ発ス。是則、仏ト等ク悲智双行スル意也。此ヲ性宗ノ実義トス。我等又往生シナハ、大智門ニ住メハ勢至ノ如ク涅槃ノ常楽ニ安住シ、大悲門ニ住メハ、観音ニ同ク衆生ノ重苦ニ可レ代ル。西方ハ寂静無為ノ楽ナリ。畢竟逍遥ニメ離タリ有無一ヲ。大悲薫レ〆心ニ遊ヒ法界一ニ、分ケテ身利レ〆物ヲ、等ク無レ殊「ト云此意也。上ノ二句ハ勢至ノ合花三昧平等一際ノ意ヲ讃〆、下ノ二句ハ観音大悲ノ開花三昧ニ入テ衆生ヲ度スル意ヲ讃カ故也。我等モ亦如是ナルヘシ。只今」(8ウ)思フニハ、アナウルサヤト覚ユレトモ、往生シナハ大悲ノ心ニ熏ルヲ以、重苦ニ代ヲ可為悦一ト也。又法事讃ニ観音大悲ノ利益ヲ嘆云、念々ニ随レ機ニ為ニ説レトモ法ヲ、惛〈コン〉々トメ難キハ悟リ罪根ノ深ナリ。百計〈タヒチタヒ〉千万数〈ツタヒ〉出レトモ世ニ、万カ中ニ無三シ一モ出二「ハ煩籠一ト云云。釈尊モ此観音ノ転法輪智ノ位ニ居〆、八相成道・転妙法輪・済度衆生スル也。如レ此大悲ヲ以、種々ニ説法開導スレトモ、衆生ハ長劫ノ苦ニ被レ障テ、是ヲ受ケ行スル事無シ。故ニ云リ下念ヘハ二汝チ衆生ノ長劫ノ苦一ヲ、諸仏対面スレトモ不相ヒ逢一ハ、人天ノ少善尚難シレ弁、何況無為ニ〆証中ンヤト六通上ヲ。聖道ノ出離叶ヒ難キ衆生ハ、人天ノ善所ニ生ルヘキ業因」(9オ)猶不修之ヲ、何況ヤ、六通ヲ証セン哉。次ニ雖レ得三ト見二聞「ヲ希有ノ法一ヲ、麁心懈怠ニ〆益〈ます〉〱無レ功、縦使〈タトヒ〉連年ニ放レチテ脚ヲ走レトモ、趁〈もトメ〉三得ンヤ貪瞋ノ満二ヲ内胸〈ムネニ〉一。貪瞋ハ即是レ身ノ三業ナリ。何ソ開二ム浄土ノ裏ノ真空一ヲ。寄二スル語ヲ同生ノ善知識一ニ。念〆仏ノ慈悲一ヲ入二聖叢〈しょうそう〉〈トモカラ〉一ニ云云。雖得見聞スル「希有ノ法ヲ一、麁心懈怠ニ〆益無功ト者、縦又浄土希奇ノ法ヲ聞ケトモ、懈怠ニ〆無其功一。懈怠ト者、世間ノ人ノ思ハクノ懈怠ニハ非ス。聞テ此法ヲ真実ニ安心起行スト思ヘトモ、自力ノ安心起行ナルヲ嫌テ麁心トモ云ヒ、懈怠トモ名ル也。縦又連年ニ放脚走トモ、趁得貪瞋ノ満ヲ二内胸〈ムネ〉一、貪瞋ハ即是身ノ」(9ウ)三業ナリ。何ソ開ム二浄土ノ裏ノ真空一ヲト者、即此自力ノ安心起行ヲ指也。疏ニ、縦使ヒ苦ニ励〈ネンコロニハケム〉〆身心一ヲ、日夜十二時ニ急ニ走リ急ニ作〈ナ〉〆、如レ炙〈セン〉二頭燃〈ハラフカ〉一ヲ者モ、衆〈スヘテ〉名雑毒之善一ト。欲下ン廻二〆此雑毒之行一ヲ、求レ生中ント「ヲ彼ノ仏ノ浄土上ニ者ノ、此レ必ス不可也ト釈ル意也。又若シ過現ノ縁浅モノハ、微苦モ無レ徴〈シルシ〉ト云位也。寄二語ハヲ同生ノ善知識一ニ、念二〆仏ノ慈悲一ヲ入レ二聖叢一ニト者、聖道自力ノ出離既ニ難レ叶ケレハ、捨テ、浄土他力ノ門ニ帰〆、念仏〆浄土ニ往生セヨト勧ム。即疏ニ、阿弥陀仏ノ因中ニ我等衆生ノ為ニ三業ノ行ヲ修セシ事真実也シカハ、今ノ衆生、彼ノ〈仏ノ〉真実ノ体ニ帰セハ、真実ノ安心起行ト可成ルト釈ル」（10オ）意也。是又、若其機感厚モノハ定業亦能ク転ノ位也。然ハ、如意輪観音ノ思惟ノ形チ、物思ヒノ相、皆是一切衆生ヲ済度ノ念仏者ニ作ムト思食ス御姿也。故救レ苦分身平等ニ化ス。々シ得テハ即送ル二弥陀ノ国一ニト釈リ。我等今念仏者ニ作レリ。併ラ是レ、如意輪観音ノ利生也。深ク可貴之。

左右立仏事

今日ハ宝林宝樹会ノ次ニ、左右ニ立仏ヲ図スルヲ可レ奉讃嘆一シ。其ニ取テ仏モ行歩ノ形也。相随フ菩薩童子等モ行歩ノ姿ナルハ何事ソト云フニ、先ツ十三観ニ配スル時ハ、中」（10ウ）台ノ三尊ハ第九ノ真身観・第十ノ観音観・第十一ノ勢至観ニ当ル。樹下ノ座像ハ第八ノ像観ニ当ル。今此ノ立像ハ第十三雑想観ノ丈六ノ像ニ当レリ。而ニ経文ニハ在二ト池水ノ上一ニ説ク。変相ニハ宝地ノ上ニ図セリ。相違スルニ似タレトモ、彼釈ニ、或ハ在リ池水花上一ニ、或ハ在リ宝宮宝閣一、或ハ在リ宝林宝樹ノ下一ニ、或ハ在リ宝台殿中一ニ、或ハ在リ虚空宝雲花蓋之内一ニト云云。処々ニ可レト在ル見ユル故ニ非相違一也。今此ノ立仏ハ第七観ニ夫人ノ眼ノ前ニ立テ現セシ仏也。但立像ハ何事ソト云ニ、般舟讃ニ般舟三昧ヲ翻メ立定見諸仏ト云云。付二テ其立一ニ」（11オ）有二義一。一ニハ行者ニ約スレハ常行三昧・行道念仏ノ義也。次ニ仏ニ約スレハ十方ノ諸仏悉ク在レ前立ツ義也。今ノ仏菩薩共ニ立ツシ給ヘルハ、即悉ク在前立ノ相也。其ノ立ノ義ハ何ニト云ニ、三悪火坑臨々欲入ノ機ヲ立撮即行スヘキ相也。又廻心正念ニノ生ムト願ヘハ立チ所ニ即得ル生「ヲ形也。此則、他力ヨリ出離ノ速ナル意ヲ顕ス立仏ノ相也。然ハ行住坐臥時所諸縁ヲ不レ論、念仏スレハ所ヲ不替、念ヲ不レ隔、念ノ下毎ニ得生ノ想ヲ作シ、足ノ下タ毎ニ金縄界道ヲ歩ト可想也。而ニ樹下ノ坐像ハ、中台ノ諸尊、衆生界ニ応同スル姿、即花厳ニ、往昔勤修多劫海能」（11ウ）転衆生深重障故、能分身遍十方、悉現菩提樹王下ト説ク位也。今ノ立仏ハ光明遍照摂取不捨ノ益ニ三縁アル中ノ、第三ニ衆生称念即除多劫罪、命欲終時、仏与聖衆自来迎摂、諸邪業繫無能碍者ト釈スル増上縁ノ仏也。即前ノ坐像ノ仏、立走テ念仏ノ衆生ヲ来迎引摂スル形也。サレハ摂取不捨益ニ預テ、速ニ往生ヲ遂ルハ此立仏ノ益也ト可レ拝ム也。此形、光台ニ顕現セシヲ見テ、夫人モ、我今楽生トハ選取也。然ハ中台ノ三尊・樹下ノ坐像・左右ノ立仏ヲ如レ次ノ親縁・近縁・増上縁ニ配シテモ可意得也。」(12オ) 彼此三業不相捨離ノ徳、巍々トメ御ス親縁ノ姿ヲ中台ノ尊ト顕シ、此仏ノ能転衆生深重障、悉現菩提樹王下ト、次第ニ機ニ近テ利益スル近縁ノ形ヲ樹下ノ坐像ト図シ、此近縁ノ仏ノ終焉ノ時、行者ノ前ニ現メ迎摂シ給フ増上縁ノ形ヲ、今ノ立仏トスル故也。仍此変相ハ往生ノ鏡ト可拝一ム也。而ニ来迎ノ有無、諸人所レ諍一フ也。有リトモ云ヒ、無シトモ云ニ付テ、善ク云ヘハ不レ違、悪ク云ヘハ違フ也。凡ソ、仏ト云事ヲ委ク知ナハ不可有二此諍一ヒ。其仏ト云事ヲ知ムト思ハ、私ニハ不二測〈ハカリシル〉知一セ釈ス。自覚々他覚行窮満スルヲ云レ仏ト云云。其ノ自覚ミリ」(12ウ) 他ヲ覚ラシメ覚行窮満セル姿ハ何ナル物ソトナラハ、又私ナラス法事讃ニ、果二得メ涅槃一ヲ常ニ住レメ世ニ、寿命延長ニメ難シレ可「量一ル。千劫万劫恒沙劫、兆載永劫ニメ亦無レ央〈ナカハ〉ナリト云云。此則、自覚ノ徳ヲ讃ル也。涅槃ト者、不生不滅常住ノ理也。此涅槃常住ノ理ヲ証得シツレハ、仏身常ニ極楽世界ニ住メ、千劫万劫恒沙劫兆載永劫ニモ未タナカハナラス。又云、一ヒ坐メ無レ移ル「亦不レ動、徹二窮メ後際一ヲ放二ツ身光一ヲ。霊儀相好真金ノ色ナリ。巍々トメ独リ坐メ度ス衆生一ヲト。是ハ覚他ノ徳ヲ讃ル也。一坐無移亦不動ト者、自覚ノ不ル動セ形也。然レトモ後際ヲ徹窮メ身光ヲ放テ、衆生ヲ」(13オ) 度スルハ、即覚他ノ相ナル故也。次ノ文ニ十方ノ凡聖専心ニ向ヘハ、分レテ身ヲ遣レメ化ヲ往テ相迎玉フ。一念ニ乗レメ空ニ入レハ仏会一ニ、身色寿命尽ク皆平〈ヒト〉シト者、覚行窮満ノ徳ヲ讃ム。十方ノ凡聖専心ニ念仏メ向フ事アレハ、尊独報身ノ体トメモ、往キ向ヒ分身応化ノ身トメモ往キ向フ。而ハ法性難動ノ山ヲ動メ、生死難入ノ海ニ入ルヲ云二フ実仏一トハ也。然ハ果徳涅槃乃至亦無央ト者、自覚ノ悟リ、生死ニ不レ住姿タ、一坐無移○度衆生ト者、覚他ノ悟、涅槃ニ不レ住形チ、即無住所涅槃ノ徳也。雖然一ト、未タ覚行窮満ノ形ニハ非ス。十方凡聖○尽皆平スル時キ、覚行窮満ノ悟ハ極成スル也。其覚行円満ノ」(13ウ) 体ハ即今ノ立像来迎ノ聖容〈セイヨフ〉也。上来発遣来迎ハ自覚々他ノ利益ヲ云ト云ヘトモ、未タ分明ニハ不ヲレ顕、今分身遣化往相迎メ、身色寿命尽皆平ノ位ニ入ル時キ、其義至極スル也。而ヲ諸教ノ習モ自覚々他覚行窮満スルヲ仏トハ云ヘトモ、自悟テ仏ト等ク成レト勧ムルカ故ニ、教ノミアテ、悟入スル機ハ希也。サレハ十地ノ証智ヲ開ク時、始テ仏ノ自覚ニハ同スル也。此故ニ、根性利者皆蒙益、鈍根無智難開悟ト云也。今ノ教ノ意ハ不レ尓。十方ノ衆生ノ機根不同ナレトモ、専心ニ帰スレハ、仏往キ向テ引摂スル時、仏ト等ク、無為常住ノ身ヲ受也。此則、機ヲ云ヘハ、十悪五逆具諸不善ノ」(14オ)機ニメ、浄土ニ可クモ入ル無レトモ、来迎ノ仏自来テ取テ彼土ヘ入テ、仏ト等ク身色寿命尽皆平ナラシムル故ニ、此カ至極ノ覚行円満ノ体ニテハ有也。若初心ナレハ、若悪人ナレハトテ此益ヲ不ハ与ヘ、未タ覚行円満ノ義不レ極ス故ニ、十方善悪ノ凡夫、一聞一称ノ下ニ彼ニ到ヌレハ、斉同ニメ不退也。不退ト者、浅位ノ不退ニハ非ス。無上仏果ノ不退ニ同スル也。自レ本仏ノ誓願ハ我等カ無常ノ命ヲ摂メ、無量寿常住ノ悟ヲ令レ得ムト云フ超世ノ別願ナル故ニ、来迎ノ無碍増上縁ノ益ニ預テ浄土ニ往生シヌレハ、仏ノ寿チ常住ナラハ、我等カ命モ常住ナルヘシ。果得涅槃常住世ノ仏ナレハ、中台ニ」(14ウ)居メ浄土ニ常住スル相ヲ示シ、一時無移亦不動ノ仏ナレハ、樹下ニ坐メ十方ノ菩提樹下ニ影向メ、機ニ応スル相ヲ示シ、分身遣化往相迎ノ仏ナレハ、宝地ノ上ニ住立メ立撮即行ノ相ヲ顕ス。如レ是仏ヲ知ヌレハ、来迎有ト云モ、無ト云モ不ルレ違也。其故ハ果得涅槃常住世一坐無移亦不動ト者、法性難動ノ相ナレハ、無来迎ノ義一。是ハ自覚ノ辺也。覚他覚行円満之時ハ、衆生界アレハ仏ニ往来ノ相アリ。故ニ分身遣化往相迎メ来迎ノ義宛然也。而ニ十八願ハ至心信楽欲生我国ノ者、往生ト云フ自覚々他平等ノ益ヲ誓フ故ニ来迎トハ云ハス。然而」(15オ)分身遣化往相迎スヘキ方有カ故ニ、十九願ニハ覚他覚行円満ノ位ニ約メ来迎セント願スル也。昨日、道理破ノ釈ニ九品来迎ノ文ヲ引テ、九品ノ機ハ凡夫也ト証セシハ即此来迎ノ法門也。起信論ニ、一心三大法界ノ義ヲ釈スルニ、衆生ノ八識ニ約メ、三身ノ仏ケ機ヲ引スル姿ヲ立タリ。衆生ノ事識分別ノ位ニ心外ニ法アリト思位ヲハ化身ヲ顕メ化ス。次ニ妄識分別ノ方ハ前ニ同メ妄識ナレトモ、而モ心外ニ仏アリ浄土アリト不レル思位ノ者ハ報身ヲ見ル。八識心王ノ前ニハ仏ノ真身ヲ見ルト定タリ。又浄影大師、事妄真ノ三土ヲ立テ、皆凡夫ノ前ニ可有来迎一ト許セリ。但シ」(15ウ) 此等ハ自力聖道ノ教ナル故ニ、自心ノ麁細明昧ニ依テ三身ノ差異ヲ可シ見一ト談ス。今ノ仏ハ不レ尓。尊独相海ノ報身ノ体ナカラ、願力ノ不思議ヲ以、事識妄識分別ノ凡夫ノ前ニ来テ見ヘ給フ不思議ノ宗義ナル故ニ、来迎アリト云カ仏ノ本意ニハ可相応一ス也。故ニ縦令不下トヒスト与タメニ二大衆一ノ〈囲繞セラレテ〉現セ中其人ノ前上ニ者イハ、不取二正覚一ヲト誓也。又有人、仏ノ来迎ヲ待ン程ニ魔ノ来迎ニテモヤアラント云云。是亦僻〈ヒカ〉見也。実ニ機ノ分斉ハ魔境ニ可被妨一ケ者也。サレハ仏恐下玉フヲ以テ三衆生ノ四魔障アテ未レタ至ラ二極楽一ニ、堕中ンコヲ三途上ニ、直心実行ナレハ仏迎ヘ来ル。我レ今衆等、深ク慚謝セヨト云云。」(16オ) 四魔ノ障アテ出離ヲ可レ妨故ニ、直心実行ナレハ仏来迎スト云ヘリ。然ハ仏ノ来迎ノ願ハ此ノ魔障ヲ防ンカ為也。法性難動ノ山ヲ動メ生死難入ノ海ニ入事ハ、心外有法トノミ執メ、諸法唯心ノ道理ヲモ不レス弁、自他平等ノ観解ニモ不ル住セ者ノ為也。有二此道理一故ニ釈迦モ此方ヨリ発遣シ、弥陀モ彼国ヨリ来迎シテ、二尊合レテ力ヲ凡夫ノ出離ヲハ成スル也。此ハ仏ニ約メ来迎・不来迎ノ義ヲ成也。次ニ機ニ約メ来・不来ノ義ヲ云ハ、此ニ正因正行ノ二門ノ義アリ。正因ノ時ハ彼此三業不相捨離、離此ノ心一外更無異仏一ナレハ、一念帰命ノ」(16ウ) 安心ノ処ニ必ス応声ノ仏体アレハ、此外ニ来迎無キヲ以、即来迎無トスンモ不可苦一カル。然而、正行門ノ辺ニ約レハ、臨終ノ来迎ヲ非レス不ルニ期一セ。三念五念畢命ヲ為レシ期ト、正助四修刹那モ無間ナレハ、一日七日専称スレハ仏一ヲ須臾ニ命断ヘテ仏迎ヘ将ヰ玉フ事相ノ来迎有レ之。但シ此事相ノ来迎ハ、前ノ帰命ノ一念ノ下ニ、応メ声ニ所レノ来ル仏体ノ臨終ニ顕レ面見〈マミヘ〉給フト可知也。仏即応レ念ニ現メ在二ス目ノ前一ニ、平生近縁ノ仏与二聖衆一ト自ラ来テ迎摂メ臨終増上縁ノ仏トハ顕故也。如是意得レハ無レ誤リ也。然ハ偏ニ正因応声ノ来迎ニ留テ、事相ノ無二モ来迎一」(17オ) 不可二云一フ。又愚ニ正行当得ノ来迎ヲ執メ、三心正因ノ時ニハ無二シ来迎一トモ云フヘカラス。但シ此位ノ信心ナリモ、仏ハ不可捨給一フ。自レ本カ、ル凡夫ノ為ニ所レノ発別意ノ弘願ナレハ、機ハ左モ思ヘ、右カウモ思へ、正念帰依ノ心一度発ラハ、其下ニ来迎モ往生モ不可有疑一ヒ。サル前ハ又臨終ニ仏ヲ拝マン事、亦以無疑者也。是ヲ明ラメ知ルハ、智者ノ所作也。衆生ノ知ネハトテ、仏モ共ニ物覚ヘヌ人ニハ不レ成ラ也。仍、智者ハ可知之一ヲ、愚者ハ不レ知トモ来迎ニハ可預也。然ハ知モ不レモ知、只南無阿弥陀仏トト可レ唱。縦又知タル人ナレモ、心ニ相続メ其念ヲ無シ持事一。還テハ只仏助給ヘ南」(17ウ)無阿弥陀仏ト許也。愚者不知此義一ヲトモ、亦仏ヲ憑テ称名スル所一同ナレハ、仏ケ念ニ応シ、声ニ応ノ来テ迎摂シ給也。故ニ易行道ト名ケテ、悟テ益ヲ得ヨト云聖道ノ所談ニハ遥ニ異ナル也。

宮殿会中無生法食会事

宝林宝樹会ノ讃嘆、大略畢ヌ。次、宝楼宮殿会・虚空会・大衆無生法食会ノ三会相残ルヲ可讃嘆一也。此法事讃ノ文ハ、次第変相ニ違セリ。今者、曼陀羅ノ付テ図相一ニ、次第ニ宮殿・法食・虚空ト可讃メ上一ル也。其中ニ宝楼宮殿会ト者」(18オ)経文ニ一々界上有五百億宝楼閣等ト云ヘリ。此宮殿会ノ中ニ、種々ノ雖可有二子細一略レス之。今大衆無生法食会ヲ可讃歎一ス。宮殿楼閣ノ中ニ大ナル机ヲ立テ、其ノ上ニ種々ノ物ヲ備ヘタリ。是則、無生法食会ニ当レリ。一時〈ヒトトキ〉仏毘舎離国ノ毘舎離城ノ菴羅苑林ニメ、説法シ給事有ケルニ、維摩居士不参セケレハ、仏何カ故ソ居士不ルト見御尋有リ。衆中ニ言ク、居士ハ此程所労ノ事アリテ不参ト云云。于時、仏ノ言ク、尓者訪ニ可遣人一ヲトテ、舎利弗ヲ御使ニ被ルニ差サ、故障ス。其故ハ彼ノ居士ハ乍レ俗コサカシキ仁也。我先年之比、被レ責臥一セタル」(18ウ)事アリキ。今若往テ慰問セハ、亦可尓一。叶ヒ候ハシト申ス。サラハトテ目連ニ被レ仰ケルニ、是モ辞退ス。如此、声聞衆ハ悉ク故障セシカハ、然者、可シ二菩薩衆ナル一トテ、先末〈まず(ハツ)〉座ノ持地菩薩ニ被レ仰ニ辞退ス。菩薩衆モ悉ク故障シキ。只文殊ハカリ残レリ。其時、仏、今者使ニ無レ人。文殊ハ三世ノ覚母、上首ノ菩薩也。往テ慰問シ給ヘト被仰。文殊不辞一シテ御使ニ趣ク。其時、三万二千ノ菩薩声聞等ノ衆、定テ甚深ノ法談可有、イサ往テ聴聞セントト云テ、文殊ニ相従テ行ク。居士ハ本居ヲ去テ、傍ナル所ニ一ノ方丈ノ室ヲ構テ、内ニ一ノ床ヲ立テ、其上ニ平臥ス。文殊ヲ見テ、即起居テ揖々（イフ〱）ス。文殊ノ云ク、我」（19オ）仏ノ御使トノ御訪ニ参タリ。大士病患ハ自（より）何事一カ発ル。何レノ時ニカ可ニ平愈一ス乎。居士云、我カ病ハ衆生ノ煩悩ノ病ヨリ発レリ。衆生ノ煩悩尽ハ、我カ病モ可ト平癒一ス。文殊即智弁ヲ振テ難詰（キツ／ツム）ス。居士亦才学ヲ尽ノ返答ス。如是、種々ニ問答シキ。其時文殊云、如是卑（ヘヒ／イヤシ）座ニノ法門論談、等閑（ナヲサリ）之義也。汝何ソ大衆ノ為ニ、高座ヲ不ル設乎。若勝高座ノ有ル処ャ見タル、可立ニ室内ニト云々。居士即東方ノ須弥燈王仏ニ、高座ヲ請フニ、高サ八万四千由旬ノ七宝ノ大高座三万二千ヲ得テ、方丈ノ室内ニ並立テ、大衆可坐之ニト勧ルニ、菩薩衆ハ悉ク」（19ウ）登テ坐シヌ。迦葉等ノ諸大声聞ハ昇ル事不能一。其時、維摩告テ云、汝カ力ニテハ不可登一ル。即、須弥燈王仏ヲ礼ノ以仏力ヲ可登一ト云々。其時、諸声聞等、彼仏ヲ礼スルニ、須臾ニ高座ニ登テ坐ス。于時迦葉、居士ヲ讃テ曰ク、汝カ神力不可思議也。菩薩ハ何ナル三昧ヲ成就メカ、此不思議ヲ得給ヘルト。居士云、諸仏菩薩ニ三昧アリ。此ヲ不思議解脱三昧ト名ク。須弥高大ナルヲ芥子ノ中ニ入ニ、草木ヲモ不損一、大海ノ深広ナル、一ノ毛端ニ納ルニ、魚鼈（ぎょべつ）ヲモ不令痛一マ。又不断ニセ煩悩一ヲシテ得ニ菩提一ヲ、不動生死一ヲシテ至涅槃ニ一。諸仏菩薩ハ如レ此三昧ヲ得カ」（20オ）故ニ、現ニス此不思議一ヲ也ト云々。如レ是、甚深ノ法門説居タル所ニ、舎利弗尊者、頭ヲ傾テ、方丈ノ軒（ノキ）ヨリ日影ヲ見テ中時ニ及ヘリ、食時既ニ至レリ。我等何所ニテカ時可レ食ト、心中ニ思ヘリ。維摩、其心中ノ所念ヲ知テ云、暫ク待レヨ。御時闕候マシト云々。即上方ノ香積世界ノ教主ニ香飯ヲ乞ニ、一リノ天人一鉢ノ飯ヲ持テ衆中ニ置クニ、芳事無レ限。而ヲ三万二千ノ大衆ノ中ニ、一鉢ノ飯不足ニ見レモ、見色聞香ノ諸根適悦シ、色力増長メ一日ノ段食ヲ息（ヤム）ルノミナラス、各ノ無生法忍ノ悟ヲ得キ。サルホトニ、彼国ヨリ諸ノ天女花ヲ雨（ふら）シテ」（20ウ）此大衆ヲ供養ス。文殊等ノ菩薩ハ頂上ニ散リ、衣袖（シュ）ニ懸レトモ、其花身ニ不付一。舎利弗等ノ声聞ハ、頂上ニモ此花悉ク取〈付〉ケリ。此ハ何事ソト云ニ、二乗等ハ不浄ノ天女ノ所散ナレハ、不レ受シト思フ分別ノ念アルニ依テ即付ク。未分別ノ心、染着ノ心有カ故也。

菩薩衆ハ既ニ大乗平等ノ悟リ開テ、分別ノ念、染着ノ心無カ故ニ不付也。如レ是ノ小乗偏見ノ心ヲ対治シキ。是則、一鉢ノ飯、作ス仏事一也。今彼極楽ニハ、講堂精舎ノ内ニメ聞法快楽シ、清旦ニ至テ他方ニ遊歴メ諸仏ヲ供養シ、食時既ニ至テ本国ニ還到シヌレハ、宮殿楼閣ノ中ニ七宝ノ鉢器」（21オ）自然ニ前ニ現メ、百味ノ飲食、其中ニアリ。又雖レ有此食一、実ニハ不食一。只見色聞香メ自然ニ飽足ス。此ヲ云無生法食会一ト也。サレハ礼讃ニモ、西方極楽難思議、渇聞般若絶思漿、念食無生即断飢トテ、般若ノ智水ヲ飲テ渇ヲ除キ、無生ノ法食ヲ々メ飢ヲ支〈サヽ〉ヘ、法門ヲ以為レ味〈あじはひ〉ト、三昧禅定ヲ以、無量ノ命ヲ支タル国ソト云云。天親ノ浄土論ニ此事ヲ讃ニ、愛楽メ仏法味一、禅三昧ヲ為レハ食一ト、永離テ二身心ノ悩一ミヲ、受レ楽ヲ常ニ無間ナリ云云。仏法味ヲ受レハ身心ノ無ト悩ミ也。如レ是、楽ヲ受用スル故ニ、旧訳ニ報身報土ト云ヲ、新訳ニハ受用身受用」（21ウ）土ト名ケ、又ハ食身ト名ル也。而ニ穢土ハ段食ヲ以身心ヲ支フ。浄土ハ仏法味ヲ愛楽シ禅三昧ヲ為レカ食ト故ニ身心ノ無悩一ミ。此飯食成就ノ所ナレハ、法事讃ニ、欻〈タチマチ〉尓ニ飛騰テ還テ二本国一ニ飯食経行ス七宝ノ台一ニトモ嘆タリ。此ヲ浦ヤミテ浄土ヲ可願ト云意也。縦ヒ食飽〈ユタ〉カナル人也トモ、此ハ無常ノ食、流転生死ノ因縁也ト思テ無為常住ノ食ヲ可願フ。況ヤ又食ニ乏〈トホ〉シカラン者、浄土ノ楽ヲ不願乎。為レ引〈ミチヒカ〉ン二カ他方ノ凡聖ノ類一ヲ、故〈ことさ〉ラニ仏現玉フ二此不思義一ヲ。々々々ナル事ハ先ツ以テ二欲ノ鉤〈コウ〉〈カキ〉一牽テ後ニ、令レム入仏慧ニ一タメナレハ、疾〈と〉ク々厭ヒ欣テ可誇〈ホコル〉此楽一ニ也。」（22オ）

無生法食会余残事

今日ハ昨日ノ無生法食会ノ余残ヲ可讃嘆一ス也。其ト云フハ極楽ノ聖衆ハ段食ヲ用ルヤ否ヤト云論義アリ。凡段食ト者、香味触ノ三塵ヲ性トメ、物ヲ舌ノ上ニ置テ段々ニカミ砕テ食テ、四大ヲ云フ二長養一スルヲ〈也〉。凡有情衣食住ナレハ、一切衆生ハ食ニ依テ住ス。凡食云ニ有四食一。一ニハ段食如レ前。二ニハ触食、此ハ六根カ六塵ニ相対メ、六識ヲ長養スル也。三ニハ思食、心ニ食ヲ思フ思惟ノ力ニテ命ヲ支ル也。如ク註論ニ云一カ、或ハ懸レケ沙ヲ指レ袋ロヲ為ス二相慰〈アヒナクサム〉之方一ト云云。此ハ昔二一人ノ子アリ。時年飢饉〈キキン〉メ」(22ウ)活命ノ術計尽ヌ。父母議メ云ク、我等此ニ住メハ親子共ニ定テ餓死シナム。出テ乞食セント議シ畢テ既ニ出ントスル時キ、一ノ方便ヲ作ス。即袋ニ沙ヲ入テ墻〈カキ〉ニ懸ク。二人ノ少児ニ語テ云ク、此袋ノ中ニハ汝カ食物アリ。還来テ取之ニ可与一ト云テ去ヌ。二子生年五六七才ハカリ也。サテ親ハ出ヌ。食ニ飢テ其日モ泣キ暗メ其夜モ暁あケヌ。両三日ヲ経レ𪜈父母不還来。泣声ヲ聞、隣家ノ人来テ事ノ子細ヲ問フ。汝カ父母ハ何ヘソト。二子答云、乞食ニ出ヌト。又問云、汝ハ食ニ飢テ泣カト。答云、尓也ト。又問云、汝カ為ニ食物ヲハ不レヤ置。二子答云、彼」(23オ)袋ノ中ニ入テ置タレ𪜈不及シテ取テ不食一ト。此人急キ此袋ヲ取下〈ヲロ〉メアケテミレハ食物ニハ非ス。沙也ケリ。二子見レテ之ヲ、即時ニ命終ヘヌト云云。此則、袋中ニ有レ食ト思フホトハ、思食ヲ力トメ存ス。既ニ無ト知ヌレハ命尽ヌ。此ヲ思食ト云也。或又、蛇〈クチナハ〉カ夏比、蝦蟆〈カヘル〉ヲ取食スルカ、冬ノ比穴中ヘ入ル時キ、一ノ生タル蟆ヲ取テ、穴中ヘ入テ前ヘニ置テ守テ、彼ハ我カ可食物也ト思テ、次ノ年ノ春マテ命チ存ス。出時ニ食レ之也。是又思食也。四ニハ識食。先キノ三ノ食無ト雖モ、自心識ヲ食トメ存命ス。無色界ノ衆生、皆自ミノ心識ヲ以、内境ヲ縁メ住スル也。此四食ハ皆」(23ウ)三界有漏ノ食也。極楽ニハ法喜禅悦ヲ以為レ食ト。而ニ浄土ニ段食アリヤ無シヤト云論義ハ経ノ異説ニ依テ起ル也。其故ハ阿弥陀経ノ中ニハ、彼土ノ衆生清旦コトニ衣裓えこくニ花ヲ入テ、他方十万億ノ仏ヲ供養メ食時ニ成ヌレハ、本国ニ還テ飯食経行スト云云。飯食経行ト者、天竺ノ法ハ食以後ニ僧堂ノ近辺ニ道ヲワリテ、折返〈ヲリカヘ〉シ々々暫カ程巡ル也。此ハ食ヲ消メ、身心軽利ナラシメンカ為ノ養生也。此経ニ既ニ飯食経行ト云故ニ、可有二段食一歟ト覚ユ。法事讃ニモ、飯食経行七宝台ト云ヘリ。而ニ大経ニハ、若シ欲レスル食ムト時ハ、七宝ノ」(24オ)鉢器自然ニ在レ前ニ、百味ノ飲食自然ニ盈満えいまんセリ。雖有ト二此食一、実ニ無二食スル者一ノ。見レ色聞香自然飽足スト説ク。即、香積世界ノ香飯ノ如シ。此ハ段食トハ不見一ヘ。触食ト可云歟。両経ニ既ニ相違ス。又密厳経ニ、極楽ノ中之人ハ自然ニ随レフ念食アリト説キ、密厳国土ノ菩薩ハ禅定ヲ以、甘露ノ味ト為ト云云。此意ハ又大小両経ノ食ハ共ニ段食ト得テ、密厳国土ニハ禅定食ノミ有テ段食ノ分無ト定ムト見タリ。サルホトニ浄土論ニ、極楽ノ食ヲ讃ルニ、愛楽仏法味禅三味為食ト云ヘリ。此論文即中ニ有テ」(24ウ)経々ノ相違ヲ明メタリ。註ニ此論文ヲ承釈ルニ三食アリ。一ニハ法喜食。二ハ禅悦食。三ハ三味食也。百味飲食等ヲヤカテ三味食ト釈スル故ニ、穢土ノ段食ニハ非ス。今ノ無生法食ト云ハ是也。阿弥陀経ニ正ク食ストト見タルモ不レ違。彼土ノ衆生六根ニ経テ法味ヲ受用スル時キ、舌ニ嘗(なめ)ル事可有一故也。大経ニ道場樹ノ益ヲ説ニ、六根ニ通メ其益ヲ得ニ、舌ニ嘗(ナム)二其味ヲ一ト説キ、般舟讃ニ、童子宝池〈地〉ノ蓮花会ニ入時、化仏菩薩衣ヲ与ヘテ令レメ着(キセ)、宝菓ヲ与テ令食一ト釈スルモ此意也。然而、穢土ノ段食ノ如ク染着ヲ不生一故ニ、実ニハ食スル者無シ。只見レ色聞レ香ヲ」(25オ)為(スト)レ食ト云ヘリ。故ニ何レモ不違也。但シ一義ハ、密厳経ニ、極楽ハ段食、密厳国土ハ禅定食ト所定一也。此ハ極楽・花蔵・密厳ノ三土相対メ極楽ハ劣ナリ。密厳等ハ勝タル故ニ、八地已上ノ純〈能〉諸菩薩ノミ住メ、禅定ヲ為ト食一ト定タル聖道門ノ成敗也。今ノ論主ノ意ハ、極楽・花蔵・密厳ノ三土只是一ノ極楽也ト得テ、彼ノ禅定食即今ノ百味飲食也ト顕ス。如此意得レハ、禅定食・随念食、各別ニ判シ、密厳・極楽、差別スルハ還テ浅近隔歴ノ位也。論ニ一土也ト会スルハ深遠円融之義也。阿弥陀経ニ、衆生々スル者ハ、皆是阿鞞跋致ナリト」(25ウ)者、花蔵界ニ当レリ。其中多ク有ル一生補処一ト者、密厳国土ニ当レリ。此ヲ極楽ト云フ。サレハ弘法大師ノ秘蔵記ニハ、極楽・花蔵、名異処一ト得テ、胎蔵界ノ曼荼羅ハ即極楽也ト判ス。今ノ論ニ、彼土ハ勝過三界ノ土ト定テ、愛楽仏法味、禅三味為食、永離身心悩、受楽常間無ト讃ルハ、極楽即密厳国土也ト讃ル也。花厳経ニ、百万阿僧祇ノ浄土ノ中ニ、極楽ハ浄土ノ初門也ト説ハ、且ク望存化益ノ方便之説也。而今、極楽ハ浄土中ニ勝テ、而モ我等凡夫生ヌレハ、仏ト等ク大乗ノ法楽ヲ受也。問云」(26オ)若尓者、只法食ノミアテ勝タル義ハ可シ成。何ソ処々ノ釈ニ、或ハ渇メ聞ク二般若一ヲ、絶チレ思レ漿〈コンス〉ヲ、念レハ食ヲ無生則断レツ飢トモ釈シ、或ハ即与テ二宝菓一ヲ教テ令レ食トモ釈シ、或ハ飢テハ飡〈サン〉〈ウク〉シ二九定ノ食一ヲ、渇メ飲ム二四禅ノ漿一ヲトモ釈シ、大経・弥陀経等モ亦如レ是説ク。是レ段食ニ似タリ、如何。答云、此カ浄土ノ法門ノカヽリニテハ有也。凡夫ノ情心ヲ不動カシテ引入スル別意超世大願ノカサシルシ也。即、密厳国土ハ法喜禅悦食ナルカ故ニ勝レタリ。極楽国土ハ自然随〈念〉食ニノ劣也ト説ケトモ、其法食会ニハ凡夫ノ不レ及所也。我等カ心ノ分斉ニ思ヒ馴(ナレ)タルカ故ニ、百味ノ」(26ウ)飲食自然ニ随レ意ニ也ト聞ニ付テ、愚痴ノ凡夫ノ楽(ケウ)欲ノ心ハ起ル也。即前ノ二人ノ少児也トモ、知識アテ食ヲ欲セハ、浄土ニ自然ノ食アリ。弥陀ヲ念メ往生セハ、百味ノ飲食随フレ意ニヘシナト勧メハ、往生セン事可安一カル也。是則、先ツ以テ二欲ノ鉤一牽テ令入仏慧一ニト構タル浄土ノ荘厳ナル故ニ、初心ノ凡夫、貪心ノ分斉ニ願ハ、可レ生。々テ其食ヲ受用スル時ハ即法喜食也。三昧食也。然ハ一向ニ段食ハ穢土ノ相也。極楽ニハ無段食一イハヽ、浄土ノ宗義ニ非ス。衆生ノ楽欲ノ心不可起一ル故也。楽欲ノ心発ラスハ不可往生一ス。不往生一セ者、不可有証二「無生一ヲ。愚痴ノ凡夫ノ」(27オ)情量ニ与テ有二此食一ト説テ、願スレトモ其食ヲ楽欲セサスレトモ、体ハ即無生ノ法食也。今ノ大衆無生法食会一ト云是也。凡彼土ハ仏心ノ万徳ヲ開テ、無漏清浄ノ色声香味ノ四塵、常楽我浄ノ四徳波羅蜜ヲ以荘厳メ、以此功徳一ヲ往生ノ者ニ与ヘ給フ時、衆生、此法楽ヲ受テ長時ニ無退一。其徳仏ニ等シ。故ニ未タ自在ノ位ニ不レ至トモ、而モ自在ノ用ヲ施ス。焉(イック)ンカ可二思議一スト乎讃ル也。

明暦三年丁酉六月日以嵯峨二尊院(ママ)写之

江州栗太郡芦浦観音寺舜興蔵（印）

（表紙）

浄土九番箱

観音寺

舜興蔵（印）

（見返）

曼荼羅聞書抄七

中台

鶏頭摩寺五通菩薩、易往無人ノ釈事

思法尊者善仲善算四人事、目連神通事

宝楼宮殿会并僧形事

懐感善導問答事

即便往生事

荊王夫人事

四人往生機不同事

（1オ）

（1ウ）

当麻曼荼羅聞書巻第四

宝楼宮殿会并僧形事

昨日一昨日讃嘆申所ノ無生法食会ハ、宝楼宮殿会ノ中ノ法門也。惣メ此宮殿会ニ付テ、委細ニ談セハ不可有尽期一。恵心ノ六時ノ讃ニ、或ハ一ツノ宝坊ニ此等ノ事ヲ示現セン。浄飯王ノ都ヨリ跋提双樹ニ至マテ、誕生童子ノ時ヨリ八十年ヲ尽スヘシ。昔ノ所有ノ情非情境界一モ不謬ラ時ニ、我等釈尊ニ随逐給仕セン事ハ拘隣等ノ如(ごとく)シ。阿難尊者ノ如セント云テ、宝樹宝蓋ニ釈尊一代ノ化儀ヲ見ルノミナラス、宮殿等ノ中ニモ種々ノ化会ノ儀式ヲ可」(2オ)現也。如此荘厳ハ皆是四十八願ノ所成也。我等尩弱〈ワウシャク〉ノ行功ヲ以、彼ノ講堂精舎・宮殿楼閣等ニ詣テ、深位ノ大聖等ト肩ヲ並ヘ、膝ヲクミテ、仏ト等ク微妙ノ快楽ヲ受ム事、過分ノ巨益也。併是他力ノ恩分ナリ。凡ソ諸経ノ中ニ、菩薩ノ浄仏国土成就衆生ノ行願ヲ説事、時劫モ長遠也、其行モ難行也。即十善ヲ修行メ浄土ヲ清(きよ)メ、衆生ヲ可ト成就一説ケリ。謂ク殺害ノ心ヲ離レテハ、此善根ヲ以、願クハ一切衆生ニ廻向メ、我国ノ衆生寿命長遠ナル事ヲ得、有テ二大勢力一、得ムト二大神通一ヲ願ス。此誓願因縁力ヲ以ノ故ニ、菩薩成仏ノ時ニ」(2ウ)国土ノ衆生寿命長クメ、勢力神通ヲ得、偸盗ノ心ヲ離テハ、此善根ヲ以、願ハ一切衆生ニ廻向メ、所居ノ国土、七宝ヲ以荘厳シ、衆生富貴ニシテ、所欲自〈ヲ〉任ン意ニ一ト願ス。此誓願力ヲ以故ニ菩薩成仏ノ時、所得ノ国土専是七宝也、衆生富貴也。婬欲ノ心ヲ離テハ、此善根ヲ以、願ハ一切衆生ニ廻向メ、我国土ノ衆生、貪〈欲〉瞋恚愚癡ノ心有事無ク、飢渇苦悩ノ者無ラント願ス。此誓願力ヲ以故ニ、菩薩成仏ノ時、其国土ノ衆生三毒ノ心ナク、諸ノ飢渇ノ憂ヘナシ。妄語ノ心ヲ離テハ、此善根ヲ以テ願クハ一切衆生ニ廻向メ、我カ国土ニ花樹香樹アテ、所有ノ」(3オ)衆生、妙音声ヲ得ムト願ス。此誓願力ヲ以ノ故ニ、菩薩成仏ノ時ニ其国ニ花樹香樹充満メ、諸ノ衆生、妙ナル音ヲ具足セリ。両舌ヲ遠離メハ、此善根ヲ以、願クハ一切衆生ニ廻向メ我カ国土ノ所有ノ衆生、常ニ和合メ、正法ヲ講説セムト願ス。此誓願力ヲ以ノ故ニ、菩薩成仏ノ時ニ、其国ノ衆生、諍論ノ心ナク、常ニ和合メ正法ヲ講説ス。悪口ヲ遠離メハ、此善根ヲ以、願ハ一切衆生ニ廻向メ我カ国土ノ地、平ナル事如クメ掌一ノ、瓦礫荊棘悪刺有事ナク、所有ノ衆生、其心平等ナラント願ス。此誓願力ヲ以故ニ、菩薩成仏ノ時ニ、其土ニ瓦礫荊棘ナク、衆生ノ心」（3ウ）平等也。無義語ヲ離テハ、此善根ヲ以テ、願ハ一切衆生ニ廻向メ我カ国土ノ所有ノ衆生、苦悩有ル事ナカラント願ス。此誓願力ヲ以故ニ、菩薩成仏ノ時ニ、其国ノ衆生、諸ノ苦患有事無シ。貪嫉ノ心ヲ離テハ、此善根ヲ以、願ハ一切衆生ニ廻向メ我カ国土ノ一切衆生、慳嫉悩害ノ邪見ノ心有コト無ラント願ス。此誓願力ヲ以故ニ、菩薩成仏ノ時ニ、其国ノ衆生、慳嫉悩害邪見ノ心有ヿ無シ。悩害ノ心ヲ離テハ、此善根ヲ以、願クハ一切衆生ニ廻向メ我カ国土ノ所有ノ衆生、悉ク共ニ大慈大悲ヲ修習シ、一子地ヲ得ムト願ス。此誓願力ヲ以ノ故ニ、菩薩成仏ノ時ニ、其国土ノ衆生、平等一子ノ大慈」（4オ）大悲ヲ修習ス。邪見ノ心遠離メハ、此善根ヲ以、願クハ一切衆生ニ廻向メ我国土ノ所有ノ衆生、悉ク大智慧ヲ得ムト願ス。此誓願力ヲ以故ニ、菩薩成仏ノ時ニ、其国土ノ衆生、愚癡ノ心有ヿ無ク、大智慧ヲ得、此十善修行ノ功徳ヲ以、一切衆生ヲメ、等ク仏果ヲ令ムト成一廻向ス。此ヲ浄仏国土ノ願ト名ク。次ニ成就衆生ト者、一切衆生ヲ引導メ、此浄土ヘ令ントレ入スルニ、如レ我カ十悪ヲ制断シ、十善ヲ修行メ可トレ入教ヘタリ。然ヲ、諸ノ衆生、心馬悪道ニ馳テ放逸禁制シ難ク、六根ニ随対メ貪嗔競起ル故ニ十悪モ難レ断〈タチ〉、十善モ難レ持。然間、菩薩、此強剛〈カウ〳〵〉難化ノ衆生ヲ化メ、十善ノ人ト作〈ナ〉スニ、遠劫之間、骨髄ヲ摧〈クタヒ〉テ、衆生ノ」（4ウ）三業ヲ清ムル也。如此メ、能化所化共ニ清浄ニ成テ、浄土ニハ住スル也。故ニ維摩経等ノ中ニ説ク、直心是レ菩薩ノ浄土也。故ニ菩薩成仏ノ時ハ、直心ノ衆生、其国ニ来生ス。深心是レ菩薩ノ浄土也。故ニ菩薩成仏ノ時ハ、深心ノ衆生其ノ国ニ来生ス。大悲心是レ菩薩ノ浄土也。故ニ菩薩成仏ノ時ハ、大悲心ノ衆生、其国ニ来生ス。六度是レ菩薩ノ浄土也。故ニ菩薩成仏ノ時ハ、六度ノ衆生、其国ニ来生ス。三檀（財施法施無畏施ナリ）是レ菩薩ノ浄土也。故ニ菩薩成仏ノ時ハ、三檀ノ衆生其国ニ来生ス。

四摂布施愛語利行同事ナリ是レ菩薩ノ浄土也。故ニ菩薩成仏ノ時ハ、四摂ノ衆生其国ニ来生スト説ク。此則、心浄土浄ノ道理ナルカ故ニ、浄業成就ノ衆生、其国ニ住シ、主伴共ニ清浄ニメ、可レト住」（5オ）云故ニ、種々ノ法楽ヲ受ルモ、因果相応メ意得安キ法門也。而今、極楽ハ四十八願ヲ以荘厳セル浄土ナレハ、花池宝閣易レメ往無レシ人ト四十八願ヲ以荘厳スル浄土ナル故ニ、未断惑ノ凡夫易レ往キ也。而ヲ菩薩ノ因位ニ十方衆生ノ心ヲ令レ清メ縁ヲ結ヒ置テ断悪修善メ我カ如ニ成ラン時ヲ待テ成仏スル時キ、所化ノ衆生等同時ニ其国ニ住スルヲ以、浄業成就ノ衆生、心浄土浄ノ土ニハ可レシト入談スル教ノ意ニテハ理運ナル故ニ、事新ク易往無人ト不可云フ一。而今ハ子細一ツアルカ故ニ、更コトサラ易往無人ト説也。其故ハ、弥陀因位ノ本願ハ、十悪ヲ令レメ断セ、十善ヲ令レテ修、能化所化寄合テ浄ムル道ヨリハ仏ニハ成ラシ。兆載永劫ニ」（5ウ）於テ、衆生ニ代テ六度十波羅蜜等ノ万行万善ヲ修行メ願行円満メ正覚ヲ成シ国土ヲ厳〈カサ〉ラン。其国土ニハ一毫ノ惑ヲモ不断セ一分ノ善ヲモ不レラン修衆生、我カ名号ヲ聞テ、一念モ十念モ唱ム者ヲ迎テ不レ令二往生一者不取正覚一ト云不思議ノ願ヲ発メ建立シタル浄土也。其願行ノ功徳ヲハ、無残、名号ノ中ニ納テ、名号ヲ以国土ヲモ浄メ、衆生ヲモ成スル也。故ニ名号仏事〈カ〉ヲ作シ、願力衆生ヲ度スト釈セリ。心ヲ浄メテ入レト云フトモ叶フマシキ我等衆生ニ代テ、心ヲモ浄メ断悪修善メ、我ニ帰メ名ヲ唱ハ一称十念ノ下ニ我カ内証ノ道場ニ入テ、我ト等ク無為ノ法楽ヲ受ケ令ムト云フ不思」（6オ）議ノ大願ヲ発メ衆生ヲ成就スル故ニ、六方恒沙ノ諸仏モ是ヲ不可思議功徳ト証誠シ玉フ。此不思議ノ功徳ヲ以テ成スル国ナレハ、四十八願荘厳浄土花池宝閣易往無人ト云也。報仏ノ浄土ニ可レ入モ無キ十悪五逆具諸不善ノ凡夫、此超世ノ大願ニ乗ヌレハ、生ル、事易キ故ニ易往也。常途ノ仏法ニ違メ未断惑ノ凡夫ヲ摂スル故ニ信スル人ナケレハ無人ト云フ也。カ、ル深義アテ諸教諸師ノ所談〈讃〉ニ異ナルヲ以、殊更ニ云易往無人一トハ也。サレハ摂論家ノ学者等、今経ノ凡夫往生ヲ疑テ願行具足ノ念仏ヲ唯願也。別時也ト得タリキ。此則、諸教」（6ウ）通途ノ浄仏国土成就衆生ノ性相ニ依テ立カ故ニ、一途ノ聖教ノ所判ナレハ非レ無二其理一。即懐感禅師ハ、法相宗ノ人ナリシカ、和尚西京ニ在テ観経ヲ講シ、凡夫往生ノ義ヲ弘ト云事ヲ聞テ、可キ有ニ何事カ往テ難詰セントテ、光明寺ヘ往向テ、和尚ニ問云ク、実ニヤ御辺ハ一向専修ノ義ヲ立テ、凡夫往生ノ有レ道被仰云云。諸経ニ無道理一。サレハ地上ノ菩薩、報仏ノ土ニハ入也。何ソ汝衆生ヲ誑惑スルヤ。于時、和尚反詰メ云ク、抑一代聖教ハ魔説也乎、仏説也乎。答云、皆是仏説也ト。又問云、阿弥陀経ハ仏説也乎、魔説也乎ト。感師、此一言ニツマ〈ン〉テ進退此ニ極テ反〈返〉答ニ不」(7オ) 及。即改悔メ云ク、我一種ノ仏法ニ於テ信疑相雑（まじり）ケリ。実ニ其恐レ不レ少ナ。其上、諸仏ノ証誠殊ニ此経ニアリ。仏説ノ中ノ仏説也。旁（かたがたもって）以可キ「信用ス一足レリ。於テ今ニ者、可帰此法ニ。抑如ノ我等カ者、決定往生シナンヤト云云。和尚答云、実ニ尓也ト。爰ニ禅師、不帰ニ我室ニモ、和尚ノ傍ニ在テ、七日ノ間、念仏三昧ヲ修行ス。然而モ三昧ヲ不得一。此ハ仏語ノ虚妄ナルニハ非ス。我罪累ノ所致ス一也。我レ日来広学ニ暇ヲ入レ、難行ニ力ヲ疲メ今マテ不帰ニ此法ニ。剰（あまつさ）ヘ疑謗ノ心深カリキ。故ニ今三昧ノ証ヲ不得一ト、自身ノ機分ノ拙キ事ヲ思知テ、所詮スル、断食メ命ヲ期トメ責〈セメ〉死ニ」(7ウ) 死ナントト思フ心懇切也ケリ。和尚、聞ニ此事一誡テ云ク、断食苦行ハ必モ仏道修行ニ非ス。仏道修行ノ習ハ緩ナラス急ナラス、可中容一ナル。責ンニハ不可レ依ト、様々ニ教訓セラレケリ。此ハ花座観ノ、頓ニ捨ニ身命一ヲ、仰テ属スニ弥陀見ルト以不レ見ルト一。皆是仏恩之力ナリ。釈ノ意ニ依テ被教誡セ一ケル也。其時、禅師、サラハトテ私宅ヘ還テ明ナル所ニ居タラハ、諸色目ニ遮（さえぎり）テ正念乱ル、事可レ有トテ、入テ闇室ニ、三年之間念仏三昧ヲ修スルニ、即金色ノ玉毫ヲ見テ、三昧ノ証ヲ得タリ。其後ニ一向専修ノ行者ニ成テ、今師ノ宗義ニ附順メ此宗義ヲ興行ス。別時意ノ会」(8オ) 通、和尚ノ宗義ニ依ト見タリ。其後、禅師ノ本同朋等〈ラ〉、禅師ノ宗義ヲ難スルニ、一々ニ答給ケル問答ヲ集タルヲ群疑論ト云フ。孟詵（シン）カ群疑論ノ序ニ云ク、勝幢雖レ建ツト魔塁（ルイ）尚ヲ高シ。未タレ悟ニ聖力ノ所レ牽〈ヒク〉一ク。多以テニ常途ヲ一致レ惑（ワクヲ）ト云ヘリ。誠ニ自力聖道常途ノ性相ニハ、仏力不思議ノ宗義ヲ不レ談故ニ難レ信法也。和尚ノ宗義ハ、此ノ仏力願力ノ深意ニ入テ立テ給ヘリ。此宗義、一城ノ内ニ弘マリシノミナラス。海東ノ此土マテ此一道繁昌ノ無退転一。故ニ十善六度ヲ修行ノ可レ入土ニ非ス。其十善六度ノ行ヲ修セシ事ハ、法蔵」（8ウ）比丘、兆載永劫ニ既ニ修行シ給ヘリ。其願行円満ノ覚ヲ成ス。正坐ヨリ已来（このか）タ経テ十劫一ヲ、心ニ縁ノ法界一ヲ照二ス慈光一ヲ。其正覚ノ慈光ニ被レ照念仏ノ行者ト作リ、蒙二ル光触一ヲ者ノハ塵労滅シ、臨終ニ見レテ仏往ク西方一ニ、摂取ノ願力ニ乗ノ往生ノ、彼ノ殊勝ノ宝楼宮殿会ニ交テ、任レ意ニ遊戯快楽シ、観音勢至等ノ補処ノ大士ニ同ノ衆生済度ノ方便ヲ廻シ、自証化他、如レ思ノナラン事、過テ之ニ不可レ有レ易キ「往キ。宮モ藁屋（ワラヤ）モ終（ハテ）シ無レハト厭フ心発ラハ、急キ彼土ノ快楽ヲ可シレ欣。而亦（しかるにまた）、彼土ハ今始テ非レ可レ往ク。法蔵比丘」（9オ）若不生者不取正覚ト誓テ所レノ成スル国ナレハ、我等カ本家ト成セリ。有此義一故ニ欣求ノ心ノ不ランレ発耳（ノミ）。発ラハ即可シレ還。是則、宝楼宮殿会ノ惣ノ功徳也。次ニ左右ノ空殿中ニ、出家僧形ナルカ香炉ヲ持テ立ツセリ。即仏会ニ詣スル姿歟ト見タリ。付之、又本願相違ノ難アリ。其故ハ、先日白色童子ハ花内ノ色ナルカ故ニ、本願ニ不相違一セ申シキ。此ハ花内ニ非ス。穢土ノ父母所生ノ肉身ノ僧、穢土ノ香染墨染ノ衣ヲ着セル形也。白色ナラハ地蔵・龍樹歟モ、普賢等ノ眷属歟トモ可シレ見。此ハ何者ソト云ニ、付之有多義一。一」（9ウ）義ニ云、他方来ノ声聞衆也。大経ノ中ニ、十方ノ声聞菩薩、彼ノ土ニ可シ往生一スト説ク是也。其衣服ハ皆本土ノ形ナルヘシ。本願ハ自土ニ約ノ悉皆金色ト願スル故ニ非相違一ニト云云。一義云、現身往生之人歟。一義云、即便往生ノ影像歟。言意ハ娑婆ノ道場ニノ、香炉ヲ持テ行道ノ念仏スル姿、有ノマ、ニ彼ノ宮殿ニ移ル歟云云。一義云、仏菩薩ノ化現歟。中輩ノ来迎ニ、菩薩即声聞像ト成テ現スルカ如シト云云。惣ノ四義也。其中ニ先ツ、他方来・現身往生ノ二義ニ付テ可顕二ス深義一ヲ。付二テ此二義一ニ、各不審アリ。先他方来ノ声聞ト云ニ付テノ不審ハ」（10オ）極楽ノ報法高妙ノ土ニノ、小聖難キ階（ヲ）一ヲ以、他方ノ声聞可レ入事難シ。有学ノ聖者ノ生ヲアラタテ生シ、住果ノ声聞ノ入無余之後、身心還生ノ入ラン事ハ可然。此父母所生ノ身、小乗ノ心ナカラ報仏ノ道場ニ入ン事、大ニ不審也。此ヲ意得ルニ、只仏力ヲ以入ト習也。自元出過三界ノ浄土ニ小乗ノ心、父母所生ノ身、己カ自力ヲ以入ラン事ハ不思寄一事也。サレハ釈尊在世ニ、目連尊者、此仏ノ音声ハ何(イツ)クマテカ聞ルト、仏音ノ遠近ヲ試ム為ニ、遠ク近シテ聞ニ、遠近共ニ只中音ニ同程ニ説法シ給ト聞ユ。漸ク遠ク行程ニ、百億ノ三千大千」(10ウ) 世界乃至無量ノ三千大千世界ヲ過テ、西方光明幡世界ニ行テ眇々(ヘウヘウ)タル池ノハタニ至テ聞ニ只如レ元ノ。其池ノハタヲ巡ト思フ程ニ、其土ノ聖衆ノ鉢ノ耳(ハタヲ)巡ケル也。其聖衆、箸ヲ以鈷(ハサ)ミ上テ仏弟子ニ似タル虫カナト云云。其土ノ教主告ニ云、汝等彼ヲ不可軽一ム。彼ハ此レ無学ノ聖者也ト云云。サテハカ、ル仏弟子モ有ケリト始テ悟キ。其仏、目連ニ告云、汝今現メ神力一ヲ衆会ノ憍慢ヲタヲスヘシト云云。目連即十八変ヲ現ス。其時仏言ク、東方ニ世界アリ。名娑婆世界一ト。彼国ハ五濁乱漫之依所、罪悪凡夫之所居也。故ニ仏身卑少ニメ丈六八尺ナリ。」(11オ) 所化ノ弟子モ小身也。雖然、彼大衆等、六通八解アテ、神通自在也等云云。爰ニ其土ノ菩薩等見神通一、聞テ仏説一ヲ、目連ヲ仰信ス。于時、目連、仏ニ奉問云ク、此土ヲハ如何カ名ト。仏答云、此土ヲハ光明幡世界ト名ク。汝カ本国過此一ヲ事、無量百千世界也。汝、仏音ノ不ルレ及所ヲ不可求一ム。仏ノ音声ハ十方世界ニ所トメ無キ二不レ「遍一故ニ。于時、目連本国ヘ還ラントスルニ、忽ニ失テ二神通一、不能二還ル事一。其土ノ教主、目連ニ告テ云ク、汝此ニ来ル事、汝カ非神力一ニ。仏ノ神力也。汝カ僻(ヒヤウ)(ヒカ)見ヲ為レ遮(シャセ)ン、仏ノ神力ヲ以此国ニ来レリ。仏神力ヲ摂給ヘハ汝神力ナシ。」(11ウ) 娑婆世界ニ向テ南無釈迦牟尼仏ト礼メ、彼仏ノ神力ヲ得テ可還一ル。其時、目連仏勅ニ任テ、本師ノ御名ヲ称礼メ慚謝セシカハ、須臾ノ間ニ仏前ニ至ヌ。而ニ彼ノ光明幡世界ハ是報土ナル故ニ、声聞ノ力ニテハ雖不可至一、仏力ヲ以至ル也。サレハ大経ノ中ニ他方ノ声聞衆等、極楽ニ往生スル事ヲ説ニハ、其仏ノ本願力ハ聞レ名ヲ欲ハ二往生一セムト、皆悉ク到テ二彼国一ニ自到二ル不退転一ニト云ヘリ。然レハ念仏スレハ、弥陀ノ本願力ニ乗メ、小行ノ菩薩モ小福ノ声聞モ、肉身ヲ雖レ不レ改、到彼土一ニ也。此皆本願ノ不思議ヲ顕也。今ノ僧形此類也。次ニ現身往生ノ類歟ト者、三国ニ其例」(12オ) 此多シ。天竺ニハ鶏頭摩寺ノ五通菩薩、唐土ニハ思法尊者、吾朝ニハ摂津国勝尾寺ノ善仲・善算〈サン〉ノ両上人是也。其中ニ先天竺鶏頭摩寺ノ五通菩薩ハ現身ニ浄土詣タリケルニ、極楽ノ荘厳、心モ語モ不及。其ノ時菩薩、我レ既ニ此ノ七宝荘厳ノ殊勝ナルヲ拝見シツ。如何メ此相ヲ閻浮ノ衆生ニ可キ令見ト申給フニ、仏即道場樹ノ葉一カ中ニ広大無辺ノ浄土ノ荘厳ヲ移シテ菩薩ニ与テ、此ヲ持テ衆生ニ令見テ、欣慕ノ心ヲ令生ヨト云云。菩薩即此ヲ持還テ、画〈クワ〉工ニ仰テ令図絵テ弘キ。見聞ノ道俗、悉ク厭欣ノ心ヲ発シ、多ク往生ノ益ヲ令キ得。其後」(12ウ) 菩薩ハ又浄土ニ還テ留ヌ。次、唐土ノ思法尊者ハ本ハ天竺人也。即欣求浄土ノ志切ナリシニ依テ、自行化他ノ為、東夏〈唐土也〉ニ修行シケルニ、究竟ノ絵書也ケル故ニ、自ラ阿弥陀仏及二十五菩薩像ヲ画顕メ、負〈ヲイ〉ノツメニ懸ケ、背ニ負テ唐土ヘ来レリ。旅亭〈リヨテイ〉ニ止宿スル時ハ、此本尊ヲカヘニ懸テ念仏シ、暫ク住スル寺ニモ此ヲ本尊トメ念仏ス。サルホトニ唐土ニテ往生シケルニ、其期近テ身ニ有微疾トテ、重病ニハ非サレトモ、少ノ労〈イタハリ〉付ニケリ。大漸〈臨終也〉ノ期ニ及シカハ、同朋ヲモ不寄セ、一ノ閑ナル道場ニ閉籠テ静ニ念仏ス。門弟ニ告テ云ク、我カ念仏ノ声ノアランホトハ、門戸ヲ開テ不」(13オ) 可見。念仏ノ声息〈ヤ〉ミタラン時、開テ見ルヘシト云ケレハ、入テ無見ル人。尊者高声ニ念仏スル事数剋アテ、念仏ノ声漸ク息〈ヤミ〉ヌ。于時、門弟等入テ見レハ、思法尊者ハ不見メ、檀〈壇〉ノ上ニ只本尊計残レリ。而ニ絵像ノ縹紙ニ、日来モ不見ル数行ノ偈ヲ書ケリ。其一偈云ク、我レ在テ生死海ニ、幸ニ値〈あへ〉リ聖ノ船筏ニ。我所ノ画スル真像、迎玉ヘリ我カ卑穢ノ身ヲト。此文ノ意ハ所ノ図絵スル本尊、乍此穢身迎ヘ尊者ヲテ、極楽ニ送テ、還テ又娑婆ニ来玉ヘリ。サレハ此偈ノ文ハ譬ヘハ消息ノ定也。消息ヲ書テ本尊ニ誂〈アツラヘ〉テ、娑婆ニ遣ケル也。傍人ノ夢ニハ此思法尊者、二十五」(13ウ) 菩薩ヲ前ニ奉立テ、乍此身虚空ヲ飛テ西ヘ行ト見ト云云。仍天竺五通菩薩ハ現身ニ生メ浄土ニ、即娑婆ニ還テ所見ノ浄土ノ変相ヲ図絵メ後ノ本尊ト為ス。唐土ノ思法尊者ハ所図絵スル本尊ニ被迎奉テ現身ニ往生メ衆生ノ為ニ本尊ハ御還リアリケリ。次吾朝ノ善仲・善算ノ両上人ハ是同腹ノ二子〈フタ〈コ〉〉即兄弟也。即戒成王子ノ師範也。而ニ善仲ハ今年六月十五日ニ草座ニ坐メ、乍此身虚空ヲ飛テ、西ヲ指メ往ヌ。于時年六十也。善算ハ留テ同時ニ不往生事ヲ悲テ云ク、来時ハ同時ニ来テ、去「何ソ前後スルト。即明年ノ六月」(14オ)十五日、善仲カ如ニ乍肉身一、草座ニ坐メ虚空ヲ飛テ往生ス。于時年六十一也。而ヲ江帥(カウ〈ソツ〉)カ神仙伝ニハ、此両人神仙ノ益ヲ得タリト見タリ。善氏カ往生伝ニハ往生人ト見タリ。日来ノ欲願有キ往生一ニ。其弟子モ又念仏往生ス。故ニ此モ往生ニ当レリ。此等ハ皆現身往生之人也。如レ此類乍肉身一、宮殿中ニ生スル可形一ナルト云云。付之有不審一。其故者、前ノ他方来ノ声聞ト云義ハ、供養ノ為ニ暫時ノ往来ナレハ、来テヤカテ可還故ニ無不審一。現身往生ノ人ハ父母所生ノ分段、不浄ノ肉身三十六物ヲ具足セルカ、不レ改二其身一ヲ、諸上善人倶会一処」(14ウ)セン事不可然一。大方此事ハ他宗ニモ大ナル論義也。生身得忍ノ菩薩、入浄土一ニ時、分段ノ肉身ヲハ捨ヤ否ヤト云有リ論義一。法相ノ意ハ羅漢廻心向大シヌレハ、不捨肉身一ヲ、増寿変易トテ、分段ノ肉身ヲ変(〈ヘン〉)スト云ヘリ。天台ニハ捨肉身ト云云。即法花経ニ大目犍連、捨二テ是ノ身一已テ得レ見二「ヲ八千二百万億ノ諸仏世尊一ヲト説ク、此意也。今又、捨身他世ト説ク。此分ハ意得安(ヤスキ)ニ、現身ニ往生スト云事、難意得事也。而ニ此レハ約二レハ仏知見一ニ、意得安キ法門也。仏ノ知見ハ平等ニ衆生ヲ照メ無障碍一。是ヲコソ論ニハ、帰命尽十方無碍光如来ト讃ムレ、森羅タル万法皆是」(15オ)無量寿涅槃常住ノ法体也。全ク別法ニ非ス。衆生ハ迷テ此ヲ隔ツ。衆生ノ迷フト云ハ、流二浪メ三界ノ内一ニ痴愛ヲ以テ入ル二胎獄〈蔵〉一ニ。生シ已テ帰シ老死一ニ沈二没ス於苦海一ニ。痴愛ヲ以胎獄〈蔵〉ニ入カ故ニ、障碍アテ凡聖ノ隔アリ。仏ノ浄光明ノ中ニハ全ク無二此隔一。一如平等之体也ト照ス。論ニ、無垢ノ光炎熾(さかん)ニメ、明浄ニメ曜(テラス)二世間一ヲト云モ此意也。注家釈メ云、何カ不思議ナル其光リ、曜(〈テラ〉)レス事ヲ則(〈トキ〉)ハ映二徹ス表裏〈程〉一。其光曜レス心ヲ則(ときは)終二尽ス無明一ヲ。光為(ナス)二仏事一ヲ焉(〈イヅク〉)ンカ可二キト思議一云云。衆生ハ無始幻無明ニ依テ生仏ノ隔ヲ作スト雖、仏ハ無碍智ヲ以、衆生即仏也ト知見スルヲ以テ、迷ノ衆」(15ウ)生ヲ照摂メ令カ往生一故ニ、云フ碍属衆生非光碍也一ト。サレハ此迷ヲ翻(〈ヒル〉がへ)メ、帰命メ往生シヌレハ、仏ト等ク法性無生清浄ノ色質ヲ得「、偏是無碍願力ノ故也。仍テ仏智ノ願海ハ如レ是平等無碍ナレハ、肉身即浄身也。今ノ僧形即此類也。若尓者、捨二テ、身ヲ他世一ニ、必ス生ル二浄国一ニトモ説キ、捨二此穢身一ヲ、証スル二彼ノ法性之常楽一ヲトモ釈スル経釈不審也ト云ニ、凡夫ノ情量ニ約スレハ、捨身ノ義非レス無ニ。前念ニ命終シ後念即生メ、長時永劫ニ無為ノ法楽ヲ可受ケレハ、迷情ニ約メハ捨ルトモ転スルトモ可云也。仏智ニ対ル時ハ捨不捨共ニ皆自然虚無之身、無極之体也。故ニ」(16オ) 捨ルモ不ルモレ捨不可苦一カル。只所詮ル、仏智見無碍之道可レキ知也。

僧形四義之中即便往生事

宝楼宮殿会ノ中ノ僧形ノ聖衆ニ付テ四種ノ推義ノ内、他方来ノ聖衆・現身往生ノ二義ハ、昨日委細ニ讃嘆畢ヌ。仏菩薩ノ化現ト云ニ付テモ可有義ケレトモ今略之一。即便往生ノ行者ノ影現ノ形歟ト云ニ付テ、自流他門ノ有信謗一。凡此義ハ不限二此ノ僧形一ニ、処々ノ荘厳ニ法界同生ノ形アレハ、同ク皆可有二此義一。雖然一、今先ツ付僧形一ニ可成二此義一ヲ也。当流相伝ニ、此曼荼羅ハ可ト思二往生ノ鏡一ト祖師上人言フ。示観縁ノ経文ニ、如来」(16ウ) 今者教韋提希及未来世一切衆生観於西方極楽世界、以仏力故当得見彼清浄国土如執明鏡、自見面像見彼国土極妙楽事心歓喜故、応時即得無生法忍ト云云。此観経ヲ浄土ノ依正ヲ照見スル鏡ニ譬ヘタリ。見ルハ二依正一ヲ我カ往生ノ形ヲ見ルヲ詮ト為ス。既ニ我カ往生ノ形アリト見レハ、廓然大悟メ得無生忍一ヲト説也。サレハ未来ノ凡夫ハ此経ヲ鏡トメ、依正ノ境、往生ノ形ヲ可レ見也。而ニ余リニ愚痴ナル者ハ鏡ヲ見テモ迷事アリ。有女房、夫ノ双紙箱ノ中ニ有ル鏡ヲ取出メ、自カ面ヲ見テ他人也ト思テ、夫ヲ恨ミ妬(ネタミ)テ云ク、恨キ哉、汝、双」(17オ) 紙箱ノ中ニ女ヲ隠シ置ケリト。夫ト云ク、全クサル事ナシ。汝鏡ヲ悪ク可シレ見ナルトテ、正ク能ク自面ヲ令ルニレ見セ両人ノ面浮ヘルヲ見テ、弥ヨ嫉心ヲ生テ云フ、スワ〱両人並現スルハ無ト二諍所一云キ。又天竺ニ琰邪達ト云ケル者ハ、鏡ヲ見ケルニ、胸ヨリ下ヲ見テ、我レ頭ヲ失ヘリト思テ叫ヒ走テ求レム之。傍ノ人正直ニ令ルレ見時、始テケニ〱我頭ハ不失ケリト悟キ。至テ無云フ甲斐一者ハ如レ此。今者仏力ヲ移メ経教ノ鏡トスル故ニ、如レノ是迷ヒ不可有一。

但シ経ヲ鏡トメ見事ハ是レ学人ノ所堪也。学問ニ不レ堪ヘ女人・俗人ノ為ニ、今ノ曼荼羅ノ依正、往生ノ相ヲミソ絹〈キヌ〉ニ織顕メ其形ヲ見セテ」（17ウ）往生ノ信心指メ掌一ヲ信忍・悟忍ノ位ニ至サント思食メ、観音織顕シ給ヘル変相ナル故ニ、向二フ此鏡一ニ時ハ是学・非学・男子・女人・智者・愚者、平等ニ往生ノ信心可開発一ス也。付之一切ノ荘厳ノ皃〈カタチ〉、皆往生ノ姿ト見渡ス一通リモアレトモ、今ハ且ク付僧形二ニ可述此義一ヲ。彼僧、香炉ヲ持タルハ、我等娑婆ノ道場ニメ旋繞行道メ念仏スル形ヲ顕也。法事讃ヲ行フ儀式即是也。坐スル時ハ、願クハ在二テ弥陀会ノ中一ニ、手執二テ香炉花一ヲ常ニ供養セン、弥陀会ノ中ニ在テ坐スル想ヲ作シ、立スル時ハ願クハ在弥陀仏前、立手執香花常供養、弥陀ノ御前ニ在テ立ッ想ニ住メ可レキ行々」（18オ）法也。手ニ香花ヲ取テ巡ル時モ、又如レ是可レシ思。サレハ其道場ヲハ荘厳極テ清浄ニメ、天上人間ニ無比量一。過現ノ諸仏等ノ霊等、人天龍鬼ノ中ノ法蔵、全身砕身ノ真ノ舎利、大衆持レテ花ヲ散二シ其上一ニ、瞻二仰メ尊顔一ヲ繞ル「七匝メ、梵響声等ヲ以テ皆供養セヨト讃タリ。尽十方ノ三宝海ヲ請シ入レ奉ル道場ナル故ニ如レ是讃也。願ハ我カ身浄「如ク香炉一ノ、願ハ我カ心如メ智慧ノ火一ノ、念々ニ焚焼〈タイテ〉メ戒定ノ香一ヲ、供養セン十方三世ノ仏一ニト者、我身心ハ悪業深重ノ穢身、煩悩乱想ノ迷心ナレトモ、既常住三宝影現ノ道場ニ交テ行道スル故ニ、仏ノ身心ニ等ク」（18ウ）清浄ニメ戒定慧ノ香ヲ焼テ、十方三宝ニ供養スル意也。此則、願力無碍ノ不思議ヲ以、浄穢不二凡聖一如ノ義ヲ成スル故ニ、此道場即浄土、我身心即聖衆ト讃〈ホメアラハス〉顕 也。サテ四十八願ヲ讃ニハ弘誓多クメ門四十八ナレトモ、偏ニ標二メ念仏一ヲ最モ為レ親ト。人能ク念仏スレハ仏還テ念玉フ。専心ニ想レハ仏ヲ々知〈しろし〉レメス人ヲト云云。衆生憶二念スレハ仏一ヲ者、仏亦憶二念玉フ衆生一。彼此ノ三業不相ヒ捨離一セ親縁ノ益ヲ讃顕也。一切廻心メ向二ヘハ安楽一ニ、即見二ル真金功徳身一ヲ。浄土ノ荘厳、諸ノ聖衆籠々トメ、常ニ在二リ行人ノ前一ニト者、衆生願ヘハ見レント仏ヲ、々即応レ念ニ現メ在二ス目前一ニト云近縁ノ益ヲ讃ム。我カ身即浄土ニ在テ」（19オ）仏菩薩ニ交テ見仏聞法スル想ヲ作セト也。行者見已テ心歓喜メ終時ニ、従レテ仏ニ坐二シ金蓮一ニ、一念ニ乗レメ花ニ、到リ仏会一ニ、即証メ不退一ヲ入ル三賢一ト者、衆生称念スレハ即除二ク多劫ノ罪一ヲ。命欲レル終ラント時、仏与二聖衆一自来テ迎摂（むかえおさめ）ツ。諸ノ邪業繋無二シ能ク碍ル者ノ一ト云増上縁ノ益ヲ顕也。即只今聖衆迎摂ノ益ニ預テ、往生ノ三賢不退ノ益ヲ証スル想ヲ作メ修行セヨト勧タリ。而ルニ口ニハ此等ノ文ヲ雖レ誦スト、心ニハ我レ浄土ノ中ニ住セリト不レハ知、彼ノ僧形即我往生ノ形トモ不ル知也。普賢十願ノ中ニモ、如レノ此現益ヲ心ニ懸テ可レ行ト被説タリ。文云、我此道場如二帝珠一ノ、十方諸仏影二現ス中一ニ。我カ身モ」（19ウ）影二現メ諸仏ノ前一ニ、頭面接足メ帰命メ礼スト云云。我身此道場ニ在テ諸仏ヲ礼スレハ、諸仏モ道場ニ現シ、我身モ十方三宝ノ御前毎ニ有テ礼拝スル思ヲ作セト也。然者、諸教モ感応道交ノ道理ヲハ如レ是勧タリ。但シ聖道ノ修行ハ自ノ観力ニ依テ如レ是有ト益一勧タリ。浄土ノ修行ハ不レ尓。機ハ此想ヲ不レ作トモ、只仰テ念仏スレハ願力ノ方ヨリ自有此益一也。譬ヘハ我等竹林寺ノ道場木像ノ御前ニ在テ念仏スト思ヘトモ、仏ハ無碍ノ智力ヲ以テ帰命ノ正念ヲ光中ニ摂メ置ク浄土一ニ也。又イサテタル機アラハ、可レ作二此想一ヲモ。愚痴ノ凡夫ハ無レ此思一トモ、念仏スレハ浄」（20オ）光明中ニ被摂持一テ、五会ノ中ニ影現スル也。而ヲ法門ノ義道ヲ以云フ時ハ、尚人不信之一ヲ。今伝記ノ証ヲ引テ可証明ス此義一ヲ也。荊王ノ夫人ノ往生伝ニ云ク、唐土ニ荊州ト云国アリ。其王ヲ荊王ト云フ。是ハ諸侯（コ）王也。此王ニ有リ夫人一。伝ニハ荊王ノ妻〈サイ〉ト云ヘリ。此人、侯〈コウ〉王ノ夫人ニ備テ万事任レ意ニタリト雖、世間ノ無常ヲ思ヒ知テ、浄土ノ快楽ヲ聞得テ、常ニハ自モ別時念仏ヲ勤修シ、又宮中ノ上下ヲモ勧テ、皆令キ念仏一。其中一人ノ老ヒ女房アリ。曽テ後世心ナカリケレハ、宮仕ハ慇懃ナレトモ、手ニ念珠ヲモ不取、口ニ名号ヲモ不レ唱。アル時、夫人言ク、汝、我ニ雖有忠切一、曽テ」（20ウ）無念仏ノ心一。既ニ是我友ニ非ス。是外道ノ伴党也。梅旦〈檀〉林ニ入ヌレハ其衣自芳シク、鮑魚ノ肆（イチクラ）ニ入ヌレハ其衣自臭シ。我若汝ニ随逐セハ必ス悪道ニ可堕。於于今一者速ニ宮中ヲ罷出ヨト仰下サレナハ、老女云、仰旨鎮（おほせのむねつつしむ）テ承侍ヌ。必モ不二シトハ念仏申一不思侍一ラ。只為二宮仕懇切一ナラン也。自今以後ハ一心ニ可二シ念仏一ス。只如レク元可被召仕一ハ候ト。夫人ノ言、其義ナラハ神妙也。不可有二別ノ子細一。サラハ念仏セヨト仰含ケレハ、自是後ハ差メ心ハ不レ発ラケレトモ、宮中ヲ出ム事ヲ悲テ人目計ニ念仏シケリ。サルホトニ不メ久一有風気一ト云テ私ニ候(コウ)ス。即少病少悩、臨終」(21オ)正念ニメ殊勝ノ往生ヲ遂ケリ。看病ノ少女、此由ヲ披露スルニ、祗候ノ女房達、此様ヲ夫人ニ奏ス。夫人聞二食テ此事一不レ信。イサトヨ(ヨト)、彼ノ庶妾(ショセウ)ハ依テレ難レ背キ二我カ命一、雖念仏一スト無レ実(まこと)。サル前ハ往生ノ段大ニ不定也。然ト云ヘトモ又サル事モヤアルラン。所詮スル、此事実事ナラハ夢中ニ往生ノ由ヲ我ニ示セト祈念メ臥ヌ。其ノ夜ノ夢ニ見ル様、庭上ニ金色ノ聖衆一人来レリ。三十二相ヲ具シ、鐶釧(クワンセン)宝冠ヲ備ヘ、身ニ光明ヲオヒテ手ヲ揖々(イフイフ)シテ階下ニ立リ。夫人問云ク、彼ハ何ナル人ソト。聖衆答云、我ハ是昔被シ二召仕一庶妾也。念仏ノ無ト二信心一雖、依テレ難レ背二厳命一所ノ修ル念仏ノ功不」(21ウ)レ空シテ、今生レ二浄土一タリ。在世ニハ蒙二芳志一ヲ、命終メハ生レ二浄土一ニタリ。併ラ是夫人ノ御恩也。二世ノ重恩報シテモ余リアリ。謝テモ難レ尽シ。故ニ為レ報レ恩一ヲ最前ニ参リテ奉示二此由一ヲ也ト云云。于時、夫人聞事ハ実事也ケリト、悦喜身ニ余リ信心弥ヨ増長ス。其時、夫人言ク、若尓者、如何メ汝カ生所ヲ可キレ見ル。答云、安キ事也。我ニ従ヒ来リ給ヘト云テ、手ヲ引キ具シ行ク程ニ、行クコト不メレ幾殊勝ノ所ニ至ヌ。見レハ七宝荘厳ノ池ニ八功徳水湛(たた)ヘタリ。七重宝樹ノ響、常楽我浄ヲ調ヘ、四辺ノ階道悉ク七宝ヲ以荘厳セリ。其池広大ニメ辺際ヲ不レ見。中ニ無量ノ白蓮花生セリ。譬ヘハ観経ノ花座観ノ」(22オ)如説ノ也。阿弥陀(ミ)経ニハ四色ノ蓮花ト説ニ、夫人ノ所見ハ白蓮花也ケリ。此花或ハ合シ、或ハ開ケタリ。十方法界往生ノ衆生、開花ノ上ニモ坐シ、合花ノ中ニモ住ス。其中ニ二人ノ俗アリ。其ノ姿人間ノ有様ニ不レ違。衣冠直メ各一ノ白蓮花ニ坐セリ。而ニ一人ノ俗ハ所坐ノ蓮花ニ鮮ニ、所着ノ衣冠モイサキヨク見ユ。サル程ニ微風漸ク吹来リ、衣冠ヲ吹散ラスニ、人間ノ俗服ノ跡ハ法衣也。人間ノ俗冠ノ跡ハ宝冠也。相好具足シ光明赫奕トメ花上ニ坐セリ。一人ノ俗ハ衣冠モヤツレ、垢ツキ坐花モカシケ萎(シホ)メリ。容皃モ憔悴シ衣装ヲモ不吹散サ。夫人事ノ由ヲ問玉フ。聖衆答云ク、此池ハ十方衆生ノ」(22ウ)来生ノ義也。十方世界ニ念仏ノ衆生アレハ、其ノ数々ニ随テ、其ノ形此池中ノ蓮花ノ上ニ坐ス。其形既ニ蓮花ノ上ニ坐スレハ、臨終ニ必ス莫不生一レ。其中ニ此二人ハ都ニ名誉シタ〈ケ〉ル楊傑ケツ・馬肝カン二人ノ文士也。共ニ才人也。洪頌〔儒〕也。春ハ花ノ下ニ肩ヲ並テ詠シ、秋ハ月ノ前ニ膝ヲ交テ嘯キ無二心一知音ナリ。学内外ニ亘テ有レリシ心輩也。兼又同ク浄土ヲ願ヒ念仏ヲ修ス。故ニ此花上ニ移リ坐セリ。其中ニ楊傑ハ信心モ堅固ニ念仏モ精進ナル故ニ、花色モ鮮ニ衣冠モ潔〈イサキ〉よシ。而モ浄土ノ行業既ニ成シ、娑婆ノ報命已ニ尽テ、只今浄土ニ往生スル時ナルカ故ニ、娑婆ノ俗衣・俗冠、忽ニ散失ノ」(23オ)浄土ノ法衣宝冠ヲ具足セル金色相好ノ聖衆ト成也。馬肝ハ信心モ堅固ナラス。行業モ勇猛ナラス。故ニ座花モ萎ミ衣冠モ垢ツケリ。雖然、弥陀ノ本願ハ機ヲ不レ嫌ハ、以共ニ可往生一。故ニ同ク花上ニハ坐スル也ト云ニ、夫人聞テ之ヲ、悲喜ノ涙、袂ヲ湿シ、渇仰ノ心、骨ニ徹ル。又問云、彼ノ二人ノ俗ハ、遠近異ナレトモ、生所既ニ定レリ。我レ年来思ヲ浄土ニ係テ念仏不等閑なほざり一。何ソ我カ生所不レ見ヘト。答云、夫人ノ生処ハ此位ニ非ス。一重高所ニアリ。可ク有二御覧一者此方こなたヘトテ尚西ノ方ヘ引導ス。夫人従往テ見レハ、厳浄高広ナル宝地アリ。中ニ池アリ。如経ニ説一カ。百宝摩尼ヲ以荘厳シ」(23ウ)毘楞伽宝ヲ以台ヲ作セル大蓮花アリ。殆仏座歟ト覚ユ。菩薩云ク、彼ノ上品ノ花ハ、即夫人御往生ノ花台也。其外ノ蓮花ハ下八品ノ往生人ノ花也。今ノ曼荼羅ノ相也。夫人此ヲ瞻望〈センホウ〉〈マホリ〉メ、合テレ掌ヲ歓喜欣悦ス。願ハ此身ヲ不捨メ只今花ニ坐セマホシク思ヘトモ、未タ寿限ニ非レハ其夢忽ニ覚ヌ。夢ノ事アラタナルヲ以即祇候ノ人々ニ語ル。我レ今夜、殊勝ノ瑞夢ヲ感セリ。庶妾カ往生ハ一定也ケリ。本願ノ不思議、今更被レ思知一侍ト。即二人ノ文士カ実不ヲ知ラン為ニ、楊傑・馬肝カ許ヘ使者ヲ遣メ、事ノ由ヲ令レ問ム。名人也ケレハ無レ隠尋相ニケリ。楊傑カ妻」(24オ)室、使者ニ語テ云ク、楊傑ハ今夜ノ々半ニ臨終正念ニメ日来ノ本望ヲ遂畢ヌ。殊勝ノ往生也キ。歎中ノ喜也ト申ス。次ニ馬肝カ許ニ往テ事ノ子細ヲ述フ。馬肝、使者ニ対面メ云、彼楊傑ハ年来ノ間無二心一知伴〈トモ〉也。学業ヲモ共ニシ連枝ノ昵〈ムツヒ〉ナリキ。而ニ彼ハ信心モ堅固ニ行業モ精進也シカハ、往生無クレ疑覚ヲ、如レ案ノ往生ノ素懐ヲ遂ニケリ。我レハ解行共ニ懈怠ナレハ、往生如何トコソ思ヒ候ニ、同ク功徳池ノ花ノ上ニ坐スル身ト成リ、生所既定ケル事、悦中ノ喜也。夫人ノ御夢想ニ依テ往生ノ信心決定シ候事、返々悦入候ト申ス。使者還テ、此由ヲ夫人ニ奏スルニ、夜前ノ」(24ウ)夢旁以(かたがたもって)実事也ト悦テ、信心弥ヨ堅固也。馬肝モ自此後ハ信心弥ヨ増長シ、念仏マス〳〵勇猛ニソ無二幾程一往生ヲ遂ニケリ。夫人又念仏勇猛ナル事、日来ニ倍セリ。即宮中ニ観音閣ト云閣ヲ構テ、常ニハ行道念仏シ給ケリ。有時親疎ノ人々ニ告テ言ク、今日既ニ往生ノ期ニ臨メリ。最後ノ見参セント思ハン人々ハ、速ニ可来一ルト被仰下一ケル間、此事ヲ聞テ如雲霞一ノ集テ見参ヲ遂ケ、名残ヲ惜ミ奉テ各還ヌ。其後ハ夫人閣ニ入テ、旋繞行道ソ高声ニ念仏ス。サレ𪜈只今トハ聞エサリケルニ、香炉ヲ捧ケ向レヒ西ニテ正念ニ安住ソ乍立往生ス。盧山ノ」(25オ)十八賢、同志一ヲソ念仏ノ行業ヲ修シ、往生ノ本意ヲ遂ショリ已来タ、月氏辰旦ノ諸往生人、其数多ト雖𪜈、未タ夫人ノ如ニ乍立一往生ヲ遂タル事不及聞之一ヲト伝文ニハ記セリ。此一伝ノ中ニ四人ノ往生ヲ記シテ、本願ノ不思議ヲ顕セリ。先無道心ニソ雖無信心一、主命ニ憚テ念仏セシ庶妾、最初ニ往生ス。是第一ノ不思議也。不思議ナルカ故ニ、夫人不信之一。実事ナラハ信セント祈念セシカハ、夢中ニ金色ノ聖衆来テ往生ノ由ヲ告示ス。時始テ信キ之一ヲ。次、楊傑・馬肝二人此コニ乍在同ク浄土ノ花上ニ坐ス。是又不思議ノ事也。但シ衣冠坐花、有勝劣一」(25ウ)事ハ、解行ノ浅深、機ノ不同ヲ顕ス。雖レ有二此不同一、念仏スル処ニ仏ノ境界ニハ被摂入ケル也。而者我等縦ヒ信心モ不深一、行業モ懈怠也𪜈、此身宝池ノ花上ニ座セン事、二人ノ俗ニ例ソ可レ知。サレハ僧俗男女老少貴賤、形ハ異也ト云𪜈、口ニ名ヲ唱ヘハ、面々ニ其形ニテ、或ハ花上ニ座シ、或ハ宮殿ノ中ニ遊ヒ、或宝地ノ上ニ歩ミ、或ハ虚空中ニ飛ヒ、如此在々所々ニ悉ク其形可顕現一ス也。今宮殿会ノ中ノ二人ノ僧形、豈非此類ニ乎。二人ノ俗、衣服モ娑婆ノ俗服、形相モ穢土ノ乍ラ俗形一、花上ニ現スルヲ以知ヌ。宮殿ニモ地上ニモ処々ニ」(26オ)可現一云事ヲ。其中ニ今事繁(しげき)ニ依テ一相ヲ顕ソ、宮殿ノ中ノ僧形ヲハ図スル也。抑此二人、其身、花上ニ有ト云事ヲハ主ハ知ヤ否ヤト云ニ、日来ハ全ク不知之一ヲ。夫人ノ夢ノ後、始テ知レリ之一。夫人モ此事ヲ見時コソ一ヒ到二スレハ弥陀ノ安養国一ニ、元来タ是我法王ノ家ナリケリ。始
テ往生スヘキ所トコソ思シニ、最初ノ一念ヨリ往生ノ形ハ宝池ノ花ニ宿ケル者ヲトハ領解セシ〈ル〉カ、此ヲ努力〈ユメ〳〵〉翻メレ迷ヲ還二本家一ニ
ト云フ。馬肝モ夫人ノ夢ニ奉レリシ見後コソ、信行共ニ懈怠ナリツレトモ、既ニ花台ノ主トハ成ニケル者ヲトハ悦シカ、其
後信心清浄ニメ楊傑ニ」(26ウ)ヲトラス殊勝ノ往生ヲ遂ヌ。花開之後、又元来是我法王家ノ悟ハ開ケシ也。当レニ知今ノ
道俗モ親疎高下ヲ不レ論、只南無阿弥陀仏ト唱ヘハ、其身立所ニ花ノ上ニ可レ坐。其花ハ又正覚ノ花申所ノ念仏カ花ノ形ニ
テ宝池ノ中ニ生スル也。九品ノ花台皆念仏ノ形也ト云ハ、、何故ニ開合ノ不同ハ有ソト云ニ、蓮花ハ本来自性清浄ノ妙体也。
人々具足メ雖無増減一、正行門ノ時ニハ機ニ還テ有差別一事ヲ顕メ有開合ノ異一也。本来自性清浄ノ心蓮花ト云ハ、但南
無阿弥陀仏ノ法体也。」(27オ)故ニ、此名号ヲ唱ハ、其念仏ノ形、池ノ中ニ顕レテ、微妙ノ浄花台ト成也。此ヲ如来ノ正覚
花ト名ク。而者九品往生人ノ所座ノ蓮花、阿弥陀仏ノ所座ノ蓮花、其体一ツ也。又衆生ノ心蓮花、仏ノ心蓮花、其体
不二也。差別アリ、開合アリト思ハ、只是機ノ不同也。法体ハ努々無替事一。而モ又夫人既ニ乍立往生ス。我等モ念仏セ
ハ立所ニ可往生一意也。此則、立撮即行・仏立三昧ノ利益ヲ顕也。一念帰命ノ心発テ南無ト唱レハ、其身立所ニ浄土ニ
アリ。サレハ中台階下蓮花ノ中、宮殿ノ内、宝地ノ上、虚空ノ中」(27ウ)処々在々ニ散在セル新生旧生ノ菩薩聖衆、所ハ
異ニ人ハ替レトモ、唯一ノ念仏ニ依テ生レ集タル人也。同一ニ念仏メ無カ別ノ道一故ニ、他方ノ凡聖乗レメ願ニ往来ス。到ヌレハ
彼一ニ、無殊斉同ニ不退ナリ。此ハ本願ノ不思議、正因ノ功徳也。三輩九品ノ浅深・階降ハ正行門ノ差別也。是又何ナル
者モ念仏スレハ本願ニ乗スルカ故ニ、必ス往生スト云フ心ナルカ故ニ、本願ノ不思議ヲ顕也。此故ニ本願ノ不思議ヲハ、機ノ差
別ヲ以可顕ス。而ハ高妙殊勝ノ報土ノ中ニ、無尽ノ機ノ有二差別一以コソ、本願不思議ナル事ヲハ顕スニ、異義ノ輩、報土辺」
(28オ)地ノ界畔〈ハン〉〈ホトリ〉ヲ分別メ、九品ハ辺地ニメ仏前ニ非ス。凡下ノ者ノ生所也ト定メ、報土ハ別メ九品ノ外ノ仏前也ト定テ、菩

薩ノ生所ト云ヘリ。此義還テ聖道ノ法門ニ同ス。別願所成ノ酬因報土ノカサシルシハ九品ノ差別ヲ以可顕。乃至辺地モ又報土ノ内ニアリ。十方衆生ノ中ニ善悪・高下・尊卑・貴賤、機ニハ無量ノ差異アレトモ、同一ニ念仏スレハ、別願所成ノ報土ニ生テ、同ク不退ノ一位ニ入ル事、本願ノ不思議也。故ニ極楽ノ荘厳ハ出タリ二三界一ニ、人天雑類等ク無為ナリト云フ。雑類生シヌレハ、仏ト等ク無為法性ノ身ヲ証ス。故ニ「人天善悪皆得」（28ウ）往生一ヿヲ。到レヌレハ彼ニ無レ殊斉同ニメ不退ナリト云ヘリ。而ニ此四人ノ往生人ノ中ニ、夫人ハ信心清浄・行業勇猛ニメ、上々品ノ往生人也。楊傑、次ニ解行少キ精進ノ往生人也。馬肝ハ信心有トモ勇猛ナラス。行業ハ修レトモ精進ナラス。彼庶妾ハ無信心一、主命ニ依テ公事態（くじ）（ワサ）ニ念仏シキ。此四人ノ往生、何モ弥陀ノ大悲、超世不思議ヲ顕也。今ノ諸衆、面々ニ応ニ随テ彼四人ニ身ヲ引配テ、左（ト）ニモ右（カウ）ニモ可増二長ス無レ疑往生ノ信心一ヲ。今本願禅尼ハ彼夫人ニ例メ、清浄ノ信心ヲ瑩（ミカ）キ御（マシマス）也。殿中祗（シ）候ノ人々ハ、指メ決定ノ無信心一トモ、彼庶妾ニ」（29オ）例メ決定往生ト可思食一。其外聴聞ノ貴賤我カ心ノトアリカクアルト浅深ノ不同ヲ不レ云、仏ノ名号ヲ唱ヘハ、此界ニ一人念二レハ仏名一ヲ、西方ニ便有二テ一ノ蓮一生ス。二人ノ文士ニ同メ、芬陀利花ニ坐メ宝池ノ中ニ可レ住ス。但使一生常不退、此花還テ到二テ此ノ間一ニ迎フ。又彼ニ同ク終焉ノ往生無疑ト可思者也。

明暦三年丁酉六月日以嵯峨二尊院本写之

江州栗太郡芦浦観音寺舜興蔵（印）

（表紙）

浄土九番箱

観音寺

舜興蔵（印）

（見返）

曼荼羅聞書抄八　中台

（1オ）

虚空会普賢事

清涼大師釈事

付三七日

大行禅師帰念仏事

虚空会文殊事

付五台山

仏陀波利三蔵奉遇文殊事

法照禅師詣清涼山事

愛宕護山事

（1ウ）

虚空会普賢菩薩事付三七日事 四内

大方、中央ノ荘厳、宝楼宮殿会等、悉クハ難二宣〈ノ〉ヘ尽一シ。今日ハ、虚空会ノ荘厳ヲ可讃嘆也。尽虚空界ノ荘厳ハ眼雲路ニ迷ヒ、転妙法輪ノ音声ハ聞キ宝刹ニ満テリ。昼夜六時ニ花自散ス。法音常ニ説ク、自然ニ是ヲ聞ク。加之他方ノ聖衆、雲ノ如ニ集リ、三尊ノ化身地上虚空ニ遍満ス。其外ニ普賢菩薩ハ勝蓮花世界ノ霞ヲ分テ来リ、文殊菩薩ハ金色世界ノ雲ヲ凌(しのぎ)テ臨ム。就中、今日ハ三七日ノ梵莚ニ当テ、普賢菩薩ヲ可奉讃嘆一。其ニ」(2オ)取テ、普賢ハ諸仏ノ因徳ヲ主リ、文殊ハ諸仏ノ果徳ヲ主ル。普賢ト者、普ハ遍也。賢ハ善也。故ニ般若云、一切ノ有情ハ皆如来蔵、普賢菩薩ノ自体遍スルカ故ニト云云。一切諸仏ノ因分本有ノ万徳ヲ普賢ト名也。抑、此菩薩ハ、何レノ所ニカ住スルト云ニ、花厳ニ、普賢ノ身相ハ如虚空一ノ、依テ真〈空〉ニ而モ住メ、非二国土一ニトモ説キ、依二於如々一ニ非レ依ルニ二国土一ニトモ説テ、如々ニ住スト云云。此菩薩ノ本誓ハ、十方諸仏ノ行化ヲ助ク。其本意ハ念仏往生メ、浄土ニメ普賢ノ行願ヲ令成一セ也。然ハ、恒順衆生ノ願モ、念仏往生ノ後、還来穢国メ」(2ウ)可レ成。爰以、善財童子ニ十願法門ヲ教フ。其十願ト者、一礼敬諸仏・二称讃如来・三広修供養・四懺除業障・五随喜功徳・六請転法輪・七諸仏住世・八常随仏学・九恒順衆生・十普皆廻向也。此中ニ礼敬諸仏・称讃如来・広修供養ノ三ハ念仏ノ三業門也。礼敬諸仏ハ身業、礼拝門。称讃如来ハ口業、讃嘆門。広修供養ハ三業ニ亘ル也。已下ノ七願ハ皆此三業ノ念仏ヨリ開也。其中ニ懺除業障乃至常随仏学等ノ五願ハ自利ノ行也。恒順衆生ノ一願ハ利他ノ願ナリ。六道・四生・二十五有処々ニ分身メ、彼衆生ヲ引」(3オ)導メ終ニ仏道ニ令入ムト誓カ故也。普遍賢善ノ誓ハ有情非情水火大地等ト顕レテ、衆生ヲ利益セント也。サレハ善財童子ハ、毘盧舎那仏ヨリ一切ノ菩薩乃至依正二報・有情非情、皆是普賢ノ体也ト拝見セラレキ。第十ノ願ハ廻向ノ願也。其文ニ云ク、願我臨下欲二セム命終一セント時上ニ、悉ク除テ二一切ノ諸ノ障碍一ヲ、面〈マノアタ〉リニ見二奉テ彼阿弥陀仏一ヲ、即得レム往二生「ヲ安楽国一ニ、我レ既ニ往二生シ彼国一ニ已ナハ、現前ニ成二就メ此大願一ヲ、一切円満メ尽ク無レク余利益セン一切ノ衆生界一ヲ云云。凡一切ノ菩薩、此十願ヲ不ルハ発一無ク、一切衆生ノ此願海ニ漏ル、ハ無シ。此願ハ「又自他」（3ウ）共ニ念仏メ西方ニ入ヲ為体一ト。故ニ、今ノ変相ニ普賢菩薩ノ形ヲハ図シ顕ス也。在世ニハ善財童子、普賢ノ勧ニ依テ念仏メ浄土ニ入リ、滅後ニハ大行禅師、普賢ノ教ニ依テ、往生ノ一路ニ帰ス。此禅師ハ、天台ノ末学、即大師ノ遺跡天台山ニ住メ、草衣木食ニテ十二ケ年之間、法花三昧ノ行法ヲ修メ、普賢ノ色相ヲ見ント願ス。第十二年ト云ニ、普賢菩薩、白象王ニ乗メ道場ニ来現セリ。大行禅門即此ヲ拝見メ散心ニ誦二メ法花一ヲ不入禅三昧一ニ。坐・立・行ニ一心ニ念二メ法花ノ文字一ヲ。行、若成就スレハ者、即見二奉ル普賢ノ身一ヲト云フ天台ノ釈、立所ニ」（4オ）銘レシ肝ニ、日来ノ所期既ニ達スト悦喜ノ思ヲ作ス所ニ、普賢告云、汝我身ヲ見ル、即出離ノ要ニ非ス。何ソ浄土ヲ願ヒ不念仏一セシテ、我ヲ見ムト願フ。汝速ニ難行ヲ捨、易行ニ帰シ、弥陀ヲ念メ可ト生ル浄土一ニ示ス。爰ニ大行禅師、大士ノ指誨ヲ蒙テ、忽ニ法花三昧ノ難行ヲ閣（さしおき）テ、即念仏三昧ノ易行ニ帰シ、安心日来ニ引替テ、自行化他念仏ヲ以為事一ト。貴重ノ余リ即一ノ願ヲ発メ云ク、若念仏セン者ノ、為ニハ我レ衣服・飲食・頭目・髄脳・身肉・手足ヲモ不惜、悉ク此ヲ供給セント云云。終ニ往生ノ素懐ヲ遂キ。拾因ニ云ク、彼ノ千手」（4ウ）観音ノ説二シ円満陀羅尼一ヲ先ツ勧テ念二シメ本師弥陀一ヲ、普賢大士ノ現セシ大行禅師ノ道場一ニ、同ク教テ念二シム阿弥陀仏一ヲ。実ニ知ヌ、弥陀ノ名号ハ殆過二キ大陀羅〈尼〉之徳一ニモ、又法花三昧之行ニモ勝ルト云フヿヲ云云。爰知ヌ、根本法輪ノ花厳、摂末帰本ノ法花、只念仏三昧ノ一行ヲ以為二ト宗要一ト云事ヲ。又彼花厳経ニ、普賢ノ十大願ヲ発シ念仏メ往生セン者ノ為ニハ普賢菩薩臨終ニ必ス現前シ引導メ令二ト往生一説ケリ。其文ニ云ク、又復是ノ人臨二テ命終ノ時一ニ、最後刹那ニ、一切ノ諸根悉ク皆ナ散壊シ、一切ノ親属悉ク皆捨離シ」（5オ）一切ノ威勢悉皆退失シ、輔相〈フサウ〉大臣・宮城内外・象馬車乗・珍宝伏蔵、如レ是一切無二シ復相（またあひ）随一フ。唯シ此願王ノミ不二メ相捨離一セ、於二テ一切ノ時一ニ、引導メ其前一ニ、一刹那ノ中ニ即得レメン往二生ヿヲ極楽世界一ニト云ヘリ。願王ト者、十大願ノ王普賢菩薩也。此ノ菩薩臨終ニ来迎メ令二ン往生一セト云ハ、弥陀ノ四十八願ノ中ノ十九ノ願ニ、念仏ノ行者ノ臨終ニ大衆ニ被レ二囲繞一テ其前ニ現ムト誓フ。其ノ一分ヲ主（つかさどり）テ普賢ノ願ト為ルナリ。別ノ願ニハ非ス。サレハ悲花経ノ中ニモ、無諍念王ノ助伴ノ中ニ普賢菩薩御ス故ニ、普賢ノ恒順衆生ノ願ハ四十八願ニ誓ヒ入レタル也。」（5ウ）此故ニ四十八願ノ中ノ、第二十二ノ願ニモ、他方ノ菩薩、我カ国ニ来生メ、普賢ノ願ヲ成シ、必ス一生補処ニ令レム至ト誓フ。普賢ハ又我極楽ニ生テ此十大願ヲ成就セント誓フ間、弥陀・普賢ノ二願一致ニ帰メ、唯念仏往生ノ一道ニ極レリ。故ニ今ノ弥陀ノ願ハ一乗真実ノ願也。普賢ノ願即弥陀ノ願也。弥陀ノ願即普賢ノ願也。全ク別物ニ非ス。〈仍〉彼花厳経ハ今ノ大経ニ帰メ、念仏ハ即一乗頓教ノ宗本タル事ヲ顕ス。凡菩薩トメ普賢ノ願ヲ不レ発ハ、真実ノ菩薩ニ非ス。仮名ノ菩薩也。然ハ一乗真実ノ菩薩ハ、必ス普賢ノ願ヲ発ス。々々々々ス真実ノ菩薩ハ、又必ス帰二スル浄土一ニ也。若不帰ト」（6オ）云ハ、此理有事ナシ。而ルニ花厳ノ祖師清涼大師、此普賢ノ願ニ浄土ヲ願ヒ弥陀ニ帰スル事ヲ釈スルニ、何ナレハ普賢ノ行願ヲ以テ盧舎那仏会ニ参メ、盧舎那仏ヲ拝見セントハ不誓メ、極楽ニ生テ弥陀ヲ見ムトハ誓ヒ給ソト云ニ、即本師ノ故ニ不カ離二花蔵ヲ一故ニト二ノ故ヲ立テ、弥陀ハ即本師盧舎那仏也。極楽ハ即花蔵世界ナルカ故也ト云ヘリ。而ヲ今ノ浄土ノ宗義ヨリ見レハ、一切ノ諸仏ハ皆弥陀ノ化用也。故ニ楞伽経ニ云ク、十方ノ諸ノ刹土ノ衆生、菩薩ノ中ノ所有ノ法報仏、化身及ヒ変化ハ、皆従リ二無量寿ノ極楽界中一出タリ云云。此中ニ法身仏ト者」（6ウ）密厳国土ノ毘盧舎那仏也。報身仏ト者、花蔵世界ノ盧舎那仏也。化身仏ト者、娑婆世界千百億大小釈迦也。変化身仏ト者、六道随類ノ身也。即是四種法身也。此ノ四種法身ハ皆無量寿仏ノ極楽ヨリ出テ、発遣ノ教主ト成テ、法界ノ群機ヲ勧テ、本国ノ弥陀ニ令ル会セ也。仍即、本師ノ故ト者、根本ハ弥陀也。末仏ハ盧舎那仏也ト可シ意得一。而ハ発遣ノ教主、盧舎那ノ教ニ依テ十願ヲ発サン。普賢ノ行者、摂末帰本メ本師弥陀ノ本国ニ入テ其願ヲ成就セント誓フ。其道理尤モ極成セリ。而ハ彼宗ノ意ハ弥陀ト盧舎」（7オ）那トハ一体ト習ヲ、今ハ弥陀ハ本仏、盧舎那ハ末仏ト習也。サテコソ不離花蔵ノ故ヲハ、天親ノ論ノ五念門ノ中ニ第四ノ屋門ヲ、蓮花世界トハ釈スレ。此モ彼宗ノ意ハ極楽花蔵一所也ト許（ハカ）リ也。今者花蔵ハ極楽ノ所属所摂ト領スル也。而ニ五念十願ハ開合ノ異ナレハ、一切ノ菩薩五念門ノ行ヲ修メ往生メ薗林遊戯地門ニ出ン時ハ、還来穢国メ普賢ノ大願ヲ可成就一。故ニ普賢ノ十願、弥陀ノ願ニ同メ浄土ニ入テ、普賢ノ願ヲ成就ムト誓フ。尤謂（イハ）レアル事也。如此意得ヌレハ三世ノ諸仏ハ、念仏三昧ニ入テ正覚ヲ成スト説ク般舟経ノ説ニ帰メ、同」（7ウ）一念仏無別道故ノ宗義ニ落居スル者也。

虚空〈会〉文殊師利菩薩事

虚空会ノ中ニ種々ノ荘厳遍満ス。委細ニ難称揚一シ。昨日ハ普賢菩薩来会ノ儀式ヲ述フ。今日ハ彼レニ対メ、文殊師利菩薩ヲ可奉讃嘆一シ。就中ニ今日ハ第四七日ノ始也。是非ニ付テ尤此ノ菩薩ヲ可称揚一也。其ニ取テ普賢ハ理ニ主ル。即因徳也。文殊ハ智ニ主ル。即果徳也。故ニ三経ノ同聞衆ノ中ニ、大経ニハ普賢菩薩・妙徳菩薩ト云テ、普賢・文殊ノ二聖ヲ上首ト為ス。妙徳ハ文殊ノ翻名ナルカ故也。此経ハ仏ノ因果ノ功徳ヲ並ヘ説ヲ」（8オ）以、此ノ二菩薩ヲ並ヘ挙タリ。観経・弥陀経ニハ文殊ヲ上首トメ、而モ普賢ヲ不レ列事ハ、弥陀ノ因徳ヲハ大経ニ譲テ、両経ハ仏ノ果地ノ功徳ヲ説カ故ニ、文殊ヲ説テ普賢ヲ不説一也。此故ニ文殊ヲハ三世ノ覚母ト説ク。此菩薩ハ般若ノ体ナル故ニ、法ニアテハ摩訶般若ト名ケ、人ニアテハ大聖文殊ト云フ。而モ其ノ実体ハ弥陀ノ仏智、弥陀ノ果徳也。乗物ハ師子王、即無畏ノ徳ヲ表ス。此師子王ニ乗メ、何レノ所ヨリカ来ト云ニ、普賢ノ如クニ如々ニ依テ無ク二所住一モ往来モ無ト雖、法ハ周遍メ人ハ差別スル時、東方不動智仏ノ金色世界ヲ常ノ栖ト為ス。迹化ノ所住ハ辰」（8ウ）旦国清涼山也。花厳ノ菩薩住処品ニハ、辰旦国ノ清涼山即金色世界也ト見タリ。此山ハ夏ノ天ニモ雪残テ不解ケ遣（ヤラ）一シテ涼キ故ニ、名清涼山一ト也。唐土ニ取テモ北ニ寄レリ。天竺ノ仏陀波利三蔵、花厳ノ説ニ依テ、大聖文殊ヲ拝見ノ為、遙ニ自西天一辰旦ニ来テ清涼山ヘ尋入ニ、山中ニ一人ノ老翁逢テ、問云、汝ハ何レノ所ヨリ何レノ所ヘ往ク人ソト。三蔵答云、我ハ是レ天竺ノ者也。大聖文殊ヲ拝見セン為ニ、彼浄土清涼山ヘ詣ル也ト云。翁又云、尊勝陀羅尼経ヲハ持来レリヤト。三蔵答云、不尓一ト。翁云、彼経ハ信施ノ罪業ヲ消滅スル経也。而ニ」(9オ)此土ノ衆生ハ虚受信施ノ罪重也。此経ヲ持来テ、此土ノ衆生ヲ化シタラハコソ利益モ広大ナラメ、其位ニテハ、何ノ功労ヲ以テ大聖文殊ヲハ可拝見一ス。疾ク西天ニ還テ彼経ヲ将来メ此土ニ可シト流布一スト云。于時、三蔵又西天ニ還テ、彼経ヲ持来ニ、時ノ皇帝、此ヲ翻訳セシメテ一巻ヲハ禁裏（キンリ）ニ納メ、一巻ヲハ世間ニ令ム流布一セ。三蔵、即大聖竹林寺ニ詣スルニ、前ノ老翁ニ被レ引導一セテ彼山ニ入テ、文殊ヲ奉拝見一シ。南岳ノ法照大師、即彼山ノ般若窟云所ニテ、彼三蔵ニ奉レキ逢。老翁ハ即是維摩居士也。如是殊勝ノ霊地也。而ニ此菩薩ノ本」(9ウ)誓願ハ一切衆生ノ無上道心ヲハ、我レ管領セントト云。仍花厳ノ善財童子、最初ニ文殊ニ逢テ菩提心ヲ学シキ。故ニ心地観経云、文殊師利大聖尊ハ三世諸仏以テ為ス母一ト。十方如来ノ初発心ハ皆是文殊教化ノ力ナリト云。又此菩薩ニ無量ノ光明アリ。衆生ヲ照益スル中ニ、覚了光ト云光アリ。一切ノ衆生ノ無明黒闇ノ中ニメ、一念ノ菩提心ヲ発ス事ハ、覚了光ノ照益也。此光、無明ノ闇ヲ照シ煩悩ノ睡ヲ驚ス時、一念ノ道心ハ発ル故也。而ニ宗源ニ尋入テ見レハ、此菩薩ノ覚了光ハ、其体即弥陀ノ心縁法界照慈光ノ徳也。覚」(10オ)母ノ智慧ハ又弥陀ノ大乗広智ノ体也。サレハ此菩薩ハ弥陀ノ智光ヲ主テ衆生ヲ教化メ弥陀ノ願海ニ令帰一ルヲ為ニル本意一ト也。如キ悲花経一ノ此菩薩ハ無諍念王第三ノ太子トメ、弥陀ノ行化ヲ助ト見ヘタリ。今ノ我等カ一念ノ信心皆是此菩薩ノ覚了光ノ力也。サレハ生死ノ無常ヲモ思知リ、涅槃ノ常楽ヲモ願求スル厭生死苦・欣涅槃楽ノ心ノ発ルハ、此光力ニ非トト云事ナシ。此菩薩東方金色世界ヨリ、西方極楽世界ヘ来ル事ハ、如ノ此衆生ノ心ヲ発メ、終ニ浄土ヘ引導セン為也。文殊発願経ヲ見ニ、文殊ノ発願、普賢ノ願ニ不違一。」(10ウ)文云ク、願ハ臨ニテ命終ノ時一ニ、尽ク除テ諸ノ障碍ヲ一、面（まのあた）リ見ニ奉テ阿弥陀仏一ヲ、往ニ生セント安楽国一ニト云。彼土ニ生テハ普賢ノ願ヲ修習シ、文殊ノ願ヲ円満セント説ケリ。普賢・文殊ノ誓願一同ナル者也。サレハ法事讃ニ、普賢・文殊ノ弘誓ノ願、十方ノ仏子モ皆亦然ナリ。一念ニ分テ身ヲ遍シ六道ニ、随機ニ化度メ断シムト因縁ヲ云云。此等ノ菩薩ノ誓願ト者、只我等衆生ヲ、極楽ニ為メ令ムカ生セト、一代ノ聖教ハ見ヘタル也。然ラハ観音ノ開花三昧、勢至ノ合花三昧、普賢ノ恒順衆生、文殊ノ覚了光ハ、面ハ異ナリト云ヘトモ、皆是弥陀ノ五智願海ノ一徳々々ヲ」(11オ)主テ、有縁ノ衆生ヲ化メ、弥陀ノ願海ニ為令ム帰入也。故ニ衆生斉(ひとしく)メ心ヲ、皆同ク指讃ストモ釈セリ。即是三世諸仏念弥陀三昧ノ宗義也。大経ニ、菩薩聞已(ヲハリ)テ修行メ此法ヲ、縁(ヨッテ)致ス満足スルヲ無量ノ大願ヲト説ヲ以証拠トメ、一切菩薩ノ願ヲ可意得。其ノ故ニ一切ノ菩薩ノ願ハ、皆弥陀五智ノ願海ヨリ出タル故ニ、此四十八願ヲ聞テ修行スレハ、面々ノ大願ヲ成就スル也。而ハ一願ヨリ出テ一願ニ帰スル也。爰知ヌ。諸ノ菩薩ノ願ハ皆念仏ヲ為宗ト云事ヲ。故ニ観音ノ不ンハ往テ救ハ者、不取正覚ヲト云モ、弥陀ノ仏智ヲ得テ、一切衆生ノ七難三毒ヲ消滅シ」(11ウ)二求両願ヲ令満足テ終ニ弥陀ノ国ニ送ル。勢至ノ智慧光ヲ以テ、十方衆生ヲ照メ、三途ヲ令離無上力ヲ令ル得モ、弥陀遍照ノ光用ヲ以念仏ノ衆生ヲ化メ、浄土ニ帰セシム故ニ、摂念仏人帰於浄土ト説ケリ。普賢ノ十願ヲ発メ衆生ヲ摂化スルモ、其宗念仏ナル故ニ、願我臨欲命終時、尽除一切諸障碍、面見彼仏阿弥陀、即得往生安楽国、我既往生彼国已、現前成就此本願、一切円満尽無余、利益一切衆生界云云。此故ニ大行禅師、此菩薩ノ教化ニ依テ、浄土ノ一門ニ」(12オ)帰シ給キ。文殊ノ覚了光、無明煩悩ノ闇ヲ照シ晴メ、一念ノ道心ヲ令ル発サ、其弥陀ノ智光ナリケレハ、終ニ浄土ニ帰ス。故ニ、願臨命終時、尽除諸障碍、面見弥陀仏、往生安楽国ト云云。如此一切ノ菩薩ハ皆是弥陀ノ五智ヲ主(つかさどり)テ、有縁ノ衆生ヲ化メ、浄土ニ令ル帰セ人ナリ。故ニ今ノ五会ニ遍満メ御ス也。凡ソ五会ニ漏レタル菩薩ハ不可有。世間ニ名聞ヘテ徳行不可思議ナル菩薩ハ皆此ノ中ニアリ。是則、弥陀ノ万徳ヲ面々ニ別テ、菩提ノ自証化他トスル故ニ、弥陀ハ惣徳也。菩薩ハ別徳也。只菩薩ハ此願ヨリ出テ、此願ニ帰スルノミ」(12ウ)ニ非ス。釈尊一代ノ諸教乃至三世十方ノ諸仏ノ功徳モ、皆従此出テ帰スル之ニ也。故ニ恵心ハ経ヲ引テ、十方三世仏一切諸菩薩、八万ノ諸ノ聖教皆是阿弥陀トニ云ヘリ。縦ヒ寿命長遠ニメ、千万億劫ニ一切ノ諸仏菩薩ノ功徳ヲ説トモ、弥陀ノ功徳ノ外ニハ不可出一也。而ニ法照大師ハ善導ノ再誕也。此師、清涼山ニ参詣セシ事、伝ニ具（つぶ）サ也。禅師、有時キ、粥ヲ受テ用ヒ給フ鉢ノ中ニ、五台山大聖竹林寺ノ景気悉ク移レリ。後ニハ斎食ノ鉢ノ中ニ移レリ。既ニ両度ニ及フトニ云ヘトモ、参詣ノ義〈分〉未タス思立一タ。有ル時キ、一人ノ有テ二老僧一告テ云ク、汝何ソ」(13オ)五台山ニ不ル詣。依テ二此勧一ニ、大師ノ前ニ清涼山ニ参詣シタリケル僧ニ逢テ、道ノ間ヲ問テ終ニ参詣シヌ。遥ニ山中ヲ往テ山ノ下（フモト）ニ一ノ谷アリ。谷ノ北ニ一ノ石門アリ。門ノ辺リニ至ルニ、二人ノ童子ノ八九歳ハカリナルカ、青衣ヲ着メ忽然トメ来レリ。一ヲハ善財ト名ケ、二ヲハ難陀ト名ク。此二童子、大師ヲ引導メ石門ヨリ入ル。然ニ又北ヘ五里ヲ往テ、一ノ金ノ楼門アリ。門ニ金字ノ額銘アリ。即大聖竹林之寺ト号ス。金門ヲ入テ見レハ、地ニハ黄金ヲ布〈シキ〉テ、諸ノ堂塔僧坊其数多シレ之。大講堂ノ中ニ二ノ大ナル師子ノ座アリ。普賢ハ東ノ」(13ウ)座ニ御メ、無数ノ菩薩左右ニ囲繞セリ。文殊ハ西ノ座ニ坐メ、一万二千ノ菩薩左右ニ囲繞セリ。大師、即二聖ノ御前ニ臻（いたり）テ、坐具ヲ展ヘテ礼拝問訊メ問テ云ク、末代罪濁ノ凡夫ハ垢障尤モ深シ。仏性顕現スルニ無レ由。何ナル行ヲ修メカ生死ヲ可離一。文殊答テ云、汝今可シ念仏一ス。諸ノ修行ノ門ニハ、念仏ニ過タルハ無シ。我レ過去劫ノ中ニ於テ、念仏三昧ヲ修行メ、今ニ一切種智ヲ得テ此位ニ至レリ。一切ノ諸法、般若波羅蜜甚深禅定乃至諸仏モ皆自念仏一出タリ。故知ヌ、念仏ハ諸法ノ王也。汝今正ニ可シ念仏一スト。于時、大師又」(14オ)問テ云ク、如何カ可キト念ス。文殊答云、従レ此西方ニ阿弥陀仏坐ス。彼仏ノ願力不可思議也。汝正ニ念ヲ係テ可念二彼仏一ヲ。命終ニハ決定メ彼国ニ生メ、不退転ヲ得テ速ニ可成仏一スト説〈畢〉テ、普賢・文殊ノ二聖、金色ノ御手ヲ舒（のべ）テ、法照ノ頂ヲ摩〈ナ〉テ授記メ云、汝依念仏一ニ故ニ、往生メ不レメ久無上菩提ヲ可証得一ス。善男子善女人速疾ニ〈仏ニ〉成ラント思ハ、無レ過二タルハ念仏一ニト云云。法照聞畢、踊躍歓喜メ疑網悉ク晴ニキ。于時、文殊、二童子ニ告テ云ク、禅師ヲ引テ寺内ヲ令巡礼一セヨト。二童子即先達メ寺内ノ諸堂諸院ヲ巡リ拝ニ、鉢ノ中ノ所見ニ不レ違、既ニ」(14ウ) 巡礼シ畢テ退出スルニ、二童子送テ門外ニ至テ、忽然トメ不レ見ナリニキ。大師既ニ本居ヘ還テ、偏ニ五会ノ真教ヲ弘メ、専ラ六字ノ名号ヲ念ス。他ヲ教ル事モ亦尓也。此大師ハ、本ハ天台宗ノ学者ナリキ。台山参詣ノ後、一向専修ノ念仏者ト成ル。此則、善導大師再ヒ念仏ノ宗ヲ被ニ興行一セシ也。而ニ、本朝ノ奝然(テウネン)上人帰朝ノ後、奏聞メ愛宕護山ヲ五台山ニ報メ、将来ニ伝ノ釈迦ヲ本堂ノ本尊ト安置シ奉ムト申キ。其願未レ遂メ入滅ス。仍今ノ栖霞(セイカ)寺ノ側ニ安置ス。此ヲ清涼寺ト号スルハ彼ノ清涼山ニ擬スル意歟。今又此道」(15オ) 場ヲ大竹林寺ト名ルモ大聖竹林寺ノ名ニ擬スル意歟。

以嵯峨二尊院本写之

于時明暦三年林鐘二日書之畢

江州栗太芦浦

観音寺舜興蔵 (印)

（表紙）

（見返）

浄土九番箱

観音寺

舜興蔵（印）

（1オ）

曼荼羅聞書抄九 序分

（1ウ）

化前序事 初中後

禁父縁事 初

金鷲事

心地観経説八塔事

可報四恩事

王舎城事

起化二アリ闍王ト如来ト

韋提ニ三重ノ韋提ト云事

当麻曼荼羅聞書巻第五

化前序大意事初

自今日一者、仏ノ右ノ縁、序分義ノ曼荼羅ヲ「可讃嘆也。即観経ノ縁起ヲ図シ顕ス也。付之、有リ十一段一。耆山ニ二衆ヲ集テ一代化前ノ義ヲ表シ、王宮ニ十段ヲ開テ顕ス観経発起ノ意ヲ一故也。其中ニ今日ハ化前序ノ曼荼羅ヲ可申述。即経文ニ、一時仏ケ在二メ王舎城耆闍崛山ノ中一ニ、与大比丘衆千二百五十人一俱(ともなり)キ菩薩三万二千アリキ。文殊師利法王子ヲ而モ為上首一ト説ク。御釈ニ付此文一ニ、時・仏・処・衆ノ四事ヲ分テ化前序ノ為「(2オ)体一ト。今ノ変相ノ上(かミノ)一段即此義ヲ図スル也。四カ中ニ一時ハ無二シ其体一。処々依ル故ニ、別ニ不図之一ヲ。凡化前ト云ニ付テ有リ二ノ意一。一ニハ聖道八万ノ教ヲ説テ、根性利者ヲ益スルヲ云二フ化前序一ト。二ニハ化前ニ此声聞菩薩ノ二衆ノ中ニノ八万ノ教ヲ説給シ仏意ノ底、及ヒ大悲西化ヲ隠シ、無勝土マテモ遠ク観経ヲ説テ、常没ノ下機ヲ救ハント云フ、観経発起ノ意アリ。此仏意ノ心中ヲ探(さぐり)テ、一代皆発起ト云也。此義、私ノ今案ニ非ス。皆有二リ依所一。其依所ト者、即今ノ序分義ノ釈ト玄義ノ序題門ト也。就中、玄義ト云ハ経玄(ひそ)カニ深キ意ヲ探リ「(2ウ)顕ス也。其文ニ云ク、真如広大ナリ。五乗モ不測(はか)ラ二其辺(あたり)一ヲ。法性深高ナリ。十聖モ莫窮「其際一ヲ。真如之体量ハ々性、不出二蠢々之心一ヲ。法性ノ無辺ナルハ々体則元来不動ナリ。無塵ノ法界、凡聖斉ク円(まどか)ニ、両垢ノ如々(無垢真如有垢真如ナリ)、則普ク該(カネ)タリ二於含識一ヲ。恒沙ノ功徳寂用湛然ナリ。但シ以(おもん)ミレハ垢障覆「深モテ、浄体無シレ由二顕照一。故ニ使下ム大悲隠二メ於西化一ヲ、驚テ入リ二火宅之門一ニ、灑(そそぎ)テ二甘露一ヲ潤シ二於群萌一ヲ、耀メ二智炬一ヲ、則朗(おおらか)ニシ二重昏ヲ於永夜一ニ、三檀(財施法施無畏施)等ク備ヘ、四摂(〈布施愛語利行同事―楊本傍注〉)斉ク収テ開二示シ長劫之苦因一、悟中入セ永生之楽果上ニ。不レ謂(イハ)二群迷ノ性隔、楽欲(キャク)ノ不同一ヲ。雖レ無二ト一実之機(一仏乗機ナリ)一、等ク有リ五乗「(3オ)之用一。致ス使ル「ヲ布キ慈雲ヲ三界ニ注(シ)カ中法雨ヲ大悲上ヨリ。莫シレ不下云「等ク洽(ウル)ヲシ二塵労一ヲ普ク沾中玉ハ未聞之益上ニ。菩提ノ種子藉リテレ此ニ以テ抽レ心ヲ、正覚之芽念々ニ因レ茲増長ス。依テレ心起二ス勝行一ヲ、門余レリ二八万四千一ニ。漸頓則各称フ所宜一ニ、随レフ縁ニ者ハ則皆蒙ル二解脱一ヲ。然ヲ衆生障リ重クメ取レ「悟之者難レシ明メ。雖可二教益多門ナル一、凡惑無由二遍攬〈トルニ〉一ニ云云。此則、釈尊出世」ノ元由ヲ述ヘ、凡夫出離ノ根源ヲタ、シタル釈也。此中ニ真如広大ト云ヨリ寂用湛然ト云ニ至マテハ、経ノ一時仏ノ覚リノ境界ヲ釈シ述也。法花ニ唯仏与〈トノミ〉仏乃能究尽諸法実相ト讃ル法体也。而ヲ此法ハ又一」(3ウ)切衆生ノ心性ニ悉ク具足メ闕ル事ナシ。サレハ仏ノ知見ヨリ照ス時ハ、一切衆生ノ胸ノ内ニ、真如法性無塵法界、凡聖斉円恒沙功徳、寂用湛然ノ妙理、悉此ヲ備タリ。故ニ経ニ云ク、法身ノ体ハ遍メ二諸衆生一ニ、万徳凝然トメ性常住ナリ。不〈あらす〉レ生ニ不レ滅ニ不去来ニ不レ一ニ不レ異ニ非断常一ニト云云。一切諸仏ノ御胸ノ内ニ具足スル事モ亦如レ是。サレハ仏界生界一心性ニ具足スル所ノ法ヲ名テ、真如法性恒沙功徳ト云也。而ニ仏ハ此法ヲ浄土ニ住メ自受法楽ス。衆生ハ此理ニ迷テ未レ顕。故ニ但シ以〈おもん〉ミレハ垢障覆「深モテ浄体無レ由シ二顕照スル一ニト釈ス。如此、心性ニ万徳ヲ具足シナカラ、迷テ流転スル凡夫ヲ為レニ救ハンカ、釈尊」(4オ)出世シ給フ所ヲ、驚入火宅トハ釈スル也。自覚円満ノ悟ハ無勝浄土ニ有テ自受法楽スト雖、自覚ノ如ク衆生ヲ為令覚一、驚入火宅シ給フ。故ニ仏ヲ無住所涅槃ト云也。凡夫ニ異ナルカ故ニ生死ニモ不住。二乗ニ越タルカ故ニ涅槃ニモ不レ住。生死ニ不レ住ハ自証ノ為メ、涅槃ニ不レ住ハ化他ノ為也。今自証ノ法楽ヲ棄テ下機ヲ救ム為ニ此ノ土ニ出世スル所ヲ驚入火宅トハ云也。法花経ニ、此ヲハ長者諸子ノ譬ヲ以顕セリ。此則、一時仏ノ仏意ヲ述ル也。而ヲ此ノ下機ノ為ニ直ニ浄土一実ノ法ヲ説ムト思食セトモ、仏ノ本意ノ如ニ請スル機ノ無キ程、漸頓・権実ノ教ヲ説テ声聞・菩薩二衆ヲ化セシ所ヲ化前トハ云也。其中ニ漸教ト者、法花以前ノ教ニ千二百」(4ウ)五十人ノ外道ヲ化メ千二百五十人ノ大阿羅漢ト作ス是也。頓教ト者、法花経ニ小乗開会メ大乗ノ人ト作シ、一切衆生皆成仏道之旨ヲ説ク是也。仍此真如ノ理ヲ一切衆生無レ残可悟入一ス〈之〉旨ヲハ、法花経ニ説給ヘリ。化メ二一切衆生一ヲ、皆ナ令レ入ラ二仏道一ニト説ク此意也。故ニ此経ヲハ終窮ノ極説ト名ク。雖然、其平等一実ノ利益ニ漏ル、機是多シ。終窮ノ極説ト云ト雖、未タ如来臨化ノ本意ヲ不顕サ、正ク大小・善悪・漸頓ノ衆機ヲ等ク摂スル分ヲ未タ不カ説顕一サ故也。此ヲ今ノ釈ニハ、随二テ是時処一ニ、如来観心〈知〉メ、不レ増セ不レ減、随レ縁授法一ヲ、各益二ス所資一ヲ。斯レ乃チ洪鐘雖レ響クト必ス待レテ扣ヲ、而方サニ鳴ル。大聖ノ」(5オ)垂「慈一ヲ、必ス待レテ請ヲ而当二ニ説一クトハ釈スル也。魏誌ニ云ク、千鈞之弩ハ不下ス為二ニ鼷鼠一ノ発中於其ノ機上ヲ。万石之鐘ハ不下トス為二ニ莛橦一ノ起中於其韻上ヲ云云。今ノ釈ハ此意ニ依テ釈セリ。此則一代ノ諸教ハ観経ノ化前トメ、韋提ノ請無キ程、漸頓ノ諸教ヲ説テ、上根ノ機ヲ利益セシハ、待レ月程ノ手スサミナル心ヲ釈スル也。其中ニ声聞乗ヲ求ル者ノ為ニハ、四諦ノ法門ヲ説キ、辟支仏乗ヲ求ル者ノ為ニハ、十二因縁ノ法門ヲ説キ、菩薩乗ヲ求ル者ノ為ニハ六度十波羅蜜等ノ法門ヲ説キ、一実ノ道ヲ求ル者ノ為ニハ一実頓乗ノ法ヲ説キ、已説・今説・当説、而於其中ニ此ノ経第一ナリト開顕スル。法花ノ教モ未タ常没無善ノ凡夫ノ出要ヲ不レ顕サ。故ニ化前トハ被レ云也。」(5ウ)凡夫ノ位ニ直ニ仏智ニ入ル事ハ、自レ本諸教ニ不レル談所也。故ニ名二ク難行道一ト。サテ此凡夫、終ニ仏智ニ入ル無方便一歟ト云ニ、序題門ニ云ク、然ニ衆生、障リ重クメ、取レル悟ヲ之者難レシ明ラメ。雖レモ可二ト教益多門一ナル、凡惑無レ由二遍攬一ニ。遇因下テ韋提致レメ請ヲ、我今楽三欲ス往二生ムト安楽一ニ、唯願ハ、如来教ヘ我ニ思惟一ヲ、教中玉ニ我ニ正受上ヲ、然モ娑婆ノ化主ハ因二ルカ其ノ請一ニ故ニ、即広ク開二キ浄土ノ要門一ヲ、安楽ノ能人ハ顕二彰ス別意之弘願一ヲ。其要門ト者即此ノ観経ノ定散二門是也。定ハ即息テ慮一ヲ、凝シ心一ヲ、散ハ即廃レメ悪ヲ以テ修レス善ヲ。廻二メ斯ノ二行一ヲ、求二願ス往生一ヲ。言二ハ弘願一ト者、如二シ大経ニ説一カ。一切善悪ノ凡夫」(6オ)得レル生「ヲ者ハ、莫レシ不下ル「皆乗二メ阿弥陀仏ノ大願業力一ニ為中セ増上縁上ト也。又仏ノ密意弘深ニメ、教門難レシ暁リ。三賢十聖モ弗二ス測一所闚一フ。況ヤ我信外ノ軽毛ナリ。敢テ知二ヤ旨趣一ヲ。仰テ惟レハ、釈迦ハ此方ニメ発遣シ、弥陀ハ即彼ノ国ヨリ来迎フ。彼ニハ喚ヒ、此ニハ遣ル、豈ニ容レ不レル去ラ也。唯可下シ懃ニ奉レテ法ヲ、畢命ヲ為レメ期ト捨二テ此ノ穢身一ヲ、即証中ス彼ノ法性ノ常楽上ヲ云云。是則、韋提ノ請ニ依テ、今経、異方便ノ門開ル時キ、観仏・念仏ノ両三昧顕テ、彼法花経ニ難レク悟難入リカリシ一切善悪ノ凡夫、等ク如来一実ノ道ニ帰メ、願力ニ依ルカ故ニ、還テ彼法性ノ常楽ヲ証スト」(6ウ)教タル易行道ノ法門也。即今経ノ下々品ニ、十悪五逆具諸不善ノ機ノ為ニ、善知識、法花ノ妙法ヲ説キ聞セシカモ、此ニテハ不(サリ)シ二覚悟一カ、十念ノ称名ニ依テ往生メ花開已後ニ、観音、此ノ妙法ヲ説給フ時、始テ悟テ菩提心ヲ発スト説クハ此意也。サレハ唯知作悪ノ機ノ為ニ、法花ハ難行、念仏ハ易行ナル事、其義顕然也。故ニ今ノ宗ヲハ、如来出世ノ本懐ト習也。其故ハ一向行悪行不修微少善ノ衆生、二尊ノ仏智ニ帰シ、願力ノ一道ニ乗メ往生シヌレハ、難レ開リシ一実ノ悟リ速ニ開ケ、難証リシ法性ノ常楽、忽ニ証スル事ノ安キハ、只此宗ニ限カ故也。」(7オ)カヽル甚深殊勝ノ益ヲハ、韋提即是女人ノ相、貪瞋具足凡夫位ト云ハル、韋提一実ノ機ナラテハ不可顕一ス。洪鐘雖響一ト、相応ノ無二レハ鐘木一不鳴一。今ノ教ハ如洪鐘一ノ。韋提ハ大ナル鐘木ノ如シ。サレハ善人聖人ハ今ノ教ニ対スレハ莛橦(チヤウトウ)〈クサノクキ〉ノ如シ。願力ノ響ヲ不レ発サ、入聖得果ノ道ニナツミテ、凡夫往生ノ法ヲ不レ知故ニ、而ニ超世大願極善最上ノ法音ヲハ、貪瞋具足極悪最下ノ韋提ノ鐘木ナラテハ、不可二扣出一ス。弥陀ノ本願ハ専ラ悪人ノ為ニ発シ給ヘル故也。サレハ韋提ノ請ヲ待テ、此出世ノ本懐ヲ顕シ給シ前ニ、耆山ニ住メ二衆ヲ化シ」(7ウ)処ヲ化前ト云也。観経正化ノ前ナルカ故也。凡十六大城ノ中ニハ王舎城最大也。五山ノ中ニハ耆山最大也。仏、此山ニ常住メ大集・大品・法花・心地・無量寿等ノ諸ノ大乗経ヲ説ク。故ニ西域ノ記ニ云ク、如来応世メ四十余年之間、常ニ住メ此山ニ、諸ノ妙法ヲ説クト云ヘリ。故ニ此山ノ時処ニ一代ノ時処ヲ摂〈ヲサム〉スル也。龍樹ノ智度論、天親ノ法花論ニ、住所成就ト云事ヲ釈スルニ、仏此山ニノ法花等ヲ説事ハ、法ノ最勝自在ナル事ヲ顕ト云ヘリ。今経亦耆山ノ麓、王舎城ニメ被説タリ。大乗ノ至極出世ノ本旨〈シ〉ナル事ヲ顕也。王舎城ト者、王ハ自在ノ義也。耆闍崛山ヲハ霊鷲」(8オ)山ト翻ス。王舎城ノ艮〈ウシトラ〉ノ角ニ当テ此山アリ。霊ト者讃スル言也。鷲ト者衆鳥ノ中ニ於テ自在ナル者也。此山ヲ霊鷲山ト名ル事ハ、昔此山ニ無量ノ鷲鳥栖ケリ。其故ハ王舎城ノ北ニ当テ、寒林ト云野原アリ。死骸ヲ棄〈スツ〉ル所也。此山ニ住メ其肉ヲ食スルニ便リアルカ故也。其中ニ盲目ナル鷲夫婦〈ヲトメ〉二ッ有ケリ。其子ニ金色ノ鷲アリ。時ノ帝此事ヲ聞玉テ、鷲取ニ勅メ、金色ノ鷲ヲ令レ取ラテ此ヲ飼ンカ為ニ、種々ノ肉ヲ与フレﾄﾓ、此ヲ食スル事ナシ。只大ニ悲歎ノ色ノミアリ。帝恠テ智臣ヲ召テ被ニ尋之一、昔ハ畜生モ物云フ事アリケル故ニ、具ニ悲歎ノ」(8ウ)因縁ヲ奏メ云ク、我レニ二親アリ、共ニ耆山ニ住ス。而ニ皆盲目也。我其ノ一子ト為メ、朝暮ニ寒林ニ下リテ食ヲ取テ此養フ。我既王命ニ従フ。養育スルコト不レ能。盲目ノ二親定テ餓死ニ可シ及一。此故ニ我今悲歎ス。願クハ片時ノ暇〈イトマ〉ヲ賜テ、寒林ノ肉ヲ取テ二親ニ与ヘ、然後又王ノ勅ニ可随ト。帝悲哀メ被許之シカハ、二親ニ食ヲ与テ又王城ニ飛来ル。帝ノ言ク、此鳥ハ精霊アリケリ。其心実アリ。我レ国主トシテ無レ情ケ、如何カ此鷲ヲ可キレ悩ス。疾々〈トク〳〵〉罷帰レ、向後ハ此山ヲ以テ一向ニ汝ニ与フ。国中ノ人民彼山ニシテ鷲ヲ取ル事莫レト懇ニ勅ヲ被下キ。其盲目ノ父母ト者今ノ浄」(9オ)飯大王・摩耶夫人是也。金色ノ鷲ト者、今ノ釈尊是也。如此ノ因縁アテ霊鷲山ト名ト云一義アリ。昔ノ二親ノ骸ヲ埋シ所ナル故ニ、釈尊今日成道ノ後モ、常ニ此山ニハ住シ給也。而ニ諸人師等、観経ヲ以、法花・涅槃等ノ経ニ令ムレ同セ。今義ヲ詮スルニ不尓。法花・涅槃・心地・大品等ハ同ク彼山ニシテ被説タル故ニ、実ニ其位同セリ。観経ハ王城ニシテ被説タリ。一重ノ深義アテ諸経ニ不同一。其故ハ耆山ノ説法ハ聖人ノ為也。凡夫ノ得益ニ非ス。王城ハ凡夫ノ住所、在俗ノ棲也。此在家ノ衆ヲ化セン為ニ、此経ヲ王宮ニテハ被説故ニ此経ハ諸経ニ勝タリ。勝法ヲ以テ」(9ウ)下機ヲハ摂スル故也。極悪最下ノ人ノ為ニ極善最上ノ法ヲ説クト上人ノ被釈一、即此意也。

化前序耆山事中

今日ハ化前ノ余残ヲ讃嘆スヘキ也。先此耆山ヲ化前ノ処トメ、一代ノ時処ヲ摂スル義ニ付テ、法花ノ意ニ依テ、此山ヲ讃ルニ、本迹二門ヲ以テ料簡ス。其中ニ迹門ノ耆山ト者、今日始成正覚ノ釈尊、道ヲ成メ四十余年之間、此山ヲ以本山トシ、根本ノ栖トシ給。即今ノ弥勒菩薩ノ釈尊ノ付属ヲ承テ都率ニ御坐カ如ク、釈迦菩薩過去ノ迦葉仏ノ付属ヲ得テ都率天ニ住メ、閻浮提迦毘羅衛国ニ」（10オ）下テ浄飯大王ヲ父トシ、摩耶夫人ヲ母トメ懐胎シ、〔時ニ花ノ比、大王夫人共ニ藍毘尼薗ニ遊覧ス。其時ニ夫人、無憂樹ノ花ヲ折カ為ニ、右ノ手ヲ捧給時、右ノ脇ヨリ太子誕生シ給ヘリ。十方ニ各々七歩メ、蓮花御足ヲ受、右ノ手ヲ以テ天ヲ指、左ノ手ヲ以テ地ヲ指メ、天上天下唯我独尊・三界皆苦我当度脱ト唱ヘ、其後ハ普通ノ赤子ノ位ニ成テ、乳母是ヲ養育シ奉ル。〕四月八日ニ誕生シ給ヘリ。出家ニハ異論アレトモ、一説ニ依ラハ二十五ノ御歳御出家アテ、隣国摩訶陀国之内檀特山ニ籠リ六年苦行事畢テ、牧牛女カ乳ノ粥食メ色力増長シ、尼連禅河ニ沐浴メ生死ノ垢ヲ洗キ、三十ノ御歳、寂滅道場菩提樹下、金剛座ノ上ニメ成等正覚シ給フ。三七日ノ後、隣国波羅奈国、施鹿苑ニ往テ、先ツ拘隣等ノ五人ヲ度メ、又摩訶陀国ニ還リ給フ時、摩訶陀国ト波羅奈国トノ堺ヒ尚ヲ摩訶陀国ノ内ニ入テ、檀特山ノ麓、尼連禅河ノ辺ニ、優楼」（10ウ）頻羅迦葉、五百人弟子ヲ領メ、邪法ヲ習事ス〈ツカヘタリ〉。仏此コニ夜宿メ、彼等ヲ度ルニ悉ク仏ニ帰メ、皆出家得果メ、即火天ノ道具・竹杖・水瓶・扇等ヲ那提河ニ流ス。々ノ末ニ、優楼頻羅迦葉カ弟、伽耶迦葉・那提迦葉二人アリ。各二百五十人ノ弟子ヲ領メ邪法ヲ習事ス。道具ノ流ル、ヲ見テ是ヲ怪ミ思テ、二人共ニ水上ヘ昇テ兄ノ所ニ至テ、仏ニ奉テレ値、又道果ヲ得タリ。如此ノ弟子千人・上首三人・波羅奈国所〔初〕度ノ五人、都合一千八人ノ弟子ヲ相具メ、仏、王舎城ヘ趣給フ。舎利弗・目連ヲハ其後度シ給ヘリ。其時、頻婆娑羅王」（11オ）仏ノ御迎ニ参向スルニ、途中ニテ仏ニ奉レ値リヌ。仏為ニ説法シ給シカハ、大王即法眼浄ヲ得テ、五戒ノ優婆塞初果ノ聖者トナリキ。即仏ノ御儲ノ為トテ、先立テ王宮ヘ還リ給ヌ。仏未タ王舎城ヘ至リ不給程ニ、迦蘭陀長者、仏所ニ参メ申メ言ク、我レ竹林ヲ持タリ。彼ヲ打排テ精舎ヲ立テ、、仏ノ御通ヒ所ニセサセマイラセント申ス。仏許之ヲ給ヘリ。長者、無レ程伽藍ヲ建立ス。此ヲ竹林精舎ト名ク。其夏ハ仏、此寺ニメ安居シ給ヘリ。有時、阿鞞沙門、乞食ノ為ニ、竹林精舎ヨリ王舎城ヘ出ニ、城北辺ニメ舎利弗ニ逢ヌ。于時、舎」（11ウ）利弗、沙門ノ威儀粛然トメ貴ケナルヲ見テ、汝カ師ハ何ナル人ソ、何ナル法ヲカ説ト問シカハ、沙門偈ヲ説テ云ク、一切諸法ハ本（もとよ）リ因縁空ニ〆無シ主、息レメテ心、達二ス本源一ニ。故ニ号〆為二ス沙門一ト。舍利弗聞レ之ヲ、釈門ニ帰シ、終ニ仏所ヘ参〆道果ヲ得。其後、古郷ヘ還テ、日来ノ知音（イン）、目連ヲ勧テ、同ク御弟子ト成リ道果ヲ令レ得。此二人カ弟子二百五十人也。前ノ千人ニ具〆千二百五十人也。其後、迦葉尊者知識ヲ唱ヘテ、五山ニ精舎ヲ建テシ故ニ、最初ニ竹林精舎、次耆闍崛山也。耆山ヲ以依止住トシ、王舎城ヲ以境界住トス。耆山ヲ以本山トシ、余所ヲ以末寺トス。仍今ノ釈ニモ、遊二耆山等ノ処一ニ」(12オ)為化二ンカ出家之衆一ヲト釈〆、耆山ヲ以根本トノ諸処ヲ等ク摂スル也。是則、迹門ノ位ニ耆山ヲ根本トノ余所ヲ摂ル意也。次本門ノ意ニ約〆彼山ヲ意得ルニ、寿量品ニ、於二阿僧祇劫一ニ、常在二テ霊鷲山及余ノ諸ノ住処一ニト云ヘリ。サレハ此山ハ、阿僧祇已来常住ノ栖也。今日始成ノ迹門ノ位ニ耆山ヲ以本トノ、諸処ヲ摂〆属スル義妙也ト云ヘトモ、本門久遠実成ノ成道利生ニ望レハ物ノ数ニ非ス。天親ノ法花論ニ、此経文ヲ得ニ、報仏如来ノ真実ノ浄土ナリ。第一義諦ニ之所レ摂故ニト釈シ、妙楽ノ釈ニハ、拠常在之言一ハニ即属二ス自受用土一ニ云ヘリ。而ハ久遠已来ノ一切」(12ウ)化儀、此浄土ノ本ニ不帰ト云事ナシ。此深義ニ望ムル時ハ、最初頓説ノ、花厳ノ寂滅道場モ、尚是果後ノ方便ト習ヒ、耆山ヲ以即釈迦ノ本国無勝浄土トモ習也。又真言ニハ、此山ヲ密厳浄土トモ習也。而ヲ今ノ宗ノ意テハ、霊山即極楽、釈迦即弥陀ト習フ。カク知ヲ以、法花ノ幽致ト為也。既ニ耆山ヲ本トノ、余所ヲ摂スル義成シヌレハ、此山ヲ以今経ノ化前ノ処トノ、一代ヲ化前序ト料簡スルハ其義顕然也。又釈迦ノ顕本ハ即弥陀也ト云事、経文分明也。即本門ノ釈迦ヲ讃ルニ、恵光照無量寿命無〈数〉劫ト云ハ」(13オ)弥陀ノ無量光・無量寿ノ徳ニ当レル故也。サテ、如説修行即往安楽ト説ク。又是門々ニ見テレ仏ヲ得ルレ生二ヲ浄土一ニ宗義ヲ顕ハス也。凡ソ一代ノ教ニ未如説修行ノ法ヲ不レ説。又釈迦即弥陀ト不説。今法花ニ至テ此ヲ説ク。潜ニ念仏ノ宗義ヲ成リ。雖然一、彼如説修行ハ尚是観心得道ノ門也。夫人ノ所請唯定ナル即此位ノ法門也。今経ニ仏力ノ門ヲ開テ、依下観門専心念仏、々々衆生摂取不捨ト説ク時、一代ノ本懐ハ顕レ終（は）ツル也。而ハ法花ニ、如説修行ノ女人即往安楽ト説ク深意ハ、夫人立所ニ」(13ウ)無生忍ヲ得ト云所ニ通(カヨ)ヘリ。雖レ然、彼経ハ自力ノ位ナレハ、化前ノ序トシテ今経能待ノ時(シ)処トスル為也。釈迦如来ノ久遠ノ成道ハ皆在リ二衆生ノ一念ノ心中一ニト云ハ、本門ノ成道ヲ讃タリ。即天台ノ意、法花ニ三重廃立アリ。迹ノ大教発レハ尓前ノ教廃ス。本ノ大教発レハ迹ノ大教廃ス。観心ノ大教発レハ本ノ大経廃スト云テ、観心得道ヲ以法花ノ至極トス。観心得道ヲ宗ト為スル故也。此故ニ、皆在衆生一念心中トモ云ヒ、観二ソ己心之高広一ヲ、扣ク無窮之聖応一ヲトモ云也。観心ノ門ハ自力ニソ難レシ成。故ニ今経ニ観仏三昧仏力ノ門ヲ開ク心ニ」(14オ)依リ所レノ見浄土ノ荘厳ナラハ、汝チ凡夫ノ能ク可ニ見ル非ス。仏ニ帰セヨト教タリ。此則、他力ノ顕ス宗義一ヲ也。而ニ仏力ノ門ヨリ願力ノ宗ニ入テ、一念帰命ノ信心発テ、仏ニ帰スル時、己心ノ高広ヲ観セネトモ、而モ無窮ノ聖応ヲ扣テ、常住ノ身ヲ拝見スルテ也。此法門ヲハ還テ法花ノ寿量品ニ明カニ説ケリ。即質直ニソ意柔軟ナル者ノ、一心ニ欲レスレハ見仏一ヲ、時ニ我レ及ヒ衆僧、倶ニ出ツ二霊鷲山一ニト説ク是也。質直意柔軟一心欲見仏ト者、至心信楽欲生我国ノ心也。又或ハ直心能向彼トモ釈シ、或ハ一心直来トモ云フ皆此意也。此則」(14ウ)至心信楽ノ意ヲ以テ念仏スレハ、常在ノ報身ヲ可レキ見一今経ノ宗義ヲ説キ極メタル也。声聞菩薩ノ二衆、法花ノ座ニアテ、仏ノ知見ニ開示悟入セシハ此義ニ当レリ。雖然、其ノ法体ヲ正ク悟リ極ル事ハ、観経ノ伝説ヲ聞テ信受奉行スル時ノ事ナルヘキカ故ニ、自此以前ヲハ、小智疑ヲ懐ト釈ス。大経ニ、如来智慧ノ海ハ深広ニソ無二シ涯底一。二乗非レ所レ測ル。唯仏ノミ独リ明了ナリト説ハ此意也。法花ハ自力ノ位ナル故ニ不レ極メ事一ヲ、今依願力一ニ故ニ仏智ノ最底ヲ極ム。故ニ当坐道場トモ説キ、芬陀利花トモ讃テ、観音・勢至ノ二菩薩、弥陀ニ仕ルカ如ク随逐給仕シ給ヘリ。法花ニ」(15オ)乗此宝花一ニ直ニ至二ル道場一ニト云ハ、此ノ念仏ヲ以道場ノ妙果ヲ得ル事ヲ讃タル也。

化前広摂一代事後

今日モ尚化前序ニ付テ可キ二讃嘆ス一事アリ。其ト云ハ化前序ニ一代ヲ摂スルニ付テ、自他宗ノ疑難多レ之。其ニ取テ先ツ法花・

観経ノ前後難レ知、善見論ニハ、闍王即位八ヶ年ニ仏入滅ストニ云フ。法花ハ八ヶ年ノ説也。又法花ノ同聞衆ヲ列スルニ、韋提希子阿闍世王ト云ヘリ。此則、法花経ハ闍王父ヲ害セシ後ノ説ナル故ニ、韋提希子ト云テ頻婆沙（ママ）羅王子トハ不レ云也。而ヲ観経ハ闍王ノ」（15ウ）父ヲ禁スル時分ニ説レタリ。故ニ法花以前ノ説也。サル前ハ法花ヲ観経ノ化前序トト可キ云様ナシ。況ヤ又方等陀羅尼経・〈解深密経〉・楞伽経、双林涅槃ノ教、皆是観経ノ後説也。如何カ観経ノ化前ト可云乎云云ト云難也。而ニ此難甚タ非也。今化前起化ノ次第ヲ判スル事ハ、必シモ時代ノ前後ニハ不レ依。後ニモアレ、前ニモアレ、自力難行ノ教ナラハ今経ノ化前ト可成ル一。諸教ニ此例多シ。法相ニハ三時教ヲ立ニ、初頓ノ花厳ヲ以第三時ニ置ク。而ヲ花厳経ハ、寂滅道場初頓ノ経也。第三時ニ可レキ置様ナシト云ヲハ、彼宗ノ人師不許之一ヲ。法相所依ノ解深密経ノ中ニ、第三時ノ」（16オ）次第ヲ説ク。縦ヒ初頓ニモアレ、中道法界円融ノ法ヲ説カハ第三時ニ可レト有定タリ。又智論ニハ、成道ノ朝ヨリ泥洹ノ夕ニ至ルマテ般若ヲ説ト釈スレトモ、深密経ニハ般若ノ教ヲハ第二時ニ可レシト置定ム。天台ニハ五時教ヲ立ル又同也。法花以後ノ深密・楞伽等ノ経ヲモ尓前ノ教ニ摂テ、法花一実ノ教ヲ以終窮ノ極説ト名ク。此則、時代ノ前後ニハ不レ依。法門ノ次第ニ依テ義類ノ前後ヲ立也。今又、韋提ノ請ニ依テ顕ル、所ノ二尊ノ教法ヲ以、障重根鈍ノ衆生ノ出離ノ指南トモ驚入火宅ノ如来ノ出世ノ本懐ト為スル時、聖道八万自力難行ノ教門ハ、前ニモアレ後ニモアレ」（16ウ）皆今経ノ序分ニ可レト居ス立タル宗義、全ク諸教ノヲキロニ不違一。但闍王即位ノ後、法花ハ説レタリト見ユレハ、観経ハ妙経以前ナルヘシト確（クハク）執セシムル難ニ至テハ是又不レ重。其故ハ大集経ハ仏成道十六年ノ説也。其中ノ二十一巻ニハ闍王ノ酔象、提婆カ盤石（ハンシヤク）等ノ因縁ヲ説ク。即闍王ノ害父即位ノ後ノ事ナルヘシ。成道七十二ノ御歳、法花ヲ説キ始メラレシマチカキ比ノ事也。何ソ成道十六年ノ時ナルヘキ乎。又同二十八巻ニハ、仏、欲色二界ノ中間ニシテ説法シ給ニ、頻婆沙羅等ノ五百人ノ大王、大集経ヲ聴聞スト見タリ。此又前ニ既ニ闍王父ヲ害メ後、仏ヲ害セントセシ事ヲ」（17オ）説ク。何又還テ父王、此経ヲ聞トイハンヤ。サレハ前後不定ニシテ定量難キ事也。機見ノ不同ニ依テ此異ヲ作。其上、心地観経ハ耆山ノ説也。此経ノ序分ニ仏眉間白毫ノ光ヲ放給フ。光中ニ仏ノ三世ノ因果ノ相ヲ顕現ス。其中ニ今日釈尊一代ノ相貌ヲ現スルニハ、始太子誕生ノ藍毘尼園ヨリ終釈尊涅槃ノ双樹林下ニ至ルマテ、一代諸経ノ会ニ被レラレシ立、八塔ノ相ヲ現シテ、是ヲ以為二シテ縁起一ト、彼経ハ説レタリ。八塔ト者、偈ノ文ニ云ク、浄飯王宮生処塔・菩提樹下成仏塔・鹿野苑中法輪塔・給孤独園名称塔・曲女城辺宝階塔・耆闍崛山般」(17ウ)」若塔・菴羅衛林維摩塔・沙羅林中円寂塔云云。第一ニ浄飯王宮生処塔ト者、釈迦菩薩都史多天ヨリ南閻浮提ニ下テ、浄飯王ヲ父トシ摩耶夫人ヲ母トシテ懐胎ス。于時、四月八日、大王夫人共ニ、藍毘尼苑ニ遊覧アリ。夫人、無憂樹ノ花ヲ攀ヨチム為ニ右ノ御手ヲ捧ケ給フニ、右脇ヨリ太子誕生シ給ヘリ。其時ニ太子右ノ手ヲ以天ヲ指、左ノ手ヲ以地ヲ指テ、天上天下ニハ唯〈タヽ〉我ノミ独リ尊ナリ。三界ハ皆苦我レ当ニ度脱一シムト唱テ、十方ニ各七歩シ給フ。蓮花御足ヲ受ケ、大地六種ニ震動シ、三界ノ諸天来下ス。難陀・跋難陀ノ二龍、温涼ノ」(18オ)二水ヲ出シテ太子ノ頂ニ灌テ奉ル令沐浴一セ。此ヲウフ湯ト名ク。其後ハ普通ノ赤子ノ位ニ成テ、乳母此ヲ奉二ル養育一シ。此悉達太子誕生ノ処ニ立タル塔ヲ浄飯王宮生処塔ト云也。第二ニ菩提樹下成仏塔ト者、悉達太子二十五ノ御歳御出家アテ、檀特山ニ籠テ六年苦行事畢テ、三十ノ御歳、摩訶陀国寂滅道場菩提樹下、金剛座ノ上ニ坐シテ等正覚ヲ成シ給シ時、第六天ノ魔王魔女等来下シテ種々ニ障碍ヲ作ムトセシニ、仏是ヲ降伏シ、元品ノ夢一度醒テ四智円明ノ覚リ開ケ給キ。此処ニ建タル塔ヲ菩提樹下成仏塔ト云也。第三ニ」(18ウ) 鹿野苑中法輪塔ト者、仏成道ノ初メ寂滅道場ニシテ花厳頓大ノ教ヲ説給フニ金剛幢金剛蔵法恵功徳林等ノ厚殖善根ノ大機ハ其益ヲ得シカトモ、小ハ座ニ在ト云ヘトモ、如レシ聾如シ唖一トテ、小乗ノ声聞等ハ座ニ在ナカラ、聾ノ如ク唖ノ如クシテ無リキ得益一。然間、仏寂滅道場ヲ立テ、隣国ノ波羅奈国鹿野苑ニ趣テ、拘隣等ノ五比丘ノ為ニ四阿含経ヲ説テ彼等ヲ化度シ給キ。此ヲ転法輪ト名ク。此ニ建タル塔ヲ鹿野苑中法輪塔ト云也。第四給孤独園名称塔ト者、仏舎衛国祇樹給孤独園「ニ御坐メ、六ケ月ノ間、六師外道ト論」(19オ)義メ勝テ、名称十方ニ聞ヘ給キ。此処ニ立タル塔ヲ給孤独園名称塔ト「云也。第五ニ曲女城辺宝階塔ト者、悉達太子道ヲ成メ仏眼ヲ以テ三界ヲ観見スルニ、夫人忉利天ニ生在シ給キ。仍仏、母ノ恩ヲ報セン為ニ、忉利天ニ昇テ一夏九旬之間、報恩経ヲ説テ下向シ給シ時、持地菩薩、即金銀瑠璃ノ三道ノ宝階ヲ忉利天ヨリ曲女城ヘ渡メ仏ヲ下シ奉キ。此城ニ建ラレタル塔ヲ曲女城辺宝階塔ト「云也。第六ニ耆闍崛山般若塔ト者、仏成道ノ後四十余年ノ間、五天竺ニメ行化盛ナリシカトモ、事ノ因縁アルヲ以ノ故ニ以テ二此山一ヲ常住ノ栖トメ、般若・法花」(19ウ)心地等ノ諸大乗経ヲ被レ説キ。故ニ塔ヲ立ツ。此ヲ耆闍崛山般若塔ト「云也。第七ニ菴羅衛林維摩塔ト者、毘舎利国ノ毘舎離城ノ菴羅苑林ニメ、維摩詰、文殊等ト諸仏菩薩ノ不思議解脱ノ法門ヲ説事アリキ。文ニ云、須弥ノ高大ナルヲ入二レ芥子ノ中一ニ、大海ノ深広ナルヲ納二ム一毛端一ニ。不メ断二煩悩一ヲ、而モ得二菩提一ヲ。不メ動二生死一ヲ而モ至二ル涅槃一ニト。如レ此、甚深不可思議解脱三昧ノ法門ヲ説シ処ニ建タル塔ヲ菴羅衛林維摩塔ト「云也。第八ニ沙羅林中円寂塔ト者、大聖釈尊機縁ノ薪既ニ尽テ入涅槃ノ期至シカハ、拘〈ク〉尸那国ノ拘尸那城力士生地ニメ、有縁ノ衆ヲ集テ最後ノ」(20オ)教勅ヲ残シ、沙羅林之間ニメ二月十五日ノ夜半ニ円寂ニ帰シ給キ。大衆ノ悲歎、経ニ広ク説カ如シ。此処ニ建タル塔ヲ沙羅林中円寂塔ト「云也。就中、般若塔ノ中ニハ法花・心地・涅槃等ノ諸大乗経ヲ納タリ。付レ之有不審一。其故ハ凡ソ此八塔ハ釈尊一代ノ法蔵ヲ摂メタリ。心地観経以前ノ塔ヲハ、此経序分トスヘシ。何ソ以後ノ塔ヲ現スルヤト「云不審也。此則、此経ノ序分ニ八塔ヲ現スルニ、前後ノ諸経ヲ以、心地観経ノ序分トスル即同二キ此義一ニ也。何ソ一代化前之義ヲ疑ヤ。而又此経ニハ五相成身ノ旨ヲ説ク。即法花ノ即身成仏ノ義ヲハ、此経ニ説極メタリト「可レ見。」(20ウ)既ニ如来ノ心地法門ヲ説故ニ聖道ノ法門ハ此経ニ極レリ。又心地観経ニ次テ他力易行ノ法門ヲハ観経ニ説極メタリト「可意得也。如此一、宗々立教ノ例ヲ以思フニ、一代ヲ観経ノ化前ト「云義、曽テ無相違一者也。其中ニ今ハ心地観経ヲ今経ノ化前ニ置テ可讃嘆一也。此心地観経ニ一代ノ間ノ八塔ヲ光中ニ現スルノミナラス、釈尊因位ノ難行苦行ノ儀式、皆又光中ニ顕現セシヲ、王舎城ノ五百人ノ長者等拝見シ、菩薩ノ難行苦行ハ父母妻子親類眷属等ヲ人ニ与ヘ苦悩ヲ得セシム。只是大罪ヲ造ルニテ有ケリ。知恩報恩ノ行ニ非ス。不如シカ」（21オ）自調自度ノ修行ニハト仏ニ申スニ、仏ノ言ク、善哉々々、汝等カ大疑、是レ大悟ノ源也。一切衆生ヲ利益シ三世諸仏ノ本意ニ可シ叶。此心地観経ハ知恩報恩ノ旨ヲ可説。汝等過去ノ恩ヲ不ルカ知故ニ此疑アリ。凡ソ恩ニ有リ四恩。一ニハ父母ノ恩。二ハ衆生ノ恩。三ハ国王恩。四ハ三宝ノ恩也。初ニ父母ノ恩ト者、慈父ノ高キヿ如シ山王ノ。悲母ノ恩ノ深コト如大海ノ。我レ若シ住メ世ニ、於テ一劫ニ説ニモ悲母ノ恩ヲ、不シ能ク尽スヿ。故ニ父母ノ恩ヲ可シ報。父母ノ恩ヲ報セント思ハ、、父母ヲ捨テ、道ニ帰メ、難行苦行ヲ修メ彼ノ恩ヲ可報。若真実ノ道ニ不ハ帰、父母ヲ救フ」（21ウ）事不能ハ。我難行苦行ヲ修スル事ハ為報ムカ父母ノ恩ヲ也キ。汝等、菩薩ノ修行不知恩ノ罪業也ト莫思事。次衆生ノ恩ト者、有情輪廻メ生ヿ六道ニ、猶如車輪ノ無キカ始終、或ハ為ナリ父母ト、為テ男女ト、生々世々ニ互ニ恩アリ云云。又云ク、一切ノ男子ハ皆是レ父ナリ。一切ノ女人ハ皆是母ナリ。如何カ、未報セ先世ノ恩ヲ、隔生異念メ成セン怨嫉ヲ云云。故ニ山禽野獣（キンヤシユ）皆是我カ旧親ノ父母妻子也。何ソ一生ノ父母ヲ思テ多生ノ父母ヲ可キ捨。彼夜叉ト云モ多生ノ父母也。彼ノ〔ニ〕妻子ヲ与テ彼ノ恩ヲ可報ス也。但シ一人ノ父母ヲ捨テ、」（22オ）一人ノ父母ヲ助ルハ一人ヲハ悩ニ成ルハト云ニ、一生ノ父母ヲ捨テ、多生ノ重恩ノ父母ヲ救カ故ニ、一人ヲ悩ス過ハ無也。次国王ノ恩ト者、一切ノ草木ヲ得ルモ水火ヲ得モ天地ニ居スルモ、国王ノ領内ニ在テ受ルカ故ニ、一切皆是国王ノ恩ニ非スト云事ナシ。国王モ又是多生ノ父母也。故ニ国王ノ恩ヲ報セン為ニ、妻子ヲ捨仏道ヲ修行スル也。次三宝恩ト者、如此教（ママ）順奉事ノ心、皆三宝ノ教ニ依テ発ル。而ハ三宝ノ恩尤モ重シ。前ノ三重ノ恩ヲ思知テ妻子ヲ捨仏道ニ入ハ併是三宝ノ恩也。故ニ此恩ヲ可報。仍四恩ノ中ニハ三宝ノ恩ヲ重トス。然間、菩薩ノ」（22ウ）大行恩ニ背ク事ナシ等説給ヲ聞テ、五百人ノ長者、忍辱三昧ヲ証得シキ。仏、智光長者ニ告テ言ク、汝能ク聞ケ、若善男子善女人アテ、菩提心発メ仏法ヲ聴聞セン為ニ参詣スルニ、足ヲ上ケ足ヲ下ニ其遠近ニ随テ所レ践ノ微塵数ノ如ク、金輪転輪聖王ノ報ヲ可感一ス。聖王ノ報尽テ欲天ノ王ト成リ、欲天ノ王ノ報尽テハ梵天王ト可成。皆又上ノ微塵数ノ如シ。既ニ仏ヲ見、法ヲ聴聞シテハ速ニ菩提ヲ可証得一ス。汝智光長者及ヒ余ノ衆、心地観経報恩ノ法ヲ聴聞セン為ノ故ニ我所ニ来至ス。如此ノ八十由旬ヲ経過スル」(23オ)大地ノ微塵、一々ノ塵数ノ如ク能人天輪王ノ果報ヲ感シ、既ニ法ヲ聞畢テハ、当来ニ阿耨菩提ヲ可証得一ス。而家ニ在テハ父母ノ恩ヲ報シ、道ニ入テハ三宝ノ恩ヲ可レ報一ト説カレタリ。故ニ知ヌ、此心地大乗経モ、念仏法僧ノ念三宝ヲ宗要トセリ。サレハ自力聖道ノ教ナル故ニ、西方往生トハ不説、惣メハ十方浄土ノ往生ヲ勧メ、殊ニハ都率（ソツ）天上ノ往生ヲ勧タリ。彼会中ニテハ尤如此可説也。聖道宗ノ菩薩等ヲ以所化トスルカ故ニ、其益ニ漏ル、機ノ為ニハ、今経ヲ可説故也。仍彼経モ今経ノ化前ニ有テ此経ノ序ト（ナ）為ル也。」(23ウ)

禁父縁事　本

自リハ今日一、発起序ノ曼荼羅ヲ可讃嘆一。発起序ニ十段ノ図相アリ。而ニ付二テ絵様一ニ不審アリ。其故ハ、化前序ノ耆山ノ次ニハ禁父縁ノ姿ヲ織、次テ禁母・厭苦等次第ニ下モヘ可キニ下ル、禁父縁ヲ最下ニ図シ、欣浄縁ヲ以耆山ニツ、クル事、次第乱タルニ似タリ。如何ト云不審也。此ヲ会スルニ、凡ソ六縁ノ在所、横ニハ只禁父・禁母ノ両所ナルヘシ。画様ニ織延レハ十段也。其ニ取テ在世ノ儀式ヲ思遣ルニ、耆山ハ高山ナレハ最頂ニ是ヲ織リ、王城ハ麓ノ平地ナレハ最下ニ此ヲ織也。」(24オ)但シ、逆（サカサマ）ナルニ似ル事ハ画様ナレハ、不レト苦可意得一也。而ニ入レ義ニテ料簡スルニ、此画様ニ付テ可有二二ノ姿一。一ニハ上ヨリ次第スルハ化前起化ノ次第也。縦ヒ然トモ耆山ノ次ニ禁父縁ヲ可レ織、不ルハ尓、付之ニ深ノ意アリ。其故ハ禁父禁母ノ発起ハ五逆ノ機ノ往生ヲ発起スル也。故ニ下ノ縁（ヘリ）ノ下品下生ノ五逆往生ノ図相ニ隣次（リンシ）メ、禁父等ノ発起ハ彼ノ五逆ノ機ノ為ニ発起ストト云意ヲ為顕也。二ニハ下ヨリ上ヘ次第スル一通リアリ。即王宮会・耆闍会ノ次第也。欣浄縁ノ一段ニ顕行・示観、及ヒ正説・得益・流通ヲ摂メ、王宮会ヨリ耆闍会ニ移ル」(24ウ)姿ヲ顕也。欣浄縁ノ曼荼羅ニ、二人告命ノ姿ヲ織ルハ、即此顕行・示観并ニ正説・得益・流通等ヲ、此一縁ニ納ル意也。而ハ耆山ヨリ王宮ヘ入ト、王宮ヨリ耆山ノ伝説ニ移トノ二ノ様也。初ニ禁父縁ニ付テ、経文ニ、尓時王舎大城ト説ヲ、釈ニ起化ノ処ヲ明ト釈ス。而ニ耆山ニ付テ、化前起化ノ耆山有カ如ク、王舎城ニモ化前起化ノ王舎城アルヘシ。サレハ上ノ化前ノ序ノ在王舎城耆闍崛山ノ文ヲ受テ、如来遊化ノ処ヲ明スト釈セシハ化前ノ王舎也。今マ尓時王舎大城ト説ヲ受テ起化ノ処ヲ明ト釈スルハ起化ノ王舎也。在王舎城耆闍崛山ト云ヲ、如来」(25オ)遊化ノ処ヲ明スト釈スルニ付テ有二二釈一。一ニハ王城聚洛ノ処ニ遊フハ、在俗ノ衆ヲ為レ化センカ也ト云云。而ヲ王舎城ニ遊給事ハ、在家ノ衆ノ五欲ノ境界ニ貪着メ厭フ心無ク、縦、又浄心ヲ発ス事アレトモ、水ニ画カクカ如シテ不レ留ル凡夫ヲ化メ、随分ニ五戒十善等ヲ為令二修行一セ、可キ化シ得一ツ時分ヲ計テ、大悲ヲ以時々来リ化シ給フ故ニ、是ヲ名ク境界住一ト。道人ト俗人ト形既ニ異也。非レ可二共住一ス。大悲ヲ以時々来リ化スル境界ナル故ニ此ヲ云フ二境界住一ト也。二ニ耆山等ノ処ニ遊フハ、出家ノ衆ヲ為レ化一也ト云云。出家ノ衆ト者、世間五欲ノ楽ヲ捨、出世無上ノ道ヲ求ル二三」(25ウ)乗〈業〉ノ衆ノ耆山等ノ処ニ有ヲ化セン為ニ、仏共住メ此ヲ化スルヲ依止住ト名ク。能化所化共ニ道ノ形ナルヲ以テ一処ニ依止ス。故ニ云二依止住一ト也。此ハ今経ノ正化以前ニ王城・耆山等ノ処ニ在テ、五乗ノ衆ノ為ニ五乗ノ法ヲ説テ化スル位也。故般舟讃云、或ハ説キ二人天二乗ノ法一ヲ、或ハ説ク二菩薩涅槃ノ因一ヲ。或ハ漸、或ハ頓、明ス二空有一ヲ。人法二障遣シム二双(ならべ)テ除一カ。根性利者ハ皆蒙ルレ益ヲ。鈍根無智ハ難シ二開悟一シト。根性利者ノ為ニ此等ノ法ヲ説クハ非二本意一ニ。只是、月待程ノ手スサミ也。鈍根無智難開悟ノ機ノ為ニ念仏往生ノ道ヲ開ク。此ヲ如来出世ノ本懐ト為ス。此法ヲ説ク」(26オ)王城ヲ起化処ト云也。故ニ仏モ此時キ王城ヘ入給ニハ、声聞・菩薩ノ二衆ヲハ山ニ留テ、御供ニ不被召シ具一セ。二衆ハ化前ノ耆山ニメ其益ヲ得ヘシ。王宮ノ正化ハ凡夫ノ為ニメ、聖人ノ為ニ非カ故也。但目連・阿難ノ二聖ヲ被具召一事ハ、為レ伴ノ為侍者一ノ也。今経所被ノ機ニハ非ス。又彼聖人モ終ニハ、此ノ教ニ帰シ、念仏往生ノ一路ニ可レ帰ス。耆山ノ大衆、阿難ノ伝説ヲ聞テ皆悉ク信受奉行セシハ即此意也。故ニ彼ノ五乗ノ法ヲハ今経ニ三福ト説テ機ノ姿トシ、出離ノ要法ハ念仏也ト顕ス。仍定散ノ諸善、只是機ノ姿ニシテ出離ノ要ニ非ス。出離要行ハ」(26ウ)念仏也。サレハ、諸教ニ漏ル、悪人モ、諸教ヲ行スル善人モ、弘願ノ一道ニ帰シテ生死ヲハ可出一也。是以、一切善悪ノ凡夫、得レ生「者ハ莫レ不下云「皆乗シテ二阿弥陀仏ノ大願業力一ニ為セ中増上縁上ト云ヘリ。而ハ同シ王舎ナレモ、此法ヲ顕ス時ノ王舎ヲ起化ノ処ト名ク。観経ノ正化ヲ発ス処ナルカ故也。而ニ此王舎城ノ名義ヲ釈スルニ、今ノ釈ニハ往古〈ムカシ〉ノ百姓等、此城ニ家ヲ造ニ、天火ノ為ニ焼ル。而ニ王宮ニハ火無ニシ近ク事一。後ノ時事ノ子細ヲ王ニ奏スルニ、向後ハ家ヲ造ランニ、我今王ノ為ニ家ヲ造ト可レ云ト云。于時、百姓等、王」(27オ)勅ノ如ク我今王ノ為家ヲ造ト云テ家ヲ造ルニ、即火災ノ難ナシ。故ニ云王舎一ト。大城ト者、此城広大ニシテ居民九億ナルカ故ニト云。大論ニハ七焼七作トテ七度焼ルニ七度作ト云ヘリ。天台ノ文句ニハ、王舎ト云排（フタ）ヲ懸ニ依テ無火難一故ニ云王舎一ト云。而今ノ王舎大城ノ釈ハ、余師ノ釈ニ異也。大論ニ舎婆提城ニハ九億ノ家アリ。王舎城ニハ十二億ノ家アリト云ヘリ。今王舎城ハ九億ノ家ト云。而ニ今ノ釈、余師ニ異事ハ、即他力易行ノ宗義ヲ表スル也。其故ハ此城ニ天火起ルハ即三界ノ火宅ヲ表ス。」(27ウ)法花経ニ云、三界無レ安猶如火宅一ノ。衆苦充満シテ甚可怖畏一ス。常ニ有テ生老病死ノ憂患一、如レ是等ノ火熾燃トシテ不レ息ト云。又云、衆生ノ見劫尽テ大火ニ所レ焼（ヤ）カ時ト云。法事讃云、三界ハ無レ安「尚如シ火宅一ノ。六道周慞シテ競テ出ツ門ヲ一ト皆此意也。民家ヲ王舎ト名ル事モ、法花経ニ、今此ノ三界ハ皆是我有ナリ。其中衆生ハ悉ク是吾子ナリ。而ニ今此処ニハ多シ諸ノ患難一。唯我ノミ一人能為（ナス）救護ヲ一ト云ヘリ。仏ノミ独リ此三界火焼ノ難ヲ出給ヘリ。故ニ仏徳ニ帰スレハ衆生即仏」(28オ)徳ニ同シ、仏ニ等ク三界ノ火宅ヲ出テ、無為ノ法楽ヲ受ル事ヲ標スル也。即三毒五欲ノ依止スル三界ノ家ニ、万徳具足ノ名号ノ額ヲ打ヌレハ、名号ノ力ニ依テ四苦〈八苦〉火焼ノ難ヲ免ル、故也。智論ニハ、十二億ノ家ト釈スルヲ、今ハ九億ト云モ滅後造悪ノ凡夫、悪道ニ堕シテ多劫ヲ経歴シテ受苦無窮ナルヘ

キ者ノ、弥陀名号ニ帰スルニ依テ、三界ノ火宅ヲ出テ、九品ノ民ト可成意ヲ表也。又九品ヲ開メ十二品トスル当家ノ義ニモ可
意得合一。其故ハ、九品皆善人往生ト云フ釈迦教ノ通リ一ツ、又下三品ハ悪人往生ト云弥陀教ノ」(28ウ)通リ一ツ有カ故ニ
十二品ノ往生ト云法門アリ。王舎城十二億家ト云ハ、讃ニ此義ヲ標スルナルヘシ。而ニ有ル人云、天台等ノ釈ナラハ、表
示ノ釈尤盛也。今師ノ釈ハ必モ表示ノ釈ヲ不用云云。今云、此難甚タ非也。和尚ノ御釈ノ中ニ表示ノ釈無ニ非ス。故ニ即日
中礼讃ニ、七宝池ヲ表メ七覚池ト云ヒ、八徳水ヲ表メ八背捨ト云フ。又定善義ノ宝樹観ノ釈ニ、彼ノ国ノ宝樹斉ク高メ三
十二万里也。老死ノ樹モ無ク、小生ノ樹モ無ク、初生漸長ノ樹モ無ク、起スレハ即同時ニ頓ニ起メ量数等キ故ニ、弥陀無漏
平等ノ心ヨリ顕タル本有ノ荘厳ナル故ニ、其」(29オ)量等シト云モ、皆是表示ノ釈也。何ソ今師ニ表示ノ釈無ト云ンヤ、此ヲ起
化処ト云処ノ義ヲ料簡ス。次ニ起化ニ付テ又二ノ起化アリト釈ス。一ニハ闍王ノ起化。二ニハ如来起化也。闍王ノ起化ト者、
闍王、父母ヲ禁スルニ依テ、夫人、厭離穢土欣求浄土ノ心起リシ即是也。凡化ト者、地獄ノ猛火ヲ化メ清涼ノ風ト作スト
説カ如ク、煩悩強盛ノ夫人ヲ化メ、厭欣ノ心ヲ令ムレ発ルヲ化ト云也。而ヲ父王夫人、仏ノ第一ノ檀越トメ、見仏聞法任意ニ
タリシカトモ、五欲耽〈タン〉〈フケル〉着メ厭欣ノ心ヲ不起一。今闍王此ヲ化セン為ニ、提婆ト寄合テ、謀反ヲ起メ」(29ウ)父ヲ禁シ母ヲ禁スル
時、夫人始テ浮世ノ中ヲ思知テ、穢土ヲ厭ヒ浄土ヲ願シ也。若闍王ノ禁父母ノ縁ナクハ、此心不可発一ル。此ヲ闍王ノ起化ト
云也。此則、当今、劫末ノ凡夫ハ苦縁ニ値テ、厭欣ノ心ヲ可起一ス意ヲ顕也。次、如来ノ起化ト者、夫人既ニ厭欣ノ心発テ、
浄土ヲ請スルニ、光ヲ変メ台ト作シ、十方ノ浄土ヲ光台ノ中ニ現メ令メ見一給ニ、夫人九域ヲ捨、西方ヲ選取テ、得生ノ行ヲ
請スルニ、仏、三福ノ因ヲ開シ定善ニ仏力ノ観ヲ示メ、終ニ九品往生ノ益ヲ令レ得給フヲ、如来ノ起化ト云也。而ハ闍王ハ厭
欣ノ機ヲ発シ、如来ハ夫人ノ開悟ヲ起ス也。」(30オ)此ヲ発起トモ名ケ起化トモ云也。故知ヌ、王舎城ノ名、民家ノ火難ヲ息〈ヤ〉ムト
云因縁ハ、此化ヲ起メ、貪二求スル「五欲一ヲ相続メ是レ常ナル者ノ、願生ノ心ヲ起シ、往生ノ益ヲ可得事ヲ標スル釈也ト云事ヲ。

故ニ闍王ノ逆害ハ観経発起ノ因縁ト成ル殊勝ノ珍事也。付之、闍王ハワサト自心一発テ今経ヲ発起センカ為ニ、此ノ悪逆ヲ作ル程ニ、夫人厭欣ノ心ヲ起ス因縁ト成ケル。故ニ釈家此ヲ発起ト取成〈残〉歟ト云ニ、付之有二義一。一義云、闍王必シモ夫人ノ道心ヲ為ニ令生一此悪逆ヲ作ニハ非ス。闍王モ即実行ノ凡夫ナル故也。雖然、此逆事ニ依テ夫人自然ト道心ヲ発セハ」(30ウ)釈家闍王ノ起化ト釈スル也ト云々。一義云、仏ノ在世ニ生レ値テ、請問ヲ致シ発起ノ人ト作ルハ、皆是権者也。故ニ提婆・闍王・夫人等、皆是権者也。心地観経ニ此旨ヲ説リ。皆心中ニ発起ノ意アル也。故ニ闍王ノ起化ト者、心中ニ浄土ノ機ヲ発ムト思テ、此悪逆ヲハ作也ト云々。此二義ハ共是祖師ノ云二義ヲ偏ニ取テハ邪也。其故ハ、大悲ノ菩薩ノ衆生ノ苦ニ付テ、大智ノ方ハ、実ニ苦ヲ不受、大悲ノ方ハ実ニ苦ヲ受ト云テ、二義不相離一如シ。今モ彼ノ人々、発起ノ心アリト云フ権者ノ方也。無ト云ハ実者ノ方也。一人ノ上ニ此二義ハ必ス可生〈有〉也。」(31オ)又夫人ニ三ノ夫人アリト被レキ料簡一。一ハ実是菩薩ノ韋提、心地観経所説ノ如キ権者也。二ハ仮示凡身ノ韋提、是ハ内ハ権者ナルカ而モ衆生ニ同メ仮リニ凡夫ノ相ヲ示ス也。前ハ本地、此ハ垂迹也。三ハ実是凡夫ノ韋提、今経ニ汝是凡夫心想羸〈ルイ〉劣ト説ク此位也。闍王・提婆ニモ此三可有一。実是菩薩ノ方ハ地住已上ノ薩埵、内証仏ト等同也。実ニ苦ヲ不受。仮示凡身ノ方ハ、普現色身三昧ノ応用也。普賢色身三昧ト者、観音・地蔵等ノ大悲ノ菩薩ノ衆生ノ苦ニ代ル姿也。此時ハ仮ニ苦ヲ受ル相ヲ示ス。此二ハ意得」(31ウ)安キ也。而ニ此仮示凡身ヲ抑〈おさへ〉テ、実是凡夫ト云ニ付テ、宗々ノ習不同也。相宗ノ意ハ普現色身三昧ヲ意得ニ、識ヲ転メ智ヲ得タル果ノ後ニハ、利生ノ為ニ九界ノ色身ヲ現メ衆生ノ苦ニ代ル相ヲ示セトモ、仮ニ示ス相ナル故ニ、仏果ノ上ノ神変作用ナレハ、実ニ苦ヲ不レ受ト云々。故ニ仮示凡身ノ上ニ実是凡夫ノ義ヲ不許。性宗ノ意ハ凡夫ノ迷ノ位ニハ善悪共ニ生死ノ妄法ナルヲ、内証初地ニ入ヌレハ、凡夫ノ五位百法ヲ、即百法明門ト照シ得ツレハ、善悪共ニ大智大悲ト成テ仏身ヲ飾ル時キ、大悲ノ方便ヲ以、九界ノ形ヲ現スル時ハ」(32オ)実ニ貪瞋等ノ心ヲ生シ、実ニ寒熱等ノ苦ヲ受ル事、実是凡夫ニ不違一也。故ニ仏ハ本〈もと〉不断ニ性悪ノ法一ヲ故ニ、性悪若断セハ可レ断二スル仏性一ヲ。普現色身依（よりて）レカ何ニ而立セント釈メ、如来蔵ノ中ニ性悪闕減ナケレハ、普現色身三昧ノ用ヲ施ス也。恒沙功徳寂用湛然ナル故ニ、九界ノ妄法即是一乗体内ノ化用ナルヲ以、仮示凡身即実是凡夫ト云ニ無相違一。内証ハ朗ナレトモ仮示凡身スレハヤカテ凡夫ノ方ニハ実ニ九界ノ迷心同ク受ル苦也。若実ニ受ケハ苦生死ニ留ル歟ト云ニ、仮示凡身ト云フ故ニ、生死ニハ不留一也。其故ハ本地ノ」（32ウ）誓約、如レ是九界ノ身ヲ現メ、衆生ノ苦ニ代ラント願メ其機縁ニ随テ、苦ヲ受ケ尽シツレハ、本地ノ身ニ還ル也。可キ代衆生アレハ、又其苦ニ代レトモ其苦尽ヌレハ又本地ノ身ニ還ルカ故ニ、生死ニハ不留一也。故ニ仏ハ無住処涅槃ヲ証得メ、大智ノ故ニハ生死ヲ出テ浄土ニ住メ大乗ノ法楽ヲ受ク。大悲ノ故ニハ、鎮（とこしなへ）ニ普現色身三昧ノ形ヲ現メ九界ノ塵ニ交テ苦ヲ受ル也。一向生死ニモ不住、一向涅槃ニモ不住一故ニ、生死界ニ入テ衆生ニ代テ苦ヲ受ク。其苦尽ヌレハ、又本地ノ常楽ニ還ル。今ノ闍王モ此義也。内証ハ仏智ニ通スレハ」（33オ）聖位ニ在テ無為ノ法楽ヲ受ク。是レ実是菩薩ノ位也。然而、心今経ノ発起ト成テ此悪逆ヲ作テ未来機ノ手本ト成ラント思フ方ハ仮示凡身也。サル程ニテハ山中ノ仙人トメ、大王ノ勅ヲ受テ被殺害一之時キ、悪願ヲ発シハ実ニ我等カ瞋恚（イ）ニ不可替一。又父王ヲ害メ王位ニ即ムト思シハ、貪欲ノ心、又我等ニ不可異也。此ハ実是凡夫也。夫人モ亦尓也。心地観経ニ不退ノ菩薩ト説シハ、実是菩薩ノ位也。此経ノ発起トメ夫人ノ相ヲ示スハ、仮示凡身ノ位也。仮示凡身ノ時（位）ニ、闍王ノ剣ノ影ヲ見テ怖畏セシ心ハ、我等カ怨憎会苦ニ」（33ウ）不異一間、此苦難ニ逢テ、厭欣ノ心ヲ発スハ実是凡夫ト可云一。提婆ニモ又此三義可有也。諸経ニ、提婆ハ実ニ是仏ノ善知識也ト説ハ、実是菩薩ノ位也。サレトモ往生ノ大益ヲ作サン為ニ、三逆罪ヲ造テ悪人ノ手本ト成ルハ仮示凡身ノ位也。サルホトニ仏ノ法蔵ヲ乞シ時キ、仏ニ譏嫌セラレ奉テ、恥辱ヲカキ、毒箭ノ胸ニ入ルカ如ク瞋恚ノ心ヲ起シ、仏ノ供養ヲ憎ム心ヲ発シナントセシハ、実ニ貪瞋痴ノ心ナル故ニ我等ニ不異一。即是実是凡夫ノ位也。如此法門ハ性悪普現色身如来内証ノ処ニ具足スル恒沙ノ」（34オ）万徳カ縁起スル時、凡身ヲ示ス。全ク実ノ凡夫ニ不違一。一切ノ大聖ニ通メ有二此方便一。偏ニ義ヲ不可定ム。而ハ実ニハ父王・夫人・提婆・闍王ハ四聖化ヲ垂テ滅後ノ凡夫ヲ救フ善巧方便也。但権者ト云カ必シモ詮句ニハ非ス。今此教ノ意ハ実是凡夫ノ方ヲ本トス。故ニ此人々ハ実是凡夫ノ位ニ此悪事ヲ作スト思テ、念仏センニ過タル事不可有一。此ハ闍王ノ起化ニ付テ父母ヲ禁スル相ヲ料簡スル也。此禁ニ依テ、夫人、娑婆ノ憂世ヲ厭ヒ、無憂ノ世界ヲ願フ事ハ、下シモノ厭苦・欣浄ノ両縁ニ至テ其義」(34ウ)委細ニ可有一。如来ノ起化ハ光台ニ国ヲ現セシヨリ一経畢マテハ、皆是如来ノ起化也。

（西教寺蔵本では、以下〔 〕内の部分は欠本である巻第十に配巻されていたと考えられる。今大善寺蔵本にてここに補う）

〔然ニ此禁父縁ノ曼陀羅ニ付テ四段ノ図相アリ。初ノ一段ハ提婆カ闍王ヲ誑惑センカ為ニ神通ヲ現セシ処。次ノ一段ハ父王禁楼セラレタル姿。次ノ一段ハ夫人食ヲ王ニ奉ル処。次ノ一段ハ大王受戒ノ処也。経ニ云、尓時王舎大城有一太子名阿闍世、随順調達悪友之教、収執父王頻波沙羅等ト云リ。闍王ニアマタノ名アリ。一ニハ阿闍世、二ニハ婆羅留支也。是ハ皆梵語也。此ニハ阿闍世ヲハ未生怨ト云、婆羅留支ヲハ折指ト云。又善見ト云名アリ。故ニ三ノ名也。調達ハ提婆達多ノ略音也。提婆達多ハ」(7オ)梵語也。此ニハ天授ト云。天ノ授ル処ノ子ナルカ故也。又天熱ト云、提婆生ル時ノ天熱悩シケル。又、成人ノ必ス僧ヲ破スヘシト知テ、諸ノ人天心熱悩ヲ生セシカ故也。頻婆娑羅ト者又梵語也。此ニハ或ハ模ホ実ト云、或ハ影堅ト云、又顔貌端正ト云、又顔色ト云。皆是徳ニ随ヘテ名ヲ立ル也。就中提婆・闍王本地大権ノ薩埵ナルカ、而念仏往生ノ道ヲ発起シ顕ンカ為ニ、二人寄合テ謀反ヲ発メ五逆罪ヲ作ル。其人々ノ過去現在ノ因縁ヲ委細ニ是ヲ談セハ、先阿闍世、即頻婆娑羅王ノ為ニ子ト成テ父王ヲ害スルニアマタノ説アリ。先今ノ釈ニハ父王元ト無キ子息一事ヲ愁テ、処々神ニ求ニ不得一。相師ノ云、山ノ中ニ独リノ仙人アリ。三年ヲ過テ命終メ、王ノ為ニ子ト成ヘシト。王聞テ歓喜ス。但我、老年テ位ヲ可授一子ナシ。三年ヲ満ム事心元ナシト。即使者ヲ彼ノ山ニ入レテ仙人ニ申サク、我ニ子無シ。処々ニ神ニ求ニ不得一。而ニ相師アテ大仙不ソ久一命ヲ捨、我為ニ子ト成ヘシト云。願クハ早ク我子ト成リ給ヘト。仙人ノ云、我三年ヲ満テ王ノ為ニ子ト可成一ル。今王ノ」（7ウ）為ニ勅ニ趣ム事ハ不可也ト。使者帰テ此由ヲ王ニ奏ス。王宣ク、我是一国ノ主也。所有ノ人物誰カ我ニ帰属セサルヘキ。我今故コニ礼以仙人ヲ崛請スルニ我心ニ不随一。汝行テ重テ請ンニ、猶不ハ用一速ニ彼ヲ殺スヘシ。若死セハ我子トナラサラムヤト云云。使者又山ニ入テ、仙人ニ此由ヲ申ニ是ヲ不用一。使即王勅ニ任テ仙人ヲ害セントス。仙人云、我命未尽。大王心ヲ以、人ヲソ我ヲ害セシム。我、若王ノ為ニ子ト成ラハ、還テ心ヲ以テ、人ヲソ大王ヲ殺ヘシト云悪願ヲ発シ畢テ、即死ソ王宮ニ生ヲ受ク。時ニ当テ夫人ハラミヌ。王、聞テ歓喜ソ相師ヲ召ソ問云、夫人ノハラメル所ノ子ハ男ナリヤ女ナリヤト。相師見畢テ云、男ニソ女ニ非ス。但此王子ハ、王ニ於テ損有ヘシト云。王聞テ云、我国ハ悉是ニ与ヘシ。然ハ縦損有トモ恐無ト言ニハ云ナカラ心中ニハ愁思故ニ、憂喜相交リ夫人ト密ニ計トソ、生ム時ニ百尺ノ高楼ノ上ノ天井ノ穴ヨリウミヲトソ殺トセシニ、其命不断一、只手ノ小指ヲ損ス。故ニ折指太子ト云、此因縁ニ依テ終ニ王ヲ禁獄スト云ヘリ。又涅槃経ニ云、頻婆娑羅往ムカシ有二悪心一。毘富羅山ニ出テ、鹿ヲカルニ得」（8オ）事無シ。山中ニ独ノ仙人有ヲ見ル。鹿ヲ得サル事ハ此人ノ故也ケリト瞋恚ヲ発テ是ヲ殺ス。時ニ仙人悪願ヲ発ソ云ク、願ハ我於二未来世一ニ、今日ノ如ク心口ヲ以テ王ヲ害ント。時ニ王此言ヲ聞テ悔心ヲ生ソ、仙人ノ死屍ヲ供養スルニ依テ、軽受ソ地獄ニ堕セストト云ヘリ。往有悪心ト者過去ノ王ト云ニハ非ス。今生ノ内ニ於テ往年ト云事也。又照明菩薩経ニ云、往昔ニ瓶沙王ノ后ニ子有事無シ。相師ヲ請ソ問云、何ノ時ニカハラムヘキト。相師答云、山中ニ独ノ堅ケン禅ノ道人アリ。命終ソ来テ子ト成ヘシト。瓶沙王、則此事ヲ聞テ、人ヲ遣ソ道人ノ糧ヲ断シム。道人、神通力有ケルカ故ニ、直ニ王ノ為ニ子トハ成ラスソ、白兎ト成テ王ノ東ノ薗ニアリ。王即、国民ヲ率ソ白兎ヲ取テ、兎ノ四足及口鼻頭ニ釘ヲウツニ、兎死ソ王ノ為ニ子ト成テ、長大ソ位ニツイテ悪念ヲ発ソ、群臣ト共ニ父ノ王ヲ取ヘテ獄中ニ閉置テ食ヲ断ツ。韋提夫人、蜜ヲ以テ身ニ塗リ其上ニ衣ヲ着ソ、守獄ノ者ニ告テ獄中ヘ入ン事ヲ所望スルニ免メ入ッ。夫人即入テ、身ノ上ノ衣ヲ脱テ蜜ヲ削(ケヅリ)取テ王ニ与フ。王即蜜ヲ」(8ウ)食メ眼目精明也。夫人、王ニ言ク、大王昔ハ一国ノ主トメ万事意ニ任キ。今ハ獄中ニ囚(トラハレ)、人命須臾ニ有リ。大王獄中ニ有ト云ヘ共、仏ノ名号ヲ称シ三宝ヲ礼念シ給ヘト。此教ニ依テ、大王三宝ヲ礼念ス。時ニ闍王、守門ノ者ニ問テ云ク、獄中ノ人何ニ似タルト。守門ノ者答云、獄中ニメ三宝ヲ礼念スルカ故ニ今ニ平安也ト。時ニ闍王大ニ瞋テ、手足カ有レハコソ三宝ヲモ礼スレトテ、王ノ額ノ上及両手ノ掌、并ニ二ノ膝(ヒサ)ノカシラニ釘ヲウツ。故ニ大王、仏ヲ礼スル事ヲ不得一、釘ヲ病テ即死スト。又有ル別記ニ云、夫人ニ子無シ。相師ニ問云、何ノ時ニカ正ニ子有ント。相師答云、山中ニ仙人アリ。死畢テ入胎スヘシ。時ニ王、仙人ヲ殺ニ死メ兎ノ身ヲ受タリ。王又兎ヲカル。兎、兵ノカコムヲ見テ逃走テ或井ノ底ニ落入テ、草ノ根ヲ食メ三七日ヲ経テ後、死メ子ト成云ヘリ。是異説多シ。其中ニ和尚ノ御釈ニハ、照明経ニ依ニ似タリ。但シ同異アリ。是ヲ見合スヘシ。而ヲ今経ニ、大王目連ヲ請メ戒ヲ受ケ、仏、富楼那ヲ遣メ令説法一事ハ、照明経ノ夫人ノ教ニ依テ」(9オ)三宝ヲ礼念スル時ニ当レリ。次ニ提婆ハ往昔燃燈仏ノ時、釈尊ノ因位摩納梵志ト論義メ負ケテ、瞿夷女ヲ取レテ、生々世々ニ一処ニ生合テ菩提ノ障碍ヲ成ト云悪願ヲ発シタリシ以来、在々所々ニ釈尊ノ怨敵タリ。此因縁ニ依テ、今日仏ノ当弟(チ、カタノイトコ)ト生ル。悉達太子御成人ノ時、浄飯大王、則太子ノ后、誰ニテカ有ヘキト仰出サレシニ、耶輸多羅女ニ定リヌ。時ニ斛飯王ノ太子提婆達多、耶輸多羅女ニ通メ密ニ書ヲカヨハス聞ヘ有ケリ。其時、浄飯大王ノ仰ニ、此事ハ耶輸多羅女カ父耶輸多羅大臣、何方ヘモ計ヘシト云云。大臣言ク、私ニハ難計一事也。詮スル所ハ芸能ヲクラヘテ、勝ニ付テ我娘ヲマイラスヘシト定ム。仍王宮ニメ太子ト提婆ト種々ノ能クラヘアリ。大象ヲ投ケ鉄ノ鼓ヲ射、相撲ヲ取リナントスルニ、太子既ニ能クラヘニ勝給シカハ、耶輸多羅女ハ太子ノ后タルヘキニ定リヌ。是ニ依テ提婆嫉妬ノ心ヲ発メ、浄飯大王ノ末ヲ滅(ホ)メ世ニ打出ント思キ。故ニ悉達太子道ヲ成シ給テ」(9ウ)後、浄飯大王計ヒ給ケル事ハ、仏ノ弟子千二百五十人ノ衆共本外道ナリシ時、火天ノ法ヲ行ヒ、火ニ仕シ故ニ形モ憔悴(カシキ)メミニクシ。サレハ人是ヲ悪厭スヘシ。ミメノヨカラン弟子ヲ付マイラセハヤト仰出サル。是ニ依テ、王子宮ハラタチ一万人ヲ出家セサセテ仏ニ進マイラセラレキ。其中ニ提婆モ不慮ニ出家メ仏ノ御弟子ト成ニキ。而ニ悉達太子十九ノ年御出家有テ、檀特山ニ六年苦行給シ時、頻婆娑羅王使者ヲマイラセテ云ク、速ニ宮ヘ帰給ヘ、我国ヲ半分マイラセ候ヘシ。我又臣下ト成テ召仕ハレマイラセ候ハント様々ニ言シカトモ、御用イ無リシカハ、力無クテ又言ク、太子幸ニ我国ノ内ノ山ニ御籠居アテ等正覚ヲ成シ給ハン時ハ、我第一ノ檀那トナリマイラスヘシ。我国ニ住メ説法化導シ給ヘト。太子御領状有リ。六年苦行事畢テ、太子既ニ道ヲ成メ鹿野園ニ在シ、時、頻婆娑羅王、使者ヲマイラセテ言ク、道ヲ成シマシマサン時ハ、我国ヘ入御可有一御約束也キ。何ッ今マテ遅ク」(10オ)入御シ給(ママ)。トク〱御来臨可ト有一。是ニ依テ摩訶陀国ヘ入御有テ、彼ノ国内ノ霊鷲山ヲ以テ本山トシ給ニ、頻婆娑羅王約束ノ如ク仏ノ大檀那ト成テ、金銀七宝名衣上服百味菓食等、毎日ニ千比丘ノ供養ヲ一々五百車仏所ヘ送テ仏及僧ニ供養ス。提婆此事ヲ見聞メ嫉妬ノ心ヲ発メ思ハク、内心ヲハ人是ヲ不知一、外相ニ於テハ、仏ハ三十二相ヲ具シ、我ハ三十相也。仏ノ長(ケ)ハ一丈六尺、我ハ一丈四尺也。才学ハ又仏ハ八万蔵ヲ覚リ。我ハ六万蔵ノ法門ヲ暗誦ス。仏ニ劣レル事幾クナラス。仏ノ如ク説法メ如是一利養ヲ得ト思フ。其仏ニ及ハヌ二相ト者、智論ニ云、唯少(カリ)二白毫ト千輪一ト而已(ナラクノミ)。眉間白毫ノ相ト足下千輻輪ノ相ト仏ニ及ハス。是ニ依テ提婆、仏ノ眉間白毫ノ相ヲウラヤミテ、其ノマネヲセントテ蛍ヲ取テスキ袋ニヌイク、ミテ眉間ニ付ケタリケルニ、門弟問云、何故ソ、仏ノ眉間白毫ハ昼夜ヲ分ケス。昼ハ光無ク、夜」(10ウ)計光有ヤト問タリ。サレハ提婆答云、仏ハ時ノ機嫌ヲ知ラス、昼夜ヲ分カス照ス也。我ハ譏嫌ヲ存知スルカ故、昼ハ日輪ノ光不足ナケレハ照サス。夜ハ世間ノ暗カ故ニ是ヲ照ス也ト云云。又仏千輻輪ノ相ヲウラヤミテ、鋳師ニ誂(アツラヘテ)、鉄ヲ以テ千輻輪ノ形ヲ鋳セテ、焼テ足ノウラニアテタリケル程ニ、両足ヲヒタ、シクハレウミテ、数日ノ間、人ニハ隠テ内ニハ苦痛ヲ悩ミ臥セリ。阿難、此事ヲ歎テ仏ニ申ス。我兄提婆、足ニ労（イタハリ）シ出メ悩ミ候ツル不便之事也。如何カ仕候ヘキト。仏則阿難ノ事ヲ思食ニ依テ、提婆カ痛所ヘ入御有テ慰問メ宣ク、何事ヲカ悩ムト。提婆答云、此程、足ニ労リヲシ出シ候テト云云。仏即金色ノ御手ヲ延テ、忝ク提婆カ足ヲ撫テ良薬ヲ塗リナムトシ給ニ、忽ニ平癒シタリケル時、提婆言ク、ハシタナシ。汝瞿曇沙門ハ医師メモ世ヲ渡リヌヘカリケルヤト云云。」

以嵯峨二尊院本写之

明暦三年五月晦日書之畢

江州栗太郡芦浦

観音寺舜興蔵（印）

大善寺蔵『曼陀羅聞書』巻第十

曼陀羅聞書十

禁父縁事 末

提婆如是一、仏ノ名聞利養ヲ妬テ如何カスヘキト安(ママ)スルニ、頻婆娑羅王ノ太子ニ父ヲ害シ位ニ即ヘキ相アリ。又往昔ノ因縁便有事モ多シ。往テ誘ヘスカシテ共ニ謀反ヲ発ト思ニ、神通無ソハタフラカスヘキ様無キ間、仏所ニ至テ、舎利弗ニ向テ、神通ヲ学セントコフ。舎利弗ノ云、汝今四念処ヲ習ヘ。身(ママ)通ヲ学スヘカラスト云テ是ヲ不教一ヘ。四念処ノ観ト者、身ハ不浄也、受ハ不楽ニ、心ハ無常ナリ、法ハ無我ナリト観ヨト教ル也。是ハ身子(舎利弗ノ名也)他心智ヲ得カ故ニ、提婆カ心中ヲ推察メ身(ママ)通ヲ学メハ、悪事ヲ成サンカ為ナレハ苦也、無常也、無我也、不浄也ト観セハ、欲心・妬(ト)心忽ニ止ムヘキカ故ニ、四念処ヲ習ヘト云ニ、提婆思所不メ達一セ、去テ余ノ迦葉・目連等ノ五百ノ弟子ノ所ニ至テ、身(ママ)通ヲ教ヨト請ルニ、都テ是ヲ教ル者無シ。只四念処ヲ学ヨト云間、所念遂ケスメ、悲歎涕」(1オ)泣メ思ハク、阿難正キ我弟ヲト也。彼ヲスカサント思テ行テ阿難ニ云、今日ヨリ以後ハ仏ノ御弟子トナラムト思ニ、慭(なまじイニ)年ハ老テ神通無シ。ヲトナケナク覚ユ。而ニ汝ハ我弟也。我ニ身(ママ)通ヲ教ヨト云時、阿難、初果ヲ得タリト云ヘトモ未カ得レ二他心智一ヲ故ニ仏所ニ於テ悪計ヲ発ン事ヲ不知一。仏ニ可帰ス事ヲ悦、兄ナル事ヲ敬テ、一々次第ニ身(ママ)通ヲ教フ。時ニ提婆閑ナル所ニ有テ七日七夜身(ママ)通ヲナラシ(ママ)テ終(つひに)是ヲ得テ一切自在也。即太子ノ南殿ノ前ノ空中ニ有テ大神通ヲ現ス。或ハ身上ニ火ヲ出シ、身下ニ水ヲ出ス。或ハ身上ニ水ヲ出シ、身下ニ火ヲ出ス。或ハ左辺ニ火ヲ出シ、右辺ニ水ヲ出ス。或ハ左辺ニ水ヲ出シ、右辺ニ火ヲ出ス。或ハ大身ヲ現メ虚空中ニ満、或小身ヲ現メ微塵ノ中ニ入、或ハ空中ニ坐臥シ、或ハ入大地ノ中一ニ、或ハ非門ヨリ出、門ヨリ入。或ハ門ヨリ出、非門ヨリ入。或ハ象馬牛羊男女ノ身ヲ現シ、或山河大地等ノ相ヲ皆自心ノ中ニ入ル。如是一諸ノ神通ヲ現ルヲ見テ、太子左右ニ問云、彼ハ何人ソト。左右ト者」(1ウ)雨行(ウキャウ)大臣是也。此大臣ハ本ハ父王ノ御方ニ有ケルカ、不忠ノ悪臣ナルカ故ニ追出サレテ東宮ノ御方ニ祗候スル也。サル間、父王ノ御事ヲハ動〔ヤヤモス〕レハ悪厭シケルカ此ノ時折ヲ得テ答テ言ク、彼ハ即浄飯大王ノ御弟斛飯王ノ御子提婆尊者トテ仏ニ劣ラヌ左右無キ学匠也ト。時ニ太子是ヲ聞テ心大ニ歓喜シ敬礼シ手ヲ挙テ喚テ云、尊者、何ソ至リ来ラサルト。其時ニ、提婆呼ヲ見已テ化シテ嬰児ト成テ、太子ノヒサノ上ニ住ス。太子是ヲ愛シテモテアソフ。自愛ノ余リ口吸、口ニ唾ハク。嬰児終ニ唾ヲノミテ須臾ニ本身ニ復ス。是ハ、上界有漏ノ禅定ハ、欲界不浄ノ段食ニ汚レツレハ、其神通退スルカ故ニ、此嬰児不浄ノ唾ヲ食シ、モトノ一丈四尺ノ大法師ニ成レリ。既ニ本身ニ復ス。太子ト対坐セリ。太子是等ノ神通ヲ見テ弥ヨ敬重ス。太子ノ敬重ノ心ヲ見、提婆悦テ云、父王色別五百車ニ供養物ヲ載テ仏所ニ送テ供養セラル、事、イミシキ事ニテ候物カナ云。太子云、我又色別」(2オ)五百車ヲ送テ尊者ニ供養センニ何ノ難事カ有ムト。提婆云、太子、此心大ニ好ト云。是ヨリ後ノ彼カ弟子、三聞(モン)達・騫(ケム)荼(タ)婆(ハ)・拘婆離・迦(カ)留羅緹(テイ)舎、已上五人ヲ安置シテ大キニ供養ヲナス。提婆大ニ供養ヲ得テ心転(うた)タ高慢也。譬ハ杖ヲ以悪狗ノ鼻ヲ打ニ、狗ノ悪ヲ増カ如ク、太子利養ノ杖ヲ以提婆カ貪嗔ノ狗ノ鼻ヲ打ニ転(うたた)悪ヲ加(マス)ル事盛也。サル程ニ供養ハ殆ト仏ノ如ク也。又我才学ト云、長トイヒ、仏ニヲトレル事幾(いくは)クナラヌニ、仏ノ如ニ打出テ説法シ人天ニ仰ト思ニ、弟子カ少キ間、仏ノ普凡聖大衆ノ為ニ説法シ給大会ニ望テ、仏ニ言ク、仏ハ既ニ年老給ヘリ。閑(しずかな)ル所ニ置奉テ養ヒマイラスヘシ。仏ノ御弟子并ニ諸ノ法蔵、悉ク我ニ付属シ給ヘ、種々ニ説法教化スヘシト。時ニ一切ノ大衆、提婆カ此ノ言ヲ聞テ互ニ目ヲ見合テ大ニ驚キ怪ム。時ニ世尊大衆ニ対シテ提婆ニ語テ宣ク、舎利弗・目連等カ聡明多智ニシテ大法将ナルニスラ我猶仏法ヲ彼等ニ付属セズ。況ヤ汝ハ痴人ノ唾ヲクラヘル者ヲヤト。而ニ仏ハ」(2ウ)永ク口ノ咎ヲ離給ヘリ。何ソ如是悪口ヲハ作シ給ト云ニ、利生方便ノ為ニ如是苦切語ヲ成ト智論ニ会釈セリ。其時提婆、如是仏ノ大会ノ中ニシテ罵辱シ給ヲ聞テ、毒ノ箭ノ胸ニ入カ如クヤスカラス思ヒ、悪心ヲ発シテ云、瞿曇、汝只今大衆ヲ調伏ストモ勢又久カラシ。正ニ磨滅ニ可シ帰。何如是悪口イタスト。此言ヲ成シ畢ル時、大地振動シテ提婆即地ニ躄(タヲ)レヌ。又身ノ四辺ニヲイテ忽ニ大毘嵐風起リテ、諸ノ塵土ヲ吹上ク。提婆ヲ吹マルハカシ、塵土ニ吹マメル（ロフ）、立アカレハ吹倒シ々々スル程ニ、提婆即散々ノ式ニ成ヌ。良久（ややひさしく）有テ風既ニ止ミヌ。提婆、此悪相ハ仏ヲ悪口スル咎ニ依テ、地獄ニ堕スヘキ先相也ト心中ニ思知テ言ニ云、縦我現身ニ阿鼻大地獄ノ中ニハ堕トモ、我方（マサニ）必此怨ヲハ報スヘシト。提婆如此憂目ニアヒ、身心憂苦スルカ故ニ、疲損メ太子ノ所ヘ至リヌ。太子問云、何故ソ、尊者今日憔悴メ患タル色有ヤト。提婆答云、我今憔悴スル事ハ、単（ひとへに）是太子ノ御為也ト。太子又問云、我為何ノ意有テカ憔悴シ給ヘルト。提婆答云、太」(3オ)子知給ヘリヤ否。世尊已ニ年老給リ。我是ヲ殺メ仏ニ成ヘシ。父王又年老給リ。汝是ヲ害メ位ニ付ヘシ。新王新仏ト成テ、世ヲ治化センニ又楽カラサラムヤ。而ヲ其御齢（ヨハイ）マテ位ニ付給ハヌ事、我一ノ歎也ト。時ニ太子、是ヲ聞テ大ニ嗔テ云、父母ハ是恩徳ノ極リ也。此言ヲ成ス事莫レト。提婆又云、太子嗔ル事勿レ。父王太子ニ於テ全無シ恩分。其故ハ一切ノ内人（ナイニム）者、太子ノ心ヲ守テ善見太子ト云ト雖、外人ハ汝ヲ罵テ未生怨ト名ケ、折指ト名ルヲハ聞ヤ否ヤ。我ハ是ヲ聞ニ、豈愁ヘサル事ヲ得ヤ。夫ト云ハ、汝等母胎ノ中ニ有シ時、相師是ヲ見テ害スヘキ相有ト云シニ依テ、汝ヲ未生怨ト云。未生怨ト云ハ、マタ生サル怨ト云意也。相師カ此言ヲ聞テ、汝カ父母共ニ相議メ汝ヲ生セシ時、高サ十丈ノ楼ノ上ヨリウミヲトメ殺ントシキ。サレトモ太子ノ福力ヲ以テノ故ニ命ヲ不断、只小指ヲ損ス。汝若不審ニ思ハヽ、手ノ小指ヲ見ヘシ云云。太子即此ノ言ヲ聞畢テ又重テ明メテ云、此事実也ヤト。提婆云、是也。我虚言ヲ云ヘケンヤト。太子」(3ウ)既ニ深ク此言ヲ信ス。雨（ウ）行大臣ニ事ノ次第ヲ問ニ、提婆カ言ニ一言モ違セス。是ヨリ以後、仏ヲ殺トメ種々ニ悪事ヲ成ス。時ニ仏、阿難ニ勅メ、汝王舎城ニ行テ多人ノ所ニメ唱テ云ヘ、提婆カ所作ハ是仏ノシワサト云事ナカレト。阿難即仏ノ仰ノ如ク唱。提婆是ヲ聞テ、弥ヨ嗔恨ノ意ヲ発テ太子ヲ教テ父ヲ害セシム。或時、父王、薗ニ入テ遊覧シ給時ヲ待テ、太子剣ヲ持テ路ノ辺ニ隠レテ父王ノ帰給ヲ待。父王夕ニ至テ帰給時、即剣ヲ以王ニ投（ナケリ）。而ニ車馬疾（トキカ）故ニ、王、剣ノ難ヲ免ヌ。太子即逃隠ントシ給ニ、衆人是ヲトラヘテ王ノ所ニ至ル。父王、太子ニ問云、汝ハ何事ヲ成ソト。

太子答テ云、王命ヲ奪ト欲シツト。又問云、誰カ言ヲカ用シト。答云、調達カ言ヲ用ト。其時、大臣有カ云、一切ノ沙門悉是打殺スヘシト。有カ云、提婆及其弟子ヲ殺ヘシト。有カ云、只調達ヲ殺ヘシト。有カ云、大王ハヒト、ナリ柔輭ヲ好テ、死罪ニ行ルヘキ者ヲモ許シ助給フ。何ソ沙門出家ノ人ヲ殺ヤト。翌日ニ王宣ク、昨日ノ事ヲハ如何カコトハルト。臣下等、具ニ上件ノ四義ヲ」(4オ)奏ス。王宣ク、仏既ニ先立テ阿難ヲ遣メ、調達カ身口ノ所作ハ仏法僧ノ事（シワサト）思事ナカレト唱畢ヌ。又三臣言并（ならびに）然ヘカラス。即第四ノ臣ノ言ヲ以テ本トメ沙門等ノ命ヲ免ス。時ニ大王、太子ニ問云、何事ヲカナサント欲セシ。王ノ命ヲ奪ト欲シキ。其故ハ王ニハ王鼓（コ）・王楽・王蓋等ノ物アリ。王ノ御幸ニハ金瓶先ニ導ク。我ニハ王鼓無シ。又金瓶先ニ導ク事無シ。我是ヲ具足センカ為ニ、王ノ命ヲ奪ト欲シツト。時ニ王、即太子ニ王鼓・王楽、乃至金瓶ト導前ヲ免シ給。時ニ、大王ノ心ニ随ハサ(リ)シ不忠ノ臣下等、太子ニ親近メ仕ヘケルカ、太子ニ申テ言ク、何ノ国ニカ二リノ主アル。今二王鼓ヲ打、乃至金瓶将導ス。都テカ、ル例無シ。珍シキ事也。大王後ニハ必ス太子ノ命ヲ失テ独リ王タルヘシ。太子先立テ方便メ、父王ノ命ヲ失給（うしなひたまふ）ヘシト云。太子聞畢テ心ニ歓喜メ、則父王ヲ取テ、七重ノ室内ニ禁楼メ、四兵ヲ以テ是ヲ守護セシム。故ニ、随順調達悪友之教、収執父王頻婆娑羅、幽閉置於七重室」(4ウ)内ト云也。又或時、提婆、即闍王ニ告テ云、只今、仏弟子他行メ、唯仏独リ坐マス。汝使ヲ遣メ仏ヲ請シ奉レ。仏、請ニ趣テ来玉ハム時、五百頭ノ大悪黒象ニ酒ヲ飲シメテ極テ酔シメテ、仏ヲ請スルニ、仏即五百ノ羅漢ヲ率メ、王ノ請ニ趣テ王舎城ニ入給ニ、酔象ヲ放懸ニ、樹木ヲ摧折シ、墻（カキ）壁（カヘ）崩倒シ、大ニ吼テ如来ニ向時、五百ノ羅漢等ハ皆大ニ怖畏メ、躍テ空中ニ登テ、仏ノ御上ニ徘徊（ハイクワイ）ス。阿難独リ如来ニ親近セリ。其時、以慈悲力一ヲ、則左右ノ手ヲ挙テ、五指ノハシヨリ五ノ師子ヲ出シ給。其師子、口ヲ開テ大ニ吼ニ五百ノ酔象怖レヲノ、イテ悉地ニ倒（イタリ）ヌ。其時、空中ノ羅漢等、即ヲリ下レリ。仏已ニ大衆ニ囲繞セラレテ王宮ニ入給時ニ、阿闍世、此ヲ迎奉リ坐シメテ求哀懺悔メ仏ニ言ク、世尊、此所行ハ我過ニ非ス。単ニ是提婆達多カ過也ト。仏宣ク、大王、我亦是ヲ知レリ。実ニ汝カ過ニ非ス。提婆達多、我ヲ害セント欲事、今始タルニ非ス。時ニ闍王、仏ニ問奉テ云、御弟子ノ」(5オ)中ニ五百人ハ虚空ヘ上リ、阿難一人、仏ヲ不ルハ離一、何ノ因縁カ有ヤト。仏宣ク、過去不可計劫ニ、大国ノ王有テ、好テ鴈肉ヲ食シキ。一人ノ猟師ヲメ常ニ網ヲ以テ鴈ヲ取シム。有時、五百ノ群鴈有テ、北方ヨリ来テ、空ヲ飛テ南ヘスク。中ニ一ノ鴈王有リ。猟師ノ網(アミ)ニ懸リヌ。其時猟師、心大ニ悦テ、草菴ヲ出テ、取テ是ヲ殺トス。時、一ノ鴈有テ悲鳴メ血ヲ吐テ徘徊メ去ラス。其時、猟師弓ヲ引テ射トスルニ逃ケス。目暫モ不メ捨一、即両ノ翅ヲ皷(ウチテ)来テ、鴈王ノ本ニ垂ル。五百ノ群鴈ハ虚空ニメ亦復去ラス。其時猟師、此一鴈ノ悲鳴メ血ヲ吐テ顧恋スル事、如是一ナルヲ見テ、此念ヲ作メ云、禽獣猶能ク共ニ相思テ身命ヲ不惜事如此一。我今人倫トメ云何カ無情一此鴈王ヲ殺スヘキト。即網ヲ開テ鴈王ヲ放シツ。其時、一鴈悲鳴シ歓喜メ翅ヲ皷テ鴈王ニ随遂ス。五百ノ群鴈前後ニ囲繞メ、空ヲ飛テ去ヌ。其時ノ猟師即大王ニ上件子細ヲ申スニ、大王聞畢テ即慈心ヲ起メ、鳥獣相念メ他ノ命ヲ」(5ウ)守ル事、猶如是。人倫、何ソ是ヲ殺ヤト云テ、是ヨリ後ハ鴈肉ヲ食ル事ヲ断テ、誓テ鴈ヲ取シメス。大王当レ知、其時ノ大王ト云ハ今ノ闍王、汝是也。其時猟師ト云ハ今ノ提婆達多是也。其時ノ一鴈悲鳴メ血ヲ吐テ顧恋スト云ハ今ノ阿難是也。其時ノ五百ノ群鴈ト云ハ、五百ノ羅漢是也。其時ノ鴈王ト云ハ今ノ我身是也。昔如此因縁有シニ依テ今又如此也云云。提婆既ニ伽耶山ニ有テ、大ニ闍王ノ供養ヲ娯楽スルカ、仏ノ如ク説法メ、人天導師トナラント思ニ、大衆囲繞メ説法セハ、仏ニ不ト可異ル一思惟シ畢テ、仏ノ御弟子ノ中ニ、初心始学ノ比丘五百人ヲ偸(ひそ)カニ誘(こしら)ヘスカメ云、汝仏所ニ有テ常ニ失食ニ逢ハンヨリハ、我弟子ニ成テ大ニ供養ヲ受テ楽ムヘシト云テ、五百人ノ新学ヲ語ヒ取テ伽耶山ニ帰ル。是ヲ破僧罪ト名ク。提婆既ニ伽耶山ニ帰テ、調達ヲ仏ニ対メ仏宝トシ、三聞達・騫荼婆・拘婆離・迦留羅鞮(ティ)舎四人ノ上足及ヒ、五百人ノ新学ヲ身子目連・迦葉・阿難等ニ対メ僧」(6オ)宝トシ、常乞食等ノ五邪ノ法ヲ以テ仏ノ樹下座等ノ四依ノ法ニ対メ法宝トシテ邪三宝ヲ立テ、門弟ヲ教戒シキ。仏ノ四依ノ法ト云ハ、一ニハ樹下座、二ニハ着糞掃衣、三ニハ常乞食、四ニハ有ルレ病時、服ス陳(チム)奇薬一ヲ。尽形ニ是ヲ持ヲ四依ノ法ト名ク。此中ニ陳奇薬ト一云ハ謂大便也。而ニ提婆、五邪ノ法ヲ立テ、此ノ四正法ヲ破ス。五邪ノ法ト一云ハ、一ニハ常乞食、二ニハ着糞掃衣、三ニハ樹下座、四ニハ不食蘸塩、五ニハ不食魚肉也。此ノ中ニ、先ノ三ハ仏ノ正法ニ相似ス。後ノ二ハ妄語也。但薬師ノ十二神将ノ中ノ金毘羅大将ノ誓ニ、我レ蛭(ヒル)虫ト成テ、諸ノ衆生ノ悪血ヲ吸取テ病悩ヲ平愈セシメント一云誓アリ。而ニ諸ノヒルハ塩ニ相ヌレハ、其勢力悉滅失スルカ故ニ、ヒルヲ以テ血ヲ取ム時ハ塩ヲ不ト可食一スアリ。但シ相似スル分有トモ、皆開遮ヲ存セザルカ故ニ、利養ノ為ナルカ故ニ、名テ邪法トスル也。其後、仏ケ、身子・目連ニ勅メ、五百人ノ新学ヲ取リ返サシム。身子・目連既ニ伽耶ニ来ヲ見テ、提婆、是ハ我ニ帰メ弟子ト成ムカ為ニ来レリト悦テ」(6ウ)推(ユッ)テ説法セシム。而ニ身子ハ説法スルニ、目連カ通力ヲ以、提婆及四人ノ上足ノ弟子ヲメ、極テ睡眠セシム。鼾(カンク)吼(イヒキ)雷鳴ナル(ノ如ナル)下風出ス声一ヲ。其時身子、新学ノ為ニ説法教誡メ五百ノ新学ヲ将キテ座ヲ立テ帰リヌ。提婆、眠覚テ後大ニ嗔恨ノ心ヲ生メ此怨ヲ報セント誓フ。仏ノ霊鷲山ニ在シテ経行(キンヒン)シ給時ヲ待テ、諸ノ力士等ヲ雇(ラ)テ、山ノ上ヨリ三十肘ノ石ノ広サ十五肘ナル大盤石ヲ仏ニ投カケテ打殺トセシニ、密迹金剛、即金剛杵ヲ以テ石ヲサヘテ仏ヲ損セス。諸ノ力士等、見仏聞法メ仏ヲ信メ帰ラス。其石ノクタケ迸(ホトハシリ)テ仏ノ御足ノ指ヲ破スル是ヲ出仏身血罪ト名ク。或云、提婆先闍王ヲ教テ其父ヲ殺害セシメ、自仏ヲ害セント欲メ仏身ヨリ血ヲ出シ、悪名流布メ帰依スル者無キ間、利養即絶テ師弟五人相具ノ家々乞食ス。其時、破僧ノ意ヲ発、五百ノ新学ヲ偸ム等一云リ。而ニ仏ノ御弟子ニ蓮華色比丘尼トテ一三明六通ノ大阿羅漢ノ比丘尼アリ。有時、路次ニテ提婆ニアフテ教訓メ一云、何(イカニ)御辺ハ仏ノ御弟子トメ」(7オ)而モ如此一悪逆ヲハ作リ給ソ、自今以後ハ只理ヲマケテ改悔ノ心ヲ発シ仏ニ帰シ給ヘト一云ケルニ、コサカシキワ比丘尼メカト云テツヨク大ナル木コフシヲ以テ花色尼カ目(ニ)ノアヒヲ打タリ〔ケル〕程ニ即死ス。是ヲ殺阿羅漢罪ト一云也。然者、破僧・出仏身血・殺阿羅漢、此ノ三ッ提婆ノ三逆罪ト名ル也。其後、提婆手ノ爪ノ中ニ毒ヲ塗リテ、仏ニ帰シ仏ヲ礼拝スルヨシニテ仏ヲ撹（カキ）殺ト巧テ仏所ヘ行ニ、未王城ノ内ヘ不ル入一中間ニテ、大地自ラ破裂シ火車来現〆無間地獄ニ堕シヌ。其時、仏、阿難ヲ遣ハ〆地獄ノ門ニ行シメテ提婆達多ニ問（トハ）ク、苦ミ忍フヘケンヤ否（いなや）ト。提婆答云、我阿鼻ニ処スル事ハ、比丘ノ三禅ニ入ル楽ノ如シト。阿難帰テ仏ニ此次第ヲ申ス。仏宣ク、菩薩摩訶薩不可思議也ト。提婆カ始終如是一。然者、闍王ノ禁父禁母ノ因縁ハ提婆カ教ニ依也。而ニ此二人皆是権者也。提婆ハ大賓（ヒン）伽羅菩薩、其所作不可思議ニ〆所修行業如来ニ同シ。故ニ法華経・行檀波羅密〔経〕等ニハ、提婆ハ是、真ノ善知識也ト説リ。阿闍世王ハ又不動菩薩ノ垂跡」(7ウ)也。皆是古仏古菩薩也。雖然一二人共ニ謀反ヲ発〆、釈迦一代ノ間、不思議ノ逆罪ヲ造ルハ、五逆往生ノ本願ノ素意ヲ顕ム為也。又其父王禁獄ノ日数ハ今経ニハ三七日ト説、律（十誦律等）ノ文ニハ多ノ日数ヲ経タリト見ユ。其故ハ始ニハ臣下ノ往来サシモ禁制無シ。故ニ出入〆大王ニ食ヲ進〆慰奉ケリ。数日ヲ経テ闍王云、大王活（イケリ）セリヤ否ト。守門ノ者如レ上事ヲ申ス。是ニ依テ臣下往来ヲ止ム。其後ハ諸ノ夫人往来〆大王ヲ慰〆食ヲ奉ル。諸ノ夫人ト云ハ、上古ノ天子ニ四人ノ夫人アリ。其中ニ一人ハ大夫人則后也。今ノ韋提ヲ国大夫人ト云ハ此大夫人也。是等ノ諸ノ夫人、王ニ食ヲ奉ニ依テ存活ス。又数日ヲ経テ闍王云、父王活セリヤト。守門ノ者如上一奏ス。闍王又是ヲ禁制ス。其後韋提希、我ハ是大夫人也。誰カ我ヲ制スヘキト云テ、深ク大王ヲ念〆食ヲ以テ身ニ塗リテ、上ニ又外衣着テ、獄中ニ行テ王ニ食ヲ奉ニ依リテ王則活セリ。数日ヲ経テ闍王云、大王活セリヤト。守門ノ者又如此一申ス。其時、大王獄中ニ有テ、舎利弗・目連・阿那律等ノ」(8オ)耆山ノ坂ヲ上リ下ヲ遠見〆、歓喜ノ心ヲ生スルカ故ニ食セズト雖而モ活ス。又数日ヲ経テ、大王活セリヤト問。守門ノ者如上ノ答。闍王即勅〆障隔ヲ成〆仏僧ヲ見事ヲ得シメス。而ニ諸仏ノ常ノ法式ト〆、城ニ入時種々ノ神変ヲ現ス。故ニ今仏、城ニ入給ニ右ノ足ヲ以、城ノ門閫（コム）ヲ踏テ種々ノ瑞ヲ現シ給。時ニ瓶沙王、仏已ニ城ニ入給ト知テ獄ノ穴ノ間（ヒマ）ヨリ立テ仏ノ城ニ入給ヲ見テ聖果ヲ得ツ。仏僧ヲ見テ歓喜ノ心ヲ生スルカ故ニ活ス。数日ヲ過テ又活セリヤト問。如上一答時、闍王利刀ヲ以テ父王ノ足ノ裏ノ皮ヲ剥（ハキテツナイテ）繋東西セシメス。此故ニ日々ニ疲レ損ス。雖然未死一セ。其後、或時闍王即夫人ノ宮ニ入テ貢御ヲ進メ慰メ奉事有ケルニ、闍王ニ一子アリ。其年七歳也。道ノ側(ホトリ)ニ於テ狗ノ子ト遊ヒ戯ル。闍王即太子来テ共ニ食セヨト呼フニ、太子狗ノ子懐(イタキ)テ父ノヒサノ辺リニ至テ食セスメ云、我狗ノ子ト共ニ食ル事ヲ免シ給ハ、食セント。闍王是ヲ免メ即箸ヲ以テ食物ヲハサミテ、一箸ヲハ太子ニ含(フクメ)、一箸ヲハ狗子ニ含メ、一箸ヲハ自ラ食給。時ニ闍王」(8ウ)夫人ニマウメ言ク、我今難事ヲ作ス。我ハ刹利種也。而ヲ子ヲ愛念スルヲ以ノ故ニ狗ト共ニ食スト云云。夫人宣ク、是ハ難事ニ非ス。人、狗ノ肉ヲ食スル者アリ。狗ト共ニ食セン事、何ソ恠トセム。先王(瓶沙王ノコト)、難事ヲ作シ給事有シヲハ、汝知リヤ否ヤ。汝三歳ニ成シ時、手ノ指ニ癰瘡(ようそう)出キタリ。急ナル苦痛ヲ受テ昼夜ニイネサリキ。時ニ医師云、彼ノ指ヲ口ニ含ム是能療治也ト。父王ヒサノ上ニ汝ヲ懐テ口ニ癰ノ指ヲ含(フクム)ニ、汝ハ〔心〕安(やすく)イネヌル事ヲ得タリ。而ニ口アタ、カナルカ故ニ癰熟メ、ウミシルツエテ口中ニ充満キ。大王心ニ念スラク指ヲ捨テ膿ヲ吐ハ、太子驚テ苦痛ヲ増ヘシト。故ニ其ノ膿ヲ飲入キ。是則難事也。願ハ汝大王ヲ免シ奉レト。時ニ闍王黙然トメ物云ハス。時ニ夫人宮内ニメ声ヲ挙テ、闍王既ニ大王ヲ免シ奉ヌト呼フ。時ニ三公以下皆千秋万歳ヲ歌テ悦テ大王禁楼ノ門ノ辺ニ至テ声ヲ挙テ云、大王既ニ門戸開ト。大王是ヲ聞テ思ハク、我子悪逆ニメ慈愍ノ意ナシ。今又重テ我ニ何ナル目ヲカ見セントスルト恐テ、高キ床ノ上ヨリ身ヲ投テ」(9オ)命終ンヌ。諸人門戸ヲ開テ見レハ大王既ニ死給ヘリ。悲歎ノ余大王ノ死屍(カイ)ヲヒサニカキノセテ、コハ何(いか)ナル事ソトヲメキ叫ヘトモ不叶一。婆娑論ニハ、其命四王天ニ生メ多門天ノ太子ト成ト云ヘリ。然者、禁父ノ日数以ノ外ニ長シ。観経ニ三七日ト説ハ中間ノ大夫人ノ食ヲ奉ル時分ヲ説リ。前後ヲハ不説也。故ニ今ノ経ノ目連・富楼那ノ受戒説法ハ彼山ヨリ仏僧ノ上下(のぼりくだる)ヲ見テ命延ル時ニ当レリ。彼ノ仏ノ城ニ入給ヲ見テ聖果ヲ得ヲ、今経ニ微咲ノ光、王ノ頂ヲ照ニ、超テ第三果ヲ得シ時ニ当レリ。又彼ノ夫人ト闍王ト共ニ食スルハ、夫人已ニ無生忍ヲ得テ後ノ事也。照明経(ーー菩薩ー)ニ五所ニ釘ヲ打テ殺ト説、律ニ足ノ裏ノ皮ヲ剥縛リ繫テ東西セシメス、身ヲ投テ死スト説。皆是今経ニ第三果ヲ得テ後ノ事ナルカ故ニ痛有ヘカラス。是等ハ皆是未来世ノ根鈍障重ノ機ノ相ヲ示ス也。仙人ヲ殺害セシ事ヲ忘テ、子ニ恨ヲ成シ、本ヨリ我敵ト知ナカラ、サスカニ子ナレハ愛心有モ愚痴ノ相ヲ示ス。又カ、ル者ナレ共、人ノ諌ヲ受テ揺ク心有事ヲ示メ、夫人ノ教訓ヲ」(9ウ)受テ、闍王即物ヲハ言ネトモ受ヒク気色見〔ミ〕ヘキ。又定業限有ケレハ何ニ助ケントスレトモ不叶一心ヲ示メ、我ヲ助ヘキ声ヲ聞テ怖ル意ヲ生ノ身ヲ投テ死ス。是皆未来根鈍障重ノ相ヲ表ル也。是則、釈尊出世ノ本懐ハカ、ル凡夫ノ為ニ弘願ノ一行ヲ顕〔アラハ〕メ、十悪モ五逆モ罪滅メ得生一「ヲ、謗法モ闡提モ廻心スレハ、皆往生スヘキ意ヲ、四聖化ヲ垂テ振舞顕ス者也。

（以下二行は諸本に見えず。底本独自の書き入れと思われる。）

不思議境界経云、復有無量千億菩薩一、現メ声聞形一ヲ、来テ二会坐一ニ、其名ヲ曰下舎利・大目犍連・須菩提・羅睺羅・迦葉・阿難・提婆達多等上ト。已修二メ六波羅蜜一ヲ、近テ仏菩薩一ニ為化衆生一、於雑染土一ニ現二ス声聞形一ヲ文。非当師之用也。

「峻空」（印）「釈氏孤峯」（印）

曼陀羅聞書第十元文五閏七月朔午刻写功了

（表紙）

観音寺

浄土九番箱

舜興蔵（印）

（見返）

（1オ）

曼荼羅聞書抄十一 序分

（1ウ）

禁母縁事

経曰依念仏一二癩病癒事

摩納梵士醜婆羅門論議事

厭苦縁事

馬鳴菩薩頼吒和羅伎事

次禁母縁ニ付テ二段ノ曼荼羅アリ。初一段ハ夫人潜ニ大王ニ食ヲ奉ル時、闍王白馬ニ乗ノ門ノ辺ニ打立テ、父王今者猶存在セリ耶ト問ヘルニ、守門ノ者、一二聖ハ空ヨリ来テ、日々ニ説法授戒シ、夫人ハ又食ヲ奉ニ依テ存在セリト答ル所也。次ノ一段ハ闍王即守門ノ奉答〈フトウ〉ヲ聞テ、瞋テ母ヲ害セントスルカ、一二臣ノ諫〈いさめ〉ニ依テ剣ヲ本ノ匣〈ハコ〉ニ収ル所也。而ニ此所ニ当テ庭上ニ鑊〈カナヘ〉アリ。其中ニ三本ノ白蓮花生セリ。祖師上人義云、此ハ世王ノ二逆、提婆カ三逆ハ正ク今経ノ発起タリ。」（2オ）即下輩無善応堕悪道ノ機ノ相ヲ表ス故ニ、此ハ闍王逆罪ヲ作ル足下ニ三悪ノ鑊ノ現スル相也。而ニ二臣ノ諫ニ依テ、闍王害母ノ心ヲヤメテ、手ノ中ノ剣ヲ本ノサヤニ還スハ、懺悔念仏ノ意ヲ表ス故ニ、三品ノ蓮花ノ生セリ。即下三品ノ罪人、懺悔念仏スレハ三品ノ蓮花迎テ、令ル往生セ相ヲ顕ス也。而ヲ此鑊ハ只闍王ノ足下ノミニ非、夫人ノ足下ニモ可有一。夫人ハ又未来ノ機ヲ標スル故ニ、当今劫末ノ凡夫、誰カ此鑊ヲ不ランレ踏マ。而当世他門ノ学者、此義、経釈ニ無証文一。只是胸憶〈クヲク〉ノ義也ト難スル事アリ。而ヲ此義ニ無」（2ウ）文証一ト云ナラハ、自義ニハ可有二文証一。而ニ其義ニハ此ハ只天竺ノ作法、国王大臣ノ庭上ニ壷〈ツホ〉ニ花ヲ殖テ愛スル式也ト云。其証拠又何レノ書ソヤ。サセル無文証上ヘハ不足二信用一ニ。縦又其文証有トモ、今ノ変相ニ庭上ノ花ヲ可織道理ナシ。無尽ノ荘厳ヲ纔ノ方一丈五尺ノ間ニ図スルニ、左様ノ枝葉ノ事ヲ不可織一故也。而ニ念仏ノ行者ノ迎ニ蓮花可来事ハ、経釈・伝記其証多之。況ヤ下三品ニ正ク地獄ノ鑊現セルヲヤ。縦又此物、地獄ノ鑊ニ非スト、此ヲ地獄ノ釜ト云ヒ、極楽ノ蓮花ニ非スト、此ヲ極楽ノ蓮花ト云ハンニ、白蓮花ノ法門ハ地獄ノ」（3オ）釜ノ法門、既ニ此経ニ有ル上ハ都〈すべ〉テ仏法ノ深義ニ不可違一。サレハ同推義ヲストモ、利益甚深ナラン推義ヲ可レ作ス也。只国王大臣ノ庭上ノ花也ト云フ推義、何ノ利益カ有ル哉。如此一宗義ニ尋入テ見ハ、又其ノ証文多之。示観縁ノ経文ニ云ク、如来今者為下ニ未来世ノ一切衆生ノ為ニ二煩悩賊一之所レ害〈タラン〉セ者上ノ、説二カン清浄ノ業一ヲ。同釈云、凡夫障リ重ク妄愛迷ヒ深シ。不謂〈ヲ〉三モハ三悪ノ火坑〈アナ〉

闇クメ在二「ヲ人之足下一ニ。随レ縁ニ起行一ヲ擬ぎすルニ作二サント進道ノ資糧一ヲ、何ソ其ソレ六賊知聞メ競ヒ来テ侵シ奪フ。今既ニ失二フ此ノ法財一ヲ。何ソ得レン無二「ヲ憂苦一也云云。」(3ウ) 此其文証也。サレハ此鑊ハ只闍王夫人ノ足下ニ有ノミニ非ス。我等衆生無始已来このかたヨリ我痴・我見・我愛・我慢ノ四煩悩ト相応スルヲ以テ、三悪ノ火坑必ス足下ニ可有事ヲ顕也。余所ノ釈ニ、貪瞋ハ即是レ身ノ三業ナリ。何ソ開二カン浄土ノ裏ノ真空一ヲ云モ、三悪ノ火坑臨々欲レスナント入ト云モ皆此意也。此レ迷心ノ位ナレハ、適たまたマ出離ノ志有レトモ何ノ法ヲ修シテント思テ、機感相応ノ法有ト云事ヲ不知メ、心ノ引ニ任テ随縁起行メ仏道ノ資糧ニ擬スレトモ、煩悩賊害ノ故ニ、失此法財ノ憂ニアフ。即今ノ闍王此類也。往昔、毘婆戸仏ノ時、菩提心ヲ発シ、十信ノ大道ニ入テ後チ」(4オ) 九十一劫之間修行セシカトモ、今生ニ山中ノ仙人トメ悪願ヲ発メ、無間ノ定業ヲ結フ。既ニ大心ヲ退シ、黒業ノミ有テ常ニ随遂シ、終ニ逆罪ヲ造テ足下ニ地獄ノ鑊ヲ感得セリ。此煩悩賊害ノ相也。夫人又四十余年ノ間、会々ノ説法ヲ聴聞メ、発心修行ノ分有シカトモ、今此悪縁ニ逢テ、妄念身心ヲ苦シメ三毒刹那モ無レ間ヒマ。サル前ヘハ夫人ノ足下ニモ此相アリ。如是ノ罪人、知識ノ教ニ随テ懺悔念仏セハ、其業即チ滅メ清浄ノ業ヲ成メ往生ノ益ヲ得ル也。サレハ説清浄業ノ文ヲ釈スルニ、二重ノ釈アリ。一ニハ懺悔スレハ罪滅メ清浄也。故ニ云清浄一ト云云。此ハ懺悔清」(4ウ) 浄之義也。二ニハ依下観門専心念仏注想西方、念々罪除故清浄也上ト云テ、念仏スレハ滅罪メ清浄也云云。此ハ念仏清浄之義也。而ハ今ノ三本ノ白蓮花ハ、念仏滅罪メ清浄業ヲ成タル意ヲ顕也。人中ノ芬陀利花ト説ク此義也。故ニ経釈ニ不可云レ無二ト証拠一。然者、此禁父禁母ノ両縁ハ、衆生障重ニメ悟ヲ取者、難レキ明メ意ヲモ顕シ、専心念仏スレハ、浄業成就スル謂いはれヲモ顕也。其ニ取テ、此ノ鑊ハ闍王造逆ノ前ニ実ニ其相現スルヤ否ヤト云ニ有二義一。一義ハ実ニ現セリ。雖然一経ニ不ル説事ハ、梵本ノ経ハ広ケレハ説ケトモ訳」(5オ) 者此事ヲ略スルヲ、変相ニハ有マ、ニ是ヲ織顕〈歟〉云云。一義ニハ、経ニ不説前ヘハ不可現一。雖然一、今ノ変相ニハ、観音ノ義分ヲ以織顕セリ。一切衆生善悪ノ二業ニ依テ、鑊湯モ蓮花モ平生ヨリ冥〈ミヤウ〉ニハ有也。此カ臨終ニ至テ正ク顕也。故ニ首楞厳経云、一切衆生臨テ二命終ノ時一ニ、未タ三捨二煖触一ヲ。一生ノ善悪倶時ニ現スト云。一人一日中八億四千念、々念中所作皆是三塗〈業〉ナレハ、何レノ機カ三途ノ業ヲ不レル作ラ。サル前ハ地獄ノ鑊無レ疑足下ニハ踏フマヘテ居タル也。如此罪人〈懺悔〉念仏スレハ、鑊湯還テ蓮花池ト成テ迎ル也。地獄猛火化メ」（5ウ）為ナル二清涼ノ風一ト説ク此意也。然ハ熱悩ノ鑊湯ハ還テ、弥陀ノ心水ト成リ、軽次重ノ罪ハ又三本ノ白蓮花ト顕ル。全ク義分ニ於テハ無キ二相違一也。此義今経釈ニ分明ナルノミナラス。近年一巻（是記主上人自──）（大善寺本傍注）ノ小経ヲ感得セリ。深ク今ノ経釈ノ宗義ニ叶ヘリ。但シ此証拠ヲ被出申一事ハ、此変相讃嘆ヨリ後、天王寺ノ聖霊院ノ曼荼羅讃嘆ノ時始テ被キ出申一。雖然有人ノ所望ニ依テ今此ヲ書次也。彼経（疫病消除業障経）（大善寺本傍注）ニ云ク、仏涅槃ノ期既ニ近テ、阿難等ノ弟子ヲ引率メ、拘尸那国ヘ趣玉フ道ノ辺ニ、諸ノ癩病人多メ悩ミ臥セリ。阿難、仏ニ白ク、彼ハ何ナル業因ニカ依ト。」（6オ）仏言ク、於二先世一ニ、父母ニ不孝養セ一邪見放逸ニメ伽藍ヲ汚シ、五逆罪ヲ造リ、三宝ヲ誹謗スル者ニハ密迹金剛（諸寺ノ二王是也）汚キタナカリテ唾ヲ吐ク。其ノ唾ノ跡如レ此瘡ト成なるナリ。未来ノ衆生モ亦如レ是。故ニ此業ヲ犯「莫（ナカレ）ト云。于時、阿難又問曰、仏法ノ於テレ中ニ、此罪人ヲ助ル有レ術乎。仏言ク、欲（ヲモハ）二此ヲ免レ一ント可念仏一ス也。故ニ阿闍王（ママ）殺父殺母ノ逆罪ニ依テ、遍身ニ悪瘡出来キ。我レ慈悲ヲ以テ為二彼ヲ救一ンカ、十丈余ノ地獄ヲ眼前ニ現ス。時ニ闍王、只今此地獄ニ落入ナントス。故ニ驚怖惶恐（ヲトロキ）（ヲソル）スル「無レ極。我レ告テ曰ク、汝欲（ヲモハ、）二彼かの地獄ヲ免一ムト、遙ニ西方ニ向テ合掌ヲ叉テレ手ヲ南無無量寿仏ト」（6ウ）可レト唱。時ニ闍王鑊ノ耳ハタニ立テ、如ク二仏ノ教一念仏セシカハ、鑊湯自滅メ清涼ノ池トナリ、身瘡忽ニ癒テ、清涼ノ受テ楽一ヲ、即須陀洹道ヲ得リキ。未来ノ衆生モ如レ是欲（ヲモ）ハ二、苦ヲ免一ト、急ニ可ト二念仏一ス云ヘリ。而ハ彼ノ経ハ釈尊ノ慈悲方便ヲ以、闍王ノ苦ヲ抜ム為ニ地獄ノ相ヲ現ス。今ノ変相ハ耆婆カ諫ニ依テ害母ノ心ヲヤメシ所ニ此相アリ。観音即彼経ノ意ヲ取テ害母ノ心ヲ止ムル所ニ織次給ヘルナルヘシ。又是今経ノ深義也ト可意得也。サレハ此相ハ地獄ノ鑊ト定テ、三本ノ蓮花ハ懺悔念仏ノ浄業ヲ標スト云フ祖師上人ノ御料簡、深ク経ノ意ニ相応シ又仏意ニ符合セリ。正直ノ人ハ、設ヒ無レ文一モ、義」(7オ)ユタカナル事ニ於テハ、異義ヲ不存一。而ヲ未来ノ衆生ノ心ニハ、常ニ念シレ悪ヲ、口ニハ常ニ言ヒレ悪ヲ、身ニハ常ニ行メレ悪ヲ、曽テ無一善一。故ニ誰カ可キ無二此相一。サレトモ念仏スレハ如此甚深ノ益アリ。サル前ヘハ、我等衆生自力ノ修行ノ位ニハ、三悪ノ火坑足下ニ有ト思知リ、サレトモ我レ既ニ念仏スル身トナレリ。乗彼願力、定得往生無疑一ト可思一也。雖然、人不信二此義一ヲ。楊傑カ云ク、罪ヲ造テ地獄ニ堕スル事ヲハ人皆不疑之一ヲトモ、念仏メ浄土ニ生ト云事ヲハ人皆不信之一ヲ。何ソ一ヲハ信シ一ヲハ疑ヤ、此迷執ノ至極也ト云ヘル。此言実ナル哉。能ク可思知之一ヲ也。次ニ如来ノ起化ト者、釈尊ノ起化也。即」(7ウ)光リ変メ為ナル台一ト者、光台現国也。影二現スト霊儀一ヲ者、弥陀ノ起化ニ当レリ。声ニ応メ現メ願力ニ令帰一、往生ヲ令ル二証得一是也。此光変為台影現霊儀ニ依テ、夫人極楽ヲ選取リ、往生ノ行ヲ請スルニ、仏三福ノ因ヲ開シ他力ノ法ヲ示シ、乃至十六観等ヲ説テ往生ノ益ヲ顕ス。皆是如来ノ起化也。

厭苦縁事

禁父禁母ノ曼荼羅ハ昨日大概畢ヌ。但委細ノ料簡ヲ加ヘハ、法門尚可ト有雖、指メ法門ノ体ト不レ成レハ略（あらまし）ヲ存ス。今日、厭苦縁ノ曼荼羅ニ付テ二段ノ図相アリ。」(8オ)一ニハ夫人ノ請ニ赴テ目連・阿難ノ二聖、空ヨリ来ル所。二ニハ仏又夫人ノ請ニ趣テ耆山ニ没メ王宮ニ出給フ所也。就中、二聖空ヨリ来ル宮殿ノ軒端ニ一本ノ芭蕉ヲ織レリ。此芭蕉樹ト云ハ、聖教ノ中ニ五陰所成ノ身体、虚妄ナルニ譬ル也。衆生ハ此虚妄ナル人体ヲ実ニ有ト思テ、堅執愛着ノ心ヲ発ス。乃至依報ノ国城・妻子・財宝・珍宝等ヲ愛スル事モ又如此。聖教ノ道理ハ世間有為ノ諸法ハ虚妄ニメ無キ二実事一物也ト示ス。依之、始テ思知テ身命ヲモ不惜一シテ仏道ニ入安キ也。而ハ夫人日来ハ此道理ヲ不キ思知一ラ、今憂目ニ逢テ思知時キ、日来ノ」(8ウ)心根ニ替ル所ヲ為レ顕ニサン芭蕉樹ヲハ織也。詩ニハ此樹ノ葉ノモロキニ寄テ無常ノ道理ヲ譬ヘ顕ス。聖教ニハ、此ノ樹ノ茎ノ外相ハ堅ケナレトモ、実ニハ只是葉ノ巻集リタル故ニ、中ハウツホナルヲ取テ、五陰所成ノ身体ハ、上ハ堅ニ似レトモ、皮肉筋骨取リノケテ見レハ、実事ハ虚仮〈ウツケ〉ナルニ喩ヘタリ。而ニ夫人王宮五欲ノ楽、皆悉ク移リ替テ、大王モ我身モ習アルニモアラヌ体ニ成ハテヌル時、始テ思知テ此土ヲ厭ヒ、浄土ヲ願フ心ノ発ル事ヲ標メ、コヽニ芭蕉樹ヲ織也。此ハ馬鳴菩薩、頼(ラ)吒(タ)和羅伎(キ)ト〈云フ〉楽ヲ作テ、其音ニ法音ヲ唱テ、人ヲ勧テ発心セシメシ意ヲ顕セリ。其詞ニ云ク「(9オ)有為ノ諸法ハ如レシ幻〈クエン〉一如レ化一、三界ノ獄縛ハ無二シ一トメ可レ「楽ム。王位高顕ニメ勢力自在ナレモ、無常既ニ至ナハ誰カ得レ存「ヲ者ノ、如二シ空中ノ雲ノ須臾散滅一ルカ。此身ハ虚偽ニメ猶如芭蕉一ノ。為レ(タ)リ怨、為レ(タ)リ賊、不〔可〕親近一ス。如二シ毒蛇ノ篋(ハコ)一ノ。誰カ当ニキ愛楽一ス。是ノ故ニ諸仏ハ常ニ可〔呵〕カシ玉フ(ハチシム)此身一ヲ云云。転輪聖王七宝千子ノ位モ終ニ無常ノ理ヲ不レ免一レ。サレハ大梵高台ノ月ノ光モ傾キ安ク、三十三天歓喜園ノ花ノ色モ萎(しぼ)ミ安シ。而ニ頻婆沙羅ハ天竺ノ語也。此ニハ或ハ模〈ホ〉実ト云ヒ、或ハ影堅ト云、或ハ顔貌端正ト云フ。皆是徳ニ従テ名ヲ立タル也。マコト〱シキ人ナル故ニ模実ト云ヒ、威力モツヨク人ニ恐ラレタル」(9ウ)故ニ影堅ト云ヒ、容顔人ニ勝レタル故ニ、顔貌端正ト名ル也。然者、昔ハ如此王位高賢ニメ勢力自在也シカ共、今ハ此苦難ニ逢フ上ハ無常既ニ至テ、誰得レム存「ヲ、者(ヒト)其徳空ク成リハテヌ、実是空中ノ雲ノ如ク須臾ニ散滅セリ。而今我身又禁ニ逢ヘリ。其身ノ有様ヲ思ニ、虚仮ニメ芭蕉ノ如シ。不可親一ム。不可惜一ム。為レ(タ)リ怨、為レ(タ)リ賊、毒蛇ノ篋〈ハコ〉ノ如シ。王宮五欲ノ楽ニ誇テ、千秋万歳ヲ歌シカ共、出離ノ要ニ不レ足。還テ怨賊ノ如シ。皆是悪道ノ基〈モトイ〉也ケリト思知テ、厭欣ノ心今更急也。此義ヲ為レニ顕、コヽニ此樹ヲ織ト云フ先達ノ勧メ、実ニ理也。此経釈ニ」(10オ)不ト見一雖、先達ノ推義也。次ノ一段ハ、釈尊、夫人ノ請ニ趣テ、王宮ニ来給フ。諸天、花ヲ雨メ仏ヲ供養ス。夫人、仏ヲ奉テ見一悶絶躄地ス。変相ニコヽヲ夫人髪ヲ乱リ、地ニ布(シ)イテ躄(たをれ)タル姿ヲ図セリ。自絶瓔珞ノ経文ヲ受テ釈スルニ、夫人ノ身ノ荘(かざ)リノ瓔珞猶愛メ未レ除カ。忽ニ見テ二如来一ヲ、羞慙(シユサン)〈ハチハツ〉メ自絶。問曰、云何カ自絶スルヤ。答曰、夫人ハ乃チ是レ貴中之貴、尊中ノ尊ナリ。身ノ四威儀ニ多ノ人供給ス。所着ノ衣服皆使(ツカフ)二傍人一。今既ニ見テ仏一ヲ、耻愧(チクヰコヽロ)情深クメ不依ラ二鈎帯(コウタイ)一ニ、頓ニ自(ミ)掣却(ヒキサク)。故ニ云自絶一ト也ト云ヘリ。此中ニ、不依二鈎帯一ト者、天竺ノ作法ハ瓔珞ヲ懸テ身ノ」(10ウ)鎊リトスルニ先ツ衣ノ上ニ懸帯ノ様ナル物ヲ係ケ、其ノ帯ニ鈎〈カキ〉ヲ懸ケ、其鈎ニ瓔珞ヲ懸荘ル也。又脱ク時ニハ、上ノ瓔珞ヨリ次第ニヨテ此脱ク。是皆人ヲメ令二脱〈ヌイ〉着〈キセ〉一也。而ニ今ノ夫人ハ瓔珞ヲ脱ニ、傍人ヲモ不レ仕ハ、次第ニモ不依一、アハテフタメキテ、此ヲカナクリスツ。故ニ頓ニ自掣却〈ヒキサク〉ト云フ。凡大国ノ習ハ、有レ悦時ハ垢衣ヲ脱棄テ、鮮ナル衣ヲ着シ身ノ荘リヲイミシクス。有歎時ハ浄衣ヲ捨テ、身ノ厳(かざり)ヲ不レ作。而ニ今ノ夫人、大王禁楼之時ヨリ可キ脱身ノ荘ヲ不脱。結句、我身カ、ル苦難ニ遇マテモ不レ除之ヲ。此ハ今一度大王ニ不レル替姿ヲ見ヘ奉ラマホシク思故也。此則、当今ノ凡夫五欲耽着メ」(11オ)財色ヲ愛シ自身ヲ愛メ、境界自体ノ二ノ愛ヲ不レル捨愚痴ノ相ヲ示ス也。今仏ヲ奉レハ見、身紫金ノ色也。身ヲ愛スヘクハ如レノ是身ヲ愛スヘシ。又百宝蓮花王ノ座ニ坐シ給ヘリ。財ヲ愛スヘクハ如レ此財ヲソ愛スヘカリケル。我今カ、ル憂目ヲ乍レ見今マテ此荘ヲ惜ミ持ケル事恥テモ可恥、悲可悲一ムト、始テ慚愧懺悔ノ心発ル故ニ、頭ノ釵(カンサシ)身ノ瓔珞皆悉クカナクリステ、、身ヲ投ケテ地ニ躄〈タフ〉ル、也。此則、正キ厭苦ノ姿也。日来ハ只憂ヘ歎クハカリニテ厭フ心ナシ。適(たまたま)仏ヲ見ント思心発シカ𪜈、三種ノ愛心ニ被レテ汚其心不純一ナラ。今見仏ノ時分ニ当テ厭心ヲ起ス。此則」(11ウ)凡夫念仏メ往生スヘキ心品ヲ顕シ、貪瞋煩悩ノ中ニ、清浄願往生ノ心ヲ生スル分斉ヲ標也。今二聖ヲ請シ仏ヲ見ムト請スル心ハ願往生ノ心ヲ標ス。サレ𪜈悪愛ノ心不ルハ退、貪瞋煩悩常ニ雑(まじ)ル事ヲ標ス。然ハ凡夫ノ願往生ノ心ハ貪瞋煩悩ノ中ニ可レキ発ル故ニ、本ノ身心ヲ不改一メシテ仏ニ帰ス。サル程ニ来迎ノ仏体ヲ見ル時、始テ三種ノ愛心ハ断ヘシ。今夫人、カ、ル憂目ニ遇テ仏見ント願ヒナカラ、身ノ荘ヲ不捨、仏ヲ見ル時始テ自瓔珞ヲ絶(タ)ツハ、此深義ヲ標也、我等衆生ノ習ヒ、有憂ヘ時ハ疾クメ浄土ニ参ハヤト願ヒ思ヘトモ、無憂時ハ或ハ妻子ニ着シ、或ハ同法ニムツレ、カク」(12オ)テモアラマホシキ心地也。境界ヲモ不レ捨、自体ヲモ深ク愛ス。其心品、四五寸ノ白道ヨリモ尚狭少也。カ、ル凡夫ナレ𪜈、念仏メ自臨終正念往生極楽ト祈レハ、臨終ニ仏聖衆ト来テ慈悲加祐メ、正念ニ令レ住給一ハン時キ、境界・自体・当生、三種ノ愛心、此時ニ可被棄〈ス〉一テ者也。カ、ル他力不思議ノ法門ヲ下機ノ為ニ顕サン為ニ出世セシ釈尊ナル故ニ、夫人ノ請ニ趣テ王宮ヘ来ル事ハ、弥陀ノ三念願力ノ故也ト観念法門ニハ釈スル也。夫人ノ請ニ趣テ来応シ給フ釈尊ノ御心中ハ、弥陀ノ大悲ニ同メ、煩悩賊害ノ機ノ前ニ、弥陀声ニ応メ来現シ給ハ、、諸邪業」(12ウ)繋、能ク障ル者ノ無クメ三尊ノ迎摂ニ預テ可往生一スル事ヲ為ノ顕一故也。而ニ世人、我心ノ澄ミ登リタラン上ニ申サン念仏ニ依テ往生スヘシ。散心ノ称名ハ不可往生一スト思ヘリ。随二テ其心浄一キニ、即チ仏土モ浄シ。心池水静ナレハ仏月影ヲ垂玉フ道理ナレハ、無其謂一ニハ非ネ共、此ハ諸教ノ道理也。心ニ依テ仏ヲ可レシ見ルト談セシ耆山ノ洞〈ほ〉ラノ法門也。今ノ教ノ意ハ不レ尓ラ。法性難動ノ山ヲ動メ生死難入ノ海ニ入リ給シ弥陀来迎ノ本意ハ、諸教ノ益ニ漏レテ、貪二求メ五欲一ヲ相続メ是レ常ナリ、縦ヒ発二セト清〈モ〉心一ヲ。猶如画クカ水一ニナル在家常没ノ凡夫ノ為也。夫人ノ乱想一分モ不レ澄マ不レル改ラ、三種ノ」(13オ)愛心ノ中ニ纔ニ仏ヲ念スル心有シカハ、仏是ヲ知見納受メ其前ニ来リ面見〈マミヘ〉給フ時キ、貪瞋ノ心モ晴レ、身ノ荘ヲモ絶チ棄ルハ此法門也。此ハ己〈ヲノ〉レハ乱想難レ絶ケレトモ、仏ハカ、ル者ヲコソ助給ナレト他力ニ帰セシ故也。今ノ行者モ自ノ身心ヲモテアツカハスメ、単〈ヒトヘ〉心ニ他力ニ帰セハ、仏ノ来迎ニハ一定可預也。上人ノ仮名書ノ中ニモ、行者ノ正念ニ依テ来迎可有一思ハ僻事也。経ニ慈悲ヲモテ加ヘ祐〈たすけ〉テ令レメ心ヲ不レメス乱ラト説カ故ニ、仏ノ来迎ニ依テ行者ノ正念ハ可開発一ス也ト云ヘリ。実ニ自心ノ正念ニ依テ可有一ル来迎ナラハ、尚是聖道自力ノ可宗義一ナル。天月ノ光リ必ス水ノ澄ム時、其影ヲ移スト云位ノ法門」(13ウ)ナル故也。而注論ニハ、濁水宝珠ノ譬ヲ以、念仏往生他力ノ義ヲ顕セリ。其文云、譬ヘハ如下ク浄摩尼珠置二ツレハ之ヲ濁水一ニ即清浄上カ、若人雖有二ト無量生死ノ罪濁一、聞二テ彼阿弥陀如来ノ至極、無生清浄宝珠ノ名号一ヲ、投二レハ之濁心一ニ、念々之中ニ罪滅シ心浄クメ即得二往生一ルヿヲ云云。宝珠ノ力ニ依テ濁水ノ澄ム事無レクハ疑ヒ、念仏ノ力ニ依テ乱想ノ煩悩滅セン事何ノ疑カアラン。今此変相ニ夫人ノ自絶瓔珞ノ姿ヲ織ハ、為顕此法門一ヲ也。如レメ此夫人婉転啼哭〈コク〉ノ後、身ノ威儀ヲ端〈ただ〉シクシテ、日来ノ不審ヲ仏ニ奉問云ク、我宿何罪、生此悪子、世尊復有何等因縁、与提婆」(14オ)達多、共為眷属ト。我レ昔何ノ罪アテカ、此悪子ヲ生ミテカヽル憂目ヲハ見ル。縦又我身ハサモアレ、仏ハ何ナル因縁アテカ、是程ニ不当ナル悪人ヲハ友トメ、常ニハ悩マサレ給フト。又仏ノ為ニ怨ナルノミナラス、我カ子ヲ教テカヽル謀反(ムホン)ヲ発シ、我ニ口惜キ目ヲハ見セ給フソト也。既ニ二ノ問ヲ致セリ。何ソ仏不二ル答給一ハト云ニ、凡此法門ニ於テハ諸師モテアツカフ事也。有師ノ釈ニハ、此ハ只夫人三七日之間、心中ニ思居タル事ヲ述ルマテ也。必モ仏答給ヘトハ不レ思故ニ、仏不二答レ之ヲ給一ハ。次下ニ、唯願世尊、為我広説等ト浄土ヲ請ス。此問ハ尤可答事ナレハ、仏答レ之給ヘリト云。有師ノ義ニハ、此二問ハ可答事也。」(14ウ)雖然、今経ニ不ル答事ハ諸経ニ多ク説ク故ニ今ハ不ト答云。言意者、闍王ノ悪子タル事ハ涅槃経ニ説ケリ。頻婆沙羅王、毘富羅山ニ御狩セシ時、獣ヲ不二取リ得一。于時、山中ニ有テ二仙人一坐禅セリ。猟ノヲヱサル事ハ此ノ仙人ノ故也ケリトテ仙人ヲ殺ス時キ、仙人悪願ヲ発ス。我若為レ王ノ子トナラハ、我又心口ヲ以王ヲ害セント。此願ニ依テ王ノ太子ト成テ還テ王ヲ害スト云。提婆カ仏ノ為ニ怨敵(ヲンテキ)タル事ハ、増一阿含経・瑞応経・本生経・四分律・大論等ニ説ケリ。謂ク、往昔、定光仏又ハ燃燈仏ト名付ク出世ノ時、雪山ノ南ニ当テ一ノ山アリ。其山ノ中ニ有テ二仙人一道ヲ」(15オ)行ス。此ヲ名二弥宝仙一ト。仙人ニ弟子アリ。名ク二摩納梵士一ト此ニハ云二儒童ト一。五百年之間師恩ヲ報セント欲シテ国ニ入テ銭ヲ求ム。于時ニ鉢摩国ト云国アリ。其国ノ王ヲ名ク二勝怨王一ト。其国ニ一リノ長者アリ。邪若達ト云。長者ニ最愛ノ息女アリ。蘇(ソ)羅婆提ト名ク。于時ニ年十六才也。容顔美麗ニシテ諸人諍レ之時、父ノ大臣計事(はかりごと)トメ大会ヲ設ケテ論義ヲ始テ、勝タラン者ニハ五百ノ金銭并ニ女子ヲ与ムト云。依之、人多ク集テ論議ス。論義ニ勝タル者ハ次第ニ座席ヲ進ム時、婆羅門アリ。須摩提ト云、十二ノ醜陋(シュル)形ヲ備タリ。頭ニ谷アリ。耳ハ肩ニ付ク」(15ウ)程ニ長ク、目ハ四角也。歯ハ鋸(のこ)キリ歯ナリ。如レ此、醜キ形十二種マテ有ケリ。雖然、四吠(ヘイ)陀十八大経等ニ鏡ヲ懸テ悟リ、人ニ勝タル大学生也。長者ノ発願ヲ聞テ会場ニ望ム。既ニ論義ニ勝テ、上座ヲハセメタリ。父ノ大臣思ハク、五百ノ金銭ヲ此波羅門ニ与ム事ハ不レ惜カラ。是程ニ面（ミメ）ノ悪キ者ニ、最愛ノ息女ヲ与ム事口惜キ事也。若又不与之一者、妄語ノ者ニ可成一。進退此ニ窮レリ。更計事メ論場ヲ延ル事十二ヶ年也。于時ニ雪山ノ摩納梵士、カヽル大会有ト云事ヲ聞テ、女人ハ我カ非ニス所欲一ニ。五百ノ金銭ヲ取テ師ニ供養セント思テ、会場ニ至テ論義ヲ所望スルニ」(16オ)許レス之。于時ニ長者等、此童子ヲ見テ、アハレ此童子論義ニ勝テ我聟〈ムコ〉ニナレカシト念言ス。醜波（ママ）羅門ト番（つがい）テ論義スルニ、醜波羅門手ニモカヽラス負ヌ。于時、摩納梵士、醜波羅門カ座席ヲ奪テ上座ス。父ノ大臣等悦喜ノ思ヲ作メ、論場ヲ止テ五百ノ金銭并ニ女子ヲ以梵士ニ与フ。醜波羅門、怨念ヲ起ス事無限一。爰ニ梵士、五百ノ金銭ハカリヲ取テ逃ケ去ヌ。中路ニメ定光仏ノ出世シ給ト云事ヲ聞テ思ハク、仏ノ出世ハ難レク逢難レシ見。今既ニ値ヘリト悦テ、五百ノ金銭ヲ以往テ仏ニ供養セント思テ、即仏所ニ詣ス。サルホトニ父ノ大臣、女子ヲメ梵士ヲ令レム追（ヲハ）。女子」(16ウ)父ノ教ヲ受テ摩納梵士ニ追付ムトスルニ、大臣ノ後園〈コウエン〉ニ池アリ。其中ニ生セル五茎〈クキ〉ノ蓮花・二茎ノ蓮花ヲ取持テ走ル程ニ、途中〈ミチ〉ニメ梵士ニ追付ヌ。即五茎ノ蓮花ヲ以梵士ニ与ルニ、梵士、五百ノ金銭ヲ以五茎ノ蓮花ヲ買取テ、仏所ニ詣メ仏ニ供養ス。乃至得二タリ授記一ヲ。女人ハ二茎ノ蓮花ヲ持テ、共ニ仏所ニ詣メ供養ス〔ル事二万歳也〕。于時、摩納、今日ヨリ已後、生々世々於テ汝ト我ト夫婦為（タラン）ト誓キ。其時ニ醜波羅門、摩納既ニ仏所ニ至ルト云事ヲ聞テ即彼所ニ詣ス。五百ノ金銭并女人ヲ被取一事、尚以不レ安覚ユル上ヘ、女子ト生々世々ニ夫婦タラント」(17オ)誓フ事ヲ見聞メ、深ク嫉妬ノ心ヲ発メ仏ヲ供養スル事二万歳メ悪願ヲ発メ云ク、自今後、生々世々ニ摩納ト一所ニ生レ値テ、菩薩ノ仏道修行ニ於テ悉ク障碍ヲ作ムト誓キ。此因縁ニ依テ、今日成道ニ至ルマテ悪眷属タリト説ケリ。昔ノ父ノ大臣ト者、今ノ耶輸〈シユ〉長者是也。女子ハ今ノ耶輸多羅女是也。醜波羅門ハ今ノ提婆是也。摩納ハ今ノ釈尊是也。而者、今日悉達太子、浄飯王宮ニ誕生シ、提婆ハ斛飯王家ニ生テ、耶輸多羅女ヲ論スルニ、父ノ耶輸大臣、芸能ノ勝負ニ可レト依計ヒ申時、種々ノ能ヲ施メ悉達太子既ニ勝給シカハ」(17ウ)耶輸多羅女即太子ノ御方ヘ参ヌ。時ニ提婆、大ニ此事ヲ遺恨〈イコン〉メ種々ノ障碍ヲ作シ、剰ヘ仏ヲ害セントス謀ル。皆是昔ノ宿意ニ依レリ。仍闍王・提婆カ事、諸経ニ如是説故ニ、今韋提ノ問アレトモ仏ケ諸経ニ譲テ不答ト云云。今云ク、此義ハ大（ヲウ）様也。其故ハ他経ニハ説モセヨ、夫人既ニ不レ知シテ此不審ヲ致ス上者、今不答給ト者、夫人ノ不審不可散ス故也。今相伝ノ義ニ云ク、付此問ニ有二ノ義。一義云、実ニ不答給ハ也。其故者、夫人ノ雖有二問、而仏答ヲ不待メ、唯願世尊、為我広説無憂悩処、我当往生トノ移ル意ハ」(18オ)我カ上モ仏ノ御上モ穢土ノ習ナレハ此事有ト思知テ、浄土ハカヽル無レ憂ヘ処ナレハ往生セント願カ故ニ、仏不答之ヲ給ハ也。故ニ、我宿何罪生此悪子ノ文ヲ釈ルニハ、我レ一生ヨリ以来、未タ曽テ造ニ其ノ大罪ヲ。未審シ。宿業ノ因縁、何ノ過（トカ）有テカ阿闍世ト共ニ為タル母子事ヲ得ルト釈スト云ヘトモ、世尊ハ復タ有マシ〳〵テカ何等ノ因縁、与ニ提婆達多共ニ為ニ眷属トノ下ニハ、我ハ是レ凡夫也。罪惑不レハ尽、此悪報アリ。此事耳心ス。世尊ハ曠劫ニ道ヲ行メ、正習倶ニ亡メ衆智朗然トメ果円ナルヲ仏ト号ス。何ノ有ニ因縁提婆ト共ニ為眷」(18ウ)属ト給ヘルト釈スル意ハ、夫人身上ノ事ヲハ言ノ下ニ即思知レリト釈ス。此義ヲ以思ニ、仏ノ御事ヲモ又穢土ノ習ナレハ、如此ノ悪人ヲ眷属トシ給ヘルナルヘシト可キ思知事、義ノ意顕然也。然ハ我身既ニ罪悪ノ凡夫ニメ、此土ニ生ヲ受カ故ニ、此悪子ヲ生リト我身ノウサヲ申シ述ヘ、仏モ又無勝浄土ヨリ出テ、五濁乱漫ノ処ニ生ヲ受給故ニ、悪人ヲ眷属トシ給ヘリ。偏ニ是三界ノ過カ也。仏ノ過ニハ非サリケリ。不レ如、只此憂悩ノ処ヲ厭テ浄土ノ法門ヲ聞テ、無キレ憂浄土ニ往生セントニハ思テ、唯願世尊、為我広説、無」(19オ)憂悩処、我当往生トハ請スル故ニ可答非レハ、仏不答之給也。一義云、此二ノ問ヲハ共ニ仏答給ヘリト可意得也。観経十六観ハ只此一事ヲ答給ヘル故也。疑云ク、今経ハ只十六観法ヲ凝セ、三福ノ諸善ヲ修セヨト教タリ。全ク夫人ノ我宿我罪等ノ問ヲ答タル文ナシ、如何答。此ハ経文ヲ浅ク見也。提婆自ニ逆ヲ造リ、又闍王ヲ諷諫（フカン）メ二逆ヲ作ラシムル事ハ、弥陀ノ本願ハカヽル五逆深重ノ凡夫ヲ不ヲ捨以テ、願力ニ乗メ往生スヘキ理ヲ発起シ顕サン為ノ方便也。此故ニ悪子ト成テ来リ、悪眷属ト」(19ウ)成テ来也ト答ヘ給也。又仏縦ヒ瑞応経等ノ説ニ依テ、摩納梵士・醜婆羅門カ因縁ヲ以、提婆ヲ眷属ト為給ヘル事ヲ答給トモ、夫人ノ不審不可晴。其故ハ夫人ノ言〈コト〉ハニ、既ニ仏ハ曠劫ニ道ヲ行シ、正習共ニ亡シ衆智朗然トメ果円ナルヲ仏ト号スルニ、何因縁ヲ以テカ悪人ヲ眷属トシ給ヘルト一云カ故ニ、諸経ノ証ヲ引共、正習倶亡衆智朗然ノ仏果ノ上ニハ何ノ料ニ悪眷属ハ可レ有ソト云不審不可散ス一故也。然者、仏此二ノ問ヲ得テ、此二人悪子ト成リ悪眷属ト成ル事ハ、本ハ久成ノ仏ナレ𪜈、弥陀ノ本願ハ五逆深」(20オ)重ノ機ヲ不レ捨、願ニ乗ノ往生スル事ヲ為ニレ顕、寄合テ五逆ヲ造テ本願ノ利益ヲ顕ス発起ノ方便也ト可レ答也。雖然一、只今不レ答事者、今ハ答ヘハ序正ノ起尽乱レテ、序ニ即正宗ノ法門可カ尽故ニ、且押ヘテ後ニ十六観法ヲ説テ此問ヲ答也。其中ニ下品下生ニ至テ、十悪五逆具諸不善ノ凡夫、一念十念ノ下〈シタ〉ニ本願力ニ乗シ金花ノ迎ニ預テ往生スト顕ス時キ、夫人ノ不審ハ除キ終〈は〉ツル也。為顕二此益一ヲ、悪子ト成リ悪眷属ト成テハ出世シケリト知ル故也。凡ソ夫人ノ不審ハ広ク一代ノ教ニ」(20ウ)可通ス不審也。而今夫人此ノ経ニシテ此不審ヲ致シ、仏此経ニメ此法門ヲ説顕ス時、一代ノ教ハ皆悉ク被意得也。其故ハ、釈尊無勝ノ化ヲ隠ノ娑婆ニ応用ヲ垂テ、一代八万ノ教門ヲ開事モ、提婆・闍王等、仏ニ随テ出世メ、四十余年之間、勝事ヲ振舞シ事モ、只此弥陀ノ別意、超世大願甚深不可思議ノ利益ヲ為顕也ケリト知セン故也。サレハ四聖ノ出世モ此経ヲ発起シ顕サン為メ、釈尊ノ応世モ此法ヲ為説也。仍此経ハ如来出世ノ本懐ナル事、其義顕然也。逆修事予修善」(21オ)根者、七分全得ノ巨益アリ。念仏三昧者、無行不成ノ勝能アリト云云。

(以下二行分空白)

四聖ト申ハ頻婆娑羅王・韋提希・阿闍世・提婆是也。頻婆娑羅ハ賓迦羅菩薩化身、韋提ハ如意輪観音化身、阿闍世ハ不動ノ化身也。此等皆仏菩薩ノ化身ニテ、仏ノ教ヲ受テ末代悪世ノ衆生ノ振舞ヲ兼テ知テ、仏在世ニテ振舞ハレケルカ、仏法ノ肝心、出離ノ根源ニテハ候ケル也。」(21ウ)

以嵯峨二尊院本書写之
明暦三年酉丁五月日
江州栗太郡芦浦観音寺舜興（印）

（表紙）

浄土九番箱

観音寺

舜興蔵（印）

（見返）

曼荼羅聞書抄十二　序分

（1オ）

欣浄縁大意事　婆羅門城王帰仏事

欣浄縁故隠独顕得生之処事　於極楽土上ニ十方ニ立ル浄土ノ名ヲ事ヲ明ス

欣浄縁四種仏土事　四種荘厳事

欣浄縁女人往生事　孝謙天王事　ユケノ法王事

（1ウ）

欣浄縁事

（ママ この巻に文殊の記事なし）
付四七日文殊事

今日ハ、欣浄縁ノ変相ニ付テ、二段ノ図相アリ。始ノ段ハ、釈尊光台ニ十方ノ浄土ヲ現セシ処、次ノ段ハ、夫人、十方浄土ヲ拝見ノ、極楽ヲ選取ル処也。凡此欣浄縁ハ、一経ノ深意ヲ顕シ、一代ノ聖教ヲ尽（つくせ）ル甚深広大ノ処也。夫人、禁父母ノ逆縁ニ驚テ、世ノ非常ヲ悟ニ、六道同然ニノ、身ヲ安クスヘキ処ナシト、惣ノ三界ノ火宅ヲ厭棄テ、十方世界ニ無憂悩処アリト聞ク。願クハ、世尊、我カ為ニ此ヲ説給ヘト請ス。是ハ所求ヲ請也。三界内ニハ執心スヘキ所ナク、浄土ノ外ニハ可欣処ナシト思知テ」（2オ）無レ憂所ヲ請ル故也。次ニ其浄土ニ可レ生行ヲ請ルニ、教三玉ヘ我観二ヿヲ於清浄業ノ業処一ヲト云ヘリ。此ハ去行ヲ請ル也。而ニ所求ハ浄土ノ願也。去行ハ浄土ノ行也。願行既ニ有ト雖、其ノ願ヲ成シ行ヲ成ノ、願行具足スヘキ安心未レ知。願ハ、仏、此安心ヲ教ヘ給ヘト云云。爰ニ仏不説ノ光ヲ放テ、十方塵数ノ世界ヲ照ス。而ニ法花ノ序分ニ、如来出世一大事因縁ヲ説ムカ為ニ、仏先眉間白毫ノ光ヲ放給ニハ、只東方万八千ノ仏土ヲ照シキ。今仏此経ヲ説ントテ、眉間白毫ノ光ヲ放テ、十方塵数ノ世界ヲ照ス事ハ、即下ノ光明」（2ウ）遍照十方世界念仏衆生摂取不捨ノ本願ノ利益、広大無辺ナル事ヲ標スル也。サレハ此経ハ、如来出世ノ本懐ノ中ノ本懐也。又法花ニハ、多宝一仏証明ス。本願ノ念仏ヲハ十方ノ諸仏悉ク是ヲ証明ス。一大事ノ中ノ一大事ナル事、其義可レ知。故ニ永観律師ノ拾因ニ云、依レ之十方恒沙ノ諸仏出二ノ広長ノ舌一ヲ、各ノ垂二勧進ヿヲ一、是レ表二ス実語一ヲ。可取二仰信一ヲ。彼鷲峯ノ妙法ニハ多宝一仏証明シ、又、王城ノ金典ニハ、四方四仏倶ニ説ク。凡ソ厥（ソ）ノ処々ノ集会道場ニ不ラス如二クナ今説ノ舌相証誠ノ之盛一ナルカ、設ヒ雖二彼ノ伏怨（フクオン）世界ノ疑惑者一ナリト」（3オ）豈ニ不ム二信受一セ哉。此故ニ双林決断之莚ニハ、於テハ二浄土一門一、更ニ無二ト疑決一矣云云。此中ニ、鷲峯ノ妙法ト者、法花経也。王城ノ金典ト者、金光明経也。然者、一代処々ノ説法ノ中ニ於テ、此二経ニ或ハ一仏、或ハ四仏、自ラ証明ヲ垂事アレモ、今ノ教ニ十方恒沙ノ諸仏等、盛リニ舌相ニ証誠ヲ垂給カ如クハ非ト云也。双林決断之莚ト者、双林涅槃ノ時、迦葉菩薩一代ノ教ノ中ニ於テ、未了ニメ不審ナル事ヲ多ク挙テ、如来ニ奉レ問シ中ニ、浄土ノ一門ニ於テハ、諸仏実語ノ教ナル故ニ、其疑ヲ不挙事ヲ云也。又前ノ文ノ次ニ、大論ノ文ヲ引ク。其大意ハ、婆羅」(3ウ)門城ノ王、仏語ヲ聞キ仏ニ食ヲ与ル事不ト可有一、兼テ制法ヲ定メキ。有時キ、仏彼城ニ入テ、乞食シ給フニ与ル者無シ。一人ノ老女潘泔(ヨネノシル)ヲ以、門外ニ出テ、捨テントスルカ、仏ノ鉢ヲ空ノ還給フヲ見テ此ヲ供養スル時、仏此ヲ納受メ、十五劫之間、天上人中ニメ受福快楽ニメ、後ニ男身ヲ得テ、出家学道メ、辟支仏トレ可ト成記莂シ給キ。婆羅門等不信之一ヲ、還テ誹謗ヲ作ス。于時、仏広長ノ舌ヲ出メ、上ミ髪際ニ至ス。婆羅門忽然トメ、仏ヲ仰信メ云ク、若人ノ舌能ク鼻ヲ掩(ヲホ)ヘハ、言(ことは)ニ虚妄ナシ。今仏ノ舌能ク髪際ニ至ル。豈可ン二妄語給一乎ト云云。」(4オ)于時、仏、種々ニ説法シ給ニ、婆羅門須陀〈洹〉果ヲ得ト云。此文ヲ引畢テ律師云、予、抄スルニ二此文一ヲ、翰(フテ)ト与レ涙ト倶ナリ。其レ証スルニハ二小事一ヲ、釈尊独リ至タス二舌相於髪際一ニ。今説クニ二大事一ヲ、諸仏遍ク覆フ二長舌於大千一ニ。婆羅門城ノ王、尚翻メ二邪見一帰ス二仏法一ニ。何況ヤ、念仏ノ行者、誰カ不信受セ哉ト云ヘリ。此則、十方衆生乃至十念ノ本願ハ、十方諸仏己証ノ法門ナル故ニ、悉ク是ヲ証誠護念シ給也。サレハ今ノ光リ、十方塵数ノ世界ヲ無レ残照スハ、此ノ深義ヲ標スル也。其光還テ頂ニ住メ、化メ金台ト成テ、塵数ノ世界中ニ於テ」(4ウ)現ス。其光台ハ狭シト雖、而モ広大無辺ノ浄土不ト現云事ナシ。第一ノ不思議也。凡情ノ思(おもは)クニハ超タリ。東方ノ歓喜国(阿閦仏世界)・浄瑠璃世界(薬師仏世界)、乃至上方ノ香積世界等ノ荘厳ノ鮮カナル所、残ナク夫人ノ眼ノ前ニ現メ、仏ノ神力ヲ加メ、夫人ヲメ悉ク令拝見一。故ニ、経ニ云、或有リ二国土一七宝合成セリ。復有国土一、純(もはら)是レ蓮花ナリ。復有国土一如自在天宮一ノ。復有国土一如頗梨鏡一ノ。十方ノ国土皆於レ中ニ現ス。有テ下如是等ノ無量ノ諸仏ノ国土上、厳顕ニメ可レ観。令ム二韋提希見一セ云。如此ノ十方ノ浄土、無尽ノ荘厳悉ク精花ナレトモ、極楽ノ荘厳ニ比スルニ、全ク」(5オ)比校ニ非ス。故ニ夫人極楽ヲ選取テ是ノ諸仏ノ土モ、雖三復清浄ニメ皆有ト二光明一、我今楽フレ生ムト二極楽世界ノ阿弥陀仏ノ所一ニト云ヘリ。付此文ニ、釈家一ノ疑ヲ挙テ、三重ノ義ヲ以答セリ。

一ノ疑ト者、釈云、十方諸仏ハ断惑無殊行畢果円ナルヿ亦応ベシ二無二一ナル。何ヲ以カ一種ノ浄土ニ即有ル二斯優劣一也云云。文意者、十方ノ諸仏ハ断悪得果等クメ無異一ヿ。浄土モ又平等ニメ差別ナカルヘシ。何ソ一種平等ノ浄土ニ於テ此勝劣有ヤト問也。三重ノ義ト者、一ニハ隠顕随レ機望二存ス化益一ヲ。二ニハ故隠独顕ノ故。三ニハ本願超勝ノ故也。第一ニ隠顕」（5ウ）随機望存化益ノ義ト者、釈云、仏ハ是レ法王神通自在ナリ。優之与ト劣一非二ス凡惑ノ所知一ル。隠顕随テレ機望存二ス化益一ヲト云云。此ハ衆生ノ楽欲ノ分斉ニ任テ勝劣ヲ現スル位也。其故ハ衆生ノ機根万差ナル故ニ憍慢性ノ者ハ、極楽勝タリト聞テ可レ願。卑下心ノ者ハ、劣ナリト聞テ下機ニ相応スト思テ可レ願フ。故ニ仏平等一種ノ浄土ニ於テ、機ニ随テ且ク優劣ヲ現スル也。其中ニ、今ハ夫人ノ機ヲ観察メ、極楽ハ勝レ余土ハ劣也ト現シ給ヘリト答タル一重ノ義也。而ハ此重ノ義ハ、諸教通途〈達〉ノ分斉ヲ不レ越。サレハ花厳経ニ、百万阿僧祇ノ仏土ノ狭量ヲ説ニ」（6オ）極楽ヲ浄土ノ初門ニ置ハ、極楽劣也ト聞テ可願者ノ為也。今経ニ極楽勝タリト現スルハ、極楽勝レタリト聞テ、願心ヲ可キレ発ス夫人ノ為也ト可意得重ノ法門也。此ハ仏ノ本意ニ非ス。只機ノ根性ニ随テ、且ク一種ノ浄土ニ於テ有優劣一現スル一往之法門也。第二ニ故隠独顕ノ義ト者、釈云、或ハ可下故〔コトサ〕ラニ隠メ二彼ノ為ルヲ一レ優、独顕メ二西方一ヲ、為スル上ナル勝ト。此重ハ今経ノ意ニ依テ西方独勝ノ義ヲ顕ス也。彼ノ優タルヲ隠スト云ハ、一類ノ機ニ対メ西方劣也、余土勝タリト説シ九域ノ勝ヲ隠メ西方独リ勝レタリト云ヘハ、余土ノ勝レタリト云義ハ自然ト隠ル、ニ成カ故ニ、彼ノ優タルヲ隠ストハ釈也。」（6ウ）今経ニ付テ、衆生自力・釈迦仏力・弥陀願力ノ三重ノ法門アル中ニ、今ノ初ノ義ハ自力ノ位也。次ノ義ハ釈迦教、観仏三昧仏力ノ重也。彼ノ本願所成ノ義ハ弥陀願力ノ重也。其中ニ〈今〉或可故隠独顕ト云ハ、観仏三昧ノ位ニ約メ立ル義ナルニ付テ、義ノ意ハ九域ノ浄土ハ勝タリト云ヘトモ、極楽ニ比校スレハ、全ク比校ニ非ス。故ニ機ニ随テ優劣ヲ非可現一ス。三世常恒ニ極楽ハ勝タリト云義ノ意也。凡ソ涅槃経ノ中ニ釈迦ノ無勝ノ土ヲ讃テ、猶シ如ク東方ノ満月世界一ノ、亦如シ二西方ノ極楽世界一ノト説キ、薬師経ノ中ニ、浄瑠璃世界ヲ説ニ猶如シ二西方ノ極楽世界ノ一ト云ハ」(7オ) 諸仏ノ浄土皆一種平等ニシテ殊勝ナル位也。今其中ニ於テ、極楽勝ト説事ハ、弥陀ハ即諸仏ノ覚体、極楽ハ是諸土ノ本寺也ケル故也。仍此一義ハ弥陀ノ果徳ハ諸仏ノ根源ナル故ニ勝タリト云意ヲ顕シ、後ノ義ハ弥陀ノ因行ハ諸仏ノ因行ニ超タル故ニ、勝タル意ヲ顕也。然者、今故隠独顕ト釈スレトモ、未其由ハ不ル聞ヘヲ、其故ヲハ次ノ釈ニテ意得ハツヘキ釈ノシツラヒ也。弥陀ノ果徳ハ諸仏ノ覚体ナル故ニ、般舟経ニハ、三世ノ諸仏ハ念弥陀三昧ニ入テ正覚ヲ成ト説キ、極楽ハ諸土ノ本土也ケレハ、楞伽経中ニハ、十方ノ諸ノ刹土、衆生菩薩ノ中ノ」(7ウ) 所有法報ノ化身及ヒ変化ハ、皆従リ無量寿ノ極楽世界ノ中出タリト説ケリ。又天台大師ハ、但専以弥陀為法門主ト釈シ、妙楽大師ハ諸教ニ所讃多ハ在弥陀ニ故ニ、以テ西方ヲ而モ為ス一准ト云、宗家ノ大師、極楽ヲ本国ト名ル、皆此意也。サレハ法事讃ニ、三身ノ化用法体ハ無殊ト釈シ、弥陀ハ諸仏ノ法体也。諸仏ノ三身ハ皆是弥陀ノ化用也ト云ヘリ。而ハ法体ノ弥陀ハ勝レ、化用ノ諸仏ハ劣ル。本土ノ極楽ハ勝レ、末土ノ諸土ハ劣ナルヘキ事、本来自然ノ道理也。機ニ随テ勝トモ劣トモ可ニハ説非サリケリ。而ラハ第一ノ」(8オ) 義ハ機ニ随テ隠顕ス。此第二ノ義ハ法体ニ約シ、極楽ノ弥陀ハイツモ勝レタル義ヲ顕ス釈ト可意得也。第三ノ義ハ四十八願所成ノ故ニ、世ニ超テ勝タリト顕ス一重ノ深義也。此ハ弥陀ノ因行ハ諸仏ノ因行ニ超タル故ニ、極楽ハ諸土ニ勝レタリト云義也。讃ニ、四十八願ノ荘厳ヨリ起ヲモテ超テ諸仏ノ刹(クニ)ニ最モ為タリ精トイフ此意也。サレハ弥陀ノ果徳、諸仏ニ超タリト云義モ、コ、ニテ顕レ終ヘキ也。其故ハ、此仏ノ因行、諸仏ノ因行ニ超タリケルヲ以、果徳モ諸仏ニ越タリケリト可知故也。釈ニ曰ク、弥陀ノ本国四十八願ナリ。願々ニ皆発ス増上ノ勝因ヲ。依テ因ニ起シ於勝行ヲ」(8ウ) 依テ行感ス於勝果ヲ。依果感成シ勝報ヲ。依報感成ス極楽ヲ。依テ楽ニ顕通シ悲化ヲ。依テ於悲化ニ顕開ス智慧之門ヲ。然ルニ悲心無尽ナレハ智亦無窮ナリ。悲智双行シ即チ広ク開ク甘露ヲ。因テ茲ニ法潤(ウルヲス)普ク摂ス群生ヲ也。諸余ノ経典ニ勧タル処弥多シ。衆聖斉クシ心ヲ皆同ク指讃ス。有ルヲモテ此因縁致ス使シムルヲ如来密カニ遣シ夫人ヲ別シ選ハ也云云。此釈ニ付テ重々ノ故ヲ立テ極楽勝タル義ヲ顕ス也。先初ニハ本願殊勝ノ故也。其本願ノ勝タル事ヲ讃ルニ、増上勝因ト者、大経ニ、或ハ我建二超世願一トモ云、或ハ超発二無上殊勝之願一」（9オ）トモ説ク。此則、増上勝因ノ義也。本願世ニ超テ殊勝ナルヲ増上トモ殊勝トモ云故也。何事カ増上ニ、何事カ殊勝ナルソト云ニ、玄義云ク、法蔵比丘、在テ二世饒王仏ノ所（モト）一ニ行玉シ菩薩ノ道ヲ時、発ス二四十八願一ヲ。一々ノ願ニ言ク、若我得仏、十方衆生称メ二我カ名号一ヲ、願生ムト二我カ国ニ一下至十念、若不生者不取正覚。今既ニ成仏ス。即是レ酬因之身也云云。而今ノ釈ニ四十八願ニ亘テ、設我得仏ト者、上求菩提、即法蔵比丘」（9ウ）自ミ仏ニ成ラントト云願也。不取正覚ト者、下化衆生、即チ衆生済度メ仏ニ成サントト云願也。此二ノ心ヲ以菩提心ノ体トス。此無上殊勝ノ菩提心ヲ発ス四十八願也ケレハ、願々皆発ス二増上ノ勝因一ヲト釈也。但上求下化ノ菩提心ヲ勝因ト名ルマテハ、是レ諸仏通同ノ法門也。而ニ今ノ弥陀ノ本願世ニ超ヘタリト云事ハ、称名ノ一行ヲ以、上求下化ノ二心ヲ成セントト願スルナリ。サレハ今願々皆発ス二増上ノ勝因一ヲト云ハ、玄義ノ一々ノ願ニ言ク、称セヨト二我カ名号一ヲニ書合セタル筆也。然者、乃至十念ノ称名ニ依テ、自身モ成仏シ衆生ニモ往生セシメントト」（10オ）云願ハ、二百一十億ノ諸仏ノ中ニ未発一所勝願也。乃テ四十八願ハ只一ノ称我名号ヲ以為体一ト。此一行ニ依テ、設我得仏ノ上求菩提モ、不取正覚ノ下化衆生モ増上勝因トイハレケル故ニ、四十八願ハ只称我名号ヲ以増上勝因ト為也。而ハ十方罪悪ノ凡夫、称名ノ一行ニ依テ、我カ願力ニ乗メ我国ニ生テ、我ト等ク法性無為ノ浄身ヲ成就スヘクハ我モ仏ニ成ラン。若不尓者我究竟円極ノ悟ヲ不シ開ト。而モ仏ニ成テ既ニ十劫也。称我名号行者ノ往生無疑一者也。如ノ此不思議易行ノ増上勝願ヲ以成就スル所ノ国土ナル故ニ、諸仏ノ浄土ニ勝タリトト云」（10ウ）尤有其謂一。此念仏ノ勝因ノ上ノ行ナレハ、兆載永劫ノ行モ又勝行トト云ハル。此勝因勝行ニ依テ所レ得果報ナレハ、果報モ又勝果勝報ト讃ル也。故弥陀ノ因果ノ功徳ハ只念仏ヲ以為体一也。問之、弥陀本願ハ、称名ノ一行ヲ以、下機ヲ引入スルカ故ニ、諸仏ニ勝レタリト云事ハ尤可然。但シ極楽ハ諸土ニ勝タリト云事、其義未極。其故ハ下機ヲ入ル、土ナラハ、其土還テ劣ナルヘシ。例セハ花厳経ニ、百万阿僧祇ノ仏土ヲ相望スル時、最後ノ賢首仏土ハ、普賢・文殊等ノ深位ノ大聖ノ所居ナル故ニ勝タリ。最初ノ極楽世界ハ、人天二乗等ノ下機ヲ入ルニ便ヲ得タル」(11オ)故ニ劣也ト顕スカ如シ。サレハ天台等ノ意モ、極楽ハ土劣ナル故ニ、下機欣慕スルニ便アリト得給ヘリ。而今ノ四十八願ハ名号ヲ為レルカ体故ニ十方罪悪ノ凡夫ヲ摂入スト云ヒナカラ、而モ所入ノ土ハ十方浄土ニ超タリトイハヽ、豈非相違ニ乎。答、此ニ有二ノ意一。一ニハ願々皆発増上勝因ノ故ニ諸土ニ勝タリ。此釈ニ意ヲ不レ置故ニ、此迷難ヲ致ス也。其故ハ、弥陀ノ本願ハ、罪悪ノ凡夫、我カ増上勝因ノ名号ヲ称セハ、無三悪趣不更悪道、悉皆金色無有好醜ノ土ニ生テ、即正定聚ニ住シ、補処ノ位ニ至テ、諸上善人ト倶ニ一処ニ令レムト会願ス。此願力ニ依テ所ノ成スル土ナル故ニ、高妙ノ報土ナカラ」(11ウ)而モ悪人ヲ摂メ、諸上善人倶会一処セシムレトモ、機ニ随テ其ノ土劣ニ不成一ラ。故ニ諸土ニ勝タル荘厳也。此則依報ノ荘厳精花ノ辺ニ約メ勝ノ義ヲ成スル也。次ニハ下劣ノ凡夫往生メ諸上善人ト倶ニ一処ニ令レムト会願ス。此願力ニ依テ所ノ成一スル土ナル故ニ、高妙ノ報土ナカラ而悪人ヲ摂メ諸上善人倶会一処セシムレトモ、機ニ随テ其ノ土劣ニ不レ成。故ニ諸土ニ勝レタル荘厳也。此則、依報ノ荘厳精花ノ辺ニ約メ勝ノ義ヲ成スル也。次ニハ下劣ノ凡夫往生メ諸上善人ト倶ニ一処ニ令レル会セ本願ハ、是レ仏智ノ法門也。仏智・不思議智・不可称智・大乗広智・無等無倫最上勝智ノ五智円満ノ功徳海、無上」(12オ)甚深ニメ涯底無キ故ニ、此ノ五智所成ノ名号ヲ唱ル者ハ、無上ノ功徳ヲ具足シ、凡聖一如ノ益ヲ得テ、身色寿命尽皆平ノ証ニ至リ、究竟解脱金剛身ノ位ニ叶也。此仏智ノ願ヨリ成スル所ノ土ナレハ、諸仏ノ浄土ニ勝レタリ。此則、正報ノ仏智ニ約メ勝義ヲ成スル也。而ニ花厳ノ意ハ、此法体ヲ且(しばら)ク依心所見ノ位ニ取入レテ説ク故ニ極楽劣也ト説ク。サレハ彼経ノ意ハ、衆生ノ心ノ分斉ニ依テ感見スル位ノ浄土ヲ説ヲ以勝レタリト説ク。賢首仏土ニハ普賢等ノ大聖ノミ居メ、下機ヲ不入レ。菩薩因分ノ所居ナル故也。

今ノ仏智ノ願ハ一味平等ノ仏果ノ功徳ナル故ニ、其願所成ノ浄土ニハ、五」(12ウ)乗斉入メ仏ト等ク法性ノ常楽ヲ証メ、上下ノ差別モ無ク、凡聖ノ隔モ無シ。因分ハ果分ニ不及一。果分ハ因分ニ越タリ。因分果分既ニ雲泥セリ。九域西方ノ勝劣是モ顕レタリ。仍今ノ仏ハ智慧ノ徳モ諸仏ニ勝レ、摂機ノ分モ余仏ニ超タリ。此因分果分ノ勝劣ヲアリノマ、ニ今ノ光台ニハ現スル也。サレハ九ノ宮殿門戸ヲ閉テ現スルハ、九域ノ浄土ハ因分ノ位ナル故ニ、凡夫ヲ隔テ難入ノ相ヲ示ス。西方ノ一土ハ扉ヲ開テ、宝地ノ上ニ三花独迥〈キヤウ〉〈ハルカニ〉・三尊対坐ノ儀式ヲ現スルハ、果分無上ノ功徳海、下機ヲ不ルレ隔易往ノ相ヲ標也。而者、今ノ浄土ハ」(13オ)一毫ノ惑品ヲモ不分一、一分ノ慧解ヲモ不ル生一煩悩具足ノ凡夫ヲ摂メ、果分無上超勝独妙ノ国土(ニ)入レテ、身色寿命尽皆平、究竟解脱金剛身ノ益ヲ令ルレ得不思議ノ国土ナル故ニ、諸仏ノ国ニ勝レタリ。此本国既ニ勝レタレハ、自レ此所レ開ル化用ノ末土モ勝タリト説レケル也。サレハ彼賢首仏土勝タリトイフモ、今ノ宗義ヨリ見レハ本国他方元ヨリ無二ナリ。悉ク〈是レ〉涅槃平等ノ法ノ道理ヲ以、諸土ハ皆是極楽ナル故ニ勝タリト云ハル、也。仍独リ顕二メ西方一ヲ為レ勝ト故ニ九域ノ浄土モ勝レタル義ハ成スル也。此則、本願超勝ノ故ニ、極楽殊勝ノ義ヲ成スル一重ノ法門也。次ニ」(13ウ)依レテ楽顕二通ス悲化一等者、又一重ノ勝義也。抑諸仏ノ浄土殊勝也ト説給釈尊ハ自二何所一来ト云ニ、此本願不思議ノ益ヲ、三界火宅ノ我等凡夫ニ為レ令ム開悟一、自極楽一出世メ、一代八万ノ教門ヲ開テ、終ニ仏智ノ願海ニ令帰一セ仏也ト釈スル也。此則、諸仏称揚ノ願ニ答テ出世メ念仏一乗ノ法ヲ一音ヲ以演説シ給ニ、万差ノ衆機類ニ随テ各ノ利益ヲ得テ、終ニ願力ノ一道ニ帰スル也。法事讃云ク、如来ノ教法ハ元無二一ナリ。正ク為(ヨテ)ニ衆生ノ機不同一ナルニ、一音ヲモテ演説シ玉フニ、随レ縁ニ悟テ不レメ留二残結一ヲ、証スト二生空一ヲ云云。此意也。大経云、如来ハ以二無尽ノ大悲一ヲ矜哀シ玉フ三界一ヲ。所以(コノユヘニ)」(14オ)出二興メ世一ニ光(ヒロク)闡(ヒラキ)道教一ヲ、欲メ拯(スクハント)群萌一ヲ。恵ムニ以ニス真実此之利一ヲ云云。此経文ニ依テ、然モ悲心無尽ナレハ等ノ釈ヲハ作ル也。真実之利ト者、弥陀ノ名号無上大利ノ功徳也。然者、釈尊無尽ノ大悲ヲ以テ三界ヲ哀愍メ出世スル事ハ、十七ノ願ニ答テ極楽ヨリ出テ、弥陀ノ名号一乗ノ功徳ヲ称揚スルヲ、一代八万ノ教トハ為也。此念仏一乗ノ法ヲ、類ニ随テ八万ノ門ト開ケル故ニ、八万ノ門ハ皆浄土ノ門ニ非スト一云事ナシ。故ニ法事讃ニハ、別々之門還テ是同ナリト釈シ、般舟讃ニハ、門々ニ見テレ仏ヲ得レ生ヲ二浄土ニ一ト釈也。然者、一代ノ教ニ西方勝タリト一云モ、西方劣也ト一云モ、極楽ヨリ出世ノ」（14ウ）機ニ随テ一往施設シケル方便ノ門ナル故ニ、本ニ帰ノ見レハ只西方勝タリト一云一義ニ落居ス。此（ココ）ヲ今ノ釈ニハ、或ハ可シ下隠ノ二彼ノ為タルヲ優レ、独リ顕ノ二西方ヲ一為タラシム上勝トハ釈ル也。自是上（かみ）ハ、皆大経ノ意ニ依テ、極楽殊勝ノ義ヲ讃也。次諸余ノ経典ニ勧タル処、弥ヨ多シト者、仏只大経ノミ、弥陀ノ功徳勝レタリト讃ニ非ス。一代ノ諸経モ亦如レ此讃ムト一云意也。衆聖斉クノ心ヲ皆同ク指讃スト者、只釈尊一代ノ化儀ノミ弥陀ヲ讃ルニ非ス。三世十方ノ諸仏モ又同ク指讃スト也。是又、大経・小経ノ意ニ依也。此等ノ諸仏ハ皆西方極楽ヨリ出世ノ、弥陀ノ功徳ヲ讃ル仏ナルカ故也。経ニ云ク、十方ノ諸刹土ノ衆生」（15オ）菩薩ノ中ノ所有ノ法報仏化身及ヒ変化ハ、皆従リ二無量寿極楽界ノ中一出タリト。然者、西方勝タリト一云義ハ自然ト顕ル、也。仍テ本願殊勝ノ故ハ、浄土殊勝故、釈迦ノ本土ナル故、一代ノ所帰ナル故、諸仏ノ本土ナル故、如レ是重々ノ故アテ、浄土勝タル義ヲハ成スル也。夫人モ此等ノ心ヲ見トツケテ極楽ヲハ選ヒ取ル也。

欣浄縁故隠独顕得生之処事

今日モ欣浄縁ノ余残ヲ申述ヘシ。昨日諸仏ノ浄土モ荘厳殊勝ナレトモ、極楽ノ荘厳ニ比セムトスルニ、全ク比校ニ非スト一云ニ付テ、隠顕随機望存化益・故隠独顕・本願」（15ウ）超勝ノ三重ノ義ヲ以、其義ヲ成シキ。其中ニハ第三ノ義ヲ以本トスル也。彼土ハ超世別願所成ノ土也。釈尊ノ本土也。根源ナルカ故也。大経ニ云ク、所修仏国恢廓広大、超勝独妙建立常然無衰無変ト云云。今ノ釈ニ故隠独顕西方為勝ト一云者、此文ニ書合セタル筆ト見ルヘキ也、文即浄土宗ノ身土ノ体ヲ定メタルナリ。独妙ト者、天台大師、妙法蓮花経ノ妙ノ字ニ付テ相待・絶待ノ二妙アリト釈ス。相待妙ト者、麁ニ対スル妙也。コレハ尓前ノ諸教ノ麁法ナルニ対メ法花ヲ妙法ト云也。此経ハ妙ノ義未レ極。絶待妙ト者、尓前ノ諸教ヲ抑ヘテ即妙法一乗ト習フ。則「三乗五乗」（16オ）七方便九法界一仏乗也ト開会スル是也。此一乗ト者、存二ノ一乗ニ非ス。莫二ノ一乗也。故ニ十方仏土中唯有一乗法、無二亦無三除仏方便説ト説也。然者、諸乗ヲ開会ソ一仏乗ト談スルヲ一乗トモ妙法トモ云也。サレハ今独妙ト云モ念仏三昧ノ功能超絶セルヲモテ、実ニ非下雑善ヲモテ得ニ為(スル)中ヿヲ比類上ト云フ絶待ノ妙也。是則、法蔵菩薩ノ修起シ給ヘル浄土ハ、超世ノ本願ヨリ成スル所ナルカ故ニ、独妙ト云也。仍テ念仏ノ外ニハ万行モ無ク、極楽ノ外ニハ諸土モ無シ。念仏ノ外ニハ諸行無キ故ニ、念仏三昧功能超絶ト釈ス。極楽ノ外ニハ諸仏ノ浄土無キ故ニ「恢廓広」（16ウ）大超勝独妙ト説ク。若シ諸行ニ対スル念仏、諸土ニ対ル極楽ナラハ、独妙トモ云ヒ超勝トモ云ヘカラス。是ヲ念仏一乗ノ法門ト名付ル也。然者、所修仏国恢廓広大ト者、横ニ十方諸仏ノ浄土ヲ尽ス義、建立常然無衰無変ト者、竪ニ三世ニ亘リテ常住也ト讃ル義也。而ニ建立トイハ、法蔵菩薩始テ修起スル所ヲ指ス。而モ此荘厳本来常住ノ功徳也ケルカ故ニ、常然ノ無衰無変ト云也。報身常住永無生滅トモ説キ、無衰無変湛然常トモ釈スルハ此也。本有ノ万徳ヲアラハセル涅槃ノ荘厳ナルカ故ニ、悲願建立ノ土ナカラ而モ、法尓法然トメ湛然常也。而ニ法相」（17オ）宗ノ意ニ依ラハ三種ノ常ノ義ヲ判スルニ、法身ハ湛然常、報身ハ不断常、化身ハ相続常ト云テ、只法身ノミ湛然常ヲ免（ユル）メ、報身ニ湛然常ノ義ヲ免サス。而ヲ今師ノ意ハ、悲願建立ノ報身報土ト免シナカラ、国土ヲハ極楽無為涅槃界ト讃メ、教主ヲハ果徳涅槃常住世ト讃ル事ハ、性宗ノ心ニ准メ、修性不二・生仏一如・始本無二ノ妙義ヲ演ル也。而ニ涅槃ノ名ニ無量アリ。イハク寂静・無為・安楽・畢竟・常住・安処・彼岸等也。仍今ノ浄土ヲ讃ルニ、或ハ西方寂静無為楽、畢竟逍遙離有無トモ云ヒ、或ハ無衰無変湛然常、畢竟常安無退動トモ」（17ウ）イフ。是則、今ノ極楽ハ、大涅槃ノ四徳荘厳ヲ超勝独妙也ト讃メ顕ス意也。諸仏トメ此コニ至ラスト云事ナシ。至ヌレハ即仏ヲ弥陀ト号シ国ヲ極楽ト名ク。内証ノ実智ハ如是弥陀ニ成ヌレトモ、而モ化用門ニ出テ各々ノ名字ヲ得、極楽ノ上ニ而モ面々ノ浄土ヲ建立メ有縁ヲ摂化ス。雖然、弥陀ヲ離レタル仏ケナケレハ、皆極楽ニハウマレタル諸仏也。如是、勝相悉ク今ノ光台ニ顕現セシ也。本末歴然タリ。勝劣宛然タリ。何カ故ニ極楽ハ諸土ニ勝タルソトナラハ、無善造悪ノ凡夫ヲ隔テス摂スル仏智平等ノ願力所成ナルカ故也。諸仏ノ浄土ノ勝タリト」(18オ)云ハ、三賢十聖住果報、唯仏一人居浄土トテ、凡夫ヲ隔テ入サルカ故ニ勝タリト談スル也。サレハ進ミテハ即チ唯仏一人居浄土ナルカ故ニ、凡夫ハ難シレ入。退テハ又三賢十聖住果報ナレハ、我等望ヲタヘタリ。而ヲ今ノ浄土ハ唯仏一人居浄土ノ位ニモ越テ殊勝ナレトモ、而モ薄地ノ凡夫ヲ隔テス。超勝独妙ノ土ナレトモ願因ニ依ルカ故ニ、造悪ノ機根ヲ摂入スル生仏不二ノ妙境界也。夫人ノ眼ノ前ニ、此相ヲ見テ、是諸仏土雖復清浄皆有光明、我今楽生極楽世界ト請スル也。イフ心ハ諸仏ノ浄土清浄ナレトモ、我今極楽ニ生レント願フ。諸仏ノ光明朗然ナレ」(18ウ)トモ、我今弥陀ノ光摂ヲ願フト也。是則、依正共ニ諸仏ノ身土ニ勝タリト顕ス意也。大経ニ二段ノ文アリ。弥陀ノ依正功徳ヲ讃タリ。依報ヲ讃ルニハ、所修仏国恢廓広大超勝独妙、建立常然無衰無変ト説キ、正報ヲ讃ルニハ、無量寿仏威神光明最尊第一、諸仏光明所不能及ト説ケリ。弥陀ノ光明諸仏ノ光明ニ勝レタル故ハ十二種ノ光アリ。念仏ノ衆生ヲ摂スルカ故也。此中ニ天親菩薩ハ無碍光ノ名ニ付テ此仏ヲ讃嘆セリ。文云ク、世尊我一心帰下命ル上尽セル二十方ヲ一無碍光如来ニ上願レ生安楽ノ国一ト云云。此尽十方無碍光如来ノ句ヲハ」(19オ)註家是ハ讃嘆門也ト科ス。故ハイカニト云ニ、論ノ下ノ文ニ、讃嘆門トイハ称スレハ二彼如来ノ名ヲ一、如シ二彼如来ノ光明智相ノ一。如ク二彼ノ名義ノ一、欲スルカ下如クレ実ノ修行シ相応セム上ト故ト云カ故也。称彼如来名トイハ、尽十方無碍光如来ト云名也。如彼如来光明智相トイハ、直チニ南無阿弥陀仏トハ不唱シテ無碍光如来ト称スルハ、彼仏ノ光明智相ノ如ク讃嘆スル言ナルカ故也。如彼名義欲如実修行相応故トイハ、無碍光トイフハ、弥陀ノ名号ノ義功徳也。名号ノ義既ニ無碍光ナレハ、名義ノコトク無碍ノ信心ヲトリテ、名義ト相応メ讃嘆ス」(19ウ)レハ無明黒闇ヲ除キ、一切ノ志願ヲ満足スルヲ云也。サレハ名義相応ト者、此仏ヲハ既ニ無碍光如来ト名ク。

摂取ノ光明十方法界ヲ照ソ、一切衆生ノ無明ヲ除キ、志願ヲ満スル事障碍無キ仏ナルカ故ニ、尽十方無碍光如来ト称讃スル者ハ彼仏ノ名義ト相応スル也。何以ノ故ニ此仏ノ光ハ無碍ナルソト云ニ、五智円満ノ智光ヲ以テ照益スル時、衆生称念レハ即除二ク多劫罪一ヲ。命欲終ノ時キ、仏ト与二聖衆一、自来テ迎摂玉フ。諸ノ邪業繫、無二シ能ク碍ル者一ノ。故名二増上縁一ト也。故ニ垢障深重ノ凡夫ノ念仏ノ声ヲ尋テ照シ求テ、我等カ煩悩業苦ノ三障ヲ々(サハ)リトセス」(20オ)無碍ニ摂取ソ、高妙ノ報土ニ往生セシメテ、無為ノ法楽ヲ受シムルニ障リ無キ光ナルカ故ニ、無碍光ト云也。弥陀ノ名号ニ此義ヲ備ヘタリト云事ヲ信スル者ヲ、名義相応ノ行者ト名ク。此義ヲ不レル信者ヲハ名義不相応ノ者ト名ル也。夫人則此無碍摂取ノ光益ヲ見トツケテ皆有光明我今楽生極楽世界阿弥陀仏所トハ選取也。サル間、光台ニ依正共ニ拝見スル条勿論也。サレハ般舟讃ニ、夫人別所求ノ所ヲ讃ルニ、我レ得二タランニ菩提一ヲ当レテ心坐シ、徹二窮ソ後際一ヲ度二衆生一ヲ、身相光明照二ス法界一ヲ。光ノ所レ及処ニ皆ナ蒙レ益、一々ノ光明相続ソ照メ」(20ウ)照二シ覓ム念仏往生ノ人一ヲ、欲レ比セント十方諸仏国一ニ、極楽ニ安レスル身ヲ実ニ是精(セイ)ナリトイヘリ。夫人此不思義ヲ見テコソ選取シカ、祖師上人此等ノ文ニ依テ、夫人光台ヲ見テ密益アリト料簡セラレキ。諸人コレヲ不レ承。于時、当麻寺ヘ参詣ソ拝見セラル、ニ光台ニ三尊ヲ織レリ。上人感嘆ソ宣(ノ玉)ハク、昔唐朝ニ弥天ノ道安法師、経ニ豊(ホウ)約ナク、序正流通ノ三段ヲ分別スヘシト云シニ、諸大部小部人師是ヲ嘲哢(テウロウ)ス。或時天竺ヨリ、親光菩薩所造ノ仏地論ワタレリ。此論ニ序正流通ノ三段ヲ以一切ノ諸経ヲ講スヘシト判セリ。此時一天悉ク」(21オ)道安法師ノ義ヲ信仰ソ、此法師ヲ貴ミキ。我レ若シ上代ナラマシカハ、道安法師ノ如ク叡感ニモ預ナマシト云云。感嘆ノ余リニ大小十三鋪ノ曼荼羅ヲ写テ、都鄙有縁ノ道場ニ送テ、往生ノ本尊ト崇メラレキ。然者、夫人ノ選ヒ様能々可意得事也。夫人若此等ノ深義ヲ拝スハ選ヒ取ヘカラス。仍テ玄義ノ意モ、夫人光台ニ望テ十方浄土ヲ拝見ソ極楽ヲ選取テ、一心ニ信楽ソ求二願往生一ヲ、上尽二一形一ヲ、下収二テ十念一ヲ、乗ソ二仏願力一ニ、莫レシ不二「皆ナ往一カノ心発リシソト釈セリ。是則、顕彰弘願ノ仏体ヲ見奉テ、専心念仏ノ心発リ、無生」(21ウ)忍ノ益ヲ密ニハ証スト云心ヲ顕ス也。此コヲコソ今ノ釈ニモ、夫人無憂ノ所ヲ請スルニ、仏ケ説スノ現スル事ハ如来ノ意密ヲ顕ス也。夫人ノ為ニ是ヲ説カハ、恐クハ夫人不メレ見心ニ猶致惑〈チワク〉セン事ヲ。故ニ一々ニ顕現メ、彼ノ眼ノ前ニ対メ、所須ニ任セ心ニ随テ自選ハシムトモ釈ス。説カハ還テ迷ヘキ故ニ、現メ見セシムルハ、如レノ是勝相残リ無ク拝見セシメンカ為也。此勝相ヲ見テ選取ル所ヲ、釈ニ夫人得生ノ所ヲ選フト釈スルハ一重ノ深義アリ。其故ハ十方浄土ノ中ニ已〈イ〉得生所アリ、未得生所アリ。九域ノ浄土ハ凡夫得生ノ所ニ非ス。西方ノ一土ノミ得生ノ所ナリ。」(22オ)十方罪悪ノ凡夫ノ為ニ、乃至十念若不生者不取正覚ト誓フカ故ニ、此願所成ノ土ニハ、十方法界同生ノ形チ悉ク顕現セリ。サレハ夫人我カ得生ノ処ハ此土也ト見ヲホセテ選取シ故ニ、得生ノ所ヲ選フト釈スル也。夫人得生ノ処、又即我等カ得生ノ処也。而ニ既ニ生ル、事ヲ得タラハ、何ソ又楽生極楽世界ト云ヤト云ニ、已得生ノ処ニ而モ未得生ノ位アルカ故也。即便往生ハ已得生也。当得往生ハ未得生也。而ニ仏ノ若不生者不取正覚ノ願成シ給ヘル仏智見ノ方ヨリ、十方衆生正覚同時ニ已ニ往生ノ義成セリ。若不生者ノ往生若不成不取正覚ノ」(22ウ)覚体成スヘカラサルカ故也。雖然、衆生ノ未タ発心セサル位ニ約スレハ未タ往生セスト説也。已得生ノ謂ヲ未ルレタ知カ故也。然者、夫人即便往生ノ益ハ既ニ仏光ノ中ニ成シニケリト見ル方ヲ得生ノ処ト釈シ、有漏ノ穢身イマタステス、当得往生未ルタ遂ケ方ニ約メ楽生極楽ト請スル也。我等モ又如是信スヘシ。然者、此曼荼羅ハ夫人得生ノ処ト見ノミナラス、我等カ得生ノ処ト可レ拝ム也。若カク拝マサランハ往生ノ志ノ浅キナルヘシ。如レ是信スルヲ、努力翻迷還本家トモ釈シ、彼仏今現乃至必得往生トモ釈スル也。法門多ク成ヌレハ暗誦シカタシ。所詮ハ本願勝相ノ故ヘ、摂」(23オ)取ノ光明ノ故ヘ、国土独妙ノ故ヘ、如是ノ故アリテ夫人極楽ヲ選ヒ取ト可意得也。

欣浄縁四種仏土事

凡ソ此光台現国ノ処ハ即此宗ノ要処也。十三定善三輩散善異方便ノ体ハ即此光台也。中央所有ノ荘厳モ此光台ニ集メ置タル処也。サレハ所現ノ三尊ハ中央三十七尊ノ中ノ三尊也。仍テ光台ヲ開テ十六観トハ説ク也。然者、イツクヲ讃ルトモ只此光台ヲ讃ルニテ有ヘキ也。而ニ此光台ニ於テ夫人正報ヲ見不レ見ハ自門他門ノ諍ヒ也。今云ク顕説ノ通リニテハミス。密益ノ通リ」(23ウ)ニテハ見ル也。今ノ変相ハ正ク正報ヲ見ル方ヲ織ルカ故ニ、三尊ヲ図スル上ヘハ、西山ノ一義相違無キモノ歟。比ニ付テハ第七観所現ノ三尊ハ二度ヒ現スル歟。又、只光台所現ノ三尊ヲ阿難結集ノ時キ第七観ニ有ト云歟ト云ニ、此段ハ明日ノ讃嘆ニ残スヘキ也。其故ハ示観縁ノ釈義ヲ講セン時、光台ノ法門キハマルヘキカ故也。今日ハ昨日ノ大経ノ超勝独妙ノ料簡ノイキヲイ、一昨日ノ別所求ノ下タニ残ル事共アリ。是ヲ沙汰スヘキ也。就中、恢廓広大超勝独妙、建立常然無衰無変ト云ハ、彼土ハ涅槃常住ノ荘厳也ト讃メタリ。而ヲ今ノ光台ノ経文ニ四種ノ」(24オ)仏土ヲ挙タリ。西方極楽ハ此中ニ何レノ土ソト云ニ、有師ハ第一ノ七宝合成ノ土則極楽也。勢至観ノ中ニ此菩薩ノ坐スル時、七宝ノ国土一時ニ動揺スト説ク文ニ順スルカ故ニト云云。元照律師ノ云ク、極楽ハ此四種ノ荘厳ヲカネタリト云云。此釈ハヨシ。其中ニ七宝合成トイハ、極楽ノ荘厳尊貴ナル事ヲ顕ス。純是蓮花ト者、彼土ノ荘厳清〈キヨ〉クイサキヨキ事ヲイフ。如自在天宮ト者、彼土ノ快楽他化自在天宮ノ如クナルヲイフ。如波〈婆〉梨鏡トイハ依正ノ荘厳アキラカニミカケル形ヲ讃ム。故ニ極楽ニハ諸美カネタル事ヲ顕サン為ニ、十方無尽ノ浄土ノ中ニ」(24ウ)略メ此四種ノ荘厳ヲ説也ト云云。此義サモヤト覚ユ。然トモ四種ノ荘厳ヲカネタル深故ヲハ釈セス。今云、法事讃ニ、其国清浄ニメ四徳ノ荘厳ヲ具セリト云カ故ニ、此四種ノ荘厳ト云ハ、即涅槃ノ常楽我浄四徳波羅蜜ノ功徳荘厳也。大経ニ超勝独妙建立常然ト説ハ此意也。然者、此四種荘厳ヲハ、或ハ普賢観経ノ常寂光土、或ハ涅槃経ノ四徳波羅蜜、或ハ真言教ノ四智ノ功徳ニ配当メ讃嘆スヘキ也。就中、涅槃ノ四徳波羅蜜ニアテハ、次テノ如ク常楽我浄ニ当ル也。又真言ノ四智ニアテハ七宝合成ハ成所作智ノ荘厳也。」(25オ)業事成弁ノ体、即合成ノ義ナルカ故也。純是蓮花ハ妙観ノ功徳ニ司トル。妙観察智ヲハ蓮花智ト云カ故也。如自在天宮ハ平等性智ニアタル。凡ソ第五ノ快楽天ノ楽ハ自ラノ作用ニ依テ受ク。第六ノ他化自在天ノ楽ハ他ノ力ニ依テ生メ自ノ変作無シ。平等ノ義也。我痴我見〔我愛〕我慢ノ四煩悩転メ自他平等ノ智体ト顕レタルヲ平等性智ト云カ故ニ、天ノ楽ノ自他平等自在ナルニ、平等性智ノ荘厳功徳自他平等自在ナルヲタトヘテ、如自在天宮ト云也。如頗梨鏡トイハ大円鏡智ノ荘厳ニ当ル。瑠璃明鏡ノ土ハ則大」(25ウ) 円鏡智ノ功徳ナルカ故也。依テ四方四仏ノ荘厳功徳ヲ今ノ極楽ノ中ニ具足スル意也。又、此四智ニ法界体性智ヲ加テ五智トス。是ヲ仏地ノ五法ト名ク。即大経所説ノ仏智不思議智等ノ五智ニ当レリ。其ニ取テ或師ハ、仏智・不思議智・不可称智・大乗広智・無等無倫最上勝智ヲ次ノ如ク法界体性智・大円鏡智・平等性智・妙観察智・成所作智ニアツ。或師ハ仏智・不思議智・不可称智・大乗広智・無等無倫最上勝智ヲ逆次ニ成所作智・妙観察智・平等性智・大円鏡智・法界体性智ニアツ。仍」(26オ) 極楽ハ此四智五智ノ仏果ノ功徳ヲ以荘厳セル土也。サレハ顕密ノ諸教ノ中ニ諸所ノ四智五智ノ功徳ハ、只此極楽弥陀ノ功徳ヲワカチ取テ説ケルカ故ニ、三世ノ諸仏モ十方ノ浄土モ只是弥陀ナリ。サレハ弥陀ハ釈迦諸仏ノ根本也。夫人如是荘厳功徳ヲ見テ選取シ也。此五智所成ノ荘厳ナリケルカ故ニ、善悪凡聖ヲ隔テス、五乗斉入ノ此内証道場ニ於テ同ク大乗ノ法楽ヲハ受シメケル也。而ニ諸教ノ中ニ釈迦牟尼仏ヲ名毘盧遮那ト一。其仏ノ住所ヲ名ク二常寂光一トモ説キ、阿鼻ノ依正ハ全ク処二極聖ノ自心一ニ、毘盧ノ身土ハ不越二凡下ノ一念一ヲ」(26ウ) ト談スレトモ、我等カ分ニアラサルヲ、今浄土ニ生テ見レハ、超世大願ノ力ニヨテ、此甚深殊勝ノ荘厳ヲ受用スル也。而ニ如レ是義、今ノ釈ニ不レ見ト雖モ、法事讃ニ四徳ノ荘厳ヲ具スト云ヒ、般舟讃ニ四種荘厳普皆遍ト云ニ付テ、是ハ仏智・不思議智等ノ五智所成ノ荘厳功徳ヲホムルカ故ニ、即彼四智四徳ノ荘厳ニアテ、讃嘆スル者也。人師既ニ仏智等ノ五智ハ即円鏡等ノ五智也ト料簡スルカ故ニ、顕密ノ諸教ニ四智五智ト説ハ、即弥陀ノ本願ヨリ成スル功徳也ト今ノ宗ヨリハ可見也。如レ是一代聖教ノ中ニ所ノ明ス諸ノ身土ノ功徳ヲ合成シタル極楽也」(27オ) ケルカ故ニ、十方諸仏ノ国ハ尽是法王ノ家ナリトモ讃メ、本国他方元無二、悉是涅槃平等ノ法ナリトモ釈ス。経ニハ、所修仏国恢廓広大超勝独妙、建立常然無衰無変トモ説也。此別願酬因ノ荘厳ノ中ノ功徳ヲ、宗ニ随テ或ハ三賢十聖住果報、唯仏一人居浄土トモ説、或ハ百万阿僧祇ノ浄土校量トモシケル故ニ、皆是極楽ハ諸美ヲカネタル中ノ随一ノ荘厳ヲ取テ如レ是説也。故ニ殊勝也ト讃メラル、賢首仏土モ極楽ニ往生メ補処ノ位ニ到テ可レ見所也。若極楽ニ往生セスハ我等カ境界ニ非ス。故ニ恵心ノ六時ノ讃ニモ是等ノ境界ヲハ、一生」(27ウ)補処ニ非スハ此地ヲ踏ム者アリカタシ。百法明門サトラスハ此地ヲ踏者アリ難也ト云ヘリ。此極楽ノ内ノ随一ノ賢首仏土ノ普賢ノ徳行ヲ、諸教ニハ一生補処ノ菩薩十方ニ行メ衆生ヲ利益スル相ト説也。然者、一切ノ菩薩ノ普賢ノ行ヲ修スルハ皆是極楽ノ内也。此恢廓広大超勝独妙功徳荘厳ヲ註論ニ釈スルニ、安楽ハ是菩薩ノ慈悲正観之由生、如来ノ神力本願之所建、胎卵湿ノ生、縁レテ茲〈コレ〉ニ高ク揖(ハラヒ)(ヲサマル)業繋ノ長キ維(キツナ)、従レテ此ニ永ク断ツ。続括〈クワツ〉之権、不レメ待レ勧メヲ而彎(ヒキ)レ弓ヲ、労謙〈ラウケン〉ノ善譲、斉二メ普賢一而同スレ徳ヲ。勝過三界抑(マタ)是レ近レシ言フニ云云。彼土ヲ讃ルニ」(28オ)暫ク近ニシタカヘテ勝過三界道トイヘトモ、如レ是人天二乗ノ境ヲ越テ補処ノ位ニ登リ、成仏ノ道ニイタル大義門功徳成就ノ国也トホムル也。故ニ一生補処ノ菩薩等ノ普賢ノ行願ヲ修習スル事ハ、極楽ノ上ノ事也。仍賢首仏土等ハ我等往生ノ時悉ク感見スヘキ処也。而ニ西山ノ上人ノ御時、抑モ此弥陀本国四十八願々願皆発増上勝因已下ノ重々ノ深義ハ、夫人ノ所見ヲノフル歟、又夫人ノ所見ニハ非ス、タ、和尚則仏ノ密意ヲサクリテ釈シ述ヘ給ヘルカト云ニ、他門ノ義ハ、夫人正報ヲ不ルレ見故ニ只是仏意ノ底ヲサクリ出シテ釈シ給也ト云云。今ノ」(28ウ)義ニ云ク、今ノ釈既ニ別所求ノ我今楽生極楽世界阿弥陀仏所ノ一文ヲ二段ニ分テ釈スル心ハ、夫人依正共ニ見ト免ス釈也。其故ハ始ニ楽生極楽ト科スルハ、夫人依報ヲ見ル方也。次ニ楽生弥陀ト科メ弥陀本国四十八願等ト釈スルハ、夫人正報ヲ見ル密意ノ辺ヲ釈ル也。サレハ楽生極楽モ楽生弥陀モ共ニ夫人ノ言也。何ッ夫人如是ノ正報ノ深義ヲ見ストイハンヤト云云。是ニ付テハ若シ然者、如来密カニ遣二メ夫人ヲ一別メ選ハシムトイハ、仏ノ密意ニ約スルカトミユルハイカニト云ニ、自元此釈ハ密益ノ辺ヲ釈スルカ故ニ密ト云也。光台ニ夫人ノ」(29オ)密益アリト云事、此釈分明也。但如レ是義ハ釈迦一仏ノ護念力ヲ以テ見ル歟ト云ニ、釈迦弥陀諸仏共ニ神力ヲ加メ見セシムル也。其故ハ上釈ニ、仏ノ神力ノ故ニ了々分明ニ韋提ニ加備メ、悉ク皆見事ヲ令レ得ト釈スルハ、釈迦仏力ヲ加メ見セシムル意也。今弥陀本国四十八願等釈スル位ハ、弥陀ノ願力加メ見セシムル意也。衆聖斉心皆同指讃ト云位ハ、諸仏ノ護念力ヲ加メ見セシムル心ナルカ故也。而ニ釈迦既ニ楽ニ依テ悲化ヲ顕通ストテ、極楽ヨリ出テ悲智ノ門ヲ開クトイフ。十方諸仏モ又釈尊ニ同ク弥陀ノ仏智ヨリ出タリ。故ニ二尊諸仏同体ノ大悲加備護念シ」(29ウ)給フニヨテ、夫人此甚深ノ義ヲ拝見セシ也。此ノ三仏ノ異方便ノ下ニハ、諸仏如来有異方便令汝得見トハ説ク也。而モ此異方便ヲ十三観ト開ク中ノ宝樹観ニ、彼土ノ宝樹宝蓋ノ中ニ釈迦一代ノ化義悉ク顕現スト説心ヲ承テ、恵心ノ六時ノ讃ニモ、或ハ宝樹宝蓋ニ釈迦ノ一化見事ヱント云ヘリ。是則、夫人光台ノ所見ヲ我ハ見ツ。未来ハイカ、見ルヘキト請スルニヨリテ、十三・十六トハ説故ニ、宝蓋ノ中ニ顕現スル所、皆是今ノ弥陀本国四十八願以下ノ夫人ノ所見重々ノ深義ニ当レリ。何ソ是ハ夫人ノ所見所領解ニ非トイハンヤ。然者、夫人、仏ノ神力ヲ」(30オ)蒙リテ、極楽世界広長ノ相ヲ見ルニ此土ハ恢廓広大超勝独妙也。此別願所成ノ国ノ中ニ十方無尽ノ浄土ヲ尽メ残ル所ナケレハ、我レ彼国ニ生テ心ノ如ク十方浄土ニ往返遊行メ、成就衆生ノ行願ヲモ成スヘカリケリナント見テ選ヒ取シ也。而ニ此深義ヲ不知シテ通請ノ時、大様ニ心浄土浄ノ十方ノ浄土ヲ請セシニ、仏ケ不説シテ現メ別願所成ノ浄土ヲ見セシメシ時キ、夫人一心ニ此土ニ往生セント願フ也。此ヲ玄義ニ一心ニ信楽メ求二願レハ往生一ヲ、上尽二シ一形一ヲ、下収二ム十念一、乗二メ仏ノ願力一ニ莫三シ不二「皆往一カトハ釈スル也。カク請スル時、凡夫往生ノ要路モ顕レ、如来出世ノ」(30ウ)本懐モ顕レハツル也。此頓教一乗ノ宗極悉ク光台ニ現セシヲ説ニウツス時キ、不可具説ト説ハ、所現ノ無尽ノ荘厳、甚深ノ義理、言説ニハ具ニ難レシト説一云意也。

欣浄縁女人往生事

今日、光台現国ニ付テ一個ノ要益ヲ述申スヘキ也。其要益トイハ、凡ツ是諸仏土雖復清浄皆有光明、我今楽生極楽世界阿弥陀仏所ト選ヒ取夫人ノ所見、意楽ノ趣ハ、凡夫得生処ナルカ故ヘ、凡夫摂化ノ光ナルカ故ヘ、一代ノ所帰ナルカ故ヘ、諸仏ノ本土ナルカ故、如レノ是重々ノ故アリテ、選取事大義先畢ヌ。」(31オ) 而ニ弥陀本国四十八願々々皆発増上勝因トイフ。四十八願ニカハリテ、夫人ノ殊ニ選取ケル心ヲ猶委ク尋ミレハ、十八ノ願ニ十方衆生至心信楽欲生我国乃至十念若不生者不取正覚ト誓フ願体ヲ見テ選ヒトル。即チ願々皆発増上勝因ノ体ニ叶フト雖モ、故ことさラニ第三十五ノ願ニ、別メ女人往生ノ一願ヲ立ラレタリ。夫人此願コトニ我カ分ニ相応セリト見テ選取ケリト意得ヘキ也。文云、設我レ得レ仏十方無量不可思議ノ諸仏、世界ニ其レ有二女人一聞テ我カ名字ヲ一歓喜信楽シ、発メ二菩提心ヲ一、厭ヒ二悪ヲサシ女身ヲ一、寿終ノ後、復タ為ナルト二女像ト一」(31ウ) 者イハ、、不レ取ラ二正覚ヲ一ト云云。而ヲ此願文ニ付テ不審アリ。其故ハ、十八ノ願ニ既ニ十方衆生乃至十念若不生者不取正覚ト誓フ。女人往生ノ謂レ此十方衆生ノ内ニコモルヘシ。何ソ別シテ此一願ヲ立ルヤト云不審也。凡ツ此願ヲハ聞名転女ノ願トモ名ケ、不受女身ノ願トモ名ケ、女人往生ノ願トモ名ル也。而ニ不受女身ノ願、聞名転女ノ願ト意得レハ不審ハ無キ也。其故ハ十八ノ願ノ往生ノ上ニ、此願ハ別メ女身ヲ転メ男子トナシテ、其往生ヲハ得シメント云願ト意得ヘキカ故也。而ヲ観念法門ニ摂生増上縁ノ下ニ此願文ヲ引テ、女人得生ノ願ト釈セリ。サレハ此辺ニ約メハ先キノ」(32オ) 不審アル也。観念法門ニ此願文ヲ引ヲハリテ、私ニ料簡ヲ加ヘ給義ニ云ク、由カ二弥陀ノ本願力一ニ故ニ、称レハ二仏名号ヲ一、正命終ノ時、即転ソ二女身ヲ一得テレ成ヲ二男子一ト、弥陀接ヲサメレ手ヲ、菩薩扶ケテレ身、坐シメ二宝花ノ上一ニ、随テレ仏ニ往生メ入テ仏ノ大会ニ証悟ス二無生ヲ一。又一切ノ女人、若シ不レ因ヨラ二弥陀ノ名願力ニ一者、千劫万劫恒沙等ノ劫ニモ、終キニ不可転ニ得女身ヲ一。応レ知、今或ハ有テ二道俗一云ク、女人ハ不レ得生ヲ二浄土ニ一者イハ、、此ハ是レ妄説ナリ。不可信ス一也ト云ヘリ。然者、此釈ノ意ハ、一切ノ女人聞名称名セハ、臨終ノ時、女身ヲ転メ往生スヘシト云云。此中ニ転得女身ハ修因ニ約シ、随仏往生ハ」(32ウ)得果ニ約スルカ故ニ、二名トモニ要益也ト見ユ。然トモ此願ハ女人往生ヲ為ル体一ト故ニ、摂生縁ノ下ニハ引也。故ニ先キノ疑ヒ残レリ。是ヲ意得ルニ、十八ノ願ノ中ニ十方衆生ト云ハ、誠ニ〈男子〉女人惣メ往生セシメント誓フ也。然𪜈女人ハ殊ニ惑障深重ナルカ故ニ思ヘラク、男子ノ往生ハ可レシ然。女人ハ往生スヘカラスト此疑ヲタ、ムカ為ニ、十八ノ願ノ上ニ又重テ此願ヲ立ルナリ。凡ソ女人ハ業障深重ニメ仏法ノ器ニ非ス。サレハ大集経ノ中ニハ、女人有処ニハ必ス地獄アリト説キ、或経ノ中ニハ、所有三千界男子ノ諸煩悩ヲ合セ集テ為二ス一人ノ女人之煩悩一ト云ヘリ。吾朝人王四十六代ノ帝ヲ孝〈聖武ノ御ムスメ〉謙」(33オ)天皇〈母光明皇后〉ト号ス。後ニハ称徳ノ天皇ト名ケキ。女帝ナカラ賢王ニテマシ〱シカ、一切経ヲ披見シ給フ中ニ、此経文ヲ見玉テ、仏ハ妄語シ玉ケリ。女人ナレハトテ、ソレホトニシモ有ヘキ様ナシトテ、此経ヲ引被リテ被レ捨キ。依テ二此罪一ニ現身ニ順現業ヲ感メ、道鏡法師ヲ法皇トメ〈ユケノ法王ト云是ナリ〉悪名天下ニ流布ス。大方女人煩悩ノ根本ナル故ハ、坐臥ニ思二念ス欲一ヲトテ、行住坐臥ノ四威儀ニ欲念ノ外ハ他念ナキカ故也。而ヲ諸仏ノ浄土清浄梵行ノ男子ノミ有テ女人無キ事ハ欲邪行ナカラン為也。サレハ仏ケ大集経ヲ説レシ時、東方ノ日蔵菩薩、西方ノ月蔵菩薩、彼娑婆、」(33ウ)世界ハ女多キ国ナルヲ以、彼国ノ衆生ハ女人ノ言ハニ随テ多ク悪道ニ落ツ故ニ、我レ彼国ヘ行ヘカラスト云キ。又法花経ハ一切衆生皆成仏道ノ旨ヲ説ク、甚深ノ経ナルカ故ニ、八歳ノ龍女海中ヨリ来リ、霊山会上ニ詣メ、菩提心ヲ発シ速ニ成仏セントセシ時、智慧第一ノ舎利弗等、此事ヲ疑テ云ク、女身垢穢非是法器、云何カ能得ムヤ二無上菩提一ヲ。又女人身猶有五障、一者不得作梵天王、二者帝釈、三者魔王、四者転輪聖王、五者仏身ナリ。云何、女身速得成仏一ト疑難シキ。又転女成仏経ニハ女人ヲ」(34オ)讃メテ而モソシレリ。男子ヲ生メ仏ニナス方ヲハ三世諸仏ノ母也。諸ノ功徳ノ蔵也トホメ、煩悩妄愛ノ根源ナル方ヲハ仏法器ニ非ストソシレリ。此三界ノ中ニモ第六ノ他化自在天マテ欲界ノ不浄ノ処ナルカ故ニ女人生スレ𪜈、色界ハ清浄ノ天ナルカ故ニ女人ナシ。而モ色界ノ諸天及ヒ十方ノ浄土ニ嫌ハレテ、成仏ノ道絶タルノミナラス、日本国ノサシモ目出度霊験ノ砌ニモ其跡ヲケツレリ。先ツ比叡山ハ伝教大師ノ建立、桓武天皇ノ御願也。大師手自（てづからみづから）造リ給ヘル薬師ノ霊像ヲハシマセトモ、タ、其名ハカリヲ」(34ウ)聞キ奉テ、昔ヨリ今ニ彼霊像ヲ拝シ奉ル女人ヲハ不レ聞。高野山ハ弘法大師ノ結界ノ峯、五相成身ノ月ハ八葉ノ峯ニスメトモ、女人垢穢ノ姿ハ影ヲサス事ナシ。聖武天皇ノ御願東大寺ノ大仏殿僅ニ拝見スレトモ扉ノ内ニハ入事ナシ。天智天皇ノ建立笠置寺ノ弥勒ノ御前高ク仰テ拝メトモ、猶壇ノ上ニハ恐レアリ。加之、金峯ノ雲ノ上ヘ、醍醐ノ霞ノ内チ、女人ハ望ヲヘタテタリ。此娑婆世界ノ瓦礫荊棘ノ汚穢不浄ノ処ニタニモ、望マス、踏ス、拝マサル砌アリ。〈況ヤ〉衆宝荘厳ノ浄土ヘマイリ、万徳」(35オ)究竟ノ仏ニ成ル事ヲ得ムヤ。サレハ七仏ノ法ノ中ニハ、女人ノ出家ヲ不レ免サ。而ヲ今日釈尊出世ノ時キ、仏ノ姨母憍曇弥、出家ノ志シネンコロニメ仏ニ所望セシニ、過去ノ七仏ノ中ニ無二其例一上ハトテ、仏是ヲ不被免一サ。時ニ阿難ネンコロニ取申サレシカハ、仏其出家ヲ免サレシニヨテ、正法千年ナルヘカリシヲ五百年減ス。結集ノ莚ニ阿難窟内ニ入ラン事ヲ所望セシ時、迦葉則阿難ニ六種ノ咎アリ、不ト可入一ト制セシ随一ニ、此過ヲ出セリ。此コニ阿難過ヲ悔ヒ果ヲ証メ窟内ニ入事ヲ免サレキ。如是、女人ノ出離」(35ウ)諸教ニ無左右一免事ナシ。サレハ聖道教ノ意ハ、此土ニシテ女身ヲ転スル事ハ、三賢初僧祇ヲ経テ初地ニ入テ悪道ニカヘラヌ位ニ成テ女身ヲ転スト一云リ。何況ヤ、十信以前ノ薄地ノ女人、自力ノ位ニテ女身ヲ転スル義、思ヒ絶タル事也。仍娑婆ノ得忍ハ六道恒沙劫末期ノ故ニ、千劫万劫恒沙等ノ劫ヲ経〈フ〉トモ、女身ヲ転得スヘカラス。而ヲ今ノ弥陀ノ本願ハ諸教ノ出離ニモル、所ノ常没位ノ女人ヲ引摂メ、大乗善根ノ国ニ入レン時、タヤスク女身ヲ転スヘシト立給ヘリ。爰以テ十方所有ノ女人、我カ名号ヲ聞テ菩提」(36オ)心発シ女身ヲ厭ヒ悪〈ニク〉マンニ、命終ノ時、速ニ女身ヲ転メ浄土ニ往生セシメン。若尓者不取正覚ト誓給ヘリ。サレハ初地ノ位ニ不レル入ラ女身ナレトモ、忽ニ一生補処ノ位ニノホリ、諸上善人ト共ニ一処ニ会シ、三十二種大丈夫ノ相ヲ具シ、無〈生〉不退ノ勝益ヲ得ン事、夕、此本願ノ力ノミ也。夫人光台ニ極楽世界広長ノ相ヲ見シ中ニ、此相ヲ見テ選取一重ノ深キ相也。凡夫人ノ此界ヲ厭ヒ初シ事モ、我身女人ナルヨリ起ル。其故ハ、女人タルニヨテ大王ト夫婦タリ。王既ニ禁ニ逢フニ、密ニ音信ヲ通シ、飯〈ヲン〉食ヲ奉ル時、闍王瞋リテ母ヲノリ、剰ヘ罔極〈ハウキヨク〉ノ」(36ウ)恩ヲ忘レテ釼ヲ取テ母ヲ害セムトス。其時ニ夫人、我レ女人ト〆大王ノ夫人タルニヨテ今此苦難ニ逢ヘリ。我レ昔何〈イカ〉ナル罪アテカ此悪子ヲウメル。願クハ未来ニ於テ女身ヲ不レ受、如ノ是悪声ヲ不レ聞カ、悪人ヲ見シ。願クハ仏、我カ為ニカヽル憂ヘ無キ処ヲ説給ヘト請スルニ、仏不説シテ、十方ノ仏国ヲ現シ給フニ、九域ノ浄土ハ女人ノ入ヘキ処ニ非。八万〈マン〉四千ノ波羅蜜門ヲ修行〆初地ノ証ヲ得テ、始テ女身ヲ転スヘシト見ユ。夕、西方一土ノミ、如ノ我女人往キ安〆而モ女身ヲ転得スヘカリケリト見シ故ニ、極楽ヲハ」(37オ)選ヒ取也。然者、極悪最下ノ女人、極善最上ノ妙益ヲ得ル事ハ、諸教ニ其例ナキ不思議ノ中ノ不思議也。而ヲ転女成仏経ニ女身ヲ転〆成仏スヘシト説ハ、底ハ念仏ノ益ト可意得也。今ノ観念法門ノ釈ハ、諸教ニ女人出離ノ旨ヲ説ヲ、目ニカケテ廃立〆、女人ノ出離実ニハ弥陀ノ本願ニ依ヘシト立タル宗義也。全ク念仏ノ外ノ益ニ非ス。但シ聖道ノ教ナルカ故ニ、面〈おも〉テハ念仏ト説カス。斎戒等ノ諸行依テ、女身ヲ転シ仏ニ成ルヘシト説ケリ。如是説ク仏ノ御心ノ内ハ〈夕、〉念仏成仏ノ益也ト思食也。又薬師経・法花経」(37ウ)等、女人ノ出離ヲ説クハ、皆是大権ノ変作也。若実者ナラハ今ノ宗ニ入テ出離スヘキ也。而ルヲ薬師如来ハ阿弥陀経ノ意ニ依レハ念仏証誠ノ随一也。言ハニ虚妄アルヘカラス。極楽ノ往生ヲ勧ムヘシ。故ニ斎戒ヲ持テ極楽ニ往生セント思ハン者ヲハ、八菩薩ヲ以テ是ヲ送ラント誓ヒ給リ。其斎戒、若シ煩悩賊害失此法財〆往生カナハサラン時ハ、弥陀ノ名号ヲ唱テ、極楽ニ往生スヘシト落居スヘキ法門也。法花ニ、八歳ノ龍女即身ニ成仏スト説ケトモ、実行ノ女人ニ非ルカ故ニ、経ニ年始八歳智慧利根ニ〆善ク知二レリ」(38オ)衆生ノ諸根行業一ヲ。得二陀羅尼一ヲ、諸仏ノ所説ノ甚深ノ秘蔵悉ク能ク受持〆深ク入二リ禅定一ニ、了二達〆諸法一ヲ於二刹那頃一ニ、発二菩提心一ヲト説キ、釈ニハ於二前三教一久ク已ニ習学スト云。

又後、五百歳ノ女人即往安楽ト説𪜈、猶顕行ノ位ニメ、未タ示観他力ノ法門ニ不レ入ルカ故ニ、上々品ノ機ノ往生ヲ説テ下八品ノ往生ヲ不レ説。而ヲ今ハ示観他力ノ門ニ入テ、女人往生ノ益ヲ説窮ル也。如ノ是一経々ノ異説一切ノ疑ヲハ観念法門ノ釈ニ会釈スル也。一切ノ女人、若弥陀ノ本願力ニ不ハレ依、千劫万劫恒沙等ノ劫ヲ」(38ウ)経𪜈女人ノ出離不ト可有一定判スルカ故ニ、諸経ノ中ニ女人ノ出離ヲ不レ説聖教アラハ、権者ハイフニ不及、若実者ナラハ、弥陀ノ名号ヲ唱テ大願業力ニ乗シ、浄土ニ往生ノ願力住持シ、正定補処ノ位ニ至テ成仏ノ妙果ニ至ルヘキ事ヲ説ト意得ヘキ法門也。是則、凡夫ノ智慧ヲ以テ、定メカタシトイヘ𪜈、観念法門ノ釈義ニ任テ意得也。今経ニ定散両門ノ益ヲ説トイヘ𪜈、本願ノ意ハ専称名号ニアリト説ク、又此意也。

以嵯峨二尊院本書之」(39オ)

于時明暦三年六月七日書之了

江州栗太芦浦

観音寺舜興蔵（印）

（表紙）

浄土九番箱

観音寺

舜興蔵（印）

（見返）

曼荼羅聞書抄十三

定善

（1オ）

日想観事

（1ウ）

日想観事

自今日一定善義ノ曼荼羅ヲ可讃嘆一也。付之有二十三段一。即十三観ノ曼荼羅ナリ。此十三観ハ、夫人ノ欣浄縁ニメ九域ノ浄土ヲ捨テ、直ニ西方ヲ選取シ、極楽世界ノ依正二報ノ荘厳相也。是則、光台所現ノ相ヲ説ニ移メ、十三観ノ境トハスル故也。但昨日ノ序分義ノ曼荼羅ノ終ニ習ヒ事アリ。其ト一云ハ光台所現ノ三尊、第七観ニ二度ヒ現スル歟。実ニハ光台ニ有ヲ、経家即第七観ニ有ト一云歟ト一云事也。次ニハ六縁共ニ」(2オ)発起ナルニ付テ、今ノ変相ニ禁父縁ヨリ欣浄縁マテノ四縁ヲ図メ、銘ニ我今楽生極楽世界阿弥陀仏所ノ文ヲ書留テ、顕行示観ノ両縁ヲ不レ織事ハ、先此等ヲ可料簡一也。就中ニ顕行示観ノ二縁ヲ不レ織事ハ、夫人ノ我今楽生極楽世界阿弥陀仏所ト一云別所求ノ請ト、教我思惟教我正受ト一云別去行ノ請ト、仏、此ノ二請ヲ許説スル時、機ヲ観メ三福ヲ顕開スルニ有顕行縁一。重テ告テ勧発流通メ此法難聞ケレハ、広ク令ルニ開悟一示観縁アリ。然者、夫人ノ楽生極楽ノ言ハノ中ニ機トメ不ト摂一云事無事ヲ」(2ウ)顕セハ、顕行縁アリ。思惟正受ノ定ニ、仏力ノ観示メ、又衆機ヲ摂スレハ、示観縁アルヲ以、顕行示観ノ二縁ハ別所求別去行ノ二請ヲ不出一故ニ、欣浄縁ノ曼陀羅ノ外ニ別ニ不織之ヲ一也。又顕行縁ハ即下ノ三輩散善也。示観縁ハ下ノ十三定善也。故ニ正宗十六観ノ法門モ此二請ノ処ニアリ。仍欣浄縁ノ曼荼羅ニ、仏、阿難・韋提ノ二人ニ告命スル姿ヲ図スルハ、即顕行示観並ニ正宗十六観乃至得益流通マテヲモ此ニ摂スル姿也。乃至耆闍会モ此中ニ可有也。故ニ別体トメ欣浄縁ノ外ニ非可織一。若別ニ織ハ下モノ正宗ノ」(3オ)曼荼羅ナルヘシ。仍一経ノ法門、光台ノ曼荼羅ニ有ト見レハ二縁ノ変相ノ義、欣浄縁ノ変相ニ可キ摂一マル事勿論也。故ニ別ニ不レ織也。次、光台ノ三尊、第七観ニ二度ヒ現スルヤ否ノ事ハ、前ノ義既ニ顕ヌレハ、此法門又易レ知也。其故ハ十六観ノ法門ハ此光台ニ有ト意得ツレハ、欣浄ノ三尊、即第七観ノ三尊也。但第七観ニ不織シテ、光台ニ織ル事ハ、此三尊ハ念仏三昧ノ法体、立撮即行ノ教主ナルカ故ニ、観門ノ位ニ非ル事ヲ為レ顕也。其ニ取テ、光台所現ノ三尊ハ坐像也。第七所現ノ三尊ハ立像ト説クハ、大方ハ仏」（3ウ）境難思也。座立一体也。坐ニ即メ立也。立ニ即メ坐也。但同仏ニ於テ、願力酬因ノ教主ヲ観門ノ境トスル時ハ坐像也。一坐無移亦不動、徹窮後際放身光、霊儀相好真金色、巍々独坐度衆生ト云是也。然者、光台ノ所現ノ三尊坐像ナルハ、夫人ノ前ニ観門ノ境ト現スル姿也。念仏三昧ノ教主トスル時ハ立像也。十方凡聖専心向、分身遣化往相迎、一念乗空入仏会、身色寿命尽皆平ト云是也。サレハ第七所現ノ三尊立像ナルハ、三熱〈悪〉火坑臨々欲入ノ機ノ前ニ、立撮即行ノ形ヲ顕ス念仏三昧ノ教主也。」（4オ）而ニ夫人、光台ノ中ニ於テ実ニハ観仏念仏両三昧ノ教主ヲ拝見セシ故ニ、光台ノ三尊ノ外ニ第七観ノ三尊ナシ。一仏ニ於テ観仏ノ方ハ坐像也。念仏ノ方立像也。其体一ッ也。雖然、且ク光台ヲハ釈迦観門ノ位ニ配スル故ニ、正報ノ見及ヒ得益ヲ指シ隠メ、未来ノ為ニ教ヲ興ス位ナル故ニ坐像ニ織レリ。第七観ハ弥陀弘願ノ意ヲ顕メ立像ト説也。如此、意得ツレハ二度現スト云ムモ強ニ不可有妨一。又二仏ニ非レハ二度不可現一スト云モ不苦一也。次、日想観ト者、経文ニ心ヲ専ニシ念ヲ一処ニ係テ西方ヲ思ヘハ、西方ヲ思ハン者ハ先ッ日没」（4ウ）セント欲メ、其形、鼓ヲ天ニ懸タルカ如クナルヲ見ヨト説ケリ。大師ノ釈ニ、問曰、上ノ示観縁ノ終リニ、夫人、我ハ仏力ヲ以テ極楽世界ヲ見ッ。未来世ノ五濁五苦ニ被レ逼タラン衆生ハ、如何メカ極楽ヲ可ト見一請シキ。而ヲ今仏何ソ極楽ノ境界ヲハ不メ説、教テ日ヲ令観乎ト。答、此ニ有三義一。先ッ日ヲ令観セ也ト云ニ、一ニハ方所ヲ令カレ知為。二ニハ業相ヲ令カ知一為。三ニハ光明令知為也。初ニ方所ヲ令知為ニ日ヲ令観ト云ハ、極楽ハ何レノ方ソト云ニ西方ニアリ。西方ニ取テモ何クノホトソト云ニ、日ノ没スル所ニ当テ、十万億ノ仏土ヲ過テ極楽アリト知ヌル意也。其ニ取テ、冬」（5オ）夏ノ両時ニハ日ノ出入不レ正タヽシ。春秋ノ二際ニ日ノ出入正直也。就中二季ノ彼岸ノ中日ニ当テ正東ニ出テ、直西ニ没ル也。此時此日ノ入ル処ヲ見テ思ヲ西方ニ繋ケ往生ヲ願ヘト教ヘムカ為ニ、先ッ日ヲ令観也。而ニ此日観ノ方便極楽ノ方ヲ指示スル事ハ、只釈尊ノ一化、夫人ノ一機ニ令ル被一事歟。又自本此義ハ有ケル歟ト云ニ、安楽集ニ、日月星辰ノ政トメ、自レ本有ト此義二云テ、即須弥四域経ヲ引ケリ。経ノ意ハ、天地初テ開ケ、人物〈フツ〉始テ成シ時ハ、劫初ハ如シ色天一ノ、後ハ漸ク増ス二貪味一ヲ乎。色界ノ梵天来下スルニ、身ニ光明アテ飛行自在ニメ」(5ウ) 更ニ無欲心一リキ。其時ノ衆生ノ果報純善ナルヲ以テ、諸ノ天地皆殊勝ノ甘味也キ。此ヲ地味ト名ク。忽然トメ天人食レス之。即欲界段食之始也。次、皮〈ヒ〉餅トテ、大地カ悉ク勝味ナル事ハ失テ、大地ノ処々ノ皮、即善キ餅也キト。天人又食レ之。其後、此等ノ味ハ皆失テ、林藤トテ林ノ藤ノ花、善キ味也ケルヲ取テ食ス。如此スルホトニ、欲界不浄ノ段食ニ依テ身重ク成リ、光明モ失ハテ、飛行自在ナラスメ此土ニ留キ。此時所食ノ物不可有レ不ハレ漏サ故ニ、男女ノ形始テ相分〈ワカ〉レタリ。次第ニ又、我カ分、人ノ分トテ分ケ配〈アツ〉ル事出来ヌ。其後、又田畠耕」(6オ) 作メ五穀ヲ食ス。又王無クメハ不レ叶トテ、王ヲ一人定ム。サルホトニ、衆生ノ果報次第ニ衰テ、国土闇冥ニメ、長夜ノ闇ニ迷リ。

其時西方ノ阿弥陀仏、此事ヲ歎テ、宝応声・宝吉祥ノ二菩薩ニ勅メ言ク、彼娑婆世界ハ是我等カ旧里也。彼ノ衆生ハ皆我子也。今既ニ長夜ノ闇ニ迷ヘリ。汝等往テ此ヲ度セヨト。其時、二菩薩、仏勅ヲ受テ此土ニ来リ、第七ノ梵天ニ昇テ頗底迦宝ヲ取下テ宝応声菩薩ハ火珠ヲ以日宮ヲ造テ乗シ之一、宝吉祥菩薩ハ水珠ヲ以月宮ヲ造テ乗レメ之、須弥ノ半腹四万由旬ニ懸テ、四天下ヲ照シ四時等ヲ定ム。」(6ウ) 倶舎頌曰ク、日輪ノ下面ハ頗底迦宝火珠ノ所成也。能ク熱ク能ク照ス。月輪ノ下面ハ頗底迦宝水珠ノ所成ナリ。能ク涼ク能ク照スト云云。日輪ハ陽也、月輪ハ陰也。此則、陰陽和合メ人民ヲ育ミ、衆事ヲ令レル成形也。其宝応声ハ観音也。宝吉祥ハ勢至也。此ヲ日天子・月天子ト名ク。星辰ハ虚空蔵菩薩、即明星天子也。此ヲ三光天子ト名ケ三辰ト名ク。此等ノ菩薩西方ヨリ来テ、国土ノ闇冥ヲ照シ、衆生善悪ノ諸事ヲ令弁一セ。而モ此日月星辰二十八宿等、西ヘ没スル事ハ、一切衆生ヲメ阿弥陀仏ヲ稽首シ、心ヲ欣テ西為令」(7オ) 帰也ト云ヘリ。此則、日月星辰二十八宿等、一切衆生ニ極楽ノ方ヲ示ス姿也。然者、天下ニ三辰ヲ戴ケル者ノ誰カ西方ニ不ン帰一。若此教ニ背カハ天ノ命ヲ背キ、天ノ罰ヲ可蒙也。サレハ世間ニ於テ冥加アラント思ハンニ付テモ、〈尤モ〉西ニ帰スル心ヲ可発也。而又此観音・勢至ノ二菩薩、唐土ニ於テハ伏義・女媧(チヨクワ)ノ二帝ト顕ル。伏義ハ観音、女媧ハ勢至也。此モ西方ヲ以所帰ノ方ト勧ル也。我朝ニハ日神・月神是也。日神ハ観音、月神ハ勢至也。凡ソ吾国ノ代々ヲ尋ヌレハ、天神七代・地神五代・人代百王也。其天神七代ノ末、第七代ノ御神ヲ」(7ウ)伊奘諾男、伊奘冉ノ女尊〈ミコト〉ト云フ。此二神共ニ天ノ浮橋ノ上ニ御計メ言ク、此ノ下ニ豈無ラン国乎トテ、天マノ御鉾ヲ指下メ探リ給ニ、只滄海原(アヲウナハラ)ノミアテ無国。其鉾ヲ引上ケ給ニ、鉾ノ滴ノ潮ヲ凝堅テ一ノ嶋ト作レリ。次ノ度ヒ、又御鉾ヲ下メ探リ給ニ、鉾ノサキニ物ノ当リケレハ、アハ国アリケリトテ、二神其嶋ニ鉾ヲ立、自レ其下リテ、夫婦トメ先ツ大八嶋(ヲホヤツ)ヲ造リ、次山海草木ヲ作ル。又世ノ中ノ主(アルシ)タルヘキ者無ムヤトテ、一女三男ヲ生ミ給フ。謂ル日神・月神・蛭子(ヒル)・素盞〈ソサ〉ノ烏(ヲ)尊是也。其後、淡路国ニ宮造メ、其ニメ終ニ隠レサセ給ヌ。鉾ノ滴ノ潮ノ泡」(8オ)凝堅テ嶋ト成ル国ナルカ故ニ、彼嶋ヲ淡路ノ国ト名也。其一女三男ノ中ニ、日神ヲハ天照太神ト云、伊勢国五十鈴(イスヽ)河ノ辺ニ迹ヲ垂レ御ス。月神ヲハ月読(ヨミ)尊ト名ク。是モ伊勢国ニ被崇給ヘリ。蛭子ハ三歳〈トセ〉マテ足不立有ケレハ、徒ラ者也トテ、天石櫲樟舟(アマノイハクス)ニ乗セテ、順風ニ任テ海中ニ被二放棄一テ。次ニ素盞烏尊ハ出雲ノ国ニ跡ヲ垂レ御ス。杵築(キツキ)〈キナツキ〉大明神是也。又ハ大社ト名ク。其中ニ天照大神ハ嫡子タルニ依テ此国ヲ相伝メ主ト成テ、而モ諸ノ衆生ヲ生置給テ、賢キハ君ト成リ、愚カナルハ民ト成レリ。サレハ今ノ世ノ衆生、誰カ天照大神ノ余裔(ヱイスヱ)ニ非ル。」(8ウ)而ニ此ノ御神素盞烏尊、余ニ悪神ニテ御シカハ、恨テ天石戸ニ籠リ御シ時、諸ノ神達集テ、其御前ニメ諸幣帛〈ヘイハク〉ヲ捧ケ、諸ノ神歌ヲ詠ヒ、神楽ヲシ給ケルニ、天照太神納受シ給テ、天石戸スコシアキタリケルヲ、手力(タチカラ)ノ明神、手ヲ指入テ天照大神ヲ引出シ奉キ。其時世間明ニ成テ、諸ノ神達ノ面テ白ク見ヘ亘リケレハ、天照大神、穴面白ヤト被仰出キ。自其始テ面白シト云言ハ有也。手力ノ明神ト者、不動ノ垂迹也。天照大神ト者、大日如来ノ応化也。又観音ト云モ不違。真言教ノ胎蔵界ノ時者、大日ヲ観音ト習カ故也。」（9オ）仍テ今ノ義ハ観音ト可意得也。天石戸ト者、都率天ト習也。又ハ高磨ノ原ト名ク。而ヲ此国ノ始メ第六天ノ魔王見ニレ之ヲ、末ノ世ニハ大乗ノ仏法繁昌メ、人民悉ク可出離スト見テ、此破リ失ムトセシ時、天照大神言ク、末ノ世ニ敢テ此処ニ仏法ヲ不可弘ム。此国ハ我カ親ノ譲リ与ヘタル国也。理ヲマケテ我ニ預ケ置給ヘト懇切ニ被申ケル間、サラハトテ魔王許レキ之。其ノ因縁ニ依テ伊勢大神宮ニハ仏ヲハ立スクミト名ケ、経ヲハ黄紙ト名テ、社内ニ僧形ヲ不入。此則、外ニハ三宝ヲ可失由ヲ示メ、内ニハ三宝ヲ弘ムト思食ス御心中ニ依テ、此国ヲハ乞請ケ給シ故也。」（9ウ）其御本意又極楽ニ帰シ、弥陀ヲ令ルニレ念セアリ。仍吾朝ニ仏法ノ繁昌スル根本ハ此大神ノ力也。誰カ観音ノ御本意ニ任テ西方ニ不帰乎。而ヲ又世ノ人思ヘラク、我国ヲ日本ト名ル事ハ、唐土ヨリ東、日ノ本ナレハ、日本ト云トノミ思ヘリ。今此ヲ意得ニ、日ノ始テ出ル国ナル故ニ日本ト云也。其故ハ天照大神天石戸ヨリ出テ、国土ヲ照給ハ日輪ナル故也。仍国異ナルニ依テ、天竺ニテハ日天子・月天子ト名ツケ、唐土ニテハ伏義・女媧ト称シ、我朝ニテハ、日神・月神ト名ク。只是一体異名也。サレハ三国ノ仏法ハ偏ニ是観音・勢至二菩薩ノ興行也。又此天照大神」（10オ）人王三十二代帝用明天皇ノ儲君聖徳太子ト成テ、守屋ノ逆臣ヲ誅メ仏法ヲ此国ニ弘メ給シ時キ、極楽ノ東門ニ当テ仏法最初ノ四天王寺ヲ被テ立、手自入木〈テツカラニシュボク〉ノ勢ヒヲ振テ西門ノ額銘ヲ被ニレ書、釈迦如来転法輪所、当極楽土東門中心ト書玉ヘリ。其意ハ聖徳太子御手印ノ縁起ニ見タリ。謂ク、此処ハ昔、釈迦如来転法輪ノ所也。尓時、我レ長者ノ身ト生テ如来ヲ供養シ奉リ、仏法ヲ護助シキ。此因縁ヲ以今此処ニ寺塔ヲ起立シ三宝ヲ興行ス。宝塔金堂ハ極楽浄土東門ノ中心ニ相当レリト云ヘリ。釈尊ノ出世ハ日本国地神」（10ウ）五代ノ内ノ第五代鸕鷀〈ウノハ〉草葺不合〈フキアハセス〉尊ノ御時ニ当レリ。此時、釈尊出世メ諸ノ法輪ヲ転シ給ケルハ、何ナル法ナリケントト、ヲホツカナク覚ルヲ、額銘ニ既ニ釈迦如来転法輪処、当極楽土東門中心ト云フニ知リヌ、釈尊ノ転法輪ハ只是浄土ノ一門、弥陀ノ本願ヲ顕メ、西方往生ノ一路ヲ示シ給ケルト云事ヲ。サレハカヽル因縁有ケルニ依テ、太子此処ニ寺ヲ立テヽ、寺ノ西門ヲ極楽ノ東門ニ当テ〈開キ〉、浄土詣テナトヲ始置キ給ケルハ、昔ノ釈尊ノ御本意ニ任テ、日本国ノ衆生ヲ勧テ、極楽ニ令レ帰為也ケリト云事、空ニ被レ知タリ。又寺ノ金堂ノ前ニ御拝(コハイ)ノ石アリ。此ハ太子毎日ニ」(11オ)彼石ノ上ニメ西方ヲ拝セ給シ所也。凡我朝ノ諸宗ノ学者、太子ノ余流ヲ不酌一ト云事ナシ。サレハ延喜式ニハ、我朝ノ僧徒天王寺ノ夏ヲ不レ(サラ)ンハ勤、僧数ノ限ニ非スト被定置一タリ。故ニ慈覚・智証モ此夏ヲ勤テコソ、山ヲモ寺ヲモ建立興行セラレケレ。延喜式以前ノ伝教・弘法モ又彼寺ニ住メ夏ヲ勤、浄土ノ観法ヲ被レ凝キ。サレハ弘法大師、即当寺ノ西門ニメ、日水ノ両観ヲ凝メ、悉ク成就シ給キ。是ヲ以当世、縦ヒ有智高徳ノ人也トイフトモ、太子ノ遺風ニ任セ、先徳ノ跡ヲ追テ、浄土ニ帰シ弥陀ヲ可レ念也。況、愚痴無智ノ輩ニ於ヲヤ。都」(11ウ)鄙ノ貴賤、往来ノ諸人、老少ヲ不論、上下ヲ不レ簡、浄土詣ト云事ヲスルハ、皆此ノ法門ニ造リ合セラレタル作法也。而今此ノ日想観ノ曼荼羅ノ気色ヲ拝見スルニ、只是彼ノ四天王寺ノ西門、難波ノ浦ノ漫々タル蒼海ヲ西ニ受ケ、一ノ谷・淡路嶋ニ懸ル赤(セキ)陽ノ姿ヲ織顕サレタリ。何ヲ以テカ然ルトナラハ、此変相ハ人王四十六代ノ帝孝謙天皇ノ御宇、横佩(ヨコハキ)ノ右大臣豊成公ノ女(ムスメ)中将姫、即聖徳太子ノ御弟麿子(マロコ)ノ親王ノ創草ノ聖跡ニ参籠メ生身ノ弥陀如来ヲ奉レ拝スハ、命ヲ此伽藍ニ終ヘテ、生テ古郷ニ不(シ)還一ト云大願ヲ」(12オ)発ニ依テ観音即チ織女(ヲリヒメ)ト成テ、織リ顕シ給ヘル曼荼羅也。故ニ日想観ノ皃(スカタ)ヲハ我カ建立セシ四天王寺ノ景気ニ織リ合テ、日本国ノ衆生ニ浄土ノ方ヲ示シ、往生ノ一路ニ令レ帰ト作リ合ラレタル儀式ナル故也。サレハ我国ニ生ヲ受タラン衆生、誰カ太子ノ余風ヲ追テ浄土ニ不帰乎。而ニ日想観ノ曼荼羅ニ水ヲ織タル事ハ、日ハ観音也、水ハ勢至ニ主ル故ニ、二菩薩寄合テ我等衆生ヲメ、変相ニ心ヲ懸ケ西方ニ令レル帰極楽ナリ。二菩薩如是出世メ慇懃ニ極楽ノ方所ヲ示セトモ、我等凡夫徒(いたずら)ニ五欲ノ境界ニ貪着メ穢土ヲ厭ヒ」(12ウ)浄土ヲ欣フ心ヲ不発一。故ニ念々ニ随レテ機ニ為ニ説レケトモ法、惛(コン)々トメ難レキハ悟リ、罪根深ヲ以ナリ。百計千万(モヽタヒチタヒヨロツタヒ)数出レトモ世ニ、万カ中ニ無レシ一リモ出ニル煩籠一ヲト歎給也。イカニモシテ我等衆生ニ極楽ノ方ヲ示シ、彼国ヘ送ラハヤト思食メ肝膽(カンタン)ヲ砕キ法ヲ説給ヘトモ、敢テ不聞之ヲ。縦又聞ト云ヘトモ不用之ヲ故ニ、観音昼夜六時ニ光中ニ五道六道ノ衆生ヲ照シ浮テ大悲抜苦ノ肝ヲ摧キ御ス。即是弥陀ノ大悲ノ観音ト顕レタル形ナリ。我朝聖徳太子ハ、天照大神ノ再誕、即如意輪観音也。聖武天皇ハ又聖徳太子ノ再誕、即聖観音也。」（13オ）聖武天皇ノ后（キサキ）光明皇后ハ千手観音、御女（ムスメ）ノ孝謙天皇ハ如意輪観音也。曼荼羅ノ織女ハ又聖観音也。乃至高野ノ弘法大師、醍醐ノ聖法僧正、是観音ノ垂迹也。其外処々ノ神明多クハ是観音ノ変作也。仍此土ニ生ヲ受タラン者、誰カ観音ノ利益ニ可不預。然者、速ニ観音ノ本誓ニ任テ本師弥陀ニ帰シ、往生ヲ可願也。観音ノ本〈意〉只此一大事ニアリ。此ハ旦ク、日本国ノ衆生ニ約メ浄土ヲ勧ム。惣メハ四州及ヒ十方世界ニ日輪ノ光ヲ戴カン者、又必ス極楽ニ帰シ弥陀ヲ念メ可往生也。」（13ウ）日天子観音ノ本誓ニ随故也。付之論義アリ。其故ハ、今日出ノ方ヲ東方ト定メ、日没ノ方ヲ西方ト定テ日想観ヲ勧ルハ、只是南州ノ事也。此レニ准望スレハ西州ノ日没ハ南州ノ北方ニ当リ、北州ノ日没ハ東方ニ当リ、東州ノ日没ハ南方ニ可当也。然者、今南州ノ衆生ニ日没ノ処ヲ西方ト思ヘト教フル様ニ、西州ノ衆生ニハ北方ヲ西ト思テ可願ト勧メ、北州ノ衆生ニハ東方浄瑠璃世界歓喜国ノ方ヲ西ト思テ生レヨト教ヘ、東州ノ衆生ニハ南方無垢世界ノ方ヲ西方極楽ト思テ往生セヨト可勧歟ト云有」（14オ）疑也。而ニ此義ハ天台ノ止観ニモ問答セリ。今者、只浄土ノ宗義ニ叶フ義ヲ可成也。其ト云ハ、和尚ノ御釈ニ、本国他方元リ無二ツ。悉ク是レ涅槃平等ノ法ト云ヘリ。十方ハ即弥陀ノ浄土也。故ニ天親論主ハ、帰命尽十方無碍光如来ト讃メ、彦琮法師ハ、十方諸仏ノ国ハ尽ク是法王ノ家ナリト讃給ヘリ。極楽ハ十方ヲ尽ス故ニ、十方諸仏ノ国トメ極楽ノ摂ニ非スト云事ナシ。其中ニ我等衆生ハ、生ヲ南州ニ受タル故ニ、吠瑠璃映セル空ニ東ヨリ出テ、西ニ入ル日ヲ見テ彼方即極楽也ト思テ可願便アリ。ソコハ正ク極楽ナル故ニ、当極楽土」（14ウ）東門中心ト云ニ無妨也。西州ノ衆生ハ紅頗梨色ニ映セル空ニ南ヨリ出テ、、南州ノ人ノ北ト思ヘル方ヘ入ル日ヲ見テ、彼（かし）コ即極楽ト思テ可願也。ソコ又正シク極楽ナレハ、当極楽国東門中心ト云ニ不可有妨。北州東州モ又如此。只日ノ没セン方ヲ極楽ト思ハムニ、都テ聖教正理ニ不可違一フ。和尚ノ御釈ニ、必ス事ノ障リアテ、西ニ向ニ不レ能時ハ、只西ニ向フ想ヲ可作一ト釈スルモ、何レノ方ヘモ向ヘ、此コニ極楽也ト思ヘト云意也。但シ事ノ障リモ無クイウニ、西ニ向ヌヘカランニ何方モ極楽ニテ有ナレハトテ、西ニ不ランハレ向僻事(ひがごと)ナルヘシ。而ニ如レ是十方ノ中ニ西方ヲ指定テ」(15オ)衆生ヲ勧ル今ノ教ヲ見テ、濫学大乗ノ輩、謗難ヲ致ス事アリ。其故ハ、大乗ノ意ハ本(もとよ)リ来(このか)タ無東西一。何レノ所ニカ有ラン二南北一也。今マ方ヲ指シ相ヲ立ル、即是浅近ノ教也。仏法ノ深理ハ方ヲ不ス定一。方ヲ定メ相ヲ立ルハ是レ愚痴ノ凡夫ヲ誘引スル方便ノ説也。然者、四角八方ヲ打破テ無方無相ノ観解ニ住スル、是レ大乗ノ極理也ト云云。今云ク、此難〈極難〉ニ非ス、本来無東西何所有南北ノ文ハ、真言上乗ノ所談也。聖人得道ノ教ナル故ニ如レ是説也。今ノ教ニ自本彼等ノ深教ニ漏タル衆生ノ為ニ、本願成就ノ土ヲ西方十万億刹ノ外ニ構ヘテ、凡夫ノ」(15ウ)情量ニ随順メ引導スル教也。讃云、已ニ成リテ下窮レメタル理ヲ聖上ト、真ニ有リ下遍レスル空ニ威上。在ルレ西ニ時キ現レルハ小ヲ、但タ是レ暫ク随レナリ機ニトテ、仏ハ已ニ法性無相ノ理体ヲ極メ悟レトモ、有相執着ノ機ノ為ニ、西ニ有テ小ヲ現ス。凡夫ヲ為摂一也。故ニ無縁能ク摂ス物ヲ、有相定テ非レス難ニト讃タリ。但シ如レ此下機ヲ摂スル面ハ浅教ナルニ似レドモ、自本一他力不思議ノ法ナルカ故ニ、機ニツレテ下リハテサレハ、浅近ノ教トハ不レル云也。機ノ情量ハ無ト云計一雖モ、能摂ノ法ハ無上涅槃ノ法、所居ノ浄土ハ無上涅槃ノ荘厳也。仍テ今マ方ヲ指シ、相ヲ立ト雖、還是無方ノ方、無相ノ々也。」(16オ)故ニ彦琮法師ハ、見レハ色皆ナ真色ナリ、聞ケハ音ヲ悉ク法音ナリト讃メ、註論ニハ、有ヲ出テ而モ〈有ナリ。出〉有ト者、三有ヲ出ル也。而モ有ナリト者、浄土ノ有也ト云ヘリ。此則、西方ニ衆宝荘厳ノ浄土有ト説ハ、衆生ノ実ニ有ト思ヘル三有虚妄実有ノ々ニ非ス。三有ヲ出タル涅槃ノ有ヲ、浄土ノ有トハ云也ト讃也。此又、〈文〉涅槃経中ニ、声聞之人ハ但見テレ空ヲノミ、不レ見二不空一ヲ。諸仏菩薩ハ非ス二但タ見ノミニレ空ヲ、亦見ル二不空一ヲ々ト者、即是レ二十五有ナリ。不空ト者、即大般涅槃ナリト説ク意ニ依テ、浄土ノ荘厳ハ此妙有不空ノ涅槃ノ荘厳也ト讃也。此則、凡夫ハ六道四生二十五有ノ諸法ハ、実ニ」(16ウ)

有ト見テ空ナル所ヲ不知。故ニ此ヲ実有ノ見ト名ク。小乗ハ二十五有ノ五蘊和合ノ人体ハ空也ト見テ、五蘊ノ法体ヲ空セス。又空ノ上ニ而モ有ナル処ヲ不レ知故ニ、此ヲ但空ト名ケ、又ハ偏空ト名ク。諸仏菩薩ハ二十五有ノ諸法畢竟空寂也ト知見スレトモ、而モ其ノ諸法本来本有ナル所ヲ見カ故ニ、空有ヲナラヘテ照ス。而モ凡夫ノ実有二乗ノ偏空ニ越カ故ニ、此ヲ真空ト名ケ、妙有ト名也。仍テ今ノ浄土ノ荘厳ハ凡夫ノ実有ニ非ス。此レ涅槃ノ四徳波羅蜜ノ荘厳ナル故ニ、三有ヲ出タル浄土ノ有ト名ル也。而ヲ今ノ難者ハ、真空ノ上ノ妙有ヲ不知メ」(17オ)浄土ノ荘厳有ト説ハ、凡夫ノ有ノ位ナルヘシ。即是、小乗ノ偏見ニ同ス。而ニ彼真言教ノ意モ、本来無東西ト云ト雖モ、立還テ五方ノ仏位ヲ立テ、如来ノ大方便トス。サレハ大日経ノ疏ニハ、於西方ニ観二スヘシ無量寿一ヲ。此ハ是如来ノ方便智ナリ。以ノ二衆生界無尽一ナルヲ故ニ、諸仏ノ大悲方便モ亦無シ二終尽一。故ニ名二ク無量寿仏一ト釈メ、如来甚深ノ大悲方便ノ方ニハ、正ク方ヲ指シ相ヲ立タリ。全ク無方無相ニハ不留一。以衆生界無尽故、諸仏大悲方便亦無終尽ト者、此仏ハ諸仏利生ノ大〈悲〉方便ヲ集タル処ヲ弥陀ト名ル意也。方便ト者、後得ノ」(17ウ)大方便即大悲利生智ナリ。自覚ノ内証ヨリ覚他ノ大悲門ニ出テ、迷ヒハテタル衆生ニ随順メ、而内証甚深ノ境界ニ引入メ、仏ト同ク法性無相ノ常楽ヲ令受仏也。此大悲〈大〉方便門ナクハ、利他ノ益無カ故ニ、自覚々他覚行窮満ノ仏トハ不可云一。諸仏ノ々タル事ハ、此無量寿妙観察智ニ住スル時ノ事也。若此弥陀ノ妙観察智ニ不住一者、仏ニ非ス。然者、至極大乗ノ深教ハ皆悉ク空ノ上ノ有ヲ談ス。何ソ偏ニ空無ノ見ニ留テ、浄土ノ有ヲ破スルヤ。サレハ有経ニハ、相ヲ破ル方ヲ破ル無相ノ宗ヲハ下メ、指シレ方ヲ立ルレ相ヲ有」(18オ)相ノ教ヲハ勝タリト云ヘリ。仍今ノ教ハ、凡夫ノ相ヲ破メ令ル無相一ナラ。其無相ノ教ノ奥ニ無相即相無方即方〈ナル方〉ヲ指シ、相ヲ立ル不空真実ノ教也。又天台大師、常坐三昧ノ本尊者、弥陀ト定テ、随テ二所住ノ方一ニ、必ス須ク正西一ナル。諸教所レ讃ル、多ク在リ二弥陀一ニ。故ニ以テ西方一ヲ、而モ為〈スヘシ〉一准一ト釈メ、縦ヒ名ヲ不レ指トモ、方ニ随テ仏ヲ礼念セヨト云事アランヲハ、西方ヲ勧タルハト思ヘト勧給ヘリ。此大師コソ無相ノ極理ニ達シタル人ナレ𪜈、而モ方ナル方カタヲ不捨一。サレハ坐メハ常ニ面ヲ西ニシ、臥ス時ハ西ヲ不ト背一云ヘリ。日本往生伝ノ中ニモ」(18ウ) 叡山根本二十五三昧結衆ノ中ニ、一生已来西ヲ不レシト背願スル人有ケリ。有人ノ問云、西坂ヲ登ル時ハ云何カスルト。答云、身ヲソハタテ、面ヲ西ニ向ヘテ登也ト云。道綽禅師ハ曹渓ノ流ヲ酌、宗門ニ被許タル禅師ナレ𪜈、涕唾便利西ニ不向一、行住坐臥西ヲ不背一ト云ヘリ。然ト云テ、天台・道綽、無相ノ観ヲ不知人トハ可レ云乎。又曇鸞法師ハ四論宗ノ人也。捨テ、浄土ノ門ニ帰ス。年来ノ同朋等、無相宗ヲ〈捨テ、〉有相ノ門ニ入ル無下ノ僧也トテ、来テ難詰セシカ𪜈、敢テ痛ト不レ為セ。草ヲ置テ牛ヲ牽〈ヒク〉ニハ心ヲ槽櫪〈サウレキ〉ニ可ト令二懸一云ヘリ。我等ヲ」(19オ) 牛ニ喩ヘ、浄土ヲ槽櫪ニ喩ヘ、彼土ノ快楽ノ事ヲ草ニ喩テ、凡夫愛欲ノ心ヲ以、浄土ノ快楽ニ心ヲ係テ、往生ヲ可願ト答ヘ給キ。無為子楊傑、又左右無キ得法ノ禅師ナリシカトモ、浄土ニ帰メ財色ヲ貪スル心ヲ以、移メ弥陀ヲ念セヨ。若其位ニ往生ヲ願テ念仏センニ、不レス生云事アラハ、我レ汝ニ代テ地獄ニ堕セント誓キ。此等ハ無相ノ法ヲ不ル知人也ト可云乎。故ニ今方ヲ指ス教ハ、還テ諸教偏空ノ旨ニ越タリ。努力ゆめゆめ此ヲ下ス事ナカレ。二ニハ、自ノ業障軽重ノ相ヲ為ニ令知一、日ヲ令観セト者、世間ノ日ノ入ル時ハ多分重々ノ雲ニ被レ掩テ」(19ウ) 入ル也。碧みトリナル雲ノマ、ニテ入事ハ少也。サレハ、雲ノハタテニ物ヲコソ思ヘナント歌ニモヨメリ。重々ノ雲可レ有中ニ、今ノ釈ニハ法ニ合シタキ依テ有ニ用一、黒黄白ノ三雲ヲ釈シ、曼荼羅ニモ此ヲ織レリ。世間ノ日ノ入ラント欲ルニハ、先ツ白雲日輪ノ上ニ掩フ。次ニハ黄雲覆。後ニハ黒雲掩フ時キ、其ノ日隠ル、也。此相ヲ見ハ、我心性ノ日輪、其体清浄ニメ、超日月光ノ如ク清浄ノ仏体ナレ𪜈、三雲ニ被掩テ一心ノ浄体不レ顕ト知テ、懺悔念仏メ此罪ヲ可レ滅ス。其三雲ト者、即下三品ノ軽・次・重ノ三障也。下品上生ノ十悪軽罪ハ白雲ノ日ヲ障ヘ」(20オ) タルカ如シ。下品中生ノ破戒次罪、黄雲ノ日ヲ障ヘタルカ如シ。下品下生ノ五逆重罪ハ、黒雲ノ日ヲ障ヘタルカ如クシテ、浄心ノ仏体ヲ隠セリ。此相ヲ見知ナハ、悲涕メ涙ヲ雨ふらメ、深ク慚愧ヲ生メ心髄ニ徹リ、骨ヲ切テ自責テ往生ノ業ヲ成セヨト云ヘリ。而ニ如此一、此ノ業障ヲ懺悔消滅メ往生セヨト勧ルハ、是レ釈迦教観仏三昧ノ位ニ、善人ノミ可往生一スト教タル位ノ法門也。弥陀教念仏三昧ノ位ノ往生ハ必シモ不尓一。如此、業障深メ而モ懺悔滅罪ノ分ナケレトモ、仰テ名号ヲ唱レハ往生ノ益無疑。譬ヘハ世間ノ日モ必ス雲晴テ入ノミニ非ス。重々ノ雲ハ上ニ掩ヒ」(20ウ)ナカラ而モ入ル時モアリ。或ハ又五月暗〈ヤミ〉ナムトニハ全分日ノ形モ不ルレ見ヘ程ニ大虚陰リ渉〈ワタ〉レトモ、可入期アレハ必ス其日ハ西ニ入也。我等カ心、日ノ往生スル事モ又如此。過去今生ノ悪業煩悩ハ山ノ如ク積リ海ノ如ニ深ケレトモ、他力ヲ信シ弥陀ヲ念スレハ、願力ノ引ニ任テ命終スレハ必ス往生スル也。命期至ヌレハ業障ノ軽重ヲ不レ二云往生スル事、赤陽夕ニ至ヌレハ、雲ノ軽重浅深ヲ不論一、必ス入ルカ如也。下三品ノ機一念十念ノ称名ノ下ニ五十億劫八十億劫〈十ト八十億劫〉ノ生死ノ罪ヲ滅メ往生スト説ハ、往生ノ可為障一軽次重ノ三罪ノ麁分ヲ滅スル也。」(21オ)雖然、其業障ノ微細ナルヲハ持ナカラ往生スルカ故ニ、花中ニメ七々日・六劫・十二大劫ノ時分ヲハ送也。故ニ和尚ハ残央未レ尽キ花中ニ合スト釈給ヘリ。此ヲ曇鸞法師ハ、十二劫花中有ハ五逆ノ罪ヲ償〈ツクノウ〉也ト釈シ、恵心ノ僧都ハ転重軽受ト釈ス。是則、罪障ノ雲ハ不レ晴ト雖、往生ハ無障義也。又群疑論ニハ、下々品ノ逆人ニ〈十ト〉八十億劫ノ生死ノ重罪アリ。必ス十念メ其罪ヲ滅メ可往生一。而ニ此十箇ノ八十億劫ノ罪ハ、往生ノ可キ為レ障リ一麁分ヲ滅スレトモ、微細ノ障残ル故ニ、花中ニ在テ十二大劫ヲ経テ、尚又微細ノ罪余〈ノコ〉レハ観音勢」(21ウ)至除滅罪ノ法ヲ説ニ、聞畢、領解発心スト云ヘリ。此釈、罪業ヲ乍持一往生ヲ許スハイミシ、。雖然、五逆ノ者ハ必十念ヲ満テ、十箇ノ八十億劫ノ罪ヲ滅メ、往生メ花開ク時分、必ス十二大劫ナルヘシト定ルハ、和尚ノ釈ニ不及一。和尚ノ御意ハ、一聞一称二念三念等ニモ五逆ノ者可ト往生一許ス。花開ノ時分、又随テ増減遠近アルヘシ。然者、五逆ノ人、一念二念ニ往生セハ、一〈ひ〉ト八十億劫、二〈ふ〉タ八十億劫ノ罪滅メ、往生メ花開ノ時分十五大劫十六大劫ナルヘシトモ意得、乃至又此ノ逆人二年三年念仏メ」(22オ)往生セハ、花開ノ時分五大劫六大劫トモ可意得法門也。此レト一云ハ、往生ハ全ク念数ノ多少ニ不レ依一。只仏ヲ憑ム正念帰依ノ所ニ定マリ、又念数若延ヒハ滅罪多カルヘシ。滅罪ノ益多クハ花開見仏疾(はや)カルヘシ。而ハ滅罪不滅罪ハ、見仏不見仏ニ顕ル。往生不往生ハ滅罪ノ多少ニモ不依一、念数ノ多少ニモ不依也。此則、滅罪ト往生トハ別事ナル故也。サレハ、業障ノ雲厚ク掩テ心性ノ日輪ヲ隠シ、懺悔清浄ノ無レト義云フトモ、只心ノ是非、身ノ善悪ヲ閣(さしおき)テ、仏ヲ恃ム心一ツアラハ、於往生一ニ者無疑一也。是以」(22ウ)上ミ尽シ一形一ヲ、下至二リ十念一ニ、三念五念マテモ仏来迎ス。直ニ為ヨリテ〈弥陀ノ〉弘誓重キニ致レス使二ルヿヲ凡夫ノ念メ即チ生一セト釈給ヘリ。往生ノ一段ニ於テハ、手広ニ心安ク可思一事也。而ニ世人年若ク壮〈サカ〉ンナリシ時ハ、往生ノ信心モ淳〈アツ〉ク善キ夢ヲモ見シカトモ、老テ後ハ信心モ不強一、夢ニ仏ヲモ不見一。カクテハ往生如何カナント疑ハ、不足言ノ事也。皆是自力ノ心品也。凡ソ信心不堅固一ナラ、行業不二ルハ勇猛一ナラ、煩悩具足ノ凡夫ナル故也。六劫十二大劫花中ニ在ハ此心ヲ顕ス。カヽル凡夫ナレモ纔ニ恃ム心アレハ、願力不捨之一。念スル」(23オ)心ヲ摂メ取テ令ム往〈生〉一。此義ヲ知ナハ不可有二此疑一。所詮ル、巨〈ヲホキナル〉石ヲ船ニ置ヌレハ大海ヲ万里ニ過キ、蚊虻鳳ニ附〈ツキ〉ヌレハ蒼天ヲ九空〈キウコウ〉ニ翔事ハ、船ノ力也、又是鳳ノ力也。曽テ巨石ノ功ニ非ス、蚊虻ノ能ニ非スト知ルカ如ク、大願ノ舟ニ乗リ仏力ノ鳳ニスカリヌレハ、罪障ノ軽重ヲ不論、念仏ノ多少ヲ不レ云ハ、往生ハ一定ト可キレ信也。三ニハ、弥陀ノ光明ノ相ヲ為ニ令知一、日ヲ令観ト者、日ノ没セントメ其光リ東〈ヒンカ〉シヘ指ンヲ見テ、弥陀摂取ノ光ハ此日輪ノ光ニ勝タル事、百千万倍也ト思テ、往生ノ想ヲ可作ス一也。其故ハ、世間ノ日ハ、只世間有漏ノ」(23ウ)事業ヲ成メ、出世無漏ノ事ヲ不レ成セ。弥陀ノ超日月光ハ機ノ浅深ヲ不レ選、行ノ強弱ヲ不云、一聞一称ノ者ヲ摂取テ、往生成仏自利々他ノ出世無上ノ事業ヲ成スルカ故也。然者、日ノ没セント欲ルヲ見テ方所ヲ知テモ三障ノ雲晴テ、没セン日ヲ見テモ雲翳不レ晴メ入ル日ヲ思ヒ遣テモ、念仏ノ行者ヲ摂メ取ル弥陀摂取ノ光、此ニ過タルヿ事百千万倍也ト知テ、往生ノ信心ヲ可増長一也。又縦ヒ方所ヲモ不知一、業障軽重ノ相ヲモ不レ知トモ、只三障ノ雲ヲ照シ晴ラス超日月光ノ徳ニ帰メ、摂受ヲ願ヒ往生ヲ願ハヽ、往生不可」(24オ)有疑一。然者、経ノ一切衆生ノ句ヲハ、惣メ挙ニクニ得生之類一ヲト釈シ、自非生盲ノ句ヲハ、簡キラフ二ト機ノ堪ト不堪一トヲ釈セリ。此則、釈迦観門ノ位ニハ機ヲ簡フ故ニ往生ノ義狭シ。故ニ自非生盲ト説キ、簡機堪不ト釈ス。業障ヲ滅除メ可往生一スル意也。弥陀弘願ノ位ハ、機ヲ不レ簡一スハ。惣メ万機可キ得生一ス故ニ往生ノ益広キ也。故ニ惣メ一切衆生ト説キ、惣メ挙ク得生之類一ヲト釈ス。業障ノ有無ヲ不論、可往生一スル義也。又観門ノ所詮ハ終ニ念仏ニ帰スル故ニ、一〈ヒト〉レツニシ身ヲ、一レニシ心ヲ、一シ廻向一ヲ、一レシ処ヲ、一シ境界一ヲ、一シ相続一ヲ、一シ帰依一ヲ、一二ニスヘシ正念一ヲ。」(24ウ) 是ヲ名三ク想成就メ得二ト正受一ヲ。此世後生ニ随レテ心解脱スト釈シテ、一身一心等ノ注想西方ノ観法ハ終ニ一帰依一正念ノ念仏三昧ノ一行ニ帰メ現世ニハ即便往生ノ益ヲ得、終焉ニハ当得往生ノ益ヲ可得ト明あかしタリ。如レ是、三義アルカ故ニ、夫人極楽ヲ見ムト願ヘハ、釈尊先ツ教ヘテ日ヲハ令レ観也。

明暦三年丁酉五月日以嵯峨二尊院書之」(25オ)

江州栗太芦浦

観音寺舜興蔵（印）

（表紙）

浄土九番箱

観音寺

舜興蔵（印）

（見返）

曼荼羅聞書抄十四 定善

（1オ）

水想観事

成真仮一体義事

宝地観事

（1ウ）

水想観事

昨日ノ日想観ノ釈ニハ、経文ニハ無キ三障ノ雲ヲ釈シ出スヿ、曼荼羅ニ符合ス一ノ不思議也。付之、或説草ニ大日経疏ニ云クトテ、三障ノ雲ト云事ヲ引釈スル事アリ。彼経ノ疏ニハ全ク此釈ナシ。只是今ノ釈也。大日経疏ニ摩訶毘盧遮那成仏加持経ト云名ヲ釈メ云ク、摩訶ハ梵語、此土ニハ大ト云。毘盧遮那ハ又梵語也。此ニハ翻メ日ト名ク。仏ニ三名十号有カ如ク、日ニモ亦尓ヘシ。其ノ中ニ今者、一名ヲ挙テ毘盧遮那ト云也。義翻ニハ「光明遍」(2オ)照ト云ト云。若シ如ニ此義一ノ者、弥陀ヲモ大日ト云ヘシ。光明遍照ノ尊ナル故ニ、釈迦モ又可然。釈迦牟尼〈仏〉名ニ毘盧遮那遍一切処一ト云故ニ、仏ヲ日ト名ル事、法花・観経等ニ説ケリ。観経ニハ唯願仏日ト説キ、法花経ニハ恵日大聖尊ト説ク故也。此則、世間ノ日ノ光ノ衆闇ヲ破スルカ如ク、仏日ノ光リ、衆生ノ無明黒闇ヲ破スル事ヲ顕ス名也。而ニ大日ト者、世間ノ小日ニ超タル故也。大日ニ有三義一。一ニハ光ニ無シ二生滅ノ義一。二ハ除レ闇ヲ遍ク明ナル義。三ハ能ク成ス二衆務ヲ一義也ト云。今ノ」(2ウ)日想観ノ日輪ニ有此義一ト云ハンモ不可違一。三障ノ雲ノ釈ハ彼ノ疏ニ無所〈品〉也。謬（あやまり）テ和尚ノ疏ノ文ヲ大日経ノ疏ト引歟。次ニ水観ニ付テ昨日ノ須弥四域経ヲ始トメ、三国ノ仏法ハ皆観音勢至ノ興行也。三国ノ衆生ハ偏ニ二菩薩ノ利生ニ預ルト云。然者、日想観ト云ハ観音也。今ハ其ニ対メ月輪観ヲ教テ勢至ニ主ヘシ。何ソ水想観ヲ説ヤト云ニ、水ハ即月ニ主ル故ニ勢至ニ当レリ。而ニ日輪ハ火珠ノ所成、月輪ハ水珠ノ所成也。此即、日水ノ両観ハ陰陽和合ノ諸事ヲ成スル事ヲ顕スト可意得也。」(3オ)又日観ハ慧ヲ生ス。水観ハ定ヲ生ス。衆生ノ定慧ノ二法ヲ生長セシムル形也。又下ノ十三観ノ惣讃ニハ、日観ハ昏闇ヲ除ク。水観ハ内心ヲ清ムト云ヘリ。此両観即止観ノ二門ヲ成スル事ヲ顕也。真言教ノ意ナラハ、此ノ両観ハ又、胎金両部ノ曼荼羅ニ当レリ。金剛界ヲハ天曼荼羅ト云フ。天ハ日ニ主也。胎蔵界ヲハ地曼荼羅ト云フ。地ハ水ニ主故也。弘法大師、天王寺ノ西門ニメ日水ノ両観ヲ成就シ給シハ、即此等ノ義ニ叶フ也。而ニ此水観ニ付テ経文ニ水氷瑠璃ノ三想ヲ説ク意ハ、水湛然平正ニメ高下無ヲ見テ、氷ノ思ヲ作シ、氷ノ内外」(3ウ)映徹セルヲ見テ、彼土ノ瑠璃ノ地ノ思ヲ為令作一也。而ハ水観ハ依報ノ仮観也。下(シモ)ノ像観ハ正報ノ仮観也。上ノ日想観ハ依正ノ惣仮観也ト可意得一也。而ニ今、水観ノ釈ニ水氷瑠璃ノ三想ヲ抑テ惣メ標二ス地ノ体ヲ一ト釈メ、三ツ共ニ極楽ノ宝地也ト云ハ、真仮一体ノ義ヲ成スル也。水ハ穢土ノ仮水、地ハ浄土ノ真地也。此真仮ハ只一体ナル者也。仍テ釈ノ本意ハ穢土ノ仮水ヲ以、我等カ心水ニ譬ヘ、此心水ヲ以、仏ノ心水ニ譬テ、三水終ニ一ナルヲ以、真仮一体ノ義ヲ成スル也。上ノ日観モ又如此、穢土ノ仮日ヲ以、我等カ心日ニ譬ヘ、此心日ヲ以仏心日ニ譬ヘテ、三日終ニ」(4オ)一ナルヲ以テ真仮一体ノ義ヲ釈シ顕也。下ノ像観モ亦尓也。穢土ノ泥木素像ノ形像ヲ以、浄土ノ化像ニ譬ヘ、此化像ヲ以、真仏ニ譬テ、三仏終ニ一ナルヲ以、真仮一体ニ成メ、弥光説法スル事ヲ顕也。付レ之疑アリ。穢土ノ日水草木等、若真仮一体ナリトイハ、、般舟讃ニ、若シ道(イハ、)三此(コハ)同二シト諸仏ノ国一ニ、何ニ因テカ六道同ク生死ナルトテ、如此、深義ヲハ嫌テ浄土ノ宗義トセス。何ソ今成ル此義ヲ一乎ト云ニ、衆生自力ノ分斉ニ約メ立ル二真仮一体ノ義ヲ一ニハ非ス。此ハ仏ノ願力所成ノ位ニ付テ云フ法門也。サレハ今ノ釈ニ真仮一体ノ所以(ユヘ)ヲ釈メ云ク、此ハ弥陀曠劫ニ」(4ウ)等ク行メ、無偏正習倶ニ亡メ能ク地輪ノ映徹スルヿヲ感スト云ヘリ。言意ハ弥陀如来因位ノ時、自利々他心平等トテ、自他平等、生仏一際、浄穢不二ノ心ニ住メ、自心ヲ浄メ其上ニ万行ヲ修シ、行成就メ建立シ給ヘル浄土ナル故ニ、浄穢ノ差別モ無ク、凡聖ノ隔テ無キ也。浄穢ノ差別、凡聖ノ隔テハ迷ノ凡夫ノ所見也。仏ノ知見ハ不尓一ラ。故ニ仏ノ願力所成ノ宝地ハ真仮一体也。衆生ノ所見ハ真仮各別也。而ハ法蔵比丘因位ノ時、自ノ心水ヲ転メ金剛無漏ノ宝地ト成ス。今ノ衆生観心ノ教ヲ捨テ、観仏ノ門ニ入テ仏ヲ観スレハ、仏境界真仮一体ナル」(5オ)故ニ、能観ノ行者ノ心モ、又真仮一体ノ義ヲ成也。故ニ指方立相ノ教ニメ、而モ真仮一体ノ義ヲ談スル事ハ、仏境界ノ不思議ニ依也。此レ則、仏ニ被レ成タル真仮一体ノ義也。曽テ衆生ノ心力ニ非ス。仍テ衆生ノ心力ヲ以、真仮一体ノ義ヲ不レ成事ヲ云フ時ハ、何ニ因テカ六道同ク生死ナルト云フ。仏ノ願力ノ方ヨリ他力ヲ以衆生ニ益ヲ与フル時ハ、真仮一体ノ義ヲモ成シ、彼此三〈之〉業不相捨離トモ云也。然者、仏ケ浄穢不二真仮一体ノ功徳ヲ与ヘ給フニ依テ、我等カ心ノ上ニ少モ仏ニ不レ替。如此義ヲ成ル也。此ハ仏心平等ノ辺ニ約メ、真仮一体ノ義ヲ」(5ウ)成ル観仏三昧ノ位ノ法門也。念仏三昧ノ位ニハ又衆生ハ此観解ヲ作サネトモ、只仰テ本願ノ名号ヲ唱レハ、無量寿法ハ自二元一是レ浄穢不二・凡聖一如ノ妙法ナルヲ以、又同ク真仮一体ノ義ヲ成ス他力ノ至極也。

宝地観事

次、宝池観ト者、此ハ上ノ水観ニ所説也。真仮一体ノ宝地ヲ第三ノ宝地観トスル故ニ、別ノ物ニハ非也。其ニ取テ三経ニ宝地ノ荘厳ヲ説替タリ。大経ニハ七宝合成ノ地ト説キ、小経ニハ黄金ノ宝地ト説キ、今経ニハ瑠璃ノ宝地ト説ク。有人ノ義ニ云ク、只是一ノ地ニ於テ黄金ト者、地ノ」(6オ)色ノ黄キナル方ヲ説ク。瑠璃ト者、地ノ内外映徹セル方ヲ云ト云云。今云、宗家ノ御釈ニ宝地衆多ニメ光明無量ナリ等ト釈セリ。言心ハ、彼国ノ界々無尽ナレハ、宝地又種々無尽ナル故ニ、只一相ニ非ス。故ニ一界〈ニ〉々々ノ地ヲ取テ黄金ノ地ト説キ、七宝ノ地ト説キ、瑠璃ノ宝地ト説也。其中ニ今者、水観ニ有二便一故ニ、一界ノ地ヲ取テ瑠璃ノ地ト説也。又此宝地ヲ讃スル中ニアマタノ讃アリ。其ノ中ニ、帯二或疑一ヲ生ルレハ花未二発一ケ、合掌籠々トメ喩フレ処ルニ胎ニ。内ニ受テ二法楽一ヲ無シ二微〈ミ〉〈スコシキ〉苦一。障リ尽テ須臾ニ花自開ク、耳目精明ニメ身金色ナリ。菩薩徐々トメ」(6ウ)授ク宝衣一ヲ。光リ触レ体ニ、得レ成ヲ二三忍一ヲ。即欲メレ見ムト仏ヲ下ルヲ二金台一ヨリ。法侶迎ヘ将テ入テ二大会一ニ、瞻二仰テ尊顔一ヲ讃二善哉一ト云文アリ。付之、疑惑ヲ帯メ辺地ニ生テ、五百歳之間、花中ニ在テ、見仏聞法セサル事ヲ挙テ、宝地ヲ嘆ル讃トスル事ハ何意ソト云疑アリ。此ハ釈ニ付タル不審也。曼荼羅ニ付テハ又、当観ニ只夫人許ヲ織テ、侍女ヲ不レ織ハ何事ソト云疑アリ。経文ニ付テハ心ニ得ヨ無レ疑ト説ハ、何事ソト云不審アリ。而モ一義成セハ衆疑一具ニ可二明一ム也。凡今、水観ノ起リハ、水ハ氷ノ為メ、氷ハ瑠璃地ノ為也。此三想」(7オ)転成ノ意ハ、真仮一体ノ義ヲ為成也。其ノ真仮一体ノ義ハ、法蔵菩薩ノ因位ノ修行自他平等ノ心ヨリ起テ、地輪ノ映徹スル事ヲ感ス。大経ニ、所修仏国、恢廓広大、超勝独妙、建立常然、無衰無変ト説ク、此意也。此故ニ、其地平正ニシテ高下ナシ。其地広大ニシテ辺際ナシ。此ノ願力成就ノ国土ニ雑疑ノ衆生々レ集ルヲ以、超勝独妙ノ浄土ノ笠シルシトスルナリ。地下ノ宝幢、即此本願超世ノ相ヲ標スル也。宝幢ヲ以、地ヲ捧クル事ハ、〔摂論ノ〕十八円浄ノ中ノ第十八ノ依止円満ニ当レリ。花厳経ニ、諸仏ノ世界ニ於テ十種ノ依止ヲ説ク。或ハ光明ニ」(7ウ)依止スル国土アリ。〔或ハ蓮花ニ依止スル国土有リ。〕或金剛力士ノ掌ノ中ニ依止スル国土アリ。或宝幢ニ依止スル国土アリ。或虚空ニ依止スル国土アリ。今極楽ハ宝幢依止ノ国土也。此則、宝幢ハ高出ノ相也。幢ハハタホコ即旗サホ也。世間ニモ大国ノ習ハ、軍〈イクサ〉ニ勝ツ時ハ、幡サホヲ軍陣〈イクサチン〉ニ高ク建ツ。見ルノ之ヲ時、軍兵力ヲ得テ、尚強盛ニ戦フ也。負〈マク〉ル時ハハタサホヲフス。見レル之時ハ、軍兵等即逃ケ落ル也。今極楽ノ幢ハ、法蔵比丘因位ノ本願、四魔ノ軍ニ打勝テ建給ヘル勝幢也。此則、本願ノ世ニ超タル笠シルシ也。第七観ニ此本願ノ体ヲ顕ニ、三悪火坑臨々欲入ノ」(8オ)機ヲ立撮即行メ仏徳〈法〉ニ等ク法性常楽ヲ令ムレ証ト云。即此超世大願ノ姿也。宝幢ハ此義ヲ顕ス。故ニ此宝幢ヲ見ル者ハ、無生自然ニ悟ル也。此故ニ地下ノ荘厳、七宝ノ幢、無量無辺無数億ナリ。八方八面ニシテ百宝ニ成セラレタリ。彼ヲ見レハ無生自然ニ悟ルト讃タリ。此無生ニ即便当得ノ二ノ無生アリ。無生ノ宝国永クタリ為レ常。一々ノ宝ラノ流ス二無数ノ光一ヲ。行者欣テレ心ヲ常ニ対スルカコトシレ目ニ。騰ケテレ神ヲ踊躍メ入レ二西方一ニト云ハ、即便往生ノ益ヲ讃ル也。其中ニ、無生宝国永為常ト者、涅槃ノ異名也。彼国土ハ涅槃常楽我浄、真善妙有ノ功徳ト讃ル言也。即大経ニ」(8ウ)所修仏国、恢廓広大、超勝独妙、建立常然、無衰無変ト説キ、法事讃ニハ此是弥陀悲願力無衰無変湛然常ト讃ル、此意也。本願ヲ以、建立造作スル国也ト雖、而モ湛然常住也。無常ノ法ニ非ストト讃ル也。欣心ト者、廻心也。本願ニ廻心スレハ浄土ノ荘厳目前ニ悉ク現ス。法事讃ニ、一切廻心ノ向ハ二安楽一ニ、即チ見ル二真金功徳ノ身一ヲ。浄土ノ荘厳、諸ノ聖衆、籠々トメ常ニ在リ二行人ノ前一ニト釈スル此意也。騰神ト者、帰命也。帰命スレハ即坐ニ西方ニ入ル。法事讃ニ、行者見已リテ心ロ歓喜メ、終ル時従テレ仏ニ坐ス二金蓮一ニ。一念ニ乗メ二花ニ一到二リ仏会一ニ、即」（9オ）証二不退一ヲ入ル二三賢一ニ云此意也。次ニ、西方ハ寂静無為ノ楽ナリ。畢竟逍遥ノ離二タリ有無一ヲ。大悲薫レメ心ニ遊フ二法界一ニ。分チ身ヲ一利メ物ヲ一等メ無レ殊「。或ハ現二メ神通一而説キ法ヲ一、或ハ現二メ相好一ヲ入ル二無余一ニ。変現ノ荘厳随意ニ出ツ。群生見ル者罪皆除ルト者、即便現益ノ上ノ当得往生ノ益ヲ讃ル也。此則、宝幢ハ本願ノ世ニ超タル姿ヲ顕ス故ニ、見レ之処ニ即便当得ノ二益ヲ得ル事ヲ讃タリ。次ノ讃ニ、帰カエナ二去イサハ来一魔郷ニハ不可停一ル。曠劫ヨリ来タ流転メ六道尽ク皆経ヘタリ。到ル処ニソ無二シ余楽一。唯聞二ク愁歎ノ声一ノミ。畢ヲヘテ二此生平一ヲ入ム二彼涅槃ノ城一ニト者、即便」（9ウ）当得二種ノ往生ニ約メ勧也。帰去来ト者、盧山ノ慧遠法師ノ弟子ニ陶淵明ト云俗学生アリキ。此人始テ一切ノ詩ヲ作ニ、初ノ句ニ此言ヲ置ケリ。此ヲ帰去来ノ詩ト名ク。此ハ諸子ヲ誘引メ本家ニ帰ル詞也。今ハ和尚、我等ヲ勧誘メ浄土ノ本家ニ帰レト云意也。故ニ、十三定機三輩散機ノ往生、此内ニ在也。仍此仏智無碍五智円満ノ浄土ニハ、地下・地上・虚空、三種ノ荘厳ヲ観見メ、信心清浄ニ成テ生メ、大悲心ニ薫メ衆生ヲ利益スル者モアリ。論ニ、観二スルニ仏ノ本願力一ヲ、遇テ無二シ空ク過ル者一。能ク令三ム速ニ満二足セ功徳大宝海一ヲト云此意也。此願ニ」（10オ）遇テ往生スル者ハ、皆同ク大会衆ノ数ニ入テ、自他平等ノ大乗法楽ヲ受也。又五智ノ円満ノ様ヲモ不レ知。疑ヲ雑〔マシエ〕テ信心清浄ナラヌ者モ往生ス。此疑惑ノ衆生ノ往生メ、花内ニ有ヲ見時、法蔵ノ因位ノ本願、世ニ越ヘ等ク行メ自他平等ナル他力ノ願意ハ顕ル、也。弥陀ノ因地ニ等ク行メ無ク偏、正習倶ニ亡メ平等也ト云ハ、杖木瓦石ヲ加ヘ罵〔メリ〕詈誹謗スル者ヲモ不レ捨。一切ノ怨親中人ニ於テ、自利々他平等ノ心ニ住メ、等ク悪ヲ断シ善ヲ修セシ故ニ、果上ノ浄土ニ於、一切衆生信疑ノ差別ヲ不レ見。平等ニ摂レ之。法事讃ニ、自利々他同ク断レシ悪ヲ、不「ハ捨二怨」（10ウ）憎一ヲ由ル二大悲一ニ。有識含霊皆普ク化メ、同因同行ヲモテ至ル二菩提一ニト云此意也。仍弥陀因位ノ断悪修善、全ク自他ノ差別ナケレハ、法蔵比丘ノ断悪修善ハ、即我等衆生ノ断悪修善也。故ニ同因同行至菩提トテ、仏ト衆生ト、同ク万行ヲ修シ、同ク菩提ニ至ニテ有ケル也。此仏智平等ニ〆、善悪信疑同ク摂スル本願也ト信スルヲ明信仏智ノ者ト名ケ、如此不レ信、猶預スル者ヲ疑或（ママ）胎生ノ者ト云也。而ニ、聖教ヲ以明メ見レハ、我等カ作法即此疑或（ママ）ノ類也。サレハ機分ヲ顧時ハ、雑疑ノ機ナレハ胎生ト云フヘシ。カヽル者モ往生スト聞テ一分信スル心ノ有方ハ、明信」（11オ）仏智化生ノ者ト云ツヘシ。仍今ノ能観ノ行者、若疑或（ママ）ノ者ハ不往生一ト見ハ心境相違スヘシ。其故ハ所観ノ浄土ノ中ニハ既ニ疑者ノ往生ノ姿アリ。能観ノ心ハ、疑者ハ不往生一ト思ハ、片（カタ）チカヘナルヘキ故也。因位ノ悲願既ニ怨親中人ノ差別ヲ不レカ見故ニ、果後ノ利益モ信疑共ニ摂スト見ハ、本願相応ノ行者ナルヘシ。亦是レ心境相応ノ義ナルヘシ。如レ是疑惑ノ者モ往生スル浄土也ケリト見ル時、別意超世大願ノシルシモアリ。曠劫ニ等ク行メ無レ偏謂モ立チ、湛然平正ノ宝地ノ甲斐モ有也。カク（等）見ル時、疑ヒ帰テ晴ル、故ニ、若観是地者、除八十」（11ウ）億劫生死之罪ト説ク。此疑惑ノ者ヲ令テ往生一、花内ニ置テ大悲ノ菩薩開花三昧ニ入テ、其ノ花ヲ開給。彼土ニテ疑晴テ、信心清浄ノ者ト成テ仏前ニ詣シ、大会衆ノ数ニ列シケル事ノ殊勝サヨト見ル時、疑悉ク晴ル、故ニ、心得無疑ト説也。疑ノ失ヲ顕メ、辺地胎生ト云ト雖モ、此機ノ往生ヲ許スカ、別願酬因ノ宝地ノ笠シルシ也ケル故ニ、宝地ノ荘厳ヲ嘆ル讃ノ中ニ、帯惑疑生ノ相ヲ讃也。仍明ニ信スル仏智一ヲ者ノミ往生スト見ハ、疑ヒ還テ難断一カルヘシ。疑二惑スル仏智一ヲ者往生スト見ル時、還テ疑ハ除也。而ニ光台ニ於テ此義ヲ見トツケテ、心ニ開ケテ悟レ忍ヲセシハ、夫人許也。侍女諸天ハ」（12オ）光台現国ノ相ヲ見テ、願生ノ心ハ起リシカトモ、此深義ヲ不知レハ、廓然大悟ノ位ニ不レ至。為ニ顕此義一ヲ、当観ノ曼荼羅ニ夫人ヲ織テ、侍女ヲハ不レ織也。サレトモ観法ヲハ同ク聞シ故ニ、已下ノ諸観ニハ又侍女ヲ織也。凡ソ無疑之時キ発ル信ハ小信也。機ヲ云ヘハ一毫ノ煩悩ヲモ不レ断トモ、仏智ハ無隔ツル事一故ニ、疑者ヲ不捨一。令ト往生一信スルハ大信也。般舟経ニ、大信ヲ生メ毛髪ノ無レ疑ト説ハ、此位ノ信也。註論ニ、有レモ二凡ソ夫人煩悩成就スル一亦得ルトキ生二ヲ彼ノ浄土一ニ、三界ノ繋業畢竟メ不レ牽、即是レ不メ断二煩悩ヲ一得二タリ涅槃分一ヲ。焉（イックンソ）「可思義一ト云モ」（12ウ）此意也。凡ソ未断惑ノ凡夫トメ、無レメ疑信ヲ成セント思ハ、不可有此理一。疑ナカラ願ヒ行スレハ、往生一定也ケリト知ランハ、還テ信心清浄ノ者トナルヘシ。縦此法門ヲ聞ト一云トモ、此信不レ立者、又疑者ノ往生ニテ可有ケレハ、左（ト）ニモ右（カウ）ニモ往生ノ疑ハ無キ者也。為顕二カ此義一ヲ、弥陀曠劫ニ等ク行メ無レ偏ヲ以、真仮一体ノ義ヲ成スル。水観・地観ニ宝地ノ功徳ヲ讃ル中ニ、此帯惑疑生ノ讃有也。然則、経ニ心得無疑ト説クハ、地観成メ疑惑胎生ノ者ヲ見テ疑ハルヘキ故也。釈ニ宝地ヲ嘆ル讃ニ、帯惑疑生ノ者ヲ挙ル事ハ、疑者ノ往生メ彼土ニ集リ居タル、即別願」（13オ）所成ノ宝地ノカサシルシナル故也。変相ニ侍女ヲ不織一メ夫人ハカリヲ織事ハ、光台現国ノ時、夫人許リ雑疑往生ノ形ヲ見テ、大悟ノ無生ヲ得テ、侍女ハ不尓故也。如此意得ツレハ上〈三〉ノ不審無之者也。

于時明暦三年六月九日以嵯峨二尊院本写之

江州栗太郡芦浦

観音寺舜興蔵（印）

（表紙）

浄土九番箱

観音寺

舜興蔵（印）

（見返）

曼荼羅聞書抄十五

定善

（1オ）

宝樹観事　七重宝樹事

宝池観事　池中蓮花ヲ本家トスル事

宝楼観事

（1ウ）

宝樹観事

今日者、宝樹・宝池・宝楼ノ三観ヲ可讃嘆一ナリ。宝樹観ノ中ニ樹ノ量ヲ説クニ、一々ノ樹ノ高サ八千由旬ナリト者、一由旬ト者四十里也。故ニ四八三十二万里ナリ。仍テ釈ニ三十二万里ト釈ス。但シ讃ニ、等量斉高三十万ト云ハ、偈頌ナル故ニ言ヲ略スル也。付之、沙羅樹・賓婆羅林・多羅林・梅檀樹等ノ四種ノ宝樹アリ。一々ニ三十二万里ニメ根茎・枝条・葉花菓ノ七分具足メ、同時ニ頓ニ起ノ老死小生初生漸長ノ樹無ト云ハ、老ヒ死カル、樹モ無ク、少キ（わか）樹モ無ク、初テ生メ漸ク大ナル樹無ク」（2オ）平等ニ同時ニ頓ニ起スル也。何以カ然ト者、彼国ハ是無漏無生ノ界ナルヲ以ノ故ナリ。穢土ハ有漏生滅ノ所ナルヲ以、諸ノ木樹等、初生漸長老死大小不同ナリ。〔又根茎枝条ハアレトモ葉花果ハ有無不同也。〕如此高サ三十二万里ノ樹ノ前ノ宝地ノ一界ノ荘厳ニ七重ニ行列メ有ル也。七重ニ付テ唐土ノ人師ハ、塔ノ層級（ソウキウ）ノ如ニ竪ニ七重ナリト云ヘリ。今云ク、此義非ナリ。曼荼羅ニハ六重三重等ノ樹ノミ有テ、竪ニ七重ナル樹無カ故也。今七重ヲ意得ルニ有三義一。一義ニ云ク、七宝ヲ以荘厳スル樹ナルカ故ニ七重ト云フ。重ハ重宝ト云事ナルカ故也。故ニ七宝ヲ七重ト云也ト云々。一義云、此義不尓一。其故ハ阿弥陀経ニ」（2ウ）七重欄楯七重羅網七重行樹アリ。皆是四宝モテ周匝囲繞セリト説ニ違スル故也。四宝荘厳ノ樹ナレモ、七重ト云故ナリ。然者、此ハ根茎等ノ七分ヲ七重ト云也。穢土木樹ハ根茎枝条ノ四ハ有トモ、葉花菓ノ三ハ時ニ依テ有無不同也。極楽ノ宝樹ハ此七処長時ニ具足スル故也。一義云、此義亦非也。前ノ小経ノ文ニ違ス。欄楯羅網ハ根茎等ノ七分ナケレトモ、七重ト云故ニ而者、此ハ樹々相望メ横ニ七重ヲ作也。其故ハ一界ノ荘厳ニ一方ヨリ見レハ七本ノ樹七行有故ニ、七重宝樹ト云故ニ、通計スレハ七々四十九重也。四方ヨリ見モ各七行ノ樹ナル故也。仍七宝ヲ七重ト」（3オ）云ニモ非、七処ヲ七重ト云ニモ非ス。樹ノ行（ナミ）ヲ重ト云也。故ニ阿弥陀経ニ七重行樹ト説キ、称讃浄土経ニ、七重ニ行列ナル宝多羅樹ト説也。付之、此樹漸頓ノ差別ハアレモ、既ニ生起スト許サハ、可レ有ト始一聞タリ。若始アラハ何ソ無生ノ国ト一云乎。又無生ノ国ナレハトテ生スル時モ同時ニ生シ、量モ等シト一云事、難意得一云不審アリ。此ヲ会スルニ、凡ソ宝地・宝樹・宝池等ノ一切ノ荘厳、皆是法蔵菩薩ノ心内本有不生恒沙ノ万徳ヲ、弥陀正覚ノ時、同時ニ修起シ被レ顕タル功徳荘厳ナル故ニ、仏ノ正覚ノ時サラリト顕ルレハ、起即頓起量数等斉ト一云也。此荘厳心内ニ自本有トレ雖」(3ウ)始覚ノ浄智此ヲ修起スル事ナケレハ不カ顕故ニ、実ニ起ト一云ハ有始也。然而〔本有ノ万徳カ同時ニ顕ル、カ故ニ、等量斉高三十万ト一云也。〕始覚窮満スレハ還同本覚一ニノ故ニ、始覚ノ浄智ハ本覚ノ深理ニ契当ソ、無漏無生ノ国、常住不滅ノ界也。故ニ建立常然ト讃ナリ。既ニ起スレハ建立ト説ク。建立ノ荘厳、而モ本有ナル故ニ、常然ト一云。譬ヘハ闇夜ニ栴檀ノ林ニ入ルニ、夜中ニハ不見之一ヲ。夜曙〈アケ〉テ見ニ之一ヲ、始テ出生スルニ非ス、只本ヨリ有ケルヲ、始テ見ルニテコソ有ケレト知カ如シ。今極楽ノ荘厳モ如レ此。是ヲ起スレハ頓ニ起ストハ云也。無塵ノ法界ハ凡聖斉ク円ニ、恒沙ノ功徳寂用湛然トノ十劫已来開タレモ、我等生死ノ長夜ニ処メ」(4オ)不見之ヲ、不顕之ヲ、彼国ニ生テ光明宝林演二説ス妙法一ヲ。聞已テ、即悟ル二無生法忍ヲ一時、法性ハ如大海一ノ。不説有ト二是非一。凡夫賢聖人、平等無高下一悟リ開ルヲ、一ヒ到ヌレハ二弥陀ノ安養国一ニ、元来タ是レ我カ法王ノ家ト一云也。光明宝林ノ説法ハ此ノ妙法ヲ述ル故ニ、聞テ無生ヲ悟ル。故ニ安楽〈養〉国ハ清浄ニソ常ニ転ス二無垢輪ヲ一ト云フ。無垢輪ト者、仏地ノ功徳凡聖斉円ナル常楽我浄ノ四徳波羅蜜ノ法也。此則、弥陀心内ノ万徳、即我等カ心内ノ万徳也。生仏ノ一心全ク無隔故也。此心内ノ万徳ノ開タル浄土ナル故ニ、極楽ヲ我等カ本家トモ一云也。サレハ我等カ本家ニ還テ」(4ウ)等量斉高三十万ノ本有ノ荘厳ヲ拝見セント思ハ、速ニ棘荊〈コクシ〉叢林満三界ノ処ヲ厭テ名号ヲ可唱也。厭ヒ欣テ称名センニ若不レ生者、無ケン有二「是処〈コト〉一ハリ矣。

宝池観事

次宝池観ト者、彼ノ宝樹ノ間々〈アヒく〉ニ八功徳池アリ。故ニ経ニ云ク、極楽国土有リ二八ノ池水一。一々池水七宝ノ所成ナリ。其宝柔濡(ママ)ニメ従二如意珠王一生セリ云云。此則、弥陀如来如意ノ心水八功徳池ニ流レ、十方人天得生ノ蓮花ノ中ニ充満ス。
蓮花ハ何物ヲ種トメカ生スル。只是念仏ノ声ヲ種トメ生スルナリ。故ニ法照大」(5オ)師ノ云ク、此界ニ一人念仏名二西方ニ
便有一蓮生。但〈タヽシ〉使一生常不退一、此花還テ到此間一ニ迎云云。称名ノ声カ即弥陀ノ心水ノ中ニ生メ蓮花トハ作也。又楊
傑カ念仏ノ讃ニ、念仏声々下〈クタ〉セハ仏種一ヲ、池中ノ蓮花朶々〈エタ〈〉〉香〈カウハ〉シトト讃モ此意也。臨終ニ観音ノ持テ来給ヘル蓮花モ此花ナ
リ。又云、一々ノ池中ニ花尽ク満テリ。花々ハ惣メ是レ往生人ナリ。各留テ半座一ニ、乗メ花葉一ニ待二ツ我カ閻浮ノ同行人一云云。
是ハ所生ノ蓮花ハ皆是往生人ノ所坐也ト顕ス。已〈イ〉往生ノ者ハ半坐ヲ留テ、閻浮ノ友ヲ待ツ。只弥陀如来ノ」(5ウ)花ヲ開テ、
我等ヲ待チ坐スノミナラス。我今到レ「ハ此ニ仏ノ願力ナリ。同縁同行何レノ時ニカ来ラン。普ク願ハ閻浮ノ知識等、同行相
親テ、願クハ莫レ退「トテ、旧里ニ留ル父母兄弟等ノ為ニ、父母妻子兄弟等ト成テ、結縁ノ諸人ヲ此土ヘ迎ヘ入ムト云フ大
悲深重ノ人共ナルカ故ニ、此宝池ヲ観スレハ、極楽欣慕ノ心ヲ催也。故ニ、宝池ノ宝岸ニ宝金沙アリ。宝渠ニ宝葉ノ宝蓮花ア
リ。十二由旬ニメ皆正等ナリ。宝羅宝網宝欄巡レリ。徳水分テ流一ヲ尋ヌ宝樹一ヲ。聞キレ波ヲ覩〈ミ〉テ楽一ヲ〈証二スル恬〈てん〉怕〈は〉一ヲ〉。寄二ス言ヲ
有縁同行ノ者一ノニ。努力〈ユメ〈〉〉翻メレ迷、還二本家一ニト云ヘリ。殊ニ」(6オ)此宝池観ニテ本家ニ還レト勧ル事ハ、此花ノ宿リハ我
等カ本家ナル故也。付之有余〈アマタ〉ノ義一。一ハ我等一念ノ信心発レハ、宝池ノ中ニ蓮花生ス。故ニ、此界一人念仏名、西
方便有一蓮生ト云云。一生不退ナレハ、終焉ニ観音此蓮花ヲ持テ来テ乗セテ宝池ノ中ニ生在セシムレハ、即便〈ヲ〉当得ニ
約メ此花ニ生スルヲ、本家ニ還ルト云也。此ハ一世ノ本家也。二ハ此花ハ我等カ南無ノ一念ノ下ニ開ルヲ本家ト云ハ猶是近キ
也。凡ソ此花ハ如来浄花正覚ト名ク。其ト云ハ十方衆生若不生者不取正覚ト誓テ、十劫ニ正覚ヲ成セシ時、十方衆生ノ
往生ノ花台ハ」(6ウ)宝池ノ中ニ悉ク開タリ。故ニ生仏不二ノ妙蓮ハ正覚同時ニ開テ居タルヲ本家ト云也。往生ノ形既ニ十劫ノ
朝ニ定ヌレモ、不ハ知未タ往生一ト思フ。此ヲ聞キ得ツレハ、即坐ニ還本家ノ益ヲ得ル也。三ハ十劫正覚ノ時ニ約メ本家ノ義

ヲ成スルハ猶是近シ。凡此花ノ開クル事ハ、法蔵菩薩因位ノ昔ヨリ開タリ。其故ハ、五劫ノ思惟既ニ已テ四十八願ヲ発シ、重テ斯ノ願若シ剋果スヘクハ、大千応二シ感動一ス。虚空ノ諸ノ天人、当ニシ雨ス二珍妙ノ花一ヲト誓シニ、応レ時ニ普ク地六種ニ震動シ、天ヨリ雨テ二妙花一以テ散ス二其ノ上一ニ。自然ノ音楽空中ニ讃テ云ク、決定メ必成ス二ヘシ無上正覚一ヲ」（7オ）ト告シ時、正覚決定セシカハ、我等カ往生モ其時定ヌ。彼時、法蔵比丘ノ心内ニ此花既ニ開ケシカハ、指メ之ヲ我等カ本家ト云也。〔生仏二心亦隔テ無キ故也。〕四ハ法蔵比丘ノ発願ハ、即五智ノ願海也。一切諸仏ノ一心法界、一切衆生ノ一心法界、本来自性清浄平等一如ニメ蓮花ノ体也。サレハ五大院ノ御釈ニ、阿字不生微妙ノ体ハ即是衆生ノ内心法ナリ。本来ニメ清浄ニメ如二蓮花一ノ。故題ニ妙法蓮花経ト云フ。衆生ハ此妙蓮不染ノ理ニ迷カ故ニ六道ニ輪廻ス。諸仏ハ此理ヲ悟カ故ニ菩提涅槃ノ妙果ヲ証ス。唯識論ニ云ク、愚夫ハ転倒メ迷フ二此真如一ニ。故ニ無始ヨリ来タ受ク二生死ノ苦一ヲ。聖者ハ離テ二転」（7ウ）倒一ヲ、悟テ二此真如一ヲ、便チ得テ二涅槃一ヲ、畢竟安楽タリト云云。真如ト者、生界仏界ノ一心法界真実一如ニメ平等不二ナル名ナリ。此本来自性清浄生仏不二ノ性海ニハ自本一凡聖ノ隔モ無ク、迷悟ノ差別モ無シ。〔故ニ此処ヲ悟ルヲ仏ト名ツク。〕法蔵菩薩我等ニ代テ此法ヲ悟得テ本願ノ体トスル故ニ、此願ニ帰メ称名スル時、立所ニ〔即チ仏智ノ妙花ヲ開キ、〕本来本覚ノ都ニ還ル也。爰ニ知ヌ、我等カ本覚本家ノ心蓮ノ開ル事ハ無始本有ノ時也ケリト云事ヲ。是ヲ讃ルニ、西方極楽ハ難シ二思議一。渇メ聞ケハ二般若一ヲ、絶ツレ思「ヲ漿（こんず）一ヲ。念食無生即断レ飢（ウエ）ヲ。一切荘厳皆説レ法ヲ。無メ二心ノ領納一自然ニ知ル。七覚ノ花池随レ意ニ入ル。八背凝レメ」（8オ）神（たましひ）ヲ会ス二一枝一ニ。無量ノ菩薩ハ為二同学一。性海如来ハ尽ク是師ナリ。弥陀ノ心水沐テ二身頂一ニ、観音勢至与レテ衣（キセ）被玉フ。欻尓（たちま）チニ騰テレ空ニ遊ヒ二法界一ニ、須臾ニ授記セラレテ号ス二無為一ト。如此逍遙無極一リ処ニ、吾レ今不レハ去（ユカ）待ムヤ何レノ時一ヲカ云云。仏智〔弥陀〕ノ願力ニ乗メ諸仏ノ内道場ニ入テ、本有ノ妙理ニ帰スル所ヲ還本家トハ云也。此時キ本家ノ道理ハ極成スル也。然ハ義ハ多重ナレトモ、本家ノ体ハ只一ノ蓮花ナリ。カ、ル深義アル故ニ、池中ノ蓮花ヲ指ノ本家ト讃也。

宝楼観事

次宝楼観ト者、前ノ花ノ上ヨリ下テ大宝荘厳〔所成〕ノ講堂ニ詣メ」（8ウ）七宝ノ階（ハシ）ニ跪テ万徳ノ尊容ヲ礼拝シ、一実ノ道ヲ聞テ普賢ノ行願ニ悟入スル所、是又我等カ本家也。又皆我等カ心内本有ノ万徳也。付之、如此義ハ、聖道ノ法門ニナルハト云難アリ。大方ハ如レ此所入ノ法体ハ諸教ニ替レル事ナシ。只難行易行ノ入門異ヲ以、聖道浄土ノ差異ト為ス。聖道難行ノ道ハ自力ナルカ故ニ煩悩賊害ノ難アテ、宝ノ山ニ入テ手ヲ空メ還カ如シ。浄土易行ノ道ハ、二尊ノ教ニ順メ南無ト帰スレハ、常没ノ凡夫ヤス〱ト此ノ妙理ニ叶フ他力ノ法門也。凡花厳ノ一心法界、般若ノ染浄虚融、法花ノ実相中道、涅槃ノ常住仏性、真言ノ事理倶密、何レモ甚深也。雖然、其位ニテハ我等カ為ニ無レ益」（9オ）レハ、徒ニ隣ノ宝ヲ数ルカ如シ。今本願ニ乗スル時、諸教ノ極談トスル本覚ノ都ヘ、須臾ノ間ニ到ル事、諸教ニ分絶タル妙益也。

明暦三年六月十一日書之了

以嵯峨二尊院本書之

江州芦浦

観音寺舜興蔵（印）

（表紙）

（見返）

浄土九番箱

観音寺

舜興蔵（印）

（1オ）

曼荼羅聞書抄十六

定善

（1ウ）

華座観事

付五七日地蔵菩薩事

想ト情ト差別ヲ明事

就立像三釈引令第十七・八・九ノ願合事

応二シテ名号声一仏体現スル事

華座観事付五七日地蔵菩薩事九内

今日ハ花座観ノ曼荼羅ヲ可讃嘆一也。上来(かみよりこのかた)宝地・宝樹・宝池・宝楼ノ四観ハ通依報、即法界ノ凡聖ニ属(ツク)ス。〈十方〉凡聖往生シテ通シテ受用スル故也。此花座観ハ別依報、即弥陀仏ニ属(ツク)ス。弥陀一仏ノ所座ナルカ故也。此花座ノ観法ヲ指シテ除苦悩ノ法ト名ル事ハ、上ノ示観縁ニ、夫人、仏滅後ノ五濁五苦ニ被逼タラン衆生ハ如何シテカ極楽ヲ見ルヘキト請セシニ答テ説ク花坐ナル故ニ、除苦悩法ト云フ也。此苦者、彼花座ヲ観セハ苦即除テ彼ノ境ヲ可見一故也。而ニ五苦ト者、生・老・病・死ノ四苦ニ愛別離苦ヲ」(2オ)加ル也。此ハ夫人ノ身ニ当テ思知ル所ヲ挙テ五苦ト云フ。大方ハ八苦ヲ可摂也。五苦八苦ノ中ニハ殊ニ死苦深重也。故ニ首楞厳経云、一切衆生臨命終ノ時、未レ捨煖(ナン)触一ヲ、一生ノ善悪倶時ニ頓ニ現スト云云。如此、苦相現前スレトモ、此花座ヲ観セハ其苦即除ル事ヲ得ヘシ。而ニ示観縁ノ夫人ノ請ニ答テ、日観以下此ヲ説ニ付テ日水ノ両観ハ仮観ナレハ且ク置ク。第三ノ地観以下皆除苦ノ法ナルヘシ。何ソ此観ニ限テ除苦悩法ト名クヘキト云不審有也。而ヲ実ニ十六観法ハ皆除苦悩法ナレトモ、今殊更仏ノ所座ニ付テ、一重除苦悩ノ深義アルカ」(2ウ)故ニ、殊ニ阿難韋提ノ二人ニ勅聴許説シテ、仏当下為ニ汝カ分中別シ解脱ス除ニ苦悩一法上ヲト説也。古師ノ一義云ク、今除苦悩法ト云ハ、当観ヲ指ニハアラス。意ハ下ノ仏観ヲ思ハヘタリト云云。今又有ル一義云ク、除苦悩法ト者、花坐ニハ非ス。花座等ノ観ハ皆是釈迦教能詮ノ教門也。此ヲ除苦悩法ト不可云一。故ニ意ハ所詮ノ念仏滅罪ノ義ヲ思ハヘテ、云二除苦悩法一ト也。例セハ序ニ如来今者(イマ)、為下ニ未来世ノ一切衆生ノ為二煩悩賊一之所レ害(ラン)セ者上ノ、説清浄業一ヲト説ヲ、依二テ下ノ観門一ニ、専心ニ念仏シテ○〔注想西方、念々〕罪除ル故ニ清浄也ト釈スルカ如シ。当所ノ事ニハアラサレトモ、下ノ事ヲ思ハヘテ」(3オ)説クコト、彼此レ同キカ故ト云云。此二義皆非也。先観仏滅罪ヲ思ハヘテ除苦悩法ト云古師ノ一義、非ル不ルニ当一ラ経文分明也。雖然一、今除苦悩法ト者、観仏ヲハ不レ指。又念仏滅罪ノ義ヲ思ハヘテ、除苦悩法ト云事モ、非レ無二其義一トモ其ハ別ノ義也。和尚ノ御意ニ非ス。経ニ既ニ若シ欲ムレ念ムト二彼仏ヲ一者ハ、当ニ三先ツ作ス二此ノ花座ノ想ヲ一ト説ク。此ノ念仏ノ言ハ観念称念ニ可シ通ス一。故ニ仏ヲ観念セントト思ハン者モ、仏ヲ称念セントト思ハン者モ、先此ノ花座ノ想ヲ作セト説ク。随テ経ニ二人ニ告命メ仏当下為汝分中別解説除二苦悩ヲ一法ヲ上ト説ヲ受テ釈スルニ、仏為ニ説ク二花」(3ウ)座ノ観法ヲ一。但能ク住レメ心ヲ縁念スレハ、罪苦ヲ得レ除クヲトモ云ヒ、又阿難ニ付属メ汝等憶持メ広ク為ニ大衆ノ一分別シ解説セヨト説ク経文ヲ受テハ、観法ノ深要ナリ。急ニ救フ三常没ノ衆生ノ妄愛迷心ヲモテ漂二流スルヲ六道ニ一。汝チ持テ二此観ヲ一処々ニ観修メ、普ク得テ二知聞スルコトヲ一同ク昇シメヨ二解脱ニ一ト釈ス。仍釈ノ意趣ハ今除苦悩ノ法ト〈イフハ〉者、只是花座ノ観法ニメ余ニ通セサセシト思食也。其ト云ハ、此蓮花法門、殊ニ苦悩ヲ除ク法ノ至極ナル故也。此ハ観門ノ位ノ除苦悩法也。対メ之ニ下ノ住立ノ三尊即弥陀教念仏三昧ノ除苦悩法ノ体ナル事ヲ顕サント思食故ニ、此除苦悩法ヲハ先ツ観門ノ位ニ切リ」(4オ)留ル也。然者、観仏ニ先立チ、念仏ニ先立テ、花座ノ観法ヲ指メ、除苦悩法ト名ル事、経釈共ニ分明也。而ニ急ニ常没ノ衆生ヲ救フ至極ハ、下品下生ノ五逆ノ罪人、十念ノ称名ニ依テ金蓮花ノ来迎ニ預テ、往生メ忽ニ地獄ノ極苦ヲ免テ速ニ浄土ノ快楽ヲ受ル。是則、除苦悩法ノ至極也。但シ花座ノ観法深要ニメ急ニ常没ノ衆生ヲ救フナル故ハ未レ聞ヘ。下ノ経文ニ当観ノ流通ヲ説テ、仏告ハク二阿難一ニ、如此妙花ハ是レ本ノ法蔵比丘ノ願力ノ所レ成ルト説キ、釈ニ花座得成ノ所由ヲ明スト云云。此ノ花ハ法蔵比丘願力ノ成スル所也ケル故ニ、殊ニ除苦悩法ト被レ」(4ウ)讃ケリ。但付レ之不審アリ。其故ハ天台ノ釈云、四十八願ヲモテ荘厳ス二浄土ヲ一。花池宝閣易レメ往キ無シレ人ト。又宗家ノ釈云ク、観スルニ二彼ノ弥陀ノ極楽界ヲ一、広大寛平ニメ衆宝ヲモテ成セリ。四十八願ノ荘厳ヨリ起テ、超テ二諸仏ノ刹ニ一最モ為レタリ精ト云ヘリ。而ハ何ノ荘厳カ四十八願ノ所成ニ非ル。其中ニ花座ニ限テ不可有二此嘆〈ホム〉一。随テ四十八願ノ中ヲ見ルニ、道場樹ノ高サ、四百万里ナルヲ令レ見セムト云願ハ有トモ、花座荘厳ノ願全ク無之一。如何可レキ会スト云不審也。付之有ル一義云ク、四十八願ノ中ノ第三十二ノ願ニ云ク、設我得レムニ仏ヲ自レリ地以上至マテ二于虚空ニ一、宮殿楼観」(5オ)池流花樹国中ノ所有ノ一切ノ万物、皆以二無量ノ雑宝百千種ノ香一、而モ共ニ合成メ厳飾奇妙ニメ超二ン諸ノ人天一ニ。其香普ク薫二メ十方世界一ニ、菩薩聞カン者ノ皆修二ン仏行一ヲ。若シ不ス如是一者ハ不シト取正覚一ヲ云云。此中ノ既ニ池流花樹ト云故ニ、即花座荘厳ノ願アリ。指メ之ヲ願力所成ト云也ト云云。今云ク、不レ尓ラ。此願ヲハ宝香合成ノ願ト名ク。国中ノ所有ノ一切ノ万物無量ノ妙香ヲ以、荘厳メ聞カン者ノ仏行ヲ令レ修ムト云故ニ、花座荘厳ノ願ニ非ス。而ニ天親論主ノ願生偈ヲ見ルニ有二リ二処ノ文一。一ニハ依報十七種ノ荘厳ノ中ニ、如来ノ浄花ノ」(5ウ)衆ハ正覚ノ花ヨリ化生スト云フ、此ヲハ注ニ眷属功徳成就ト名タリ。二ニハ正報ニ付テ、仏ノ八種ノ荘厳ノ中ニ、無量ノ大宝王、微妙ノ浄花台ニマシマスト云フ。此ヲハ注ニ仏座功徳成就ト云ヘリ。浄花ト云ヒ、浄花台ト云フ只同事也。往生ノ衆生モ此浄花ヨリ化生シ、正覚ノ弥陀モ此浄花ニ坐スル意也。仏ト衆生ト同一解脱ノ花台ナル故也。今ノ釈ニ同昇解脱ト云顕此意一ヲ也。其ト云ハ此花ハ自性清浄ノ心蓮花ナルカ故ニ、此ヲ浄花ト云フ。諸仏ハ此心花ヲ悟テ仏ニ成ルカ故ニ、是ヲ正覚花ト名ク。サレハ今ノ弥陀ハ此自性清浄ノ心蓮花ヲ覚テ仏ニ成ル故ニ、得自性清浄」(6オ)法性如来ト名タリ。故ニ此花ハ正覚ノ正キ真体也ケリ。仍四十八願ニ一願トメ可レキ願スニハ非ケレハ、別メ花座荘厳ノ願ナシ。一々ノ願ニ亘リテ不取正覚ト云言ハ此花ニ当ナリ。サレハ若我レ成仏センニ、国中ニ有三悪道一ト云ハ、、我レ此自性清浄ノ心蓮花ヲ不開一カシ。乃至他方ノ菩薩ノ我カ名ヲ聞テ三法忍ヲ不レト得者、イハ、此自性清浄ノ心蓮花ヲ開カシト云フ心ニテ四十八願ハ有ケル也。其中ニハ第十八ノ願ヲ以為レ体ト。十方衆生至心信楽欲生我国乃至十念若不生者不取正覚ト誓フ願ノ意者、十方衆生ノ胸ノ内ノ自性清浄ノ心蓮花ヲ開」(6ウ)ヘクハ、我モ此花ヲ開テ花台ノ主ト可レシ成。若不尓一者、我モ此心蓮花ヲ不レメ開、衆生ト共ニ生死ノ淤泥ニ可沈一ト云意也。如此一誓テ所成スル正覚浄花ニ、念仏ノ行者ハ化生スレハ、如来浄花衆正覚花化生ト云也。仍四十八願ニ亘テ不取正覚ト云言、即蓮花荘厳ノ言也ケル故ニ、四十八願ハ皆此心蓮花ヲ以、仏智ノ覚体トスル也。然者、若不生者ト云ハ衆生ノ心蓮花ヲ開ク言也。不取正覚ト云ハ、仏ノ心蓮花ヲ開ク誓ヒ也。衆生ノ往生ト云モ心蓮花ヲ開ヲ云フ。仏ノ正覚ト云モ心蓮花ヲ開ヲ云フ。生仏ノ二心自本一体ナル故也。而者、乃至十念ノ衆生ノ心蓮」（7オ）花ヲ不開一者、我モ此花ヲ不シ開ト誓フ仏ノ既ニ正覚成テ、生仏一体ノ心蓮花、極楽ノ中央ニ開ケタルヲ見レハ、我等カ往生ノ形、既ニ先立テ顕タリト、信心弥可決定一。故ニ念仏セント思ハン者ハ、先ツ此花ヲ観セヨト云ハ、先ツ念仏往生ノ信心ヲ発サセン為也。此花ノ開タルヲ見ハ、彼レ即我等カ往生ノ笠シルシ也ト踊躍歓喜ノ心可レ発ル故也。サレハ九品往生ノ所座ノ蓮花、仏ノ所座ノ蓮花、通別暫ク異也ト云ヘトモ、体ニ剋メ此ヲ云ヘハ、只一ノ心蓮花也。今ノ教ニ心蓮花ヲ以、仏智ノ覚体トスルノミナラス、一代ノ諸教ハ皆蓮花法門ヲ以、仏智ノ体トス。花厳経ヲ大方」（7ウ）広仏花厳経ト名モ、此ノ蓮花荘厳ノ法門ヲ説ケリ。天竺ニ大人ヲモテナス作法、六重ノタナヲカキテ、タナコトニ花ヲ備ヘ盛テ、此ヲ供養スルカ如ク、衆生ノ心ハ一ノ蓮花ナレトモ、開レ之ヲ十住・十行・十廻向・十地・等覚・妙覚ノ六重ノ次第前後アリ。此浅深アレトモ、其花即仏体也ト見レハ、六位ノ成道ト云フ。此ヲ花ノ厳〈カサ〉リトハ名也。法花経ヲ妙法蓮花経ト名モ、此心蓮花即仏ノ知見ノ体ナル故也。花厳・法花ノ二経、既ニ心蓮花ノ法門ヲ以為レ体。其余ノ諸経モ浅深異也ト雖、其体ハ只此法門也。而ニ此蓮花ニ付テ、天台ハ当体譬喩ノ二ノ釈ヲ作ル。譬喩ノ蓮花ト者」（8オ）池ノ中ノ蓮花也。池中ノ蓮花ハ泥〈テイ〉中ニアレトモ、而モ泥ノ為ニ不被染一セ。又泥中ノ時ヨリ花菓倶時ニ具足ルヲ以、水ヲ出テ、花開クル時キ、菓ノ相現ス。其菓ナル所モ又花菓倶時ニ具足セリ。是カ如ク自性清浄ノ心体ハ即仏ノ悟ノ体、一乗仏智ノ功徳也。無塵法界凡聖斉円ニメ、五種仏性ノ種子ヲ具足メ煩悩淤泥ノ為ニ不被汚一。其体清浄也。又本有法然トメ、一乗ノ因果ヲ具足セリ。故ニ此法門ヲ彼ノ蓮花ヲ以喩ヘ顕ス也。又本迹ノ六喩アリ。其ト云ハ花ニ三重ノ次第アリ。此ノ花生スル始ハ合蓮花ニテ生ス。此ヲ為レ蓮〈ハチ〉スノ故ノ花ナト名ク。蓮ス開ケン」（8ウ）為ノ花ナル故ニ蓮ト者菓実也。即為ニ実一ノ施ス種ヲトテ、法花真実ノ教ヲ顕ンカ為ニ、尓前ノ権教ヲ説ニ喩フ。次ニハ花敷〈ヒラ〉ケテ蓮ス現ス。花既ニ開ヌ。菓ノ体顕然也。此ハ開レ権顕レ実ヲトテ、尓前ノ権教ヲ開メ、法花ノ実教也ト顕スニ譬フ。後ニハ花落テ蓮ス成ス。花既落テ菓ニ成ル。此ハ廃レ権ヲ立レ実ヲトテ、法花ノ実教顕レ畢ヌレハ、尓前ノ権教ヲ廃スルニ喩フル也。此皆譬喩ノ蓮花也。次ニ当体ノ蓮花ト者、一切衆生ノ胸内ノ八弁ノ肉団是也。世間ノ蓮花ハ此相似スル故ニ、蓮花ノ名ヲ立タリ。此ノ八弁ノ肉団、其形八葉ノ蓮花也。男ノハ上向ヒ、女ノハ下ニ」（9オ）向フ。共ニ是レ赤色ナリ。此花即心王ノ所居也。凡夫ノ泥中ニ有時ハ血肉不浄ノ体ナレトモ、仏ニ有時ハ其体清浄ニ作ル。而レハ弥陀如来心内ノ心蓮花即心外ニ顕テハ、八万四千葉ノ大蓮花ト成リ、心内ノ心王即心外ニ顕テハ、八万四千ノ相好具足ノ身ト成テ彼花ノ上ニ坐ス。故ニ観仏三昧経ニ説テ云ク、仏心ハ如二紅蓮花一ノ、開メ而モ不レ開セ、合メ而モ不レ合。有二八万四千ノ葉一。々々相重レリ。一々ノ葉ニ有二八万四千ノ脈一。一々ノ脈ニ有二八万四千ノ光一。一々ノ光作二百宝ノ蓮花一ヲ。一々ノ花ノ上ニ有テ一リノ十地ノ菩薩一、身皆金色ナリ。手ニ持テ二香花一ヲ、供養シ心王一ヲ、異口同」（9ウ）音ニ歌歎ス心王一ヲ云云。仏心即チ八万四千葉ノ大蓮花ト被レ云方ハ理也。以之、所居ノ土ト為ス。此則、弥陀如来ノ花蔵世界也。其上ニ心王坐メ、十地ノ菩薩ニ被二供養讃嘆一ト云方ハ智也。此ヲ能居ノ身ト云フ。此則、仏心ノ上ニ理智ノ二徳ヲ具足スル姿也。又其ノ心蓮ハ無量寿ノ体、即所覚ノ法也。心王ハ〔無量寿〕覚ノ義、即能覚ノ人也。蓮花三昧経ノ文ニ、本覚心法身ト云ハ今ノ心王ニ当リ、妙法心蓮台ト云ハ此紅蓮花ニ当レリ。故ニ三尊・三十七尊・十地ノ諸ノ菩薩モ此心蓮ノ上ニ安住シ、普門塵数ノ諸ノ三昧モ此心性ニ具足セリ。方寸ノ心即チ周遍法界ノ」（10オ）身土ノ体也。衆生ノ心モ亦尓也。密教ニ依ラハ、此三十七尊ノ功徳ハ金剛界ノ法門也。胎蔵界ノ意ニ依ハ八葉ノ心蓮ニ九尊住シ給ヘリ。九尊ト者、我等カ九識ノ心王転メ五仏四菩薩ノ九尊ト成ナリ。中台ニ大日如来住シ、八葉ノ中ノ四方ノ四葉ニ、阿閦等ノ四仏住ス。四角ノ四葉ニ四菩薩住ス。東南ノ角ニ普賢菩薩、西南ノ角ニ文殊菩薩、西北ノ角ニ弥勒菩薩、東北ノ角ニ観音菩薩住スル故ニ、此ヲ八葉九尊ト云也。仍顕密ノ二教ハ只此心蓮花ヲ以為体一ト。是又生仏一体ノ心蓮〈花〉也。故ニ花厳経モ、三界唯一心ナリ。々ノ外ニ無二別法一。心ト仏ト及ヒ衆生ト〈是ノ〉三ッ無二差別一ト。如此、諸教所談ノ蓮花法門ハ唯是」(10ウ)弥陀内証ノ法門、願力所成ノ功徳也。此ヲ今ノ花座ト説ク也。而ニ此諸教ノ心蓮花ノ開ル事ハ、何事ニ依テ開ルソト不審ナル所ヲ、今ノ経釈ニ明タリ。経ニハ、如此妙花願力所成ト説キ、釈ニハ花座得成ノ所由ヲ明スト釈ス。彼花ハ願力ノ所成也ケレハ、願力ニ非スハ不可開一ク。然ハ花厳三昧ノ花蔵世界モ、法花三昧ノ花蔵世界モ、真言八葉ノ花蔵世界モ、此願力ニ依テ可開也。此花ノ開ルヲ仏ト名ク。仍此花ノ開ル事ハ弥陀ノ願力、念仏ノ一因ニ依也。天親菩薩ノ此花ヲ正覚花ト名テ、名義相応如実ノ止観修行成就スレハ、〔彼ノ土ニ〕往生シ蓮花蔵世界ニ入テ、種々ノ法味楽ヲ受ト云フ此意也。如実ノ」(11オ)止観ト者、念仏ノ五門也。三世ノ正覚ハ念弥陀三昧ニ依ト云モ此意也。三世ノ諸仏、念仏ニ依テ覚ヲ成スト云ハ、念仏ニ依テ心花ヲ開クヲ云故也。彼土ノ聖衆〈衆生〉モ同一念仏無別道故ノ々ニ、同ク如来正覚ノ花ノ上ニハ化生スル也。十方罪悪ノ衆生、若シ不生者不取正覚ヲ誓フ願ノ意ハ、十方衆生乃至十念センニ、其心蓮開ヘクハ、我モ心蓮ヲ開テ正覚ヲ成セント云ニテ有ケル。故ニ此花ハ念仏ノ花也。罪悪凡夫ノ心蓮花、既ニ開テ極楽ノ中央ニ在テ観見之ヲスレハ、即滅罪往生ノ巨益アリ。仍急ニ常没ノ衆生ヲ救フ法体ハ此花ナル故ニ観法深要ナリ。急ニ救フ二」(11ウ)常没ノ衆生一ヲト釈スル也。即下々品ノ逆人ノ前ニ、金蓮花来現シテ令往生一。是レ急ニ常没ノ衆生ヲ救フ姿也。但付之、此花ハ弥陀ノ別依報也。我等カ心蓮ハ開テ宝池ノ中ニ可有一也。何ソ能化所化ノ所座ノ花ヲ混乱スルヤト云不審アリ。意得ルニ之一、仏ノ正覚ハ十方衆生ノ帰命ニ依テ成シ、衆生ノ往生ハ仏ノ正覚ニ依テ成ス。往生ト正覚ト、同時ニ成スル事ハ生仏不二、其ノ体全ク一ナル故也。サレハ仏ノ正覚ト云フハ即我等カ往生也。我等カ往生ト云ハ即仏ノ正覚也。宜（ムヘ）ナル哉、若不生者不取正覚ト誓フ事ヲ。然者、彼土ニ於テ仏ノ所座ノ花トモ見ヘ、菩薩ノ所座ノ花ドモ見ヘ」(12オ)池中ノ蓮花ドモ見ヘ、十方往生人ノ花ドモ見ヘ、乃至観音臨終所持ノ花トモ説ク。其相ハ且ク不同ナレドモ、其体ハ唯一也。生仏一体ノ心蓮花ヲ、処ニ依リ折ニ随テ左モ右モ説故也。如此、観法深要ニノ急ニ常没ノ凡夫ヲ救フ故ニ、観仏念仏ニ先立テ先ツ此ノ花座ノ想ヲ作セトハ勧也。若尓ハ除苦悩法ノ音ニ応メ、蓮花来現スヘシ。何ソ此声ニ応メ三尊空中ニ住立スルヤト云ニ、此則釈迦観門ノ位ニ超タル弥陀ノ別意ヲ顕ス一重ノ深義也。其故ハ如レ此蓮花法門ヲ観解メ、信心ヲ生シ往生ノ益ヲ得ルハ是観門ノ位也。願力易行ノ」(12ウ)益ハ全ク此観解ニ不依一。観法ヲ不ル説一前ニ三尊現シ給ハ為顕此意一ヲ也。仍爰ニ一重ノ法門有ト云事ヲ不カ知故ニ、此不審ハ起ル也。西山ノ門弟ノ中ニモ、経ニ既ニ若シ念仏セント欲〈ヲモ〉ハン者ノハ、先花座ヲ観セヨト説故ニ、念仏ノ行者也トモ必ス如レ此観シ知テコソ、念仏往生ノ益ヲモ得ヘケレト云フ人アリケリ。聞レ之、祖師上人歎テ云ク、我ハ念仏ヲ弘レハ、門弟ハ観仏ヲ修スト。サレハ今ノ経釈ハ二尊二教難易ノ界〈サカ〉ヒヲ分別スル也。故ニ釈尊ハ汝カ為ニ苦悩ヲ除ク法ヲ説ムト勅聴許説スレハ、此音ニ応メ三尊現スル処ヲ釈スルニ、娑婆化主ハ為レ物ノ故ニ、注〈ト、メ〉シムレハ想ヲ西」(13オ)方一ニ、安楽ノ慈尊ハ知玉フカ情一故ニ、則チ影臨ム東域一。斯〈コレ〉乃チ二尊ノ許応無シレ異。直〈ただち〉ニ以レハ隠顕有「ハ殊、正ク由テ二器朴〈ホク〉之類〈タク〉ヒ万差ナルニ一、致レ使ル「ヲ互ニ為〈タラ〉二郢〈エイ〉匠一云云。釈迦教ノ意ハ観法成就メ往生セヨト教カ故ニ、注想西方ト云フ。当観ハ花座ノ注想也ト雖、心ハ惣メ十六観門ヲ取テ注想西方ト釈ル也。是ニ対メ弥陀ハ情ヲ知玉フカ故ニ、苦悩ヲ除ク観法ヲ不待メ、東域ニ影臨スト顕スハ、即知識ノ声ニ応メ来迎ノ仏可キ来給一意ヲ標ル也。此仏応〈まさに〉又当観ニ限ニ似レトモ、意ハ十六観ノ意義ニ通ル也。二尊ノ許応無異ト者、釈尊ノ許説ト弥陀ノ応現ト無」(13ウ)異メ、許説アレハ即必応現アテ、許応倶時ナル事ヲ顕ス也。若尓者、何ソ前ノ顕行示観ヨリ以来タ、釈迦ノ許説雖有一ト、弥陀ノ無キ応現一乎ト云疑アリ。故ニ、直以隠顕有殊等釈ル也。意ハ、許説アレハ必ス応現アレトモ、機類万差ナルニ依テ有レトモ隠レテ不見ヘ。故ニ隠顕ト云也。自本無クハ二応現一、隠顕トハ不可云一。有レトモワサト隠ル、故ニ隠ト云也。此則、或ハ知識ノ声ニ応シ、或ハ行者ノ声ニ応スル仏体ハ、必ス声ニ随テ現スレトモ、機ノ根性ヲカ、ミテ、仏ノ見不見可キ不同一ナル意ヲ顕ス。見不見ハ不同ナレトモ、念仏ノ声ニハ必ス応スルカ故ニ、近縁ノ益疑ヒナケレハ、往生ハ決定也ト思ヘキ也。」(14オ) 是以下ノ釈ニ云ク、今頓ニ捨テ身命ヲ仰テ属（ツク）ス弥陀ニ。見ルト以不ルトレ見、(14オ) 皆是仏恩之力ナリト云云。器朴ト者、共ニ〈是〉器也。器ノナリヲホセタルヲ器（キ）ト云。荒作（アラツクリ）ナルヲ朴ト云。即、機ノ浅深万差ナルニ喩フル也。互ニ為ニ郢匠ト者、郢人ト云壁塗（カヘヌリ）ト、匠石ト云番匠ト、二人ノ工（タクミ）ヲ二尊ノ巧方便ニ譬ル也。郢ト者処ノ名也。而ニ郢人ハ壁塗ノ上手也ケル間、衣ノクヒモ広ク、袖モ大ニ衣文如木メ壁ヲ塗レトモ少（すこし）キモ土ヲ散サスメ衣ヲ不レ汚サ。或時、チリヒチアヤマリテ鼻端ニ付タリケリ。其勢分蠅（ハエ）ノ如シ。匠石ヲシテ此ヲ削ラシムルニ、斧（ヲノ）ヲ運テ風ノ聴ヲ作シ、目ヲ瞋シ手ヲ怒メ堊（シラツチ）ヲ削ルニ、郢」(14ウ) 人能ク持合セハ、匠石能ク削ル故ニ、鼻ヲハ少キモ不損メ、ヨク堊ヲ削取ト云云。此ノ事、大日経ノ疏ノ演密鈔ニ庄子（ソウシ）ト云書ヲ引テ釈セリ。此則、二尊ノ善巧方便工〔巧〕ニメ、同心ニ衆生ヲ利益スル意ヲ譬ヘ顕ス也。而ニ釈尊注想ノ方便ヲ教ヘ給事ハ、韋提ノ所存、定観ヲ修シ観法成メ仏ヲ見テ往生スヘシト思フ機ニ随フ。故ニ其心ニ任テ、想ヲ注ヨト教フ。而ヲ声ニ応スル仏体ヲ、唯称名ノ声ニ応メ来テ往生ヲ令ル証得一仏也ケリト見也。而ニ世人此想ト情トハ一也。釈尊ハ想ヲ西方〔ノ依正〕ニ注（トヽ）メシムレハ、弥陀ハ其想心ヲ知ル故ニ来現ス。故ニ注想西方知情影臨ト云ト云云。今」(15オ) 云ク、不尓、想ハ善心、情ハ悪心ナリ。妄情悪情ヲ情ト云フ故ニ、全ク想情一物ニ非ス。サレハ首楞厳経ノ中ニ、想ト情トノ二心ニ依テ、六趣善悪ノ生ヲ受ル事ヲ明セリ。即、想ハ清（スミ）昇ル心、又ハ飛心ト名ク〈即〉善心也。情ハ沈ミ濁ル、心、又ハ沈心ト名ク即悪心也。情心ナクメ只想心ノミ有者ハ、飛テ天上ニ生ス。故ニ飛心ト名ク。此飛心ノ中ニ福恵浄願ヲ兼タル者ハ、自然ニ心開テ、十方ノ仏ヲ見テ一切ノ浄土ニ願ニ随テ往生ス。情少ク想多キ者ハ即飛仙大力ノ鬼王・飛行夜叉・地行羅刹ト作テ、四天下ニ遊テ飛行自在也。此中ニ善願善心有ル者ハ仏法ヲ」(15ウ) 護持ス。即仏道ノ修行ノ者ニ随遂守護スル也。情想均等ナル者ハ、不飛不堕人間ニ生ル。情多ク想少キ者ハ畜生ニ生ス。其中ニ重者ハ毛ヲ被角ヲ戴（キ）テ地ヲ走ル獣ト作ル。軽者ハ空ヲ飛フ鳥ト成ル。七情三想ナル者ハ、餓鬼ニ成テ火際〈サイ〉ニ生メ、常ニ火ノ為ニ其身ヲ焼ル。九情一想ナル者ハ、有間・無間、二種ノ地獄ニ生ス。唯情ノミ有テ想無キ者ハ、沈テ阿鼻地獄ニ入ル。此経ハ無間ト阿鼻トヲ二ニ説ケリ。其沈心ノ中ニ大乗ヲ誹謗シ、仏ノ禁戒ヲ毀破シ、虚受信施邪命説法、五逆十重等ノ重罪ヲ」(16オ)作ル者ハ、十方ノ阿鼻大地獄ニ可生スト云ヘリ。故ニ五道六道ノ生ハ、此想情ノ二心ニ依ト説ク。想情一ニ非ル事顕然也。今ノ釈、又想心ヲハ、釈迦教ノ意ニ配テ、情心ヲハ弥陀教ノ意ニ合セントスル也。但釈尊ノ本意モ、弥陀ノ願力ニ帰メ、情心ノ凡夫可キ往生一由ヲハ御存知有ト雖、且ク機情ニ随テ々他ノ教門ヲ開ク故ニ注想ノ方便ヲ示ス。弥陀ノ別意ハ此ニ違〈ヰ〉メ、想心難レ清〈スマシ〉凡夫、出離無ニ其期一衆生、称念ノ声アラハ、其声ニ応メ来テ往生ヲ令〈しめん〉レ得セ時キ、注想ノ善人モ、情心ノ悪人モ、平等ニ摂取セント云フ悲願也。故ニ一切」(16ウ)善悪凡夫、得ル生レヲ者ハ、莫シ不下云「皆乗メ二阿弥陀仏ノ大願業力一ニ為中増上縁上也ト釈ス。当今劫末ノ凡夫、誰カ想心ノミ有テ情心無ラン乎〈ヤ〉。釈尊ハ想心澄セト教レモ、〔極楽ノ依正ノ境界ヲ観セヨト教ヘ給ヘモ〕弥陀ノ知見ハ不尓。其想心清ミ昇ル事難ク、煩悩賊害失此法財メ如ク水ニ画〈エカク〉一カシテ、純情無想ナル凡夫也。雖然、知識ノ声ニ応メ、我レ来テ此ヲ摂セント云フ超世ノ大願ノ別意、永ク諸教ノ謂〈オキ〉ニ超タル不思議ノ法門ヲ顕ナリ。此応声ノ仏体ヲ釈スルニ付テ有ニ三重ノ釈一。即第十七・八・九、三個ノ願ノ意ニ当テ、委細ニ可申述也。始ニハ弥陀応レ声ニ即現メ証ニ得セシム往生一ト云ヘリ。」(17オ)此ハ除苦悩法ノ声ニ応メ来ル仏体ハ、衆生ニ往生ヲ令ムト証得一ニ云釈也。夫人ハ観法ヲ聴聞シ観相観成メ見仏之後、可往生一スト思キ。弥陀ノ別意、此思ヲ改テ知識ノ声ニ応メ来迎ノ仏体現セハ、即往生ヲ可ニ証得一。全ク機ノ想心ヲハ不待ト示ス意也。知識ノ声ニ応スル事既ニ尓也。行者ノ声ニ可レ応事又勿論也。此一段ハ四十八願ノ中ノ第十七ノ願ノ意ニ当レリ。其故ハ、諸仏ニ我〈等〉名号ヲ被称揚讃嘆一ムト誓フ願ニ答テ、釈尊其随一トメ讃之ヲ給フ。其声ニハ必ス弥陀来迎ノ体可シ応現一。仍テ今ノ除苦悩法ノ御声ハ、即一代ノ諸教ヲ摂タリ。」(17ウ)一代ノ諸教ヲ束テ今経ノ定散両門トス。両門ヲスヘテ除苦悩法ト演ル故也。サレハ一代ノ諸教ヲ、釈尊注想ノ方便浄土門トシ、弥陀超世ノ別意ハ此上ニ秀タリト顕ス意也。仍諸教ハ皆想心ヲ清メ往生成仏ノ益ヲ可レ得教タリト取リ定テ、其上ニ別意超世ノ本願ハ、純情無想三悪火坑臨々欲入ノ機、〔臨終ノ時〕知識勧進ノ声ニ応メ仏来ラハ、即事ニ往生ヲ令二証得一ムト云意ヲ顕也。抑知識ノ声・行者ノ声ニ応スル仏ハ、声ノ外ノ仏歟ト云ニ不尓。声即仏也。其故ハ、声ト者称名ノ声也。縦ヒ、知識、仏ノ功徳ヲ讃レモ、名号ノ功徳ナル故ニ、其声ノ体ハ即名号也。故ニ」(18オ)釈尊ノ除苦悩法ノ声ニ応スルハ、除苦悩法ノ声ノ体、即名号ナル故也。仍名体不二ノ仏ト意得レハ、声即仏ナルカ故ニ、称名ノ所ニ必ス仏坐〈マシ〉マス。但（ただ）ノ声ニ応メ仏現スト云故ニ、声ノ外ノ仏歟ト聞レモ、愚痴ノ凡夫ノ為ノ教ナル故ニ如レ此釈ス。実ニハ称名ノ声即仏体也。而ヲ世人称名シナカラ声ノ外ニ仏ヲ求ルハ愚也。名体不二ノ仏ナル故ニ、称名ノ行者ハ一切ノ時所ニ仏ト共ニ起、仏ト共ニ臥ト可思也。世人又称名ノ外ニ往生ヲ求ム。立所（たちところ）ニ応声即現証得往生ノ釈違ス。性体無キ僻〈ヒカ〉見也。次ニハ弥陀、在（マシ〳〵）テ空ニ而モ立給ヘルコハ、但使（タヽシ）廻心正念ニメ願レハ生二我国一ニ、立（たちどこ）ロニ即得レ生ト云。」(18ウ)廻心正念願生我国ト者、即十八願ノ至心信楽欲生我国ノ三心〔一門〕也。此ハ前ノ十七ノ願ノ、諸仏称揚ノ名ヲ聞者ノ、其聞名ノ上ニ三心具足メ念仏スレハ、歩ヲ不レ運ス、踵〈クヒス〉ヲ不レ巡、当念ノ下〈シタ〉ニ立所ニ往生スル益ノ有ル事ヲ顕メ、立テハ現スル也ト示ス故ニ、十八ノ願ニ約メ此深意ヲ顕也。而ヲ世人、三心ノ外ニ往生ヲ求ム。発三種心即便往生ノ経文ニ違シ、廻心正念立即得生ノ釈文ニ違ス。又是邪見也。次ニハ問曰ク、仏徳尊高ナリ。不可二輒然〈テウセン〉トメ軽挙一ス。既ニ能ク不メ捨二本願一ヲ、来テ応ル大悲ナラ者、何〈ナ〉ンカ故ソ不ル二端坐メ赴レカ機一ニ也。答曰ク、此ハ明ス三如来ニ別ニ有ル二コヲ密意一。但シ以（おもんみ）レハ」(19オ)娑婆ハ苦界ナリ。雑悪同ク居シ八苦相（あひ）焼ク。動〈ヤヤモ〉スレハ成シ違返〈ヰヘン〉ヲ、詐〈イツ〉ハリ親（したし）ムテ含レ笑ミヲ。六賊常ニ随テ、三悪ノ火坑臨々トメ欲ス入ナントス。若シ不ハ挙〈ス〉テ足ヲ以テ救ハ迷ヲ、業繋之牢〈ラウ〉、何ニ由テカ得レム勉〈マヌカル〉コヲ。為ノ斯〈コ〉ノ義一ノ故ニ、立ナカラ撮〈ト〉テ即行ク。不ル二及二端坐メ以テ趣ロニ機ニ也云々。此ハ立〈リウ〉ノ威儀ニ付テ今一重ノ深義ヲ顕ス。前ノ立即得生ハ、行者ノ即坐ニ往生スル事ヲ為顕カ立テ現スト云云。此ハ只今三悪ノ火坑ニ入ナント欲ヲ、仏立ナカラ取テ即行ク相ヲ顕メ立テ現スト顕也。其取テ問ノ意ハ、行住坐臥ノ四威儀ノ中ニハ大人ノ法坐ノ威儀ヲ勝レタリトス。サレハ坐メ現メ乍坐シ往生スト可顕ス。何ソ物怱(モノイソカハシク)ニ」(19ウ)立サハキテハ現スルソト問也。答ノ中ニ密意ト者、〔如来ノ〕御心中ニ密ニ秘(ヒ)シタル事アル故ニト云云。雑悪同ク居メ八苦相焼ト者、悪人ト同居メ十悪五逆等ノ雑悪ヲ造テ八苦ノ火ノ為ニ被レ焼。動(ややもす)レハ成シ違返一ヲ、詐(イツハ)リ親テ含笑ヲト者、我等衆生、違順ノ二境ニ対メ貪瞋競起ル姿也。違境ト者、我ニ違メ悪(ニ)クキ境界ニ逢ヘハ瞋恚ヲ発ス。此ヲ動レハ成ス違返一ヲト云。順境ト者、我ニ順メ可レ愛境界来レハ愛心ヲ起ス。此ヲ詐リ親テ含笑ヲ云也。所愛ノ境ニ付テ財色ノ二境アリ。財トハ財宝珍宝也。色ハ妻子眷属等也。而ニ劫(カス)ムル功徳ヲ賊(ヌスビ)ト、無レ過タルハ瞋恚ニト説ク故ニ、一念ノ瞋恚ハ倶」(20オ)胝(テイ)劫ノ善根ヲ焼キ、刹那ノ怨害ハ無量生ノ苦報ヲ招ク。諸苦所因貪欲為本ト説ク故ニ愛河欲海漂溺(ヘウニヤク)(タ、ヨイヲホレテ)ニメ無レ岸、能ク有情ヲ縛(シハ)リテ令ム難ラ出離一シ。故ニ此二ヲ下ノ釈ニハ水火ノ二河ニ喩ヘタリ。六賊常ニ随ト者、貪瞋具足ノ凡夫ナル故ニ、色声香味触法ノ六塵即眼耳鼻舌身意ノ六根ニ所レ作ル善根ヲ悉ク賊(ぬすみ)取也。眼ニ仏像ヲ拝ミ、経巻ヲ見ル、如レ此知徳アレモ、財宝妻子等ノ境ヲ見テ、或ハ愛心ヲ発シ、或ハ瞋心ヲ起セハ、眼ノ善根即色ノ賊ニ皆被レ盗一也。六塵如是。サレハ随縁起行如形、善根六賊ニ被盗ミ取一ヌレハ、日々」(20ウ)夜々所作ハ悪業ノミナルヲ以、其ノ足下ニハ必ス三悪ノ火坑臨々トメ入ナントス。即下三品ノ機ノ姿也。如此ノ罪人ヲハ手(テツカラ)自(ミツカラ)手ヲ垂レ足ヲ挙テ、立ナカラ撮テ即行(ユカ)スハ、悪業ノキツナツナキ付タル牢(ヒトヤ)、何由(より)テカ出ル事ヲ得ム。故ニ立ナカラ取テ即行ト云意ヲ顕メ立テ現スト云云。此則、十九ノ臨終現前ノ願ノ意ヲ顕也。来迎ノ願ハ又本願大悲ノ至極ヲ顕也。此ハ安楽ノ慈尊ハ情ヲ知給ヘル故ニ、東域ニ影臨スト約束セシ意ヲ釈シ極ル也。然者、除苦悩法ノ声ニ応メ立テ現スルニ付テ此三重ノ深義アリ。始ノ義ハ声ニ応メ所レ現スル約メ、聞名ノ下ニ証」(21オ)得往生ノ益有ル事ヲ顕ス。次義ハ廻心正念ノ安心ノ処ニ、発三種心即便往生ノ益有ル事ヲ顕ス。後ノ義ハ三悪ノ火坑ニ入ナントスル程ノ機ヲハ、本願ノ大悲忽ニ来テ、立撮〈リッサツ〉即行セスハ可無カル二出離ノ期一。故ニ立テ来ルト云意也。夫人観法ヲ聴聞メ、思惟正受ノ観行ヲ経テ、三昧現前セハ仏境ヲ奉レテ見、始テ可キ往生一ス用意也シニ、許説ノ声ニ応メ来ル仏体ヲ仏力ヲ以見レハ、此三ノ意ヲ見テ、只声ニ応メ来ラハ往生ヲ可証得一ス仏也ケリ。心ヲ清マシ観法ヲ成セン時、始テ往生ヲ可得一。本願ノ大悲ニハ非サリケリト領解セシカ故ニ、立」(21ウ) サハキテ接足作礼メ無生法忍ヲハ得二云也。此三義ヲ以、顕彰弘願ノ体ト為ス。此則、釈迦観門ノ位ニハ、花坐ヲ観想セハ見仏滅罪メ往生スヘシト勧メ、弥陀弘願ノ時ハ只聞名称名セハ念仏滅罪メ可ト往生一顕ス。而ニ此仏体ハ前ノ蓮花也。除苦悩法ハ我也トテ来現スル故也。仏心ノ体ハ蓮花也。故ニ以之、正覚ノ真体トス。仏体即蓮花也ケルヲ以、此土ニメ念仏スレハ浄土ニ蓮花ハ生スル也。而ニ当観ノ経〈註〉ニハ三尊ヲ説テ、曼荼羅ニハ不レルニ織付テ不審アリ。西山ノ上人、御談義ノ時言ク、第七観ノ三尊ハ、実ニハ光台ニ可シ有一。夫人」(22オ) 九方ヲ選捨テ西方ヲ選取テ、我今楽生極楽世界阿弥陀仏所ト請セシ意ハ、密〈ミツ〉ニハ此三尊ヲ拝見メ可得益一ス故也ト。于時ニ衆徒〈ト〉ノ中ニ、当麻ノ曼荼羅ニハ此三尊ヲハ何ニカ織タルラント不審セシニ、上人言ク、彼変相ハ観音ノ所作ト聞ク。若実ニ大権ノ所作ナラハ、第七観ニハヨモ織ラシ、光台ニソ織タルラント云云。実信房以下ノ門弟等驚キ恠ム。サモナカランニハ如何〈イカ〉ンカスヘキ。浅猿〈あさまし〉キ事也ト云云。又或時、雑想観ノ談義ノ次テニ、上人言ク、当観ノ経文ニ観世音菩薩及ヒ大勢至於テ二一切処一ニ身同シト説ニ付テ、釈ニ、仏ケ大ナレハ侍者亦大也。仏小ナレハ」(22ウ) 侍者又小也ト釈ス。付之可有二二義一。一義ニハ、六十万億那由他恒河沙由旬ノ仏身ニ、八十万億那由他由旬ノ脇士ナルカ如ク、仏身丈六ナラハ菩薩ハ仮令〈かりに〉八尺ナルヘシ。仏身八尺ナラハ侍者ハ仮令四尺ナルヘシ。如此師徒ノ位別ナレハ、身量ニ大小アテ、而三尊共ニ大身ト成リ、小身ト可成ト云也ト云云。此ハ世ノ常ノ義也。一義ニハ、師徒ノ無メ二高下一、仏身満虚空中ナラハ、侍者モ満虚空中ナルヘシ。仏身丈六ナラハ侍者モ丈六ナルヘシ。三尊ノ内証同シ位ナルヘキ意アリ。故ニト云云。此等ノ推義、皆悉本曼荼羅ニ符合セリ。不思議ノ事也。」(23オ) 抑今日ハ五七日、琰魔法王本地々蔵菩薩ノ徳、可奉讃嘆一也。琰王ハ十王ノ本身ナリ。十王ハ琰王ノ分身也。而ニ地蔵菩薩、衆生ノ造悪不善ナルヲ誡ムカ為ニ、琰魔法王ト現ス。此則、悲智ノ二門也。地蔵菩薩、柔和忍辱ノ僧形ヲ現スルハ慈悲門也。琰魔法王、衆生断罪ノ俗形ヲ示ハ智慧門ノ故也。此菩薩ハ又弥陀ノ因徳也。真言教ニハ、西方無量寿仏ノ四親近ノ菩薩ノ随一也。曼荼羅ノ中央ニ在テハ宝冠ヲ着セリ。宝珠ヲ持スル菩薩是也。真言胎蔵界ノ曼荼羅ニハ観音院ノ聖衆也。故ニ浄土ニ在テハ宝冠ヲ着シ、娑婆ニ在テハ剃髪ノ相也。又地蔵法蔵一体異名ト習也。法蔵ト者、無量寿法ヲ」(23ウ)胸内ニ蓄ヘ摂タル義也。地蔵ト者、此無量寿法ヲ以、三世十方ノ諸仏ノ心地トスル義也。故ニ弥陀ノ因徳ヲ地蔵ト名ケ、地蔵ノ果徳ヲ弥陀ト名也。真言ノ意、弥陀ノ種子ハ〈キリク〉𑖮𑖿𑖨𑖱𑖾字ナリ。此ハ𑖎(カ)𑖨(ラ)𑖂(イ)𑖀𑖾(アク)ノ四字ヲ合成セリ。其中ニ𑖎字ハ地蔵ノ種子也。𑖎字ノ因ヨリ起テ𑖀𑖾字ノ涅槃ニ極ル。地蔵即弥陀ナル事顕然也。地蔵本縁経ニ、此菩薩ノ名号ヲ称スルハ、諸大菩薩ノ名号ヲ称スルニ勝レタリト説モ、弥陀因位ノ菩薩也ト得ツレハ、弥陀ノ名号也ケル故ト可意得也。然者、此菩薩、罪悪ノ衆生ノ悪趣ノ中ニ入テ苦ヲ受ニ代テ助之給ハ、弥陀ノ因位、兆載永劫ノ間、或ハ転輪聖王ト成リ、或ハ」(24オ)無間熾燃ノ苦ニ入リナントメ、我等カ為ニ難行苦行シ給シ姿也。故ニ大経ニ、仮令(たと)ヒ身ハ止二マルトモ諸ノ苦毒ノ中一ニ、我行精進ニシテ忍テ終ニ不悔〈クヒ〉一ト説ク。即此菩薩ノ利生方便ノ行相也。如是衆生ノ為ニ難行苦行メ衆生ノ苦ニ代テ、人天趣ニ引上テ終ニ本国弥陀ノ浄土ヘ送リ入レ給利生方便ノ故ニ、我等今度往生ノ信心モ発リ、往生ノ益ヲモ得ル也。然者、弥陀ノ果徳ハ浄土ニ在テ報身ノ体ト顕レ、因位ノ功徳ハ十方ニ分身メ地蔵観音等ノ諸ノ菩薩ト成テ、極楽海会ノ聖衆ニモ〈列シ〉、十方六道ノ衆生ニモ応現スル也。然者、弥陀ノ〈六道ノ〉能化タル」(24ウ)方ヲ地蔵ト名也。釈尊、摩耶ノ恩ヲ報ムカ為ニ忉利天ニ在テ一夏九旬説法シ給シ時、地蔵菩薩ノ頂ヲ三度摩テ、現在未来ノ天人衆ヲハ吾今慇懃ニ付二属ス汝一ニ。以大神通方便力ヲ一、勿(なかれ)令レ「堕二在セ諸悪趣一ニト付属セシモ、弥陀大悲深重ナル故也。」(25オ)

以嵯峨二尊院本書之

于時明暦三年六月十二日写之畢

江州栗太郡芦浦

観音寺舜興蔵（印）

（表紙）

浄土九番箱

観音寺

舜興蔵（印）

（見返）

曼荼羅聞書抄十七 定善

像想観事

付嵯峨釈迦事

超勝寺本尊事

真如堂本尊事

（1オ）

（1ウ）

像想観事十

今日ハ像観ノ変相ヲ可称揚一也。此像観ニ付テ有二段ノ文一。初ハ形像ヲ可観一所以ヲ問答シ、次ニハ正ク形像ヲ観メ遍満彼国ノ三尊ヲ見テ、現身ノ中ニ於テ念仏三昧ヲ可得旨ヲ説也。初ニ形像ヲ可観所以ヲ問答スト者、経ニ云ク、仏告玉ハク阿難及ヒ韋提希一ニ、見二此事一已ナハ次ニ当シ想レ仏一。所以者何（ゆえいかんとならば）、諸仏如来ハ是レ法界身ナリ。入二一切衆生ノ心想ノ中一ニ云云。此ハ前ノ〔花座〕観ニ、夫人住立ノ三尊ヲ拝見メ、我ハ仏力ニ依カ故ニ三尊ヲ見ツ。未来ノ衆生ハ如何カ可レト見奉レ二問、仏、即彼仏ヲ見ト欲ハ、当ニ起二メ想念一、於テ七宝ノ」（2オ）地上一ニ、作セト二蓮花ノ想一ヲ説ク。其ノ花座ノ想既ニ了ルヲ見、此事已トト説テ、欲観彼仏ヲ今次当想仏ト云也。然者、仏ヲ可ト想一者、前ノ住立ノ仏也。所以者何ト者、仏自問ヲ致ス也。住立ノ仏ヲ可レト想云ハ、何ノ故カ有ヤト也。仏自答ルニレ之、諸仏如来ハ是法界ノ身ナリ。入玉フカ二一切衆生ノ心想ノ中一ニ故ニト云云。仍此問ハ当観ニ不限、諸観ニ可通也。日水ヲ想ヘト云下ニモ所以者何トレ可問。問ハ、即答テ可云。諸仏如来是法界身、入一切衆生心想中ノ故ト。彼国ノ依正・通別・真仮ノ諸ノ荘厳功徳ハ皆是レ法界身ノ功徳ナルカ故ニ此ヲ想ヘト云フ。仏ノ法界身ノ功徳ナル故ニ、想ヘハ何モ心想ノ中ニ入テ可現一ス。」（2ウ）也。法界ト者、所化ノ境、即衆生界也。身ト者、能化ノ身、即諸仏ノ身也。依正・真仮・通別ニ通スル也。弥陀ヲ諸仏ト名ル事者、弥陀ハ法界身ノ仏ナルヲ以、諸仏トメ弥陀ノ法界身ニ非スト云事無カ故也。而ニ此仏、観心ノ中ニ入ハ、観門ノ位ノ法界身也。声ニ応シ現メ往生ヲ令ルハ二証得一、弘願ノ位ノ法界身也。第七所現ノ仏体ニ此二重アリ。夫人ノ請ニ赴テ現スル方ハ、且ク観仏三昧ノ法界身也。情ヲ知テ声ニ応メ現ルニ取テモ、行者ノ声ニ応メ現ルハ猶義分浅シ。知識ノ声ニ応メ現スル仏、正キ念仏三昧ノ法界身也。是則、此仏ノ法身、法界ニ遍満スル故ニ、法界身ト云ニハ非ス。法界衆生界広大無辺ナレハ、仏ノ本願モ」（3オ）広大ニメ地下・地上・虚空ノ三種ノ依報ノ荘厳モ、弥陀・観音・勢至、乃至海会ノ聖衆等ノ正報ノ荘厳モ、日想・水想・宝地・宝樹・宝池・

宝楼等ノ通依報ノ荘厳モ、花座ノ別依報ノ荘厳モ、観音・勢至・海会ノ聖衆等ノ通正報モ、弥陀一仏ノ別正報モ、日水等ノ仮依報モ、宝地・宝樹・宝池・宝楼等ノ真依報モ、像観ノ仮正報モ、真身・観音・勢至等ノ真正報モ、如レ此ノ依正・通別・真仮ノ諸ノ荘厳、即法界衆生界ニ遍満セント誓フ願力ニ答テ、処トメ不レ遍一ト云事ナシ。故ニ十方法界ノ衆生、此ヲ想念スルニ、其ノ心想ノ中ニ入テ不レ現ト云事」(3ウ)無故ニ法界身ト云也。サレハ般舟讃ニ此ヲ讃テ云ク、弥陀ノ願力、随テレ心ニ大ナレハ四種ノ荘厳普ク皆遍スト云云。四種荘厳ト者、依報ニ通・別・真・仮ノ四、正報ニ通・別・真・仮ノ四有カ故ニ、此ヲ云二四種荘厳一ト也。如是誓フ仏ナル故ニ、此仏ヲ法界身ト名ク。浄土ノ依正・通別・真仮ノ一切ノ荘厳ハ、皆此仏ノ名号ノ中ヨリ開クル故ニ、悉ク是法界身ノ功徳也。其中ニ今者仏ヲ想ヘ、所以者何(ゆえいかむとなれは)、諸仏如来ハ法界ノ身ナルヲ以、一切衆生ノ心想ノ中ニ入給フ故ニト問答スル也。故ニ所以者何ノ問ハ、日想・水想、乃至雑想観マテモ可レ通ス也。次ニ想ハン二彼ノ仏一ヲ者ハ、先ツ当ニ想像一ヲ等云フ已下ノ経文ハ、此真仏ヲ想ハンカ」(4オ)為ニ先ツ像ヲ想ヘト勧ル也。此故ニ当観ヲ像観ト名ル也。像ハ相似ノ義也。真仏ニ似タル也。此像ニ有二一。形像ト化像ト也。此形像・化像ヲ方便トメ終ニ真仏ヲ可見ル位ニ成レハ、転メ彼土ノ化仏ト成テ、遍満彼国ノ仏トナル。此ヲ化像ト云也。仏身既ニ尓也。二菩薩モ亦尓也。仍三尊ノ故ニ像観ヲ勧也。其ト云ハ、娑婆ノ泥木素像ノ形像ヲ前ノ花座ノ上ニ置テ想ヘハ、此形像ノ仏、定中ニ顕現メ終ニ放光説法スル位ニ成レハ、転メ彼土ノ化仏ト成テ、遍満彼国ノ仏トナル。此ヲ化像ト云也。仏身既ニ尓也。二菩薩モ亦尓也。仍三尊ノ形像ヲ三ノ花座ノ上ニ置テ観セヨト教ル観也。三尊ノ像観既ニ成メ、終ニ真実ノ三尊ヲ見ヲ、得念仏三昧ト云、即チ後ノ真身観ニ当ル也。而ニ此穢土ノ形像ノ小仏ヲ前ノ浄土ノ大花真花ノ上ニ置テ」(4ウ)観セン事不スト相応一云不審アレトモ、共ニ法界身ノ功徳意得レハ、大小真仮一体平等ナル故ニ、一往ハ不審ナレトモ、実ニハ無不審一也。真仮一体ノ功徳ナルヲ以、大小モ可二平等一ナル故也。而ハ此観ノ本意ハ、穢土ノ形像ヲ観スルニ、真仮一体ノ法界身ノ功徳ナルヲ以、住持ノ三宝我等カ為ニ真仏ニ不替一依怙ト可成事ヲ顕也。而ヲ此法界身ノ功徳ハ誰カ為ト云ニ、我等常没ノ凡夫ノ上ニ願力ヲ以成スル功徳也。前ノ般舟讃ノ文ノ如シ。如レ是信知スルヲ深心トモ名也。涅槃経ニ深心ノ供養ト説モ、今ノ宗義ヨリ見レハ此深心ナルヘシ。而ニ天台大師、此深心ヲ釈ルニ、深高ノ仏果ヲ求ル心ナル故ニ、其心ヲ深心ト名ト云ヘリ。此ハ菩提心ニ当レリ。」(5オ)深高ノ無上菩提ノ果ヲ求ル故ニ深心ト名ク。此菩提心ヲハ、花厳経ニ、菩薩於テ二生死一ニ最初発心スル時キ、一向ニ求テ二菩提一ヲ、堅固ニメ不可動一。彼一念ノ功徳深広ニメ無涯際。如来分別メ説トモレ窮メレ劫不レ能レ尽「ト讃タリ。実ニ自他兼済ノ心ナレハ広大也。此心ヲ以供養スル故ニ、其功徳生身ニ等シト云フ其理実ニ尓也。而ニ今、宗家ノ大師、此深心ヲ料簡シ給ハ、永ク与レト彼異也。釈ニ云ク、一者決定メ深ク信スヘシ。自身ハ現ニ是レ罪悪生死ノ凡夫ナリ。曠劫ヨリ已来(このかた)タ、常ニ没シ常ニ流転メ、無レ有二「出離ノ之縁一。二者決定メ深ク信スヘシ。彼阿弥陀仏四十八願ヲモテ摂二受シ玉フ「衆生一ヲ無ク疑、無レハ慮リ、乗二メ彼ノ願力一ニ、定テ得二ル往生一「ヲ。」(5ウ) 又決定メ深ク信スヘシ。釈迦仏、説テ此観経ノ二三福九品・定散二善一ヲ、称二讃メ彼仏ノ依正二報一ヲ、使二ムト人ヲメ欣慕一セ。又決定メ深ク信スヘシ。弥陀経ノ中ノ十方恒沙諸仏、証二勧シ玉フ「ヲト一切ノ凡夫決定メ得ワト生「ヲ云ヘリ。而者、罪悪生死ノ凡夫ノ為ニ、弥陀モ四十八願ヲ発メ、乃至十念ヲ以摂受之一ヲ。釈迦ノ出世モ、此機ノ為ニ本願成就ノ依正二報ヲ称讃メ人ヲメ欣慕ノ心ヲ発サシメ、六方十方ノ諸仏モ面々ニ此事ヲ証誠スル故ニ、釈迦諸仏、即弥陀ノ大悲ニ同メ、十方罪悪ノ凡夫往生ノ一道ヲ勧給ヘリト。機ヲ信シ法ヲ信スル二種ノ信心ヲ深心ト名タリ。此心即願力ヲ以、法界身ヲ成スル仏意ニ随順ス。故ニ此心ヲ以、弥陀ノ」(6オ) 形像ヲ供養スル時、深心ノ供養トモ名テ功徳生身ニ等キ也。釈迦ノ形像ヲ供養センモ又如レ是。此仏ノ出世ハ、常没ノ凡夫十方ノ浄土ニ被擯〈ヒン〉棄一タルヲ、乃至十念ノ本願ヲ以摂メ令往生一事無レト疑云事ヲ説ムカ為ニ出世シ給ヘリト思テ供養セハ、深心ノ供養ニメ生身ヲ供養スルニ功徳正等ナルヘシ。十方ノ諸仏、一切ノ賢聖モ亦如レ是。諸仏賢聖ハ釈迦弥陀二尊ノ御意ニ随順メ、罪悪凡夫ノ往生ノ道ヲ証誠シ給フ人也ト。其ノ形像ヲ供養セハ又是レ深心ノ供養ニメ功徳生身ニ等シカルヘシ。然者、形像モ弥陀法界身ノ功徳ナレハ、供養スル功徳、生身ニ斉シト云ハ、仏ニ約ル義也。行者ノ意楽ハ又此深心ニ」(6ウ)住メ供養セハ、法界身ノ本願ニ相応スル信心ナル故ニ、功徳生身ニ等シカルヘシト云ハ、行者ニ約スル義也。故ニ仏ハ法界身ノ本願成就ノ功徳ナレハ、形像モ生身ニ等ク、行者ハ此深信ニ住メ供養スル故ニ、形像ノ功徳生身ニ等ト可意得一也。此ヲ真仮一体ノ功徳ト名ル也。故ニ形像モ生身ト成リ、生身モ形像トナル。此義ヲ顕サン為ニ、形像観ヲ勧ムルヲ今ノ像観トハ名ル也。凡三宝ノ功徳ヲ云ニ、同体・別相・住持ノ三ノ三宝アリ。同体三宝ト者、又一体三宝ト云。即一心ノ理体〈ノ〉諸法ノ本性タル所ヲ法宝ト為。即如々ノ理也。此法ノ上ノ覚照ノ智ヲ仏宝ト為。即チ如々ノ智也。理智和合ノ処ヲ僧宝ト為。次別相三宝ト者、十方ノ」(7オ)穢土浄土ニ有テ、八万ノ教法ヲ説ク。能説ノ三身ノ仏ヲ仏宝トシ、其所説ノ教理行果ノ四法ヲ以、法宝ト為。其ノ所化ノ声聞・縁覚・菩薩ノ三乗ノ賢聖ヲ僧宝ト為。次ニ住持三宝ト者、泥木素像ノ形像ヲ仏宝トシ、黄紙朱軸ノ経巻ヲ法宝トシ、剃髪染衣ノ出家ノ形ヲ僧宝ト為ル也。而ルヲ今ノ宗ノ意ハ又弥陀ニ約メ此三重ノ三宝ノ義ヲ立ツ。其故ハ六字ノ名号ニ付テ、南無ノ二字ハ衆生能帰ノ心ナリ。阿弥陀ノ三字ハ涅槃常住ノ法宝ナリ。仏ノ一字ハ覚ノ義此ニ満覚ノ人アリ。仏ケ是也。分覚ノ人アリ。観音・勢至、乃至海会ノ聖衆等是也。満覚ハ仏宝ナリ。分覚ハ僧宝ナリ。此則、弥陀ノ」(7ウ)一体三宝ノ義也。阿弥陀経ニ、彼ノ仏ヲ何カ故ソ阿弥陀仏ト名ル。彼ノ仏ノ寿命及ヒ其人民ノ寿命、無量無辺阿僧企劫ナリ。故ニ名阿弥陀仏一ト云云。即此意也。彼ノ仏ト者、仏宝也。人民ト者、僧宝也。仏僧ノ寿命無量無辺阿僧企劫ナルハ、無量寿常住ノ法ナル故、法宝也。第七観ニ除苦悩法ト云ハ此法宝也。除苦悩法ハ我也トテ、三尊空中ニ現シ給ハ此仏僧二宝也。夫人ハ此名号功徳同体常住ノ三宝ヲ拝見メ、無生法忍ヲハ得ル也。此弥陀同体ノ三宝ノ功徳開テ、教理行果ノ四法ト成リ、十方浄穢ノ三身仏ト成リ、三乗ノ賢聖ト成ル。此ヲ別相三宝トス。又第七〈観ニ〉前ノ無量寿法、即チ除苦悩法ト被レテ説レ」(8オ)経巻ニ残テ法宝ト云ハレ、当観ニ金宝ノ像ヲ令メテレ観セ仏宝トシ、又当観ニ観音・勢至ノ二菩薩ノ形像ヲ観セシメ、玄義ノ聖衆、荘厳ノ中ニ、法界同生ノ衆ヲ摂スルハ僧宝也。此又弥陀ノ功徳、即チ住持ノ三宝ト成ル意也。而ニ此等ノ三宝ハ、皆常住ノ三宝トシテ衆生所帰ノ体ト成カ故ニ、一体別相住持即一体ノ功徳ト習フ也。其中ニ今ノ観ハ住持ノ仏宝ヲ観シ、別相ノ仏身ヲ見ル作法ヲ説ク。而ニ別相ノ仏身ハ浄土ニアリ。住持ノ仏宝ハ穢土ノ工〈タク〉ミノ功ニアリ。迷ヘル凡夫、是ヲ別ノ物ト思フハ、実ニ有二其謂一也。大方ハ此等ノ三種ノ三宝ハ、共ニ同体常住ニシテ、衆生ノ所帰ト成ト習也。其ニ付テ涅槃経ノ意ハ、若人深心ヲ以「(8ウ)生身ノ如来ヲ供養スルト、若人深心ヲ以形像ノ仏ヲ供養スルト、二人ノ功徳正等ニシテ異事ナク、所得〈帰〉ノ福聚無量無辺也。何以然者、生身滅スレトモ、法身常ニ存スルヲ以、三宝常住ニシテ世ノ福田タル故ニト云。然者、同体・別相・住持ノ三宝、一切ノ諸法皆一心法界ノ法身ノ体ノ随テ縁ニ流出スル故ニ、悉ク法身ヲ為レハ体ト、何レモ〳〵常住ニシテ、衆生ノ所帰ト作テ、所得ノ功徳無量無辺也ト説。如是見テ供養スルヲ深心ノ供養ト云也。然ハ形像ノ工〈タクミ〉ノ功ニ有モ、其体ハ本来法身ノ体ナル故ニ、常住ニシテ衆生ノ福田也ト可レ思。若尓者、荷沢〈カタク〉禅師木仏ヲ焼ク、其故如何ント云ニ、其ハ謗仏ニ非ス、謗法ニ非ス。衆生ノ見ヲ遣ル故也。其故ハ、木ヲキサミ」(9オ)仏ヲ貴ムハ善ナレトモ、是カ法身ノ妙体ナル故ヲハ不レ知、アラ貴ノ御ミメノウツクシサヤナント拝ム。若此定ナラハ、仏ニ造ラヌ木モ〔草モ〕石モ面〈ミメ〉ノ善ヨキ木石ナラハ只同事ナルヘシ。仏ヲ貴ハ面貌相好ニハ不レ依。色相光明ニハ不レ依。此形像即法身常住ノ体也ト云所ヲ可レ貴ム也。一代聖教ハ皆古反〈フルホウク〉故也ト云シモ此位也。言ハ月ヲ指ス指、所詮無ク法体コソ甚深ナル故也。仍得法ノ禅師ノ是非々々共ニ是也。迷情ノ前ノ是非ハ々々共ニ非ナルヘシ。而ニ今ノ宗ノ意者、報身常住永無生滅ノ弥陀ヲ法界身ノ体ト定テ、此仏ノ泥木素像ノ形ト顕レタル故ニ、同体常住也ト教ヘタリ。此仏ハ法界身ナル」(9ウ)故ニ、有情非情一切ノ諸法、皆此仏〈仏〉ノ法界身ニ非スト云事ナシ。此別願酬因常住ノ仏ノ、衆生ヲ利益セン為ニ顕タル情非情ナル故ニ、形像即常住也。然ハ涅槃経ハ聖道ノ法門ナルヲ以、法身常住ナル故ニ、真仮一体ニシテ三宝常住也ト云。今者、酬因ノ報身常住ナル故ニ、形像モ常住ニシテ真仮一体也ト可知。サレハ彼諸ノ教ニ、法身ノ理常住ナル故ニ、別相ノ三宝モ全ク別ノ三宝ニ非ス。又此別相ノ仏ノ説レ置給シ経教ヲ住持ノ法宝トシ、其経教ノ中ニ教タル形像ヲ仏宝トメ恭敬供養スレハ、無量無辺ノ功徳ヲ得ト説カ如ク、今報身ノ弥陀法界身ノ功徳ヨリ、娑婆応現ノ釈迦ト顕テ」(10オ)此経ヲ説〈置〉給フ。其経ノ中ニ教タル形像ヲ観スレハ、法界身ノ功徳ナル故ニ、観成メ念仏三昧ヲ得ル也。故ニ娑婆ノ形像、尤可敬重一ス。不可軽二挙之一ヲ。夢定ノ中ニ形像及ヒ真仏ヲ見ル事アルヘシト釈スルモ、此法界無碍ノ利益ナルヘシ。今清涼寺ノ釈迦、即此法門ノ証拠也。昔、生身ノ釈迦、摩耶夫人十月懐胎ノ恩ヲ報ンカ為ニ忉利天ニ昇テ、一夏九旬ノ間説法シ給ニ、優闐〈ウテン〉大王・優陀琰王等、一夏ノ間タ、仏ヲ不奉見一事ヲ歎テ、釈尊ノ形像ヲ奉テ造一、可拝見之由ヲ思立ツ。即チ目連ヲ請メ此様ヲ語ニ、安キ事也トテ、人間ノ巧匠三十三人ヲ率メ忉利天ニ上テ、釈尊ノ相」(10ウ)貌ヲ奉テレ拝下ルニ、サスカニ人間ノ仏師計ニテハ奉ル造リ違一事モ可有トテ、忉利天ノ大工毘首羯磨、天下メ人間ノ工ト共ニ赤栴檀ヲ以、釈尊坐像ノ形像ヲ奉テ造、一夏ノ間恭敬礼拝セシホトニ、生身ノ釈尊既ニ来下ノ時分至シカハ、持地菩薩、金銀瑠璃ノ三橋ヲ曲女城〔ト云都〕ヨリ忉利天ヘ渡ス。即仏ハ無量ノ御弟子ヲ従ヘテ中ノ金ノ橋ヲ下給フ。梵天王ハ色界十八天ノ天衆ヲ引率メ左ノ銀ノ橋ヲ下リ、帝釈天ハ欲界六天ノ天衆ヲ相従テ右ノ瑠璃ノ橋ヲ下ニ、仏ノ御共ヲセラレケリ。生身ノ仏、既ニ下給ト聞ヘケレハ、諸ノ大王等、仏ノ御迎ニ参リ玉フニ、坐像ノ形像、我モ詣ラントテ、即坐ヨリ」(11オ)立テ御迎ニ参給テ、還御ノ時キ、本仏・新仏入寺ノ前後ヲ争玉フ。形像ノ仏言ク、我ハ形像ノ身也。生身ノ仏前ニ可御スト云。生身ノ仏言ク、我ハ不メ久可入滅一ス。形像ノ仏ハ久ク世ニ住メ、未来マテ利益ヲ可作〈ナシ〉給一フ。其上、我滅後一千年ノ時ニ東土ヘ行テ利益衆生盛ニ可坐〈マシマ〉一ス。故ニ前ニ可行給一ト云。如此重々御問答アテ、終ニ形像ノ仏、論シ負テ、前ニ立テ還給ト云ヘリ。サルホトニ生身ノ仏入滅シ給テ後、悪王出世メ大臣ニ語云ク、我レ先王ニ替レル政〈マツリコト〉ヲ作ント欲ス。大臣、何事ニカハ可有一ト申ケレハ、答云、人ニ替レル事ハ至テ悪〈ワロ〉キ事ト至テ善キ事ト也ト云。其時ニ、サラハ我至テ悪」（11ウ）事ヲ可行トテ、仏像・経巻・剃除染衣ノ住持ノ三宝ヲ破滅セントス。其時、彼大臣、此事ヲ悲テ潜ニ出家ス。此ヲ鳩摩羅琰三蔵ト名ク。此ノ赤栴檀ノ形像ヲ取テ逃〈ニク〉ル程ニ、昼ハ三蔵、仏ヲ荷〈せをひ〉、夜ハ仏、三蔵ヲ荷テ行程ニ、日経テ東天竺亀茲〈シ〉国ヘ到ヌ。其国ノ蒙存王、此ヲ悦テ、形像ヲ尊重シ三蔵ヲ貴重ス。三蔵ノ種ヲ継ム為ニ、妹娶ニ取テ終ニ男子ヲ生ス。成人ノ鳩摩羅什三蔵ト云フ。〔イミシキ三蔵也。〕サル程ニ唐土ノ白〈ヒヤク〉純王、此事ヲ聞テ軍兵ヲ率ノ亀茲国ヘ行テ、此ノ形像ヲ奪取テ崇貴キ。其後、日本国ノ奝然上人入唐ノ時キ、白純王云ク、我ニ不思議ノ本尊坐ス。汝可拝見之一ヲ。上人」（12オ）拝見ノ云ク、願ハ勅許ヲ蒙テ此形像ヲ奉二造移一、我国ノ王ニ奉拝一セタランハ、今奉二リ拝見一シタルシルシナルヘシト云云。即被テ許一、造テ之ヲ本仏ニ並ルニ少モ不レ違。即上人有夜ノ夢ニ本仏告テ云ク、我東土ノ衆生ヲ利益セント一云願アリト。上人夢覚テ新造ノ仏ヲ煙ニ薫〈フスヘ〉テ本仏ノ色ニ令二テ相似一セ、並ヘ立テ祈誓ノ言ク、実ニ東土ヘ渡リ給ヘクハ、坐ヲ居代給ヘト云テ、御足ノ下ニシルシヲノネ入ヌ。夜曙テ見レハ坐ヲ居代給ヘリ。依之、新造ノ仏ヲ王ニ奉レ還、本仏ヲ我朝ヘ盗ミ渡シ奉テ、清涼寺ニ奉二安置一シ也。但シ此本尊ニ付テ、天竺二ノ釈迦二伝三伝ノ有二義一。」（12ウ）今云所ハ二伝ノ釈迦ト云義ノ通リ也。此則、遍満法身ノ体、法界ニ周遍スルヲ以、諸法平等ノ理、真仮一体ナル謂ヲ釈尊示給也。今ノ変相ハ此界ノ衆生ノ為ニ、観音即形像ト顕ノ、終ニ真仏ヲ令レ見セン為ニ織顕給ヘル也。法界身ノ体ナレハ、真仮一体ノ功徳ト可拝也。観仏経ノ中、目闇〈メクラ〉比丘、本尊ヲ得ン事ヲ求ケルニ、有人白紙ヲ以、此ハ殊勝ノ本尊也ト云テ与ヘケレハ、比丘此ヲ悦請取テ本尊ト帰敬セシニ、終ニ目明カニ成テ後ニ見レハ真仏也ケリト云云。此則、真仮一体ノ故ニ白紙即真仏ト成也。故ニ形像ヲ見ル者、真仏ヲ可レ見ル事勿論也。サレハ唐土ノ思法尊者ノ絵像ノ本尊ハ、終ニ真仏ト」（13オ）成テ、現身ニ尊者ヲ浄土ヘ引導シキ。我朝ノ超勝寺ノ清海上人ハ、香炉ヲ捧テ道場ニ旋繞行道ノ念仏シ給ヘルニ、香炉ノ煙ノ上ニ、生身ノ三寸ノ少像影現シ給シニ、上人言ク、現玉フ程ニテハ我カ手ニワタリ給ヘ。本尊ト奉レント崇祈誓ノ納〈ノウ〉衣ノ袖ヲ開シカハ、少像即袂〈タモト〉ニ現シ給ヲ取テ、彼寺ノ本尊トスルニ、形像ト成テ于今御ス。又真如堂ノ本尊ハ、慈覚大師手〈テスカ〉ラ自造給ヘル一削〈ケ〉三礼ノ弥陀也。既ニ造畢〈ヒツ〉シ奉〈ヲヘテ〉テ、大師形像ノ仏ニ奉レ向云ク、山門ニ上テ衆生ヲ度セントヤ思食ト。形像即御顔ホヲ振玉ヒキ。又云ク、此ノ神楽岡ノ麓ニ住メ、衆生ヲ度セントヤ」(13ウ)思食スト。本尊即御顔ヲ動メ、三度ウナツキ給キ。其レニ依テ彼ノ神楽岡ノ麓ニ伽藍ヲ造リ、此本尊ヲ奉テ二安置一、于今至ルマテ利益莫太〈ママ〉也。因位ノ本願殊ニ罪悪ノ凡夫ニ有故ニ、果後ノ利益モ穢土ノ塵ニ交ル意ヲ顕メ、清浄ノ山門ヲ捨テ、不浄ノ里ニ住シ給ヘリ。此則、真身像身、皆是法界身ノ功徳ナレハ、形像モ真身ト成リ、真身モ形像ト成也。仍此形像ヲ観スレハ、形像即放光説法メ化像ト成リ、乃至、終ニ真仏ト成テ、行者即彼ノ真仏ノ御前ニ見二仏ノ色身、衆相具足一セルヲ、見ル二諸ノ菩薩ノ色相具足一セルヲ位ニ」(14オ)至ル。此ヲ得念仏三昧ト説也。

于時明暦三年酉六月十三日以嵯峨二尊院本御写之云尓

江州栗太芦浦

観音寺舜興蔵（印）

（表紙）

浄土九番箱

観音寺

舜興蔵（印）

（見返）

曼荼羅聞書抄十八
定善

（1オ）

真身観事

於念仏衆生ニ一有三縁事

澄憲法印中堂ニメ摂取不捨祈誓事

（1ウ）

真身観事　十内

今日ハ真身観、即十三観ノ中ノ要観也。宗家今経ニ付テ、観仏・念仏ノ両宗アリト被二料簡一タルハ、当観ニ於テ此二宗アリト得タル釈也。当観ノ面ハ観仏三昧為宗一也。念仏衆生摂取不捨ノ文ノ意ヲ三経ノ宗ニ得〈説〉合テ、念仏三昧為宗トハ立也。広顕念仏三昧竟ト結スル、即此念仏三昧ノ義也。諸師ハ唯観仏三昧ノ位ニ止テ、有二二宗一事ヲ不レ知。二宗アリト不知事ハ、有二二教一事ヲ不知一故也。不知二教一事ハ、自力他力ヲ不知一故也。自力他力ヲ不知事ハ、難行易行ヲ不知一故也。」(2オ) 諸師・今師ノ宗義、此ノ観ヨリ分レ、一代聖教ノ難易、此ノ観ヨリ可顕也。仍此観ハ、惣メ仏法ノ大綱也。若仏法ノ起ヲ不ハ知一、衆生出離ノ道ヲ可失。而ニ此宗ノ興ハ、序題門ニ釈セシカ如シ。真如広大ニノ五乗モ其辺ヲ不レ測、法性深高ニノ十聖モ其際ヲ莫シ窮一。無塵法界ハ凡聖斉円ナリ。恒沙功徳寂用湛然トノ心内ニ具足シナカラ、衆生ハ此理ニ迷テ生死ニ居シ。諸仏ハ此理ヲ悟テ本家ニ住給ヘリ。起信論ノ中ニハ、此ヲ一心法界ト名タリ。付之、体・相・用ノ三大義アリ。体大ハ生仏一体ノ所也。相大ハ体大ノ相、即恒沙功徳ノ当相也。此二ハ共ニ恒沙」(2ウ) 功徳寂用湛然ノ万徳、生仏同体心内ノ功徳也。用大ノ中ヨリ世間出世ノ善悪ノ諸法ヲ分タリ。此ノ用大ノ中ノ出世ノ善ノ辺ヨリ報化二身顕テ、報身ハ浄土ニ住ス。今ノ弥陀、此位也。化身ハ穢土ニ出ツ。今釈迦此位也。十方ノ諸仏モ又釈迦ノ位ニ居メ、皆発遣ノ教主ト成リ、本国ノ弥陀ハ浄土ニ住メ、何ノ仏ノ発遣ノ衆生ヲモ請取テ、此ヲ来迎シ給フ。然者、我等カ心内所具ノ一心法界三大義ノ功徳ヲハ、必仏教化ニ依テ可開悟一。自ミ可二ハ開悟一非ス。三世ノ諸仏モ皆如此教フ。サレハ釈尊ハ、此垢障覆深ノ凡夫ノ自心所具ノ功徳ヲ自不ルヲ顕得一」(3オ) 顕カ為ニ、弥陀ノ本国ヨリ出世メ、種々ニ教化メ此ノ功徳ヲ令ル顕也。雖然一、化身ノ力ニテハ難顕レ故ニ、一切衆生ヲ勧テ浄土ヘ送ル時キ、弥陀ハ大願業力ノ中ニ、此ヲ請取テ浄土ヘ引導メ、自心所具ノ恒沙ノ功徳ヲハ令ル顕シ証一セ也。故ニ用大ノ中ニ報化ノ二身アリ。浄土ノ中ニノ成仏スルハ、悉ク是報身ナリ。

穢土ノ中ニメ成仏スルハ、悉ク是化身ナリト説ク此意也。瑜伽・唯識等ノ論判モ又如レ是。然者、釈尊此土ノ衆生ヲ発遣メ浄土ヘ送ニ、衆生ノ開悟必ス因縁ヲ以、今夫人如レノ此逆縁ニ遇テ、憂悩セシ心ニ応メ、王宮ニ入テ衆生開悟ノ法ヲ開説スルニ、無量寿仏ニ有（まし）マス」（3ウ）八万四千ノ相、一々ノ相ニ各ノ有リ二八万四千ノ随形好一、一々ノ好ニ復有八万四千ノ光明一、一々ノ光明遍ク照メ二十方世界一ヲ、念仏衆生ヲ摂取メ不捨ト説ケリ。此文ニ、無量寿仏有八万四千相、一々相各有八万四千随形好、一々好復有八万四千光明ト云ハ釈迦ノ観門也。此ハ諸教ノ観心得道難行難得也シヲ、今念仏往生ノ宗ニ帰メ易行易得ニメ、凡夫ノ開悟速疾也ト顕ス一重ノ易行也。即自心即仏ナレハ、自心ノ本覚仏性ヲ顕メ悟ヲ開ケト教フル諸教ハ我等カ為ノ難行也。自心即仏ナレハ仏ヲ観メ往生成仏セヨト説ク今ノ教ハ」（4オ）仏力ニ依ヲ以、出離速ナル故也。念仏衆生摂取不捨ト者、弥陀弘願ノ念仏三昧ノ宗也。此時キ釈迦ノ観門ハ尚是此ノ法ヲ顕カ為ノ能詮ノ方便也ケリ。弥陀ノ弘願念仏三昧ハ所詮ノ実義、易行ノ中ノ易行也ケリト意得トツケツレハ、二教既ニ一致ニ極ル也。釈迦発遣ノ本意、弥陀ノ大悲ニ同メ、只此一大事ヲ為レ顕ナル故也。其発遣ノ教門ハ只一切衆生ノ南無ノ心ヲ勧也。故ニ般舟讃ニ、釈迦如来ハ実ニ是慈悲ノ父母ナリ。種々ノ方便以、我等カ無上ノ信心令発起一給ト云ヘリ。玄義ニ、南無者即是帰命〔亦如此発願廻向ノ義〕ナリト云是也。阿弥陀仏ト者」（4ウ）即是其行ナリト云ハ、弥陀来迎ノ教、即チ今ノ念仏衆生摂取不捨ノ法体也。然者、用大ノ中ノ浄土、穢土ノ報化二仏、発遣来迎ノ方便ハ唯南無阿弥陀仏ノ法体ニ極ル也。煩悩賊害ノ機ノ為、此易行ノ宗ヲ開ヲ曠劫ニ希レニ聞ク、如今始テ説トハ釈ル也。此甚深ノ利益ヲハ夫人モ曠劫ヨリ以来タ今希ニ聞キ、釈尊モ四十余年之間、今始テ説給フ不思議ノ法ナル故也。然者、諸教観心得道ノ教ヲ、今観仏往生ノ門ニ移メ一重ノ易行トメ、仏力ヲ以観成メ見レハ、念仏衆生摂取不捨ト見トツクル時、諸教ノ出離ニ望ミ絶ヘハテタル」（5オ）罪悪ノ凡夫、聞名歓喜ノ一念ニ無上大利功徳ヲ得テ、速ニ仏智無碍ノ道ニ帰シヌレハ、観門ノ領解即念仏ノ信心ニ極テ、無碍ノ光中ニ被レ二摂取一テ、願力ニ依カ故ニ、一心法界ノ万徳ヲ開悟スヘキ旨ヲ説極タル経ナル故ニ、念仏三昧ヲ以、宗要ト為也。而ニ此念仏衆生摂取不捨ノ文ニ付テ、大師問答ノ釈ヲ説テ、念仏往生甚深ノ益ヲ被顕タリ。釈云、問曰、備（つぶさ）ニ修ソ二衆行一ヲ但能ク廻向レハ皆得二往生一ヲ。何ヲ以カ仏ノ光普ク照スニ唯摂ルハ二念仏ノ行者一ヲ有ル二何意一カ也。答曰、此ニ有二三義一。一ニハ明ス二親縁一ヲ。衆生起行ソ、口ニ常ニ称レハ仏ヲ、々即聞レツ之。身ニ常ニ礼二（5ウ）敬レハ仏一、々即見玉フ之ヲ。心ニ常ニ念レハ仏、々即知レ之。衆生憶二念レハ仏一ヲ者、仏亦憶二念玉フ衆生一ヲ。彼此三業不二相捨離一故ニ名二親縁一ト也。二ニハ明ス二近縁一ヲ。衆生願レハ見レント仏ヲ、々即応ソ念ニ現ソ在マス二目ノ前一ニ。故ニ名二近縁一ト也。三ニハ明二増上縁一ヲ。衆生称念レハ、即除ク二多劫ノ罪一ヲ。命欲終ノ時、仏与二聖衆一、自来テ迎摂フニ、諸ノ邪業繋、無シ二能ク碍ル者一ノ。故名ク二増上縁一ト也。自余ノ衆行ハ雖名二善一ト、若比レハ二念仏一ニ者、全ク非ス二比校一ニ也。是故ニ諸経ノ中ニ、処々ニ広ク讃二念仏ノ功能一ヲ。如キ二無量寿経ノ四十八願ノ中一ノ、唯タ明下ス専二念ソ弥陀ノ名」（6オ）号一得ヒ上レ生「ヲ。〔阿弥陀経ノ中ノ如ク、一日七日専ラ弥陀名号ヲ念ソ生スル「ヲ得〕又十方恒沙ノ諸仏証誠不虚一也。又此経ノ定散ノ文ノ中ニハ、唯タ標下ス専二念ソ名号一得ヒ上レ生「ヲ。此例非一二一ニ也。広ク顕シ二念仏三昧ヲ一竟ヌト云云。此釈、即一代聖教ノ大綱（カウ）、弥陀本願ノ宗要ヲ顕也。先ツ問ノ意者、下ノ三輩散善ノ経文ヲ見ルニ、一切ノ諸善修スルニ随テ廻向スレハ、皆悉ク可二往生一ト見タリ。今何ソ光明摂取ノ段ニ至テ、彼ノ諸行ノ者ヲ不ソ摂取一、唯念仏衆生摂取不捨ト云乎ト也。答ノ中ニ有二。一ニハ、念仏ニハ有二三縁一故ニ、摂取ノ利益唯念仏ニ有ト答フ。即前ノ問ノ中ノ何以仏光普照、唯摂念仏者ノ言（コトハ）ヲ答也。次ニ」（6ウ）自余衆行ト云下ハ、念仏ニハ三縁摂取ノ義有故ニ往生ハ念仏ニ有リ。諸行ニハ不通ト答フ。又前ノ問ノ中ノ、備修衆行但能廻向皆得往生ノ言ハヲ答也。初ニ三縁ノ中ノ親縁ト者、念仏ハ弥陀ニ親ケレハ此ヲ摂取ス。諸行ハ弥陀ニ疎（ウト）キ故ニ不二摂取一。次ニ近縁ハ、念仏ハ弥陀ニ親キ上ニ又仏ニ近キ義アリ。故ニ摂二取之一ヲ。諸行ハ弥陀ニ疎キ上ニ又遠キ義アリ。故ニ不二摂取之一ヲ。次、増上縁ト者、念仏ハ聞名称名ノ下ニ滅罪来迎ノ益アテ、諸ノ邪業繋、能ク碍者ナシ。故ニ摂取之㆒。諸行ハ無㆓レハ此義㆒、不摂取㆒ト顕也。初ニ親縁ト者、衆生ノ三業ハ是有漏ノ行ナル」(7オ)故ニ浄土ニ可㆑ニハ生非ネトモ、仏ノ無漏ノ三業ノ功徳ヲ加スルカ故ニ、彼此三業不相捨離、水乳ノ如ニ和合メ仏ト一体ニ成ル。此ヲ摂取不捨ト云也。註論ニ、仏ノ真実清浄ノ三業ヲ以、衆生ノ虚誑〈ワウ〉ノ三業ヲ治スト云是也。余行ハ不尓㆒。衆生行ヲ起メ口ニ常ニ仏ヲ称セサレハ、仏即不聞之㆒。身ニ常ニ仏ヲ不礼敬㆒サレハ、仏即不見之㆒。心ニ常ニ仏ヲ不念㆒レハ、仏即不知之㆒。衆生仏ヲ不憶念㆒レハ仏亦衆生ヲ不㆓給ハシ憶念㆒シ。彼此ノ三業相捨離ル故ニ、疎縁ト可名㆒。故ニ此ヲ摂取不捨トハ不ル云㆒也。付之疑アリ。其故ハ、諸仏ハ大悲平等ニ善悪凡聖念不念ヲ不㆑別タ念シ給フ。サレハ心地観経ニハ」(7ウ)諸仏ハ念衆生㆒ヲ、々々ハ不念㆑仏ヲ。父母ハ常ニ念㆑スレ子ヲ。々ハ不念父母ト説テ、不念ノ衆生ヲモ不㆑捨念シ給フト云ヘリ。諸教猶尓。何況今ノ教ハ、諸教ニ越タル他力ノ教也。何ソ衆生ノ念不念ニ依テ、仏光摂不摂有リト云ヤ。既ニ本願ノ光明ニ不平等ノ過アリ。何ソ超世ノ本願ト可云㆒乎ト云フ不審也。此ヲ意得ニ、両経互ニ一義ヲ顕ス。全ク不相違㆒ニ。其故ハ凡諸仏ハ常恒不退ニ諸ノ衆生ヲ不ル念㆒時ナシ。此辺ニ約メ諸仏念衆生、々々不念仏ト云フ。自力ノ教猶尓ナリ。何況、他力ノ教ニ無ン㆓此分㆒乎。故ニ、諸仏ノ大慈無上ノ尊、恒ニ以㆓空慧㆒照㆓フ三界㆒ヲ。衆生ハ盲冥ニメ不覚知㆒、永ク没㆓ス生死ノ大苦海㆒ト」(8オ)釈ス。空慧ト者、生仏一如ノ〔平等ノ〕知見ヲ以、衆生ヲ念スル也。又正坐ヨリ以来タ経ルニ㆓十劫㆒ヲ、心ニ縁メ法界㆒ヲ照㆓ス慈光㆒ヲ。蒙ル光触㆒ヲ者ハ、塵労滅メ臨終ニ見㆑テ仏ヲ往ク西方㆓ニ云ヘリ。十劫已来大慈大悲ノ心光ヲ以、法界ヲ照ス。故ニ、今滅罪往生ノ益ヲハ得也。雖然、衆生仏ヲ念スル心無キ程ハ無㆓カ其益㆒如シ。正ク仏念ノ如ニ衆生仏ヲ念メ、有㆑ル益方ヲ今ノ経ハ説故ニ、衆生憶念仏者、仏亦憶念衆生、彼此三業不相捨離ト釈スル也。故ニ今ノ経釈ハ、諸行ノ衆生ノ仏ヲ不㆑レハ念㆒、無㆓其益㆒対メ、仏ヲ念メ摂取往生ノ益、決定ナル深義ヲ顕也。既ニ仏ノ三業ノ功徳ヲ移メ我三業トスレハ、仏ト衆生ト」(8ウ)一体也ト云事尤モ其謂アリ。大経ニハ、此ヲ無上大利ノ功徳ヲ得ト説也。次ニ近縁ト者、親クメ而モ近キ也。世間ノ父子ハ親ト雖、処已ニ隔ヌレハ遠メ、互ニ見ムト思ヘトモ心ニ不ルレ任事多シ。近縁ノ義欠タル故也。念仏ノ行者ハ、仏ノ無碍ノ神光ノ中ニ被摂取一ヌレハ、片時モ仏ヲ不レ離故ニ、親クメ而モ近シ。故ニ見ムト願ヘハ即見ル也。諸行ノ者ハ不尓一。仏ヲ見ムト不レハレ願ハ、仏即念ニ応メ現メ目前ニ不ルレ御(ましま)サ故ニ遠縁ト可レ名。疑テ云ク、諸行ノ者モ見仏ノ願有ヘシ。何ツ一向見仏ノ願無ト云乎。答云、今ノ釈ノ意ハ、見仏ノ願アラハ即此レ念仏者也。諸行ノ者トハ云ヘカラスト釈ル也。見仏ヲ願フハ念仏ノ心ナル」(9オ)故也。而ニ念ニ応メ現スル仏ヲ見ニ付テ、心見・眼見ノ二アリ。眼ニハ不見一トモ、仏身ハ必ス衆生称念ノ々ニ応シ声ニ応メ眼ノ前ノ御スト心ニ深ク知ル。此ヲ心見ト名ク。故ニ釈云ク、雖レ未レ証セ二目前一ニ、但当ニ三憶想メ令ム二心眼ヲメ見一セ也ト云云。次ニ眼見ハ如此メ念仏相続ノ行者、定機ナルハ平生ニ仏ヲ見、散機ナルハ臨終ニ見ル〈仏ヲ〉。此ヲ眼見ト名ク。此二ノ見ノ中ニハ、何カ甚深ナルト云ニ、世間ノ人ノ思ヘラク、眼見ハ勝レ、心見ハ劣也ト思ヘリ。今云フ、不尓。心見ハ勝レ、眼見ハ劣也。釈尊ノ在世ニ、提婆・倶(ク)迦利・大慢婆羅門等ハ、眼ニ仏ヲ見シカトモ、怨心害心ヲ以見ル故ニ益ナカリキ。只眼見ノミ有テ、マコト〳〵シク仏ヲ見ムト思フ心無カ」(9ウ)故也。心見ハ目ニハ不見一トモ、必ス心ニ深ク思入ル、故ニ、滅罪生善ノ益必然也。然者、眼見ニハ如レ此有カレ失故ニ劣也。心見ハ必ス仏ヲ敬重スル心ヲ以、深ク仏ノ功徳荘厳念スル念ノ中ニ現シ、唱ル声ノ中ニ顕レテ御スト思故ニ勝レタリ。サレハ釈尊、忉利天ヨリ閻浮提ヘ下給シ時、蓮花色比丘尼、一夏九旬ノ間、仏ヲ恋シク思ヒ奉ルニ、只今奉ムレ見事ヲ悦テ、早旦ニ橋ノ下トニ参ニ、人天大会未タ一人モ不レ来。良久アテ仏下給ニ大衆モ漸ク集ル。蓮花色比丘尼、最前ニ仏ヲ奉テレ見、我コソ諸人ニ先立テ仏ヲ奉リレ見ヌレト思キ。其時キ、祇園寺ノ形像ノ仏、即生身ノ仏ノ御迎ニ橋ノ下ニ」(10オ)詣リ向給テ、人天ノ為ニ法ヲ説キ与ヘ還リ御〈マシ〳〵〉テ、又珍シク説法シ給フ。然後、仏、尼〈二〉公カ僻〈ヒャツ〉〈ヒカ〉見ヲ破シ給フ。今日誰カ一番ニ我ヲ見ルト言ニ、比丘尼云ク、我コソ最前ニ奉見ツレト云云。仏言ク、初ニハ須菩提仏ヲ見ル。尼公後ニ見ルト云云。尼公云、仏ノ仰ナレトモ返々不審也。其故ハ、我レ最前ニ仏ヲ奉レ見ル。其時、一人モ不来一。随テ須菩提ハ橋ノ下〈モ〉トヘタニモ参リ不待一。如何カ我ヨリ前ニ仏ヲ見ト言乎ト。仏言ク、汝一番ニ我ヲ見ルハ只人相ニ似同セル金色相好ノ形ヲ見ル。此分ハ人天乃至外道モ見ル也。而ニ須菩提ハ仏所ヘ不ト詣雖、此程石室ニ閉籠リ、我カ空無相無願三昧法身ノ功徳」(10ウ)ヲ観察ス。即仏身ノ三十二相、八十種好、五蘊十二入、十八界皆空ト観メ、仏ノ法身ヲ見ル。此ヲ真ノ見仏ト名ク。我カ色身ヲ見ルハ、見仏ナカラ法身ヲ見ルヨリモ坐席次キナル故ニ、汝ハ後ニ仏ヲ見、須菩提ハ前ニ仏ヲ見ルニ当レリト呵嘖シ給シ時、尼公道理ニ折テ、始テ法身無相ノ極理ヲ知キ。又縦ヒ其ノ法身ヲ見ルトモ、色身ニ見ル位ニ遣ル分可レ有。其故ハ、色身・法身・生身三種ノ身ヲ観スレトモ、若シ此ハ名号ヲ以為レストト体ト不レ観スハ、未タ真ノ見仏ニ非ス。サレハ天親論主ハ、仏ノ実相身為(たる)物身ハ名義ノ功徳ト観セヨト被レ教タリ。縦(たとひ)眼ニ不レ見トモ名ヲ聞ク下、」(11オ)名ヲ称スル所ニ、必ス法身無相ノ身モ顕現スト知ラハ、此ヲ真実ノ見仏三昧ト名ケ、此ヲ真実ノ念仏三昧ト可名也。故ニ眼見ヨリモ心見ハ勝也。凡ソ弥陀ノ願力所成ノ身体ハ皆名号ヲ以為体一。故ニ名号ハ万徳ノ所帰也。而ハ聞名称名ノ行者ノ前ニハ必ス依正ノ荘厳歴然トメ顕現セリ。故ニ一切廻心メ向ヘハ二安楽一ニ、即見ル二真金功徳ノ身一ヲ。浄土ノ荘厳、諸ノ聖衆、籠々トメ常ニ在リ二行人ノ前一ニト云フ。有ト二仏現一ニ云ヘトモ煩悩眼ヲ礙テ見ル事不能一。心ニ見ル思ヲ作ス。此ヲ籠々常在行人前ト云也。籠々ト者、ヲホロナル也。要集云ク、我モ亦在リ二彼ノ摂取之中一ニ。煩悩障(さへ)テ眼ヲ雖不能見一、大」(11ウ)悲無レ倦メ常ニ照玉フラン我カ身ヲト云。如レ此知ヲ籠々常在行人前ト云也。有此義一トモ我レ未タ仏境界ニ不レ向ト思フハ凡夫ノ迷見也。信スルホトノ者ハ仏不遠カラ眼前ニ有ト思フ。サレハ般舟讃ニ、唯タ恨ラクハ衆生ノ疑トナリ不ト疑ハ。浄土ハ対面メ不二相忤(サカヘ)一ト。浄土ハイツモ眼ノ前ニアリ。向フ方ハ皆極楽ナル故ニ、莫レ論二弥陀ノ摂ト不摂一トヲ。意ロ在リ二専心ニ廻ルト不一トニ廻セ。我レ既ニ念仏ノ行者也。念仏シナカラ仏ノ摂不摂ヲ不可疑フ。心既ニ仏ヲ念セハ是則摂取也。故念仏衆生摂取不捨ト説也。而ニ世人ハ念ネン仏ノ外ニ可有摂取一ト思ヘリ。今ノ義ハ不尓一。仏ヲ念スル即摂取ノ相也。〔念仏ノ外ニ摂取有リト思フヘカラス。〕次ニ」
(12オ) 増上縁ト者、強縁勝縁ト云事也。平生ニ念仏スル眼ノ前ニ現前メ御ス。聖衆ノ臨終ニ正ク顕レ面見〈マミエ〉テ迎摂シ給フ時、諸
ノ邪業繋、能ク碍ル者ナク、生ルヘクモ無キ罪人ノ、来迎ノ願力ニ乗メ生ル、故ニ、此ヲ強縁トモ勝縁トモ云也。仏恐クハ、
衆生ノ四魔ノ障リアテ未至ラ二極楽一ニ、堕ンコヲ二三途一ニ。直心実行ナレハ仏迎ヘ来玉フ。我レ今衆等深ク慙〈暫〉謝ス。凡ソ仏ノ来迎
ハ、衆生ノ四魔ノ軍ニ被レ障テ、往生不レン遂事ヲ恐テ来テ護念シ給フ故ニ、諸邪業繋無シ二障事一。而ニ世間ノ父母ハ、親キ上ニ
自近事ハ有レトモ、強縁ノ義欠タリ。有勢ノ国王大臣、若ハ有罪、若ハ無罪、ツミニ被レ行時、此ヲ助ル」(12ウ) 事不能一。
而ニ弥陀世尊本発深重ノ誓願ハ、彼ノ衆生三障ノキツナ多ケレトモ、光明名号ヲ以摂化シ給時、無明ノ長夜ハ光明ノ力ニ
依テ晴レ、煩悩ノキツナハ名号ノ利剣ヲ以断チハテヌ。煩悩魔内ニアリ、天子魔外ニアテ障ヘ犯サントスレトモ、如来
大雄猛ノ威ヲ振テ来テ奪ヒフセク時、能ク勝ツ者無シ。念仏セン者、誰カ此来迎ノ強縁ニ不ン預ヤ。但此来迎ニ付テ九品ノ来
迎ハ皆諸行ニ有ト見ユ。仍テ化仏ノ讃嘆モ諸行ニ有リ。是以、上品中生ニハ、汝チ行シ二大乗ヲ一解さトル二第一義ヲ一。是故ニ我今
来テ迎二摂ス汝ヲ一ト説キ、上品下生ニハ、汝チ今清浄ニ発スヲモテ二無上道心ヲ一、我レ」(13オ) 来テ迎フレ汝ヲト説キ、中品中生ニハ
如キハレ汝カ善人ナリ。随二順ルカ三世ノ諸仏ノ教一ニ故ニ、我レ来テ迎フ汝ヲ一ト説ケリ。何ソ唯タ念仏ノ来迎ト可二云乎ト一云フ不審
アル也。此ヲ意得ルニ、今ノ増上縁ノ釈ハ此ヲ成敗〈セイハイ〉シタル也。既ニ衆生称念命欲終時、仏与聖衆自来迎摂ト定判ス。何ソ
此ノ来迎、諸行ニ通センヤ。凡三輩九品ノ通因ハ唯本願ノ一行也。余行ハ本願ニ非ス。サレハ往生セス。不ル二往生一者ノ
ハ無来迎一也。但シ〔臨終ノ時〕、化仏ノ讃嘆余行ニ有ル事ハ、三心発得ノ行者、念仏正因ノ上ニ行スル所ノ正行ナル故ニ、
念仏ノ功徳ナル所ヲ讃ル也。若念仏ニ不レル帰行者ナラハ、諸行有トモ化仏」(13ウ) 不可讃之一ヲ。サレハ煩悩賊害ト嫌ヒ、雑修
之業ト廃セリ。故ニ〔既ニ雑散ノ業ニメ往生ヲ許サス。何ソ如レ此ヲ讃メムヤ。〕下品上生ニ、念仏以前ノ聞経ハ、滅罪モ少

ク、化仏ノ讃嘆モ無シ。一声ノ称念ニハ、多劫ノ重罪消滅メ、来迎ノ化仏讃テ之一ヲ、汝チ称二ルカ仏ノ名一ヲ故ニ諸罪消滅メ我レ来テ迎レ汝ヲト云ヘリ。釈ニ是ヲ承テ、而モ望二レ仏ノ〈本〉願ノ意一ニ者ば、唯勧二ム正念ノ称名一ヲ。往生ノ義ノ疾「不同二セ雑散之ノ業一ニハト云ヘリ。知ヌ、称名以前ノ諸行ハ雑散之業ニメ、無来迎一モ、化讃モ無シト云事ヲ。念仏ノ上ニハ、還テ正行ト被〈ル、〉レ云方ヲハ得ウ下聞二キ仏ノ名ミナ・法ノ名一ヲ、及聞中「ヲ僧名上ヲ、聞テ二三宝ノ名一ヲ即得二往生一ヲト説キ、非三ス但タ念仏ノミ独リ得二ルニ往生一ヲ。法僧通念メ亦」(14オ)得レ去ユク「ヲ也ト釈メ、諸行モ〈往生ノ〉正因ト成ルト明セリ。既ニ念仏衆生摂取不捨ト説ク経文ヲ承テ、三縁ノ義有カ故ニ、只念仏ノ行者ヲ摂取メ、余行ノ者ヲ不摂取一ト料簡スル〈釈義ナル〉故ニ、諸行ノ者ニ来迎往生等ノ益有ト不可云一。然則、諸行ニ有リ二来迎一、有化讃一ト見ユルハ、念仏ノ徳ニ帰ス。諸行ノ徳ニハ非也。次、自余衆行ト云下ハ、念仏ニハ此三縁ノ義有カ故ニ、摂取ノ益有テ往生ス。諸行ニハ此三縁ノ義ナケレハ無摂取一。々々ナケレハ又往生ノ義モ無シ。故ニ念仏ト諸行ト比校メ無二シ可レ論様一。仍、三部ノ妙典ニハ只念仏一行ヲ以、往生ノ行トセリト云云。付之、難メ云ク」(14ウ)念仏ハ万行ノ随一也。是ヲ修スル人ハ少シ。諸行ヲ修スル人ハ多シ。然者、念仏・諸行共ニ本願ト立タラハ、機不メ漏一、平等ニ摂スル本願ト可レ云。何ソ〔余行ヲ捨テ、〕念仏計ヲ本願ト云乎ト云云。不足言難也。選択集ニモ、念仏ハ易クメ勝レタルカ故ニ、善悪ノ凡夫平等ニ摂ス。故ニ此ヲ取テ本願ト為ス。余行ハ難ク劣ナルカ故ニ、善人ノミ行メ悪人ヲ漏ス。故ニ此ヲ捨テ、本願トセスト被釈タリ。故ニ知ヌ、本願ノ行ハ唯念仏也。本願ノ光明、念仏ノ行者ヲ摂取メ、余行ノ者ヲ不ル摂取一、尤有其謂一也。如此意得ヌレハ九品ノ通因ハ唯念仏ノ一行也。故ニ上ヨリ来このかタ雖二説ト定散両門之益一ヲ」(15オ)望二レハ仏ノ本願一ニ、意ロ在三リ衆生ヲメ一向ニ専ラ称二ルニ弥陀仏名一ヲト云ヘリ。何ソ文ノ面ニハカサレテ、諸行ニ往生ノ益有ト見テ、此問ヲ可レ至乎ト答ヘハテタル釈義也。次見二ル此事一ヲ者ハ、即見二ル十方一切ノ諸仏一ヲ。以テレ見二ルヲ諸仏一ヲ故ニ、名二ク念仏三昧一ト。作二ス是ノ観一ヲ者ヲハ、名クレ観ミルト一切ノ仏身一ヲ。以ノレ観ミル二ヲ仏身一ヲ故ニ亦見二ル仏心一ヲ、々々トハ者大慈悲是ナリ。以テ二無縁ノ慈一ヲ、摂ス二諸ノ衆生一ヲト説ク経文ニ付テ又甚深ノ義有ヘシ。先ツ此事ト者、念仏衆生摂取不捨ノ事也。弥陀ノ念仏衆生摂取不捨ノ益ヲ見ルハ、即諸仏ヲ見也。諸仏ヲ見カ故ニ念仏三昧トハ名ケリ。念仏スレハ必ス諸仏ヲ見カ故ニ、見仏ヲ以念仏ト」(15ウ)名ル也。故ニ花厳経ニモ、念仏三昧ハ必ス見ルレ仏ヲト説ケリ。是ト云ハ、弥陀一仏ヲ念スルハ、諸仏ヲ念スルニテ有ケル故ニ、一仏ヲ見レハ諸仏ヲ見也。言意ハ念仏三昧ノ深義ハ一仏一切仏大悲平等ノ法体ナル故ニ、尽十方無碍光如来法界身ノ功徳、平等ニ一切ニ遍シテ無カ障碍一故ニ、一切ノ諸仏皆弥陀ノ大悲ト同体ニシテ全ク無差別一。故ニ第八観ニハ諸仏如来是法界身ト説キ、今者又一仏ヲ見レハ即諸仏ヲ見ルト説ク也。諸仏ノ身ヲ見ル故ニ、諸仏ノ心ヲ見ル。其心ト者、大慈悲是也。大慈悲ト者、無縁ノ慈也。無縁ノ慈ト者、平等ノ慈悲也。平等ノ慈悲ト者、生仏不二・凡聖一体也ト照シテ」(16オ)而モ迷ヘル衆生ヲ助ルヲ、無縁平等ノ大悲トハ云也。生界仏界、迷悟ノ有ト差別一見ルハ、衆生ノ妄見也。諸仏ノ知見ハ不尓一。仏々モ平等也。生仏モ一体也。生々モ不二也。凡聖モ無ク迷悟モ無シ。一体平等ニシテ一塵ノ差別モ無キ所ロ。而モ衆生此道理ヲ不シテレ知、生死ニ沈淪スル也。諸仏悲テ此平等ノ法ヲ以テ救レ之ヲ大悲ト名ルナリ。其平等ノ法ト者、念仏三昧也。念仏ノ衆生ヲ摂取シテ不捨一ト云ハ、即此一実平等ノ知見ヲ以テ、法ノ如クノ衆生即仏也ト照スヲ云フ。此法ハ諸仏ノ内証平等ノ法也。此法ヲ証スル人ヲ弥陀ト名ク。故ニ此仏ヲ念スルハ即諸仏ヲ念ル也。諸仏ヲ念スル故ニ諸仏ヲ見ル。」(16ウ)仏身ヲ見ル故ニ、平等法界ノ仏身ヲ見也。故ニ念仏行者ハ、自然ノ道理トシテ必ス仏心ニ相応シ、仏ニ可被二摂取一。爰知ヌ、甚深平等ノ念仏三昧ニ契（カイ）当シ相応スル事ハ、只罪障深重ノ凡夫ノ貪瞋煩悩ノ中ヨリ起ル正念帰依ノ信心ノミ也。縦ヒ位高ク智慧深遠也モ、若シ不ハ念仏一、其位因分ニシテ、未タ仏果平等ノ内証ニハ不及一。無上仏智如実ノ道ニハ如実ノ信心ヲ以可相応一ス。如実ノ信心ト者、只我等カ微少ノ帰命ノ一念也。故ニ本願ニモ至心信楽欲生我国ト誓テ、一念帰命ノ信心ヲ以、平等ノ大道ニハ可レト入教ヘタリ。此信心アテ乃至」(17オ)十念セン者ノ、若シ不レト生者イハヽ、不取正覚一ヲト誓テ成シ給ヘル果位ノ光明、豈ニ念仏ノ者ヲ不摂取一シテ余行ノ者ヲ摂取ストモ可ニ云ケンヤ。故ニ弥陀ノ身色ハ如二金山一シ、相好光明照二十方一ヲ、唯有テ念仏一モノノミ蒙二光摂一ヲ。当レ知本願最為強一ト云。仍テ念仏ノ者ハ、三世諸仏ノ平等ノ正道ニ叶カ故ニ此ヲ摂取シ、余行ノ者ハ仏ノ正道ニ不叶故ニ不摂取一。サレハ念仏スル者ハ三世諸仏ノ大悲本心ニ叶フ也。諸仏同体如実ノ慈悲ハ、如実ノ信心ニ依テ可有益也。是以説レ偈、帰ムレハ三宝一ニ、与仏心一相応スト釈セリ。帰三宝ハ念仏ナル故也。〔此ノ行ヲ修スル者ハ、仏心ト相応スル也。〕諸邪業繋無能礙者ト」(17ウ)云モ、邪業ハ衆生ノ虚妄転倒ノ見ヨリ起ル。念仏ハ諸仏ノ正見真実ノ道ヨリ起ルヲ以、仏智ニ相応スレハ邪見ハ必ス正見ニ被対治一セ故也。註論ニ、下品下生ノ十念往生ノ事ヲ疑フニ、業道ハ秤ノ如シ、重キ者先ツ牽ク。而ニ此品ノ人、悪逆不善ニソ、応堕悪道受苦無窮ナルヘキカ、纔ニ十念ノ称名ニ依テ、三界繋業ヲ切テ無為ノ浄土ニ生テ大乗正定ノ聚ニ入テ、三途ノ諸苦永ク隔〔ヘタ〕タル。先牽ノ義如何ト云ニ、五逆等ハ虚妄転倒ノ見ヨリ生ス。念仏ノ善ハ真実ノ心ヨリ生ス。豈虚妄ノ悪業、而モ真実ノ法ニ勝ンヤ。故ニ十念少ト云ヘトモ」(18オ)五逆ノ重罪滅ソ往生ス。一ハ虚也。一ハ実也。豈相対ソ軽重ヲ論センヤト云此意也。念仏ノ宗ヲ真宗ト名ルモ、如レ是真実ノ道ナル故也。故ニ悪業其数多ト云ヘトモ、一念十念利剣ノ名号ヲ以切ルニ無滞ル者ノ也。故ニ利剣即是弥陀号、一声称念罪皆除ト云ヘリ。諸教ノヲキテハ、衆生ノ智慧ヲ以、自煩悩ノキツナヲ切ト教ル故ニ、難行ニソ難レ切リ。故ニ十信十千劫ヲ経テ諸ノキツナヲ断テ不退ノ位ニ至ラントスルニ、煩悩ハ強ク、善心ハ劣ナル間、ヤ、モスレハ退転ル也。今弥陀報仏真実正見ノ智慧ニ帰ソ仏ヲ憑ム時ハ、劫数ヲモ不経一、万行ヲモ不借、一念ノ称名ニ依テ」(18ウ)須臾ノ間ニ仏智ニ叶ヒ不退ニ至ル事、諸教ノ不及一所也。而ニ有伝〔流〕ノ見解、一ニ非スソ直ニ此正門ニ不ルヲ入誘引センカ為ニ、八万四千ノ門ヲ開テ、定散ノ往生ヲ許ス時キ、観門ノ宗ハ立ツ也。故ニ法事讃ニ云、標ソ心ヲ為ニ説ニ西方ノ楽一ヲ、欲レ使ント斉〔ヒト〕シク帰ソ入ラ正門一ニ。々々ハ即是弥陀界ナリ。究竟解脱ニソ断ス根源一ヲト云。標心為説西方楽ノ位ニ、機ニ随テ且ク仮ニ定散八万ノ門戸ヲ開ケトモ、本意ハ念仏ノ正門ニアリ。此一道ノ外ニ出離ノ正路無キ故也。而ヲ愚人ハ邪門ヲ正門ト思テ、定散ノ往生ヲ執シ、智者ハ正見ノ道ニ帰メ念仏ヲ修ス。」(19オ)何ソ強チニ念仏ニ令レ帰センカ為ニ開ケル能詮方便ノ門ヲ執メ、所詮ノ正門ヲ捨ルヤ。譬ヘハ辺国ノ候王カ、其ノ国ニメハ一天ノ君ト崇〈アカ〉ムレモ、民ヲ化シ得テ中国ニ入テハ帝徳ニ帰ル時、我カ主〈シウ〉コソイミシク御スル人ト思ツルニ、是ニ又勝レタル王御ケリ。サテハ此ハ我王ノ主也ケリト思テ、民モ悉ク帝王ノ徳ニ帰シ、王モ帝王ノ助伴ト成カ如ク、自力辺国ノ民、観仏ノ宗ヲ貴テ定散ノ万行ヲ修スルホトニ、念仏衆生摂取不捨ノ弥陀ノ仏智ヲ知ヌ。其時ニ是コソ麗〈ウルハ〉シキ真実ノ道ナリケレト領解シヌレハ、観仏ノ門ハ念仏ノ助伴ト」(19ウ)成テ、凡夫出離ノ道、唯念仏ノ一道ニ極也。仍自力ハ仏力ノ観門ニ帰シ、観門ハ終ヰニ念仏ノ正門ニ帰メ、往生ノ道ハ唯念仏ノ正門ニ有ト教ヘタル法門也。此正門ニ帰メ上ハ、観仏ノ行成メ念仏ノ助業ト成也。故ニ観仏ヲ成セント思ハ、必ス念仏ニ帰メ可成也。今ノ釈ニ、真形量遠ク、毫若ニ五山一ノ。震響〈シンコウ〉随レ機ニ、光沾〈ウルホ〉ス二有識一ヲ。欲レ使下含霊〈リヤウ〉〈レイ〉ヲメ帰命注想メ無レク遺〈ノコ〉リ乗二仏ノ本弘〈グウ〉一ニ、斉ク臨マ中彼ノ国上ニト云此意也。此文ハ当観ノ始中終ヲ結束メ大意ヲ顕也。真形量遠ク乃至光リ沾ス二有識一ト者、身色白」(20オ)毫仏眼相好説法光明等ノ観門ノ法門也。此ヲ如是説ク意ハ、念仏ニ帰メ観仏ノ行ヲ成セヨト云意也。即帰命ト者、念仏也。注想ト者、観仏也。念仏ノ上ニ観仏ノ行ヲ修セハ無ク残一成シテ願力ニ乗メ可往生ト釈シ顕ス故也。念仏ノ上ニ観ハ必ス可レシ成ス。此観ヲハ助業ノ観ト名也。仍テ下ノ経文ニモ、然モ彼如来ノ宿願力ノ故ニ有ル二憶想スル一「者ハ必ス得二成就一「ヲト説ケリ。此則一代聖教ノ肝心、衆生出離ノ正路、唯此念仏ノ一宗ニアリト顕也。一念無上ノ功徳ハ即寂用湛然ノ万徳也。此万徳ヲ顕ス事ハ唯念仏ノ一行ニ可有一。次摂取」(20ウ)不捨ノ姿能々可知事也。世人思ヘラク、本願ノ光明十方ヲ照スニ、遠近ノ衆生、遠キハ遠キナカラ、近キハ近キナカラ、本ノ在所ニ置ナカラ、此光リ摂取メ不ルレ捨義也ト云云。此ハ摂取ノ義未尽一キ。光台現国ノ様ヲ以、摂取不捨ノ義ヲハ可意得也。其故ハ、釈尊眉間白毫ノ光、十方ノ浄土ヲ照ス。還ル光リ諸仏ノ国土皆悉ク摂取メ来テ仏頂ニ住メ、夫人ニ令レキ見セ。念仏ノ行者モ亦如是念仏スレハ、光中ニ摂取セラレマイラセツレハ、仏前近ク極楽ノ聖衆ニ交ル也。極楽六時ノ讃ニ、色々八万四千ノ相好光明朗ニ十方界ノ念仏者」（21オ）光リノ中ニ摂取セリト被讃タルモ此意也。澄憲法印、此摂取不捨ノ様ヲ疑テ、叡山ノ中堂ニ参籠メ薬師ニ祈請被〈セラ〉レケルニ、第六日ノ夜ニ当テ夢ニ百丈計ナル金像ノ阿弥陀如来、自西方一放レ光ヲ来現シ給ケルヲ、法印振〈フリ〉サケ御顔ヲ拝見スレハ、仏ノ右御手ヲ舒〈ノヘ〉テ、澄憲ヲ済〈スク〉ヒ取テ左ノ御手ノ掌ノ中ニ安置メ、摂取不捨ト云ハ即是也ト云云。于時、法印、摂取不捨ト云ハ既ニ光中ニ摂取メ、永ク生死海ニ不還ト知レト示シ給ト思テ夢覚ヌト云ヘリ。然者、如此、光中ニ摂取セラレマイラセヌレハ、極楽ニ遊戯メ、宮殿ノ中、宝樹ノ間、虚」（21ウ）空ノ上、蓮花ノ中、処々ニ住スト可思遣ル也。而ヲ今ノ釈ハ、今一重甚深也。其故ハ衆生憶二念レハ仏一ヲ者、仏亦憶念玉フ衆生一ヲ。彼此ノ三業不相ヒ捨離一トテ、仏ト衆生ト水乳ノ如ニ和合スト顕ス故ニ、光中ニ有テ浄土ニ住スト云ヨリモ尚親ク仏ト同体也。故ニ此ヲ清浄ノ仏身也ト云ハントスレハ、即汚穢不浄ノ我身也。此ヲ不浄ノ我カ身也ト思ハントスレハ、又瑠璃明鏡ノ仏身也。如此三業ニ念仏スレハ、仏ノ三業ノ功徳ヲ無ク残一我カ三業ニ移メ、彼此ノ三業全ク不二ナル所ヲ摂取不捨トハ云也。此ヲ親縁平等ノ益ト為〈ス〉。然尚〈而〉又生仏ノ非無ニ差別一、不二ノ上ニ而二ノ」（22オ）義有ヲ以、見ムト願フ心アレハ、即眼前ニ現メ見ヘ給フ。此ヲ近縁ノ益トス。サル程ニ平生近縁ノ仏ハ、行者ノ目ノ前ニ近ク現メ御セ𪜈、見不見不定ナルヲ、臨終ニ正ク肉眼開テ見ル時、慈悲加祐令心不乱メ諸ノ邪業繋無能碍者ノ利益ヲ施ス位ヲ増上縁ノ益ト為。サル程ニ、一念乗空入仏会シヌレハ、即チ身色寿命尽皆平ノ悟リ開テ大乗ノ法楽ヲ受ル也。今ノ経文ニ、捨テ身一ヲ、他世ニ生メ諸仏ノ前一ニ、得二無生忍一ヲト説ク此位也。此ノ無生忍ト者、上ニ所レノ述、体大・用大ノ功徳也。即チ弥陀・釈迦・報化ノ仏、浄土穢土ニ有テ発遣来迎ノ利益ヲ作セハ、此仏ニ」（22ウ）帰メ浄土ニ往生メ、生仏不二諸法平等ノ体大ノ悟ニ帰スルヲ得無生忍ト説也。此三大義、又是念仏ノ名義功徳也。故ニ始終本末、只南無阿弥陀仏ノ六字也。衆生出離ノ要道モ、此ノ外ニハ無ク、諸仏正覚ノ内証モ此外ニハ無也。故ニ念仏三昧ヲ以、諸三昧ノ王ト名ケ、首楞厳等ノ諸大三昧能生ノ母ト号ス。仍テ一代聖教ハ只南無阿弥陀仏ノ六字也ト知レト説キ極メタル経文也。

于時明暦三年丁酉六月十四日二尊院（嵯峨）本ニテ書之者也。」（23オ）

江州栗太芦浦

観音寺舜興蔵（印）

（表紙）

観音寺

浄土九番箱

舜興蔵（印）

（見返）

曼荼羅聞書抄十九

定善

（1オ）

観音観事

付法花経・心経・地蔵経

勢至観事

首楞厳経ニ超日月光仏

値ヒ奉テ勢至菩薩念仏三昧ヲ得ル事

（1ウ）

今日ハ即観音観也。第八観ニ三尊ノ形像ヲ観シ畢テ、次第ニ三尊ノ真身ヲ観スルニ、弥陀ノ真身ハ、昨日第九観ニ已ヌ。今ノ観ハ、々音ノ真身ヲ観スルニ付テ、凡ソ三尊ノ真身ト者、浄土ノ法性法身報身内〈自〉証ノ形、即父母所生ノ身ニ非ス。自然虚無ノ身、無極ノ体也。色身ハ光影ノ如シ。三尊ノ身量高下大小以ノ外ニ雲泥ナレトモ、是ハ高下大小円融無碍ノ義ヲ標ス。仏ニモ菩薩ニモ、重々無碍自在ノ義可レ有。中ニ今ハ一相々々ヲ説也。仏菩薩共ニ八万四千ノ相好光明ヲ具足ス。就中、仏光ハ念仏ノ行者ヲ摂取ス。今ノ観音ノ光ハ五道ノ衆」(2オ)生ヲ摂ス。凡ソ衆生ノ果報、五道ニ不過。五道ヲ開ハ六道也。修羅ヲ以、或ハ天ノ下分ニ摂、或ハ鬼畜ノ上分ニ摂ム故ニ、有ル経ニ、諸ノ阿修羅等ハ処々不定ナリ。或ハ天、或ハ鬼、或復タ傍生ナリト説ク。仍テ今ノ経ニハ五道ト説キ、変相ニハ六道ヲ織ル。開合互ニ顕ス。非ル二相違一ニハ也。而ヲ今ノ経釈、変相ニハ五道ノ衆生ヲ光中ニ現ス。礼讃ニハ身中ニ入ト釈ス。相違ニ似レトモ、今此菩薩ハ身光一体也。光影ノ如クナル御身ナルカ故ニ、身モ光モ円融無碍ノ身光ナルヲ以、如此説キ釈スル也。而ヲ五道ノ衆生ヲ光中ニ現ル事ハ何ノ料〈レウ〉ソト云故ヲハ、経釈共ニ委〈悉〉クセス。讃ニ云ク、観音菩薩ノ大慈悲ハ已ニ得玉ヘル菩提ヲ」(2ウ)捨テ不レ証セ、一切ノ五道ヲ内〈イ〉レテ二身中一ニ、六時観察メ三輪ヲモテ応スト云云。然者、昼夜六時ニ観察メ三輪ヲ以応トメ、常ニ此ヲ化度セン為ニ、五道六道ノ一切衆生ヲ光中ニハ現スル也。三輪ト者、仏菩薩ノ三業ナリ。又三密ト名ク。輪ト者、転惑摧破ノ義也。譬ヘハ輪王ノ御行〈ユキ〉ニ、輪宝前ニ転メ山石ヲ摧クカ如ク、仏菩薩ノ三業ヲ以、衆生ノ煩悩罪悪ヲ摧破メ、大道湛然ノ道場ノ妙果ニ令ム一至故ニ、三業ヲ云二三輪ト一也。其ノ三輪ト者、一ハ記心輪、又ハ他心輪ト名ク。他心智ヲ以、一切衆生ノ心中ノ智慧・善悪・貪瞋痴等ヲ〔意業ヲ以テ〕悉ク知見スル也。二ハ神通輪、又ハ神足輪ト名ク。如此知リ畢テ、貪欲増ノ者ノ為ニハ」(3オ)所愛ノ境界ト成テ現シ、瞋恚増ノ者ノ為ニハ国王大臣ノ身トモ現シ、愚痴増ノ者為ニハ智者ノ身トモ現シ、乃至、仏身ヲ以、可度者ノ為ニハ仏身ヲモ現ス。如此神通ヲ以、無量身ヲ現スル也。即、普門品ノ三十三身ノ形是也。三ニハ説法輪、又ハ教誡輪ト名ク。神通輪ヲ以、身ヲ現シ畢テ、其カ為ニ説法メ度スル之也。即、普門品ノ十九説法ノ相是レ也。如此、普門応用ノ形ヲ五道六道ニ現メ、一切ノ衆生ヲ開導シ給フ。其利生ノ落居ハ娑婆生死ノ苦ヲ離テ、浄土菩提ノ楽ヲ証セヨト教ヘ入ル、也。故ニ般舟讃ニ、救フレ苦ヲ分身平等ニ化ス。化シ得テハ〈即チ〉送二ル弥陀国一ニト云ヘリ。然者、此菩薩ノ娑婆世界」(3ウ)能施無畏ノ名誉ハ、只我等衆生ヲメ浄土ニ入ムカ為也。サレハ天竺ニテハ、日天子ト成テ来テ、娑婆ノ衆生ヲ西方ヘ引導シ、震旦ニテハ、伏義〈フツキ〉ト現メ衆生ヲ利益シ、我朝ニテハ、天照大神・聖徳太子トモ顕レ、高野ノ弘法大師、醍醐ノ聖宝僧正トモ成テ、機ニ随テ利益シ給ハ、終ニ弥陀ノ国ニ送リ入ムカ為也。而ハ此菩薩ハ須臾刹那モ衆生ヲ利益セサル時ナシ。但シ聖化同居スレトモ不相識一曽テ不知之一。動〈ヤ、モス〉レハ生二メ瞋毒一、闘〈タ、カハ〉シム二無明一ヲ。動レハ瞋嫌ヲ起ス。而今、適（たまたま）仏道ノ人身難レメ得既ニ得タリ。浄土難レメ聞、今既ニ聞ク。信心難レメ発、今既ニ起ス。併（しかしなが）ラ此菩薩ノ三輪化度ノ恩力也。サレハ」(4オ)曠劫ヨリ以来タ何度カ我等カ為ニ妻子眷属ノ身トモ成リ、被〈ヒ〉毛戴角ノ形トモ成リ、刀山剣樹ニモ交リ、洞燃猛火ニモ焦レ給ヒケン。而ヲ昔ハ恩ヲ不レメ知、徒ニ過ヌ。今念仏ノ善心発ルハ菩薩ノ恩力ニ依テ出離ノ期既ニ至レリト可思知也。若如是知ハ、即チ知恩報徳ノ志ヲ可レ運。而ヲ宝冠ノ中ニ弥陀ヲ戴ク意ハ、我身モ昔ハ念仏メ補処ノ位ニ居セリ。此恩ヲ為レニ報ン本師ノ像ヲ戴ク。汝等衆生モ我如ク念仏メ仏前ニ参詣シ、本師ノ恩ヲ報ント思ヘト云意ヲ示也。国王ヲ敬カ故ニ臣下ニ吉属〈キツソク〉スルカ如ク、弥陀ヲ敬フ心ノ故ニ、観音ヲモ可レ敬。礼讃ニハ此意ヲ為ニ知センカ、先ツ弥陀ヲ礼シ、次ニ二菩薩ヲ」(4ウ)拝スル也。千手経ニハ、我カ大慈大悲心ノ大陀羅尼ヲ誦セン者ハ、先ツ我カ本師弥陀ヲ奉レテ念、然後此大悲神咒ヲ誦セヨト云ヘリ。即此意也。然者、弥陀ヲ閣テ観音ヲ念ンハ観音ノ本誓ニ可背也。菩薩ノ意楽ハ二云何メ衆生ヲメ質直意柔濡一心欲見仏ノ思ヲ可令発一サト昼夜ニ念シ給也。其故ハ、娑婆ノ衆生ヲ利益メ七難三毒ヲ消滅シ、二求両願ヲ令ム満足一レトモ、浄土ニ入ル事ハ本師ヲ念スルニ依ルカ故也。如此念仏メ往生スル時ハ、観音手ヲ垂レ足ヲ挙テ、急キ来テ百宝蓮花ヲ捧ケ、行者ヲ乗セテ勢至ト共ニ本国ヘ還給フ也。菩薩ヲ念ル者ヲハ如此ハ悦ヒ不思食。」(5オ) 而ニ今、南海補陀落山ニ住スル事ハ、娑婆ノ衆生ニ近テ、終ニ浄土ヘ入ムトシ給フ方便也。仍弥陀ニ帰シ、念仏ノ行者ニ成テ可キ往生ス事、上ノ仏観ニ足ト雖、此菩薩ノ大悲、五道ノ衆生ヲ光中ニ摂メ、種々ニ誘ヘ給ニ依テ、本願ヲ信シ往生ノ位ニ定リヌル事、偏ニ此菩薩ノ恩徳ナル事ヲ深ク思ヒ知セン為ニ、今、別メ此菩薩ヲ令観也。而ヲ今日、法花経・心経・地蔵経等ノ諸経ヲ副ヘ被供養セ事アリ。就中ニ法花十軸ノ供養、観音讃嘆ノ節〈ヲリ〉ヲ得タリ。大方ハ弥陀・法花・観音ハ一体ト習也。故ニ妙楽大師釈メ云ク、在テハ安養界ニ名弥陀仏ト。来テハ娑婆世界ニ名ク観世音ト。或ハ現メハ大乗修多羅ト、名ク」(5ウ) 妙法蓮花経ト云ヘリ。余ノ品々ニハ悉ク妙法ヲ讃ルニ、観音品ニ限テ観音ノ功徳ヲノミ讃テ妙法ノ沙汰無シ。天台大師両巻ノ疏ニ問答メ義ヲ顕ニ、問云ク、何故ソ余品ノ中ニハ皆妙法ヲ讃ルニ、此品ニ妙法ヲ不讃乎。答云、今此ノ品ノ中ニ不ル云妙ト者(コトハ)、観音即是妙法ノ体也ト云云。仍観音ヲ讃ルハ即法花経ヲ可讃ナル。而ニ何ナル時ヲ観音ト云ヒ、何ナル時ヲ妙法トハ云ソト云ニ、妙法蓮花ト者、一切衆生心中ノ自性清浄ノ妙体也。即所観ノ境也。此妙法蓮花ノ声ヲ観メ、世ヲ度スル能観ノ智ヲ観世音ト云也。此本来自性清浄ノ法体ヲ具足シナカラ、而モ生死ニ沈ム衆生ヲ昼夜ニ観メ、此法体ヲ」(6オ) 令ルニ覚、自在ヲ得給ヘル故ニ、又ハ観自在トモ名也。仍テ此妙法ノ蓮花ヲ八万四千ノ塵労ノ淤泥ノ中ニ隠シ持テル衆生ヲ光中ニ摂シ、六時ニ観察メ種々ノ方便ヲ以、此花ヲ開ク能観ノ智ヲ観音ト名ケ、所観ノ法ヲ妙法ト名也。而ヲ衆生ノ心蓮ハ泥中ニ有ル時モ、花菓倶時ニ具足シ、因果一処ニ備タリ。雖然、泥中ニ在ル位ト泥ヲ離タル位トハ遙ニ異ナル故ニ、泥ヲ出テハ此菩薩ノ衆生ニ随遂メ、時トメ其不離給ハ。三密加持メ開花ノ方便ヲ廻ス也。譬ハ我等カ煩悩ハ氷ノ如シ。心法ハ蓮花ノ如シ。観音ノ慈光ハ日ノ如シ。氷ハ必ス日ニ被煖メ消。氷消ヌレハ泥中ノ蓮花漸クメクミ顕レテ開ルカ、観音ノ光ニ」(6ウ) 依テ我等衆生ノ煩悩泥中ノ心蓮ハ開ル也。而ヲ此開花三昧ノ方便ヲ説ニ、三乗ノ方便ヲ顕ス。其ト云ハ、此菩薩ノ開悟ノ始ヲ為レノ蓮〈ハチス〉ノ故ノ花ト名ク。開悟ノ心漸ク増長シ出離スル位ヲ花敷〈ヒラケ〉テ蓮ス現スト名ク。既ニ悟開テ仏智ニトツク位ヲ、花落テ蓮ス成スト名タリ。如是、此蓮花ヲ昼夜六時ニ観察ノ開ク能観ノ智ヲ観音ト云フ。即開花三昧ノ法門也。如是ノ開ケ畢リタル所ハ妙法ノ実体、即弥陀ノ覚体ナリ。而ハ法花ハ観音能観ノ智ヲ説故ニ、弥陀ハ妙法ノ果徳也。法花ハ弥陀ノ因分ノ法門也。但シ今ノ三部妙典ハ専念阿弥陀仏ヲ以宗トスルニ、若シ念仏スル者ハ是人中ノ芬陀利花也ト説ク。即念仏三昧ハ」（7オ）妙法蓮花也ト顕ス。芬陀利花ト者、妙法蓮花ナル故也。又法花ニハ、乗此宝乗ニ直ニ至ル二道場一ニト説ク。今者、若念仏ル者ハ当ニ坐ニ道場一ニト云フ。即法花・念仏同ク直至道場ノ径〈ケイ〉〈スクミチ〉路也ト顕ス也。此則、惣メ云ヘハ、妙法ト念仏ト一体ニメ而名異也。別メ云ヘハ、妙法ハ因分ノ行、念仏ハ果分ノ行也。爰以、首楞厳経中ニ、二十五聖ノ円通ヲ説ニ、勢至ノ円通念仏三昧ハ果分也。観音等ノ二十四聖ノ円通ハ因分也ト彼経ノ疏ニ会通セリ。其ノ中ニ観音ハ一切ノ音声ヲ観メ、聞思修ノ三慧三昧ヨリ正道ニ入ヲ円通ト為。即、観仏三昧ノ因分ヲ主〈つかさど〉レリ。勢至ハ念仏三昧ヲ以得道ス。即果分ノ法門ナリ。次ニ般若心経ト者、又是」（7ウ）観世音菩薩ノ五蘊皆空ノ観智ヲ説ク。即自性清浄ノ心蓮ハ本来不染ノ体也ト観ル法門ト等キ也。故ニ法花・般若同ク観音ノ三昧法門其体一ナル意也。故ニ智論ニハ、法花・般若ハ一体異名也ト云ヘリ。抑、色受想行識ノ五蘊ハ、実ニ有ト見テ空ト観ル歟。又実ニ無ト見テ空ト観ル歟ト云ニ、実ニハ無シ。但業因縁アレハ其果報ノ相歴然也。此段ハ五蘊ノ法ハ実ニハ虚妄生死ノ法ナルヲ、衆生ハ迷テ実有ト見タル也ト説ヲ、五蘊皆空ト観達メ、衆生虚妄ノ実有ノ見ヲ破スル也。故ニ度一切苦厄ト云フ。次、地蔵経ト者、地蔵菩薩ノ利益ヲ讃タル経也。此ハ地蔵本願経ヲ略抄シタル経歟。此菩薩ノ功能ハ「先日中畢ヌ。」（8オ）即地蔵ハ弥陀ノ因徳、又ハ観音院菩薩也。故ニ有所ニハ観音ノ頂上ニ地蔵ヲ頂戴スト明事アリ。其義尤相当レリ。其故ハ観音即本師ノ因徳ヲ貴テ頂戴シ給フ姿ナル故也。三世ノ諸仏ニ弥陀ノ勝玉ヘル故ハ、願々皆発増上勝因ノ故也。弥陀果徳ノ貴キ事モ因徳勝タル故也。

流ヲ汲テ源ヲ尋、音ヲ聞テ根ヲ尋ヌルカ如ク、弥陀ノ果徳ヲ貴故ニ、其因徳ノ地蔵菩薩ヲ頂戴スル也。仍弥陀果徳ノ利益ヲ讃ニモ、弥陀身色如金山、相好光明照十方、唯有念仏蒙光摂、当知本願最為強ト云ヘリ。三部経ハ即弥陀ノ果徳ヲ讃ム。法花ハ弥陀ノ因徳ヲ説ク。地蔵即」(8ウ)弥陀ノ因徳ヲ主レリ。

勢至観事

今日ハ勢至観ヲ可讃嘆一。此観モ即光仏事ヲ作ヲ観法ノ大体ト為。弥陀摂取ノ光ニ大悲大智ノ二徳アリ。観音ハ大悲ヲ主リ、勢至ハ大智ヲ主ル。而本来自性清浄ノ体ノ上ニ無明ヨリ縁起メ仮ニ生死アリ。喩ヘハ大海ハ本来只一水也。風ノ縁ニ依テ而波ト成カ如シ。〔如水中諸波トテ、無明煩悩ノ縁ニ依テ〕八九種々之識ハ如水中諸波一ノトテ、無明煩悩ノ縁ニ依テ八九識ノ上ニ生死ノ波ヲ立也。而ニ心性不動ノ本識ニ体達シヌレハ、生死ノ波ハ妄有也ケリ。只其体本ヨリ清浄不動ニメ、迷悟ノ」(9オ)無差別一モ凡聖ノ無不同一モ。雖然、衆生ノ妄見ニ依テ凡聖迷悟相分レタル位ニ、自〈ヲ〉業ヲ造テ自〈ミ〉ラ果ヲ受ル、死レ此生彼一ニノ苦患ヲ抜テ、涅槃常住ノ快楽ヲ与ル。此ヲ観音ノ大悲ト名ル也。雖然、如ノ是衆生ノ苦ヲ救テ見レハ、自レ元清浄ニメ可キ度ス仏モ無ク、可被度一セ衆生モ無ク、一如平等ニメ曽テ一塵ノ無二差別一モ。譬ハ波息ヌレハ只一ノ水ナルカ如ク、無明生死ノ風息ヌレハ、法性無生ノ法体、湛々寂々也ト照ス。此ヲ勢至ノ大智光ノ体ト為也。爰以、観音ノ光中ニハ、頂上ニ四聖ヲ図シ、身中ニ六凡ヲ図メ、十界ノ差別ヲ顕ス。観」(9ウ)仏三昧大悲法門ノ位ニ、苦ノ衆生有ト見テ、抜苦与楽スル姿也。勢至ノ光中ニハ更ニ無此相一。只遍照法界ノ浄妙ノ光相ヲ図セリ。経云、挙身ノ光明照二ス十方ノ国一ヲ。有縁ノ衆生ハ皆悉ク得レ見「ヲ。但シ見二レハ此ノ菩薩ノ一毛孔ノ光一ヲ、即見二奉ル十方無量ノ諸仏ノ浄妙ノ光明一ヲ云云。此則、九界ノ妄情ヲ泯(ほろぼ)メ一仏界ト照ス。念仏三昧大智ノ光ナルカ故也。故ニ讃ニ云、勢至菩薩難二思議一シ。威光普ク照二ス無辺ノ際一ヲ。有縁ノ衆生ハ蒙二テ光触一ヲ、増二長智慧一ヲ超三界一ヲ云云。然ハ迷ノ衆生ノ三障ノ底ヲ」(10オ)照シ徹メ見レハ本来無生死一。サレトモ衆生ノ迷未レハ尽一、観音ノ大悲是ニ起テ苦ノ衆生ヲ救フ。二菩薩寄合テ本師ノ行化ヲ助ル本意、利益衆生ニ於テ此平等・差別、大悲・大智ノ二門有カ故也。若シ観音ノ大悲無キ勢至ノ大智ナラハ、二乗ノ空見ニ堕メ利生ノ大悲欠ナン。若勢至ノ大智無キ観音ノ大悲ナラハ、一如平等ノ法体ヲ失テ衆生ノ迷ニ同ナン。故ニ二菩薩ハ必ス相依〈アイヨッテ〉テ平等差別ノ二門ヲ以テ仏事ヲ可作也。一モ少テハ利生ノ義不可有一。仍弥陀ノ摂取不捨ノ光ノ中ニ権実ノ二智ヲ備ヘ給ヘル故ニ、二菩薩此フ主テ衆生ヲ」(10ウ)利シ仏化ヲ助也。経云、此レヲ菩薩ノ行スル時ハ、十方ノ世界一切震動ス。当テ二地動スル処一ニ有リ二五百億ノ宝花一。一々ノ宝花、荘厳高顕ニメ如極楽世界一ノ云云。此菩薩、世界ヲ振動ストト云ハ、念仏三昧大智平等ノ威勢ヲ以、一切衆生ノ無明ノ眠ヲサマシテ、念仏ノ信心ヲ生ルヲ云也。地動ノ処ニ当テ五百億ノ宝ノ花現ストト云フ、即此信心ノ生スル体也。我等カ心性自レ本自性清浄ノ妙蓮不染ノ体ナル所ヲ、此菩薩観達メ有ノマヽニ其法体ヲ令ル顕一サ時、信心ノ花ト開ル也。此花即正覚ノ真体也。此ヲ悟リ得給ヘル仏ナレハ、弥陀ヲハ得自性清浄法性如来トモ名也。」(11オ)而ニ此花荘厳高顕ニメ極楽世界ノ如ト云ハ、願力所成ノ浄土ハ即此蓮花ナル故也。正覚ノ々体、即此花ナレハ、此ノ不取正覚ノ願力ヨリ荘厳スル所ノ極楽、此蓮花ノ外ニハ不可有故也。極楽ヲ蓮花蔵世界ト名モ此故也。我等カ心性ノ体ヲ仏ノ覚テ顕シ給ヘル所ナル故ニ、弥陀モ極楽モ只是レ我等カ一心ノ開タル形也。仍此心体ヲ念仏三昧トハ名也。即是生仏一体・凡聖不二ノ心蓮也。勢至菩薩ハ此三昧ニ住メ法界ヲ一如平等也ト照ス時キ、我等カ無始広劫ニ発シ難カリツル往生ノ信心ヲ動シ起スヲ世界ヲ動メ蓮花ヲ生ストハ説也。讃ノ中ニ、釈尊ノ徳ヲ」(11ウ)嘆ニ、或ハ振フ二大地山河海一ヲ。為レナリ覚セシメンカ二萌冥ノ信ノ未レタ深一カラト云ヘリ。萌冥ト者、草木ノ種ノ地ノ中ニ有テ、未レル萌シ生一位也。我等カ心性ノ菩提ノ種子ノ未生ニ喩フ。既此菩提ノ種子ノ萌〈キサ〉スヲ信心ト名ク。仍釈尊ノ振動ノ相ハ、衆生ノ信心ヲ為令生セ也。此菩薩ノ振動モ亦如是。加之、又勢至ノ分身ノ三尊、極楽ニ還テ妙法ヲ説テ苦ノ衆生ヲ度ストト云云。此則、我等凡夫、三尊ノ光益ニ依テ極楽ニ帰スル身ト成ヌレトモ、罪苦未除尽セ。而ヲ願力ニ依故ニ、浄土ニ生テ彼土ニメ、勢至ノ分身ノ三尊ノ妙法ヲ説テ、此ヲ度ノ無苦無悩ノ身ト作給也。サレハ今」(12オ)世ニモ後世ニモ、勢至菩薩ノ三昧力ニ依テ我等カ得益ハ可成也。此ト云ハ、此菩薩因位ノ時、念仏三昧ニ依テ無生忍ヲ得故ニ、衆生ヲノ此三昧ニ依テ、往生無生ノ益ヲ令レト得誓給シ故也。首楞厳経云、大勢至法王子、与其同倫五十二ノ菩薩一、即従座一起テ、頂二礼メ仏足一ヲ、而白レ仏言ク、我レ憶フニ往昔恒河沙劫一ヲ、有キ仏出玉フ世ニ、名ク無量光一ト。十二ノ如来相継(アヒツイ)テ一劫ナリ。其最後ノ仏ヲ名ク超日月光一ト。彼ノ仏教玉キ我ニ念仏三昧一ヲ。譬ヘハ如キ有ル人一ノ、一リハ専ラ為(ナス)レ憶ヲ、一リハ専忘ル。如レ是二人、若シハ逢(アヒ)不逢ハ、或ハ見不見、二人相憶フテ二リノ憶念」(12ウ)深レハ、如レ是乃至従リ生至ルニ生ニ、同メ於形影一ノ不相乖(クエ)異(ソムクタカウ)セ。十方ノ如来、憐二念「衆生一ヲ如シ母ノ憶フ子ヲ。若シ子逃逝(ニゲユク)セハ、雖レ憶ト何(イカン)カ為(セン)。子若憶「母ヲ如ナレハ母ノ憶フ時一ノ、母子歴(フレ)生ヲ不相違遠セ。若シ衆生ノ心ニ憶ヲシ仏ヲ、念レハ仏ヲ、現前ニモ当来ニモ必定メ見レ仏ヲ。去「仏ヲ不レ遠カラ。不レメ仮ラ方便一ヲ自得リ心ロ開「ヲ。如シ香ニ染セル人ノ身ニ有カ香気一。此ヲ則名テ曰二香光荘厳一ト。我レ本因地ニノ以二念仏ノ心一入シヲモテ無生忍一ニ、今於二此界一ニ、摂メ念仏ノ人一ヲ、帰シム於浄土一ニ云云。此中ニ譬ノ意可見ツ。十方如来ト者、諸仏同体ノ大悲ヲ以テ衆生ヲ憐念スル故ニ弥陀ノ大悲ニ当レリ。」(13オ)此大悲ノ念力ニ依テ、一切衆生ノ善心及ヒ念仏ノ信心ハ起ル也。故ニ智論云、譬ヘハ如シ魚ノ子一ノ。母若シ不レハ念、子則爛壊(タヽレヤフル)ス。衆生モ亦尔ナリ。仏若シ不レハ念、善根則壊ナント云云。註論ニ、此文ノ意ヲ釈ノ云ク、魚母、念持レハ子一ヲ、逕(ヘテ)レ槀(カク)ヲ不レ壊(夏有水冬無水曰槀)云言意ハ、諸ノ魚共、夏水ノ出タル時キ、水ニ随テ陸(クカ)ヘ上テ、此コノ土ノ中、彼ノ石ノハサマニ、面々ニ若干(ソコハク)ノ子ヲ生附ケ置テ水ニ付テ大海ヘ下ルニ、若其母海中ニノ死ヌレハ、其子共皆悉ク死ス。母ノ念力無故也。若存セル魚母ハ海中ニ有テ昼夜恒ニ子ヲ念持スルニ依テ、其子共土石(トシヤク)等ノ中ニ有テ秋冬ヲ逕レトモ不レ壊メ、次ノ年ノ夏比」(13ウ)水ノ出タル時、孵(カヒ)破レ魚ニ成テ大海ヘ下ルナリ。是カ如ク、仏若シ不念給ハ、一切衆生ノ善心不可起ル。縦又発トモ、即可退転ス者也。我等凡夫、罪悪ノ心中ニ念仏ノ善心起テ、而モ不ル二退転一者、偏是正覚弥陀ノ住持力ニ依故也。如是、仏ハ衆生ヲ念シ給ケリト知ルヲ、念仏三昧ト名也。念仏三昧ニ住シヌレハ、万行ノ方便ヲ不レ仮心身開ル故ニ、不メ仮ニ方便一ヲ自得タリ心開一ヿヲト云。今此勢至菩薩ハ、因位ノ時、超日月光仏ニ奉テ値一、此念仏三昧ヲ学メ補処ノ位ニ至ルヲ以、衆生ヲ勧テ行メ、浄土ニ令往生也。勢至菩薩、因位ニモ超日月光仏奉値一」(14オ) 念仏三昧ヲ学メ補処ノ位ニ至リ給ヘリト被仰候ヲ以思ニ、我等衆生モイカサマ過去ニ此念仏三昧ニ値遇結縁セシニ依テ、今度人身ヲ受、念仏行者ト成タリト見ヘテ候。抑過去ノ念仏ニ結縁シタル行者ナラハ往生スヘキニ、今マテ流転之衆生トナルハ、イカナル事ソト申ニ、所詮雖レ聞自力ノ念仏ナル故ニ、生死ニト、コホル也。凡自力他力ニ付テ、聖道浄土二門アリ。聖道者自力、浄土者他力、聖道ハ難行、浄土ハ易行、聖道ハ随他、浄土ハ随自、聖道ハ観仏、浄土ハ念仏、如是立分レテ候也。唯他力ト申ハ、身ヲ仏海ニナケ入、一偏ニ願力ヲ憑ヲ申候也。」(14ウ) 我身現是レ罪悪生死ノ凡夫、曠劫以来(このか)タ常没常流転メ無出離縁一身ト、機方ヲハクタシ、然トモ阿弥陀仏四十八願、無疑無慮〈乗〉彼願力定得往生ト誓ヒ御ス願力ヲ憑ミ往生ヲ欣ヘハ、臨終ニハ決定必定可預来迎也。是他力也云云。

明暦三年六月十五日以二尊院本写之者也」(15オ)

江州栗太郡芦浦

観音寺舜興蔵（印）

（表紙）

浄土九番箱

観音寺

舜興蔵（印）

（見返）

曼荼羅聞書抄二十　定善

（1オ）

須達祇園建立時六天現ル事
即便往生義
涅槃経臈印譬事
普観事
第七観ノ住立ハ雑想観ニ約束スル事
示観縁ノ三尊事同之事
雑想観事

（1ウ）

普観事　十一内

次普観ト者、経云、見ミム二此事一ヲ時、当下ニ起二ノ自心一ヲ、生二テ於西方極楽世界一ニ、於蓮華ノ中一ニ結跏趺坐メ、作ナシ二蓮花ノ合スル想一ヲ、作中ス蓮花開ル想上ヲ。蓮花開ル時キ、有二テ五百色ノ光一、来テ照レト身ヲ想ヘ。眼目開テ想ヘ下見三仏菩薩ノ満二玉ヘル虚空ノ中一ニ、水鳥樹林及与〈ヲヨヒ〉諸仏ノ所出ノ音声、皆ナ演中フト妙法上ヲ云云。此ハ念仏行者ノ即便往生ノ次第ヲ説顕也。初ニ見此事時ト者、上来三尊ノ光、有縁ヲ照益スル事ナリ。見ハ此一ヲ、往生ノ思ヲ作セト也。即チ弥陀ノ光」（2オ）中ニハ十方世界ノ念仏ノ行者ヲ摂取ノ不捨一ト説キ、観音大悲ノ光ノ中ニハ、我等衆生、無始已来、六道四生二十五有ニ在テ、諸ノ苦ヲ受シ相ヲ照シ浮テ、此ヲ観察メ開花三昧ニ入テ、罪苦ヲ抜給事ヲ顕シ、勢至ノ光ノ中ニハ、一切衆生ノ本来自性清浄、生仏平等ノ性ヲ照シ浮タリ。如是ノ想ヲ見ニ何方〈イツカタ〉ヨリモ往生ニ漏ルヘキ無道理一。我身既ニ此三尊ノ光ノ中ヲ栖〈スミカ〉トシケル上ハ、既ニ往生コサンナレト思ヘト説ク。即チ自身往生ノ観、即便往生ノ観也。サレハ上来ノ諸観ニハ、夫人ハ女人ノ相ニテ、仏ノ説法ヲ聴聞スル」（2ウ）姿ヲ図スルニ、当観ニハ夫人蓮花ノ中ニ坐メ、環釧〈クワンセン〉宝冠ヲ具足シ、相好色身円満ノ形ヲ織ル。即チ夫人自往生ノ形ヲ以テ所観ノ境トスル心也。面々ニ本形ヲ以テ生ル、事モ有レトモ、其分ヲハ観音ノ光中ニ譲テ、今者勢至ノ光ノ中ニ、浄土ノ法性身ト照ス方ヲ取テ、相好具足ノ身ト図スル也。サレハ未タ是コニ有ル夫人、既ニ極楽ニ往生メ〈花合シ〉花開ケ、乃至見仏聞法マテノ益ヲ得タリト思ヘト説顕ス甚深ノ利益也。観門成就メ彼土ヲ見ル中ニ、此相ヲ見時、極楽世界ヲ見者トハ名也。若シ此相ヲ不見一者、極楽」（3オ）世界ヲ見者ト不名一ケ故ニ、経文云、見此事一ヲ已ルヲ名クルト見レ二無量寿仏ノ極楽世界一ヲ云云。文意ハ、上ノ示観縁ノ終ニテ、夫人、我ハ仏力ヲ以、極楽世界ヲ見ッ。未来ノ衆生ハ如何メ可ト見一、仏ニ奉問シニ答テ、仏、未来ノ衆生ノ可レ見様ハトテ、日観已下当観ニ至マテ、依正・通別・真仮ノ諸ノ観門ヲ説テ、如是観メ可レシ見一。但其中ニ於テ此即便往生ノ形ヲ見極メタラン時ヲ無量寿仏ノ極楽世界ヲ見者トハ可ト名一答極メ給ヘル経文ト可見究ム法門也。知ヌ、此相ヲ不見メ只依正ノ境ヲ見タラン者ハ」（3ウ）弥陀ノ浄土ヲ見者トハ不可名也。其取ハ（それにとりて）我等ハ弥陀ノ摂取ノ光ノ外ニ可漏ル方ハ無トモ、煩悩具足ノ凡夫ナル故ニ、尚此益ヲ疑フホトノ愚人也。而ヲ観音ノ光ノ中ニハ此煩悩妄染ノ機ヲモ不捨一照浮テ、種々ノ方便ヲ以摂化シ之給ヘリ。過去ニモ此菩薩ノ利生ニ預リケルニ依テ、今念仏ノ行者ト成レリ。今又、愚悪懈怠ニ云ハカリ無キ者ナレトモ、光中ニ照浮テ種々ニ利益シ給ト見時、サテハ我等モ既ニ彼光中ニ移メ種々ニ奉被加持一レハ空カラスト憑（タノモシク）敷覚ル也。サル程ニ、勢至ノ光ハ平等無碍ニ我等ヲ照浮テ、一」（4オ）塵一物ノ差別ヲ不レ見。唯一仏界ノ体也ト照益シ給ヘリ。機ノ方ニコソ障碍ハ有レトモ、菩薩ノ知見ハ平等不二也ト照見ス。此相ヲ見時、又一重ノ信心増長ス。惣メ此ヲ云ヘハ、仏ノ大定・智・悲ノ三徳、即チ三尊ト顕レテ、トカク誘ヘ、三重ノ網ヲ法界ニ張テ、一切ノ群類ヲ抜済シ給相ヲ見ニ、可漏方ナキ故ニ、此事ヲ見ハ即既ニ往生メ、三尊ノ光ノ中ニ有ト可思一ト云仏説也。而ニ此益ハ機ノ如レ是知ニ依テ、此ヲ得、不知一ニ依テ不得一ニハ非ス。知不知ヲ不論一、只正念帰依ノ信心起リヌレハ、信心ノ下ニハ必ス有二此巨益一也。」（4ウ）唐土人師、天台ノ末流、択瑛（エイ）法師ト云人、観経ノ修証義ト云書ヲ作タル中ニ、当観ノ即便往生義ヲ釈スルニ、涅槃経ノ、蠟印ヲ以、泥ヲ印スルニ、印破レテ文成スルカ如ト云喩（たとへ）ヲ取テ此義ヲ顕セリ。義ノ意者、譬ヘハ銅仏ヲ鋳（いる）ニ先ツ木ヲ以仏骨ヲ作ル。其上ヲ麁泥ヲ以塗ル。此麁泥ノ上ニ蠟ヲ塗ル。此蠟ノ上ニ始テ仏頭面眼耳鼻口ノ手足衣文等、可〈有〉程ノ事ヲ悉クキサミ付ク。其上ニ細泥ヲ塗テ蠟仏ヲツ、メリ。足下ニ一ノ穴ヲアク。火ヲ以テ泥ヲ焼クニ、此穴ヨリ蠟悉クトラケヲツ。還テ銅ヲワカシテ此穴ヨリ入ル。其後、泥ヲヘキ」（5オ）ノケテ見レハ殊勝ノ銅仏也。是カ如ク今念仏ノ行者ノ肉身ハ泥ノ如シ。念仏ノ浄業ヲ修スルハ蠟印ヲ以泥ヲ印スルカ如シ。念仏スレハ未タ煩悩ノ肉身ナカラ、其身ノ中ニ而浄土ノ身、往生ノ形ヲ成メ持ツハ、彼ノ蠟印解ケ失テ、跡ニ銅ヲ入ツレハ、銅仏歴然トメ中ニ有カ如シ。故ニ凡夫ノ肉身ナカラ、念仏スレハ、身中ニハ、往生ノ形、浄土ノ身、既ニ成就スルヲ、此観ノ法門トスル也ト云云。即今師ノ宗義ト同シ。但シ、彼ハ修観ノ者ニハ平生ニ可有此益一。散機ニハ不可有一ト云ヘリ。此ハ今ノ宗義ニ違ス。今宗義ハ自本一本願ハ機ヲ不嫌一故ニ、定散善悪」(5ウ)一切ノ凡夫、一念帰命心〈立リツ〉セハ、其下ニ即可有此益一。故ニ我等身ハ有漏不浄ノ体ナレトモ、念仏ノ心ハ仏心ニ同カ故ニ、身中ニハ法性無為ノ浄身、自然虚無ノ身、無極ノ体ヲ成就メ有ル二仏ト等キ位一也。但シ是ハ一二菩薩ノ光益ニ依テ、今念仏ノ信心起ル位ニ約メ、即便往生ノ益ヲ談スル一重ノ義也。乃至十念若不生者不取正覚ト誓テ、十劫ノ暁、道ヲ成セシ時、仏ノ方ヨリハ既ニ我等カ往生ノ益ヲ成給ヘリ。我等ハ不知之一シテ流転ス。今、知識ノ教ヲ聞時、始テ覚悟スルハカリ也。往生ハ自本成シニケリ。是又、十劫成道ノ時ニ」(6オ)即便往生ノ益ヲ成スル一重ノ深義也。サルホトニ、法蔵比丘、五劫思惟メ四十八願ヲ発ス時、空声ノ告既ニ決定必成無上正覚ト定メシカハ、其時、即便弥陀正覚ノ義成ス。而ニ弥陀独リ正覚ヲ不成一セ。若不生者ノ我等カ往生ニ依テ成ス。我等独リ往生セス。不取正覚ノ弥陀ノ成覚ニ依テ生ス。故ニ発願ノ下ニ弥陀正覚ノ義成スレハ、我等カ往生モ其時既ニ成ル者也。此ハ法蔵菩薩発願ノ時分ニ約メ、即便往生ノ義ヲ成スル一重ノ深義也。又以前ノ三義ハ皆是始覚門ノ義也。始覚ノ悟ハ必本覚ノ理ニ帰スル故ニ、本覚本有」(6ウ)無始ノ時ヨリ、此往生ノ益ハ有ケル也。如是一意得レハ我等カ往生ヲ仏ノ方ニ成シ給ケル事ハ無始ノ時也。真身観ニ、念仏衆生摂取不捨ト見ルモ、実ニハ無始ヨリ以来、念仏衆生ニメ、光中ニ被摂取一ケリト見也。如是見ヲ見此事時ト云。此事ヲ見テ、往生ノ想ヲ作ヲ当観ノ体ト為。此ヲ努力翻迷還本家トハ云也。サレハ今経ノ始ニ、汝当ニ繫ノミレ念諦ニ観中彼国上ヲト説ク下ニモ、機ノ観解以前ノ繫念ノ所ニ、実ニハ即便ノ益ハ有ト可シ意得一。機ノ開悟ニ有ル次第一耳。法体ノ益ハ自元一有ル也。凡自力聖道ノ教ニモ、頓教一乗ノ宗義ハ」(7オ)自身即仏即身成仏ト云事ハ自元一所レ成ヲ今始テ知ル。本ハ無キ事ヲ今作リ成ニハ非スト習也。サレハ、或ハ遍ク詣イタテ十方一ニ求ルニ成仏一ヲ、不知ラ二身心本ヨリ成仏セリト一云「ヲ。往昔ニ精進メ捨シカモ二生死一ヲ、不レリキ知二生死即チ涅槃ナリト一云「ヲトモ説キ、或ハ始テ知ヌ、衆生ハ本ヨリ来タ成仏セリ。生死ト涅槃トハ猶シ如二昨日ノ夢一トモ説キ、或ハ謂ク、覚下ス自身従レ本已来タ不生ナリ即チ是レ成仏上ナリト。而モ実ニハ無ク覚モ無キ成モ一也𪜈釈セリ。摂論ニ、廻光遍照ト云名目アリ。此ハ今所得ノ悟ハ今始テ得タルニハ非ス。自元一得タリト所レ知ヲ、廻レテ」(7ウ)光ヲ遍ク照ストハ云也。況ヤ今ノ教ハ仏力願力ノ宗義ナルカ故ニ、仏知見ノ境界トシテ、我等無始已来タ即便往生ノ益ヲ得ル事、諸教ノ所談ニ越タルヲヤ。諸教ニ即身成仏ト云ヲ、今ハ即便往生ト説也。其故ハ彼ハ此土得道ノ教ナル故ニ成仏ト名ク。今ノ教ハ、此土ニメ悟レト云ニ、大聖世ヲ去ヿ遙也。理ハ深ク解ハ微ナルヲ以、其益難レキ証者ヲ勧テ、浄土ニ往生メ仏ニ奉レ値テ悟レト教ル故ニ、往生ノ教ト名ク。往生トハ云ヘトモ、此即便往生ヲ得ル姿ハ只即身成仏也。或ハ一念無上功徳ヲ得𪜈説キ、或ハ彼此三業不相捨離トモ釈ス。仏ノ無上」(8オ)功徳ヲ無残リ一得ツレハ、只其体ハ仏也。仏ノ三業ト行者ノ三業ト一体不二ニ成ヌレハ、即又自身即仏也。有此益ト云ヘトモ、自元二下機ヲ助ル教ナル故ニ、名ヲ往生ト名ル計也。此則、指方立相ノ教ト立テ、、凡夫ヲシテ為令易レ入也。但シ聖道ノ即身成仏ハ衆生ノ自分ノ智解ノ分斉ニ依ル故ニ、還テ因分ニシテ未タ仏果ニ不及一。今者、仏智ノ不思議、他力ノ勝縁ニ依テ、直ニ究竟円極ノ仏果ニ同ス。故ニ、若念仏者当座〈坐〉道場トモ説キ、念仏成仏是真宗トモ釈也。カ、ル有妙益一故ニ、此法ヲハ不可思議功徳ト」(8ウ)名タリ。此則、仏智・不思議智・不可称智・大乗広智・無等無倫最上勝智ノ五智願海ノ功徳法門ナル故也。仍流転生死ノ形ヲハ観音ノ光ノ中ニ是ヲ照浮ヘ、自身即仏ノ慧解ヲハ勢至ノ光ノ中ニ顕ス。故ニ三尊ノ光益ヲ見ニ、自身ノ往生無疑ト知レト云観也。自身ノ往生既ニ尓也。法界ノ衆生モ亦尓也。故ニ法界同生ト名ク。是ヲ以、普観トハ名也。普観ト者、普往生観ナル故也。此則、像観ノ是法界身ノ功徳、真身観ノ摂取不捨ノ妙益ヲ取テ、所観ノ境ト為也。宗家ノ大師、敬テ一切ノ往生人」(9オ)等ニ白スト告給モ、仏智ノ不思議ヲ以、冥ニ此ノ甚深ノ有巨益一テ、仏ニ同スル故ニ敬ヒ給也。而ヲ此即便往生ノ義ニ付テ、世人種々ノ疑難ヲ致スコト多之。昔、西山上人御在世、東国ヨリ有僧上洛シタリケルカ、遣迎院ヘ参メ上人ニ対面メ、誠事候哉、西山ニハ即便往生・証得往生ト云義ヲ被レ立候ナルハト奉問ケレハ、上人良久（ややひさしく）アテ言ク、西山ニ全クサル義不申一。即便往生ハ経文也。証得往生ハ釈文也。全ク私ノ義ニ非ル上ハ、西山ノ義ト云事無勿体一妄語也ト被仰テ、其後ハ物モ被レ仰サリキト云云。」（9ウ）経釈ノ明文ナレトモ文ハ睫（マツゲ）ノ如シトハ此事ニヤ。サル間、有人ノ義ニハ、即便往生ト云フ言ハ実ニ〔経ニ〕有リ。但シ是ハ念仏ノ行者、生ヲ不隔テ今度命終ラハ臨終ニ必ス可往生一故ニ即便トハ云也。必シモ平生即坐ノ益ヲ即便ト云ニハ非スト云云。此又比興也。先ツ観経ニ於テ即便ノ言四処ニアリ。一ニハ禁母縁ニ闍王ノ母ヲ害セントセシ時、耆婆・月光二臣ノ諫ニ依テ、害母ノ心ヲ息（ヤメ）シ処ヲハ、即便捨レテ剣止（ヤ）ンテ不害母ヲ一ト云ヘリ。此豈其時ニハ剣ヲ不捨一、闍王臨終ノ時ニ至テ此ヲ捨ト云ムヤ。二ニハ顕行縁ニ、夫人〔上ノ欣浄縁ニテ〕別所求・別去行ノ」（10オ）一請ヲ致ス所ヲ、釈尊微咲シ給ヲハ即便微咲ト説ヲ、是又即坐ニハ微咲セス、仏涅槃ノ時ニ至テ微咲スト可云ケンヤ。三ニハ、此ノ上々品ノ即便往生ノ文ナリ。四ニハ、下品上生ニ即便命終メ乗ス宝蓮花ニト説ク。是又、其時命終往生スルニハ非ス、後ノ時事ナルヘシト云ヘケンヤ。余ノ三ノ即便、若シ即時ノ事ナルヘクハ、即便往生ノ言モ即坐ノ事ナルヘシ。何ソ此即便ニ限テ時剋ヲ可延乎。是レ大ナル偏頗也。経文分明ナル上ハ難モ義モ不足言ノ迷難邪義也。又有人難メ云、往生ト云ハ身ヲ捨テ後ノ事也。何ソ」（10ウ）未タ此身ヲ持ナカラ往生ト云ヤ。又往生ト云フ文字ハ往キ生ルト云事也。未タ身ヲ不捨メ往キ生ル、義如何。又若往生シタラハ其身ハ打トモ不痛、切トモ不レ死。空ヲモ飛、地ヲモク、ルヘシヤト云云。此又不足言ノ迷難也。凡大乗ノ深教ハ皆平生ニ自身即仏ノ道理ヲ立ツ。然而、必シモ空ヲモ飛ス、地ヲモク、ラス、寒熱飢渇等ノ苦、此身ノアル程ハ必ス受ル事也。雖然一、内証仏智ニ所叶一ニ約メ、即身成仏トモ、自身即仏トモ云也。只是、仏教ノヲキテニ任テ立（タテ）ニ此義一ヲ、立此安心一ヲハカリ也。サレハトテ、先業所感ノ身、忽ニ転スル」（11オ）コトハ無キ習ナリ。何（なんぞ）今ノ宗ニ限テ此不審ヲ致サンヤ。而ニ身ヲ捨テ後往生ト云フ義無キニ非ス。其ハ当得往生也。今者、平生業成ノ義ニ付テ即便往生ノ益ヲ論ス。又身ヲ捨テ往生スト云モ其身ハ往生セス。心コソ往生ハスレハ、平生ニモ又如レシ此。此身ハ未タ有漏ノ依身ナカラ、心ロ即仏ニ帰依スル時、其ノ心、光中ニ被二摂取一ヌレハ、永ク遠ク生死ニ不レ還ルマシキ者ニ定ル所ヲ往生ト云也。当得往生ノ位ニ極楽ニ生ル、モ、無二三悪趣不更悪道等ノ願ニ依ル故ニ、永ク生死ニ不ルヲ還以、往キ生ルトイフ。今モ此身ハ未タコ、ニアリト云ヘトモ、心ハ仏心ノ中、仏光ノ」(11ウ)中、若ハ浄土ノ中ニ住メ、生死ニ還ルマシキ者ニ成ル所ヲ往生トイハン。何ノ違スル所アランヤ。然ハ即便往生ハ心ノ往生、当得往生ハ身ノ往生也。心ノ仏ニ帰スル時、心ヲ捨ル義アレハ、コ、ニ即臨終ニシテ而モ往生スル所也。サレトモ未タ五蘊所成ノ身ハ存セルカ、臨終ニ始テ此ノ五蘊離散シテ失スル所ニ約メ、身ヲ捨テ往生スレハ身ノ往生ト云也。仍心身ノ二ニ約メ二ノ往生ヲ立ル義、何ノ不審カ可有乎。凡臨終ノ来迎往生ノ義ハ皆是平生ニ有シ事ノ顕ル、姿也。初テ有ニハ非ス。サレハ当得ハ即便ヲ当得スル也。即」(12オ)便ハ当得ヲ即便スル也。願力ノ不思議ニ依カ故ニ、日来ヨリ〔平生一念帰命ノ下ニ〕来迎モ往生モ成スルヲ、臨終ニ始テ見レハ、此レヲ当得ト云也。而ニ疑ハ、未タ身ヲ不ル捨前ニ往生スヘキ様無シト思フ凡夫ノ情量ヨリ起ル。即便ノ妙益ハ仏ノ知見〔二〕任テ立ル不思議利〈妙〉益也。而ニ仏眼〈々〉ノ所見ヲ云時ハ、仏眼ヲ以テ見玉ニ一切衆生ノ身中ヲ、皆有ましマシテ二如来一、結跏趺坐シ給ヘリト云云。サレハ仏ノ如実ノ智慧ヲ以、如ク実ノ説給ヘル聖教ノ如ク可信。何ソ〔凡夫迷倒ノ〕思議ノ心ヲ以、〔仏知見〕不思議ノ仏境界ヲ思ヒ計ラン。譬ハ蟷螂カ斧ヲ以、車ヲフセカンカ如シ。凡仏境界ノ不思議ハ凡夫ノ思量ノ」(12ウ)所ニ及非ス。高大ノ須弥ヲ芥子ノ中ニ入レ、深広ノ大海ヲ毛端ニ湛たヽフ。今、我等汚穢不浄血肉ノ身ナレモ、無碍ノ仏智此ヲ摂取テ光中ニモ置キ、極楽ニモ令住、仏身ト一体ニ成サン事、何ソ妨之ヲ乎。〔此ノ即便往生ニ〕経釈ノ明文ヲ出サハ、先、当観ノ文也。此生想観ト名ク。往生ノ想ヲ作セト教ル故也。釈云、常ニ作ナセ自往生ノ想ヲト云云。而ニ此定機ノ生想観ヲ散機ニ亘わたス時、上々品ニ若有衆生、願生彼国者、発三種心即便往生ト説ク。和尚受之釈給フ、第三ノ廻向心ノ下ニ、又廻向発願メ願レスト生ヲ者、必須シク決定真実心ノ中ニ廻向メ、願メ作ス二得生ノ」(13オ)想一ヲ、此心ロ深ク信ル「由若二クメ金剛一ノ、不下為ニ二一切ノ異見異学別解別行人等一ノ之所中動乱破壊上セ云云。得生ノ想ヲ作セト云ハ、経文ノ即便往生ノ意ヲ釈ス。即当観ノ生想ヲ指也。此中ニ決定ハ深心、真実ハ至誠心也。此ノ至誠・深心ノ中ニ即便往生ノ想ヲ作メ、異学異見ノ人々難ストモ、深ク此義ヲ信メ動乱シ不レ被破壊一セ。此ヲ廻向心発タル者トハ云ント釈スル也。又往生要集云、若シ有レラハ不「堪レ観二念スルニ相好一ヲ、或ハ依リ二帰命想一ニ、或ハ依リ二引接ノ想一ニ、或ハ依テ二往生ノ想一ニ、応シ二一心ニ称念一ス。行住坐臥、語黙作々、常ニ以二此念一ヲ、在テ二胸ノ中一ニ、如ク二」(13ウ)飢テ念フカ食ヲ、如セヨ二渇メ追フカ水ヲ。或ハ低〈カタフ〉ケレ頭ヲ挙ケレ手ヲ、或ハ挙テレ声ヲ称ヨレ名、外儀雖レ異ナリト、心念ハ常ニ存セヨ、念々相続メ寤寐〈コミニ〉莫忘「云云。帰命想ト者、自力ヲ捨テ他力ニ帰シ仏ヲ恃〈タノム〉心ナリ。此帰命ノ心発ヌレハ、仏、摂受メ不捨一所ヲ引接想ト一云フ。我既ニ仏ニ帰ス。仏亦我ヲ摂取シヌレハ、仏ト我ト一体ニ成ル。此コ即往生ナレハ、往生想ト一云也。外儀ハ異ト雖、此往生ノ想ヲ以心中ニ置ト被勧一タル釈義、豈即便往生ヲ勧ニ非ヤ。又、唐土ノ人師、懐感禅師群疑論ニ、此事ヲ一段トメ被問答タリ。文云、問曰、有下ルニ得テ二念仏三昧ヲ一見コト中」(14オ)彼ノ西方浄土ノ勝相上ヲ、雖未タト身死一セ、已ニ見ミ三己カ身在二於浄土一ニ、或ハ見ル二往生ノ蓮花相迎一ト。未審〈イフ〉カシ、此ノ境為セン レ実ナリトヤ、為虚トヤ。釈メ曰ク、此レ非レス虚也。且ク如シ二第十二ノ普観之中一ノ、当ニ下起メ二自心一ヲ、生テ二於西方一ニ、於テ蓮花ノ中一ニ、結跏趺坐メ、作中ス蓮花ノ合スル想、開ル想上ヲ。如是等ヲ豈ニ是レ謬あやまリナラン耶。此三昧ノ中ニ見二「身ノ往生一ヲ、亦復如レ是。又須達長者傾ケ二布シキテ黄金一ヲ、買テ二祇陀園一ヲ奉ンニ為ニ如来一ニ、起ニ立メ精舎一ヲ、共ニ舎利弗一ト、各執トラヘテ縄ノ頭ハシ一ヲ安置シ伽藍一ヲ、建二興スルニ堂宇一ヲ、於テ二虚空ノ中一ニ、六欲天宮一時相あひ現ス。時ニ舎利弗、指示ス須達一ニ。々々不レメ解セ問フ二」(14ウ)舎利弗一ニ。聖者答言ク、此ハ是レ長者ノ施レスル園ヲ功徳所感一スル天宮ナリ。当ニレ生ス二其ノ処一ニ先現メ二其相一、遣シム二長者ヲメ知一ラ。須達白メ言ク、我ハ唯一身ナリ。死メ受ヘシ二一報一ヲ。六天並ヒ至レリ。遣レシムヘキ〈ヘキヲモテ〉生セ二何ノ所一ニカ。舎利弗言ク、下モノ三天ノ中ニハ福徳劣弱〈ニヤク〉ナリ。上ミノ二天処ハ放逸極テ多シ。唯、都率天ノミ雖モ多シト勝楽一、心ニ生二ス知足一ヲ。補処生レシ玉ヘハ中ニ、長者可シ三願テ生二ス彼天処一ニ。須達、此時ニ即依リシカハ二其願一ニ、五天宮ノ相、一時ニ滅シテ、唯タ兜卒宮ノミ湛然トシテ而モ住シキ。故ニ、随テ二所造ノ善悪ノ業縁一ニ、当生先ツ熟ス。臨命終ノ時ハ多ク此相現ス。信〈マコトニ〉知ヌ、行因、剋レハ果ニ、々」(15オ)相現前ス。浄土ノ花台随テ品一ニ而モ現ス。斯ノ類必尓ナリ。何ソ須ク疑〈ヘキ〉哉。因果相符〈アヒカナ〉ヘリ。深ク須シク仰信ス之ヲ一云云。此釈中ニ問ニ、既ニ二ノ事ヲ問ヘリ。一ニハ、念仏三昧ヲ修得スル人、現身ニ浄土ヲ見ニ、身未タ不レト死云ヘトモ、而モ其ノ身浄土ニ有ト見事。二ニハ、念仏三昧ヲ修得スル人、現身ニ此身ハコ、ニ有ナカラ、而往生ノ花台眼前ニ現スト見事。此二事ハ実事ナリヤ、虚事ナリヤト問也。答ノ中ニ亦有レ二一。始ニ身未レタ死メ、而モ其身浄土ノ中ニ有ト見ルハ云何ニト云処ヲハ、普観ノ文ヲ引テ実事ニノ虚事ニ非ト答。次ニ往生ノ花台此コニ来迎スト見事ハ如何ニト」(15ウ)云所ヲハ、須達カ因縁ヲ引テ、六欲天ノ先立テ現セシカ如ク、往生ノ花台必ス可シレ現。実事ニノ虚事ニ非スト答也。故ニ二ノ事倶ニ皆ナ実事也。是ト云ハ、凡善悪ノ二業ハ行スルニ随テ、当生ノ所必ス先ツ熟スル故也。命終ノ時ニハ如此一、日来〈ヒコロ〉、所ノ成就一スル生処カ現スル也。行因剋レスル果ニト云ハ、行因カ果ニ責メ近付ク也。行因既ニ果ニ責メ近付ハ、必ス其果ノ相ト云者ハ現スル也。故ニ浄土ノ行因ヲ修ル者ニハ、其浄土ノ往生ノ果相必ス現前シ、其身浄土ノ中ニモ住ス。因果既ニ相符〈アイカナ〉ヘリ。何ソ疑レ之哉ト釈成スル也。経釈ノ明文、人師ノ料簡、既ニ如是。」(16オ)何ソ強テ此義ヲ疑ヒ謗〈そし〉ランヤ。今所ノ立一即便往生ノ益ハ、縦ヒ不知二此義一ヲ者モ、又誹謗スル者モ、念仏タニ申セハ、必ス冥ニ可有其益一ト云義ナル故ニ、知不知ヲモ不論、信不信ヲモ不簡〈キラハ〉一、念仏ノ行者ハ平等ニ所得益也。

雑想観事

昨日ノ普観ハ上来ノ十一ノ依正、次第ニ観之シテ、三尊ノ光、仏事ヲ作ス極妙ノ楽事ヲ見ル時、即便往生ノ想ヲ作〈ナ〉セト教フ。

今、此観ハ次第ノ広観ニ不ン堪者ハ雑略ノ観ヲ修メ、又、即便往生ノ想ヲ作セト」(16ウ)勧ル也。其ニ取テ経文ニ、若シ欲ハン三至レメ心生レント二西方一ニ者ハ、先ッ当下ニ観ノ於二一ノ丈六ノ像ヲ一在ヲク中池水ノ上上ニト者、上ノ普観ノ得生ノ想ヲ作サントト思ハ、先ッ丈六ノ小像ヲ観セヨト云云。若欲至心生西方者トイフハ、上ノ観ノ往生想ヲ牒（テウ）ス。此得生ノ益ヲ成セントト思ハ、穢土ノ丈六ノ形像ヲ穢土ノ池水ノ上ニ於テ観セヨトト云也。此ハ真仮一体ノ義ヲ成ス。故ニ釈ニ、像ヲ観メ真ヲ表シ、水ヲ想テ地ヲ表ストト云云。穢土ノ形像ハ浄土ノ真身也。穢土ノ池水ハ浄土ノ宝地也ト思ヘトト云釈也。次ノ釈ニ云ク、或ハ在リ二池水花上一ニ、或ハ在リ二宝宮宝閣ノ」(17オ)内一ニ、或ハ在リ二宝林宝樹ノ下一トニ、或ハ在リ宝台〔宝〕殿ノ中一ニ、或ハ在リ二虚空宝雲宝蓋之内一ニ。如是等ノ処ニ、一々ニ住トヽメテ心ヲ想テレ之ヲ、皆ナ作ナセ二仏想一ヒヲ云云。此則、真仮一体ノ義ナル故ニ、穢土ノ池水トイフ所ヲハ、浄土ノ池水・花上宝宮・宝閣・宝林・宝樹・宝台殿中・虚空宝雲等ノ所ト思ヒ、穢土ノ形像ヲハ此等ノ所々ニ坐（マシ）マス仏ト思ヘトト釈スル也。次ノ経文ニ云ク、如ンハ二先キノ所説一ノ、無量寿仏ノ身量無辺ニノ非二ス是レ凡夫ノ心力ノ所一レ及トト云云。是ハ今、丈六ノ小像ヲ令観一事者、上ノ真身ハ〔身量無辺ニメ〕凡夫ノ心力ノ所レニ及非ルヲ以観スルニ不カ能故ニ、今小身ヲ」(17ウ)令観一也ト顕ス故ニ、釈ニ云ク、境ハ大キニ心ハ小ニメ、卒ニハカニ難ヲモテ二成就一シ、致ス使三ヲ聖意悲傷メ勧テ観セ二於小一ヲト云云。次ニ、然（シカモ）ニ彼ノ如来ノ宿願力ノ故ニ有ル二憶想スル一者ハ、必ス得二成就一ヲト云ハ、願力ニ依ル故ニ、此小身ノ観ヲ成スルノミナラス、上来大身ノ観ヲモ此故ニ成スルソト顕也。釈ニ云ク、凡心ハ狭（ケフ）（セハク）小ニ、聖量ハ弥寛ナリ。注ルニレ想ヲ無シレ由（ト・ム）。恐クハ難ラン二成就一シ。斯（コレスナハ）乃チ不ニ二以ノ小ヲ故ニ難ニレ成シ、不ス二由カレ大ニ故ニ不ニレ現セ。直ニ是レ弥陀ノ願重キヲモテ致ス使ルレ想者ヲメ皆成一セ。凡夫ノ心ハ狭小ナレトモ大身ノ観成シ難ニ非ス。仏身高広ナレトモ凡夫ノ小心ヲ以難ニレ見非ス。弥陀ノ願」(18オ)重キヲ以ノ故ニ観想スル事有ル者ハ必ス成ストト顕ス。爰知ヌ、此観ハ上来ノ大身ノ観難レ成機ノ為ニ、小身ノ観ヲ勧ルノミニ非ス。大小ノ仏身共ニ願力ニ依ル故ニ成シ安シトト釈ス。仍テ上来ノ諸観皆ナ釈迦ノ仏力ヲ以可ト成一説レシカトモ、実ニハ弥陀ノ願力ニ帰メ大小ノ仏身ノ観可レ成ス意ヲ釈顕也。釈尊観門ノ方便ハ終ニ弥陀ノ願力ニ帰スト云事、コ、ニ顕タリ。サル程ニ、又経ニ云ク、阿弥陀仏ハ神通如意ニシテ於テ二十方ノ国一変現自在ナリ。或ハ現メ大身ヲ満チ二虚空ノ中一ニ、或ハ現二小身一ヲ丈六八尺ナリ、所現之形皆真金ノ色ナリト云云。真金色身ト者」(18ウ)満虚空中ノ大身、丈六八尺ノ小身ヲ同ク真身也ト説ク。此則、別願酬因ノ覚体ハ法界身ノ功徳ナル故ニ、依正・通別・真仮・大小、一体平等ノ義ヲ顕也。其ト云ハ因位ノ本願ニ、十方所有ノ衆生無量也。無量ノ衆生ヲ済度センニハ無量ノ功徳荘厳ヲ以度スヘシ。サレハ我レ法界ノ身ト成テ、万法ニ経テ、我身不現一ト云事ナカラントト云大悲本願力ニ依ル故ニ、弥陀ヲ法界身ト名ク。仍此方ヨリ見時ハ、穢土ノ日・水・空・地・草木・樹林・泥木・素像・黄紙・朱軸、悉是弥陀ノ法界身ニ非ト云事ナシ。此則、衆生ノ所観ノ境ト成テ浄土ノ荘厳ヲ表シ、浄土ノ」(19オ)真身ヲ令カレ表為ニ、以テ本願力ヲ如レ此故ニ、万法トメ弥陀ノ法界身ノ体ニ非スト云事ナシ。故ニ此ヲ酬因(ムクウ)ノ覚体ト名ク。衆生ノ為ノ願ニ答テ成スル身ナル故也。サレハ衆生所見ノ諸法ノ位ヲ弥陀ノ法界身ノ体ト云ニハ非ス。法界衆生ノ為ニ法界身ト成テ、衆生ニ浄土ノ依正ヲナソラヘ知セント誓フ本願ノ辺ニ約メイフ法門也。而者、今ノ観ハ此仏知見ノ境、大小・依正・真仮・通別一体也ト云位ニ入テ、雑略ノ観ヲ修スル時、上来十一ノ次第観ヲ打破テ一処ニ観メ見レハ、真仮一体ノ義ヲモ見(ミ)、大小不二ノ理ヲモ知リ、三尊ノ真身光リ有縁ヲ」(19ウ)摂スル事ヲモ見ル。此事ヲ見ル時、還テ普観ノ往生ノ想ヲ作也。以之、此観ノ体ト為。次ニ観世音菩薩及ヒ大勢至、於テ一切処一ニ身同(ヲナ)シト説ハ、仏身ニ大小ノ身ヲ現スルニ随テ、二菩薩モ同ク大小ノ身ヲ可現一ト説也。而ニ此三尊ハ上ノ第七観ノ住立ノ三尊也。其ヲ観門ノ境トスル時、第九・第十・第十一ノ観ニハ坐像ニ織レリ。上ノ第十二観ニ至テ、無量寿仏化身無数ニメ、与二観世音・大勢至一、常ニ来ニ至ス此行人之所一ニト説ハ、第七所現ノ立撮即行ノ念仏三昧、来迎ノ三尊也ト顕ス意也。故ニ此三尊ハ立像ナルヘシ。此レヲ今ノ第十三」(20オ)観ノ曼荼羅ニ、池水ノ花上ニ三尊ノ立像ニ図スル事ハ、彼立撮即行ノ仏ヲ当観ノ所観ノ境トメ、以之下モノ九品来迎ノ尊ト亘サントスル意也。其故ハ今ノ観ニハ上ノ示観ノ縁ニ約束セシ所ノ仏力ノ観即願力ニ極ル故ニ得生ノ想ヲ作セト勧ム。而ニ其願力散機ヲ不レ隔故ニ、下モノ散機ニモ此生想観ハ通スル也。即三輩観ニ亘テ上輩生想観・中輩生想観・下輩生想観ト説ク。生想観ノ言ハ此ノ即便往生ノ想ヲ作セト一云言也。此生想ヲ作ス者ヲ来迎スル三尊ナル故ニ、当観ニ不留一メ九品来迎ノ尊ト顕ル」（20ウ）故ニ、普観ニ当ニ三起ニメ自心一ヲ生ル二於西方極楽世界一ニト説ク心ト、当観ニ若シ欲ハ三至レ心ヲ生ム二ト西方一ニ者ト説ク心トヲ取テ九品ノ通因ニ亘サントスル時、上々品ニ三心トハ説出也。此則、定散ノ機異ナレトモ、即便往生ノ想ハ通スヘケレハ、其ニツレタル立撮即行ノ来迎ノ三尊、又九品ニ通スル意也。此ト云ハ、別願酬因ノ覚体ヲ見レハ、念仏衆生摂取不捨ト極ル故ニ、我カ往生ノ姿、摂取ノ光ノ中ニヲサマリヌト見極ル旨ヲ説ク十三観ノ法門ヲ聞カハ、三輩ノ散機、聞ノ位ニ見ノ義ヲ成メ、サテハ我等既ニ念仏ス、摂取ノ中ニ在テ、已得生ノ益ヲ得タリト可思一」（21オ）故ニ、此生想観ヲ九品ニハ亘ス也。其ニ取テ当観ニ、二菩薩、仏身ニ同スト説ニ付テ、釈ニ、仏大ナレハ侍者亦大也。仏小ナレハ侍者亦小也ト釈ス。西山上人付之ニ二義ヲ被キ申一。一義云、仏身ノ大小ニ随テ侍者ニモ可有二大小一。仮令（かりに）仏身一丈ナラハ侍者ハ五六尺ナルヘシ。仏身満虚空中ナラハ、侍者ハ其半分ナルヘシ。故ニ於テ二一切処一ニ身同シト説也云云。一義云、中尊脇士ノ身量全ク等同ニメ、不可有二差別一。是ヲ云フレ身同一ト也。故ニ経ニ、此二菩薩ハ助テ二阿弥陀仏一ヲ普ク化ス二一切一ヲト説ヲ受テ釈スルニ、弥陀・観音・勢至等、宿願縁重ク誓ヒ同シク、捨レテ、悪等ク至テ二菩提一ニ」（21ウ）影響（ヤウカウ）〈カケヒ、キ〉相ヒ随ヒ遊方化益スト云云。三尊同ク本願ヲ発シ、同ク断悪修善シ、同ク菩提ニ至マテ都テ無差別一。故ニ影ノ形ニ随ヒ、響ノ声ニ応スルカ如ク、随遂シテ弥陀ノ行化ヲ助クト釈ス。故ニ三尊ノ内証一体平等也。是以身同ト説也ト云云。其ニ取テ三尊ノ身量ニ有高下一ト云義ハ、三尊各修各行ノ位也。各修各行ト者、仏菩薩各々ノ願ヲ発シ、各々ノ行ヲ修メ各々ニ菩提ニ至ル意也。此位ハ、侍者ハ補処ノ位ニ有テ仏身ニ不及一也。次ニ三尊ノ身量等同也ト一云辺ハ、三尊共ニ酬因ノ覚体ニメ、而モ一体ノ上ノ二徳也ト習フ同因同行ノ」（22オ）意也。同因同行ト者、念仏ノ因行ヲ修メ、同ク菩提ニ至ル義也。此二義ハ共ニ実義也。不可取捨。就中、各修各行ノ位ハ人皆許之ヲ。同因同行ノ辺ハ人不許之。大経ニモ、彼国ニ二菩薩アテ諸菩薩ノ中ニ於テ最尊第一也。此菩薩、此土ニメ菩薩ノ行ヲ修メ、命終転化メ彼国ニ生スト云テ、一体ト不ル見ヘ故也。而ニ同因同行ノ義ト、各修各行ノ義ト、一同ニメ無相違義ヲ知ナハ、不可有此疑。此義ヲ知ラハ、今宗ノ々義ニ達スルノミニ非ス、諸宗皆帰ル之ニ事ヲモ可知也。讃云、弥陀ノ因地発心ノ時、頓ニ捨テ、王位ヲ求菩提ヲ、世饒王仏ノ」(22ウ) 所ニメ落シ鬚髪（シュホツ）ヲ、出家修道メ名ク法蔵ト。〔法事讃云〕、彼仏従リ因行ス苦行ヲ。勇猛専精ニメ無シ退スル時。一坐百劫長時劫ニメ、難ヲ作シ能ク作メ不生レ疲（ツカレ）ヲ。自利々他同ク断メ悪ヲ、不ハ捨怨憎由ル大悲ニ。有識含霊皆普ク化ス。同因同行ヲモテ至ル菩提ニ云云。同因同行ノ名目、此ニ有也。同因同行ト者、正因正行也。正因正行ト者、念仏三昧ノ宗義也。先此法蔵菩薩ハ、昔シ凡夫地ニメ念仏三昧ヲ修メ、浄土ニ往生メ還来穢国メ還テ、所得ノ念仏ヲ以、衆生ヲ利益セン為ニ所ノ発四十八願也。一切菩薩モ又如レ是、我等往生メ後モ」(23オ) 亦如ク是、四十八願ヲ発シ念仏ヲ以衆生ヲ可度ス也。諸仏菩薩ハ皆自所通達ノ門ヲ以衆生ヲ化スル故ニ、念仏ノ一因ヲ以、衆生ヲ利スル外ニハ、一モ無ク二モ無シ。三世ノ諸仏モ皆如是。サレハ四十八願ノ面ハ、衆生ハ念仏メ往生セヨ、我ハ万行ヲ修メ浄土ヲ荘厳セント云ニ似タレトモ、法蔵比丘ノ内証ハ念仏ノ五門ノ中ノ第五ノ廻向門ヨリメ、還来穢国メ万行ヲ修シ浄土ヲ建立スト見レハ、所修ノ万行ハ皆念仏ノ功徳ヲ開ク故ニ、只念仏ノ一因〔一果ノ念仏ノ宗義トモ習フ〕也。此念仏ノ一行ニ依テ自利々他成スル故ニ同因同行至菩提トモ、一因一果ノ念仏成仏一乗ノ宗義トモ習也。」(23ウ) 一因一果ト者、念仏ノ妙因ヲ以、弥陀ノ妙果ヲ得也。然者、願々皆発増上勝因ノ念仏ノ上ノ、兆載永劫ノ万行ヲ勝行ト名ルモ、念仏勝因ノ功徳ナル故也。此ノ勝因勝行ヲ同因同行トモ正因正行トモ云也。既念仏ノ一因一果ナレハ三尊ノ功徳平等也。其身量又同体也。余ノ経ノ中ニモ、弥陀ノ因位無諍念王、浄土ノ願ヲ発シシカハ、一千ノ太子モ同ク浄土ノ願ヲ起スト云々。其ノ無諍念王即チ念仏三昧ニ依テ十劫ニ道ヲ成セシカハ、一千ノ太子モ同時ニ浄土ニ入テ正覚ヲ成ス。故、同因同行至菩提ト云也。雖然一、弥陀ノ行化ヲ助ケンカ為ニ、已〈ステ〉ニ得玉ヘル」(24オ)菩提ヲ捨テ不証メ、下位ニ下〈ヲリ〉降〈くだり〉テ因位ノ振舞メ、我等カ草庵ニ来迎シ給フ相ヲハ顕也。我等又往生シナハ、同一念仏無別道故ノ々ニ、仏身ト等同ナルヘシ。故ニ人天雑類等ク無為ナリトモ云ヒ、身色寿命尽皆平トモ讃也。還来穢国シテハ、又、一菩薩ノ如ク、已得菩提捨不証ノ位ニ有テ、仏菩薩ノ行化ヲ奉助ケ、無辺ノ生死海ヲ可尽一者也。此則、一菩薩ノ内証、仏ニ同スレトモ、衆生界無辺〈尽〉ナレハ菩薩ノ誓願モ無尽也。故ニ各々ノ願々不同ナルハ化他門ノ方便也。而ニ其誓願無尽ナレハ其寿命長遠也。仏菩薩ノ寿命ノ長ハ自身ノ為ニ非ス。弥陀」(24ウ)無住処涅槃ノ徳ニ帰メ涅槃ニ不住メ常ニ生死海ニ有テ衆生ヲ利益セン為也。讃云、西方ハ寂静無為ノ楽ナリ。畢竟逍遙メ離タリ有無一ヲ。大悲薫レメ心ニ遊ヒ法界一ニ、分ケテ身利レメ物ヲ等ノ無レ殊コトト云此意也。〔凡夫ノ〕有ヲ離タル故ニ生死ニ不レ住。〔二乗ノ〕無ヲ離タル故ニ涅槃ニ不レ住。生死ニ不カ住一故ニ浄土ニ在テ等ク菩提ヲ証ス。涅槃ニ不レ住故ニ、大悲心薫メ法界ニ遊テ、分身ノ衆生ヲ救フ。此ヲ無住処涅槃ト云也。又、大日経疏云、於西方一ニ観ヨ無量寿一ヲ。此ハ是、如来ノ方便智ナリ。以ノ衆生界無尽ナルヲ一故ニ、諸仏ノ大悲方便モ亦無シ終尽一。故ニ名ク無量寿仏一ト云々。」(25オ)衆生利益ノ諸仏同体ノ大悲無尽ナル所ヲ無量寿ト名ク。其大悲無ニ尽ル事一レハ、其寿命無尽也。今ノ念仏ノ行者モ仏菩薩ノ願ニ同ク、利他ノ願ヲ可発也。故ニ礼讃ニ、上品ニ往ニ生セン阿弥陀仏国一ニ。到リ彼国一ニ已テ、得テ六神通一ヲ、入テ十方界一ニ、救ニ摂セン苦ノ衆生一ヲ。虚空法界尽ハ我願モ亦如レ是ト云ヘリ。此則、利生ノ大悲深シテ虚空界尽ハ、我願モ可尽ト云無量寿ノ覚体ヲ釈成スル也。而ハ諸仏菩薩大悲利生ノ門ニ、且ク各修各行ノ分アレトモ、内証ノ悟ハ念仏成仏ノ一因一果ノ外ニハ無別ノ道一。此ヲ頓教一乗海ノ因果ノ」(25ウ)功徳ト為。故ニ一成一切成ノ道理ナルヲ以、一人悟ヲ開ケハ一切皆尓也。サレハ念仏三昧ニ帰スレハ、凡聖ノ無ク隔一モ、仏菩薩ノ無ニ差別一モ。故ニ三尊ノ身量等同也。

而ニ上来ノ諸観ニハ、皆雑観ヲ誡シムルニ、当観ニ至テ依正・通別・真仮・大小雑想セヨト勧ル事ハ、当観ニ所ノ説願力ニ帰メ、念仏ノ行者ニ成ヌレハ、依正モ真仮モ通別モ大小モ主伴モ等同一体ノ功徳ナルヲ以、雑想センニ成就シ可カ安一スカル故也。サル前ハ又、生仏一体ノ義、願力ニ依テ一成一切成ト成ヌレハ、酬因ノ覚体ヲ見トツクル所ヲ、即便往生ノ形ヲ見ト也。以之二」(26オ)雑想観ノ体ト為也。而同因同行ト者正因正行ノ法門也ト者、自力ノ因行ハ雑因雑行、他力ノ因行ハ正因正行也。其故ハ万行ヲ念仏ノ功徳ト見ル時、正因正行ノ名ヲ得、万行即念仏ト見レハ、各修各行ノ体即同因同行也。若シ各修各行ノ外ニ、同因同行ノ法門アリト云ハ、一乗ノ宗義ニ非ス。三福ノ諸善ヲ指メ、三世ノ諸仏ノ浄業ノ正因ト説モ、此念仏一乗ノ宗義ヲ顕也。三福ノ諸行ハ念仏ノ功徳也ト見故ニ、三世ノ諸仏ハ念弥陀三昧ニ依テ正覚ヲ成ト説ク般舟経ノ意ニ同也。是ヲ念仏スレハ成ナルレ仏ニ、是レ真宗ナリ」(26ウ)ト釈ス一因一果ノ道也。十方法界ニハ只念仏ノ一因ヲ以、弥陀ノ一果ヲ成スル外ニハ無別ノ道一故ニ、十方仏土ノ中ニハ唯有二一乗ノ法ノミ一ト説キ、我レ依ル二菩薩蔵頓教一乗海一ニト釈ル也。諸教ノ中ニモ、真言教ニハ仏々道同ニメ更ニ無異路一ト談ス。而ニ権教ニハ、因異果同ト談シ、実教ノ意ハ因同果同ト云ヘリ。此一因一果ノ法門ヲ以、十三観ノ惣体、観仏三昧ノ至極、念仏三昧ノ宗極トスト可意得一也。」(27オ)

明暦三年六月十七日嵯峨二尊院以
本写之畢
江州栗太芦浦
観音寺舜興蔵（印）

（表紙）

（見返）

浄土九番箱

観音寺

舜興蔵（印）

（1オ）

曼荼羅聞書抄廿一 散善

（1ウ）

付三心事、一至誠心、二深心

六七日弥勒事

指鬘婆羅門事、又号ニス鴦崛

上三品事

瑜伽論ノ説ト依テ大経ニ一弥勒承ケシ付属一ヲ義ノ相違ノ事

上三品惣体事　第三廻向心事

上上品至誠心事　十二

自今日一者、下モノ縁（へり）、散善義三輩九品ノ曼荼羅也。凡此変相ニ付テ四段ノ図相アリ。上来約束シ申様ニ、皆是往生ノ鏡也。就中、下縁ノ三輩九品往生ノ相殊ニ甚深ノ鏡也。三輩ト者、上輩ハ遇大ノ凡夫、中輩ハ遇小ノ凡夫、下輩ハ遇悪ノ凡夫、各上中下ノ三品ヲ分テ九品ト成也。十方世界ニ衆生多ケレモ此三輩ヲ不出一。上六品ハ善人、下三品ハ悪人、衆生多ト云ヘモ、善悪ノ二機ヲハ不出一故也。但三輩散善ノ往生ト約束スル位ハ、大乗ノ善ニ上中下ヲ分テ上」（2オ）三品トシ、小乗ノ善ニ上中下ヲ分ケテ中三品トシ、世善ニ上中下ヲ分テ下三品トスヘシト雖、下三品ニ悪人往生ノ義ヲ為顕一、世善ヲ中品ニ説キ留也。然者、今内外ノ諸衆、我身随分ニ大乗受持読誦等ノ行有ト思ハ、上輩ノ機ト知ルヘシ。所々ノ寺々ニ詣リテ五戒八戒等ヲ受タル人ナラハ、我ハ中輩ノ人ト可知ル。行福・戒福共ニ無メ、纔ニ孝養父母等ノ善ヲ修スル人ナラハ、中品下生ノ機ト可知。三福共ニ無メ十悪破戒五逆等ノ罪ヲ作ル人ナラハ、下輩ノ往生人也ト可知也。此等ノ機ヲ往生人ト定ル上ハ、機ニ於テ得生ノ望ヲ不可断一。」（2ウ）仍此相ヲ図スル曼荼羅ニ向ハ、我等カ往生ノ鏡ト可拝ム也。而ニ此善悪ノ衆機、平等ニ往生スル安心ハ三心也。其ノ三心ト者、至誠心・深心・廻向発願心也。此則、本願ニ至心信楽欲生我国ト誓フ他力ノ安心也。而ニ観念法門ニハ此本願ノ三心ヲ釈スルニ、願生我国トテ只生ント願フ一心也ト得タリ。礼讃ニハ、但称我名号ト釈セリ。仍三心ハ南無ノ一心也。故ニ南無者（トイハヽ）即是帰命ナリ、亦是発願廻向之義ナリト云ヘリ。此則、帰命ノ一念ヲ開テ三心トハ為也。其帰命ト者、別ノ子細無ク仏ヲ恃ム心也。本願成就ノ」（3オ）仏ハ我等ヲ可助御誓アリ。所詮、善悪ニ付テ只我ヲ助給ヘト恃ム心一ヲ帰命ト云。是ニ自三心ノ義ハ備ル也。此一心発レハ即往生ノ益アルヲ即便往生ト説ク。此心ニ必ス仏体ノ行ヲ具足スル故也。〔安心ノ位ニ往生ノ益ヲ成スル也。〕故ニ三心既ニ具スレハ無シ二行トメ不云一成セ。願行既ニ成メ若シ不レスト生者（イハヽ）、無有二是処（ことはり）一ト釈セリ。此一念発レハ即往生ノ有レト益可レ思。故ニ上輩生想観ト説也。此則、普観ニ所ノ説生想観三輩ニ通スル姿也。然ニ有人ノ義ニ云ク、今三心ノ下ニ即便往生ト説ハ三心ノ願ノ下ニ往生ノ益不可有ル。此ハ復有テ三種ノ衆生当シ得往生ヲト云行ノ上ノ往生ヲ引上テ」(3ウ)説ケリト云云。今云、若尓者、今経ハ別時意不了ノ教ニ堕シヌ。凡、別時意ト者、願行前後スルカ故ニ、説別時トテ、願ト行ト前後スルハ皆別時也。今此願ノ上ミ下ノ行ヲ待テ往生スト云ハ、此義ニ可落故也。然者、三心ノ下ニハ、実ニハ往生ノ無ヲ益即便往生ト説ナラハ、方便不了ノ教ニ成リヌ。無性体義也。サレハ三心ノ下〈シタ〉ニ往生ト説モ実也。三行ノ下ニ往生ト説モ実也ト得テコソ、真実顕了ノ経ニテハ有ヘケレ。仍今ノ義ハ三心ノ願ハ他力ノ願ナル故ニ、衆生ハ一ノ願心ヲ発セハ、ヤカテ仏体ノ行此ニ備テ願行具足スル故ニ、即坐ニ往生ノ有レハ益、即便往生ト」(4オ)説ク経文、虚〈ソラ〉事ニ非スト意得也。故ニ此願ヲ相続ノ願ト名ケ、願行具足ノ願ト名ク。他力ニ帰スル願心ハ、一度発テ後機ノ方ニ簡断有𪜈、仏ハ摂護メ不捨故ニ相続ノ願也。此願心起レハ、即仏体ノ万行具足スル故ニ、願行具足ノ願也。摂論等ニ所ノ判、願虚行孤ノ願行ハ自力ノ願・自力ノ行ナル故ニ、此位ノ願行ハ唯願唯行ト云レテ、別時遠生ノ因ト成テ即時往生ノ因トハ不成。此則、願有トモ行無レハ唯願ニメ不生。行有トモ願無レハ、唯行ニメ不生故也。縦又、先願ヲ発メ次ニ行ヲ修シ、先行ヲ修メ次ニ願ヲ起メ、願」(4ウ)行相続セントスレ𪜈願行前後スル故ニ、無相続ノ義以、又別時遠生ノ因ト定ル也。此則、凡夫自力ノ位ニハ、願行相続スルヿ不可有故也。然者、摂論ニ唯願別時ノ義ヲ判ル本意ハ、浄土ノ願ハ々ノミ有レ𪜈、他力ノ願ナル故ニ、願行具足メ別時ニ非ル事ヲ為顕也。此願ハ南無ノ心ナリ。本願ノ三心、観経ノ三心、共ニ此南無ノ一念ヲ開テ三心トハ説也。正念帰依スル他力ノ一念ニ、真実ナル徳ノ有ル方ヲ取テ至誠心ト名ケ、決定往生ノ徳ノ有ル方ヲ取テ深心ト名ケ、相続メ無退転徳ノ有方ヲ取テ、廻向発願〈心〉ト名ク故ニ、三心ハ唯一心ノ上ノ」(5オ)三徳ニ約メ名ヲ立ル也。其中ノ至誠心ト者、真実心也。真実心ト者、真実ノ仏法ニ帰スル心ヲ云也。機ノ善悪ニ随テトカク転変スル法ナラハ、其法ヲハ真法トハ不可云。機ニハ万差ノ不同有レ𪜈、能ク済ヒ、能ク助ル人ヲ真仏トハ云也。金ニモ真金トテ、能々練固メツル金ハ、泥中ニ有レモサヒス不朽、火ノ中ニ有モ焼ケス不失一セ。磨ケトモ初テ光モ不出生一、不レモ磨光モ不失一。是ヲ真金トハ云也。仏ヲ真人トモ云、形ヲ九界妄染ノ塵ニ交ヘテ衆生ヲ度スレトモ仏身ハ常恒不壊ニメ金剛ノ如シ。故ニ真人ト名ク。此仏ノ名号ヲ真法ト名也。仍此真実」(5ウ) 功徳ノ仏ニ帰スレハ能帰ノ人モ真実ノ人トイハレ、其心モ真実ノ心ト被レ立也。安心帰仏ノ一心也ト教フ。只我等カ大師ノミ独リ此仏意ヲ悟得テ、仏教ノ如ク深義ヲ顕ニ、一代ノ聖教ハ全ク念仏ノ一道ノ外ニ無レハ、其安心即他力ノ心也ト顕ス。然者、諸教ハ念仏ノ一因一果ニ帰メ、一代浄土一代念仏ノ宗義此ニ顕了也。今経ニ先、定散ノ万行ヲ開テ雖レ説二定散一ヲ、意ロ在リ二専称一ニト廃立スルハ、八万ノ教ハ念仏ノ外ノ物ト思フ邪〈見〉ヲ廃メ、八万諸聖教ハ皆是阿弥陀也ト云念仏ヲ立スル心也。愚人ハ不知之、更ニ諸教諸行ヲ捨ト思ヘリ。大師ノ御意ハ」(6オ) 不尓一。諸教諸行皆念仏ト思ヘト云釈義也。

(以下「深心事」の前まで西教寺本・楊谷寺本にない文章、今、大善寺本により補う)

〔故ニ此他力ノ心行ノミ、生死ヲ出ル真道ニテハ有也。故ニ讃(般舟讃)ニ、仏教多門八万四ナルハ正為ナリ二衆生ノ機ノ不同一ナルカ。欲ハ覓ト二安心常住ノ処一ヲ、先ツ求テ要行一ヲ入レ真門一ニ云リ。機ニ随テ開ク所ロノ八万四千ノ門ハ真実ノ門ニ非ス。真実ノ道ニ非ス。常住ノ処ヲ求ト思ハ、只念仏ノ要行ヲ修メ浄土ノ真門ニ入ト云。是則、浄土ノ一門ノミ真門也、正行也。此仏ニ帰ル心ノミ真心也。サレハ八万四千ノ教ノ外ニ、仏ニ帰ル一心ヲ以テ真門ニ入ル真心ト名也。凡真心ヲ立ルコト、教ニ随テ不同也。小乗ノ教ハ、四諦生滅ノ観ヲ凝メ人空ノ理ヲ証スレハ是ヲ真心ト思ヘリ、大乗ヨリハ是ヲ不真実ト下ス。ソノ故ハ、人体ハ色・受・想・行・識、五蘊仮ニ和合ス。五蘊離散シヌレハ本ノ五蘊ノ法ニ還カ故、人体ハ空也ト云テ人空ノ理ヲ談メ法空ノ理ヲ不レカ知故也。大乗ハ人法二空並テ空シ、並テ証スルカ故ニ真宗ト也云。サレハ証果ノ聖人ナレトモ、雑毒ノ人ト云ル、也。註論ニ二乗ヲ雑善ト名モ此意也。仍テ二空ノ理ヲ談ル般若ノ教ハ真宗也ト云。サル程ニ又、般若ニ付テ空般若・不空般若ノ二有リ。

空般若ハ共般若トテ小乗ニ通ル方アリ。不空般若ハ不共般若トテ二乗ニ異也。故ニ小乗ニ通ル方ヲハ不真宗ノ教ト名テ、法相ニハ三時ノ中ノ第二ノ時ノ位ニ立テ、此楞伽・深密・法花等ノ不空真実中道ノ教ヲ以テ真宗ト名タリ法相ニハ如此名ク。又、天台宗ノ意ハ一乗方便三乗真実ノ教ヲ不真実ト下メ、一乗真実ノ自宗ヲハ真宗ト名ク。又涅槃常住ノ意ハ、法花ニハ中道実相ノ旨ヲハ説ケトモ、未レ明仏性常住ノ旨一ヲハ。故ニ法花ハ不真宗、涅槃ハ真宗ト立タリ。華厳宗ニハ又、法花・涅槃ハ実相常住ノ旨ヲハ説トモ、未ルカ法界円融ノ義ヲ明一故ニ不真宗也。我宗ハ是ヲ明カ故ニ真宗也ト云リ。真言宗ニハ又、顕宗ニハ一心ノ利刀ヲ翫テ、一色一香無非中道ト談スレトモ、未タ三密金剛ヲ振テ事理倶密ノ宗義ヲ不レ立カ故ニ不真宗也。我宗ニハ是ヲ談ス。故ニ真宗也云云。如此教ノ浅深有レハ、教ニ相応スル真心又不同也。後教立スレハ前教廃カ故ニ、面々ニ前ノ真心ヲ廃メ後ノ教ノ真心ヲ立也。然ルヲ今ノ宗ノ意ハ、一代顕密権実ノ諸教ハ皆不真宗也。此教ノミ独ヒトリ如来出世ノ本懐、真宗ノ至極也ト談ス。故ニ如来ハ以無尽ノ大悲ヲ、矜哀三界一。所以コノユヘニ出二興メ於世一ニ、光闡ヒロクノヘテ道教ヲ、欲レ拯群萌ヲ、恵ムニ以ス真実ノ之利ヲ云リ。然者、仏ノ出世ニハ此念仏往生真実ノ利益ヲ成カ為也。真実ハ不真実ニ対スル言也。今ノ教ヲ既ニ真実ト名ク。知ヌ、余教ハ不真実也ト云コトヲ。其有得聞彼仏名号、歓喜踊躍乃至一念、当知此人為得無上大利ト云リ。仏ノ名号ハ無上大利ノ功徳ヲ具足スルカ故、是ヲ聞テ踊躍歓喜メ、乃至一念モスル人ハ無上大利ノ功徳ヲ得テ無上ノ人ト成也。サレハ此無上真実ノ仏ニ帰スル心ヲ無上心トモ、真実心トモ名ル事、仏説分明也。如此不レ帰心ハ虚仮ノ心、不真実ノ心ナルヘシ。而ニ諸教面々ニ真実トナノル故ニ、今真宗クラヘヲスヘキ也。但他宗各、我コソ真宗ヨト云上ハ、勝劣判シ難シトイヘトモ、抑其真実ジツノ法ヲ談メ真実ノ利ヲ得シムルナルハ、行者ノ慧解ニ依リテ得歟云何ト云ニ、真言ニハ、云何菩提謂如実知自心トテ自心即仏ノ妙解ヲ以テ先トス。此心ノ上ノ勝利也。天台ニハ深心観成ト談メ観恵ヲ以テ体トスルカ故ニ、皆是観心得道ノ門也。故ニ依心起行ノ宗ト名ク。其教ニ相応ノ機有レハ誠ニ頓教ナルヘシ、真宗ナルヘシ。障重根鈍ノ機ハ其ノ教益多門ナルヘシトイヘトモ、不レハ相応一其益ヲ不得一。今ノ他力ノ一道、念仏ノ真門ノミ善悪ノ凡夫平等ニ摂シ、利鈍ノ衆機残ル所無シ。大願業力ヲ強縁トスルカ故ニ、六賊ノ害ヲモ免レ、二尊諸仏ノ護念ヲ蒙ル故ニ四魔ノ軍ニモ不侵一サレ。サレハ此ヲ真実ト名ケ、此ノ教ニ相応スル安心ヲ真心ト云也。余ハ悉不真宗也。雑毒ノ善也。但彼諸教ニ面々ニ真実ト云ハ、実ニハ弥陀ノ功徳ヲ機ニ随テ説ク故ニ、体ニ尅ノ見レハ念仏三昧ノ功徳ナルヲ以テ、皆弥陀ノ覚対ニ帰ス。故ニ法華ノ実教如説ノ行人ハ即往安楽ト入ル念仏ヲ宗トスルヲ以也。サレハ若人散乱心入於塔廟中一称南無仏ト。今師、(玄義)九十五種ノ外道ニ簡異スルヲ云ソト釈ル意ハ、南無ノ心ヲ以テ外道ノ家ヲ出、仏道ニハ入ヘシト顕ス。故ニ翻レ邪帰レ正、仏法ニ帰ル所ハ皆悉ク南無ノ心、帰仏ノ心也。爰ヲ今ノ宗ニ深ク立入テ他力ノ安心トハ説カ故、今ノ安心起行ハ、皆是一代ノ教ノ中ニ説置シ事トモヲマトメテ見タル教相也。然者、観経ヲ見テ博士ニメ一代ノ教ヲ見ルニ、皆是他力安心、他力ノ行体也。但怨(ウラムラクハ)者、諸教ノ学人、此ヲ不レ知耳(ノミ)。仏智ハ如レ実ノ開顕メ、定散ノ万行ハ只是名号ノ功徳也。万行ニ帰ル意ハ是他力ノ安心帰仏ノ一心也ト教フ。只我大師ノミ独リ此仏意ヲ悟リ得テ、仏教ノ如ニ深義ヲ顕スニ、一代ノ聖教ハ只念仏ノ一道ノ外ニ無レハ、其安心則他力ノ意也ト顕ス。然ハ諸教ハ念仏ノ一因一果ニ帰メ、一代浄土一代念仏ノ宗義、爰ニ顕レ畢リヌ。先定散ノ万行ヲ開テ雖説、定散ヲ意在専称ト廃立スルハ、八万ノ教ハ念仏ノ外ノ物ト思フ邪見ヲ廃メ、八万諸聖教ハ皆是阿弥陀仏ト云念仏ヲ立ル意也。愚人ハ是ヲ不メレ知、諸教諸行ヲ捨ト思ヘリ。大師ノ御意ハ不レ然。諸教諸行皆念仏ト思ヘト云釈義也。」

深心事　付六七日弥勒事

昨日ハ至誠心ノ義ヲ述畢ヌ。又今日ハ深心ノ義ヲ述テ重テ当品ノ変相ヲ可讃也。而ヲ此上品上生ヲ大乗極善ノ人ト云ニ付テ、何ナル位ヤラント不審ナルヲ、大乗教ノ習ヒ、仏法ニ入ル初ニ信心・念心・精進心・恵心・定心・不退心・廻向心・護法心・戒心・願心ノ十心ヲ修行スル事有リ。此ヲ十信ノ位ト名ク。今品ノ人ハ初ノ信心ノ位ノ者也。常没位ノ凡夫ノ中ニ、始テ信心ヲ発ス分斉ナル故也。而ニ群疑論ニハ、当品ノ人ヲハ十信ノ満位ト得タリ。此今師」(6ウ)感師両師ノ相違ヲハ、安楽集ノ意ヲ以可会釈也。其故ハ安楽集ニ、常没位ノ凡夫、初住不退ニ至ル事ハ、十信ノ間ニ一万劫ヲ経テ、万行ヲ修メ信相軽毛、十進九退ノ難処ヲ過テ始テ初住不退ニ至ニ、今ノ念仏ハ一日七日ノ勤ニ依テ往生シヌレハ、即チ初住不退ニ入故ニ、一日七日ノ修功十信一万劫ノ功〈コウ〉ト等ト云ヘリ。是以准望スルニ、感師ノ意、十信満位ノ者ヲ当品ノ機ト判スルニハ非ス。常没位ノ凡夫ノ念仏ノ功ヲ諸教ニ対メ見ニ、其功、十信満位ニ斉キ事ヲ云ナルヘシ。而ニ今師ノ意ハ、九品ノ機ハ一種常没ノ凡夫、過去ノ宿縁モ無キカ、今生ニ此教ニ遇テ」(7オ)往生メ、彼土ニテ始テ三賢不退ニ入ル中ノ、今者上々品ノ機ヲ大乗極善ノ凡夫ト名ク。此位ノ機ニ三行ヲ持（モタス）。一ニハ修慈持戒、二ニハ読誦大乗、三ニハ修行六念也。此ノ三人即二人ニ作ル義ハ、中央ノ曼荼羅ノ時述之畢。此三行ヲ一日七日専精ニ励ハ、日数少ト雖、作業時猛故ニ、彼土ニ生テ即悟無生ノ位ニ契フト云、此機ノ安心ヲ三心ト名ク。其中ノ深心ニ二アリ。一ニハ機ヲ信シ、二ニハ法ヲ信ス。初ニ機ヲ信スト者、釈ニ云ク、一ニハ決定メ深ク信ヘシ。自身ハ現ニ〈是レ〉罪悪生死ノ凡夫、曠劫ヨリ已来タ、常ニ没シ常ニ流転メ、無有二出離之縁一云云。次ニ法ヲ信スト」(7ウ)者、釈ニ云ク、二者決定メ深ク信ヘシ。彼ノ阿弥陀仏四十八願ヲモテ、摂二受玉フト衆生一ヲ無疑。無レハ慮（おもんぱかり）リ、乗メ彼願力一ニ、定テ得ト二往生一ヲ。又決定メ深ク信ヘシ。釈迦仏説テ此観経ノ三福九品定散二善一ヲ、証二讃メ彼仏ノ依正二報一ヲ、使ムト人ヲメ欣慕一セ。又決定メ深ク信ヘシ。弥陀経ノ中ノ十方恒沙ノ諸仏証勧玉フヿヲ一切ノ凡夫決定メ得ト生ヿヲ云云。初ニ機ヲ罪悪生死凡夫無有出離之縁ト信セヨト云ニ付テ不審アリ。其故ハ、上品下生ノ機ハ善心数退シ、悪法数起ト云故ニ、此信ヲモ可レシ取。況ヤ又、下三品ノ機ハ尤モ此信心ヲ可レシ発ス。而ニ当品ノ行人ハ既ニ大乗極善ノ人ト定ム。」(8オ)今生一世ニ於テ日数少ト雖、修慈持戒・読誦大乗・修行六念ノ三行ヲ々メ、作業時猛シ。随テ讃ニモ、上輩ハ上行上根ノ人ナリ。求テレ生ント二浄土一ニ断ス貪瞋一ヲト云。如何カ無有出離之縁ト信センヤ。又曠劫已来、何ナル善根功徳カ有ラン。宿命智ヲ不レハ得、過去ノ事不可知一。他宗ノ中ニモ今マテ大罪人ナレトモ速疾ニ得脱スル例多シ。彼ノ指鬘シマン波羅門等ノ如シ。指鬘波羅門ト者、鴦崛摩羅カ事也。此鴦崛ハ本大外道ナリキ。〔其師匠ヲ指鬘梵士ト云フ。〕弟子ノ鴦崛、其ノ性、人ニ勝レタリケル間、我ニ増ナント思テ、為ニ失カ之ヲ計「ヲ作メ云ク、若人千人カ指ヲ切テ花鬘ニメ」(8ウ)頸ニ懸ツレハ、即梵天ニ可シ生一。我カ法ノ中ニ此秘術アリト云。于時、鴦崛即師ノ教ニ随、生天ノ果報ヲ得カ為ニ、人ノ手ノ指ヲ切ル事、既ニ九百九十九人ニ及テ今一人ヲ残セリ。即千人ニ満カ為、飲食ヲ忘レテ東西ニ馳走スルニ、生母悲愛〈哀〉ノ之ヲ、鴦崛ニ為ニ与ヘンカ二飲食一ヲ以追行ニ、鴦崛即母ヲ見付テ其指ヲ切ムトス。于時、母悲云、我ハ是汝カ生母也。汝ニ食ヲ為与ンカ今此ニ来レリ。我指ヲ無レト二切事一云云。此事ヲ聞ト雖、敢テ不用之ヲ。既ニ切ムトスルニ、仏其時ニ祇園寺ニ御シキ。慈善神力ヲ以ノ故ニ、忽然トメ鴦崛カ辺ニ化現シ給ヘリ。于時、鴦崛、仏ヲ見付テ母ヲハ捨テ、仏ノ」(9オ)御指ヲ切ント思テ、仏ニ奉ラント二追付一走ニ、曽テ追付事不レ能。其時、鴦崛一偈ヲ唱云、住トヽマレ々〈、大沙門浄飯王ノ太子、我ハ是鴦崛摩ナリ。今当シニ切ル二一指ヲ。我急いそぐニ汝何なんぞトキ疾云云。仏即留テ言ク、我ハ自本寂静也。汝コソ物忩〈フッソウ〉ナレト云云。鴦崛、既ニ仏ニ奉テ二近付一、御指ヲ切ムトスルニ、相好具足妙色端正ニ貴ケニ御スヲ奉レテ見、即、改悔ノ心ヲ生メ尊重ノ思ヒ切也キ。于時、仏、善来ト示シ給シカハ、鬢髪〈ヒンハツ〉自おのづから落テ袈裟衣在リレ身。忽ニ第四果ヲ証メ、三明六通ノ大阿羅漢ト成キ。此則、深厚ノ宿善有故ナルヘシ。然者、曠劫以来常没常流転トハ信スヘシ。無有」(9ウ)出離之縁ト信セン事如何。又諸教ノ習、自心ニ如来仏性アテ常住セリ。曽テ怯弱ノ心ヲ不可生一スト教ヘタリ。大乗極善ノ人ト乍レ云、此信ヲ取ラン事、実ニ可レシ難。如何ト云ニ付之二義アリ。一義云、実ニ機ノ善ヲハ不可失一フ。本所修ノ善ハ実ニ善也。雖レ然、自力ノ善ナル故ニ出離ノ因トハ不レヲ成以、他力ニ帰メ往生セン日ハ、下輩無善ノ凡夫ニ同メ、常没凡夫無有出離之縁ト可信也。譬ハ、長者アテ無遮ノ大会ヲ説テ大施行ヲ修ス。其本意ハ、城中最下ノ乞人ノ為也。而ヲ諸寺諸山ノ有智高僧等、此施行ヲ受ケン時ハ、長者ノ意楽ニ不レメ違、乞丐〈コツカイ〉非人ノ坐席ニ居テ可受也。」(10オ)長者ノ意楽、乞丐非人ノ為ト思テ有智高僧ノ為トハ不出立故也。此定ニ今上品ノ人己レニ本所修ノ善有ト雖、弥陀ノ本願ハ本下々品ノ人ノ為也ト聞カハ、本所修ノ善ヲ不メ慕ラ、下々品ニ同メ仰テ罪悪生死凡夫無有出離之縁ト信シ、念仏ノ益ヲハ可受也。乃至十地ノ聖人ナリトモ、聞名歓喜ノ一念ニ依テ、彼土ニ往生セン日ハ、下々品ノ機ニ同メ仏願力ヲ可恃也。但聖道宗ヨリノ難破ハ、宗各別ナレハ、会通スルニ不足。一義云、此品ノ行人、大乗ノ極善ノ凡夫也ト雖、其善ヲハ我物トハ不思、此善ハ自本仏功徳也ト得ツレハ、我身ハ罪悪」(10ウ)生死ノ凡夫也。本ハ阿弥陀仏ノ功徳ナルヲ、且ク我身ニ持リト雖、此位ハ自力ナルヲ以、善根薄少ニメ流転メ三界ニ、不ル出火宅ヲ也。故ニ帰〈カヘ〉メ見レハ、昔モ今モ行末モ併〈しかしながら〉仏ノ功徳也ケル故ニ、身ニ残ル物ハ、タ、悪法妄法ノミ也。故ニ無有出離之縁ト成ル。此信立メノ上ニ、乗彼願力定得往生ト弥陀ノ本願ヲ信スル心ハ発ル也。既ニ我身ハ貪瞋即是レ身三業ナリ。何ソ開カン浄土ノ裏ノ真空ヲト知ナハ、寄ス語〈コトハ〉ヲ同生善知識ニ。念メ仏ノ慈悲ヲ、入レ聖叢ニナルヲ以、唯念仏ノミヲ決定往生ノ業ト云信心ハ可発故、我身ニ物カ有ニ取コソ大乗極善ノ人ヲ無有出離之」(11オ)縁ト無ト可云様ニ云疑モ起シ、且ク与ヘテ大乗極善トハ云ヘトモ、其極善ノ体、即仏ノ功徳也ト知ヌレハ、実体ハ只転倒無善ノ凡夫也。仍一切ノ功徳ハ皆仏ノ功徳ト可知也。如此機法ノ差別ヲ押分ツレハ、機法二種ノ信心ノ堺、分明ニ被テ意得、信心起リ安キ也。但シ機ヲ如是信スル用心ハ、今ノ教ニ始タルニ非ス。聖道ノ諸教ニモ盛リニ教タル所也。サレハ心地観経ニ、師子吼菩薩三宝ノ功徳ニ依テ衆生ノ善根生スト説ク。報恩品ノ文ニ、我等無数百千劫ニ、修メ四無量三解脱ヲ、今見ツレハ大聖牟尼尊ヲ、猶シ如盲亀ノ値ルカ浮木ニ云云。無数劫之間ニ、四無量心・三解脱門等ノ諸ノ功徳ヲ修セシカ」(11ウ)トモ、今大聖世尊ヲ奉レハ見、只盲亀ノ如ト云云。亀ハ腹ハ極テ熱ク、甲ハ極テ寒〈ヒエ〉タリ。故ニ水上有テ、甲ハ日ニ暖メ、腹ヲ水ニヒヤサン事ヲ求ム。然ハ盲亀ナレハ、可然便ニ見値〈ミアフ〉コト難シ。若適不思議ニテ、中ニ穴アル浮木ニ取値タル時、是ヲ悦ノ中ノ悦トメ、上ニ登テ甲ヲ日ニアテ、腹ヲ穴ノ中ニアテ、水ニヒヤス也。是カ如ク、我等生死ノ大海ニ常没常流転メ、教法ノ浮木ニ値事難キカ中ノ難也。今、師子吼菩薩ハ仏ニ一階ヲトレル大聖無数劫ノ修行、其功不少ト雖、三世ヲ鑑(かんがみる)ニ、所有ノ功徳ハ皆是仏ノ功徳也。此位ニ成ル事、併仏ノ恩徳ナレハ、我身ノ実体ハ盲亀ノ」(12オ)位ニ不ト違知見メ、悲喜ノ心増長セシ也。三大劫ノ修功高キ補処ノ大士、尚仏恩ヲ顧ル時ハ、如此自身ハ無有出離之縁ノ機也ト信ス。況ヤ常没常流転ノ凡夫ヲヤ。此中ニ随分、大乗結縁ノ善根アルハ仏ノ功徳也ト思知ハ、所レハ残無有出離之縁ノ機也ト信セン事、何ノ難事有哉。而ニ下々品ノ機ヨリモ勝テ大乗極善ノ位ナレハ弥ヨ此信ハ可起也。縦十信満位ノ人也モ、尚此信ハ可深也。其故ハ機ノ進ニ随テ、仏恩ヲ思知心ハ深ク成故也。サレハ彼師子吼菩薩ノ仏恩ヲ思知テ、我身ヲ下シ仏ヲ貴フ帰命ノ思ハ、今、上々品大乗極善ノ凡夫ノ」(12ウ)念ヨリモ百重千重深也。故ニ、猶如盲亀値〈チ〉浮木トハ仰ラレシ也。如此、仏恩ヲ不ル思知一者ヲ誡テ、和尚ハ、凡夫障リ重クメ妄愛迷ヒ深シ。不謂ヲモハ三三悪ノ火坑闇クメ在二ヿヲ人之足ノ下一ニ。随ヒレ縁ニ起メレ行ヲ、擬〈ス〉ルニ作ントレ進道ノ資糧一ヲ、何ソ其レ六賊知聞メ競来テ侵シ奪フ。今既ニ失フ二此法財一ヲ。何ソ得レ無ヿヲ憂苦一也ト云ヘリ。曠劫已来、釈尊ノ大悲、我等カ生所ニ随逐メ、トカク方便誘引シ給シ済度ノ汲引ニ依テコソ、人界ノ生ヲモ受ル事ナレ。サレトモ、動(やや)モスレハ悪業ヲ造テハ悪道ニ堕キ。過去ニ此御志ヲ知テ仏恩ヲ知ラマシカハ」(13オ)今日マテ、生死海ニハ不可流転一ス。仏ノ恩徳ヲ蒙テハ、還テ我身ノ心力ヲ以、出離セントヿ思フハ迷倒ノ至極也。師子吼菩薩ノ所存ト、何レカ是、何レカ非、可二思量一ス者也。其仏恩ヲ念報スル勤メハ即念仏也。サレハ花厳等ノ大乗経ニ六念三昧ヲ以、十信三賢、十地ノ諸ノ菩薩ノ要行ト為ハ此故也。仏恩ヲ思知テ念仏スル時、決定出離ノ者トハ成故也。而ニ究竟大乗ノ真言ノ行者ノ中ニ、魔界ニ堕スル事ノ在ハ、仏恩ヲ思知ル心ノ愚ナルニ依ル。此コヲ知テスルヲ今ノ深心トハ為也。仍テ此信ノ上ニ、上々品ノ三行ヲモ勇猛精進ニ励也。乃至、此心ノ上ニ強弱ノ機根不同ナレハ、下八品ノ差別モ」(13ウ)有也。求生浄土断貪瞋ト者、只是貪瞋ヲ制伏スル位也。正断ニハ非也。抑ハ今日ハ第六七日ニ相当レリ。彼弥勒菩薩ヲ可奉讃嘆一也。此菩薩ハ本地ハ実成ノ如来ナレハ、釈尊ノ如ニ八相成道シ給ヘトモ、垂迹ハ補処ノ菩薩トメ、釈尊ノ跡ニ補メ可成仏一故ニ、都史(トシ)多天上ニ御ス。而ニ此菩薩ハ何所ヨリ来テカ釈尊ノ行化ヲハ助給ト云ニ極楽ヨリ来也。故ニ普賢行願品ニ、普賢ノ行人、最後一刹那ノ程ニ、極楽ニ往生メ弥陀・普賢・文殊・観音・弥勒等ノ一仏四菩薩ヲ可拝見一ト説ケリ。観音・勢至ニ次テハ普賢・文殊・弥」(14オ)勒ヲ以上首ト為也。天竺ニ無着・天親二人ノ菩薩アリキ。此ハ賢劫千仏ノ随一トメ可成仏一人也。但垂迹ハ無着・天親トメ四依ノ大士也。此無着菩薩、即都史多天ヨリ弥勒菩薩ヲ奉テ請説法セサセ奉リキ。其法ヲ結集メ瑜伽師地論ト名ク。中道ノ理ヲ弘通スル論也。此論ニ一段ノ文アテ、往生ノ障ト可成事アリ。文ニ云、浄土ニハ唯有テ二不退ノ菩薩一ノミ、無レ有二「下行下意ノ菩薩一。何ニ況ヤ、二乗凡夫ヲヤ。菩薩教ノ中ニ説クハ衆生生一スト、是レ密意趣ナリ。三地ノ菩薩方ニ生二スヘシ浄土一ニ云云。意ハ諸仏ノ世界ニ清浄世界アリ。瑠璃」(14ウ)頗梨等ノ七宝ヲ以荘厳ス。即他方ノ浄土也。不清浄ノ世界アリ。此娑婆世界ノ如シ。瓦礫荊棘也。彼清浄土ニハ異生ノ菩薩非衆生ノ二乗不生一。而モ往生スト説ハ、是レ密意趣ノ説也云云。異生菩薩ト者、凡夫也。彼宗ノ人ノ思ハク、観経ノ上輩ハ異生ノ菩薩也。中輩ハ非衆生ノ二乗也。清浄ノ土ニ此等カ往生スト云事ハ、密意趣ノ説也ト云云。密意趣ト者、別時方便ノ教也。即今ノ三経ヲ別時方便ノ教ト為也。故ニ今釈ニ玄義・依文共ニ如此説ヲ不可依信一ト誡給ヘリ。而ニ此菩薩ハ浄土ノ菩薩トメ釈尊ノ化ヲ助テ福処ト成ト意得ツレハ」(15オ)聖道浄土ノ付属ヲ得タル菩薩也。仍釈尊ノ遺教ヲ弘通スルニ付テ、聖道ノ教ヲモ弘メ、浄土ノ教ヲモ弘ム。瑜伽論ヲ説ハ聖道ノ宗義也。此時ハ尤十地ノ菩薩ノミ浄土ニ入ト定テ、地前ノ凡夫二乗ノ往生ヲハ不可許一。サレハ観経ハ密意趣ノ説ト可シ取。然而、大経ノ会座ニ有テハ大ニ瑜伽論ノ説相ニ違タル法門ヲ聴聞随喜メ、結句当来ニ此経ヲ弘通スヘキ釈尊ノ付属アリ。大経ニ先ツ十方ノ諸仏各其所化ノ菩薩ヲ化メ浄土ヘ遣事ヲ明ス。文云、諸仏告テ二菩薩一ニ令レ観(ミセ)二安養仏一ヲ、聞レテ法ヲ楽テ受行メ疾ク得清浄ノ処一ヲ、至二ナハ彼ノ」(15ウ)厳浄ノ国一ニ、便速ニ得二神通一ヲ、必於テ無量尊一ニ受テ記一ヲ成二ヘシ等覚一ヲ。其仏ノ本願力聞レテ名ヲ欲二レハ往生一セント、皆ナ悉ク到テ彼国一ニ自到二ル不退転一ニ云云。此十方ノ諸仏、其所化ノ菩薩ヲ勧テ浄土ヘ送ル故ニ、名号ヲ聞テ往生セント思ヘハ、願力ニ乗スル故ニ、ヤス〱ト往生メ即不退転地ニ至故ニト云也。常没ノ凡夫、生テ直ニ此不退ニ入ト説ク故ニ瑜伽論ニ違セリ。而ニ此教ヲハ何ナル機カ疑ト云ニ、憍慢ト弊ト懈怠トハ難三シ以テ信二「此法一ヲ。何ナル機カ受ケ信スルト云ニ、若人無二レハ善本一不得聞二「ヲ此機一ヲ。清浄ニ有レ戒者ノ乃獲レ聞二「ヲ正法一ヲ。曽ムカシ更見二奉ルモノ世尊一ヲ」(16オ) 則能ク信ス此事一ヲ。謙敬メ聞テ奉行シ、踊躍メ大ニ歓喜ス云云。何人カ此法ヲハ如レク法知見スルト云ニ、声聞或ハ菩薩莫三シ能ク究二ル「聖心一ヲ。譬ハ如四シ従レ生レテ盲タルモノ、欲三センカ行テ開二導セント人一ヲ、如来ノ智慧海ハ深広ニメ無二シ崖底一。二乗ハ非所ニ測一カル、唯仏ノミ独明了ナリ云云。〈又〉声聞菩薩ノ二乗ハ因位ニメ仏法ヲ可測事ナシ。唯仏ノミ独リ知給ヘリト云云。今師、仏菩薩ノ説ヲ相対メ了不了ヲ判スルハ、此ヨリ起レリ。釈尊既ニ顕了ニ菩薩ハ仏智ヲ不測ト説給上ハ、彼菩薩等、我等凡夫ノ境界ニ非スト雖、仏説ニ任テ如此可信也。仏智願海ノ不思議ヲ以、凡夫往生ノ益ヲ与ル」(16ウ) 事ヲハ、仏尚不思議功徳ト説給。何況ヤ三乗ノ衆、争カ可知之一ヲ。礼讃ニ、今ノ其仏本願力ノ文ト、如来智慧海ノ文トヲ取合メ、弥陀智願海深広無涯底、聞レテ名欲二セン往生一セント、皆悉ク到二ル彼国一ニト云、此則凡夫往生不可思議功徳ノ法門也。此不可思議功徳ノ名号ハ、仏智等ノ五智所成ノ名号、甚深殊勝ノ法ナル故ニ、薄地ノ凡夫ノ往生ヲ許ス。此義大ニ論蔵雲泥セリ。而又、仏告ハク阿難一ニ、十方国土ノ諸仏如来、常ニ共ニ彼仏ノ無着無礙ナル事ヲ讃嘆シ給フ。汝衣服ヲ整ヘ合掌恭敬メ無量寿仏ヲ奉礼ト云云。」(17オ) 論蔵ニ、人執ヲ断スル故ニ無着也。執ヲ断スル故無礙也ト云ヘリ。因位ノ無着無礙ノ願行ヨリ所レノ成仏身ノ体ヲ讃テ云二無着無礙一ト也。阿難時ニ仏勅ヲ承テ無着無礙ノ仏ヲ礼メ、国土及仏菩薩ヲ奉レムト見願スルニ、応レメ時ニ無量寿仏大光明ヲ放テ一切世界ヲ照スニ、須弥ノ七金山及鉄囲山、諸ノ山河大地等悉ク同ク一色ニノ仏光ノ色也。依正ノ境界無レク残リ見レル之ヲ。此事ヲ一ツ為顕サン也。此コニ仏ト弥勒ト重々ノ問答アリ。此ハ弥勒菩薩極楽ヨリ出テ、娑婆ノ衆生ノ為ニ此法ヲ弘ル姿ヲ問答シ顕ト可意得也。其ニ取テ此浄土ノ中ニ胎生アリ化生アリ。此レハ大経ノ」(17ウ)会座ニ此法ヲ信シ、疑フ者アラハ此信疑ノ得失ヲ見ヨト顕也。而ニ此胎生・化生ノ二類ハ何ナル子細ソト云ニ、仏智ノ名号ハ聞名欲往生皆悉到彼国ノ故ニ、凡聖善悪定散ノ衆機ヲ不レ分タ往生ストト説ヲ聞テ信ル者ハ仏前ニ化生シ、疑之者ハイミシク願シ行スレトモ辺地ニアリ。此ヲ胎生ト云。而ニ疑ハテ、一分モ不スハ信、地獄ノ業ナルヘキニ、信疑共ニ相交ル故ニ、信ノ方ニテハ生テ、而モ辺地ニアリ。即是大利ヲ失スル者也。大利ト者、無上大利ノ功徳也。仍瑜伽論ノ中ニ、三地菩薩方生浄土ト云テ、三経ノ凡夫往生ヲ疑ハ仏智ヲ疑ニ当レリ。即今ノ疑惑ノ位也。仏語ハ此疑惑ノ」(18オ)外ニ出タリ。故ニ今釈ニ、只此経ニ依テ行スル者ハ、衆生ヲ不レ誤ト云云。然者、彼六経十一(二カ)部論ノ宗義ハ今経ノ仏智ノ宗義ニ非カ故ニ不可依行一。而ニ如レ是弥陀ノ甚深ノ教益ヲハ此経ニシテ、弥勒菩薩、仏ニ問ヒ明メテ信受奉行シキ。故ニ或ハ今仏慈愍モテ顕二示玉フニ大道一ヲ、耳目開明ニシテ長ク得二度脱一ツ。聞テ二仏ノ所説一ヲ莫レ不二歓喜一トモ悦ヒ、或ハ今得テ三値奉リレ仏ニ復タ聞「ヲ無量寿仏ノ声(ミナ)一ヲ、靡(なし)不二歓喜一セトモ悦ヒ、或ハ与レ仏相値テ聴二受シ経法一ヲ、又復得レシメツ聞「ヲ無量寿仏一ヲ。快(ココロヨ)キ哉、甚タ善シ。吾助レテ尓(ナンチ)ヲ喜ハシムトモ悦ヒ給キ。此ト云ハ機根万差ナルニ依テ、且ク八万ノ教ヲ開ク聖道門ノ時ハ、仏」(18ウ)教ニ不レ違聖人得道ノ旨ヲ弘メ、実義ヲ開顕メ、仏智ノ法門ヲ顕玉フ。大経ノ時ハ自ラ生盲生聾ノ位ニ作テ、此仏化ヲ受テ生死ヲ出也。故ニ仏語弥勒一ニ、其レ有(あらば)レ得「聞「彼仏ノ名号一ヲ、歓喜踊躍メ乃至一念センモノ、当レ知此人ハ為レ得スト二大利一ヲ。即是レ具二足スルナリ無上ノ功徳一ヲトテ、当来ノ導師ナルヘケレハ、我カ如ク、汝未来ニ又此法ヲ弘メヨト付属シ給キ。サレハ此菩薩、仏智ノ深奥ヲ悉ク知之ヲ一ト雖、処別時別ノ教意ニ順メ、聖道ヲ弘ル時、イサ、カ此教ニ背ク。此深義ニ不達ニハ非ス。凡此菩薩ハ諸仏ノ会座ニアテ、疑ノ位ニ住メ愚鈍ノ人ト成テ、諸仏ノ教義ヲ顕也。サレハ法花ノ時モ」(19オ)序分ノ瑞相ヲ不知メ文殊ニ顕サシメ、本門地涌ノ菩薩ノ事ヲモ疑テ、我実成仏已来甚大久遠ト、久成ノ本ヲモ奉キ令二開顕一。仍今教ニモ、此菩薩不ス二空知一ラシテ不審ヲ至メ願海ノ深広ナル事ヲ顕ス。若実ニ此法ヲ不ハ知、仏勅ノ如クハ生盲生聾ナルヘシ。即疑謗ノ位ニ堕テ大利ヲ失スヘシ。何ソ当来ノ導師ト仰カン。又何ソ仏、此法ヲ以、付属シ給ハン。而ニ今仏慈愍顕示大道、耳目開明長得度脱ト云ハ、昨日マテハ生盲生聾不知者ニメ、今日始テ、一念無上功徳ノ名号コソ真実ノ功徳、出離ノ要法也ケレト聞キ信メ、無上功徳ヲ得ル相ヲ示也。此辺ヲ見テ今師ハ実ニ是菩薩ナラハ」(19ウ) 都〈すべて〉仏教ニ不違トハ被レ釈也。故ニ穢土ニ在テハ釈尊補処トメ彼行化ヲ助テ、聖道難行ノ法門ヲ弘通シ、浄土在テハ弥陀ノ所化トメ仏智本願ノ名号ヲ弘通シ給也。仍今経ノ対告衆ノ作法モ本ヲ隠メ道ノ位ニ居メ、種々ノ疑問ヲ致メ此化門顕也。

上三品惣体事 廻向心義也

今日ハ上輩三品ノ惣体ヲ可二讃嘆一。大心・大解・大行ニ約メ三品ノ行相ヲハ分別セリ。大心ト者、菩提心、即上求下化ノ二心ナリ。大解ト者、解第一義、〈即〉諸法ノ一如実相ナル所ヲ照ス也。大行ト者、読誦大乗等ノ六度ノ万行也。此中ニ」(20オ) 上々ハ心解行ノ三ヲ具足スル大乗極善ノ人也。但シ経文ニ読誦大乗ヲ説テ、心解ノ二ヲ不説事ハ言〈コトハヽ〉略也。上中ハ菩提心ノ上ニ解第一義ヲ兼ヌ。大行ハ有無不定ナレトモ、諸法不二ノ道理ヲ解メ、而モ深ク因果ヲ信ス。凡中下輩ノ機ハ此ノ一如皆空ノ道理ヲ不二悟一、只実ニ浄土アリ。実ニ穢土アリ。善悪ノ業ニ依テ必善悪ノ果報アルヘシ。此ヲ打破テ浄土モ無シ、穢土モ無シ、仏モ無シ、衆生モ無ト云事難二信用一シ。因果ノ道理顕然也トノミ執メ、第一義ヲハ不解一。而ヲ当品ノ行人ハ、万法ノ相、歴然トメ一塵モ不謬有ル所ハ尓也。サレトモ此諸法、其性畢竟メ」(20ウ) 空也。諸法ノ面々ノ性ト云フ者ノハ、是ハ此法ノ性、此レハ彼法ノ性トテ、各々ノ自性、実ニハ無者也。森羅タル諸法ノ相ハ各々ニ相分タレトモ、其自性ハ皆空也。空ト云ハトテ一向無ト云ニハ非ス。大乗ノ空ト云フハ、各々ノ性カ無メ二障碍一、只一如一体ナル所ヲ空ト云也。諸法皆空ト悟トモ、而善悪因果ノ道理歴然也。世間ノ三界六道、出世間ノ三賢十聖等、一塵モ不誤有ヲ以、深ク苦楽因果ノ道理ヲ信メ、此平等差別ノ二門ニ於テ心曽テ不驚動也。而ニ此ノ道理ヲ不知者ノハ、生ト云ヘハ生ノ見ニ堕、無生ト云ヘハ無生ノ見ニ落テ、生即無生ノ解ヲ作事ヲ不得。仍、十疑論ニハ、諸法ハ生滅ナシ。何」(21オ) 浄土ノ往生ヲ願ヤト云ヲハ、往生即無生ナル道理ヲ不メ知、有ト此不審下セリ。故ニ一法ニ於テ生無生ノ二義アリ。是ヲ並テ存スルヲ以、大乗ノ実義ト為。サレハ維摩経ニ、雖知諸仏ノ国及与（ヲヨヒ）衆生空ナリト、而モ常ニ修メ浄土ヲ教化ス諸ノ群生ヲト説キ、大経ニハ、通達ドモ諸法ノ性ハ一切空無我ナリト、専ラ求テ浄仏土ヲ、必ス成ス如是刹（クニ）ヲト云ヘリ。此人平等不二ノ位ト因果歴然ノ位トヲ並ヘテ修スレドモ、而モ大行闕タル故ニ、上品中生ノ行者ト為也。上下ハ解行共ニ闕テ、只菩提心ヲ発メ行ト為。深信因果ノ分モ有レドモ有無不定也。故ニ善心数（しば）シハ退シ悪法数起ルトテ、深信因果ノ」(21ウ) 分ハウカレタリ。サレトモ唯発メ一念ヲ、厭テ苦ヲ楽フ生テ諸仏ノ境界ニ速ニ満メ菩薩ノ大悲願行ヲ還テ入テ生死ニ普ク度ムト衆生ヲトテ、浄土ニ生メ還来穢国メ、衆生ヲ度セントト云菩提心ヲ発ス也。而ニ恵心僧都六時ノ讃ニ、遂ニ引摂シ給テ金蓮台ニ坐シメ、即仏後ニ随テ安養浄土ニ往生セン。一日一夜ニ花開ケ、一七日ニ仏ヲ見、三七日ニ了々（アキラカニ）ニ見仏聞法具足セントト云ハ、上品下生ノ行相ナリ。即我身ハ上品下生ノ単（ヒトヘ）発道心ノ位也ト思食ケル也。此ハ僧都ノ心九品ノ機ヲ高ク判シ玉ヘル故也。恵心ハ上品上生ナントニ可当也。凡ソ」(22オ) 此上三品ノ行業ハ直ニ報土得生ノ因ト可成ニハ非ス。上々品ノ人、尚初住ニ不及。只是十信ノ中ノ初信ノ位ナレハ、此位ノ所修ノ行業ハ只人天趣ニ有テ可浮沈ス者也。何ソ報仏ノ浄土ニ往生セン。故ニ往生ノ因ハ前ニ所ノ云三心ノ正念也。此正念ノ上ニ五門相続メ助ル三因ヲ時、親疎ノ諸行並ヘ修メ、正念ノ三心ヲ助ク。其三心ヲ以往生ハスル也。般舟讃云、瓔珞経中ニハ説ク漸教ヲ。万劫ニ修メ功ヲ証ス不退ヲ。観経弥陀経等ノ説ハ、即是頓教菩提蔵ナリ。一日七日専ラ称レハ仏ヲ、命チ断（タヘ）テ須臾ニ生安楽ニ。一ヒ入ヌレハ弥陀」(22ウ) 涅槃ノ国ニ、即得テハ不退ヲ証無生ヲ云。一万劫ヲ経テ可（ベ）至ル不退ノ位ニ。纔ニ一日七日ノ念仏ヲ以、直ニ叶フ他力易行ノ念仏三昧ハ頓中之頓也。二河白道ノ譬ヘハ此ヲ顕也。

二河ヲ聖道ノ教ノ中ニメ断セントスレハ、観心ハ微劣ナリ、煩悩ハ強盛ナリ。退メ大一ヲ流転メ輪二廻スル六道一ニ愁アリ。我等凡夫、三千塵点劫ノ昔シ、大通如来ノ所ニメ、心解行具足メ、随分増進セシカトモ、三業ノ煩悩ハ熾盛也。観心ノ智慧ハ微劣ナルニ依テ、今日マテ流転セリ。而ヲ今、二尊ノ教ニ順メ他力ノ本願ヲ信スル三心発ヌレハ、無量ノ煩悩ヲ乍レ持、水火ノ二河ニ不堕メ浄土ニ入事、悦ノ中ノ喜也。此ヲ〔礼讃ニ〕、慶キ哉、難メレ逢」（23オ）今得レタリ遇ヿヲ、永ク証二ス無為法性ノ身一ヲト讃タリ。

明暦三年六月二十日　以嵯峨二尊院本書写之

江州栗太芦浦

観音寺舜興蔵（印）

（表紙）

浄土九番箱

観音寺

舜興蔵（印）

（見返）

曼荼羅聞書抄廿二

散善

（1オ）

中三品事

執獅子国弥陀魚事

（1ウ）

中三品事　十二内

今日者、中三品ノ中ニ於テ可称揚一ス所々有リ之。先ッ中輩ハ偏ニ学二ス声聞縁覚ノ行一ヲトテ、偏ニ小乗ノ道ヲ学メ未タ大乗ヲ不学一。大乗ノ心ヲ不発一者也。而ニ小乗教ノ意ハ、釈尊此娑婆世界ニ出世メ、衆生ヲ化度スルニ付テ、薩婆〈サツハ〉多宗ノ意ハ、此世界ノ仏ノミヲ知テ他方ニ仏在リト一云事ヲ不レ知。成実宗ノ意ハ、他方ニ在二ト仏一云事ヲ知レトモ、又界内ノ他、三千界ニ在ル化身仏也。此外ニ浄土有ト一云事ヲ不知。サレハ小乗教ノ所談ハ他方ニ在レ仏ト許スモ、不許モ、共ニ界内ニ於テ所レ論也。」(2オ) 界外ノ浄土ヲ不レ知。何以カ今、偏ニ学二メ声聞縁覚行ノ小乗一ヲ、他方ニ有二浄土一ト思テ欣求スルヤト一云不審有也。依之、浄影大師、大経ノ三輩ニ菩提心ヲ説キ亘ヲ以証トメ、彼土ハ大乗善根ノ国ナルヲ以テ、未タル廻心一小乗ハ不往生一、臨終刹那之間ニ大心ヲ発メ可往生一ス云云。仍要ス由下カ垂スルトキレ終ラント発二シ大乗心一ヲ念中ルニ弥陀仏上ヲ故ニ、得二往生一ヿヲ云ヘリ。花開ノ後、又小果ヲ証事ヲ会釈スルニハ、発二メ其本解一ヲ、先ッ証二ス小果一ヲト得タリ。此師ノ意ニテハ小乗既ニ廻心メ往生スル故ニ、他方ニ有浄土一事ヲ知也。今師ノ意ハ不尓一。凡二乗ニ於テ愚」(2ウ) 法ノ二乗アリ、不愚法ノ二乗アリ。愚法ノ二乗ハ三界ノ外ニ有浄土一ト云事ヲ不レ知。譬ハ井〈セイ〉底ノ蝦〈カヘル〉ノ如シ。不愚法ノ二乗ハ界外ニ浄土アリ、大乗ノ法アリト云事ヲ知レリ。然レハ彼ハ我カ境界ニ非トテ、自身ヲ卑下メ自調自度ノ行ヲ修メ、菩薩ノ浄仏国土ノ成就衆生ノ行願ヲ不修一カ、而モ娑婆世界ハ難処ナルヲ以小果難レシ成。浄土ハ無二キ退縁一処ナレハ、彼土ニメ小果ヲ証セントト思テ、未タ廻心向大セヌ小乗心ノ者ナレモ、念仏スレハ仏ノ他力ニ帰メ往生ス。此ヲ中輩ノ往生人トハスル也。此則、偏学ノ声聞ノ機ナレトモ、念仏メ願力ニ依テ生ル、故ニ、十方界ノ小乗ノ機、一人モ無二ト妨碍一云云。此〈こ〉コテ自他」(3オ) 宗ノ祖師ノ一乗平等ノ義ヲ対判メ勝劣ヲ可知也。他師ノ意ハ三乗根性ヲ捨テ、一乗根性ニ不レ成ハ一乗ノ機ニ非ス。々々ノ々ニ々スハ一乗大乗ノ世界ニ不可往生一云云。サル間、経文ニモ無キ菩提心ヲ発サスル也。サル程ニ、彼ノ土ニ生テ後、小果ノ形アル時、調子〈テウシ〉違フ也。其ヲ会通スルニハ、臨終ニ大乗心ヲ発セトモ、前々少心ナリシ故ニ、水鳥樹林ノ説法ノ声ヲ聞テ小果ヲ証ス。サレトモ臨終ニ菩提心ヲ発ニ依テ、疾ク廻心メ大乗心ヲ生ス。故ニ彼土ヲ大乗善根界ト云也ト云云。此義ハ只浄土ニ疵〈キス〉ヲ付也。論ニ既ニ浄土ニハ女人根欠二乗ノ三ノ名モ無シ、体モ無シ。故ニ浄土ノ果報」(3ウ)トハ云ソト定タリ。言意ハ大乗一味平等一味清浄ノ国ナル故也。但シ三ツノ無レト体云事、其理可尓一。体既ニ無シ。其名又不可有一。何ソ事新ク三ノ名無ト云乎ト云不審アルヲハ、軟〈ナン〉心ノ菩薩ノ甚タ不二勇猛一ヲハ譏〈そしり〉テ声聞ト云、又人ノ諂〈テン〉曲ニ或ハ停〈ネイ〉弱〈ニヤク〉ナルヲハ譏テ女人ト云。又人ノ眼ハ明ナリト雖、不識事ヲハ譏テ盲人ト云。又、耳聞ト雖、義ヲ聞テ不悟一ヲハ譏テ聾人ト云。舌ハ物ヲ云ト雖、コト、モリナルヲハ嫌テ瘂人ト云フ。如此、根具足スト雖、而モ譏嫌〈ソシリ〉ノ名アル故ニ、浄土ニハ乃至名モ無ラント云ト註論ニ会セリ。故ニ大乗平等ノ国ナルヲ以、三ノ名体共ニ無ト云也。而ニ諸師ノ」(4オ)意ハ穢土ノ廻心ノ上ニ、浄土ニ於テ小果ノ形ヲ得サスル間、穢土ニハ無レ過作メ、浄土ニハ譏嫌有ラスルニ成ヌ。又依レテ何ニ小果ヲハ得ソト云ニ、樹〈キ〉説二ケハ苦空一ヲ人開羅漢一ヲト云云。即浄土ニ小乗偏見ノ法ヲ説ク樹鳥等ヲ集メ置テ、大乗善根ノ界ノ瑕瑾〈カキン〉〈キス〉ニ作スニ成也。無キ止事一高徳達ノ此程ニ不覚ニヤ可レ座スト覚ル程ノ事也。而ニ天親ハ、女人及根欠二乗種ハ不生一セ大乗善根界等無譏嫌名ト讃メ、龍樹ハ、一乗清浄世界ト讃メタリ。是ニハ違タル義共也。今師ノ意ハ偏見ノ乍二乗一、自仏智一所ノ発ス願力ニ依テ、二乗及ヒ一切衆生等ク入テ、而モ名体ノ無譏嫌一」(4ウ)故ニ一乗世界ト釈スル也。此一乗平等ノ法門ヲコソ、法花ニハ開示悟入トハホノメカセ、此平等ノ智慧ヨリ発ル本願ハ平等ニ一切ヲ摂セント云故ニ、大小善悪ノ凡夫平等ニ入也。故ニ五乗斉入ノ宗義ナルヲ以、二乗ハ小心ヲ以念仏メ往生シ、悪人ハ悪心ナカラ念仏メ往生スル也。其中ニ廻心メ入者ノアランヲハ不遮。而ニ小乗ノ不ルハ廻心一智慧ノ浅故也。自本一浅キ智慧ヲ以ハ不生一レ。只念仏ニ依テ生ル。然者、智慧ノ有無、機ノ大小ヲハ曽テ不論一。唯念仏セハ可往生一ト云本願不二ヌ物嫌一セ仏智平等ノ大悲ナル故ニ、サテハ只可唱コサンナレトテ称スレハ、悉ク往生スル平等ノ大道ハ智慧ヲ乗物ト」(5オ)スル故也。若尓者、浄土ニ小乗ノ形ナカレカシト云ニ、自本一小乗ノ執心ヲ不レ改者ナレハ、小乗根性ノ有ラン限ハ、イクラホトモ其形ヲ置也。其故ハ彼カ本トノ所期ハ成仏ヲハ不レ志。只浄土無難ノ所ニ行テ無余涅槃ノ小果ヲ証セント思シ故ニ、其ヲ許メ遂サセテ、其後地気ノ風儀ナレハ、転向大乗セサスルコソ、彼土ノ大乗善根界ナル色ニテハアレ、人天ノ雑類ヲ入レ置テ、彼土ニテ等無為ノ大機ト成故ニ、此ヲ大乗善根界トハ名也。若彼カ小果ヲ不ハ許一、小乗ヲ不レ摂ルニ一成也。若尓者、大乗広智ノ本願ニ非ス、大乗小智ト云ヘシ。彼カ所期ヲ果セテ後、身器清浄ニメ」(5ウ)正ク堪タルレ聞レ法ヲ機ニ作ス。即大乗不思議ノ益ナリ。悪人ヲ摂スルモ此定ナリ。念仏以後モ武士ナントハ風儀トメ、殺生ヲモ不可留一。サモアレ唯念仏申サハ往生ト云コソ平等ノ本願ノ甲斐ナレ。若不尓者、悪人ヲ摂ストハイツクヲカ可キレ云。サレハ念仏スレハ魚ノ被レ捕方便一有テ、魚ヲ捕ラン為ニ、多ノ人念仏メ往生シタル事モアリキ。天竺ニ執師子国ト云国アリ。其国ノ近辺ニ絶(タヘ)島アリ。島ニ住スル民、一向魚猟ヲ事トス。有時、網ヲ引ニ諸ノ魚皆声アリテ、南無阿弥陀仏ト唱フ。引寄ニ随テ其声熾(シ)盛也。網人、魚ヲ得テ悉ク」(6オ)食ス。々メ以後皆念仏カ申サレタキ心自然ニアリケリ。自レ其後ハ念仏タニモ申セハ魚カ被レ捕ケル間、魚ヲ捕ラン為ニ一向念仏ス。其中ニ一人ノ老翁忽ニ死去ス。有時、傍人ノ夢ニ示メ云ク、我ハ是レ有シ二此所一ニ古老ノ人某也。我等カ所レノ捕魚ハ阿弥陀仏ノ化メ魚ト成テ自ミ名号ヲ唱ヘ我等ニ被レ食テ念仏ノ心ヲ発シ、我等ヲメ令ン往生為ノ善巧方便也ケリ。汝等(ナンタチ)彼所ニ棄置(ステヲク)魚ノ骨ヲ見ヨ。悉ク皆蓮花ニテ有也。我レ魚ヲ食シ念仏セシニ依テ、今往生ヲ得タリ。汝等モ一心ニ念仏メ往生セヨト云云。夢覚テ先彼魚ノ骨ヲ見レハ、実ニ殊勝ノ蓮花也。不」(6ウ)思議ノ思ヲ作メ其後ハ一島ノ諸人悉ク念仏メ遂ニ往生スト云云。此則、本願ノ大悲ノ広大ナル色ヲ顕也。サル時ニ縦ヒ大菩提心ヲ発シタリトモ、其力ニテハ不可往生一ス。々々ハ念仏ノ力也。殺生ヲ行スレトモ其ニ依テ非レ不ニハ往生一セ。念仏スレハ往生スル意也。菩提心発セル者モ只自然ト機根カコサカシクテ大菩提心ヲ発シタルニテコソアレ、往生ノ因トハ不成一。故ニ中輩ノ機ノ中ニ小心ヲ捨テ、菩提心ヲ発ス者ナシ。若有ラ者、其ハ漸悟ノ菩薩、即チ前ノ上輩ノ機ナルヘシ。既ニ小心ヲ不レル捨ハ大心ヲ不レル発色也。然者、人ノ事ニハイロウ（フ）ヘカラス。唯、自調ノ得益、彼土ニテ可レト果思フ者ヲ、ヨシくサモアレ、只」(7オ) 来レト喚（ヨハウ）ヲ大乗広智ノ仏智平等ノ本願ト為也。サル程ニ、又小乗ノ果マテヲモ不レ志、人天ニ住メヨイ程ノ楽受テ地獄ニタニモ不堕ハト思人多シ。何ナル地獄、何ナル鬼畜ニカ堕チンスラン。不レ如、只此レニ不レ堕メ人天ニ有テ、随分ノ楽ヲ受ムニハト思フ心品ヲ以、但シ穢土ニハ苦ハ多ク楽ハ少シ。終ニ退没ノ愁アレハ、浄土ニ生テ人天五欲ノ楽ヲ受ムト思フ分斉ノ者ヲモ、菩提心発サネハトテ、浄土ニ入レヌ事ナシ。只来レ、快楽自在ナルヘシト思食ス大悲ノ本願也。故ニ本願ノ中ニ多ク国中人天等ノ願アリ。此位ノ機ヲ誘引スルカ故也。仍中上・中々ハ此ノ小乗ノ者也。中下ハ此心タニモ無キ未聞仏法ヲ」(7ウ) 世善人也。知識ノ彼土ノ楽事ヲ説ニ値フ。謂ク、人天ノ楽ヲ得ムト思ハ、彼土ノ楽ヲ願ヘシ。孝養父母等ノ行ハ人天ノ因ナレトモ此処ハ快楽自在ナラン。只速ニ快楽不退ノ浄土ヲ願ヘシ。若彼国ニ生ムト思ハ、念仏メ可ト往生スト勧レハ、至心信楽メ往生スル者也。金蓮花ニ乗メ直ニ仏辺ニ至ル。是他力ノ巨益也。次中品上生ニ花合ノ無ニレ障リ付テ、上々品ノミコソ花合ノ障ハナケレ、上中・上下ハ皆此障アルニ〈アリ〉、何ソ中上ニ花合ノ障リ無トニ云、雑疑ノ人ノ花合ト、五逆ノ者ノ花合ト、其相同モ、修因相替ル様ニ、今モ上々品ノ花合ノ無ハレ障リ、大乗ノ悟ノ開ル相也。中上ノ花合ノ無ハレ障、小乗ノ悟ノ開ル相也。同ク」(8オ) 開花ナル事ハ、上々ニ同スルニ似レトモ、修因ノ勝劣雲泥也。サレハ彼ハ大乗ノ行人ノ中ニ勇猛精進ナル故ニ、花合ノ無障リ。此ハ小乗ノ行人ノ中ニ勇猛精進ナル故ニ花合ノ無レ障也。而ニ其花開トレ云ハ如来正覚ノ花ノ開ル相也。弥陀ノ覚体ハ自性清浄・法性一乗ノ法体也。如何カ花開ノ中ニ於テ而モ小乗ノ悟ノ可有ニ乎ト云ニ、法花ノ妙法蓮花ハ一乗ノ花ナレトモ、而モ声聞菩薩ノ花ヲ開ニ差別アリ。其ヲハ天台ノ教相ニハ体内ノ権ト得タリ。今ノ仏ハ自覚々他・覚行円満ノ故ニ、究竟円極ノ仏果、大乗一乗ノ体也。雖レ然、同正覚ノ花ノ内ニ於テ、二乗ハ仏ノ自覚ノ花ヲ開ク故ニ明昧〈アキラカクラシ〉ノ不同可有。」（8ウ）凡一乗ト云ハ浅深ノ諸法ヲハラミモツ名也。今モ大乗広智ノ本願所成ノ一乗清浄世界ナレ𪜈、其中ニ於テ万法ノ有ヲ乗セ持ツ故ニ、大小定散善悪ノ衆機ヲ平等ニ摂メ、此ヲ一乗大乗ノ為レ体也。次ニ中上ヲハ戒福上善ト名ケ、中々ヲハ戒福下善ト云ヒ、中下ヲハ世福上善ト云事不二意得一ト云フニ、此ハ三福ニ各、上・次・下ヲ分テ、九品正行ト可キ為出立也。戒福上善乃至世福上善ト不レ云メ、只戒福ヲ明ス、世福ヲ明スト云ハ、不審ナルヘキニ、上善下善等ノ言ヲ置ク故ニ意得安也。其故ハ、上輩ノ行福ニ既ニ上・次・下ノ三ヲ分テ三品トスル上ハ、今モ戒・世ノ二福ニ各上・次・下ヲ分テ、中三」（9オ）品ニ戒福ヲ配テ、下三品ニ世福ヲ可当意也。此レハ九品皆善人ノ往生ト云釈迦教ノ意也。而ニ〔下三品ニ有ルヘキ〕世福ヲ中下ニ引上テ説ク意ハ、下三品無善ノ機ノ上ニ念仏往生ノ大益アル弥陀教ノ意ヲ顕ムトスル也。故ニ下輩ノ十一門義ヲハ善悪二行文前ノ十一門義ト名ク。是ハ弥陀教ノ善悪ノ凡夫皆乗二スル願力一ニト云意ヲ顕ス也。サルホトニ九品カ十二品ニ可作故ニ、曼荼羅ニ十二品ノ来迎ヲ織也。即中上ニ二重ノ来迎、下上・下中ニ各ノ二重ノ有二来迎一故也。其取テ中上ニ二重ノ有来迎一事ハ、中上ハ戒福上善也。爰ニ戒福次善及ヒ来迎可有一故也。此ノ中上ニ有ル戒福次善及ヒ来迎ヲ」（9ウ）中々品ヘ下メ、中々ノ品ノ戒福下善及ヒ来迎ヲ中下品ヘ下セハ、中下品ニハ二重ノ可有二来迎一。而ニ其中下品ニ有ル世善ノ来迎ヲ下上品ヘ下シ、如レ此、次第ニ押サケテ下々品ヘ下セハ、下々品ニ二重ノ来迎可有一。故ニ落居ハ下三品ニ各ノ二重ノ来迎有ニ成ル故ニ、十二品ノ来迎也。又中上品ニ、経文ニハ、修業ノ時節ヲ不レメ説、釈ニ時節ヲ釈スル事ハ、〔時節ヲ〕説カハ如レ是可説ト顕也。其ニ付テ或是終身ト云時ヲハ中上品ニ当テ、或ハ一年一月ト云時ヲハ中々品ニ配テ、一日一夜一時ト云時ヲハ中下品ヘ可下一也。仍経ト釈ト変相ト互ニ一義ヲ顕ヲハ、只西山ノ上人ノミ此義ヲ極給ヘリ。其取テ我カ」（10オ）機分ヲ彼九品ニ引配テ、何レノ品ノ人也ト知テ往生ヲ可願也。大方、仏ニ成ラント思心ハ自他共ニアリ。此ハ大乗ノ機ニ当也。而其此ノ心不純〈モハラ〉ナラ、凡菩薩ノ大悲心・大悲行ノ様ヲ説ヲ聞テハ、浦山歎心ハサスカニ発レトモ、ケニ〱シク発心修行ノ衆生ヲモ度シ、菩提ヲモ得ル事希也。是ヲ龍樹菩薩ハ、発二スト菩薩ノ大心一ヲ、魚ノ子ト菴羅菓(カラナシノコノミ)トハ因ノ時ニ雖無量一ナリト、得果ノ時ハ甚タ少シト云ヘリ。魚子ハ生時ハ多ケレトモ、成人スル事希也。菴羅菓ハ花サキ菓(このみ)ナルマテハ多ケレトモ、熟スル事少也。凡夫ノアヲ道心、形ノ様ニ発ルヲ以因トメ浄土ニ往生スル事モ、仏ニ成ル事モ可難有リ。サル前ハ人ノ」(10ウ)事ニ綺(イロ)ハテ、心打澄メ、何(イカ)ニモメ自身ノ苦患ヲマヌカレ、三界ノ不生ヲタニモ得ナハ、浄土ニ生事モウルサシナント覚タル心ハ、小乗ノ機根ナリ。如ノ此者猶不出離一。況ヤ人天ノ楽ニ々着セル者ヲハ不出離一者ニ出也。故ニ我身、上六品ノ中ニ何レノ品トモ難定一メ者也。既ニ三福ノ諸行無分ノ者ニ成ヌ。サテ如何ニト云ニ、凡夫ノ心ノ善悪ヲ不論一、只念仏スレハ往生スト云宗義ナル故ニ、仰テ念仏スヘシ。サレハ大小凡夫平等摂トト云ヘリ。サルホトニ其大小乗ノ功徳善根モ独リ立ニハ不往生一。故ニ〈経ニハ〉不可下以二少善根福徳ノ因縁一ヲ得レ生中「ヲ彼国上ニト説キ、釈ニハ」(11オ)極楽ハ無為涅槃ノ界ナルヲモテ、随縁ノ雑善ハ恐クハ難レ生レト云。只一心専念ノ正定業ヲ修メ往生ヲ可レ待。故ニ執持名号得生彼国ト説キ、故使如来選要法教念弥陀専復専ト釈ス。而ニ有人ノ俗難ニ云ク、持戒誦経等モ心也。専心念仏モ心也。一切ハ心ナル故ニ、行セハ何レノ行モ可往生一ス。何ソ強(アナカチ)ニ余行ヲ捨テ、念仏ヲ取ヤ云云。此レ自力・他力ヲ不ル意得一不定言ノ迷難也。ツイニ何レノ行ヲ修ルモ心ナル条勿論也。然而、事ニ随テ勝劣アリ。汝所レ云自心ニ依テ発ル自力心也。故ニ物ノ用ニ不可立一。随縁ノ起行不往生ト云ハ是也。真実功徳成就ノ仏ヲ恃ム」(11ウ)心ハ所帰ノ境カ真実ナル故ニ、能帰ノ心即真実ト成テ、往生浄土ノ安心ト被レ云也。此帰命ノ心ハ微劣(スクナクヨハケレハ)ナレトモ、願力ヨリ起テ還テ願力ニ被レハ摂一、決定往生ノ安心也。余行ハ不尓一。経ヲモ読メ、戒ヲモ持テ、我カ功ト思故ニ、其功力(クリキ)弱メ不出離一。但シ一日ノ斎戒ナリトモ、帰命ノ正念ノ上ニ行セハ、安心ニ被レ引、正因正行ト可成一。誦経等モ又尓也。一切皆ナ仏ノ功徳也ト云心ヲ引亘メ行スル時ハ、皆往生ノ業ト成。故ニ未タレ聞仏法一ヲノ世俗ノ善マテモ、皆四十八願ノ因ヲ以能成トメ往生スト説也。サレハ孝二養スルヲ父母一ニ教テ廻向セシメ、為ニ説二ク西方快楽ノ因一ナリト。仏与ト二声聞衆一来テ取テ、直ニ到二ル弥陀ノ」(12オ)花座ノ辺一ニト云ヘリ。是ヲ浄影ハ四十八願ヲ説ヲ聞テ欲（ヲモ）ヘハレ生レント即生ルト、イミシク被レ釈タリ。

明暦三年六月十九日以嵯峨二尊院本書写之

江州栗太芦浦

観音寺舜興蔵（印）

（表紙）

浄土九番箱

観音寺

舜興蔵（印）

（見返）

曼荼羅聞書抄廿三

散善

（1オ）

中三〈品〉余残事

下品上生事

十悪業ノ事

天台御臨終ノ事

妙楽大師御臨終事

慈覚大師御臨終事

（1ウ）

中三品余残事　十三

中輩ノ曼荼羅大略昨日畢シカヒ、猶有ヲ所レ残、今日ハ可讃嘆一也。凡中三品ノ説相ハ一生持戒ノ者ヲハ中上品ニ置キ、最後持戒ノ者ヲハ中々品ニ置キ、未聞仏法ノ世俗ノ人、父母ニ教順シ、六親ニ奉順スル者ヲハ、中下品ニ置ケリ。此中上・中々ノ長時短時ノ戒行カ、報土得生ノ因ト成ル事ハ、念仏ノ廻向ニ依ト云事、昨日畢ヌ。而ニ経ニ、如キハレ汝カ善人ナリ。随順スルカ二三世ノ諸仏ノ教ニ一故ニ、我レ来テ迎汝ヲ一ト説キ、釈ニハ戒行専精ニシテ諸仏ニ讃ラルト釈シテ、来迎ノ化讃、戒行ニ有ト云ハ、念仏ノ上ノ戒行ナル故也。若シ不二念仏一者ハ、有為有漏ノ凡夫ノ戒行」(2オ) 浄土ニ不入一上ハ、仏讃ヲ不可蒙一ル。来迎ハ念仏ノ来迎也。念仏ノ行者ノ〔親・近・増上ノ三縁有ル中ノ〕第三ノ増上縁ナル故也。若不二念仏一者ハ戒行可レ無二面目一。念仏ノ故ニ有二仏讃一時キ、戒行ノ面目ニハ成也。サレハ戒ヲ讃ルハ只是念仏ヲ讃ニテ有也。而ハ只念仏ヲ可讃ニテアレトモ、念仏正因ノ上ノ正行ノ戒行、還テ念仏ノ功徳ト成テ、別ノ物ニ非サル事ヲ為顕也。和尚、戒徳巍々トシテ油(ユ)鉢ヲ無レハ二欣フ事一此故也。大方、仏道修行ノ作法、尤モ戒ヲ地盤トシテ、其上ニ余行ヲ可修也。故ニ尸羅不レハ二清浄一ナラ三昧不現前一セト云ヘリ。戒ノ地ノ上ニ定慧ノ草木ハ可生長一ス故也。仍今師、念仏ノ上ニ余行ヲ被レル、勧メ」(2ウ) 中ニ、多ハ戒ヲ讃勧テ、或ハ戒行専精ナレハ諸仏讃玉フ。念仏戒行必ス須クレ廻一ストモ云ヒ、或ハ読誦念仏シテ専ラ持レ戒、持戒念仏〈誦経〉専ナレト云ヘルハ此意也。此則、仏道ノ根本ハ念仏也。戒行ハ即念仏ヲ宗トスル故ニ被賞之ヲ也。帰仏ノ心ヲ以、仏道修行ノ体ト為。此心ナケレハ万行徒ニ施ス。サレハ五・八・十・具ノ戒行、殊ニ此心ヲ為体ト也。仍戒ハ念仏ニ親キヲ以、中輩ニ特ニ持戒出家ノ功徳ヲ被讃タリ。即中上品ノ化讃ノ詞ニモ、讃三嘆玉フ出家ノ得ヲレ離二ル、「衆苦ヲ一ト云。釈云、讃ム三出家ノ離二「ヲ多クノ衆苦一ヲ。種々ノ俗縁・家業・王官・長征遠防等ナリ。汝今、出家メ仰カル二於四輩一ニ。万事不レ憂、迥然〈キヤウセン〉トシテ」(3オ) 自在ナリ。去住無障、為ニレ此カ得修二「ヲ道業一ヲ。是ノ故ニ讃テ云フ二離衆苦一ト也ト云ヘリ。出家シヌレハ、諸ノ縁務ヲ離テ静ニメ、仏道ヲ修事安シ。家業ト者、在家ノ営ミ、王官ト者、君ニ仕ヘ官途ヲ望ム。長征遠防ト者、朝敵ヲ防カ為、遠国ヘ下リナントスル事也。如是一、種々ノ俗縁ヲ免テ、比丘・々々尼・優婆塞・優婆夷ノ四輩ニ仰レテ、万事無憂メ道業ヲ修成スル事、出家ノ功徳ニ過ハ無ト讃ル言也。然者、王官ニ従フ三台九棘(キウキヨク)・月卿(ケイ)雲客(カク)等、仏道ニ不ハ入一併不出家一故也。出家ノ功徳ヲ云ニ、龍樹ノ智論ニ、二ノ因縁ヲ挙タリ。即、酔婆羅門ト淫女トノ因縁也。」(3ウ)昔、迦葉仏ノ出世ニ一人ノ有二外道一。有時、酒酔狂ノ中ニ、青道心ヲ発テ出家メ仏弟子ト成ムト思テ、仏所ニ詣メ出家ヲ所望スルニ、仏、此様ヲ知見シ給ヘトモ、一念ノ発心、其功徳不空一思食メ、急キ許レ之出家受戒セシム時ニ、婆羅門、所願既ニ達メ髪ヲ剃リ衣ヲ着メ傍ナル坊ニ安臥ス。酔(エイ)既ニ覚メ本心ニ成テ後見レハ、我形アラヌ姿ニ作レリ。アラ悲ト思テ、速ニ避(ニケ)去リテ私宅ニ還テ、其後ハ髪ヲ、ウシ(ヲヲシ)還俗ス。其生終テ後、長劫ノ間、輪廻メ今日釈尊ノ出世ニ生テ出家受戒得道得果ス。六道ニ輪廻スル事ハ、仏法ニ不入一故也。サレトモ酔乱ノ中ノ一念ノ道心ニ依テ今日得道ト云。」(4オ)次、淫女ト者、遊君也。昔、拘留孫仏ノ出世ニ一人ノ有二婬女一。酒盛(さかもり)シケル時、頭ヲ嚢(ツヽ)ミ尼ノマネヲメ衣ヲ着シ袈裟ヲ懸テ尼舞(アマヽイ)ヲシケリ。其生終テ後、長劫之間流転メ今日釈尊ノ出世ニ長者ノ家ニ生テ、其顔貌ハ端正殊勝ニメ、鉢頭(ハト)摩花ト云赤蓮花ノ如クナリケレハ、異名ニ鉢頭摩花ト名ク。蓮花色比丘尼ト云是也。而ニ十六歳ノ時、出家メ仏ノ御弟子ト成テ、無学ノ聖者為タリキ。仏即チ貴所々々ノ女房達ノ中ノ知識ニハ、此花色比丘尼ヲ被詣一、即仏勅ヲ承テ諸夫人等ヲ化導スルニ、悉ク化ヲ受テ発心出家メ入道得果スル者多シ。其中ニ未発心ノ女房達云ク。我未タ」(4ウ)発心一。縦ヒ髪ヲ落シ袈裟ヲ着ストモ、後ニ世間ニ堕落セン事、還テ破戒ノ過ヲ可招一。然者、発心メ後、可出家一スナント云ケレハ、花色比丘尼云、只心ハ不発一トモ出家セサセ給ヘシ。我昔一念ノ発心ナカリシ戯ノ出家ノマネ、猶如レ是不レメ朽、遂ニ大阿羅漢ノ果ヲ得タリ。況ヤ髪ヲ剃リ袈裟ヲ着セシハ莫(ハク)太ノ利益ナルヘシト勧メケレハ、其化導ニ随テ出家受戒ノ者又多シ。此則、流転久ト云ヘトモ戯ノ出家ノ形尚有此利益一。況発心ノ出家ヲヤ。聖道ノ宗ニモ如レ是出家ノ功徳勝タリト云ヘリ。況ヤ今浄土宗ノ意ハ、念仏セハ、不発心一出家モ念仏ノ故ニ、実ノ出家ト」(5オ)可成一也。サル間、今ノ世ニモ未ルタ出家一人ニ在家ナカラ八戒ヲ授ルハ出家ト可成一故也。如是、微少ノ八戒モ念仏ニ依テ往生ノ因ト成ル。次ニ中下ハ、未ルタ聞仏法ノ世俗ノ善モ、念仏セハ可往生一スト顕也。其取テ、当品ノ経文ニ来迎ヲ不説一。曼荼羅ニハ織レ之ヲ。大ナル難義也。和尚、九品ニ亘テ十一門義ヲ判メ、文ニ有隠顕トモ、義ハ必ス可レト有知レト釈ス。其中ノ第九ハ来迎也。此品ニ至テ無事ハ如何ニト云ニ、群疑論ニハ付之挙三義ヲ一タリ。一義ニハ有トモ来迎一、文略也云云。一義ハ、梵本ノ経ニハ可有二来迎一、訳者ノ脱落也云云。一義ハ、大方此品ニハ不可有二来迎一故ニ無シ。其故ハ菩提心ヲ発サン者ヲ」(5ウ)来迎セント云。其ノ菩提心ハ上三品ニアリ。中上以下ハ発心ナケレハ不可有二来迎一。其中ニモ来迎有ルハ、可レ有ニテ有ニハ非ス。仏ノ慈悲ヲ以有也。当品ハ既ニ無発二菩提心一上ハ、世善ノ凡夫也。故ニ無来迎一ト云云。此第三ノ義、意有リケニテ而モ無指〈極〉事一。今師ノ意ハ不尓一。殊ニ下機ノ前ニ可有来迎一ト見ユ。仏恐クハ衆生ノ四魔ノ障アテ、未至極楽一ニシテ堕ン「ヲ二三途一ニ、直心実行ナレハ仏迎ヘ来玉フ。我今衆等深ク暫謝スト云云。三悪火坑臨々欲入ノ機ヲ立撮即行スルヲ以、弥陀ノ大悲、本願ノ規模〈キホ〉トハ為也。衆生称念即除多劫罪、命欲終時、仏与」(6オ)聖衆〈衆生〉自来迎摂、諸邪業繋無能碍者故、名増上縁也トテ、来迎ヲ以増上縁ノ至極ト為。故ニ今、上三品ノ勝機ノ前ヨリモ猶、此未聞仏法ノ者ノ、未ス悕二求出離一ヲ無云計一者前ニ、殊ニ可来迎有一也。若本願ハ下根ノ為ト意得ハ、上三品ノ上根尚来迎ニ預ル。況ヤ今ノ品ヲヤ。此ノ善人猶来迎アリ。況ヤ下三品ノ唯知作悪ノ一生造悪ノ者ヲヤ。若来迎ノ結〈強〉縁無クハ、此等ノ凡夫何ニ依カ可往生一ス。サレハ玄義ノ返対破ニモ、仏菩薩臨終ニ来テ授手迎摂玉フ以、九品ノ機ハ皆凡夫ナル道理ヲハ被立タリ。仍九品共ニ凡夫ナレハ、仏ノ来迎引摂アリ。」(6ウ)故ニ十一門ヲ立テ往生スル程ノ者ハ、必仏ノ迎摂ニ預テ四魔ノ軍ヲハ可ト免被釈成一也。然者、此品ニ可ヲ有二来迎一経ニ不ル「ハ説、アマリニ可有一故ニ不説一。付之有二義一。一義ニハ、臨終ノ知識先ッ阿弥陀仏ノ国土ノ楽事ヲ説ハ、釈迦発遣ノ教ヲ説ク。即今ノ十六観門ハ未来五苦所逼ノ機ノ為ニ、彼国ノ極妙ノ楽事ヲ令レテ見、厭欣ノ心ヲ令レカ生故ニ此発遣ノ教也。次ニ法蔵比丘ノ四十八願ヲ説ハ、弥陀来迎ノ教ヲ説ク。即、顕彰弘願ノ意ハ来迎体ニ極故也。而ニ此来迎ノ仏体ハ必ス発遣ノ声ノ中ニ応スヘシ。第七観ニ除苦悩法ノ声ニ応メ三尊空」(7オ)中ニ住立セシカハ、夫人往生ヲ証得セシハ此義也。サレハ此法蔵比丘四十八願ト被レ云顕彰弘願来迎ノ体ハ、国土ノ楽事ヲ説ク発遣ノ声ノ中ニ必ス現スルヲ、知識ノ声即来迎ノ仏体ト顕ス故ニ、声ノ外ニ別ニ来迎ヲ不説一。仍正因ノ来迎、知識ノ声ノ中ニアマリニ有故ニ、経ニハ不説也云云。一義ハ、正行門ノ時、又有来迎一故ニ経ニハ不説也。其故ハ、三輩散善一門之義ト云フ時、三福ヲ以九品正行トスルニ、世善ハ下上品ノ業ナルヘキヲ、有テ二別ノ子細一引上テ当品ニ説ケリ。仍世善ノ来迎当品ニ可有一。サルホトニ世善ヲ下三品ニ亘サントスル時、中上ノ二重ノ来迎次第ニ下ル時キ」(7ウ)当品ニ其来迎下ルヘシ。仍当品ニ二重ノ有来迎一故、中々不説也。抑、正因ノ来迎ニ付テ有深意一。能々可沙汰之也。而ヲ世人、此来迎有リ無ト云論アリ。意得テ云ハ、何モ不可違理一ニ。凡此ノ来迎ハ水澄メハ必ス月ノ宿ルカ如ク、心ニ応メ来歟。声アレハ必ス有響一如ク、応声ニ現ル歟ト云ニ、二義共ニ可有也。観仏三昧ノ来迎ハ心ニ応メ可レシ来ル。心池水清ケレハ仏月影垂ル、故也。念仏三昧ノ来迎ハ応レ声ニ可現一。知識讃勧ノ声、行者称名ノ声ニ応メ来故也。而ニ国土ノ楽事ヲ説ヲ聞テ行者ノ心澄マハ、心ニ応メ来トモ可云ッ。四十八願ヲ説カハ、咨嗟称名ノ声ノ中ニ名体不二ノ仏体」(8オ)必ス可来事、又無レ疑。咨嗟ノ声ハ名義ノ功徳ヲ讃ル声ナル故也。両三昧、何モ非レトモ可ニ取捨一、本願ノ本意ハ応声来現ヲ本ト為。サレハ第七観ニ、分別解説除苦悩法ト説ケハ、応声即現証得往生ノ仏体空中ニ住立スト云ヘリ。仍当品ニ第九門ノ有ニト来迎一云ヘトモ、応声即現ノ正因ノ有「ヲ来迎」為ニ顕、隠メ不説也。凡此ノ御願、今日ハ四十五日ニ罷成ル。讃嘆ノ声ノ中ニハ、必ス応声ノ仏体ハ顕現シ御ラン。故ニ所レ聞ク見仏ノ義アリ。而ニ知識ノ勧メハ行者ノ南無ノ心ヲ令レ生セ。南無ノ心発レハ、阿弥陀仏者、即〈是〉其行ノ体、其ノ帰命ノ心ニ応ス。故、南無阿弥陀仏ト唱カ即来迎ノ体ニテ有ケル也。既ニ南無ノ」(8ウ)心ニ応スル阿弥陀仏也ト知ナハ、称名ノ外ニ来迎ヲ不可待一。釈迦発遣ノ教モ、弥陀来迎ノ教モ、所詮ハ六字ノ名号ノ中ニ摂リヌ。釈迦発遣ノ教ハ南無ノ二字ニ極リ、弥陀来迎ノ教ハ阿弥陀仏ノ四字ニ極ル故也。其発遣ノ教ノ意ハ広ク一代ニ通ス。一代ノ教ハ諸仏称揚ノ願ニ答テ、弥陀ノ名号ヲ讃ル教也ケル故ニ、一代発遣ノ教ノ中ニハ必弥陀来迎ノ体有ヘシ。如此一知レト教タル今ノ経釈也。故ニ一代ノ教ハ只六字ノ中ニ極ル也。仍テ声即仏体也ト意得ヌレハ、唱ル声々毎ニ、只今来迎ニ預ル思ヲ可作也。称名ノ外ニ遠ク臨終ニ来迎ノ仏ヲ見ム事ヲ待ハ愚也。若知テ二此ノ義ヲ一上ニ、疾ク声即チ仏体ノ仏ヲ眼見ニ拝ハヤト思ハンハ不違理一ニ。若シ」(9オ)声ノ外ニ有レト仏思テ臨終ノ来迎ヲ待ハ、法体ニ可シレ背。サレハ恵心モ、或ハ依帰命想、或ハ依引接想、或ハ依往生想、応一心称念一スト云ヘリ。帰命想ト者、口ニ唱ル六字ノ義ヲ思ヘト也。其故ハ、我等曠劫已来、此ノ命ヲ我カ物ト惜シ故ニ、三世ニ流転メ出離ノ縁ナシ。本ハ無量寿常住ノ寿(いの)チ也。故今、生死流転ノ命ヲ弥陀常住ノ寿(いの)チニ奉レト帰思テ、南無阿弥陀仏ト可唱也。次引接想ト者、南無ト唱声ニハ前ニ帰命シツル阿弥陀仏必ス応スヘシ。即チ是レ来迎引接ノ体也ト思テ六字ヲ可唱也。サレハ和尚、六字ヲ唱ニ随テ、仏御〈ミ〉口ヨリ出給シハ此義也。サル前ハ声ノ外ニ仏体無シ。但シ応現ハ必然ナレ𪜈、衆生ノ見ニ」(9ウ)遠近アリ。今頓ニ身命ヲ捨テ、仰テ弥陀ニ属シヌル上ハ、見不見ニ依テ往生ノ得否〈トクフ〉ヲ不可定一。機ノ散不散ニ依テ見仏ノ遅速アリ。サレハ、鼓音声経ニハ、定機ハ平生ニ仏ヲ見、散機ハ臨終ニ仏ヲ見ト説ケリ。定散ヲ不論、帰スレハ必ス応ス。見不見ハ皆是仏ノ恩力也。本願ニモ此位ニ約メ、臨終ニ現前セント一云ヘリ。次往生想ト者、我已ニ帰命ス、仏亦引接スル上ハ已得生ノ思ヲ作メ唱ヨト也。往キ生トハ何物カ往キ生ル、ソ。我等カ心也。心ト一云ハ神(たましひ)也。神カ往ト一云ハ、帰命ノ神カ阿弥陀仏ニトツキヲサマルヲ往生ト云也。阿弥陀仏ト一云所ハ又即浄土也。広大寛平ノ荘厳ハ」(10オ)皆名号所開ノ功徳ナル故ニ、体ニ帰スレハ只名号也。故ニ六字ノ中ニ浄土アリ。六字ヲ唱レハ光中ニ摂取セラル。光ハ即チ無礙光如来ノ覚知ノ体ナリ。故ニ、光中ニ住スルハ浄土ニ住タル也。六字ヲ唱ル者ハ蓮花ニ生ス。蓮花ハ又仏ノ覚体也。而ハ蓮花モ名号也。光明モ名号、浄土モ名号也。仏体モ名号也。故ニ浄土遠ト不可思。仍此仏ヲ讃ルニハ已ニ成リテ二窮理ノ聖一、真有リ二遍空ノ威一ト云。身心無礙ノ仏、法界ヲ尽ス故ニ、十方億ノ浄土ト云モ只名号ノ中ニアリ。サレハ浄土論ニ、彼土ノ荘厳ハ皆是レ名義ノ功徳ト讃タリ。極楽ハ十方ヲ尽ス故ニ十方ノ浄」(10ウ)土モ又此中ニアリ。而ニ前念ニ此土ニ命終シ、後念ニ彼土ニ往生メ、元来是我法王家ト通達セン時、平日ニ唱ル所ノ名号ノ功徳ハ、無クレ残可開悟也。故ニ名体不二ノ来迎、必ス此品ニアリ。而ハ来迎有ト云モ来迎無ト云モ不違一也。有ト云ハ名号ノ中ニアリ。無ト云ハ名号ノ外ニ無ト云故也。若名号ノ中ニ無来迎一云ハ、即是謗法也。若名号ノ外ニ有来迎一云ハ、又是謗法也。仍テ世間ノ義ハ有無共ニ名号ノ外ニ於テ論ス。無正体一事也。

下品上生事

今日ヨリハ下三品ノ変相也。此下輩三品ト云ハ、在家ニテ」(11オ)十悪ヲ造ル輩、仏ノ四部ノ弟子ト成テ後モ、諸ノ戒ヲ破シ僧祇物ヲ盗ミ、五逆罪ヲ造者也。大乗ニ依ラハ、菩薩戒ノ和尚阿闍梨ヲ殺ヲ具メ、七逆罪ト名ク。乃至、謗法闡提等ノ一切ノ罪ヲ造ル者也。其中ニ下品上生ハ在家ノ十悪ヲ犯スル人ナリ。十悪ト者、一ニハ殺生、一切ノ者ノ命ヲ殺ス也。二ニハ偸盗、人ノ与ヘサル物ヲ隠シ顕シ盗也。三ニハ邪婬、他夫他妻ヲ犯スル也。此ヲ身ノ三ト為。四妄語、己カ利ヲ思ヒ、他人ノ指落サント思心ニテ虚事ヲスル也。五、綺語、亦ハ雑穢語ト名ク。人ノ痛ミ悩ツヘキ語ヲ出シ、乃至、花鳥風月ノ言ハ、皆是徒事ナルヲ云也。律ノ中ニハ」(11ウ)坐禅ヲシ、其外人ノ閑ニ居タル所ニ高声ニ読誦スルヲモ綺語ノ所摂ニ入タリ。六、悪口、人ヲ罵ル事也。乃至、所従眷属等ヲ罵詈放言スル是也。七、両舌、又ハ離間語ト名ク。人ノ云タル事ニモアレ、不云事ニモアレ、左右〈アナタコナタ〉ニ向テ、人ノ上ヲ云テ互ニ遺恨ノ心ヲ発サセ、両人ノ中ヲ云ヒ違ルヲ云也。此ヲ口ノ四ト為。八ニ貪欲、他物ヲモ貪愛シ自物ヲモ慳（ケン）惜スル是也。九ニハ瞋恚、怒ル心也。其ニ取テ怒ル心ヲ起ス時、前ヘノ人ヲコタリヲ云テ懺謝スレトモ、尚不レ用キ殊ニ深キ瞋恚也。十ニ愚痴、事ノ是非ヲ不ニ弁ヘ知一也。サルマヱハ念仏ストモ浄土ニハヨモ生レシ。罪造トモ地獄ニハ」(12オ)ヨモ堕シナント心ニ思ヒ口ニ云フ。是愚痴ノ至極也。此ヲ意ノ三トス。其中ニ今ノ変相ニ魚ヲ捕レル景気ヲ織ハ、十悪ノ中ニ略メ、初ノ殺生罪ノ姿ヲ織也。此身三・口四・意三ノ十悪罪ヲ造ル者、念仏メ可往生スト勧ル品也。今ノ世間ノ人、意ニ三毒煩悩ヲ具足スル故ニ、身ニ振舞、口ニ云事、皆此ノ十悪罪ニ非ト云事ナシ。経云、下品上生ト者、或ハ有テ衆生一、作テ諸ノ悪業一ヲ、雖レ不レ誹謗方等経典一ヲ、如レ此愚人多ク造テ衆悪ヲ無シ有ニ慚愧一ト云云。決定地獄ノ罪人ト定ルナリ。此十悪ヲ上品ニ犯スル者ハ、地獄ニ堕テ、八寒八熱ノ重」(12ウ)苦ヲ受ク。中品ニ犯スル者ハ餓鬼道ニ堕テ、五百生ノ間、飲食ノ名字ヲ不聞、種々ニ苦ヲ受ク。下品ニ犯スル者ハ畜生道ニ堕テ、山海空地ノ間ニ充満メ、又無量ノ苦ヲ受ク。而ニ上品ノ境ニ向テ、上品ノ十悪ヲ犯事ハ少トモ、中品ノ十悪ハ男女老少・貴賤上下、日々夜々ニ所犯一ス也。其中ニ殺生罪ハ、女房貴人ナントハ手ヲ下ノ無ト犯事一雖、他人ヲ教ヘ作ヲ見テ随喜スル位ノ殺生罪ハ免ル、人少カルヘシ。世人或ハ宿世ノ敵、親ノ敵ナントヲ打タル由ヲ聞テハ、口ニモ褒美シ意ニモ随喜ス。平家ナントヲ聞テモ、イミシクモシタル」(13オ)モノ哉ナント思心ハ僧家ニモ有也。殺ヲ見モ此ヲ随喜ス。〔乃至、魚鳥ノ類ヲ殺スヲ見テモ是レヲ随喜ス。〕或ハ国々ノ地頭等〔荘官等〕殺生物ヲ以貢（ク）物ニモ備ヘ、得分ニモ擬ス。サル間、其物ノ少ヲ歎キ多ヲ悦フ。得分違例ノ年ハ、百姓等殺生ノ罪ヲ不犯事ヲ遺恨シ制強ス。国王大臣・月卿雲客、誰カ此殺生罪ヲ不レ犯。サル前ハ、此殺生ノ一罪ニ依テ、地獄ニ堕事疑ナシ。サレハ輪王出世メハ君モ臣モ罪ヲ作ラシ、造ラセシトスル也。或又、狩ナントスル時ハ、纔ニ一両ノ獣ヲ得ムカ為ニ、山ニ火ヲ付テ、多ノ虫ノ命ヲ焼キ殺ス類ヒ多之一。地獄ニ堕テハ火ノ山ニ被テ追入一サイナマルヘキモノ也。魚ヲ漁（スナトル）」(13ウ)ニモ、取ハ少ク捨ハ多ケレトモ皆殺レ之也。次、偸盗ハ又威勢ヲ以作ワサ多之。或所知ヲ知ル者ハ領内ノ百性（ママ）等ノ身ノ代ヲ押取テ非理ニ人ヲ煩ス。不与取トテ、人ノ不レ与ヘ物ヲ取ハ皆是レ偸盗罪也。サル前ハ何レノ人カ地獄ノ業因ヲ不犯。況ヤ心中ノ三毒、刹那モ無レ間レハ、一人一日ノ中ニ八億四千ノ念アリ。念々ノ中ニ所レハ作ス、皆是三途ノ業ナリト云ヘリ。サレハ有時、仏、頭陀ヲ行シ給シニ、阿難衣鉢ヲ以テ仏ノ御供ヲシケリ。即仏ニ随テ地獄ノ相ヲ見候ハ、ヤト所望スルニ、仏言ク、地獄ノ衆生見タクハ、一閻浮提ノ内ニ十悪ヲ作ル衆生ヲ見ヨ。此業ヲ作ス者ハ」（14オ）足下ニ必ス三悪ノ火坑有故ニト云。纔ニ先業ノヒカヘタル程ノ人ノ形ナレモ、足ニ地獄ノ釜ヲ蹈（フマ）ヘタリ。身壊（ヤフ）レ命終セン時ハ、必ス其中ニ可堕入一。譬ハ大海ニ舟ヲ浮テ、諸人此ニ乗レラン、船沈マハ落テ死セン事纔一寸ト云カ如シ。我等先世ノ五戒ノ力ニ依テ、且ク人間ニ有ト云ヘトモ、又先世ノ業ニ依テ何ナル死縁ニモ逢ハ、死セン事刹那ナルヘシ。其時ハ又決定地獄ナルヘシ。于時当テ始テ驚動センヨリハ、兼テ可キ思知事也。若思知ラハ出離ノ業ヲ可レ修。何ソ安然トメ明シ暮サン。忽尓（タチマチ）ニ無常ノ苦来リ逼（せめ）ントキハ、精神（タマシイ）錯乱メ始テ驚忙メ、万事家業」（14ウ）皆捨離ス。専心ニ発願メ向ヘ西方ニ云。此道理ヲ思知ラハ、念仏メ往生セヨト勧ラレタリ。此品ノ人、如是十悪ヲ作（造）テ今ハノ際ニ臨テ、忽ニ往生ノ善知識ニ値ヘリ。仍、経文ニ命欲終ノ時、遇善知識ノ為ニ讃ルニ大乗十二部経ノ首題ノ名字ヲ云。此知識、先ツ大乗経ノ首題ノ名字ヲ讃説メ、此経名ヲ念メ助カレト教也。火急ナルニ依テ正段ニハ不入故ニ、妙法蓮花経・摩訶般若波羅蜜経等ノ首題ノ名字ヲ説也。仮令、法花ヲ説カハ、妙法ト者、タエナルノリ也。タエナルノリト者、衆生ノ心法也。イカナレハタエナルノリトハ云ソト云ニ、衆生ノ心法ハ色モ無ク、形モ無ケレモ、其ノ」（15オ）一心ノ理性ハ本性清浄ニメ不可思議也。故ニ妙法ト云、蓮花ト者喩也。此蓮花ハ泥中ニ有レモ、泥ニ不レ染カ如ク、衆生ノ自心ノ体即チ仏也。此心、本性清浄ニメ煩悩ノ淤泥ニ不被汚事、譬ヘハ蓮花ノ如シ。速ニ此心蓮ヲ念メ浄土ニ生メ、本有心性ノ蓮花ヲ開ケナント可説也。次、摩訶般若波羅蜜ト者、梵語也。此ニハ大智慧到彼岸ト云。般若ノ妙理ハ是レ三世諸仏ノ智母也。此ノ智慧ニ依テ仏ニ成故ニ到彼岸ト一云。次、大般涅槃ハ仏性常住ノ妙理ノ名也。是ヲ悟レハ必ス仏ニ成ル故ニ、経云、一切衆生ニハ悉ク有リ二仏性一、如来常住ノ無レ有二「変易一ト。一切有レル心」(15ウ)者ハ皆仏ニ可成一。常住ノ二字ヲ聞者ハ、地獄ニ無堕事一ナント可レ聞カス説キ也。如レ是説カハ、聞レ之千劫ノ罪ヲ可滅ス。既ニ千劫ノ罪滅シツ。無キ二過失一得分ナレトモ未タス極二メ滅罪ノ益一ヲ、不可叶二往生一思テ又甚深ノ法アリ。汝南無阿弥陀仏ト唱ヨ。一聞一称ノ下〈シタ〉ニ必ス浄土ニ可往生ス一教ル時キ、合掌叉手メ一度南無阿弥陀仏ト唱レハ、五百万劫ノ生死ノ罪ヲ滅ス。其時、彼仏即化仏菩薩ヲ遣メ、此人ヲ迎摂メ告テ云ク、善男子、汝称ルカ二仏ノ名ヲ一故ニ、諸罪消滅メ、我レ来テ迎レフ汝ヲ云云。宗家ノ大師、是ヲ釈給ニ二重ノ釈アリ。〈初ニハ〉問曰、何故ソ聞レ「経十二部スルニハ」(16オ)但除レ「罪ヲ千劫、称レ「仏ヲ一声スルニハ即除レ罪五百万劫ナルハ者何意ソ也。答曰、造罪之人障リ重シ。加ルニ以ス二死苦来リ逼(せま)ル一ヲ。善人雖レ説ト二多経一ヲ、飡受之心浮散ス。由ルカ二心散ル一ニ故除罪稍〈ヤヽ〉軽シ。又仏名ハ是レ一ナレトモ、即能ク摂メレ散ヲ、以テ住セシムレ心ヲ。復タ教テ令シム二正念ニ称名一ヲ。由ルカ二心重キ一ニ故ニ、即能ク除レ「罪ヲ多劫也云云。行者死苦来リ逼ル故ニ、慭〈ナマシイ〉ニ多ノ経ヲ説ニ、聞レハ之彼レハ忘〈忌〉レ、彼ヲ聞ハ此ハ忘レテ、心軽ク浮散スル故ニ、除罪稍〈ヤヽ〉軽シ。故ニ長事ヲ止テ知識教テ仏名ヲ令ニレ称、心ヲ一仏ニ係テ唱レハ正念重シ。正念ノ重カ故ニ、除罪多劫也ト云云。此ハ機ニ約メ、難易ノ義ヲ以釈スル也。既ニ機ニ依テ滅罪ノ多」(16ウ)少ヲ定ル故ニ、未タ念仏ノ甚深ナル色顕レハテス。若多仏ノ名、一経ノ名ナラハ、又仏名多キ故、心軽メ除罪少シ。経名一ナル故ニ心重メ、除罪多劫也トモ可レ云歟ト聞ヘタル也。次化仏讃嘆メ、汝称仏名故、諸罪消滅、我来迎汝ト云下(し)タニ於テ、甚深ノ義ヲ顕セリ。謂ク、所聞ノ化讃但タ、述テ称仏之功一ヲ、我レ来テ迎レト云テ汝ヲ、不論セ二聞経之事一ヲ。然ニ望レハ二仏ノ願意一ニ者、唯勧ム二正念ノ称名一ヲ。往生ノ義ノ疾「不レ同セ二雑散之業一ニ。如キ二此経及ヒ諸部ノ中一ノ処々ニ広ク歎メ勧テ令ルヲ称レセ名ヲ、将ニ為スル二要益一ト也云云。此時、本願ノ宗義、称名ノ法体ハ顕也。其〈故ハ〉此仏ノ因位法蔵比丘ノ昔シ、二百一十億ノ諸」(17オ)仏ノ浄土ノ中ニ於テ、善妙ノ国土ヲ選取テ、我カ国土ト定メ、其土ニ可往生一行ハ、唯称我名号ノ一行ヲ選取テ本願ト立給ヘリ。既ニ本願行ナル故ニ、往生ノ義ノ疾事、聞経等ノ雑散ノ業ニハ不同一。故ニ化仏ノ讃嘆モ、本願ノ称名ヲ讃テ、汝称仏名故諸罪消滅、我来迎汝ト云テ、非本願聞経ノ功徳ヲハ不讃也。而ニ三福ノ中ニハ読誦大乗勝タリ。故ニ菩提心ノ上ニハ、必先ツ読誦大乗ノ行ヲ可修一。此故ニ当品ノ聞経ハ此行ヲ勧メケル也。但シ本願ノ行ニ非ヲ以テ遠因也。故ニ本願ノ名号ヲ令レ称時、声ト等ク三尊来現メ、速疾往生ノ義ヲ顕ス。而ニ必シモ如レ是、先ツ聞経ヲ非レ可レ勧ム。只是念仏ノ功ノ聞経等ノ善ニ勝事ヲ為ニ顕一、仏ノ巧方便トメ」(17ウ)被説也。如是意得ナハ、人ノ臨終ニハ只万事ヲ閣(さしおき)テ念仏ヲ可勧也。有人ノ臨終ニ、有僧ヲ請メ知識ト為ケルニ、此僧ハ妙法ノ徳ヲ病者ニ心得サセントト思テ、弱リハテタル病者ニ向テ、或ハ一切ノ業障ノ海ハ、皆従二妄想一生ス。若欲(お〈モハ〉)二懺悔一セント者、端坐メ思実相一ヲ、文ヲ誦メ、此心ニ住セヨト教ヘ、或ハ我心自空、罪福無主、観レ心無心、法不住法ノ文ヲ誦メ、此心ニ住セヨナント種々ニセ、カミケルニ、此俗ハ本念仏者也ケル間、此ハ我カ日来聞キナレタル法ニモ非ス。只念仏ヲ勧給ヘト云ケレハ、僧云、此レハ是大乗実相ノ法門也。此ノ理ヲ意得テコソ、一心ノ本源ニハ達スヘケレ。若不尓者、自心ノ本源ニ闇クメ、生死ノ可無出期一」(18オ)ト云云。俗頭ヲ振テ云、イヤ〳〵何ニト被レ仰レトモ、耳ニモ不入ニ不被二意得一事也ト云テ、自(みづから)磬台引寄テ、鐘ヲ打テ高声ニ念仏メ往生スト云云。此ハ意得タル病者ナリケレハ、イミシクメ終リケリ。若シ不意得一病者ナラハ、此僧ハ悪知識ナルヘシ。経ノ本意ハ、雖説二トモ両門一ヲ、意在ニリ専称一ニナル故ニ、只念仏ヲ可勧一。故ニ讃云、忽ニ遇三フ往生ノ善知識ノ急ニ勧テ〈専ラ〉称セシムルニ彼仏ノ名一ヲト云云。又今、大乗首題ノ名字ト云内ニ、一切ノ大乗経ヲ可シレ摂。何レノ経ト定テ不説故也。如是、大乗ノ経ノ功力ヲ以、千劫ノ有滅罪一トモ、念仏ノ本願正定ノ業ナルニハ不レ(しか)如(ず)。故ニ此品ノシツラキハ、一代諸教ノ上ニ、弥陀ノ」(18ウ)本願・念仏ノ一行、秀(〈ヒイテ〉)タル故ニ、罪悪ノ凡夫ヲ摂メ、而モ彼土ニ至テ、諸教ノ深理ヲ無残可悟一易行頓証ノ勝益ヲ顕ス経釈也。而ニ此義ハ今浄土門ノ教相計ナルニハ非ス。諸教ノ意、皆ナ又如レ是。其ノ故ハ、釈尊ノ出世ハ五濁五苦ノ衆生ノ為也。即下三品ノ機是也。八万ノ教ノ中ニ難キハ度此機也。釈尊、夫人ノ請ニ依テ、此機ノ出要ヲ説ニ、一念十念ノ称名ヲ以、諸教ニ漏ル、難開悟ノ機ハ可シト往生一、序ヨリ以来（このかた）タ、約束シ来ル所ハ、此下輩ノ衆生ノ往生也。既ニ釈尊ノ出世ハ此重苦ノ衆生ノ為ト知ヌレハ、此品ハ如来出世ノ本懐ヲ説極（ときわめ）タル法門ナル故ニ、一代ヲ十二部ニ尽ノ」（19オ）彼教ニ漏ル、所ノ機ハ、一念称名除罪往生ト落居スト教タル也。此仏意ヲ得テ、今師、聞経念仏、相対メ勝劣ヲ判メ、難ク劣ナル聞経雑散ノ業ヲ捨テ、易ク勝タル称名正定ノ行ヲ取レト勧也。今師ノミ此宗義ヲ興スルニ非ス。他宗ノ天台大師、亦此式也キ。震旦ニテハ、天台山ノ智者大師ト号シ、我朝ニテハ〈根本〉叡山ノ伝教大師タリキ。日本一州円機純熟、朝野遠近、皆帰二大乗一ニ、緇素貴賤、悉ク期二成仏一ヲト教入レ給シ伝教大師ノ心中ノ己証ハ只念仏ノ一行也キ。此伝教大師ノ先身天台大師ハ、陳・隋二代ノ師範也キ。而ヲ隋ノ煬帝〈ヤウテイ〉、時々（ヨリヨリ）、山門ノ」（19ウ）幽閑、利益闕タル御事也。願クハ出世メ説法利生シ給ヘト被二召請一シニ、始ハ固ク被二辞退一シカトモ、遂ニ其請ニ赴テ下山シ給シ程ニ、内裏ニテ御説法可有一、聴聞セントテ、門徒群ヲナシテ御共ス。天台山ノ麓ニ国清寺ト云寺アリ。彼山ノ末寺也。本尊ハ弥勒ノ石像也。大師此寺ニ至ル時、俄ニ門徒ニ告云、我レ入滅ノ期既ニ近タリ。維那ニ仰テ鐘ヲ鳴〈ナラサ〉セヨ。人ノ臨終ニハ鐘ノ声ヲ聞ケハ正念ニ安住ス。我レ鐘ノ声ノ尽（や）ムヲ為レメ期正念ニ住メ終ラント云云。又門弟ニ告テ、南無妙法蓮花経ト唱ヘサセテ、大師自経ノ功徳ヲ讃メ発願メ云ク、法門ノ父母ナリ。恵解ノ由生ナリ。本迹広大微妙ヲ難レ」（20オ）測リ絶テ於曩日〈ナウシツ〉〈ムカシ〉二且ク置テ不論一セ。速ニ詣テ、西方ニ値レ奉テ仏ニ開悟セント云云。法門父母ト者、一代諸教ハ此妙法一乗ヨリ開出スル故也。恵解由生ト者、三世ノ賢聖ノ智慧ハ此経ヨリ出生スル故也。本迹広大微妙難測ト者、此経ニ本迹両門二十八品アリ。初ノ十四品ハ迹門也。三乗・五乗・七方便・九法界、皆一仏乗ト開会スル故ニ、是ヲ開三顕一ト名ク。後ノ十四品ハ本門也。即チ釈尊今日ノ成道ハ迹門ノ法門也。実ニハ久遠ノ成道也。一切衆生ニ皆悉ク、此久成ノ有ト体顕ス。

是ヲ開迹顕本ト云。故ニ迹門ノ正意ハ在リレ顕スニ実相一ヲ。本門ノ正意ハ顕ス寿ノ長遠ナル一ヿヲト云ヘリ。此本迹ノ両門ハ、仏」(20ウ)智ナラテハ難量一故ニ微妙難測ト云也。絶ヲ於曩日且置不論速詣西方値仏開悟ト、先此経ノ益ヲ得シ事ハ、在世ノ日ノ身子目連等ノ諸大声聞、普賢・文殊等ノ諸大菩薩ノ智慧深高ナル人ノ所得也キ。其ハ昔ノ日ニ絶ニキ。今者於テ論セシ。我ハ速ニ弥陀仏ノ極楽界ニ生テ、仏ニ奉レテ値、此妙法ヲハ開悟セント也。而ヲ此経ハ三世諸仏ノ出世ノ本懐、一切衆生ノ成仏ノ直道也ト説モ、其ハ在世ノ機ノ得益也ケレハ、滅後ノ凡夫ノ法花ノ得レル益事ハ、浄土ノ一門ニ可ト有二云事、大師ノ解釈分明也。サレハ薬王品ニ云ク、若如来滅後ノ々、五百歳ノ中ニ、若有テ二女人一聞テ二是ノ」(21オ)経典一ヲ、如ニ説一修行セハ於此命終メ、即往テ二安楽世界阿弥陀仏大菩薩衆囲繞住処一ニ、生蓮花ノ中宝座之上一、乃至得ヘシト二菩薩ノ神通無生法忍一ヲ云云。此経ノ後ノ五百歳、遠點〈ウルフ〉妙道ノ益ハ、即往安楽ト説ケリ。後五百歳ト者、当今末法ノ時ニ当レリ。女人ノ得益ハ諸教ニ不許之一ヲ。而ニ妙経ノ功力ニ依テ、如説修行ノ女人、安楽ニ往生メ、無生忍ヲ可得ト被勧タリ。無生忍ト者、法花ノ悟也。而ニ女人ハ下機ノ手本ヲ挙ク。大師又、彼ノ女人ニ同メ、仏前ニ詣メ、此ノ法ヲハ悟ラント被シ仰也。次ニ又、門弟ニ告テ、南無仏説観無量寿経ト唱サセテ、大師又自極楽ノ荘厳ヲ讃メ往生ヲ願テ云ク、四十八願荘厳ス浄土一ヲ、花池宝閣易メレ往無シレ人、火車ノ相現ルモ」(21ウ)能ク改悔レハ尚生ス。況ヤ戒定慧薫修ノ人ヲヤ云云。彼土ハ弥陀ノ四十八願ヲ以荘厳ス。四十八願者、只名号ニ極ル。念仏ノ願力所成ノ浄土ナル故ニ、念仏ノ衆生易レ往。サレトモ如是信スル人ノ少事ヲ歎テ、易往無レ人トハ云也。此ハ大経ニ、必得三ヨ超絶メ〈去テ〉往二生ヿヲ安養国一ニ。横よこさまニ截キテ五悪趣一ヲ、々々自然ニ閉ツ。昇レルモノ道ニ無シ二窮極一リ。易往而モ無レ人ト説ク意ニ依テ讃也。火車相現・改悔尚生ト者、観経ノ下品中生ノ意ニ依テ讃ム。此ハ如説修行ノ女人、即往安楽得無生忍ト説ク法花ノ金言ニ任テ浄土ニ帰シ給ヘリ。其ノ如説修行ノ者ハ、三部ノ妙典ニ依テ念仏メ可往生一ト得テ、火車ノ相現スル下輩ノ者尚往生ス。況ヤ我ハ三学薫修」(22オ)スル故ニ、無疑往生ト安心落居テ、其後ハ復余言ヲ不雑ヘ、一心ニ念仏ノ寂然トノ化シ給キ。而ニ大師ハ観行五品ノ妙解朗(ほがらか)也シカトモ、妙経ヲ閣テ〔念仏ニ帰メ〕下品ノ凡夫ニ同メ往生ノ一路ニ帰シ、浄土ニ生テ法花ノ法門ヲ開悟セント誓給キ。何況ヤ末代罪濁ノ凡夫、何ッ不尓哉。此大師ノ御往生ノ作法、当観ノ法門ニ一分モ不違也。此則、法花観経一轍〈テツ〉ナル宗義ヲ得給ヘル故ニ、両経ノ意ニ依テ浄土ニ帰シ給シ也。而ヲ妙法ノ理ハ、此土ニメハ難レ悟ケレハ浄土ニ生テ開悟セント云ハ、今聞経ハ雑散ノ業ナル故、飡受ノ心、浮散メ、滅罪往生ノ益難レ得捨テ、浄土ニ往生メ、花開以後、大乗十二部ノ法門ヲ開悟スト説ニ同也。サテ一心ニ」(22ウ)念仏メ往生スト云ハ、今一念ノ称名ニ依テ、三尊ノ迎摂ニ預テ往生スト説ニ同也。而ニ法花ノ本門ニ仏ノ寿命長遠ナル事ヲ説ハ、無量寿ノ法体ヲ顕也。迹門ニ仏ノ知見ニ開示悟入スト云ハ、又無量寿ノ覚体ニ開示悟入スル也。恵光照ス「無量ナリ。寿命無数劫ナリト説ク経文、即此意也。上ミノ句ハ迹門ノ功徳、下ノ句ハ本門ノ功徳ヲ説カ、而モ弥陀ノ無量光無量寿ノ法体ニ当レリ。此則、法花ノ本迹両門ハ只弥陀ノ名号ニ極ル意ナリ。如是宗義ヲ得テ、浄土ノ真門ニ帰シ、往生ノ一路ニ入給事、尤有其謂也。法花即名号ナレハ、々々ノ功徳ヲ悟ル事、尤浄土ニ生テ可悟一道理也ケル故也。而ヲ」(23オ)彼ノ門弟等ノ云ク、大師ノ得益ハ此土ニメ成仏シ給ヘリ。往生ノ相ヲ示スハ、是下機ヲ引スル方便也ト云。大師、縦実ニ往生シ給ハストモ、下機ヲ引スル方便ナラハ、当今ノ凡夫ハ皆是下機也。何ソ往生ヲ不願乎。況ヤ又上代付法相承ノ章安大師、六代相承ノ妙楽大師、乃至我朝中古ノ伝教・慈覚・智証・慈恵・恵心・旦〈檀〉那等ノ大師ノ御門弟、皆念仏往生ノ一門ニ入給キ。今ノ行者、彼ニ勝乎。就中、妙楽ノ法花ノ疏記ニ、如説修行即往安楽ノ文ヲ釈メ云ク、如説修行者、即浄土ノ因ナリ。不レ須ク三更ニ指〈サス〉二観経等ヲ一也ト云。此ハ法花ニ即往安楽ト説ハ、其ノ宗義不レ云ニ、観経ノ法門ニ」(23ウ)可キ成間、且ク法花如説修行力ニ依テ、安楽ニ往生シタリト切リ留メテ、法花ノ得分トセント被押ヘタルカ、而モ其心中ハ、此経ニ如レ是説意ハ、観経ニ依テ弥陀ノ本願ニ帰シ、念仏ノ後五百歳ノ女人ハ可二往生ス一教ヘ入レタル教意ナル故ニ、且ク法花ノ宗ヲ立ル日此ヲ被レタル惜言也。心ハ通メ言ハ被タル惜一中々ナル釈也。然者、法花ノ意ハ聖道門ノ中ニモ仏意ハ念仏往生ノ道ヲ本意ト思食故ニ、且カツ〳〵浄土易行ノ門ヲ開テ、即往安楽ト教給ヘリ。故ニ其宗義ハ観経ニ同也。但シ仏意ハ然ナリト雖、法花ハ尚聖道ノ教ナル故ニ、如説修行ノ往生ヲ説ク観経ノ宗義ニ校メ見レハ、上々品ノ往生ニ当レリ。未下八品ノ往生ヲ不説一。其ヲハ」(24オ)観経ニユツルナリ。サレハ下八品ノ往生ノ文ハ観経ニアリ。意ハ又法花ニモ有也。有レトモ且ク是ヲ惜テ言ニハ不顕一。而ニ此妙楽大師御臨終ノ時、宵ノ程ハ門弟ニ対メ、自宗ノ三観六即ノ法門底ヲ極テ談ス之。サテ後ハ門弟ヲメ一向ニ念仏セシメ、自同音ニ高声念仏ス。後夜ノ時分ニ至ルマテ、数百反ノ念仏ヲ申テ御往生アリト伝ニハ記セリ。此又、当品ノ説相ニ同セリ。自宗ノ法門ヲ談セシハ聞経ノ位也。後ニ一向称名ナルハ転教口称ノ位ニ当故也。又本朝慈覚大師ノ御坊ハ根本中堂ノ傍ニアリ。御臨終近ク成シカハ、門弟其数多ク集キ。其中、相応和尚ハ不動ノ慈救ノ咒ヲミテラレケリ。正キ御臨終ニハ」(24ウ)西方ノ聖衆既ニ御来臨アリ。今者、陀羅尼ヲ止テ一向可念仏一ト面々ニ〔師匠告ケラレシカハ、相応和尚以下ノ御門弟速ニ陀羅尼ヲ止メテ」念仏メ師匠ノ往生ノ業ヲ助ク。今ハノキハニハ、聖衆ニ随テ西方ニ可ト去一告テ御往生アリト云云。是皆天台大師ノ祖意ニ順シ、当品ノ説相ニ任テ、念仏往生ノ一路ニ帰シ給意也。抑又、天台大師ハ何事ニ依テ、観行五品ノ妙解ハ開給ケルソト云ニ、南岳大師ノ附法トメ法花三昧ノ行法ヲ修シ給故也。即今ノ法花懺法ト云物是也。此懺法ノ始中終、又皆念仏也。初ニ先ツ一心敬礼十方一切常住仏法僧ト礼スルハ、念仏ノ法門也。法僧ハ是仏ノ所証ノ法、仏ノ眷属ノ僧ナル故ニ、唯念仏ニ極也。次ニ一心奉請、南無妙法蓮花」(25オ)経中、常住三宝ト云、又是、念仏也。次一心敬礼本〈大〉師釈迦牟尼仏・過去多宝仏・十方分身釈迦牟尼仏・東方善徳仏・尽東方法界一切諸仏等者、観仏三昧経及十住毘婆娑論ノ易行品ノ意ニ依テ念仏スル也。此経論ハ皆、弥陀ヲ讃メ念仏ヲ勧テ、罪障消滅ノ方法トシ、易行不退ノ法体ト為ル故也。故ニ十住毘婆娑論ニ云ク、阿弥陀仏ノ本願、如是若人ト念レシ我ヲ称メ名一ヲ、自帰セハ即入テ必定ニ、得ヘシ二阿耨多羅三藐三菩提一ヲトテ、弥陀念仏ヲ以易行ノ体トセリ。此則、観経ノ中ニ修行六念ハ只南無阿弥陀仏ノ念仏ニ極トテ説ク義ニ斉ひとシ。サレハ三帰六念等ヲ」(25ウ)以テ諸大乗経ノ意義ト為、諸大菩薩ノ要行ト為ルハ、皆是弥陀念仏ヲ体ト為トテ可意得也。故、観経ニハ弥陀ヲ諸仏トテ名ク。弥陀ハ是諸仏ノ体ナル故也。釈云、弥陀ヲ尽十方無碍光如来ト名ク。弥陀ノ功徳ハ十方ヲ尽メ無ク残無碍一故也。既ニ此宗義ヲ〔平等覚経ニ云ク〕十方三世仏一切諸菩薩八万諸聖教、皆是阿弥陀トテ得ツレハ、此法花懺法・普賢懺悔ノ方法ニ、常住ノ三宝・過去ノ七仏・三世ノ諸仏・一切ノ賢聖・諸大乗経等ノ尽十方ノ三宝海ヲ敬礼奉讃スルハ、只是阿弥陀仏ヲ称礼スルニ当レリ。如レ是礼シ畢テ、次懺悔・勧請・随喜・廻向・発願ノ五悔ヲ修スルニ、懺悔ノ時ニハ六情ノ罪根ヲ懺悔ス。乃至発願ノ文云ク、願ハ」(26オ)臨テ命終ニ心不乱レ、正念ニ往生メ安楽国一ニ、面まの〈アタ〉リ奉ツカヘ二弥陀一ニ値テ二聖衆一ニ、修二行メ十地ヲ一証セン二常楽一ヲト云云。此則、法花三昧五悔ノ行法ハ、只発願ノ文ニ極ル。其発願ハ浄土ニ往生メ、面まのあタリ弥陀ヲ拝見シ、十地ヲ修行メ、法性ノ常楽ヲ証セント也。然者、法花懺法ノ体ハ、只弥陀ヲ礼念メ、浄土ニ往生メ、仏ニ成ムト願也。爰知ヌ、大師ノ御臨終ニ念仏往生ノ今ノ品ノ法門ニ順スルノミナラス、平生ノ勧メモ一向念仏ナリト云事ヲ。〔或ル記ニ西ノ尅一時ハ万事ヲ閣テ一向ニ念仏スト云云。〕仍テ今品ノ初ニ大乗首題ノ名字ヲ説ハ、一代ノ教義ヲ尽ス也。此時ハ行者湌受ノ心、浮散メ無シ二其功一。次、一代ノ所帰タル念仏ヲ教ル時キ、一声称メ往生ス。化仏是ヲ讃嘆メ聞経ヲハ不讃給ハ一。行者既ニ彼土ニ往生」メ(26ウ)残殃アウ〈ツミ〉未尽一。故ニ花中ニ有ト云ヘトモ、観音ノ開花三昧ノ力ニ依テ、四十九日ニ花開ク。其時、観音為ニ先生ニ聞シ所ノ十二部経ヲ説給ニ、先生ニハ一分ノ恵解モ不レ開トモ、今浄土ニメ忽ニ領解メ無上道心ヲ発シ、一大阿僧祇劫ヲ経テ可至百法明門歓喜地ニ、纔ニ十小劫ヲ経テ証臨ス。天台大師ノ速詣西方値仏開悟ノ願ハ、即当之也。而ハ法花ノ結縁尤大切也。往生メ観音ノ説法ヲ聞テ所ハ悟一、法花甚深ノ大乗ナル故也。法花ハ弥陀ノ内証ヲ説ク所成ノ法也。念仏ハ其法花ヲ可成能成ノ法也。能成所成一致ニ会スレハ只是一法也。仍テ唐土飛錫禅師ハ、念仏ヲ法花ト同ク名ク仏恵一ト」（27オ）ト釈ス。法花念仏ハ開合ノ異也。故ニ西山上人、法花ハ広名号、々々ハ略法花ト云云。

私云、法花ヲ広名号ト云事ハ、法花ノ一々ノ文字名号ナラスト云事ナシ。法花ノミナラス、一代八万教法、皆名号ヲ讃ム故ニ広名号ト名ク。略法花ト者、法花ノ肝要ヲ選ヒ取タルヲ略法花ト云フ故ニ、名号ハ法花ノ中ノ勝タル故也云云。

于時、明暦三年丁酉六月二十二日以嵯峨二尊院本写之

江州栗太芦浦

観音寺舜興蔵（印）

（表紙）

浄土九番箱

観音寺

舜興蔵（印）

（見返）

曼荼羅聞書抄廿四

散善

（1オ）

下品中生事

永観禅師夢事

観仏三昧経説所ノ十八ノ苦事

仏ノ十種ノ智力事

十二光ノ事

滅除薬鼓事（首楞厳経説）　次毒鼓事（涅槃経説）

四品知識安心起行聞名作業ニ可当事

（1ウ）

下品中生事　十四

今日ハ下品中生也。上ノ品ノ十悪軽罪ノ人ハ、地獄ノ猛火現前ストモ不説一。サシモ苦痛アリトモ不見一ヘ。又、知識ノ説ヲモ聞入ル、ホトノ事也ケレハ、知識即大乗経ノ首題ヲ讃説スルニ、千劫ノ罪滅ス。転教メ口称セシムルニ、多劫ノ罪滅メ往生スト云ハ、念仏諸行相対メ、聞経ハ本願ノ行ニ非ス、念仏ハ本願ノ行ナルカ故ニ、滅罪往生ノ功勝レタリト廃立ス。又、彼ハ尚一声ノ称名マテモ命延ケリ。今ノ品ハ十悪業道ノ上ニ破戒違制ノ過ヲ重タリ。故ニ経云ク、下品中生者、或ハ有テ二衆生一、毀二犯ス五戒八戒及具足戒一ヲ。如レ此愚人、偸二ミ僧祇物一ヲ、盗二テ現前僧」(2オ)物一ヲ、不浄説法メ、無有慚愧一。以二ソ諸ノ悪業一ヲ、而モ自荘厳ス。如此罪人以二ノ悪業ヲ一故ニ応レシト堕地獄一ニ云云。破戒ニメ而僧物ヲ犯用シ、邪命説法メ曽テ慚愧ノ心ナシ。故ニ諸ノ悪業ヲ以自荘厳メ内心ヨリ外相ニ至ル。依之ニ、見人詭(あざむ)キ悪ム。是則、当世ノ僧衆ノ有様也。此中ニ、五戒八戒ハ在家ノ人ノ戒也。具足戒ハ出家ノ戒ナリ。僧祇物ト者、此ニハ大衆物ト云。即常住物也。此ニ有レ二。一ニハ常住ノ々々。謂ク、寺庫ニ所納置一ク米穀等ノ物也。二ニハ十方ノ常住。謂ク、当日ニ僧衆ニ可供養一ス物也。次ニ現前僧物ト者、此ニ又有レ二。一ニハ現前ノ々々。謂ク、只今現前ノ僧ニ可与物也。二ニハ十方ノ現前。謂ク、分亡物トテ、亡者ノ資具」(2ウ)等ノ物ヲ、鐘ヲ鳴シ槌ヲ打テ作法メ、三千世界ノ僧衆ニ分与ムトスル物也。此品ノ人、破戒ノ上ニ如レ是僧物ヲ心ニ任テ盗ム。決定地獄ノ業也。当品ノ変相ニ、松ノ枝ニ天蓋ヲ懸タルヲ、韋提、取レ之相ヲ図スルハ、即此僧物ヲ盗ム相ヲ顕ス也。次、不浄説法ト者、釈ニハ邪命説法ト云。謂ク、真実ニ仏法ヲハ不レメ知、為名利一ノ、或ハ為ニ勝他一ノ、高座ニ昇テ説法スルヲ不浄説法ト云。此則チ邪業ヲ以活命スルカ故ニ、又ハ云邪命一ト也。此レ又当世ノ法師ノ振舞事也。又僧祇物ヲ犯用スル事ハ、在家ニモ可ト有一云ヘトモ、出家人ノ三宝物互用ノ過、殊ニ深重也。若又、在家人トメモ仏物ヲ犯用セハ、余人ニハ可超過也。当世諸寺諸山ノ」(3オ)別当執行等ノ作法、皆是此品ノ作法也。而ニ涅槃経ノ中ニ、五逆四重ヲハ我レ亦能ク救フ。盗ニム僧物一ヲ者ハ我カ所レナリ不レ救ト云ヘリ。此ハ多分、人ノ好ミ作ル所ナルカ故ニ、仏此厳(キヒシキ)誡ヲ加ヘ給ヘリ。禅林ノ永観律師、東大寺ノ大勧進タリシ時、有夜夢ニ、青衣ノ鬼神二人来テ、律師ノ両目ニ一ノ大ナル針ヲ打ト見テ夢覚テ、大惶怖(こうふ)ノ思惟スルニ、油倉ノ油ヲ借用シタル事ナントト有ニ依テ、此夢相ヲ感ル歟ト思テ、倉預ノ僧ヲ召テ被ニレ尋、僧ノ云、夜前油売リ不見来一間、仏ノ油ヲ借テトホス。今日速ニ可入立一ト云云。律師云ク、カヽル夢想アルニ依テ、事ノ子細ヲ為レ聞カ也。実ニ有子細一ケリ。疾々返入レヨトテ、早速ニ被」(3ウ)沙汰一ケリ。上代ハ如レ是道心堅固ニメ、今度決定可出離一スル人ニモ、軽罪ナレトモ仏神三宝ノ治罰有テ、其過ヲ告知セテ懺悔滅罪セシメケル也。今ノ世ノ人ハ重罪人ナルカ故ニ、雖有重過一、無ニキハ其告一ケ、其業重メ決定地獄ニ堕テ苦果ヲ可受故ニ、急ニハ責メサル也。故ニ大経云、恣ニ聴ニメ所為(ナストコロ)ヲ一待ニツ其罪ノ極リヲ一ト。重罪人ニハ其過ヲ無左右ニ不与一。其罪ノ極ル所ヲ待テ、悪趣ニ為令堕也ト云云。人ハ目ニ不レルヲ見以テ無レト過思テ、心ニ任テ三宝物ヲ犯用スレトモ、獄卒等ハ一塵ヲモ不残一サ皆記メ之、籍ノ面ニアリ。其記文ニ任テ、熱鉄ノ床ニ臥テサイナマレン事決定ナル故ニ、不恷カ也。カヽル」(4オ)衆生ノ臨終ニハ、平生ニ所ノ造悪相、悉ク顕現スル時キ、怖畏万端也。故ニ首楞厳経云、一切衆生臨命終時未スレ捨煖触一ヲ、一生ノ善悪、倶時ニ頓ニ現コト云云。命終セントシテ未タ煖ナル気分ノ不失一前ニ、平生心中ニ所ノ造悪業ノ相一時ニ来現ス。日来ハ曽テ不知一、不見一。今、此相ヲ見テ初テ驚忙ス。此コヲ経ニ説テ云ク、命欲終時、地獄衆火、一時倶至ト。此中ニ地獄衆火一時倶至ト者、凡地獄ノ荘厳ハ皆悉ク火ヲ以荘厳セリ。我等カ三毒ノ火ヲ以テ、此ヲ荘(かざ)ル故也。衆火ト者、観仏三昧経ニ、火車爐炭十八ノ苦事一時ニ来迎スト云ヘリ。火ヲ以荘厳セル十八ノ」(4ウ)苦器ノ相悉ク可顕現一ト云云。一番ニハ先ツ火車ノ相現ス。鉄ノ車ニ猛火ヲ乗セテ、獄卒等将テ来ル。此ハ何ノ料ソト云ニ、罪人ヲ乗テ行カントスル相也。次ニ爐炭ト者、火鉢也。鉄爐ニ鉄ノ炭ヲ積テ火ヲオコシタル相也。此ハ何ノ料ソト云ニ、日来所造罪、若シアラカフ事アラハ、此煨ヲ蹈セテ問ン為也。世間ニモ重過人ヲ記問スルニ、長爐ニ火ヲオコシテ、左右ノ手ヲ引張テ此火ニアフリ問フカ如ク、今モ此意也。此品ノ人、在家出家ノ戒ヲ受テ悉ク違犯ス。セメテ発露ノ懺悔セハ、ユルサル、方モ可ニ有、年来隠置テ尋常ナル様ニモテナシテ、神妙ニ振舞ヲ獄卒ハ悉ク知見スル故ニ」(5オ)カ、ルオキ火ヲフマスル也。或ハ鉄丸トテ鉄ノ丸ノ手鞠(まり)ノ様ナル物ヲ焼テ、鉀(ヒハシ)ニ鉆(ハサン)テ来テ罪人ノ口ニ入ムトスル相アリ。此ハ何事ソト云ニ、三宝物ヲ己(コ)用シ、虚受信施シ、不浄説法ノ活命スルムクヒニ鉄丸ヲ令レ食ントスル也。或ハ涌銅トテ銅ヲワカセル湯ヲ鉄ノ提(ひさげ)ニ入テ、罪人ノ口ニ入ムトス。此ハ何事ソト云ニ、日来上ハ持戒ノ人ト号ノ、内ニハ飲酒セシ過ニ依テ、此ノ涌銅ヲ令レ飲為也。或ハ鉄汁トテ鉄ノ羹(アツモノ)ヲ器物ニ入テ将来テ、罪人ノ目ニハ肉ヲ蒸セル羹ト見ユ。此ハ又何事ソト云ニ、日来、肉ヲ貪リ食セシムクヒニ、此ヲ令カレ食為也。或ハ鉄ノ棒」(5ウ)鉄ノ叉・鉄ノ剣戟・鉄ノ刀林等ヲ持来ル。如レ是十八ノ苦事ノ相、皆猛火ヲ以厳レリ。故ニ、地獄ノ衆火一時ニ倶ニ至ルト説也。又、花厳経ノ普賢行願品ニ云ク、又復是ノ人、臨命終ノ時、最後ノ刹那ニ、一切ノ諸根悉ク皆散壊シ、親属悉ク皆捨離シ、一切ノ威勢悉皆退失スト云云。諸根威勢共ニ散壊シ退失ノ、而モ如此ノ悪相、悉ク現前スルヲ見ル時、罪人ノ心ノ内、言ヲ以モ難レ宣ヘ。サル間、断末魔ノ苦、身心ヲ責ルニ、筋ハ断カ如ク、骨ハ砕カ如ク、肉ヲハスルカ如ニ覚ユ。眼ニ来ル者ハ十八ノ苦事及ヒ獄卒等ノ相也。心ニ浮フ者、断抹魔ノ苦也。内外身」(6オ)心、忙然ト成テ死タル者ノ如クノ、而モ言語モ不叶。目ヨリ血ヲ流シ、口ヨリ沫ヲ吹キ、手ヲ以虚空ヲ捧リ、足ヲ以左右ヲ踏テ偃臥(えんが)不定一。様々ニ狂ヒ居タリ。其時ニ当テ往生ノ善知識ニ値フ。故ニ経云、遇下フ善知識以二大慈悲ヲ一為ニ説二キ阿弥陀仏ノ十力威徳ヲ一広ク説二キ彼仏ノ光明神力ヲ一亦讃ルニ中戒定慧解脱々々知見上ヲ。此人聞已テ、除二ク八十億劫ノ生死之罪一ヲ。地獄ノ猛火、化ノ為二清涼ノ風一ト、吹二諸ノ天花ヲ、一々ノ上ニ有二テ化仏菩薩一、迎二接此人一ヲ、如(ほど)二一念ノ頃一タニ、即得レ往二生「ヲ七宝池ノ中蓮花之内一ニト云云。カ、ル時ニ当テ、此罪人ヲ」(6ウ)救ハン事、実ニ大悲ノ知識ニ非ハ、誰カ此ヲ救ム乎。此罪人ヲハ、仏、尚救フ事不能一ト云云。何況、凡夫ノ力ヲヤ。仍今ノ知識ハ諸仏ノ大悲ハ於二テス苦アル者一ニ。心偏ニ常没ノ衆生ヲ愍念ストニ云阿弥陀仏ノ大悲ヲ学メ仏ノ位ニ居シ、行者ノ心中ニ入替テ、懃ニ罪人ヲ助ケント思フ位ノ可知識一ナル故ニ、殊ニ以大慈悲一トハ説也。此大悲ハ是仏心也。即、真身観ニ、仏心ト者大慈悲是ナリ。以無縁ノ慈一ヲ、摂二ス諸ノ衆生一ヲト云是也。サレハ仏ノ大悲ニ代テ重苦ヲ抜キ、快楽ヲ与ヘムト思フ心ニ住メ、彼仏ノ内証外用、五分法身ノ功徳ヲ説ニ、聞已テ身中所有ノ八十億劫ノ生死ノ重罪ヲ」(7オ)滅ル時ニ、サシモ勇カリツル地獄ノ猛火、忽ニ化メ清涼ノ風ト成テ吹ニ、風ノ中ニ優鉢羅花・鉢頭摩花・拘物頭花・芬陀利花等ノ四色ノ花ヲ雨(ふ)ル。花ノ上ニ化仏菩薩御メ来迎シ給ト見レハ、速ニ正念成就シ、三昧現前メ、化仏菩薩ニ随テ往生メ、八功徳池ノ中七宝蓮花ノ上ニ坐メ、六劫ヲ経テ花開ケ、二聖ノ説法ヲ聴聞メ時ニ応メ無上菩提心ヲ発スト説ク。只今マテ悪相現前シ、決定地獄ニ落ヘカリツル罪人、一念ノ間ニ、此妙益ヲ得事、不思議ノ中ノ不思議也。何レノ仏法ニカカ、ル不思義可有乎。経文明鏡ニメ、此速疾ノ益アレトモ、文ハマツケノ如メ不見二不信一人多シ。又悪道ヘ可」(7ウ)レ還ル人也。但シ此経文ニ付テ一ノ不審アリ。其故ハ、上ノ品ノ十悪軽罪ナル、猶十二部経ヲ聞テ、千劫ノ罪滅シ、次ニ仏名一声称メ往生スト説ク。此品ハ重罪ノ凡夫也。何ソ聞名下ニ往生スト説ク乎。随テ下々品ハ十念往生ト説ク。此品ハ中間ニ居メ、三五声称メ往生スト説ヘシ。既ニ上下ニ不准望一セ、聞名往生ト説ク。故ニ九品ノ次第乱タルニ似タリ。如何カ可会スト云ニ、一義ニ云、〔上ノ品ハ〕罪ハ軽ケレトモ在家ノ悪人也。故ニ一声称仏メ往生ス。此品ハ十悪ノ上ニ破戒ノ罪ヲソエテ重罪成ト云ヘトモ、サスカニ日来、戒法門ナントヲモ随分此ヲ学シ、説法ヲモセシカハ、如形一ノ智慧ノ力アテ心」(8オ)イサテタル故ニ、称名ニヲヨハヌ聞名ノ位ニ罪滅メ往生スト云云。今ノ義云、此義不尓一。凡九品ノ次第ハ根性モ行相モ次第ニ劣ナル者ヲ下ニクタス故ニ、此品ノ機ハ上ノ品ノ機ヨリモ罪モ重ク根モ劣ナルヘシ。サレハ終時ノ苦相、上ノ品ニ超過セリ。死苦来逼(らいひつ)メ心モ心ニ非ス。故ニ称名ニモ不及、々々々レハ々レ聞名ナレトモ生ル、事ハ願力ノ故也。又所持ノ戒ハ既ニ毀犯シツ。残ル戒力不可有一。邪命説法ハ利養ノ邪智ヲ以テ、仏法ノ正智ヲ汚メ、殊ニ愚痴朦昧ニ成テ、煩悩賊害ノ憂ヲ抱キ、還テ臨終ノ苦縁ト成ル。豈其智力残テ往生ノ助ト成ランヤ。サレハ是ハ善知識ノ大悲ヲ以、懃ニ憐念メ、仏ノ功徳ヲ説キ聞スル時」（8ウ）此功徳耳ノ底ニ入テ、滅罪往生ノ益ヲ施ス故ニ、知識ノ大悲及ヒ聞名ノ力ニ依テ往生ス。全ク機カサカシクメ聞キ、意得テ信シタルニハ非ス。見仏ノ位ニ慈悲加祐、令心不乱スル時キ、行者ノ信心ハ開発スル也。故ニ知識タラン人ハ相構テ、智慧慈悲方便ノ三徳ヲ可具足一ス也。而ニ上ノ品ハ軽罪ノ凡夫ナル故ニ、只智慧ハカリヲ持テル知識也。故ニ経ニ智者復教ト説ク。今ノ品ハ重罪ノ機ナル故ニ、智慧ノ上ニ大悲ヲ備タリ。故ニ以大慈悲ト説ク。下々品ノ機ハ又極重ノ人ナル故ニ、智慧慈悲ノ上ニ種々安慰ノ方便ヲ具足セリ。仍今ノ品ノ知識ハ身ニ替ヘテ罪人ヲ憐愍覆護メ、為仏功徳ヲハ説也。但シ仏ノ功徳ヲ説事ハ、必モ行者此ヲ聞キ」（9オ）意得念シ心ニ入ヨトハ不思一。仏ハ如此不可思議功徳ヲ備給ヘリ。願ハ大悲ヲ以此罪人ヲ助給ヘト祈念スル言ハ也。仏ノ本願ハ本ト、仏滅後ノ五濁五苦ノ衆生ノ為也。此時ノ衆生ヲ助給ハテハ、何レノ時ヲカ期シ給ヘキト思テクトク様ハ、仏ニ十種ノ智力御ス。一ニハ是処非処智力也。是ノ処ニメハ可有益一。是ノ処ニメハ不可有益一ナントト、利益相応ノ様ヲ観シ給フ智力也。願ハ只今是ノ処ニメ利益ヲ作給ヘ。次ニハ仏ニ天眼智力御ス。天眼智力ト者、坐ヲ不メ立一、而モ十方世界ノ事ヲ知見シ給フ智力也。此智力ヲ以、只今此罪人地獄ニ堕シナントス。仏ノ大悲ハ苦アル者ニ於テ為。願ハ知二見メ之一ヲ助給ヘ。次ニハ仏ニ天耳智力」（9ウ）御ス。是ハ歩ヲ不運、而モ十方ノ声ヲ聞ク智力也。此智力ヲ以、只今此罪人ノ死苦ニ被レテ責レ愁歎スル声ヲ聞テ抜苦与楽シ給ヘ。次ニハ仏ニ宿命智力御ス。是ハ過去無数劫ノ事ヲ知ル智力也。願ハ此智力ヲ以、此罪人ノ宿生因縁ヲ照知メ助給ヘ。次ニハ仏ニ神境智力御ス。是ハ一念ノ間ニ、十方塵数ノ世界ニ翔ル智力也。願ハ只今此神通ヲ現メ、此処ヘ来テ加持護念シ給ヘ。次ニハ仏ニ漏尽智力御ス。漏尽ト者、仏ハ已ニ難断ノ煩悩悉ク断除シ給ヘリ。此智力ヲ以、只今、此罪人ノ破戒ノ悪業ヲ断除シ給ヘ。若此十種ノ智力ヲ以、只今此罪人ヲ不ハ救一玉ハ、弥陀ノ本願、無益ニ可成一ヌ。何ソ超世大願」（10オ）王ト号セン。而ニ我カ弥陀世尊ハ此仏力ヲ以、十方罪悪ノ衆生ヲ救ムト誓玉ヘリ。名又十方ニ聞ヘテ、聞カン者ヲメ、滅罪往生ノ益ヲ与ヘムト誓給ヘリ。故ニ、我レ至ムニ二仏道一ヲ、名声超ン十方一ニ、究竟メ靡（な）レクハ所ロ聞ク、誓フ不成二正覚一ヲ。其仏ノ本願力ハ、聞レテ名ヲ欲ヘハ二往生一セント、皆悉ク到テ二彼ノ国一ニ、自致二ル不退転一ニト云ヘリ。我今、此罪人ノ前ニ有テ、仏名ヲ称ス。忽ニ声ニ応メ来テ、罪人ヲ救済シ給ヘ、若シ不尓者、本願力成就ノ号、有名無実ニ成リナン。次ニ光明神力ト者、十方（カカ）ハ猶是諸仏内証ノ功徳也。諸仏内証ノ智力也。光明神力ハ是弥陀ノ別徳也。故ニ大経ニ、無量寿仏ノ威神ノ光明、最尊第」（10ウ）一ニメ、諸仏ノ光明、所ナリレ不レ能レ及フ一。是ノ故ニ、無量寿仏ヲ号二ス無量光仏乃至〔無辺光仏・無碍光仏・無対光仏・炎王光仏・清浄光仏・歓喜光仏・智慧光仏・不断光仏・難思光仏・無称光仏〕超日月光仏一ト説ク。初ニ無量光仏ト云ハ、無数量一光ト二云事也。十方ノ虚空無量也。虚空無量ナレハ衆生界モ無量也。此無量ノ衆生ヲ摂取セン為ノ光ナル故ニ、其ノ光明無量也。此罪人豈其数ニモレンヤ。次無辺光ト者、無辺際一光ト二云事也。十方ノ世界無二レハ辺際一、仏光モ又無辺也。其ノ無辺ノ光、豈ニ是ノ処ヲ照残サンヤ。次、無碍光ト云ハ、無レ碍光也。此罪人、破戒ノ罪雲厚クモ、豈此ヲ照益シ給ハサランヤ。若シ是ヲ照益シ給ハスハ、豈無碍光ト名ケンヤ。次、無対光ト」（11オ）者、無キ対当一光ト二云事也。無量無辺無碍ノ光ヲ以、衆生ヲ照益シ給ニ、相対敵対スル光無キ故也。次、炎王光ト者、王ハ自在ノ義也。世間ノ火炎ノ諸ノ草木ヲ焼尽スルニ自在ヲ得タルカ如ク、仏ノ光ソ、衆生ノ煩悩ノ薪ヲ焼払フニ、自在無碍ナル光也。今此、罪人ノ破戒罪業ノ煩悩ノ薪ヲ焼失ヒ不スレハ給ハ、炎王光ノ名、又有名無実ナルヘシ。次ニ清浄・歓喜・智慧ノ三光ハ上ノ炎王光ノ煩悩ノ薪ヲ焼滅スルニ付テ、三毒ノ煩悩アリ。其貪欲ノ煩悩ヲ焼滅メ、清浄ノ功徳ヲ与ヘ給フ方ヲ清浄光ト名ケ、瞋恚ノ煩悩ヲ除却メ歓喜ノ心ヲ令生一セ処ニ約メ歓喜光ノ」（11ウ）名ヲ立テ、愚痴ノ煩悩ヲ滅尽メ仏ノ智慧ノ功徳ヲ令生一位ニ約メ智慧光ト名ク。此三ノ光明ヲ以、願クハ此罪人ノ三毒ノ雲ヲ焼払ヒ三ノ徳ヲ与ヘ給ヘ。次、不断光ト者、常恒ニ衆生界ヲ照メ無退転一光也。今此ノ衆生ノ罪業ニ不レ被レ間断一セシテ照益シ給ヘ。次、難思光・無称光ト者、此等ノ光ノ功徳、心ヲ以モ不可二思量一ス、言ヲ以モ不可讃尽一スト云事也。次、超日月光ト者、如レ是光ノ徳用世間ノ日月ノ光ニ超タル事、百千万倍也。日月ノ光ハ只世間有漏ノ事ヲ成ス。弥陀ノ光ハ出世無上ノ事ヲ成ス。日月ノ光ハ、只空穴中闇ヲ破ス。弥陀ノ光ハ一切衆生ノ」(12オ) 無明ノ黒闇ヲ照メ智慧ヲ生長ス。此則、弥陀摂取ノ光ニ十二種ノ徳ヲ備ヘテ、十方罪悪ノ衆生ヲ照益シ給相也。故ニ、遇フ斯光一ニ者ハ三垢消滅シ、身意柔軟ナリ。歓喜踊躍メ善心生焉スト説ク。然者、今此ノ光明、此ノ罪人ノ煩悩業苦ノ三垢ヲ消滅メ、忽ニ三心発得ノ位ニ至リ、見仏往生ノ益ヲ令得給ヘ。若シ不尓者、諸仏ノ光明所不能及一フ。言ハ又〔有〕名無実ニ成ナン。又ハ若在テモ二三途勤苦之所一ニ、見二レハ此光明一ヲ、皆得休息一ヲ、無シ復タ苦悩一。寿終シ後、皆蒙二ル解脱一ヲト説ク。三途尚光益ニ預ル。況ンヤ此罪人ハ地獄ノ猛火ヲ感ト」(12ウ) 云ヘトモ、未タ三途ノ果報ヲハ不レ受、洞燃猛火ノ中ヘモ分入テ衆生ヲ照益スヘキ光ナラハ、此獄火来現ノ者ヲ、ナトカ照接シ給サラン。次、戒定慧・解脱・々々知見ト者、前ノ十力威徳ハ惣徳、光明神力ハ別徳。此ハ五分法身ノ功徳也。其中ニ戒定慧ハ因位ノ三学、解脱・々々知見ハ果位ノ二徳、即チ涅槃菩提ノ功徳也。而ニ仏ノ功徳ハ煩悩即菩提、生死即涅槃ノ悟也。若尓者、何ッ只今此罪人ニ其益ヲ与ヘ給ハサラン。而モ此人ノ苦相ハ是破戒ノ過ニ依ル。一切衆生ノ所持ノ戒行ハ皆是仏ノ戒法身功徳也。縦、破戒ノ過重クトモ、此戒法身ノ功徳ハ三世ニ退失スル」(13オ) 事無ヲ以、金剛宝戒ト名ク。若尓者、只今、此罪人ニ加メ、彼カ戒体令メテ還生一、速ニ持戒ノ人ト作シ、滅罪往生ノ益ヲ与給ヘ。如レ是ノ功徳具足ノ仏ナラハ、ナトカ只今此罪人ヲ不助給一ナント、仏ノ大悲ヲ責メ、我心ヲ励メ種々ニ祈念ス。病者ハ心無メ不聞入之一ヲ。不二ル聞入一レ者、領解モ無ク、信心モ無シ。雖レ然、阿弥陀仏ノ十力威徳、阿弥陀仏ノ光明神力、阿弥陀仏ノ戒定慧、阿弥陀仏ノ解脱、阿弥陀仏ノ知見ト説ニ、其阿弥陀ト者、名号計(はかり)カ彼ノ罪人ノ耳及毛孔ヨリ臓腑ニ入テ、八十億劫ノ生死ノ重罪ヲ消滅スレハ、猛火変メ涼」（13ウ）風ト成リ、化仏菩薩ノ迎接ニ預ル。此時、始テ心ハ生ル也。是則、聞名滅罪メ、往生ノ益ヲ与ル不思議ノ法門也。故ニ釈ニ、阿弥陀仏十力威徳・光明神力・戒定慧・解脱・々々知見ト説ク所ヲハ、善人為ニ説ク二阿弥陀ノ功徳一ヲト釈シ、此人、聞已除八十億劫生死之罪ト説ク所ヲハ、罪人既ニ聞テ二弥陀ノ名号一ヲ、即除レ「罪ヲ多劫ナリト釈セリ。善知識ハ阿弥陀仏ノ功徳ヲ説ニ、其阿弥陀仏ト云フ言ハ計カ罪人ノ心ノ底ニ入テ、カヽル不思議ノ利益ヲ作スト釈成スル也。是ヲ註論ニハ首楞厳経ノ滅除薬鼓ノ喩ヲ引テ顕セリ。天竺ノ習ヒ、闘戦ノ時、滅除薬ト云フ薬ヲ鼓ノ面ニ塗テ」（14オ）軍陣ニカキタテ、置テ、若シ御方ニ毒箭ニ中（あたり）テ、箭深ク毒厲（はげし）クメ、只今死門ニ及ナントスル時、此滅除薬鼓ヲ打聞スレハ、忽ニ箭抜ケ毒除カ如ク、仏ノ名号ハ万徳具足ノ薬、和合ノ滅除薬鼓也。而ニ此品ノ罪人、三毒ノ箭ニ中テ、只今地獄ニ堕トス。今此ノ万徳具足ノ名号ヲ聞キ、忽ニ三毒ノ箭抜出スル事ヲ得テ、滅罪往生ノ益速疾也。滅除薬ト云ハ、雪山ニ大薬王樹ト云樹アリ。此樹ノ香ヲ以テ合薬セル薬也。此薬ヲ鼓ニ塗タルヲ滅除薬鼓トハ云也。涅槃経ニハ毒鼓ノ譬ヲ説ケリ。天竺ノ軍ノ時、御方ノ軍兵ノ為ニハ、薬鼓ヲ打テ手負ヲ助ケ、敵ノ寄セ来ル時ハ、鼓ノ面ニ毒ヲ塗テ」（14ウ）打テ之聞スルニ、縦当座ニ其シルシ無キ者モ、年月ヲ経、日時ヲ過テ後、耳ヨリ入レル毒ハ気薫発メ必ス死スルカ如ク、常住仏性ノ妙理ヲ聞者モ又如レ是、只今無其益一者モ遂ニハ蔵識ニ所ノ収ル聞薫ノ種子匂ヒ出テ、必ス仏ニ可成ト説ケリ。其中ニ註論ハ、薬鼓ノ喩ヲ用タリ。大国ノ法ハ、ブスト云毒ヲ箭ニ塗テ射ニ、其毒身中ニ入ヌレハ必ス死ス。既ニ死門ニ趣カントスル時、耳ニ此薬鼓ヲ打聞スルニ、手負ハ是ハシカ〱ノ良薬ヲ塗タル鼓也トハ不可思一、不可知一。只敵ノ責メツ、ミカ、御方ノ勝ツ、ミカト、思ヒ分ヌ心ホレカヘリタル心ノ位ニ聞ケトモ、薬力ヲ以ノ故ニ、五体身分ニ入レル毒気ヲ抜也。箭抜、毒除テ後、心少キ生メコソ此鼓ノ」（15オ）声ハ何事ソト云ハ、傍ノ人、是ハ滅除薬鼓ノ声也。此声ニハ自本一不思議ノ有力用一故ニ、汝チ今箭抜ケ毒除テ蘇生スル事ヲ得タリト云時、実ニ不思議也ケリ。口ニ入レ舌ニ不レ嘗メ、聞位ニ尚此ノ不思議アリ。何況、彼薬ヲ舌ニ嘗ンヲヤトテ、舌ニナメナント可為也。今ノ罪人モ又如是、名号ニカヽル不思議ノ利益可ト有二不二思モ寄ラ一、聞モ不レ入、只死人ノ如ニホレタル心ナレトモ、名号ノ不思議力、耳ノ底ニ入テ滅罪スレハ、火滅シ涼風ニ当テ身モ涼シクナリ、踊躍歓喜ノ心始テ生スル也。戒ヲハ尸羅ト云フ。此ニハ清涼ト翻ス。即、煩悩熱病ヲサケテ、法身清涼ノ功徳ヲ令得故也。而ヲ今、弥陀ノ名号ニ具足スル所ノ戒法身ノ」(15ウ)功徳、只今、此罪人ニ加メ、速ニ清涼ノ楽ヲ令受給ヘト、知識祈念スル時、名号ノ声耳ニ入レハ、戒法身ノ風起テ、破戒ノ罪雲ヲ吹晴ス時、破戒ニ依テ所ノ感一スル苦痛忽ニ消滅スレハ、始テ心生スル也。自是前ハ手ニハ虚空ヲ捧リ、身ニハ白汗出テ、目口ヨリハ血流レテ、譬ヘハ死人ノ如シ。今涼風吹花散リ、花上ニ化仏菩薩来迎シ給時、仏力ヲ以此粧ヲ拝見スル時、仏ノ大悲力加祐シ給ニ依テ、正念現前メ、仏後ニ随テ池中ノ蓮花ニ生ス。サレトモ残殃未尽ノ故ニ花中ニ有テ六劫ヲ経、此則、偏ニ他力ノ恩、聞名ノ力也。仍チ上ノ品ヨリ機カ賢ニ依テ、一称ニ不ネ及一トモ往生シタルニハ非ス。只是、聞名ノ力勝タルニ依テ、此重罪人、往生ノ益ヲ得ル心ヲ」(16オ)顕ス品也。但シ釈迦教ノ位ニ機ヲイカメ法ヲ授ニ、カヽル義無ニ非ス。雖レ然、今者、弥陀教ノ機ヲ摂スル分斉、聞名ノ益ヲ至極トスル故ニ、上ノ品ヨリ勝タル機トハ云ヘカラス。サレハ第七観ニ、仏苦悩ヲ除ク法ヲ説ムト勅聴許説シ給ヲハ、釈ニ、注想西方ト釈メ、機ヲ上ケ、心ヲ潔クメ可往生一スト説ク。而モ其ノ苦悩ヲ除ク法未説一レハ、注想西方ニモ不及一、往生ノ益モ未顕一所ニ、声ニ応スル仏体顕現セシカハ、忽ニ往生ヲ証得セシハ此聞名ノ益也。此知識ハ縦心ヲ注メヨ、思ヲ係ヨト教フトモ、我ハ只阿弥陀仏ト唱ル声アラハ、必ス其声ニ応メ、往生ノ益ヲ令ント云得一意ヲ顕也。サレハ今悶絶悩乱メ云ハカリ無キ罪人ノ心出生メ、往生ノ益ヲ得事偏ニ是滅除薬鼓ノ名」(16ウ)号ノ力也。而ヲ夫人ノ心ハ、思惟正受ノ観行成就メ仏ヲ見ハ、即チ可ト往生一ス思キ。応声ノ仏体ヲ拝見メ、忽ニ往生ヲ証得セシ時コソ、所存相違メハ覚ヘシカ、サル間、夫人ノ得益ハ、注想西方ノ功ニ非ス。一坐無移亦不動ノ仏、物忩ニ立チサハキテ来ヲ見レハ、只名号ノ声ニ応メ来テ、三悪火坑臨々欲入ノ機ヲ立撮即行スヘキ本願ノ約束也ケル物ヲ、水ニ画カ如クナル心ヲ以テ、観法成メ見仏往生ノ益ヲ可キ得一所望存外ノ事也ケリト、心替メ走立テ、接足作礼メ無生忍ヲハ得シ也。然者、当品ノ聞名往生ハ、彼夫人ノ所得ノ益也ト顕也。故ニ散善義ノ変相ニハ夫人ヲ不ニ織一、当品ニ限テ織ハ之一、此心ヲ知為也。仍玄義ニ一段トメ、夫人ノ」(17オ) 得益ヲ釈スルニ、料下簡セン韋提聞二テ仏ノ正説一得レル益ヲ分斉上ヲト云ヘリ。此則、夫人ノ得益ノ分斉ハ聞名ノ位ニ有ト明ス。全ク思惟正受ノ功、注想西方ノ功ニ依テ非可二ハ往生一ス。サレハ西山上人ノ常ノ御持言ニハ、若十悪五逆ノ罪人、一念十念ノ功ニ依テ往生スト云ハ、是則迷見也。若尓者、千石ノ漆ニ一ノ蟹ノ足ヲ入レタランカ如シト云云。此則、偏ニ機ノ功ト思フ念ヲ捨テ、他力本願ノ功ヲ顕也。其故ハ信シ行メ生ト云ハ、能信能行スル機ノ功ニ依テ往生スルニハ非ス。機ノ三業ノ願行ハ自本一浄土ニ可ニレ入非カ故也。百度願ヒ、千度行メモ、被レル信セ仏ノ力、被行一セ名号ノ力ニテ往生ハ可為一事也。サレハ他力ヲ信シ行ストモ、何度モ凡夫有漏ノ三業ハ浄土得生ノ因ニ不足一。」(17ウ) 其ノ願ヒ帰スル心ハ、願力ノ船ニ乗ルマテノ心也。迎ノ岸ニ渡リ付事ハ船ノ力也。信ヲ運ヒ行ヲ積テ其功ヲ以可往一スト思ハ、、譬ハ船ニ乗タル者ノ極テ無二ラン水練一カ、帆柱ヲ立テ、帆ヲ懸ムトモ、船ヨリ下リテ水上ヲ走リ歩マント為カ如シ。豈其思達シナンヤ。然者、只大願業力ノ船ニ乗ラント思フ心ロハカリコソ、機ノ可レキ発所ナレ。其心即是帰命ノ一念、仏ヲ恃ム心也。恃ム心既ニ願船ニ乗ラント云心ナレハ、此一念ノ処ニ既ニ彼船ニ乗タル後ハ、弥陀ハ船頭ト成リ、観音勢至等ハ水衆ト成テ、極楽ノ岸ヘハ無相違一可キ付一本願ノ道理也。故ニ只恃ム心一ヲ可発一玉フ也。但是ハ正因平等ノ義也。正行門ニ立還テハ、又願行共ニ」(18オ) 励メト教ヘタリ。サレハ三心五念畢命ヲ期ト為シ、正助四修刹那モ無間ナレトモ教ヘ、昼夜六時ニ強テ発レシ願ヲ持心不散ナレハ、業還テ成ストモ勧タリ。但シ、此励ハ往生ノ因ノ為ニハ非ス。或ハ往生已後ノ加階ヲ昇進セン為、或ハ仏恩ヲ報謝セン為、或ハ福智ノ二厳ヲ成セン為、或ハ成仏ノ妙果ヲ助ケン為也。於テハ往生ノ一段一ニ、帰命ノ一念ノ外ハ、二念三念モ無也。但シ其恃ム心ハ、又何ニ依テ発ソト云ニ、遠ハ光照ノ力ニ依ル故ニ、正坐ヨリ已ノ来タ経テ十劫ヲ、心ニ縁メ法界ヲ照ス慈光ヲ。蒙ル光触ヲ者ノハ、塵労滅メ臨終ニ見テ仏ヲ往ク西方ニト釈シ、遇斯光者、三垢消滅、身意柔」(18ウ)軟、歓喜踊躍、善心生焉ト説ク。十劫已来、摂取ノ慈光普ク法界衆生ノ胸内ノ無明罪闇ヲ照シ晴ス故ニ、此三心ハ発也。善心ト者、一切衆生ノ随分ニ所ノ起善心ハ、皆是本願ノ光照力ニ依也。其善心ノ極マル所ハ三心ノ善心也。三心ヲ善心ト云事ハ、上ノ二河ノ譬ニ、貪瞋強キニ依カ故ニ此ヲ水火ノ如ト喩ヘ、善心微ナルカ故ニ、此ヲ白道ノ如ト譬ト云ヘリ。同キ譬ノ上ノ釈ニハ、此善心ヲ、衆生ノ貪瞋煩悩ノ中ニ、能ク清浄願往生ノ心ヲ生スルニ喩ト云ヘリ。願心ハ此善心即三心也。知ヌ、経ニ善心ト説ハ三心也。近クハ聞名ノ力ニ依ル。聞名ノ下ニ、行者ハ不信ニ不トモ覚ヘ、滅罪ノ益アル故ニ」(19オ)信心発也。故ニ此品ニ、罪人既ニ聞テ弥陀ノ名号ヲ、即チ除「罪ヲ多劫ト釈スル也。サレハ此名号ヲ耳ニ触者、必ス自然ニ滅罪メ信心起ル。其時、知識ノ説ヲ聞ケハ、此信心ハ聞名ノ力也ト云云。マシテ口ニ唱ヘンハ、聞名ノ力ニ非スト云事無ルヘシト思フ位ニナレハ、自然ニ被称名也。此ハ彼薬鼓ノ不思議ノ力用ノ耳ニ聞テ蘇生スルノミナラス、傍人ノ薬鼓ノ不思議ナル事ヲ説ヲ聞テ、耳ニ聞スラ尚此勝益アリ、況口ニナメンヲヤト思テ、彼薬ヲ舌ノ上ニ置テ嘗テ見ル位也。流通文ニ、若善男子善女人、但聞仏名二菩薩名、除無量劫生死之罪、何況憶念センヲヤト説ク。大師」(19ウ)此文ヲ承釈シ給ニ、只三身名ヲ聞ニ、多劫ノ罪ヲ滅ス、何況、正念ニ帰依メ証ヲ不得ムヤト云云。但聞ト云ハ信心以前ノ聞也。不信前キニ聞ク尚、多劫ノ罪ヲ除ク、何況正念帰依メ益ヲ不得ムヤト云ニ、但聞ノ位ニ名号ノ薬鼓ノ力尚此用ヲ施ス。何況、信心立センヲヤ、何況、一声十声ノ滅罪ヲヤ。況一形百年ヲヤ。何況、浄土ニ往生シ、乃至、成仏ノ妙果ヲ成スルマテ、名号ノ滅除薬鼓ノ力ニ非スト云事無ヲヤト云意ヲ釈シ顕也。故ニ聞名ノ利益甚深也。問云、此品ノ機ハ十悪ノ上ニ破戒違制ノ罪有故ニ、上ノ品ノ機ヨリモ重キ可罪人ナル事、既ニ聞ヘヌ。但シ上ノ品ノ軽罪ノ人ハ、縦聞」(20オ)名ノ位ニ往生トモ、此品ノ重罪人ハ一声二声等ノ往生ナルヘシト云不審ハ尚残レリ、如何。答云、不審尤成レリ。但シ中品下生以下ノ四品知識ノ法門ハ機ノ僻見ヲ破シ、願力ニ重々ノ益アル事ヲ顕ト習也。其故ハ世人思ラク、念仏往生ハ必ス起行作業ノ位ニ可レシ生ル。安心ノ位ハ未スレ至二行一ニ。若シ不二願行具足一者、即時往生ノ因ニ非ス。別時遠生ノ因ナルヘシト云云。此ノ見ヲ破セン為ニ、中品下生ニ安心ノ往生ヲ顕ス。但シ安心ハ願ノ位ニメ、イマタ無行故ニ別時ナルヘシト云ニ付ハ、今ノ教ハ自本一他力ノ教ナル故ニ、其願ハ他力ノ願也。故ニ願ノ処ニ必ス仏体ノ行アリ。三心既ニ具スレハ無二シ行トメ不レ云一「成セ。」(20ウ) 願行既ニ成メ若不レイハ生レ者ハ、無レム有二「是処一ハリト釈スル此意也。此経釈ヲ見聞メ世人又思ラク、安心ノ位ニ既ニ往生不足ナシ、起行無レト詮。此見ヲ破カ為ニ、下品上生ニ起行一声ノ往生ヲ説ク。又思ラク、必ス一声等ノ起行ニ依テ可シ往生一ス。聞名ノ位ニハ未タ不ト可往生一ス。当品ハ此見ヲ遣也。其故ハ、但聞ノ位ニ八十億劫ノ生死ノ重罪ヲ消滅スル故ニ、猛火変メ涼風ト成リ、天花ノ上ニ化仏菩薩御メ、行者ヲ迎テ宝池ノ中ニ至ル。此則、聞名ノ位ニモ往生ノ有レト益顕也。又思ラク、一聞一称悉ク往生ス。多時ノ相続無レト詮。此見ヲ破カ為ニ下品下生ニ十念往生ヲ説ク。即是作業ノ往生也。」(21オ) 命延ヒハ必ス念々相続メ不可懈一ル。十念ノ初ニ聞名・安心・起行等ノ往生無キニハ非レ𪜈、此等ノ見ヲ破カ為ニ、且ク作業成就ノ辺ニ約メ十念ト云也。仍安心ノ所ニモ、聞名・起行・作業ノ往生ヲ不捨一。起行・聞名・作業ノ所ニモ、又互ニ四種ノ往生ヲ具足スレ𪜈、四品ノ説相ハ且ク一相々々ヲ取テ、本願ノ不思議、何ナル機ヲモ不レ漏、平等ノ益ヲ与ル意ヲ顕也。此心ヲ為レ顕一、四品ニ約メ、安心・起行・聞名・作業、四種ノ往生ヲ説ク故ニ、四品ノ往生ヲ意得レハ、安心弥ヨ増長スル者也。其ノ中ニ本願ノ至極ハ聞名ニアリ。故ニ、其仏ノ本願力ハ、聞レテ名ヲ欲二ヘハ往生一セント、皆悉ク到テ二彼国一ニ、自致ル二不退転一ニト説ク。」(21ウ) 安心・起行・作業、三種ノ往生、皆聞名ノ往生ニ極ル。但聞ノ位ニ聞名ノ力ヲ以テ滅罪スル故ニ、安心ノ位ニモ進ミ、起行ノ位ニモ至リ、作業ノ位ニモ及フ故ニ、余ノ三ノ往生ハ、源ト聞名ヨリ不ト起一ニ云事ナシ。サレハ往生ノ業ハ聞名ノ位ニ定マリヌレトモ、衆生ノ命延ニ随テ、安心起行作業ノ位ニハ至也。

而ハ聞名ノ位ニ命終ハ何ノ品ノ機ナリトモ、当品ノ如ク滅罪往生ノ益不可有疑一也。而ヲ世人、聞名滅罪ノ義ヲ不信一。本願ヲ信スル信心ノ力ニ依テ滅罪シ、乃至念々ノ功ニ依テ滅罪メ往生スヘシ。故ニ念々ニ罪除故ニ清浄也ト釈セリ。聞名ノ位ニハ滅罪往生ノ功不可有一ト云云。」(22オ) 仏意ハ不尓一、信心ハ聞名滅罪ノ力ニ依テ起ル。喩ハ、春ノ風煖カニ吹テ、残ノ雪消ヌレハ、四方ノ草木生スルカ如ク、名号ノ風暫ク扇ケハ、煩悩ノ雪忽ニ消テ、信心ノ草木生ル也。若シ信心発テ後、必ス滅罪ノ益可ト有云ハ、、草木先ツ生メ後ニ、雪氷リ消ヘ解クヘシト云ニ当レリ。其道理曽テ不可有一。而ヲ此義ヲ聞テ、又俗難ニ云、若然者、一切聞者悉ク滅罪往生ノ益可有ヤト。此段ヲハ、和尚、清浄覚経ノ文ヲ引テ被理一ハラタリ。彼経ニ云、若シ有テレ人、聞レ説ヲ二浄土ノ法門一ヲ、聞トモ如ク不カ聞一、見トモ如不見一。当レ知、此等ハ始テ従リ二三悪道一来テ罪障未尽キ、為ニレ此」(22ウ) 無信向一ノミ耳。仏言ク、我レ説ク、此人ハ未可得二解脱一ヲ也。若シ人聞キレ説ヲ二浄土ノ法門一ヲ、聞テ即悲喜交流シ、身ノ毛為ナスレ竪よだつヿヲ者ハ、当レ知、此人ハ過去ニ已ニ曽修二習メ此法一ヲ、今得テ二重テ聞一ヿヲ即生ス二歓喜一ヲ。正念ニ修行メ必得レ生ヿヲ也云云。然者、聞ク下ニ罪障ノ滅不滅有也、但シ今生ノ内ニ縦信心不発一トモ、但聞ノ位ニ非無二滅罪一、但聞ニ無量劫ノ罪障ヲ滅ル故ニ、当来ニ疾ク本願ニ値ヒ、信心生メ往生スル縁ト成也。故ニ罪障多重ナレハ滅罪又多重也。略メ五重ノ障アリ。」(23オ)

明暦三年六月二十三日以嵯峨二尊院本書之

江州栗太芦浦

観音寺舜興蔵 (印)

大善寺蔵『曼陀羅聞書』巻第二十五

曼陀羅聞書二十五

下品中生事　末

（大善寺蔵本巻第二十五の冒頭より二丁裏最終行の「略有五重障」までは、底本巻第二十四の末尾、本書三四〇頁一六行から三四二頁一二行に配巻されているので略す）

一ニハ聞名ノ障也。世間ニ不聞名号一ヲ者多クハ、可聞名一ヲ処ヲ障(サヘ)タル」（2ウ）々リ有カ故也(ナリ)。是ヲ聞名ノ障(さはり)ト云。二ニハ安心ノ障也。聞名ノ障已ニ尽テ名ヲ聞トモ、碍タル安心一ヲ障未滅一故ニ、安心不立一事有ル也。三ニハ起行ノ障也。安心已ニ立シヌレトモ、不ハ修行一起行ノ障未尽ノ故也。四ニハ作業ノ障也。起行ニ及ヘトモ懈怠ニメ不ハ励一作業ノ障有カ故也。五ニハ花合ノ障也。聞名・安心・起行・作業ノ四種ノ障已ニ尽テ往生スレトモ、花合ノ障有カ故ニ、六劫十二大劫等、在花中ニ一不為見仏聞法一ヲ也。サル程ニ見仏聞法以後、乃至成仏マテモ、地位ノ階級ニ随テ有レハ無量ノ障一々ニ除昇ル也。然トモ約レハ往生ノ始終一ニ略メ有五重ノ障一。約スレハ成仏一マテニ、有カ無量ノ障一故ニ、漸々ニ是ヲ除尽ス。是ヲ正行門ノ滅罪ト一云也。念々罪除故清浄也云云。即此正行門ノ滅罪ノ随一也。サレハ聞名ノ下ニモ滅罪アリ。安心・起行・作業、乃至成仏マテ滅罪多重也。但、正因ノ滅罪者、聞名歓喜一念安心ノ下ニ聞名ノ障ヨリ乃至仏果マテノ障ヲ、一念一称ノ下ニ皆悉消滅ス。故ニ「一声称」（3オ）念罪皆除ト一云リ。此位ノ滅罪ハ只無量無辺ノ重罪繋業アレトモ、帰メ願力ニ一念仏スルカ故ニ、永ク不引悪道ノ生一ヲ、不(まじ)ルレキ留ル二生死ノ位(境)ニ一成ヲ滅罪ト一云也。然者、正因門ノ滅罪ハ無量品ノ煩悩悪業有ナカラ、本願力不メ被障一ヘ、摂取メ往生セシムルカ故ニ、約ル法ノ功能ニ一也。正行門ノ滅罪ハ依機ノ功ニ正因ノ上ニ重々ノ滅罪有ル也。仍、不断煩悩得涅槃分トモ、横超断四流トモ、但聞ノ位ニ除無量劫生死之罪トモ云ハ、皆是正因ノ滅罪也。サレハ正因ノ滅罪ハ不滅ノ々也。不断ノ々也。機ノ方ニハ不トモ滅一、願力ノ功能不メ被障一往生セシムルカ故也。問云、罪障ノ中ニ重キハ五逆謗法等也。此人猶聞名安心メ往生ス。此外ニ何ナル重罪アレハカ、清浄覚経ニ罪障未メ尽一又可帰三悪道ニ一者アリト説ヤ。答云、罪障ノ軽重ハ依事ニ相望不同也。悪業ノ当相ハ誠ニ十悪ハ軽罪也。破戒ハ次罪也。逆謗ハ重罪也。是ハ軽重共ニ聞テ本願ノ名号ヲ信レハ」(3ウ)往生ノ益アリト云意ヲ顕ス重ノ法門也。又軽罪ナレトモ聞名安心ノ障タルハ、其聞名ヲ障ヘ其安心ヲ障ヘテ聞セス信サセス。此時、軽罪ナレトモ是ヲ約メ聞名ノ安心ニ重罪ト云ヘシ。又重罪ナリトモ、聞名安心ヲ不ハ障ヘ軽罪ト可云也。然ニ於過去ニ障タル聞法ヲ者ハ軽罪ノ機ナレトモ、於今生ニ不聞法ヲ。縦聞トモ安心不立。仍猶委ク分別セハ、軽重相対メ造テ四句ヲ可得意也。其故ハ、或ハ障ヘ重罪ノ安心ヲ、不「障軽罪ノ安心ヲ、不障重罪ノ安心ヲ可有之。或ハ軽重共ニ障ヘ安心ヲ可有之、或ハ軽重共ニ不障安心ヲ可有之。サレハ一往ハ十悪五逆等相対メ作トモ軽重ヲ、委ク云ヘハ有重々ノ軽重也。安心ノ位ニ如此多重ノ軽重有カ如ク、聞名・起行・作業ノ障ニ付テモ又重罪カ軽罪ト云ハレ、軽罪カ重罪ト云ハレテ、可有無尽ノ軽重也。如ク是得レハ意、清浄覚経ノ文不審無也。軽罪ナレトモ障テ信心ヲ還テ重罪ト云ハルヘキカ故也。問云、如ハ滅罪薬鼓ノ譬ノ、聞ン者ハ一切皆可ト蘇生聞タリ。名号ノ」(4オ)薬鼓ハ聞下ニ益セサル事アリ。法喩既ニ不合、如何。答云、薬鼓ノ声ヲ聞シタニモ、或ハノウフエ(諸本同。喉笛カ)モキレ、或ハ命根モ断タラン者ハ不可有其益。今モ障タル信心ヲ罪業アラハ如彼命根断〔タヘ〕タル者ノ不可有其益已ニ法譬相応セリ。有ンヤ何ノ不審。問云、聖道ハ難行道、浄土ハ易行道。又聖道ハ劣也。故ニ漏ス下機ヲ。浄土ハ勝也。故ニ摂ス下機ヲ。而ニ真言教ノ中ニ、救縛婆羅門カ因縁ヲ説ク。婆羅門他界ノ後、地獄ニ堕シヌルニ、地獄破烈シ清涼ノ池ト成テ、婆羅門即天上ニ生ス。琰魔法王等、此事ハ何ナル因縁ソト四天王ニ問フ。四天王、又帝釈天ニ問。如此、次第ニ問上テ至梵天王ニ。梵天王モ不メ知、詣シ釈尊ノ所ニ、事ノ様ヲ奏スルニ、釈尊則見ヨト婆羅門カ墓所ヲ云云。見ニ彼墓所ヲ、随求陀羅尼ヲ卒都婆ニ書タル文字、一風ニ吹散シテ其墓ニ有。依此陀羅尼ノ功力ニ得タリ生天ノ果報ヲ。是則、真言教甚深ノ益ト見タリ。而ニ易行ノ勝法ハ聞名ノ下ニ信心生ル程ノ者ヲ助ケ、難行ノ」(4ウ)劣法ハ信心ナケレトモ其益アリ。難易勝劣ノ義勢、已ニ相違セリ。世ニ超タル他力本願ノ大悲ナラハ、不逢知識一ニ、不ハ聞一無力一ラ、逢知識一ニ聞クホトノ者、何ソ是ヲ漏ンヤ。若漏ハ此機一ヲ何易行ノ勝法世ニ超タリト可号一。何ソ可云他力本願一ト耶。答云、先仏法ノ習ハ、因縁和合スル時、許ス其益一ヲ。無因有果ハ外道ノ邪見也。機ノ信心無メ許得益一ヲ教ハ、一代ノ中ニ無一教一者也。同〔ク〕因縁和合ノ上ニ付与ルニ益一ヲ、勝劣難易・自力他力ノ異有ル也。而ニ救縛婆〔羅〕門カ地獄ニメ得脱セシ分ハ、大経ニ、若在三塗勤苦之処、見此光明皆得休息、無復苦悩、寿終之後、皆蒙解脱ト説故ニ、今ノ教ニモ此分アリ。今師ノ釈ニ、皆蒙解脱ト者、往生ソト釈セリ。但其往生ノ時ハ必ス発シ三心一ヲ念仏メ可生一也。サレハ心地観経ニ以其男女追勝福一ヲ、有大金光一照ス地獄一ニ。光中ニ演説メ深ク妙ノ音一ヲ、開悟メ父母一ヲ令ム発意一ヲ。憶テ昔ノ所生ニ常造「罪一ヲ、一念悔ル心アレハ悉ク除滅シ、口ニ称メ南無三世仏一ヲ得レ脱二「ヲ無暇」（5オ）苦難ノ身一ヲ。往生メ人天一ニ長ク受楽ヲ見仏聞法メ当成仏一。或ハ生十方ノ浄土中一ニ、七宝蓮花ヲ為父母一ト云ヘリ。南無ハ是帰命、即三心也。三世仏ハ即弥陀ノ異名也。故ニ懺悔念仏メ生ル也、是則、今師ノ釈ニ、弁定メ三心一ヲ九品ノ通因トシ、顕メ念仏一ヲ往生ノ正行トス。往生スルホトノ者ハ、此心ニ此行ヲ以テ生スヘシト釈ルニ同シ。仍今ノ宗ハ安心・起行・作業ヲ以テ浄土往生ノ宗義トス。サル程ニ、真言教ノ意モ、以浄菩提心一ヲ安心トメ、其上ニ立三密ノ行一ヲ定タリ安心・起行・作業ノ法式一ヲ。宗義已ニ爰ニ立ヌレハ、万機ノ出離次第、無尽ニ見トモ、皆此宗義法則ニ入テ、可得其益一ヲ。然者、彼ノ婆羅門カ冥途ノ得益、其刻ニハ必ス彼教ニ相応スル如実知自心ノ浄菩提心ヲ発得メ其益ヲハ可得也。若不然者、既ニ違ス彼宗義一ニ。不可得其益一ヲ。無正体一非義也。今ノ宗ニモ、鸚鵡ノ人マネノ念仏ニヨリテ往生スル事有ヲハ安心発テ其益ハ可ト得一定ム。一切」（5ウ）往生スルホトノ者ハ、入此心一ニ可得二其益一ヲ故也。宗義既ニ立ヌレハ順メ宗義一ニ立ハ義一ヲ諸教ノ法、今モ可然一。何彼婆羅門、無メ安心一得タリト益一ヲ云ハンヤ。而ニ真言ニ理具・加持・顕徳ノ三種ノ成仏アリ。理具ノ成仏者、衆生心性ニ即身成仏ノ義ヲ備タリ。加持ノ成仏者ハ、既ニ自身所具ノ仏性ヲ知ヌレハ、修三密ノ行一ヲ凝二セハ入我々入ノ観法一ヲ、本尊ト自身ト互ニ渉（せう）入シ、如理性ノ成二ル生仏一際ノ義ヲ也。顕徳〔ノ成仏ト〕者、如是一ノ既ニ至テ仏果ニ顕ス諸ノ功徳一ヲ自証化他自在ナル位也。而ニ彼ノ教ノ意、理具・加持ニ留テ不トモ至顕徳一ニハトハ不談一。理具・加持ノ故ニハ、必ス至ヲ顕徳ノ位ニ至極トス。爰ヲ大日経ニハ、成シテ自然覚一ヲ、不下由テ他一ニ悟上ト云云。是自心ノ成メ自然ノ覚一由（よりて）他ニ非ス悟一ニハ云也。仍同疏ニ、心自証（み）心一ヲ、心自覚ル心一ヲ釈ス。是ヲ又ハ、云何菩提心如実知自心トモ釈ル也。既ニ自心ヲ覚証スルヲ真言教ノ悉地トス。何ソ無得果道ト云ハンヤ。密教已ニ然也。況翫フ一心ノ利刀一ヲ顕教ヲヤ。サレハ天台宗ノ」(6オ) 意モ巳心ノ高広ヲ扣（ひかえ）テ無窮ノ聖応ヲ招ト云リ。凡小乗大乗、権教実教、々内教外、仏法万差ナレトモ、依心ニ無不得益一ヲ。故ニ和尚、八万四千ノ諸教ハ皆依心起行門ナリト得給リ。是ヲ名観心得道ノ門一ト。其ノ上ニ今ノ教ハ念仏往生ノ門ナルカ故ニ、非下観自心一ヲ道上ニ。故ニ一切善悪ノ凡夫得生一者、莫不下皆乗阿弥陀仏ノ大願業力一ニ為中増上縁上云リ。乗願一ニ故ニ不憑二自心ノ功一ヲ。縦下随レ発二三心一ヲ乗ト願ニ観ニ自心一ヲ同ンヤ。漏タル観心得道ノ教益ニ罪悪生死凡夫ヲハ、弥陀名号本願ノ船ニ乗セテ浄土ノ岸ヘ送付ケ給ヘシト信スル心ナル故ニ、雖同シ心一ナリト不同聖道ノ観心一ニ。然者、所ノ漏二諸教ニ悪人ヲ乗テ大願ノ船一ニ引導スルト、明メテ自心ノ源一ヲ以智恵一ヲ出タル道ト、自力他力雲泥遥也。又乗メ他力ノ船ニ渡二水路一ヲ事ハ易ク、励メ自力一ヲ歩行スル陸路一ヲ事ハ苦キカ故ニ、難易ノ差別又分明也。又救フ下機一ヲ事ハ」(6ウ) 勝法ヲ以テス。故ニ以万徳所帰ノ名号一ヲ助之一。仍為極悪最下ノ人ノ説ク極善最上ノ法一ヲ云リ。仏果ノ万徳、既所具足一名号ナレハ、可「勝ル諸教ノ菩薩因位ノ智分ニ顕然也。故ニ大経ニ、仏ト菩薩ト相対メ、菩薩等ハ如生盲ノ説。サレハ以無上大利ノ名号一ヲ、十悪五逆罪人、五障三従ノ女人、平等ニ摂之一ヲ、非下ハ勝余教ニ他力本願上ニ、カヽル罪人ノ出離不可思寄（ヨス）一。而（しかも）又、諸教ノ中ニ有トモ救「逆謗闡提等ノ類一ヲ、今ノ教相ハ既ニ聖道ハ摂利根一ヲ、浄土ハ不摂セ諸教ニ摂スレト鈍根ノ機一ヲ教相立レハ、彼皆上根ノ機ナリト知ルヘシ。依リ言ニ対メ文一ニ、失テ義ノ兎一ヲ始テ不可驚動一。サレハ何（いか）ニ有トモ勝ナリト見事一、有トモ易ト見ル事一、浄土教ハ勝テ而モ易カ故ニ摂下機一ヲ。聖道教ハ劣ナルカ故ニ、難ニメ救フト云利智精進ノ者一ヲ大方ノ宗義ヲ知テ、一切ノ事ヲハ皆可レ見二入宗義ノ中一ニ也。若聖道ハ易シ、浄土ハ難ト云者、仏教ノ所判及四依論判、以浄土一ヲ為易行一ト、以聖道一ヲ為難行一」（7オ）分何イツモ不可改一マル。末学ノ倒見、背カハ仏意一ニ其過カ有ム誰一ニカ。自害ヲ招テ、或ハ依謗法ノ過一ニ、或ハ依偏執ノ失一ニ、一ヒ失テ人身一ヲ万劫ニモ不ラム還一ラ、非ス人ノ過一ニ。急キ変メ其ノ過一ヲ成涼風一ト、化仏来迎メ可帰下開レ悟ヲ念仏往生ノ道上ニ也。取其一ニ、当品破戒罪人、臨終ノ時、猛火現前スルニ、聞テ知識ノ勧一ヲ滅罪スレハ、火滅メ成リ風一ト、化仏来迎スト説ヲ、玄義ニ、初ニ不ハ遇善一ニ獄火来迎ス。後ニ逢カ善一ニ故ニ化仏来迎ス。斯乃皆是弥陀願力ノ故也ト釈セリ。今ノ釈ニハ第九門ノ中ノ臨終ニ善悪来迎スル事ヲ明スト計ニテ、別ニ無委細ノ釈一。而ニ付テ玄義ノ釈一、化仏来迎ヲ願力ト云ハン事、其理可然ル一。獄火来迎ヲ願力也ト云ハン事、其義難ト得意一ニ云不審有也。得ニ意之一有多義一。一義ニハ云、非ニス獄火ノ来迎ヲ願力ト云一ニハ。化仏来迎ヲ願力ト云也。其取テ、皆是ト云ハ、獄火来迎ノ機、聞名滅罪スレハ預テ聖衆ノ来迎一ニ往生スルヿハ不限当品一ニ、下品上生・下」（7ウ）品下生、通メ皆尓也。故ニ皆是願力ト云也云云。是モ一義ハ聞〔キコエ〕タレトモ、文言ニヒシ〳〵ト不相応一。一義ニハ云、以願力一ヲ往生スルニ取テ、有機法ノ二一。則、獄火来迎ハ顕ス願力ノ機一ヲ。化仏来迎ハ顕願力ノ益一ヲ。即可当ツ二深心ノ中ノ機法二種ノ信心一ニ。仍二ノ来迎、願力ノ機法ナルカ故ニ、皆是願力ト云也。一義ニ云、獄火来迎ヲモ願力ト可得意一。其故ハ仏ニ折伏・摂受ノ二門アリ。以此二門一ヲ顕下摂ス衆生一ヲ心上ヲ。今獄火・化仏ノ二相ヲ現ル也。其故ハ当品ノ機、命終以前ニ不ハ現二獄火ノ相一ヲ、不ル可生二怖畏慚愧ノ心一ヲ機ナルカ故ニ、大智ヲ以テ獄火ト変テ折伏トシ、大悲ヲ以テ化仏ト顕メ摂受トスル也。然者、以仏ノ方便一ヲ、降伏下メ無慚愧ノ衆生上ヲ、為ニ救之一ヲ現メ此悪相一ヲ、〔ソノ心ヲ〕折伏メ怖心ヲ生シムルヲ折伏門ト云。如メ是一既ニ救フ方ヲ摂取門ト云也。是則、諸仏菩薩ハ悲智双テ行メ能自利々他スルカ故ニ、顕メ悲智ノ二用一ヲ為折伏・摂受ノ二門一ト也。」（8オ）天台大師ハ、依維摩経ノ意ニ折伏・摂取ノ二門ヲ釈セリ。即此六道・四生・二十五有ノ相ハ、ツレナキ凡夫ヲ〔二〕為ニ令カ生厭欣ノ心ヲ、以仏巧方便ヲ現給リト云云。是ハ彼経ニ為ニ欲度ト此劣衆生ヲ、示ス是ノ衆悪不浄ノ土ヲ耳ト説ク文ノ意ニヨリテ釈ル也。而ヲ当品ノ機ハ年来恣ニ破如来ノ禁戒ヲ、又雖説法スト不浄説法也。故ニ今日ハ何ナル因縁ヲ云テ可取人ノ心ヲ、明日ハ餝テカ何ナル言ヲ可入施主ノ意ニナムト、住名聞利養ノ心ニ説カ故ニ、以仏法ノ金銀ヲ代テ名利ノ糟糠ニ一期ノ態トメ無慚愧ノ愚人也。過去ノ迦葉仏ノ父枳栗記王、一夜ニ見十ノ夢ヲ。早旦ニ詣テ仏前ニ奉ラレン語リ、其一ニ有人以金銀ヲ替ト糟糠ニ見ハ何ナル事ソト。仏答テ言ク、未来ノ釈迦文仏遺法ノ弟子、以仏法ノ金銀ヲ可替名利ノ糟糠ニ表示ノ夢也云云。当品ノ機ハ即此類也。如此無慚無愧ノ凡夫ヲ為折伏カ、以仏方便力ヲ」(8ウ) 現メ獄火ノ相ヲ見シメテ令ル生怖畏ノ心ヲ時、善知識落シアハセテ勧テ云、汝日来於仏法ノ中ニ作リ大罪ヲ。業果法然トメ惣メ無ハ錯失感悪業ヲ、既ニ地獄ノ猛火、化来レリ眼前ニ。欲ハ免ト此苦ヲ、可ト唱功徳不思議ナル阿弥陀仏ノ名号ヲ。以大慈悲ヲ慇懃ニ勧ル声、見テ猛火ニ入テ悶絶スル心ノ底ニ、滅罪スレハ如クメ蘇生スルカ生信心ヲ。不ル及一称ニ処ニ速ニ移ル八功徳池ニ。為顕カ此ノ益ヲ現ル獄火ノ相ヲ也。故ニ皆是願力ト云也。非ス仏ノミ儲玉フニ此方便ヲ。明王・聖宝ノ民ヲハク〔コ〕ム政「モ如此。若有ハ犯人、或ハ処シ禁獄ニ、或ハ行流刑ニ、何ソ仁君ト云ト覚レトモ、仁君ノ罰ハ愚人ヲ、非殺ニハ、為懲也。誅罰メ一人ヲ助ル万人ヲ方便ナリ。即、善財童子訪テ一百番ノ知識ヲ、求シ菩提ノ行ヲ中ニ、至無厭足王ノ所ニ求ム菩提ノ行ヲ。見レハ巌窟ノ下ニ掘レリ深広ノ穴ヲ。々ノ岸ニハ植諸ノ刀山釼林ヲ、穴ノ底ニハ湛タリ洞燃猛火ヲ。即誅罰スル犯罪人ヲ所也。童子、見此相ヲ思念スラク、曽テ不思寄」(9オ) 王ノ有様ナリ。去レハ何カ是ヲ知識ト云ハン。雖然、先ノ知識既ニ無厭足王ニ菩提ノ行ヲ訪ヘト教シ上ハ、様コソ有ラメト思直メ、問云、如何ナルカ菩提ノ行。王答テ云、汝〔コソ〕投ハ於此猛火ノ中ニ〔身ヲ〕、可ト教菩提ノ行ヲ。童子思ハク、雪山童子為鬼神投シ身、聞テ法ヲコソ投シ。我今投ハ身於此火ノ中ニ何以テカ聞カン法一ヲ。是天魔ノ所為ナルヘシ。サル事カ有ヘキト。而ニ又思返メ思ハク、アナ無道心ノ心ヤ。是ハ只惜ム身命一ヲ心様也。若可ハ信知識ノ言一ヲ、先ノ知識既ニ値テ此王一ニ聞(キケ)ト法一ヲ教キ。縦是雖天魔ノ所作一ナリト、我為ニ菩提一投ハ身ヲ還テ可レ成下得二菩提一ヲ身上ト。何故ニカ惜ト此身一ヲ思テ、即飛入猛火ノ中一ニ。未至火中ニ中間ニテ、自ラ覚トリ無量百千ノ三昧法門一ヲ、既ニ至火中一ニ。猛火忽ニ変メ成清涼ノ風一ト。即不メ受洞燃猛火ノ苦一ヲハ、忽ニ受身心清涼ノ楽一ヲ。時無厭足王、童子ヲ讃メ善哉々々ト云テ為ニ説クニ甚深ノ法要一ヲ弥ヨ開ケリ悟一ヲ。此王ハ是十地ノ菩薩ナレハ、為衆生利益ノ如此一設タリ方便一ヲ。而ニ今ノ猛火ハ是弥陀ノ智火」(9ウ)也。変メ智火一ヲ作メ猛火一ト不ハ令見之一ヲ、無慚無愧ノ我等遂ニ不ト可生二ス厭欣ノ心一ヲ知見メ、化仏来迎ノ先相ニ願力ノ智火変メ、現二メ地獄ノ猛火一ト発シ怖畏ノ心一ヲ令生二セ信心一ヲ。如来ノ善巧方便ナレハ、獄火化仏抑ヘテ皆是願力ト釈ル也。一義ニ云、此義モ尤モ除テ有ヘキ義也。而ヲ今、順タル経釈一ニ義ハ、経文ニ既ニ、獄火来現ノ機、聞名滅罪スレハ火変メ風ト成テ風吹花一花ノ上ニ化仏菩薩坐メ来迎スト説ク。サレハ火ノ外ニ無風一、々ノ外ニ無花一、々ノ外ニ無仏一。故ニ皆是願力ト云也。化仏若願力ナラハ、獄火モ又可尓。但玄義ノ釈ハ、初ノ火ト後ノ仏ト取合テ皆是願力ト云テ、中間ノ風花ヲ略スル也。仍対メ経文ニ見ニ風・火・花・仏ノ四重皆是願力ノ所作也。是則、煩悩即菩提・生死即涅槃・善悪不二・邪正一如ノ道理ヲ以テ為ルカ仏智ノ本願一ト故也。問云、善悪不二、邪正一如ノ義ハ諸教ノ極談也。今ノ宗ニハ必シモ不可談此深義一ヲ。指方〔立歟〕実相ノ宗義ナルカ故也、如何。答云」(10オ)善悪不二・邪正一如ノ道理、誠ニ諸教頓教ノ極説也。而ヲ今ノ宗ハ、不レ了(サトサ)二彼漸頓ノ諸教ヲ根鈍障重ノ機ニ、自願力一令ル開カ不二一如ノ悟一ヲ頓中ノ頓也。然者、当品ノ機ノ知識ノ勧ノ下ニ、雖レ不レ能三領解二此理一ヲ、以但聞名号ノ力一ヲ聞名滅罪スレハ、火変成風ノ不二ノ益ヲ成ス。併是、願力ノ不思議也。然者、善悪不二ノ道理ハ諸教ノ極談ナレトモ、他力ヨリ無善造悪ノ凡夫ノ上ニ成ル事ハ限今ノ教一ニ、永ク所レ異二ナル諸教一ニ也。此四義ノ中ニ、後ノ三義ハ当家ノ義ナルニ取テ今ノ愚意ハ〔三義ヲ〕可会一義一ニ也。其故ハ、願力ノ機ノ姿タ、可獄火来現ノ機一ナル条、勿論也。願力ノ化仏ハ来迎ス此機一ヲ。助ル此機ヲ願力ハ以もてす折伏・摂受二門一ヲ。此二門ハ又煩悩即菩提・生死即涅槃ノ義ナルカ故ニ、三義ハ可帰一義ニ也。抑今ノ機ノ上ニ、獄火化仏ト顕レテ、施「ハ折伏摂受ノ益一ヲ何クヨリ発ソト云ニ、仏ノ性悪ノ法門ヨリ示現スル也。六道四生二十五有ノ相ハ皆是仏ノ性悪ノ法門也。性悪ヲ」(10ウ)仏ニ具足スルニ依テ、此獄火・涼風・天花・化仏ノ四ヲ現メ、度ル下劣ノ機一ヲハ也。故ニ皆是願力ト云。サレハ機ハ只有ノ侭マヽニノ獄火来現ノ位ナレトモ、自願力一如此ノ与ヘ益一給ト知ヌレハ、機ヲ信メ二罪悪生死凡夫無有出離之縁一ト、法ヲ信ニ二ヨト云摂受衆生無疑無慮一ト機法二種ノ信心、今更ラ思知ラル、也。若罪悪ノ身ヲ善人ト成メ、無獄火来現ノ難一時、迎給仏也ト聞カハマシ、不可晴ル二我等カ往生ノ疑一ヲ。獄火来現ノ機ナカラ来迎スル本願也ト聞ニ依テ、於往生ニ無疑一也。自本一法体ニ約レハ不可有一分ノ疑一モ。雖然一、還テハ機ニ猶疑ヲ交ヘ居タル間、臨終ニ仏或ハ遣ニメモ火車一ヲ、或ハ成ニテモ獄卒一ト、サイナテ励テ行者ノ心一ヲ可迎給一大悲本願也ト得心一ツレハ、念仏ノ行者、縦臨終ニ見トモ火車一ヲ、見トモ獄卒一ヲ、一切不可驚動一。我既ニ憑仏一ヲ身也。仏ノ御手ニ摂持セラレタル故ニ以無勝レッ仏ニ者一不可有ニ妨ル我一者一心強ク可思一。倒ル地ニ者ハ還テ依地ニ起ルカ如ク、以仏ノ大悲ノ御手一ヲ」(11オ)我等ヲ呵責シ給獄火ナレハ還テ授ケニ大悲ノ御手一ヲ、預テ化仏来迎ニ可カ往生一故也。況又罪福本ヨリ一往也。平等大悲ノ本願ハ善悪不二・邪正一如ノ妙理ナレハ、衆生ハ以有碍ノ心一ヲ鎮トコシナヘニ仏与衆生一各別也、非トノミニ煩悩与菩提一ニ思カ故ニ往生ノ益ヲモ遠ク思ヘトモ、本願ハ善悪不二・凡聖無碍ノ法体也ケレハ、不隔此極悪最下ノ機一ヲ、納メニ無縁平等ノ大悲ノ光中一ニ取テ令得無碍ノ益一ヲ給。故ニ仏ヲ名ル無碍光如来一ト也。サレハ機カ先立テ非思知ニハ二此道理一ヲ、臨終ノ刻ニハ只死苦来逼シ身ヨリ白キ汗流テ熱悩悶絶スル時、知識説ニ二此平等無碍ノ名号一ヲ依テ聞名滅罪ノ力一ニ、火変メ成風一ト、乃至化仏ノ来迎ト顕ル。サレハ化仏ハ自天花一顕レ、天花ハ自涼風一起ル。涼風ハ自獄火一顕ス。是則顕ス本願ノ一切無碍ノ益一ヲ。他経ノ中ニ若人造ラン五逆一ヲ、得レハ聞「ヲ六字ノ名一ヲ、火車自然ニ去リ花台即来迎スト説ク。サレハ非無二火車去テ花」(11ウ)台来ル義一、其ハ而二一ノ門ニメ権門ノ法門也。今ノ経ハ顕メ不二一実義ノ至極一ヲ、故(ことさら)ニ火ノ外ニ無ト往生ノ花台一顕ス也。又諸教ノ中ニモ非無二ハ不二而二一ノ両門一。雖然一約メ機ノ心分一談スルカ故ニ也。猶是因分也。今ノ教ハ只約メ仏ノ平等ノ知見一ニ談ス。以此無碍ノ智恵一ヲ摂衆生一ヲ、令ル得生仏一体ノ妙益一ヲ時、成ルハ獄火化仏不二一ノ義一ヲ、全是果分ノ法門也。サレハ行者ハ只南無阿弥陀仏ト唱レハ、平等無碍ノ本願ヲ而二一ノ辺ヨリ不隔二仏智ノ覚体一ニ、摂メ令往生一頓教一乗海ノ宗極也。仍今ノ教ニ有トモ不二而二一ノ両門一、倶是仏果ノ法門也。不同諸教一ニ。衆生ニ不レ云ハ三持二トハ不二而二一ノ悟一ヲ、只不思不二一トモ、而二一トモ不悟、仰テ無碍ノ名号ヲ唱レハ、自法ノ方ニ可而二一ナル処ニハ与ヘ而二一ノ益一ヲ、可不二一ナル処ニハ与フ不二一ノ益一ヲ。サレハ可而二一ナル処ニハ他経ニハ火去リ花来ト説、不二一ナルヘキ処ニハ今ノ経ニハ火変メ成風一ト説也。サル程ニ往生メ花開ノ朝、観音勢至等、以(12オ)梵音ノ声一ヲ安慰メ彼人一ヲ、為ニ説ク大乗甚深ノ経典一ヲ。聞此法一ヲ畢テ発トモ云無上道心一ヲ。所ハ其聞一即此頓教一乗仏智無碍ノ道、不二而二一平等一実ノ法也。安慰者、愁アル者ヲナクサムル言也。又、行者臨終ニ遇獄火来迎一ニ患何事カ過之一ニ。其時ニ知識、勧ル此人一ヲ、聞名滅罪スルトモ無指(させ)ル領解一。後住メ正念一ニ往生スレトモ、又無了々分明一ナルヿ。此〔往〕生以後、花中ニ六劫アリテ又有三ノ障一。一ニハ不奉見仏菩薩一ヲ。二ニハ不聞法一。三ニハ不供養三宝一ヲ。サレハ彼土ニテ悔ル此土ノ罪一ヲ患アリ。故ニ花開ノ朝、二菩薩、以梵音和雅ノ御声一ヲ安慰此行者一ヲ給ン。其説相難知一事也。雖然一、今就テ安慰一ト云言一ニ、推セハ其意一ヲ、観音、対メ行者一ニ可言一。汝昔、在テ娑婆世界一ニ破戒無慚ニメ、獄火現前ノ時、タレカシト云知識、仏ノ十力威徳光明神力五分法身、内証外用依報正報恒沙塵数ノ法門具足ノ名号ヲ唱へ」(12ウ)聞カセシニ、名号ノ功徳、入汝毛孔一ニ、触シカハ耳一ニ、破戒ノ罪滅メ成涼風一ト、々中ニ花現シ、花ノ上ニ化仏菩薩アリテ可迎汝一ヲ。其花何物ソ、則是弥陀正覚ノ浄花也。又ハ是汝カ心中ノ自性清浄ノ妙花也。其時ノ猛火何物ソ、仏ノ大悲ノ折伏ノ体也。其時一ノ三尊又何物ソ、今ノ我等是也。我等助仏ノ行化一ヲ、不捨二汝カ破戒ノ過一ヲ迎シニヨリテ、今至リ此無生地一ニ、汝モ又如我等一カ助テ仏ノ行化一ヲ、尽未来際、迎ヨ十方罪悪ノ衆生一ヲ。又罪福本ヨリ虚妄ナレハ、汝カ本来所ノ受一シ罪苦ハ即如来内証ノ真実ノ妙法也。全ク莫生「異念一ヲナムト告(若ネンゴロ歟)テ可説一也。此時、行者ノ心何計カハウレシカルヘキ。サレハ般舟讃ノ中ニ、弥陀告テ言ク諸仏子、極楽何ソ如彼三界一、新往化生倶ニ欲ニ報一セント、合掌悲咽メ不能言(モノ云フ)一釈セリ。今ノ我等モ可如ナル当品ノ機一。何ソ身中ニ無ヤ罪業一。悠々トメ不可空ク過一ク。凡夫ノ習(ならひ)、死縁区(マチ〱)ナレハ、〔縦ヒ〕閑ニメ終ラント思トモ大キニ不定也。目連尊者ハ依前業一ニ竹杖外道ニ打殺サレテ」(13オ)廐(ウマヤ)ノ尻(マエ)ニ埋レ、離越尊者ハ依前業一ニ十二ケ年ノ間、獄中ニ禁閉セラレキ。昔罽賓(ケイヒン)国ニ有一人羅漢一。其名ヲ名離越尊者一ト。五百人ノ僧衆ノ長老タリケルカ、常ニ好テ独住一ヲ、在テ山中一ニ坐禅シケリ。或時、有牛飼(カヒ)、失テ牛一ヲ東西ニ求ニ不得一。山中ヘ尋入メ見ハ有僧一人一。即我所失一フ牛ヲ切リ誘(コシラヘテ)、大ナル釜ニ入テ煮(ニ)テ食シケリト覚ヘテ、牛ノ髑髏・骨肉等処々ニ散在セリ。釜ノ中ニ未タ其汁ルアリナントシケル間、トカクノ計無クメ、此僧ヲ責搦メテツレモテ行程ニ、我ハスコサヌ〔オカサヌ〕者也。何ニト如ハ此一スルソト云テ泣悲ミケレトモ、是ホトニ眼前ノ事ヲ争フ不当ノ法師也。カヽル心ナレハ(コソ)法師ノ身トメ盗テ人ノ牛一ヲ而モ殺生罪ヲハ犯ヌレトテ、弥強逼〔シテ〕引モテ行。是ハ依前世ノ業一ニ、今此負フ無実一ヲ也。尊者モ三明六通ノ大阿羅漢ナルカ故ニ、此次第ヲハ知リケレトモ力ナカリケリ。此僧、為ニ染二カ袈裟一ヲ、切二テ木蘭ト云木一ヲ、剥(ハキ)皮一ヲ入テ釜一ニ煎メ汁ニテ袈裟ヲ染タリ(ケリ)。而ニ其ノ袈裟ハ牛ノ皮ト見ヘ、木蘭ヲ剥タルサネハ牛ノ骨ト」(13ウ)見ヘ、所持ノ鉢ハ牛ノ髑髏ト見ヘ、汁ノ残レルハ牛ノ血ト見ヘケル也。如此一見ヘケレハ、牛飼カ心地ニ是ヲ実犯ト思フ、尤モ道理也。仍陳謝スレトモ不用一。還テ妄語ノ法師メト云テ責ケリ。サル程ニ責行テ検断所ヘ渡スニ、是ヲ受取禁獄シケリ。其時五百人ノ門弟失テ師匠一ヲ、犢(コウシ)ノ母ヲ失ルカ如ク、面々ニ入定一ニ見トモ、都テ不見一ヘ。如此奔走スレトモ不メ得一送十二年ノ星霜一ヲ。十二年ト云時、門弟等、定中ニメ日来ハ不見一尊者ノ在所ヲ得タリ見一ヿヲ。即当国獄ノ中ニアリ。成不思議ノ思一ヲ、悲喜交テ速ニ出定一、彼所ヘ行向テ至テ獄門一ニ、守門ノ者ニ是ニ離越尊者ト云人有ヤト問ニ、サルヘキ僧無ト答フ。此僧挙声一ヲ離越尊者ヤ坐ストト喚フ時、尊者聞付テ獄中ヨリ高声ニ、離越ハ是ニアリト答フ。サテ対面メ見レハ、無見シ姿一モ、髪ハ長タケヨリモ長ク、骸骨ナントノ如ニ成テ、更ニ人トハ覚サリケリ。サテ事ノ様ヲ問ケレハ、我依前ノ業一ニ、カヽル虚名ヲ取テ獄定セラル、事十二ケ年也。其故ハ昔我」(14オ)身、田夫ニテ有シ時、牛ヲ失テ求ニ不得一。遂ニ至ヌ山中一ニ。見レハ一人ノ独覚ノ聖坐禅メ居タリ。此人ノ所為ナルヘシトテ、押テ其聖一ヲ搦テ十二時ノ間悩シタリキ。依其業一ニ、今十二年ノ間受苦一。今ノ牛飼ハ独覚也。今ノ我ハ彼田夫也。此旧キウ業ノ故ニ十二年ノ間ハ神通モ無其用一。汝等モ不見我一ヲ。旧業已ニ尽ル故ニ、今始テ汝等見付タリ我一ヲ。前業已ニ果シ尽ッ。今ハ可帰無余涅槃ニ云テ、即虚空ニ飛テ上テ十八返ノ神通ヲ現シ、胸ヨリ出メ智火一ヲ自カラ焼身一ヲ無余ニ住シキ。聖人既ニ無免ヿ前業ノ所感一ヲ。況凡夫ヲヤ。サレハ有人、身焼メ死セントテ、有川ノ辺ニ薪ヲ聚テ身ヲ積籠テ死セントシケルニ、有相人一道ヲ通リケルカ、此事ヲ見テ、此人ハ入水一ニ可死一相有ニ、只今身ヲ焼メ死ントスル不思議サヨト思テ暫ク立留テ見ケル〔程ニ、既ニ〕薪ニ火付テ其身ニ近ケル時、余ノ熱ニ此人薪ヲハネ散ラメ飛出テ、傍ナル河ニ入テ即死ケル時、相人思ハク、サレハコソ相書ハ不ト可有相違一独合」(14ウ)点メ去ヌト云云。又、釈尊涅槃ノ期近テ、告阿難一ニ言ク、我今身モヒラキ背カモイタミ、今既ニ涅槃ノ期ニ至レリ云云。煩悩断ノ仏モ三界ニ受生時ハ果ス前業一ヲ。サレハ不分凡聖一ヲ、或ハ病悩、或ハ死縁、依前業一ニ可無尽一ナル也。思知テ急テ可用心一也。

頌云　謂ク大象ト井ト麨　梅檀ト妙薗林ト

小象ト二猕猴ト　広堅衣ト闘諍ト

本云寛正六年六月日　勢運」（15オ）

「峻空」（印）

曼陀羅聞書第廿四第廿五合冊依古写本蟲損今新写了。

元文五庚申閏七月初八午剋功竟一校了。

尾陽祐福般若室主峻空頭陀六十弍歳。

（表紙）

観音寺

浄土九番箱

舜興蔵（印）

（見返）

曼荼羅聞書抄二十六

散善

（1オ）

逆謗ノ二罪大経ニハ除キ観経ニハ接スル事

涅槃経ノ二処ノ文ヲ引テ今師釈ヲ成給フ事

提婆ノ三逆ハ標シ在世ヲ、闍王二逆標未来事

提婆仏為害事

（1ウ）

下品下事　十五

次ニ下品下生ノ曼荼羅ト者、経ニ云、下品下生ト者、或ハ有テ二衆生一、作テ二不善業タル一五逆十悪ヲ、具ラン二諸ノ不善一、如レノ此愚人、以ノ二悪業一故ニ、応シ下堕ノ二悪道一ニ、経歴多劫ヲ一受レ「苦無窮リ。如レノ此愚人、臨テ二命終ノ時一ニ、遇フ下善知識ノ種々ニ安慰ノ為ニ説キ二妙法ヲ一教テ令中ニ念仏セ上。此ノ人苦ニ逼ラレテ不レ遑アラ二念仏スルニ一。善友告テ言ク、汝若シ不レス能レ念「者ハ、応レ称ス二無量寿仏一ト。如クレ是至心ニ令テ二声ノ不サラレ絶一、具ニ足ノ十念ヲ一称ス二南無阿弥陀仏一ト。称ルカ二仏名ヲ一故ニ、於テ二念々ノ中ニ、除ク二八十億劫ノ生死之罪ヲ一。命終之時、見テ下金蓮「(1オ)花ノ猶如ノ二日輪ノ一住ルヲ中其人ノ前ニ上、如ニ二一念ノ頃あひた一ノ、即得三往ニ生「ヲ極楽世界ニ一云。サレハ此品ノ人ハ十悪五逆具諸不善ノ凡夫也。十悪ハ前ノ品ノ如シ。五逆ト者、殺父・殺母・殺阿羅漢・出仏身血・破僧罪也。但シ五逆ノ中ニ、殺羅漢・出仏身血罪・破僧罪ノ三ハ滅後ニ不通一。大権ノ所作ナル故也。仍テ今、具ニ造ル五逆ヲ一ト釈スト云ヘトモ、理実ニハ余ノ二逆ヲ可レ取。若シ同類ノ五逆ヲ云ハ、滅後ニ成ニ造レ之。其同類ノ五逆ト者、倶舎頌ニ云ク、汚シ二母ノ無学ノ尼ナルヲ一(殺母同類)、殺シ二住定ノ菩薩ヲ一(殺父同類)、及ヒ殺ス二有学ノ聖者ヲ一(殺羅漢同類)。奪ヒ二僧ノ和合ノ縁ヲ一(破僧ノ同類)、破ルナリ二壊率塔婆ヲ一「(2ウ)(出仏身血ノ同類)云。〔此ノ中ニ母無学ノ尼ヲ汚ストハ、殺母罪ノ同類也。殺住定菩薩トハ殺父罪ノ同類也。殺有学聖トハ殺羅漢罪ノ同類也。奪僧和合縁トハ僧ノ和合共住ノ仏法ヲ興行スル資縁ヲ奪フ也。即チ破僧罪ノ同類也。破壊率塔婆トハ率塔婆ヲ切リ倒シ、堂塔僧坊ヲ焼失スル、皆此ノ類也。即チ出仏身血罪ノ同類也。〕故ニ今ノ変相ニ、或ハ仏ノ御光ヲマナイタニシ、或ハ僧尼ヲ打縛〈シハ〉リ、或ハ率塔婆ヲ焼キ、伽藍ヲコホツテ焼〈タ〉ク。是皆同類ノ五逆ヲ顕ス也。如ノ是五逆罪ヲ造ル者ハ、必ス無間地獄ニ堕ス。而ニ無間地獄ト名ル事ハ、〈或ハ〉此ニ堕ル罪人其身一獄ノ中ニ遍満ノ無レ間。故ニ無間ト云。或ハ又受レ苦事無レハ間無間ト云也。而ニ小乗ノ意ハ五逆ノ罪人、無間獄ニ堕ノ受ル苦一時分一中劫ト云。大乗ノ意ハ一逆ハ一劫也。故ニ五逆ハ五劫ヲ満足ス。此界ノ劫壊スレハ、他方ノ地獄ニ生ノ苦ヲ受ケツクノウ也。而ヲ今ノ品ノ罪人ハ只五逆ノミナラス、兼テ衆悪ヲ造故ニ受苦無窮ト説也。此人」(3オ)罪トメ不ト造ニ云事無ケレハ、一切ノ謗法闡提等ノ罪ヲモ造レル重罪ノ凡夫也。故ニ臨終ノ苦痛悪相、上ノ品ニ増スヘキ事、百千万倍也ト云ヘトモ、経文略メ不説之ヲ。善知識種々ニ安慰メ念仏ヲ勧ルニ念スル事不能一、苦念ヲ失スル故也。仍釈云、罪人死苦来リ逼テ無レ由レ得ルニ念仏一ヿヲ。善友知テ苦ニ失レスト念ヲ、転メ教テ口ニ称シム弥陀ノ名号一ヲト云云。此ハ知識、弥陀ノ名号ヲ唱ヘハ此罪苦除ル、事ヲ得テ、可シト往生一教ルヲ聞テ心ニ名号ヲ念セントスルニ、断末魔ノ苦、身心ヲ責ル故ニ、其心失メ念スルニ不能一。知識、此ヲ知テ、何ソ汝心ニ念セントスル、只口ニ唱ヘハ即可往生ス他力本願ノ名号也ト転教スルヲ」(3ウ)聞テ、サテハ口ニ称セハ助カルヘキニコソト思フ心ヲ如是至心ト説ク。即是三心也。此ノ一念動テヲン(ママ)ハクハカリニテ、口ニ南無阿弥陀仏ト称シ出ス時、知識其声ヲ相続メ勧ム。如是スルホトニ、十念相続メ金花ノ迎ニ預テ往生ス。而ニ種々安慰ト者、多ノ可有ニ方便一。若シ一経ニ依ラハ、涅槃経ニ、仏阿闍世王ヲ安慰シ給カ如ク成ヘシ。下(シモ)ニ至テ可為ス委(くわ)(シク)之一ヲ。凡ソ此品ノ罪人目ニ遮ル物ハ、獄率・羅刹・火車・炉炭(タン)、十八ノ苦事、心ニ浮フ物ハ断末魔ノ苦也。身心共ニ悶絶メ、譬ハ死人ノ如シ。知識此ヲ勧ムトスルニ、心難動カシ一信心難発シ一。此ヲ誘ル方便可多門ナル一故ニ、種々安慰トハ云也。安慰ト者」(4オ)ナクサムル言也。如是勧メ立テ、既ニ十念ヲ具足ス。而モ此具足十念ニ於テ、諸師ノ解釈不同也。天台大師ハ、或ハ一念成就メ亦得ニ往生スルヿヲ一トテ、一念ニモ五逆ノ者可シト往生ス被許タリ。飛錫禅師、又一念往生ノ義ヲ許ス。法照大師ノ又一念往生ノ義ヲ許ス。文云、十悪五逆ノ至レル愚人、永劫ニ沈淪メ在ヘキモ苦塵ニ、一念称シ得ツレハ弥陀ノ号一ヲ、至テ彼ニ還テ同ニ法性身ニ云云。懐感禅師ハ、必ス須ク満レス十ヲトテ、五逆ノ者ハ必十念ヲ満メ可往生ス故ニ、具足十念ト説ト云云。恵心僧都、又逆十念(余)一ト云云。而ヲ今家ノ意ハ、具足十念ト云ハ」(4ウ)一念ニ願行具足スル事ヲ説ク。十念ヲ可ニト具足一説ニハ非ト得給ヘリ。故ニ今此ノ観経ノ中ノ十声ノ称仏ハ、即有テ十願十行一具足ス。云何カ具足スル。

言二南無一ト者、即是帰命、亦ハ是発願廻向之義ナリ。言阿弥陀仏一ト者、即是其行ナリ。以ノ斯ノ義一ヲ故ニ必得往生一ヲ云云。
仍具足ノ言ハ願行ニアリ。一念ニ願行具足スル上ハ一念ニ必ス往生スヘシ。九念十念モ又如是。此又宗家ノ今案ニ非ス。
大経ノ中ニ、願文ニハ十念ト説トモ、成就ノ文ニハ諸ノ有(あら)ユル衆生聞テ二其名号一ヲ信心歓喜メ乃至一念モ至心廻向メ願ヌレハ生ムト二
我国一ニ、即得テ二往生一住ス不退」(5オ)転一ニ。唯シ除二五逆ト誹謗正法一トヲハトテ一念往生ト説ケリ。又流通ノ文ニ、其レ有レ
得レ聞二「彼ノ仏ノ名号一ヲ、歓喜踊躍メ乃至一念センニ、当レ知此人ハ為レ得リト二大利一ヲ。即是具二足ナリ無上ノ功徳一ヲト云云。
此ハ成就ノ文ノ一念ヲ嘆(ほ)メ無上大利ノ功徳ヲ説也。既ニ無上大利願行具足ノ名号ヲ称センニ、逆者ノ一念往生不可有疑一ヒ。
此則願文ハ且ク満数ニ約メ乃至十念ト云ヘトモ、成就ノ文・流通ノ文ハ乃至一念ト説ク。当品ハ又作業ノ往生ニ約メ且ク具
足十念ト説ケトモ、一念ニ既ニ願行具足スレハ、逆者ノ一念往生又無疑一。乃至十念ノ下ニ唯除五逆誹謗正法ト」(5ウ)云ハ
既ニ抑止也。摂取スル時ハ往生ト釈ス。乃至十念ノ下ニ又唯除五逆誹謗正法ト説ク。摂取ノ時、又逆者一念可往生事、
経文顕然也、道理必然也。経文既ニ如此ナレハ、和尚此意ヲ釈シ給ニ、上ミ尽シ二一形一ヲ至マテ二十念三念五念一、仏来迎玉テ
直チニ為(ヨリテ)二弥陀ノ弘誓重一キニ、致レ使「凡夫ノ念ヲメ即生一セ云云。只念スレハ生ス。念数ノ多少ヲ不ト論一明ス。故ニ法然上人
ハ、諸師ハ別メ十念往生ノ本願ト云、今師ハ惣メ念仏往生ノ本願ト云。諸師ノ別メ十念往生ノ本願ト云ハ、上ミ一形ヲ捨、
下モ一念ヲ捨ヲ、今師惣メ念仏往生ノ本願ト云ハ、上ミ一形ヲ」(6オ)取、下モ一念ヲ摂スト云云。仍今師、此下三品ヲ讃ル
言ニモ化仏菩薩尋テレ声ヲ到ル、一念傾レハ心ヲ入ル宝蓮一ニ云ヘリ。是ニ逆者モ一念ニ宝蓮ニ入ト云ニ非スヤ。サルホトニ又逆
者聞名ノ位ニ往生ノ益有テ、前ノ下品中生ニ同ル事可有之一。其故ハ安心・起行・聞名・作業等ノ往生ハ、聞名ヲ地盤ト
為ト意得時キ、逆者ナリトモ、聞名ノ位ニ命絶セハ可有二往生ノ益一事勿論ナル故也。其仏ノ本願力ハ聞レ名ヲ欲往生、皆悉
到彼国、自致不退転ト云此意也。欲往生ノ心ハ聞名ノ力ニ依テ生ル也。諸有衆生聞其名号一、信心歓喜シ、乃至一念ス

ト云此意ヲ」(6ウ)顕ス。踊躍歓喜ノ意ハ聞名ニ依テ発ル故ニ、今ノ品ノ如是至心ノ信心モ聞名ニ依テ発也。サレハ聞名滅罪ノ益、逆者ヲ除クヘキ謂レナシ。弥陀ノ本願ハ専ラ此機ノ為ナルニ、聞名往生ノ益、此機ヲ可除一無二道理一故也。又、流通ノ文ニ、若シ善男子善女人、但タ聞クニ二仏名二菩薩ノ名一ヲ、除二無量劫ノ生死之罪一ト説ク。其無量劫ノ罪ノ中ニ軽罪計ヲ滅メ、重罪ヲ滅セサランヤ。故ニ他経ノ中ニモ、或ハ、若人造二五逆一ヲ、得レハ聞二六字ノ名一ヲ、火車自然ニ去リ、花台即チ来迎スト説キ、或ハ、若シ人造リテ二多罪一ヲ、応堕二地獄ノ中一ニ、纔ニ聞ケハ二弥陀ノ名一ヲ、猛火為ナル二清」(7オ)涼一トモ説ク。五逆ノ者ノ、聞名往生ノ益勿論也。但シ若尓者、何故、五逆ノ者ノ十念往生トハ説ソト云ニ、上ノ品ニテ云カ如ク、安心・起行・聞名・作業、四種ノ往生ヲ為顕也。謂ク、中品下生ハ二尊ノ教ヲ聞テ安心メ往生ス。下品上生ハ安心ノ上ニ、一声称名メ往生ス。下品中生ハ重罪ノ人ナル故ニ、安心起行ニ不及一、又聞名ノ位ニ往生ス。当品ハ十念相続メ作業ノ往生ヲ顕サント為ル故也。凡九品ノ諸相ハ一相〳〵ヲ顕ス。其意ハ互ニ通ス。サレハ一往ノ文ノ株(クイセ)ヲ守テ不可為定量一也。

下品下生余残事付三部経五部九巻并七々日薬師如来事」(7ウ)

今日モ下品下生ニ付テ相残事アリ。其トハ云ハ、凡釈義ヨリ事起テ此品ニ付テ大ナル論義アリ。其故ハ、大経ノ十八ノ願ノ如クハ、唯除五逆誹謗正法トテ、乃至十念スレハ、十方ノ衆生皆往生スヘシト云ヘトモ、逆謗ノ二人ヲハ除ク。今経ノ下々品ニハ、五逆ノ人ヲ挙テ往生ト説ク。彼経ニハ〈除キ、此経ニハ〉取ル。此レハ何事ソト云不審也。付之、五祖ノ釈義アレトモ、今且ク略之一。今家ノ釈義ハ、抑止・摂取ノ二門ヲ以、成敗シ給ヘリ。抑止ト云ハ未造一罪業ヲハ不ト可作一抑サヘ止ム。摂取ト云ハ既ニ造ツレハ、サテ可キ二捨アラネハ、還テ大悲ヲ発メ摂メ令往生一也。此ノ二罪殊ニ重ヲ以、造ラハ悪道ニ堕メ多劫ヲ」(8オ)可ト二経歴一云ハ、未造業ニ付テ是ヲ抑止スル也。大経ハ此意也。サルホトニ今経ニ至テ、提婆・闍王、既ニ五逆ヲ造レリ。今既ニ此ヲ捨テ、令ハ二流転一本願ノ瑕瑾〈カキン〉キス也。故ニ還テ摂メ令二往生一。但シ謗法ノ罪ハ未造一、大経ニ除シマ、ニテ、今経ニ摂スト不説一。若又、提婆・闍王ノ五逆已ニ造レルカ如ク、謗法ヲモ已ニ造レル者アラハ、彼カ五逆ヲ摂メ令ルカ往生一如ク、謗罪ノ人ヲモ又還テ大悲ヲ発メ摂メ可令往生一也。付之ニ、又、弥陀ノ抑止歟、釈迦ノ抑止歟ト云ニ、有義ニ云、弥陀ノ抑止也云云。弥陀ハ抑止也。釈迦ハ摂取スル也。サレハ大経ニハ願文・成就ノ文、共ニ唯除五逆誹謗正法ト」(8ウ)抑止也。今経釈尊ノ教ニハ、摂メ五逆罪人十念往生ト説故也ト云云。当家ノ義ハ不尓。抑止・摂取ハ共ニ釈迦ニ有也。若弥陀ハ逆謗二罪ヲ抑止シ、釈迦ハ此ヲ摂取スト云ハ、弥陀超世ノ大悲本願ニハ抑止シ、釈迦観仏ノ教ニハ摂取セン事逆〈サカサ〉マ也。又、法蔵比丘、五劫思惟メ所レ発本願ニハ、逆謗ノ二罪ヲ抑止シ、今日釈尊ノ教ニハ摂取セハ、中間億々万劫ノ間、逆謗ノ衆生、空ク念仏往生ノ益無ランヤ。旁〈カタ〳〵〉以〈もって〉無正体一義也。然レハ今ノ義ハ釈尊ノ一化ノ始終ニ付テ可抑止ス一時ハ此ヲ抑止シ、可キ二摂取ス一時ハ此ヲ摂取ス、機ニ随フ方便也。全ク本願ニ抑止スルニハ非ス。」(9オ)サレハ大経ノ四十八願ニ亘テ、設我得仏ヲ以冠トシ、不取正覚ヲ以沓トスルニ、十八ノ願ノ唯除五逆誹謗正法ノ言ハ、不取正覚ノ外ニアリ。全ク本願ニ非ス。只是釈尊ノサカシラ也。其ノ故ハ、本願ニ十方衆生ト挙ルハ、善悪ノ衆機ヲヲサム。故ニ大師、一切善悪ノ凡夫得レ生ヿヲ者ハ、莫シレ不下云フ皆乗メ二阿弥陀仏ノ大願業力ニ一為中増上縁上也ト釈給ヘリ。善凡夫ト者、上六品ノ機也。悪凡夫ト者下三品ノ機也。雖然、本願ノ本意ハ逆謗ノ二人ノ為也。故ニ安楽集ニ此願文ヲ引ニ、十方衆生ノ句ヲハ、或ハ一生造悪トモ釈シ、又ハ一形造悪トモ釈ス。今師又此分ヲ釈スル時ハ、然ニ諸仏ノ」(9ウ)大悲ハ於テス二苦アル者一ニ。心偏ニ愍二念玉フ常没ノ衆生一ヲ。是ヲ以テ勧テ帰セシム二浄土一ニ。亦如キ二溺レタル水ニ之人一ノ、急ニ須シク偏ニ救フ一。岸上之者ヲハ、何ヲ用テ済〈スクフ〉ヿヲ為ント云云。涅槃経ノ二処ノ文ヲ取合テ此釈ヲ作也。一処ノ文ニ云ク、譬ハ如シ二有人一ノ而モ有リ二七子一。是七子ノ中ニ一子遇レヌレハ病ニ、父母之心ハ、非レモ不ルニハ二平等一ナラ、然モ於テ二病子一ニ心則偏ニ重シ。如来モ亦尓ナリ。於テ二諸ノ衆生一ニ非ﾄﾓ不ニハ二平等一、然ﾓ於テ二罪者一ニ心則偏ニ重ト云。今諸仏ノ大悲ハ於二苦者一ニ心偏ニ愍二念フ常没ノ衆生一ヲト云ハ此文ノ意也。是ヲ以勧テ帰シム二浄土一ニト云ハ釈尊ノ御意、涅槃経ノ中ニテモ、只此衆生ヲハ浄土ノ一門、弥陀ノ本願ニ令テ帰一セコソ、出離ノ」(10オ)期ハ可レケレ有ト思食意ヲ釈顕ス也。又一処ノ文云ク、如下恒河ノ辺ニ有テ二七種ノ人一、恐〈ヲソレテ〉畏メ殻〈コク〉賊ヲ則入中カ河ノ中上ニ。第一ノ人ハ者、入レテ水ニ則沈ム。第二ノ人者、雖レ没スト還テ出、々已テ復没ス。第三ノ人者、没シ已テ即出ツ、々テ更ニ不レ没。第四ノ人者、入已テ便チ没ス。々シ已テ還テ出、々已テ即住メ遍ク観二ス四方一ヲ。第五ノ人者ハ、入リ已テ即沈ム。々ミ已テ還テ出、々已テ即住ス。々已テ観レス方ヲ。観シ已テ即去ル。第六人者、入已テ即去リ、浅〈サン〉処ニ即住ス。観二賊ノ近遠一ヲ。第七ノ人者既ニ至二リ彼岸一ニ、登二リ上テ大山一ニ無二シ復恐怖一。離テ二諸ノ怨賊一ヲ受二ク大快楽一ヲト云。此ハ譬ヘハ怨賊ニ追〈セメラ〉逼レテ逃」(10ウ)走テ、恒河ノ河ヲ渡ルニ七人アリ。第一ノ人ハ怨賊ノ責メ近付ヲ見テ、河ヲ渡ントメ、飛入テ即水ニ没メ出ス。第二ノ人ハ没メ出テ又没ス。第三ノ人ハ出已テ不二没一。此ハ大菩提心ヲ発セル十信ノ位ノ人也。第四ノ人ハ不ル二没一ノミナラス、水上ニ住メ心ニ任テ四方ヲ見ル。此ハ声聞ノ四果也。第五ノ人ハ不没メ四方ヲ見テ、而漸々ニ浅所ヘ向テ去ル。此ハ縁覚也。第六ノ人ハ已ニ浅処ニ至リ、住メ怨賊ノ遠近ノ分斉ヲ見ル。此ハ菩薩也。第七ノ人ハ已ニ彼岸ニ到リ、大山ニ登テ、諸ノ怨賊ヲ離テ無レ恐快楽ヲ受ク。此ハ仏也。此則、煩悩ノ怨賊ヲ恐レテ、生死ノ大海ヲ渡ラントメ、発心出家メ仏道ヲ修行スルニ取テ、七種ノ差別アリ。其」(11オ)中ニ後ノ五人ハ十信不退以上ノ機ナレハ、浮沈雖二異一ナリト、或ハ已ニ彼岸ニ登リ、或ハ終ニ彼岸ニ可二至一機根ナレハ、此ヲ今惣メ、岸上ノ者ヲハ何ソ用〈モテ〉レ済〈わたす〉「ヲ為セント釈ス。皆是聖道利根ノ機ナレハ、何トモ無クモ心安キヲ以、今ノ教ハ此カ為ニハ不ト二設一ケ云心也。初ノ二人ハ十信以前ノ鈍根ノ凡夫、随分ニ出家発心スル事有リト云ヘトモ、悪友ニ遇テ、退入退没スル即チ我等衆生也。此ヲ今亦、如キハ二溺タルレ水ニ之人一ノ、急ニ須シク偏ニ救フト釈也。仍テ釈尊出世ノ大悲ハ只此常没ノ衆生ノ為也。故ニ序分義ニ、如来臨化ハ偏ニ為二ナリ常没衆生一ノト云。此衆生ノ為ニハ何事ヲカ説ト云ニ、只浄土ノ一門ナリ。故ニ是以（コヽヲもテ）」（11ウ）勧テ帰ム二浄土ニ一ト云云。序分義ニ、依テ二下モノ観門ニ一専心ニ念仏スト云又此意也。但シ彼善凡夫ト云モ、此常没ノ衆生也。常没ノ衆生ノ中ニ随分ノ善悪アリテ九品ノ機ト成レトモ、既ニ常没ノ凡夫ナルカ故ニ罪業深重ノ機也。故ニ罪悪生死凡夫無有出離之縁ト云。其中ニ尚障重ナルハ此逆謗ノ二人也。サレハ諸仏ノ大悲ハ苦アル者ニ於テシ、水ニ溺タル者ヲ急ニ偏ニ救フ釈尊出世ノ大悲、弥陀超世ノ本願ノ至極ハ、只念仏ノ一行ヲ以此逆謗ノ二人ヲ摂スルニアリ。此二人ヲ本トメ、乃至十念若不生者不取正覚ト願スル本願ノ深意ヲ見ヲホセテ、釈尊ノ方便未造業ノ者ニ此二罪ヲ造ラセシト」（12オ）抑止メ唯除トハ云也。然トモ提婆・闍王、已ニ此五逆ヲ造ヌル上ハ、弥陀ノ本願ニ同スル同体無縁ノ大悲ヲ発メ、還テ摂取ル時、此経ニ五逆ノ者往生スト説也。而ハ抑止・摂取ハ只是釈尊一化ノ始終ナリ。弥陀ノ本願ニ抑止スルニハ非也。抑又今経ニ五逆往生ト説事ハ、只釈尊今日随宜ノ説歟、又自本一、此道理ハ有歟ト云ニ、只今日随宜ノ説ニハ非ス。釈尊、西方無勝ノ化ヲ隠メ、火宅ノ門ニ入御坐シ御心中ニ秘蔵セル事ヲ此品ニ説顕也。其故ハ今経ノ序分ニ、提婆カ三逆、闍王ノ二逆、師檀寄合テ五逆ヲ造テ今経ノ縁起ト成ハ、今ノ下品下生ノ重罪ノ機ヲ起ス」（12ウ）心ナリ。其提婆ハ釈尊ノ往昔〈ノ〉菩薩ノ道ヲ行セシ時ヨリ、逆縁ノ方便ヲ以、生々ニ不メ相離一、此土ノ衆生ノ機根ヲ調ヘラレシ同行也。サレハ我カ三十二相八十種好神通妙用無量ノ功徳ハ、皆是提婆達多ノ善知識ノ力ヲ以所成也ト説給ヘリ。カヽル提婆カ闍王ヲ諷（フウカン）諫メ、父母ヲ令禁セ一シニ依テ、所ノ起一観経ナル故ニ、今経ハ一代八十年ノ内ノ随宜ノ説ト思ハ愚痴ノ管見也。無量阿僧祇劫已来、師弟共ニ発起シ給所ノ経也。其ト云ハ即今ノ品ノ逆謗往生ノ法門也。サテコソ序分ニ、韋提、我宿（ムカ）シ何ノ罪アリテカ、生二メル此悪子一ヲ。世尊ハ復、有（まし）二マシ何等ノ因縁一テカ、与ト二提婆達多一共ニ為玉ヘル二眷属一ト問マイ」（13オ）ラセシヲハ、仏モソラキカスシテ御答モ無ク、夫人モソラワスレメ重テモ問マイラセサリシカ、其ト云ハ此ニテ説玉ハ、如来出世ノ本懐カ序分ニテ可終（ハッ）一故ニ、此ヲ不二説給一。若シ問ノ如ニ説カハ、我カ提婆〈ヲ〉眷属トスル事ハ、十悪五逆具諸不善ノ凡夫、弥陀ノ名号一念十念ノ下ニ、往生〆仏ト等ク法性ノ常楽ヲ証スル益ヲ顕〆、未来ノ衆生ニ与ム為也ト可説故也。而ニ大権ノ薩埵ナル故ニ、夫人モタ、ホノメカシテ強テモ不問一。釈尊モ不空ラ知一シテ不答給一。モタシテ今此品ニ至テ、十念往生ノ勝益ヲ説ハ一代ニ無キ程ノ不思義也。此時、韋提モ五百ノ侍女モ、釈梵護世ノ諸天モ、未聞ノ益ニ預リシ也。」(13ウ) 若尓者、何故ソ、父王夫人ハ今経ノ益ヲ得ニ、闍王・提婆ハ此経ヲ発起シナカラ而モ此経ノ益ヲハ不レ得〆、闍王ハ涅槃ニ無根〈ノ〉信ヲ得、提婆ハ法花ニ成仏ノ記ヲ得ソト云ニ、此ニ三義アリ。一義云、発起ニ付テ、当機ニテ発起スル事アリ。又他経ノ機ニテ発起スル事アリ。今此ノ二人ハ浄土ノ機縁ニハ非ス。只如来ト同心シテ、今経ノ益ヲ発起スルマテ也。既五逆往生ノ法ヲハ発起シ顕ツ。我ハ聖道ノ機ナレハ諸教ノ益ヲ得也ト云。一義云、提婆カ三逆ハ皆是在世ノ機ノ所造也。破僧出血ハ未来ニ作事不能一。但シ殺阿羅漢ハ未来ニモ作スヘケレトモ、未来ニ無二其境一。故ニ三逆共ニ未来ニハ無也。故ニ提婆ハ」(14オ) 在世ノ機ヲ標〆、未来ノ機ヲ不標一。仍今経ノ機ニ非ス。サレハ他経ノ益ヲ得タリ。今経ハ未来ノ益ナル故也。次ニ闍王ハ縦（たとひ）権者ニモアレ、殺父殺母ノ逆罪既ニ未来ニ可通者也。故ニ未来ノ機ニ同〆今経ノ益ヲ得也。但観経ニハ、仏、世王ノ留〈ル〉難ヲ恐レテ、潜ニ隠〆王宮ノ夫人ノ前ニ現〆、此経ヲ説給シカトモ、世王既ニ不聞二不知一前ヘハ今経ノ益ヲ不可得一。雖然一、世王ノ為ニ此経ヲ説置給ヌル上ハ、今経ノ益ヲ得タルニナル上〈ヘ〉、別経ノ中ニ正ク闍王無量寿仏ヲ念〆、滅罪〆須陀洹道ヲ得ト説ク。即今経ノ益、往生ヲ得テ、花開已後ニ須陀洹道ヲ得タルニ当也云云。」(14ウ) 一義云、法花・涅槃ニ此二人ノ益ヲ説モ、皆是念仏ノ益ト見ヘタリ。念仏ハ必ス往生ナル故ニ、浄土ニ可往〈生〉ス一事理〈現〉在絶言也。既往生浄土ノ益ナレハ、今経ノ益也。就中、提婆カ天王如来ノ記莂ハ無間一中劫ノ苦患ヲモ受ケ償〈ツクノ〉ヒ、三途ノ苦ヲモ悉ク償〈ツクノヒ〉畢テ、無量劫ノ後事ナルヘシ。其間ニ念仏ノ人トモ成リ、浄土ニ可往生ス一事無疑一。又小乗経ノ中ニ、提婆カ正ク地獄ニ堕事ヲ説ニ、提婆既ニ三逆罪ヲ作リ、仏ヲアタミ奉ル心尚不レ止シテ、カタマシク仏ヲ帰敬礼拝スル相ヲ示メ仏ヲ害セント欲ス。有時、仏、祇園寺ニ御スニ、提婆、手ノ十指ノ爪ノ中ニ毒ヲ」(15オ)塗リテ、仏ヲ礼スル由ニテ、カキ殺シ奉ラント欲メ、王舎城ヨリ舎衛国ヘ趣ク。仏ハ遙ニ此事ヲ知見メ、祇園寺ノ門外ヘ出御ス。于時、提婆参リ会奉テ、善キ時ニイミシク詣リ値奉レリトシタル心地ニテ、仏ニ申言ク、我レ日来、既ニ三逆ヲ犯シ仏ニ敵対マイラセツル事口惜ク覚ユ。於ハ二于今一、永ク前非ヲ改悔メ、御弟子ニ可ト成云テ、威儀ヲ整〈トヽノ〉ヘ、坐具ヲ舒〈ノヘ〉テ、仏ヲ礼メ仏足ヲカキ破ラントスル程ニ、仏カ、レ給ヘキ様ナケレハ、提婆カキハツス処ニ、忽ニ大地破烈メ無間地獄ニ堕ス。其時、提婆、我既害仏ノ罪ニ依テ地獄ニ堕スト思知テ、一念改悔ノ心ヲ生メ、南無」(15ウ)仏ト唱ムトシケルカ、極重ノ業ナルニ依テ、〈余リニ〉早ク堕ルホトニ、高声ニ南無トハカリ唱テ仏ノ字ニ不及メ速ニ堕ニケリ。其後ハ一中劫、無間ニ可ニ有一定レリ。于時、阿難、我カ兄地獄ニ堕ヌ、不便ノ事也。而ニ南無ト唱ル来世ノ果報如何ト仏ニ奉ニ問、仏答言ク、逆罪ニ依テ既ニ地獄ニ堕、又無間ニ一中劫ヲ経、乃至、三途四趣ニ多劫ヲ送テ、今ノ南無ノ功ニ依テ、後ニ無仏ノ世ニ出テ、人身ヲ得テ、独覚ノ聖ト成テ、其名ヲ南無独覚ト可云云云。独覚ノ果ヲ得ル事既ニ念仏ノ力也。而ハ小乗ニハ独覚ノ果ヲ可ト得説ク。大乗ニハ天王如来ト可号一説ク。大権ノ事ヲハ如是大小乗ニ機見ニ任テ異説スル也。」(16オ)譬ハ指鬘梵士カ事ヲ、小乗ニハ羅漢果ヲ得ト説キ、大乗ニハ無生忍ヲ得ト説カ如シ。故ニ小乗ニ依ラハ、独覚ノ果ノ後、廻心念仏メ可往生一。大乗ニ依ハ天王如来ノ成仏以前ニ念仏往生スヘキ事勿論也。小乗独覚ノ果、猶念仏也。況ヤ大乗ノ道理ハ念仏ヲ以テ菩薩ノ要行トス。何ソ念仏往生セスメ成仏ノ果ヲ得ムヤ。故ニ提婆カ益、偏ニ是可念仏一ナル也。大雲経ニ云、提婆達多、不可思義所修行皆同如来ト明リ。心ハ調達ハ権者ニテ御ス事ヲ説也。此等ノ経文ヲ以思ヘハ、調達父王ヲ七重ノ楼ニ禁セヨト教ヘ給ヘルハ、未来ノ悪人ノ相ヲ顕メ、此凡夫ノ」(16ウ)往生ヲ成セント発起シ給ヘリ。サレハ調達ハ末代ノ犯僧ノ悪逆ヲ発起シ給シ也。サレハ末法ノ昨日今日ノ衆生ノアリサマ、スコシモタカハス。サレトモ大乗ノ力用ハ悪心ヲ以修行スレトモ利益ハ有也。禁父ノ縁ハ闍王ヨリ発リタルカトスレハ、調達ノ教ヘヨリ発レリ。調達ハ仏ノ御弟子也。仏御弟子ニ宅(ママ)メ発起シ給ヘハ、皆大聖ノ御発起ニ成ル也。サレハ末世ノ為ノ経ナレハ、逆罪ヲ先〈セン〉相トスル也。而ルニ太子ノ父母ヲ殺シケルハ、提婆ノ勧メニ依テ也。提婆ハ仏ノ教ヘニ依テ」(17オ)悪逆ヲ発〈起〉シ給フ。是カ大悲ノ至極也。末世ニハカ、ル悪逆ノ者カ有ヘキ事ヲ仏兼テ知食テ、仏在世ニモ此相ヲ現シ給ヘリ。〈サレハ〉仏ト提婆ト底ハ一ツ也。只一向アヒ猿楽也。カ、ル衆生ナリトモ、一念十念ニヨリテ決定往生スヘキ事ヲ説顕シ給フカ、此経ノ肝心ニテ有也。次、闍王ノ念仏ハ有経ノ中ニ、正ク闍王、無量寿仏ヲ念メ滅罪シテ須陀洹道ヲ得タリト説ク。又余経ノ中ニハ懺悔滅罪メ上方ノ浄土ニ生レタリト説ク。涅槃経ノ中ニハ仏前ニ懺悔メ無根ノ信ヲ得テ、大乗十信ノ大道ニ」(17ウ)入レリト見ユ。而ニ此涅槃経ノ始中終ヲ見ニ、闍王ハ念仏ノ人トモ可クレ見一、往生ノ人トモ可レ云也。

明暦三年六月二十四日
以嵯峨二尊院本写之
江州栗太郡芦浦
観音寺舜興蔵（印）

（表紙）

観音寺

浄土九番箱

舜興蔵（印）

（見返）

曼荼羅聞書抄廿七

散善

（1オ）

闍王耆婆依レ勧ニ仏所詣スル事

日輪来迎事

恵布法師事

（1ウ）

下品下生余残事　十五内

彼経云取意略抄、尓時ニ王舎大城阿闍世王、其ノ性弊悪ニメ三毒ノ心熾盛ナリ。只現世ノ事ノミ見テ、未来ノ事ヲ不レ見。専（もはら）提婆悪人ヲ以眷属トメ現世ノ五欲ノ楽ニ貪着ル故ニ、父王罪無ニ横ニ逆害ヲ加フ。既ニ父王ヲ害シ已テ位ニ付テ八箇年也。而ニ初ハ本意ヲ遂テシタル心地也ケル程ニ、五六年歟七八年歟ノ後、先非ヲ悔ル心深シカハ、憂火ノ為ニ被焼一、身心動熱メ、遍身ニ大悪瘡（サウ）ヲ生ス。譬ヘハ癩病人ノ如シ。其瘡臭（カサクサ）キ事、夏ノ犬ノ死タルカ如シ。后妣（コウヒ）・采女モ不近付一。大臣諸卿モ遠（とお）（サカ）ル。」（2オ）サルホトニ自念言スラク、我今此業ヲ作テ此身ニ既ニ地獄ノ果報ヲ受ク。地獄ノ果報正ニ近付ナントスル事不遠一。如此悔ル事其心深重ナリ。故ニ憔悴スル事、譬ヘハ骸（カイ）骨ノ如シ。尓時、韋提希夫人、サシモ心ニ憂ヘアリシ子ナレトモ、親ノ慈悲ナレハ種々ノ薬ヲ以、此瘡ヲ治スルニ、其瘡弥ヨ増メ少減ヲモ不リキ得一。即母ニ白ク、我カ此瘡ハ自レ心生メ四大ヨリ起ルニ非ス。若衆生アテ、能ク治スル者ノ有ト云ハ、無ム有二「是ノ処（ことは）一リト云。于時ニ一人ノ大臣アリ。名ケテ月称ト云フ。王所ニ至テ申白ク、大王、何故ソ愁憂憔悴シ給ヘル。」（2ウ）身ノ痛トヤセン、心ノ悩トヤセン。答云、我今、身心共ニ豈不レ痛事ヲ得ムヤ。我父罪無ニ横ニ逆害ヲ加フ。此事ヲ思ニ身心不安。我昔シ、智者ノ説ヲ聞シカハ、世ニ五人アテ地獄ニ可堕一ト。謂ク五逆ノ人也。我今既ニ此逆罪ヲ作レリ。必ス無量無辺阿僧祇劫ノ苦患ヲ可シレ受ク。身心豈不痛一事ヲ得ムヤ。又良医トメ我カ此身心ノ悩ヲ治スル事不可有一。臣云ク、大王大ニ愁ル事莫（ナカ）レ。即偈ヲ説云、若シ常ニ愁レハ苦一ヲ遂ニ増長ス。如二シ人ノ喜（コノム）レ二眠ヲ、々則滋多一ナルカ。貪婬嗜（シ）酒モ亦復如是ト云云。王ノ言カ如ク、世ニ五人アテ地獄ヲ不免ト者、誰」（3オ）往テ見レ之、来テ王ニ語乎。又王ノ言カ如ク、世ニ良医アテ、身心ノ悩ヲ治スル者無ト者、今大医アリ、一切智者ナリ。其名ヲ富蘭（フラン）那ト云。一切知見メ自在ヲ得タリ。清浄ノ梵行ヲ修メ、常ニ衆生ノ為ニ無上涅槃ノ道ヲ説ク。然者、諸ノ弟子ノ為ニ如ノ是法ヲ説ク。黒業有事無シ。黒業ノ報有事無シ。白業ノ有事無シ。白業ノ報有事無シ。黒白業

有事無シ。黒白業ノ報有事無シ。上業及ヒ下業有事無シト。此師今王舎城ノ中ニアリ。願ハ大王、只今彼カ所ヘ行テ、身心ノ病悩ヲ可ス令治一。大王答云、誠ニ〈能ク〉我カ病ヲ除瘉〈ユ〉セシム」（3ウ）ヘクハ、我当ニ帰依一スト。次ニ臣アリ。蔵徳ト名ク。其師ヲ末伽梨拘賒梨子(マカリクシャリシ)ト云。次ニ臣アリ。実徳ト名ク。其師ヲ删闍耶毘羅眩子(サンシャヤ…ケン)ト云。次ニ臣アリ。悉知義ト名ク。其師ヲ阿耆多翅(シ)舎欽(キン)婆羅ト云。次臣アリ。吉得ト名ク。其師ヲ迦羅鳩駄迦旃延〈センエン〉ト云。次臣アリ。無所畏ト名ク。其師ヲ尼乾〈ニケン〉陀若〈ニャ〉提子ト云。如レ是六人ノ大臣、面々ニ六師外道ノ説ヲ伝説メ、大王ヲ安慰メ、師ノ所ニ行テ法ヲ聞カハ、此病悩ノ怨ニ平瘉スヘシト勧シニ、実ニ能ク我病ヲ可レハ治、我当ニ可帰依一ス答給ト云ヘトモ、外道ノ説、不被信用一セ事アリ。故ニ、未タ」（4オ）レ往〈ユカ〉二六師外道ノ所一ヘ。其故ハ彼等カ説ニ、人死メ更ニ生スル事ナシ。黒業ナシ。黒業ノ報ナシト云フ人死メ更ニ生スル事ナクハ、何ソ仙人死メ王宮ニ生ヲ受ケン。黒業無ク、黒業ノ報無クハ、何ソ先王仙人ヲ害メ、還テ仙人ニ被害一。我又父ヲ害メ此報ヲ受ムヤト、如是メ愁歎ノ心ノ弥増シ、身心ノ熱悩増ス。其時ニ、耆婆大臣、王ノ所ニ至テ白ク、大王安ク眠ル事ヲ得(える)ヤ、否ヤト。大王偈ヲ以答云ク、若有下ランモノハ能ク永ク断二メ一切ノ諸ノ煩悩一ヲ、不レル「貪中染セ三界上ニ、乃チ得二ヘシ安穏ニ眠一「ヲ。若シ得テ大涅槃一ヲ、演説センモノハ其ノ深義一ヲ、名二ク真ノ婆羅門一ト。乃得二テン安穏ニ眠一「。身ニ無二ク諸ノ悪業一、口ニ離二レ於四ノ過一ヲ、心無ンモノハ有二「」（4ウ）疑網一、乃得二ン安穏ニ眠一「ヲ云云。如是数行ノ偈ヲ説テ、又云、耆婆、我今病重シ。正法ノ王ニ於テ悪逆ヲ発ス。一切良医、其術ヲ失ヘリ。何ソ安穏ニメ眠事ヲ得ムヤ。又無上ノ大医法薬ヲ演説メ、我カ病苦ヲ除滅スル事無シ。何ソ安穏ニ眠事ヲ得ムヤ。于時、耆婆答云、善哉々々、王雖レ作レト罪ヲ、心ニ生二メ重悔一ヲ、而モ懐二ク慚愧一ヲ。大王、諸仏世尊常ニ説玉フ是ノ言一ヲ。有二テ二ノ白法一、能ク救二ト衆生一ヲ。一ニハ慚、二ニハ愧ナリ。慚ト者、自不作罪一ヲ。愧ト者、発露メ向フレ人ニ。又慚ト者、羞(ハッ)レ人。愧ト者、羞レ天ニ。是ヲ名二ク慚愧一ト。善哉、大王、具(つぶさ)ニ有二リ慚愧一。而ニ大王ノ言カ如ク、一切ノ」（5オ）良医能ク治ル者、不可有一者、大王当レ知、迦毘羅城浄飯王ノ太子悉達多、無師一自覚リテ阿耨菩提ヲ得テ、大慈〈大〉悲ヲ以、衆生ヲ憐念スル事羅睺羅ノ如シ。無上ノ法ヲ説テ衆生ノ煩悩ノ病ヲ治ス。就中、今涅槃ノ期近テ、此去ルヿ十二由旬アテ、拘尸那城力士生地娑羅双樹ノ間ニメ、無量衆生ノ為ニ大般涅槃甚深無上ノ法ヲ説給フ。是無上ノ法医王也。六師外道ノ類ニハ非ス。大王、若我カ語ヲ信用シ給ハヽ、願クハ速ニ三界ノ法医王、大聖釈尊ノ所ニ詣メ、最後ノ説法ヲ聴聞メ、身心ノ病悩ヲ治給ヘト慇(ねんごろ)ニ勧シ時、大王云ク、如来世尊ハ性已ニ調柔(デウニウ)ナル故ニ、調」（5ウ）柔ナル者ヲ以眷属トシ給ヘシ。梅檀ノ林ニハ、只梅檀ノミ有テ、囲繞スルカ如ク、如来清浄ナレハ、所有ノ眷属モ又清浄成ヘシ。大龍ノ専ラ諸龍ヲ以眷属トスルカ如ク、如来寂静ナレハ、所有ノ眷属モ又寂静成ヘシ。如来無貪ナレハ、所有ノ眷属モ又無貪ナルヘシ。仏煩悩ナケレハ、所有ノ眷属モ又無煩悩ナルヘシ。〈我レ〉今既ニ是極悪ノ人也。地獄ノ伴党也。如何カ当ニ如来ノ所ニ至ル事ヲ得ムヤ。縦又、往事ヲ得ルトモ、如来我ヲ憐念シ給ヘカラス。汝今我勧ト雖、我今自恥ツ。曽テ無シト二去ル心一。尓時ニ、虚空ニ大音声アテ、大王ニ告テ云ク、無上ノ仏法将ニ欲ス二衰殄(チン)シナン一。甚深ノ法河、於レ是ニ欲」（6オ）レ涸(カハ)キナント。大法ノ燈明将ニスルヿ滅セント不久ラ、法山欲レ頽(クツレ)ナント、法船欲レ沈ナント、法橋欲レ壊(ヤフレナント)、法殿欲レ崩(クツレ)ナント、法幢欲レ倒(タヲレナン)ト、法樹欲レ折レ、善友欲レ去ナント、大怖(フ)(ヲソレ)将レ至ナント。法饑(カ)ノ(ウエタリ)衆生将スルヿ至ント不レ久、煩悩ノ疫(ヤク)病将ニ欲流行一ントト、大闇時至リ、渇法時来レリ。魔王欣慶(ヨロコ)ンテ解釈シ甲冑(チウ)一ヲ、仏日将レ没ニナント二大涅槃ノ山一ニ。大王、仏若去レナハ世ヲ、王之重悪、更ニ(なから)無ム治ル者一ノ。大王、汝今、已ニ造二レリ阿鼻地獄極重ノ業一ヲ。以是業縁一ヲ必ス受ムヿ不疑。大王、阿ヲ者無ト言フ。鼻者名間一ト。間(ヒマ)アテ無暫ク楽一故ニ言フ二無間一ト。大王仮使(タトヒ)一人独リ堕ルニ二是獄一ニ、其身長大ニメ八万由延ナリ。遍満メ其中一ニ間アテ無空シキ処一。其身周匝(サウ)メ受ク二」（6ウ）種々ノ苦一ヲ。設ヒ有レトモ二多人一、身亦遍満メ不相妨礙一。大王、寒地獄ノ中ニハ暫ク遇二熱風一ニ、以之一為楽、熱地獄ノ中ニハ暫遇テ二寒風一ニ、亦名為楽一ト。有テ二地獄ノ中一ニ設ヒ命終シ已ルニ、若聞ケハ二活声一ヲ、即便還レ活、阿鼻地獄ニハ都テ無二此事一。

大王、阿鼻地獄ノ四方ニ門アリ。一々ノ門ノ外ニ各有テ二猛火一、東西南北ニ交遇通徹ノ八万由旬ナリ。周匝ノ鉄ノ牆アリ。鉄網弥覆〈ヲヽフ〉セリ。其地亦鉄ナリ。上〈カミ〉ノ火ハ徹リレ下ニ、々ノ火ハ徹レ上。大王、若シ下魚ヲ在(ヲイテ)レ熬(ヤイタチ)ニ脂膏(アフラ)ヲモテ焼燃(ヤクカ)上。是中ノ罪人、亦復如是。大王、作ル二一逆一者ハ、則便チ具ニ受ク二如ノ此ノ一罪一ヲ。若シ造ルモノハ二二逆一罪則二倍ナリ。五逆具ル者ハ亦五倍ナリ。大王、我今、定」(7オ)知レリ。王ノ悪業必ス不レシト得レ免「ヲ。唯願ハ大王、速ニ往ク二ヘシ仏所一ニ。除テハ二仏世尊一ヲ、余ハ無ラン二能ク救一モノ。我今愍〈アハレン〉テレ汝ヲ故ニ相勧発スト。尓時、大王、聞此語一ヲ已テ、心ニ懐ク二怖懼〈ク〉一ヲ。挙テレ身戦慄〈センリツ〉ノ、五体掉(テウ)動スル「如二芭蕉樹一。仰而答曰ク、汝ハ為ン二是誰一トカ。不ノレ現二色像一ヲ而但有ト声一ノミ。大王、吾ハ是汝カ父頻婆娑羅ナリ。汝今当ニレ随フ二耆婆カ所説一ニ。莫レ随「二邪見六臣カ言一ニ。時ニ王、聞テレ之ヲ悶絶躄地ノ身瘡〈カサ〉増(ますます)劇シク臭穢倍セリレ前ニ。雖下以テ二冷薬一ヲ塗テ而モ治ストレ之ヲ、瘡蒸(ムシ)毒熱〈アツメ〉ノ但増ノミアテ無レ損(ケン)。尓時ニ、世尊在〈マシマ〉シテ二双樹ノ間一ニ、見ナメ二阿闍世ノ悶絶躄地一スルヲ、即告ハク二大衆一ニ、我今当ニ為ニ二是王一ノ住ノレ世至マテ二無量」(7ウ)劫一ニ、不シ入涅槃一ニ。迦葉菩薩、白テ仏言ク、世尊如来当ニ下為ニ無量ノ衆生一ノ、不ルレ入中涅槃上。何カ故ソ独リ為ト云ヤ二阿闍世王一ノ。仏言ク、善男子、如二我所言一ノ、為ニ二阿闍世一ノ不レシトイフ入ラ二涅槃一ニ。如ノレ是密義、汝未ス能解「一。何以ノ故ニ我カ言レ為メト者ハ一切ノ凡夫ナリ。阿闍世ト者、普ク及スナリ二一切ノ造五逆ノ者一ニト云云。尓時、世尊大悲導師、為ニ二阿闍世王一ノ、月愛三昧ニ入テ大光明ヲ放ツ。其光清涼ニノ往テ王ノ身ヲ照スニ、身瘡〈サウ〉即癒テ身体清涼也。即チ耆婆ニ語テ云、我レ昔シ、人ノ説ヲ聞シカハ、劫尽ナントノハ、三月(ケツ)世ニ出テ、並現ス。此時ニ当テ一切衆生苦悩悉ク除ルト。今此光来テ我ヲ照ニ、身瘡悉ク愈ヘ、身心清」(8オ)涼ニノ、安楽ナル事ヲ得タルハ、是劫尽ノ月光ナルヘシ。耆婆答云、是ハ劫尽ノ三月並照スルニ非ス。此ハ是如来世尊、大悲ヲ以、所ノ放ツ月愛三昧ノ光也。而ニ大王前ニ世ニ良医ノ能ク我病ヲ治スル事無ケント云。今此光明既ニ王ノ身心ヲ治ス。時ニ王ノ言ク、若尓者、如来世尊又能我ヲ憐念シ給ヘケンヤ。耆婆答云、譬ハ如シ三一人ニ而モ有カ二七子一。是ノ七子ノ中ニ一子遇ヌレハ病一ニ、父母之心ハ非レ不二ハ平等一ナラ、然モ於テ二病子一ニ、心則偏ニ重シ。大王、如来モ亦尓ナリ。於テ諸ノ衆生一ニ、非レ不二ハ平等一ナラ、然モ於テ二罪者一ニ、心則チ偏ニ重シ。於テハ放逸ノ者一ニ、仏則チ慈念シ玉フ。不放逸者ヲハ、仏即放捨玉フ」（8ウ）ト云云。王言ク、我聞ク、如来ハ悪人ト同心（止）同坐同起シ給ハス。又同ク語言談論シ給ハスト。猶シ大海ノ死屍（カイ）ヲ不レ宿（ヤトサ）一如ク、鴛鴦鳥ノ厠（カハ）ヤニ不レ住カ如ク、帝釈ノ鬼神ト共ニ不レ住カ如ク、鳩翅羅鳥ノ枯樹ニ不レ栖カ如ク、如来モ亦尓ナリ。我レ当ニ悪人也。何ソ往テ奉レ見ヲ得ム。若シ其レ往テ奉レハ見、恐ハ地ノ中ニ落入ラン事ヲ。我、如来ヲ見ニ、酔象・獅子・虎狼・猛火・絶炎ニハ近付トモ、重悪ノ人ニハ不可近付一。耆婆答曰ク、大王ハ譬ハ水ニ渇シタル者ノ速ニ清泉ニ赴キ、餓タル者ノ食ヲ求メ、怖レアル者ノ救ハン事ヲ求メ、病アル者ノ良医ヲ求メ、熱キ者ノ涼キ陰ヲ求メ、寒キ者ノ火ヲ求ルカ如ク、大王今」（9オ）仏ヲ求ル事モ亦如是ナルヘシ。大王、如来ハ猶一闡提ノ為ニ等ク法要ヲ説ク。何況、大王ハ一闡提ニ非ス。而モ仏ノ慈悲ヲ以救済スル事ヲ不ム得ヤ。大王、譬ハ清浄ナル人ノ、厠ノ中ニ落入ンニ、能ク知ル人アテ、是ヲ愍（あはれむ）テ、即髪ヲ取テ此人ヲ抜出カ如ク、諸仏如来モ亦如是、諸ノ衆生ノ三悪道ニ堕スルヲ見テハ、方便救済ノ出離スル事ヲ得シム。是故ニ如来、一闡提ノ為ニ法ヲ説ク。時ニ王、耆婆ニ語云、若尓者、吉日良辰ヲ選テ、然後仏所ニ可参詣一ス。耆婆白言（マフサ）ク、如来ノ法中ニハ吉日良辰ヲ選事無シ。大王、譬ハ重病ノ人ノ日時ノ吉凶ヲ不レ選、只良医ヲ求ルカ如ク、王」（9ウ）今病重シ。仏ノ良医ヲ求ムニ、何ソ良時好日ヲ選ムヤ。大王、梅檀ノ火及ヒ伊蘭ノ火、二倶ニ物ヲ焼クニ無カ異如ク、吉日凶日亦如是。仏所ニ到ナハ、倶ニ滅罪スル事ヲ可レ得。但タ願ハ大王、今日速ニ可シ詣ス。尓時ニ大王、即チ一リノ臣ノ吉祥ト名ルニ命ノ云ク、大臣当ニ知一、我今、如来世尊ノ所ヘ詣セント欲ス。速ニ供養ノ具ヲ可シ弁ス。臣言ク、大王、善哉々々、所須ノ供具、一切悉ク有云云。尓時ニ阿闍世王及ヒ夫人、乃至大臣・諸卿・百官・万乗無量ノ人民ヲ引率メ、幡蓋・花香・伎楽、種々供養ノ具ヲ以、仏所ニ詣ス。尓時ニ拘尸那城所有ノ」（10オ）大衆、只今、阿闍世王ノ道ヲ尋テ

来ヲ見ル。尓時ニ仏、諸ノ大衆ニ告云ク、一切衆生ノ為ニ阿耨菩提ノ近因縁タル事ハ、善友ヨリ先ナルハ無シ。何以テノ故ニ、
阿闍世王、若シ耆婆カ言ニ不随一者、来月七日必定メ命終メ阿鼻地獄ニ堕シナマシ。此故ニ菩提ノ近因善友ニ如〈シク〉ハ無
也云云。大王既ニ娑羅双樹ノ間ニ至リヌ。仏所ニ至テ仰テ如来ヲ奉レハ二拝見一シ、三十二相八十種好、猶シ微妙ノ真〈身〉金山ノ如
シ。尓時ニ世尊八種ノ音声ヲ出メ告云ク、大王ト。其時ニ阿闍世王、左右ヲ顧ル。此大衆ノ中ニ誰カ是大王成ラン。アラ
浦山シヤ。我ハ是既極重ノ罪人也。又無福徳也。サレハ」(10ウ)如来称メ我一、大王ト言〈ノタモ〉フヘカラスト思ヘリ。其時、
如来即チ又重テ喚テ言ク、阿闍世大王ト。時ニ、王聞已テ心大ニ歓喜メ即此言作ク、今日始テ知ヌ、如来ハ是一切衆生ニ
於テ、大悲憐愍ノ心深メ等メ無二カリ差別一ケリト。即仏ニ白テ言ク、我今疑心永ク断テ無残。定知ヌ、如来ハ実ニ是衆生ノ
無上ノ大師也ケリ。我今、縦ヒ梵王帝釈ト共ニ坐起スル事ヲ得ト雖、尚以悦ト不為一セ。如来一言ノ顧命〈コミヤウ〉〈カヘリミルヲホヤ〉ヲ蒙ル、是悦ノ中ノ
喜也。尓時ニ阿闍世王、即所持ノ幡蓋・花香・伎楽供養ノ具ヲ以、仏足ヲ礼シ繞「三匝メ、仏ヲ供養メ而モ住ス。尓時ニ
世尊、先二十ノ事ヲ説キ、乃至」(11オ)安慰メ言ク、一切ノ諸法ハ性相無常ナリ。無有決定一。王云何〈イカンカ〉言三フ必定メ当ニトレ
堕二スル阿鼻地獄一ニ。大王頻婆娑羅、往〈ムカシ〉有テ二悪心一、毘富羅山ニ遊行メ鹿ヲ狩ニ終ニ無二得事一。唯一ノ仙人ノ五通具足セル
ヲ見ル。即瞋心悪心ヲ生メ云ク、我今遊猟スルニ不得事ハ、正ク此人ノ故也ト。即左右ニ勅メ此ヲ殺シム。其人臨終ニ瞋悪ノ
心ヲ生シ、神通ヲ退失メ誓テ言ク、我レ実ニ事〈ツミ〉無キニ、汝心口ヲ以、我ヲ令レム害。我又来世ニ於テ如レク是心口ヲ以、汝ヲ害セン
ト。于時ニ王聞已テ即悔心ヲ生メ死屍ヲ供養ス。先王如是尚軽受メ、地獄ニ不堕事ヲ得。況ヤ王ハ不レ尓、而モ当ニ地」
(11ウ)獄ニ堕テ果報ヲ受ムヤ。先王自〈ミ〉ラ作テ自〈ミ〉ラ受レク之ヲ。云何カ王ヲメ殺罪ヲ得シメン。又王ノ言カ如ク、父王無レ事〈ツミ〉者ハ、
今既大王ニ殺サル。何ソ無レト罪イハンヤ。又大王、昔シ宮中ニノ常ニ勅メ羊ヲ屠〈ホフラ〉シムルニ、心ロ初〈カツ〉テ怖ル、事ナシ。云何カ父
ニ於テ独リ懼〈ク〉〈ヲソル、〉心ヲ生スルヤ。人畜尊卑差別スト云ヘトモ、命ヲ宝トシ死ヲ重クスル事、二倶ニ無レシ異。何故ソ、羊ニ於テハ

心軽ク恐事無ク、父ニ於テハ憂苦ヲ生スルヤ。先衆生ト者、出入ノ息ニ名ク。出入ノ息ヲ断ス故ニ殺ト名ク。〈諸仏俗ニ随ヘテ、
亦説テ殺ト名ック。〉大王色是レ無常也。色ノ因縁、又是無常也。受想行識モ又是無常也。無常ノ故ニ苦也。」(12オ)苦ヲ
以ノ故ニ空ナリ。々ナルカ故ニ無我也。若是、無常・苦・空・無我ナラハ、何ノ為ニカ殺サレン。若シ無常ヲ殺サハ常ノ涅槃ヲ
得テン。苦ヲ殺サハ楽ヲ得、空ヲ殺サハ実ヲ得、無我ヲ殺サハ真我ヲ得テン。大王若シ、無常・苦・空・無我ヲ殺サハ、則チ
我ト同シ。我レ又無常・苦・空・無我ヲ殺メ地獄ニ不入一。汝云、何カ地獄ニ入ム。于時ニ阿闍世、此観ヲ作シ已テ、仏ニ
白言ク、我今始テ知ヌ、色是レ無常也。乃至、識是無常也。我レ本若シ能如是知マシカハ、即チ罪ヲ不レ作マシ。我レ
昔シ曽聞キ、諸仏世尊ハ常ニ衆生ノ為ニ而モ父母ト作ト。是ノ語ヲ聞ト雖、猶未レ審ツマヒラカニ。今即チ定知ヌ。我レ世間ヲ見ニ」
(12ウ)伊蘭子ヨリハ伊蘭樹ヲ生ス。伊蘭子ヨリ梅檀樹ヲ生ヲハ不レ見。我今始テ伊蘭子ヨリ梅檀樹ヲ生ヲ見ル。伊蘭子ト者、
我身是也。梅檀樹ト者、我カ心ノ無根ノ信是也。無根ト者、我曽テ如来ヲ恭敬スル事ヲ不知一。法僧ヲ不キレ信。是ヲ無根
ト名ク。我若シ如来世尊ニ不奉逢一マシカハ、当ニ無量阿僧祇劫ニ於テ大地獄ニ有テ、無量ノ苦ヲ受ヘシ。我今仏ヲ奉レ見テ所ノ
得一功徳ヲ以テ、衆生ノ煩悩悪心ヲ破壊セント云云。此則、種々安慰ノ姿也。而ニ此仏語ノ中ニ外道邪師ノ説ニ似タル事有ト
雖、仏ノ大悲ヲ以、闍王ヲ安慰セン為ナルカ故ニ、還テ是実語正語也。」(13オ)故ニ下ノ文云ク、諸仏ハ常ニ軟語玉フ。為レ衆ノ
故ニ説レク麁〈ソ〉ヲ。々語及ヒ軟語、皆ナ帰ス二第一義一ニ云云。然者、此経ノ始終ヲ見ニ、闍王、身ヲ卑下シ、終ニ耆婆カ勧ニ依テ、
仏ノ大悲懃〈ネンコ〉ロナル事ヲ思知テ、仏所ニ詣シ、仏ニ帰メ得益セシマテノ作法、夕、今ノ宗ニ機ヲ罪悪生死凡夫無有出離
之縁ト信メ、弥陀大悲ノ本願ハカ、ル凡夫ヲ済ト云浄土ノ信心ニ当也。故ニ阿闍世王ハ念仏ノ行者也。既ニ念仏スレハ又
往生ノ条勿論也。念仏ハ必ス往生ナル故也。但シ王ノ所ハレ帰スル釈迦也ト云ヘモ、釈迦ノ本地弥陀ナル故、釈尊ニ帰スルハ、
即弥陀ニ帰スルニテ有也。故ニ弥陀ヲ諸仏ト名ク。仍テ」(13ウ)今経ノ厭苦縁ニ夫人ノ前ニ来現シ給シ釈迦ヲハ、観念法門ニハ、

此則弥陀ノ願力ヲ以ノ故ニ此仏ヲ見ト云ヘリ。弥陀ノ願力ヲ以見ル仏ハ弥陀ノ位ニ成也。サレハ釈迦即弥陀也ト釈スル釈也。故ニ提婆・闍王ノ二人、皆是念仏ノ益ヲ得タリ。但、前ノ経文ニ付テ一ノ不審アリ。其故ハ我今当ニ為ニ二是王一ノ〈住レメ世ニ〉至二マテ無量劫一ニ不レ入シ涅槃一ニ。我カ言イフハ為ト者、一切凡夫ノタメナリ。阿闍世ト者、普ク及二ス一切ノ造五逆ノ者一ニト説ク。実ニ諸仏ノ大悲ハ重苦ノ衆生ニ於テ為ルカ故ニ、逆人ノ為ニ、世ニ住メ無量劫涅槃ニ不入一ト云ハ甚深ナレモ、如来此言ヲ乍説、而モ当夜ニ於テ涅槃ニ入給フ。既ニ自語相違メ虚妄」（14オ）有ニ成ヌ。如何、可意得之一ヲ云〔不審也〕。意得ニ之上ノ寿命品ニ、一切衆生ノ寿命ノ江河ハ流二入ス如来ノ寿命大海一ニ。是故ニ諸仏ハ寿命無量ナリト説テ、釈尊ノ寿命ノ永ハ、一切衆生ノ命ノ所帰ナル故也ト説クハ、即弥陀ノ無量寿ニ当ル。此法体ニ帰ルヲ釈尊ノ涅槃トハ云也。一切衆生モ此経ニ可帰ス事ヲ説ク。此則、帰命ノ義也。帰命ノ至極ハ弥陀ニ極カ故ニ、涅槃常住ノ理ハ、只是念仏三昧ノ義也。故ニ和尚、念仏ハ即是レ涅槃ノ門ナリト釈シ、弥陀ノ妙果ヲ号メ無上涅槃ト云ト釈ス。故ニ此ノ経ハ只念仏三昧ノ深義ヲ説テ、経ノ体ト為ト可意得也。然ハ娑婆応現ノ化身、即弥陀本地ノ報身ニ還テ、極楽ニ」（14ウ）常住メ、乃至十念ノ本願ヲ以、十方罪悪ノ凡夫ヲ摂引シ給ヘキ処ヲ思ハヘテ、至無量劫不入涅槃トハ説也。法事讃云、果二得メ涅槃一ヲ常ニ住レス世ニ。寿命延長ニメ難レシ可レ「量ル。千劫万劫恒沙劫、兆載永劫ニメ亦無央ナリ。一ヒ坐メ無レク移ル「、亦不動一セ。徹二窮メ後際一ヲ放二ツ身光一ヲ。霊儀相好身金ノ色ナリ。巍々トメ独リ坐メ度二ス衆生一ヲ。十方ノ凡聖、専心ニ向ヘハ、分身遣化メ往テ相迎フ。一念ニ乗レメ空ニ入二ヌレハ仏会一ニ、身色寿命尽ク皆平ヒトシト云ヘル、顕此意一ヲ也。即十八ノ願ニ、設我レ得仏、十方衆生、至心ニ信楽メ、欲生我国一、乃至十念、若不生者、不取正覚ト誓フ願ノ意、即我レ今」（15オ）当ニ為二是ノ王一ノ住レメ世、至二マテ無量劫一ニ不入涅槃一ニ。我カ言レ為メト者、一切ノ凡夫ナリ。阿闍世ト者、普ク及下ス一切ノ造レル五逆一者上ト説ク意ニ当ル也。故ニ弥陀ノ報身常住ニメ永ク無生滅位ニ還テ、尽未来際造逆ノ者ヲ引導メ、往生ノ一路ニ可令帰一セ処ヲ如是説也ト心得ツレハ、涅槃経ノ文無不審也。若尓者、実ニ彼経文ハ不審ノ位ニテ可有也。是則、諸仏大悲ノ至極ハ弥陀ノ大悲ニ極故ニ、一切造逆ノ者ノ為ニスル釈尊ノ大悲、即チ弥陀ノ大悲ニ極故也。仍真言教ニモ、於テ西方一ニ観ヨ無量寿一ヲ。此ハ是如来ノ方便智ナリ。以ノ二衆生界無尽一ナルヲ故ニ、諸仏ノ大悲方便亦無終尽一故ニ」（15ウ）名無量寿一トトテ、五仏ノ中ニ西方ノ無量寿ヲ観セヨ。此ハ是レ諸仏ノ大悲方便ノ体ナル故也ト釈セリ。実ニ本願成就シ玉ヘル果徳涅槃常住世、寿命延長難可量、徹窮後際放身光、巍々独坐度衆生ノ無量寿常住ノ仏ノ外ニ、諸仏ノ大悲ノ体、不可有一。サレハ涅槃経ノ中ニ、然モ於テ罪者一ニ、心則偏重シト説テ、釈尊大悲ノ至極ハ逆者ニ於テスト云底ハ、即弥陀ノ大悲ニ通也。故ニ此経ハ、只念仏往生ノ一道ヲ以、四十軸ノ法体トストト可意得也。而ニ此経ニ、仏、闍王ヲ安慰シ給シカ如ク、今ノ品ノ知識モ、亦如是可安慰一ス。即弥陀大悲ノ本願ハ、汝カ如ク悪人ノ為ニ、乃至十念ト誓ヘリ。サレハ」（16オ）汝カ五逆ノ罪ハ即本願ノ本意ヲ顕ス。超世ノ本願ト云ハ、只汝カ如ノ逆罪人ヲ摂ルカ故也ト可説。罪人聞レテ之、サテハ彼仏ノ本願ハ我等カ為コサンナレト信メ、心ニ念セントスルニ、苦痛念ヲ失スル故ニ其心不安住一。知識、見レテ之本願ノ本意ハ称名ニアリ。心ニ念スル時迎ムトニハ非ス。只ウカレタル心ナリトモ、口ニ六字ヲ称セヨ。作業無間ノ義ハ称名ノ声ノ中ニ成メ、無レト疑二往生一教フ。此時、行者、サテハ名号ノ功力不思議也ケリ、声ニ唱ハ可キ為二往生一コサンナレト帰スルヲ如是至心トハ云也。而ヲ不意得一人者、此罪人余念ヲ不雑まじへ、不メ妄一甲斐〳〵敷心ニ能ク安心スル」（16ウ）故ニ、是ヲ至心トハイフナルヘシト云云。今云、不尓一。サテハ失念トハ不可云一。心念ハ失スレトモ、只口ニ称名セハ無レト疑二往生一云ヲ聞テ、サコサンナレト苦痛ノ中ニ纔ニ一念恃ム心ノ発ルヲ、如是至心ト云フ、即是至誠心也。而ハ機ノ三業ハ縦ヒ有トモ物用ニ不立一。況ヤ此品ノ機、三業共ニ忙然タルカ、知識ノ説ヲ聞テ、無量無辺不可思議功徳ノ名号ハ、我カ如キ応堕悪道ノ機ヲ可摂一コサンナレト、一念心動テ南無阿弥陀仏ト十念唱レハ、念々コトニ此恃ム心不メ相続一セ忘ト云ヘトモ、声々コトニ願行具足スレハ、此名号ノ願力ニ乗メ往生ノ素懐ヲ遂ク。

若シ此ノ願力ニ不レ乗者、沙ヲ水ニ投カ如ク、速ニ無」(17オ)間ニ可レ堕。大願業力ノ船ニ乗スルヲ以ノ故ニ、只今マテ応堕悪道・経歴多劫・受苦無窮ト被定ツル者、忽ニ金花ノ迎ニハ預也。サレハ永観ハ、巨石、船ニ置ヌレハ、大海ヲ万里ニ過キ、蚊虻、凰ニ附ヌレハ蒼天ヲ九空〈キウコウ〉ニ翔ト云ヘリ。然ハ罪重シトテ勿レ疑事一。如レ是罪人猶往生スルカ故ニ、行少クナシトテ不可疑一。阿弥陀仏者・即是其行、往生ノ行体不足無キ故也。而ニ平生臨終異ト云ヘトモ、煩悩具足・常没薄地ノ凡夫ハ、妄念煩悩心ヲ隔障テ、正念不ル端〈ただしから〉一分一同也。サレハ平生ノ機モ此品ノ臨終失念ノ位ニヲンハク〈遠魄〉ハカリノ心ヲ以、知識ノ説ニ順メ、口ニ唱ハ可往生一スコサンナレト思シ位ニ」(17ウ)可信一ス也。設ヒイサテ〈イサヲニ〉、信心甲斐〳〵敷機也モ、行業勇猛ナル者ナリトモ、其信心ヲ以ハ不至一、其行力ヲ以ハ不生一、只仏ノ願行力ニ乗メ生ル。サル前ハ上品ノ機モ此下品ノ機ノ安心ニ可住一也。サレハ上々品ノ機ニ向テ〔罪悪生死ノ凡夫〕無有出離之縁ノ釈ヲハ作ナリ。況ヤ又上六品ノ機ノ煩悩賊ニ被害タル姿ヲ、下三品ト為ト見ル法門アリ。其ト云ハ、下品上生ハ行福賊害ノ機ノ念仏メ往生スル事ヲ説ク。其故ハ下上品ニ、雖不誹謗方等経典一ヲト云ハ、即チ上三品ノ大乗行福ノ凡夫、大乗ヲ信メ不誹謗一、此ヲ行スル事ヲ顕ス。雖レ然、善心数々〈シハ〳〵〉退シ、悪法数起ル故、所修ノ行業ハ」(18オ)煩悩賊ニ被レテ害、失此法財ノ憂ヘアレハ十悪ノ人ト成ヌ。此故ニ聞経十二部スルニハ、飡受ノ心浮散スルヲ以テ、除罪稍〈ヤヽ〉軽シト被レテ捨、摂散住心ノ一声ノ称名ニ化仏ノ讃嘆アテ、往生ノ義ノ疾〈ト〉キ事、大乗聞経等ノ雑散ノ業ニハ不レト同廃立スル也。次ニ下品中生ハ中輩戒行ノ機、戒福賊害セラレテ破戒ノ人ト成ルカ、聞名ノ位ニ念仏往生スル事ヲ顕ス。次、当品ハ下品下生ノ世善、煩悩賊害ノ憂ニ逢テ五逆ノ人ト成リ、乃至十念ノ本願ニ乗メ往生スル事ヲ顕ス故也。サレハ縦ヒ三業ノ行有トモ、是ヲ以、往生ノ因ト不可為。此故ニ一切往生ノ人ハ只下三品ノ安心ナルヘシ。其中ニ本願ハ」(18ウ)極悪最下ノ人ノ為ニ極善最上ノ法ヲ説ク故ニ、当品ノ逆人ヲ以、本願ノ所被ノ機ト為。サレハ其安心ハ失念散乱ノ中ニ、纔ニサテハ只唱ヘハ可助給一本願ノ名号コサンナント恃ミ思フ如是至心ノ安心ノ位ナルヘシ。法然上人〔云〕、大陽世界ヲ照ス。地ノ高低ヲ不論一セ。一月万水ニ浮フ。水ノ浅深ヲ不カ簡一如ク、万機ヲ一願ニ摂シ、千品ヲ一行ニ収ムト云云。其万機千品、此一ノ他力ノ願行ニ収ム時ハ、只当品ノ安心ヲ以、他力願行ノ船ニハ可キレ乗一ス也。凡ソ一切凡夫ノ機根ヲ深ク観ルニ、即其実体ハ只当品ノ散乱失念ノ位ニ成故也。問云、弥陀ノ本願ハ諸仏ノ利益ニ漏〈モレ〉ハテタル五逆深重ノ苦機ヲ」(19オ)済カ為ニ発シ給ヘル超世ノ別願ナル故ニ、第七ノ観ニ、釈尊、韋提ニ対メ、我レ今苦悩ヲ除ク法ヲ説カント告給シニ、我レコソ除ク二苦悩一ヲ法体ヨトテ、三尊空中ニ来現メ、韋提ニ往生ヲ証得セシムルハ、即下三品ノ罪人ノ三悪火坑臨々欲入ノ機ナルヲ来迎スル姿也ト云云。而今、下々品ノ逆人ノ臨終ニ三尊及ヒ二十五ノ菩薩等ノ来迎ノ相無メ、只日輪ハカリ現シ給フハ何事ソヤ。答云、此経文ニ付テ、群疑論ニハ二義ヲ挙タリ。一義ニハ、此品ノ罪人、罪重キ故ニ仏ハ来現シ給ヘトモ不見之一。只仏ノ所座ノ蓮花ハカリヲ見ル故ニ、見金蓮花猶如日輪ト説也ト云云。一義ニハ、此人業障深重ナルカ故ニ」(19ウ)仏ノ迎ヲ不得一。只蓮花計ヲ指遣メ此人ヲ迎フ。故ニ見金蓮花猶如日輪ト云ハ、行者ノ所座ノ蓮花也ト云云。二義共ニ仏ノ迎ヲ不見一云義ナル故ニ、前ノ不審不可晴一。今ノ義ハ不尓一。当品ニ所ノ説一蓮花ハ、即第七観ニ花座ヲ指メ、苦悩ヲ除ク法ト説シ蓮花也。此花ハ本願所成ノ蓮花ナル故ニ、即苦悩ヲ除ク法体也。本願ニ、設我得仏〔十方衆生・至心信楽・欲生我国・乃至十念・若不生者〕不取正覚ト願スルハ、此蓮花ヲ正覚ノ体ト為也。其故ハ、此蓮花ト云ハ、即一切衆生ノ胸ノ内ノ自性清浄ノ心蓮花也。サレハ衆生ノ心蓮花ヲ開テ、正覚ノ花台ニ可令座一セ、我モ花王ノ座ヲ開テ等正覚ヲ可成一。若不尓者、我モ胸ノ内ノ心蓮ヲ」(20オ)不レシト開ト誓ケル故ニ、此花ハ正キ正覚ノ真体也。生仏一体ノ心蓮花ヲ、実ノ如ク覚ルヲ仏ノ覚リトハ云カ故也。此自性清浄ノ心蓮花ヲ覚ル仏ナレハ、阿弥陀仏ヲハ得自性清浄法性如来ト名タリ。サレハ一代聖教ノ体モ此心蓮花也。三世諸仏ノ内証モ此心蓮花也。今願力ノ所成一体ト云モ又此心蓮花也。但シ其本願ニ衆生ノ心蓮花ヲ開ムト云本意ハ、専当品ノ機ヲ本ト為。サレハ本願大雄〈ヲウ〉猛ノ威ヲ振テ此逆人ノ

前ニ現ノ、立ナカラ撮テ即行ク相ヲ顕ンニハ尤蓮花ノ迎ナルヘカリケル故ニ、上ノ諸品ニ引替テ金蓮花来迎スル也。衆生ノ
重苦ヲ除ク正覚ノ真体ハ、只此」(20ウ)蓮花ナル故也。仍弥陀ノ三尊モ此蓮花ヨリ顕レ、海会ノ聖衆モ此蓮花ヨリ顕タリ。然
者、蓮花ノ迎ヲ以体トシ、仏菩薩ノ迎ヲ以用トス。真言教ノ中ニモ、蓮花ハ弥陀ノ三摩耶形也。相好具足ノ身ハ尊形也。
尊形ハ三摩耶形ヨリ開タリト習、今モ此意也。故ニ十八願中ニハ、只若不生者不取正覚ト云テ、尊形来迎ノ言ハ無シ。
正因平等ノ蓮花ノ来迎ナルカ故也。尊形ノ来迎ヲ願スル事ハ十九ノ願ニアリ。是ハ正行門ノ機ノ差別ニ約スル来迎也。如此
意得レハ蓮花ノ来迎ヲ以、本願ノ正体ト為。サレハ相好具足ノ尊形ヲ以来迎スル上品已下ノ来迎ハ用也。当品ハ本願ノ至
極ヲ」(21オ)顕ス所ナレハ、法体ノ来迎ヲ説故ニ、還テ上来ノ来迎ニハ勝タル也。又此蓮花ヲ見金蓮花猶如日輪ト説事ハ、釈
迦教観門ノ位ニ、入観住心凝神不捨ノ失意聾盲痴人ノ如クニ、心ヲ一境ニ止テ、思惟正受ノ観行ヲ修メ可見一所ノ、日想
観ノ日輪ト第七観ノ花座ト依正ノ境界ヲ十念ノ称名ノ下ニヤス〱ト見ル意ヲ顕也。日想観ハ正報ノ仮観、花座観ハ依報
ノ真観、依正一体・真仮不二ニ成メ、観門ノ境ヲ称名ノ下ニ成スル法門也。此則、示観縁ノ終ニ、夫人、我ハ仏力ヲ以、
極楽ノ依正ヲ見ツ。五濁五苦ニ被ン責一未来ノ衆生ハ、如何メ可ト見ル一、仏ニ奉シ二」(21ウ)レ問、可見様ハトテ、日観已下説
下ル仏ノ本意ハ、当品五逆深重ノ機、死苦来逼ノ尅（きざ〈ミ〉）ニ、願力ヲ以ノ故ニ仏ノ依正ヲ見ニ有リ。サレハ、十悪五逆・具
諸不善・応堕悪道・経歴多劫・受苦無窮ノ機カ、十念ノ名号ニ依テ、可クモ見ル一無キ極楽ノ境ヲ拝見シ、可クモ生ル一無キ
浄土ニ往生スル旨ヲ説ヲ以、釈尊出世ノ本懐トモシ、四聖化垂ル、本意トモスル也。但シ、生レテ十二大劫花中ニ有ト云モ、且
ク是レ抑止門ノ方便也。摂取門ノ実義ニハ全ク花合ノ障リ無ク、一種不退ノ身ト成ル也。故ニ大経ニハ、諸ノ有〈アラ〉ユル衆生、聞
其名号ヲ一信心観喜シ、乃至一念モ至心廻」(22オ)向メ願レハ生レント我国一ニ、即得テ往生一ヲ、住スト不退転一ニ云云。法照大
師、此文ニ依テ、十悪五逆至愚人、永劫ニ沈淪メ在二ドモ久塵一ニ、一念称シ二得ツレハ弥陀ノ号一ヲ、至彼ニ還テ同シ二法性ノ身一ニト

釈ス。今師ノ釈ニハ、或ハ一念ニ乗メ空ニ、入ヌレハ仏恵〈会〉ニ、身色寿命尽ク平〈ヒト〉シトモ釈シ、或ハ浄土ト無生ト亦無別、究竟解脱金剛身トモ讃ル、〈皆〉此意也。而ニ唐土ニ三論ノ恵布法師ト云大学生有ケリ。三学一身ニ受テ肩ヲ並ル人無キ碩学独歩ノ人也。言ヲ交ル者ハ当座ニ被責臥セキ。故ニ天下ニ我程ノ人無ト云高慢ノ心ヲ発メ、是程ノ智者学生ニ」(22ウ)作ハ、恐ハ不退ノ位ニモ登タルコサンメレナムト思ケリ。明暮ハ門弟ニ対メ云ク、恵布ハ永ク娑婆ニ住メ、苦ノ衆生ヲ可度。縦、三途八難ノ底ニ有トモ、法性ノ真理ニ安住シ、無生ノ正観不ハ絶、苦モ々ニ非スト観メ、大悲ヲ以、衆生ヲ救ヘシ。而ニ世人、我レ先ッ浄土ニ生ムト願フハ無道心ノ事也。其故ハ、浄土ニ生メ十二大劫之間花内ニ有テ、衆生ヲ不利益シテ、空ク明シ暮サン事、菩薩ノ大行ニ背ケリ。サレハ恵布ハ浄土ニ往生セシ。只穢土ニ有テ衆生ヲ利益シテ、疾ク仏道ニ可令勧マ。世間ノ念仏者ノ心ハ、只是小乗ノ自調自度ノ心也ナント、様々ニ此ヲ非〔ヒ〕ス。師匠既ニ如此ナレハ、其門」(23オ)弟等、又其見ニ随フ。サルホトニ老後ニ臨テ、身ニ重病ヲ受テ、熱悩スル事ハ洞燃猛火ニ被焼ヨリモ尚熱ク、痛ミ疼〈ヒラ〉ク事ハ刀山剣樹ニ被責ヨリモ尚イタシ。余ノ観法無クメ、只アラアツヤ、アライタヤト云言計也ケリ。起テモアラレス、臥テモアラレス、如是メ、数日ヲ経レトモ苦痛平癒セス。門弟等ニ告テ、汝〈ナンタチ〉等ハ我恩〈思〉深キ者共也。何ソ我苦ニ不代ヤト叫ヘトモ不叶。爰ニ門弟等興〈ケウ〉覚テ、外人如何聞ラント、ハツカシキ程也ケリ。法師如是ヤミヤミテ後ニ、即邪見ヲ翻シ、改悔ノ心ヲ生メ門弟等ニ語テ云、汝等諦〈アキラカ〉ニ聴々々ケ、我今浄土ニ帰スル事アリ。其故ハ我レ日来浄土ヲ忽緒〈ショ〉シ、往」(23ウ)生ヲサミシテ、六道四生ニ有テ衆生ノ苦ニ代ランコソ菩薩ノ大悲ナルヘケレ、又無生ノ正観不ハ絶、三途八難ノ処ニ有モ、処ニ随テ衆生ノ苦ニ代リ、衆生ヲ利スヘシト思シハ、以外ノソ、ロ事、妄言虚誕也ケリ。此病苦ヲ地獄ノ苦ニ比〈タクラ〉ヘハ百千万億ニメ、一ニモ不可及。此苦痛ノ中ニハ色即是空ノ観解モ不立、五蘊皆空ノ智慧モ不生。又門弟等カ我カ苦ニ不代事ヲノミ歎ク。況ヤ余ノ人ノ此苦ニ代ランヤ。地獄ニ堕タラン時ノ苦痛ノ難忍、思遣ルニ言モ心モ難シ宣。サル前(ママ)ハ只急々浄土ニ往生メコソ思ノ如ク、衆生ヲモ利益シ、我身モ悟ヲ開ヘカリケレ。サレハ高祖龍樹菩薩ノ智論ヲ見シニ、若具縛ノ」(24オ)凡夫穢土ニ有テ、衆生ノ苦ニ代ルト云ハ、此理ハリ有事ナケン(レ)。譬ハ鶏ヲ縛リテ水ニ入タランカ如シ。故ニ本願ニ乗メ浄土ニ往生シ、神通ヲ具足シ、娑婆ニ還来メ、衆生ヲ可ト利益、被判ケルハ宜(ウ)ヘ也ケリ。此文ハ只我身一人ノ事也ケルヲ、日来ハ不知之一ヲキ。日来ハ只不生亦不滅・不来亦不去・不常亦不断・不一亦不異ノ八不ノ正観ヲ以八(ハ)迷ヲ改テ悟ヲ開ヘシ。此ノ八不ノ正観ニ住セハ、何レノ生処ニモ在レ、衆生ノ苦ニ代ランニ、何ノ難事カ有ムトノミ思キ。実ニ是レ妄語也。於テハ于今一ニ、祖師ノ遺誡(ユイカイ)ニ任テ、廻心念仏メ浄土ニ可往生一ス。サル前ハ、恵布ハ念仏メ極楽ニ往生シタリト知レ。汝等モ念仏メ」(24ウ)我ヲ助ヨ。又我カ如ク、汝等モ念仏メ浄土ニ往生セヨト泣々云ケレハ、門弟ノ中ニモ心アル者ハ、実(げ)ニ〱ト思キ。尚偏執有者ハ、面(おもて)フセニ思キ。如此改悔メ、一向専修ノ念仏者ニ成ニケル程ニ、サシモ難堪(たえがたかり)ツル苦痛、忽ニ平癒シニケリ。偏ニ是廻心念仏ノ力也。サルホトニ此度ハ取ノヒテ、年月ヲ経テ最後善寂ニメ、殊勝ノ往生ヲ遂タリト往生伝ニ記セリ。此則、仏ノ方便ヲ以、此重病ヲ受サセテ、発心ノ縁トシ玉ケル也。而ニ此人天下無双ノ大学生ナリケレトモ、所学ノ宗ナラヌ故ニ、観経ヲハ麁獷ニ見ケル歟。又見レトモ不意得ケル歟。下品下生コソ十二大劫花中ニ有トハ」(25オ)説ケ。余品ハ不尓。サレハ上々品ハ即悟無生トテ、恵布法師ノ如ク大乗修学ノ行人ハ生テ花合ノ障リ無ク、見仏色身衆相具足、見諸菩薩色相具足、光明宝林演説妙法、聞已即悟無生法忍ト説故ニ、生レハツレハ即法性無生ノ身ヲ証メ、須臾ニ十方ニ遍歴シ、成仏ノ記莂ニ預リ、穢国ニ還来メ衆生ヲ度ヘシ。我身三論ノ中道無生ノ正観ヲ修習スル身也ト思ハ、此益有ヘシトコソ、深ク信シ可レキニ思フ、下々品ヲ本トメ、十二大劫花中ニ有テ、衆生利益ナカラン拙ナサヨト思フハ、ツヤ〱文ニモ不レル合非難也。縦又、十二大劫ノ分ニ当レリトモ、今ノ釈義ニ達セハ」(25ウ)花内一往ノ方便也。内証ハ一所不退ノ益也ト可知故ニ、又前ノ難不可有一。縦又、実ニ十二大劫ヲ送トモ、大劫小劫僧祇劫、亦如弾指須更ノ間一ト云云。左ニモ右ニモ浄土ノ宗義ヲ得ツル者ナラハ、如ノ此不可有迷難一也。大智律師ノ観経ノ疏ニモ、此恵布法師ノ事ヲ引ケリ。律師又教学ハ天台ニ受ケ、戒学ハ南山ニ伝フ。又禅ヲモ修学セラレケリ。此モ日来ハ浄土ヲ編（サミ）シケルカ、後ニ浄土ニ帰メ、自住ノ寺ニ観経ノ十六観ニ擬メ十六観堂ヲ造テ、浄土ノ依正ヲ被観想ケリ。白楽天、又日来ハ宗門ノ人也。即曹（サウ）渓ノ流ヲ承ケ、鳥窠（コ）禅」（26オ）師ト云人有ケリ。木ノ上ニ鳥ノ巣ノ様ニ栖（スミカ）ヲコシラヘテ坐禅セシ人ナル故ニ、鳥窠禅師ト云。有時、楽天、彼坐禅ノ所ニ至テ、何ナルカ仏法ト問。禅師答云、諸悪莫作諸善奉行ト。楽天云ク、七歳ノ少児モ此ヲ云ト。禅師又云ク、七歳ノ少児モ云事ハ云フ。七旬ノ老翁モ知事ハ不知（行ヿアタハスト）云云。此詞ノ下ニ楽天得法シキ。而ニ楽天、老後ニ身ニ重病ヲ受テ、始テ浄土ニ帰ス。即、随意曼荼羅ヲ書テ本尊トシ、欣求ノ境ト為テ念仏ス。其表紙ニ銘ヲ書ケリ。銘ニ云ク、極楽世界ハ清浄ノ土ナリ。無シ諸ノ悪道及ヒ衆ノ苦一。願ハ如キ我身ノ、老病ノ者ノ同ク」（26ウ）生ン無量寿仏国ニ云云。上代ニ有シ心程ノ禅師ハ皆如是浄土ニ帰キ。サレハ百丈禅師ノ清規（シム）ニ云、大事未弁ノ者ニハ、教テ阿弥陀仏ヲ念メ浄土ニ生ント令ヨト願セ。又云、荼毘亡僧ノ時ハ、先阿弥陀仏十声ヲ令唱ヨト云云。此則、得法悟道ノ人ハ且ク置ク。未タ其ノ大事ヲ不遂一者ノハ、念仏メ浄土ニ往生セント可ト願定メ、亡僧ヲ野外ニ送テ、ハフラントセン時ハ、先（まつ）為ニ弥陀ノ名号ヲ十念唱テ火ヲ放テト云云。唐朝ニ于今（いまに）至マテモ、壇上ノ念誦トテ、此十念ヲ以大事ノ唱明トス。其文ハ、南無（モ）西方（シハウ）極楽世界（キラシカヒ）、大慈（ス）大悲（ヒ）阿弥陀仏（ヲミトフ）ト十返唱也。此ハ又得法未得法ヲ不論、」（27オ）亡僧荼毘ノ時ハ此義ヲ用ヨト勧タリ。又智覚禅師ト云得法禅師有キ。即禅ト念仏ト相対メ四句ノ頌ヲ作テ浄土ヲ勧タリ。頌ニ云ク、有テ禅無ハ浄土一、十人ニ九ハ蹉路（シャロ）ス。陰（ヲン）境若現前スレハ、瞥爾（ヘツ）（ニハカ）ニ随テ他去ク。無メ禅有ハ浄土一、万修スレハ万人ナカラ去（ユ）ク。但得見玉「ヲ弥陀一ヲ、何ソ愁ヘム不開悟一セ。無ク禅モ無ハ浄土一モ、鉄床并ニ銅柱ニアリ。万劫ト与ニ千生一、没（ナシ）ニ箇（コノ）人ノ依護一。有リ禅モ有ハ浄土一モ、猶シ如シ載（い）（タケ）ル角虎一ノ。現世ニハ為二人師一ト、後生ニハ作ナルト仏祖一ト云云。此四句ノ中ニ初ノ一行ハ、縦、坐禅ストモ、浄土ニ帰シ念仏セスハ、十人ニ九人ハ路ヲ蹉（タカ）フヘシ。陰境ト者、中陰ナリ。々々ト者、中有也。」(27ウ)中有ノ境界現前セハ、即彼ニ随テ可去ト云。次ノ一行ハ、設禅ハ無トモ、浄土ニ帰シ念仏セハ、万人ハ万人ナカラ往生スヘシ。一人モ道ヲ不可有二違ル事一。サル前ハ、弥陀ヲ見事ヲ得ハ、即開悟スヘシ。禅法ヲ悟ラサラン事ヲ不可歎ト云。次一行ハ、禅モ浄土モ共ニ無ランハ、速ニ地獄ニ堕テ鉄床ニ臥シ、銅柱ニ縛レテ万劫ヲ経、千生ヲ送トモ、此人ノ可キレ助者ナシト云。第四ノ一行ハ、禅モ念仏モ倶ニ有ンハ、又虎ニ角有テ、獣ノ中ニ可カレ勝如ク、人中ニ勝（すぐれ）テ現世ニハ人ノ師トメ利益広大ニ、後生ニハ仏ニ成テ自利々他ノ任レ心ニスヘシト云。此中ニ後ノ二行ハ其心知ヤスシ。初ノ二行ノ」(28オ)中ニ、禅有テ浄土無ハ十人カ九人ハ悪道ニ可シレ堕。無ドモ禅一ハ浄土アラハ、万人ハ々々ナカラ往生ノ正路ニ入テ得法悟道スヘシト云。知ヌ、念仏往生ハ宗門ノ得法ニ勝レタリト云事ヲ。祖師ノ義、如レ此ナルニ依テ、楽天モ浄土ニ帰シ、念仏ノ往生シ給シ也。凡上代ノ祖師先達中ニ、我慢偏執無キ程ノ人ト、此門ニ不ト帰一云事ナシ。此則、今ノ乃至十念ノ本願、世ニ超テ十悪モ五逆モ罪滅メ得レ生ヲ、謗法モ闡提モ廻心スレハ皆往ク。他方ノ凡聖、乗メ願ニ往来ス。到ヌレハ彼ニ、無レ殊ナルコト。斉同ニメ不退ナル益、易行ノ中ノ易行、勝益ノ中ノ勝益ナル故也。次ニ三部経ハ、名号ヲ体ト為。故ニ註家」(28ウ)云、釈迦牟尼仏、在テ二王舎城及ヒ舎衛国一ニ、於二大衆之中一ニ、説玉フ二無量寿仏ノ荘厳功徳一ヲ、即以二仏ノ名号一ヲ、為ス二経ノ体一ト也ト云。故ニ体ヲ名トスル経ナリ。此体ヲ名メ南無ノ二字ヲ加レハ、六字ノ名号ト成ル。此名号ハ即又諸仏ノ体ナル故ニ、実相ノ法ナリ。故ニ当品ニ為説妙法教令念仏ト説ク。口ニ唱レハ即滅罪ノ金花ノ来迎ニ預ル。謗法闡提モ廻スレハ往生ス。次ニ五部九巻ト云ハ、宗家ノ四巻証定ノ疏ヲ始トメ、礼讃・法事讃・般舟讃・観念法門也。即五種ノ正行ニ主也。疏ハ称名正定業ニ当レリ。観念法門ハ観察正行、礼讃ハ礼拝正行、般舟讃ハ讃嘆正行」(29オ)法事讃ハ読誦正行ニ当故也。而ニ経ヲ摺写供養スル事ハ常ノ例也。乃至、論蔵等ニ至マテモ、惣ニ被（おほは）シメテ意得レハ、経ニ添テ可供養一。而ヲ人師ノ釈義ヲ摺写供養ノ例ヤ有ト云ニ、其例無ト云ヘトモ、今此疏ハ既ニ夢中ノ一僧ノ指授スル所ナレハ、一句一字モ不可二加減一ス。一〈モ〉ハラ如二クセヨ経法一ノト云ヘリ。又垂迹既ニ弥陀ノ化身也。是非ニ付テ仏経ノ如クニ可崇故也。而ニ少康法師、貞元ノ初ニ唐ノ白馬寺ニ至テ経蔵ノ内ヲ見ニ、文字ノ頻ニ光明ヲ放ヲ見ハ、此ヲ探リ取テ見レハ、善導ノ昔西方ノ化導ヲ行セシ文ナリ。少康歓喜シテ誓テ云、我レ若浄土ニ於テ有縁ナラハ、当ニ此文ヲメ」(29ウ)再ヒ光明ヲ放玉ヘト所願、未ニタ終ラ即光明ヲ放ツ。光中ニ化仏菩薩アテ無数ナリ。即少康ノ志ヲ感スル故也。此則、一僧ノ指授、神ニ通スル疏ナル故也。故ニ黒谷上人ハ、静ニ以（おもんみ）レハ、善導ノ観経ノ疏ハ西方ノ指南、行者ノ目足也ト。又云、此疏ハ是レ弥陀ノ直説也ト云云。抑今日者、是七々日、普通ノ義ニ依ラハ薬師如来ナリ。観音・普賢等ハ三十七尊ノ内ニモ御座ス。弥陀ノ化儀ヲ助ル菩薩ナレハ、弥陀ノ因徳ニモ摂スヘシ。而ニ西方ノ教主ヲ讃ル時、東土ノ教主ヲ讃メン事、疎〈ウトキ〉ニ似レトモ、今可有深義一。其故ハ此仏ハ殊ニ極楽ヲ勧メ弥陀ヲ讃給ヘリ。薬師経云、臨命終ノ時、有テ二八菩薩一、乗メ二神通ニ一」(30オ)来テ示ン二其道路一ヲト、処々ニ多ク八戒ヲ受テ浄土ノ業修スル也トテアル人共ノ中ニ決定ノ信取ル者ハ希也。安心既ニ未定ナレハ、往生又不定也。如ノレ是人ノ臨終ニ薬師如来ノ尊号ヲ聞カハ、普賢・文殊・日光・月光等ノ八菩薩、道ノ指南メ西方ヘ送ルヘシト云云。但大方ノ道理ハ東土ヘ引導スヘシ。而ニ観音勢至ノミナラス、東土ノ日光・月光モ同ク西方ヘ送ル事、弥陀薬師同心ニ本願ニ帰シ、極楽ニ生ヨト、同体ノ大悲全ク無二心一故也。但シ是ハ斎戒ヲ持テ未タ他力ノ信心未定ナル者ノ事也。深信本願ノ人ハ必モ薬師ノ宝号ヲ聞カハ、八菩薩ノ先達ニ非トモ、直ニ三尊ノ迎摂ニ預テ」(30ウ)タト〱シカラス可往生ス一也。既弥陀薬師同心也。現世ノ所望ヲ為ルニレ達、薬師ニ帰メ弥陀ヲ背事ハ僻見也。一期百年ハ如シレ夢。後生ハ只今ナルヘキ故ニ、一心ニ弥陀ヲ念メ往生ヲ期スヘシ。群疑論ノ所判ハ、一切諸仏ハ皆願満行満トテ、一切ノ行願ヲ具足スレトモ、別願ニ正クスル時ハ、所化ノ衆生ノ機根ニ依テ、薬師ハ十二大願ヲ発メ苦縁純熟ノ機ヲ済ヒ、弥陀ハ四十八願ヲ建テ、楽縁純熟ノ機ヲ引導ス。実ニハ弥陀ニ十二ノ大願ヲ具シ、薬師ニ四十八願有ト云。而ルニ四十八願ヲ以、極悪ノ衆生ヲ」(31オ)利益スル方ハ、諸仏同体ノ大悲ナル故ニ、諸仏皆弥陀ノ大悲ニ等ク、弥陀ヲ讃メ極楽ヲ可勧ム。故ニ、薬師如来、我名号ヲ聞カン者ヲメ、浄土ヘ送也。何ノ仏ニモアレ、十二大願ナル方ハ薬師ト被云、四十八願アル方ハ弥陀ト可被云也。而ニ十王ノ中ニハ琰魔法王ト泰山王トハ上首也。故ニ法事讃ニモ、閻羅伺命五道太山ト云。凡一切衆生ハ皆彼ノ十王ノ斎断ヲ可経也。而今、平生即便往生ノ人ハ冥ニ是テ〈コヽデ〉其位ヲ可経一。故ニ法味ヲ可奉貢(かざ)リ也。」(31ウ)

本云

此曼荼羅二十七巻者、為統円論師頓証菩提

奉寄附西山上衍院也。〈以二尊院文庫本而令書写仮ト云〉

本云

惣都合二十七巻、此外縁起一巻在之云

〈写本云〉

永享十年六月廿三日依為彼縁日一校畢」(32オ)

于時明暦三丁酉年六月廿六日以嵯峨二尊院本

書写之畢。筆者法真院善祐七十才於河原森庵室書之畢

江州栗太郡芦浦

観音寺舜興蔵（印）

（以下、楊谷寺蔵A本、押紙）

此鈔物全部十二冊丹波宇津祢邑法蔵寺十六代完空嶺全上人
自筆書写之後見称名所仰也

楊谷寺蔵A本書き込み一覧

楊谷寺蔵A本の各巻の冒頭や末尾に見られる書き込みは、超世寺蔵A本にもその一部が見られることから、楊谷寺蔵A本の書写者によるものではなく、底本である二尊院蔵本に由来するものであることが明らかになった。顕意自身の注記ではなかろうが、中世の書き込みであることと、通例の浄土経典の抄出の他に中原康富（康富と深草派の関係については『深草教学』二〇号を参照）のものかと思われる和歌や、説話集『宝物集』の抜き書きなど興味深いものもあることから、ここにまとめて掲載することとした。

「法事讃云
西方ノ諸仏如二シ恒沙一ノ。各ノ於テ二本国一ニ讃ム二如来一ヲ。分レテ身ヲ百億閻浮内ニ一示二現スル「八相一ヲ大希奇ナリ。五濁ノ凡夫ハ将ニ謂ヲモヘリレ実ナリト。六年苦行メ証シ二無為一ヲ、降シレ魔ヲ成メレ道ヲ説リ二妙法一ヲ。種々ノ方便不思議ナリ。」（巻第五冒頭）

「地千手　鬼聖　畜馬頭　修十一面　人不空　天如意
ヤストミ殿
阿弥陀仏トウチカタラヒテネタル夜ハ南無ヨリ外ノ六コトハナシ
犯戒ノ名ハ十地モ洗ヒ難ク伝戒ノ道ハ夫婦モ可シレ伝ツタヘツ　尺云」（巻第六冒頭）

「法事讃云
一切廻心ノ向ヘハ二安楽一ニ　即見ル二真金功徳身一ヲ
浄土ノ荘厳諸ノ聖衆　籠々トメ常ニ在ス二行人ノ前一ヘニ　文」（巻第七冒頭）

「易往無人ハ
十悪五逆具諸不善ノ凡夫、此超世ノ大願ニ乗ヌレハ生ル、
事ノ易カ故ニ易往ナリ。
常途ノ仏法ニ遠シテ未断惑ノ凡夫ヲ摂スル故ニ信スル
人ノ無レハ無人ト云也。」（巻第七末尾）

「般若云
一切ノ有情ハ皆如来蔵ナリ。普賢菩薩ノ自体遍ルカ故ニ　文」（巻第八冒頭）

「心地観経偈云八塔
浄飯王宮生処塔、菩提樹下成仏塔、鹿野苑中法輪塔
給孤独薗名称塔、曲女城辺宝階塔、耆闍崛山般若塔
菴羅衛林維摩塔、沙羅林中寂滅塔ト云云」（巻第九冒頭）

「宝物集云
釈尊ハ一切衆生ノ父ニテマシマス。故ハ法花ニ今此三界皆是我有其中衆生悉是吾子文。サレハ釈尊ヲ父ト憑奉ルヘキ也。須達カ祇園精舎ヲ建テ奉リシヲモ悦玉ハス。提婆達多カ仏身ヨリ血ヲ出シヲモ恨ミ玉ハス。阿闍世王ノ父ヲ害セシヲモウトミ玉ハス。阿育王ノ八万四千人ノ后ヲ害シ玉シヲモニクミ玉ハス。優婆離尊者カ持戒ナリシ、善星比丘カ破戒ナリシ、迦葉尊者カ威儀ヲ調ヘシ、六車比丘カ威儀ヲワスレシ、舎利弗尊者カ智恵ニトメリシ、須利盤特カ鈍根ナリシ、同ク入二仏道一ニ差別アル事ナカリキ。善衆生ヲハ羅睺ノ如クニヲホ

シ、悪衆生ヲハ無上比丘ノ如クニ見玉フ。金輪聖王ヲモ敬ヒ玉ハス、田夫野叟ヲモアサケリ玉ハス。我観一
切普皆平等ト説玉フハ是也。」（巻第九末尾）

「楊傑(ケツ)云

罪作クテ地獄堕スル一人皆不レ疑レ之。念仏浄土生スル一
人皆不レ信レ之。何ソ一ヲハ信シ一疑フ。此レ迷執ノ至極ナリ。」（巻第十一冒頭）

「大経ニ弥陀依正ノ功徳ヲ讃スル文

依報

所修仏国恢廓広大超勝独妙建常然無衰無変文

正報ヲ讃文

無量寿仏威神光明最尊第一諸仏光明所不能及文」（巻第十二冒頭）

「要集

定ニ有二。一ハ者、恵相応ノ定。是ヲ為レ最。二者暗禅。未タレ可二勝ト為一ス。念
仏三昧ハ応ニ是初ノ摂ナル一云云。

顕行縁釈ニ

明二ス道里雖レ遥去ル時一念ニ即到一ヲ　文

又云

明下ス韋提等及ヒ未来有縁ノ衆生、注(トヽメテ)レ心ヲ観念スレハ定境相応ノ行人

自然ニ常見上「ヲ故ニ云不遠一ト　文」（巻第十三冒頭）

「涅槃三十一云要集云

一切作業ニ有軽有重。軽重ノ二業ニ復各有二一。一ニハ決定。二不決定。又云ク或有重業可得作軽一ト、或有軽業可得作コト重一ト。有智之人ハ以智恵ノ力一ヲ能ク令地獄極重之業ノ現世ニ軽受ノ、（ママ）愚痴之人現世ニノ軽キ業ヲ地獄ニノ重ク受ク。阿闍世王ハ懺二悔シ罪一ヲ已テ不入地獄一。」（巻第十四冒頭）

「心眼ヲ釈ス

雖レ未タレ証二目前一ニ、但タ当シ三憶想ノ令ム二心眼ニノ見一セ也。

心見ヲ釈ス

一切廻心ノ向ヘハ二安楽ニ即見ル二真全功徳ノ身一ヲ。浄土ノ荘厳、諸ノ聖衆籠々トノ常ニ在リ二行人ノ前一ニ。」（巻第十八冒頭）

「恵心云

衆生ノ善悪ニ有四位別一。一ニハ悪用偏増セル。此位ハ無シレ聞「法ヲ。如シ二法花ニ云カ一増上慢人二百億劫常不レ聞レ法。二、善用偏増セル。此位ハ常聞レ法。如地住已上大菩薩ノ等ノ一。三、善悪交際セル。謂ク□捨テレ凡入レ聖之時ナリ。此ノ位ノ中ニ有一類之人。聞レ「法甚難シ適聞ケハ即悟ル。如常啼菩薩須達カ老女等ノ一。或為ニレ魔ノ所レ障、或為自レ惑障レテ雖隔聞レ見ヲ不久即悟。四、善悪容預ナル（イル、ウク）。此位ハ善悪同ク是生死流転ノ法ルカ故ニ多ク難シ聞法一。非悪増一故非一向無聞一「。非交際一ナルニ故ニ雖聞無巨益一。六趣四生ノ蠢々ノ類是ナリ。故ニ上人ノ中ニモ亦有難レ聞一「。凡愚ノ中ニモ亦有聞者一。此亦未タレ決。後賢取捨セヨ云云。」（巻第二十二末尾）

「天台云
無量寿仏ノ国ハ雖二果報殊勝一也ト、臨終之時懺悔ニ念仏レハ業障便転メ即得往生一ヲ。雖レ具セリト惑染一願力持レメ心ヲ亦得
居「ヲ也云云。
要決云
知二娑婆ノ苦一ヲ永ク辞レハ染界一ヲ、非二薄浅ノ凡一ニ。当来作仏ノ意ヲ以ス。専広ク度二法界衆生一ヲ有斯ノ勝解一故ニ非愚也
云云。」（巻第二十三冒頭）
「私云、法花ヲ広名号ト云事ハ法花ノ一一ノ文字名号ナラスト云事ナシ。法花ノミナラス一代八万教法皆名号ヲ讃ム故ニ
広名号ト名ク。略法花ト者、法花ノ肝要ヲ選ヒ取タルヲ略法花ト云フ故ニ名号ハ法花ノ中ノ勝タル故也云云。
要集ニ云
問、生ヨリ来タ作テ諸悪一ヲ不レ修一善一ヲ者、臨終ノ時纔ニ十念メ何ソ能ク滅レメ罪生二浄土一ニ。答、如シ那先比丘問仏経ニ言
一。時有弥蘭王一問ク羅漢那先比丘一ニ言下「人在テ世間一作レテ悪ヲ至ルニ二百歳一ニ臨レ死ニ時ニ念レハ仏ヲ死メ後ニ生ト天上ニ我不レ
信是ノ説一ヲ、復言下「殺ル二一ノ生命一ヲ死メ即入中ト泥梨中上ニ我亦不レ信也。比丘問レ王ニ如モシ人持小石一ヲ置ク在水中一ニ、石浮フ
耶没ム耶ヤ。王ノ言ク石没也。那先ノ言ク如モシ今持テ百丈大石一ヲ置クニ在船ノ上一ニ没ヤ不ヤ。王言ク不レ没。那先言ク船ノ中
ニ百丈石因テレ船不レ得レ没「ヲ人雖有木（本カ）ノ悪一一時モ念レハ仏ヲ不レ没二泥梨一ニ便生天上一ニ。何ソ不レム信耶、其少石没者如
シ人作カレ悪不レハ知経法一ヲ死メ後便入ト云二「泥梨一ニ、何ソ不信耶。王ノ言ク善哉云云文。」（巻第二十三末尾）
「要集云
一ニハ栴檀樹出成スル時、変メ四十由旬伊蘭一ヲ、普ク皆香美ナラシム。二ニハ用テ師子ノ筋一ヲ、以テ為ルニ二琴ノ絃ヲト一、音声一ヒ

奏レハ一切余ノ絃コトノヲ悉ク皆断壊ス。三ハ一斤ノ石汁能ク変ノ千斤ノ銅一ヲ為レス金ト。四ハ金剛雖堅固一也ト以テ羚羊角一ヲ扣レテハ之ヲ、則灌然トノ氷リ泮ヌ已上滅罪譬」（巻第二十六冒頭）

「昔七度還俗ノ者アリ。重罪ノ者ナル故ニ大地獄ニツカハスヘキ由アリ。サレハ七度還俗ノ咎ニ依テ地獄ニ堕ヘクハ七度出家ノ功徳ハイカニト申ケレハ焔王床ヨリ下テ礼拝スト云云」（巻第二十六末尾）

「要集第六巻

問云、往生ノ業中ニハ念仏ヲ為最。於二余業ノ中一ニ亦為最ト耶。

答、余ノ行法ノ中ニモ此亦最勝ナリ。故ニ観仏三昧経ニ六種ノ譬アリ。

同集云

般舟経問事品ニ云、説二テ念仏三昧一ヲ云ク諸ノ功徳ノ中ニ最尊第一ナリ　文」（巻第二十七冒頭）

解題―『当麻曼荼羅聞書』の成立と思想に関する基礎的研究―

弥陀の本願は専ら悪人の為に発し給へる故也（巻第九、本書一二七頁九行）

湯谷　祐三

はじめに

『当麻曼荼羅聞書』（以下『聞書』と略称する）は、鎌倉時代の浄土宗深草流の学僧顕意道教（一二三八―一三〇四）

が、亀山院后嬉子・深草院妾相子の姉妹を願主として嵯峨竹林寺で開かれた逆修法会において、当麻曼荼羅（浄土変相図）を讃嘆（讃歎と表記する箇所もある）した言説を記録したものと考えられ、法会の催された時期は正応三年（一二九〇）から嘉元二年（一三〇四）の間と推定される。法会は四十九日間の長期にわたるもので、午前中に善導の『観経疏』が講ぜられ、それに相当する曼荼羅の図像が午後に讃嘆されている。

全体の構成は『観経疏』（玄義分・序分義・定善義・散善義）に則り、それぞれを曼荼羅の四の部分（中央・右縁・左縁・下縁）に対応させる。讃嘆の言説は、まず、『観経疏』の本文を「釈」として提示し、これに対比して中国の他の諸師の説を列挙すると共に、「宗家云」として善導の他の著作からの引用や、「西山」「祖師上人」として証空の解釈を挙げてその正統性を主張する。そこに「有云」などと当時の他宗派や他の浄土門の人師から提出されていたとおぼしき論難を対置させ、これを論破・会通する。こうした論述のスタイルは、顕意の主著である『観経疏楷定記』や鎮西義良忠の『観経疏伝通記』などと、文体に繁簡・難易の差はあるものの、全く同じ形式なのであり、『聞書』の言説があくまでも『観経疏』の解釈に発するものであることを如実に物語っている。

さらに『聞書』に於ては「釈」と当麻曼荼羅図像との対応関係を考察すること、特に証空己証の法門の適用に意が用いられ、「釈」では明示されない思想を図像の解釈により補い、あるいは逆に図像の解釈に午前中に講義された「釈」の解釈を利用したりするなど、常に『観経疏』のテキストと曼荼羅の図像を有機的に関連付け、両者が相互に補完して「当流の念仏」の思想が開示されてゆくように論述される。

終始、「讃嘆」という言葉が使われていることからもわかるように、それは曼荼羅図像の単なる「絵解き」

ではなく、また『観経疏』の字義を詮索するものでもない。図像やテキストに隠され埋め込まれていた様々な「法門」が、諸師の解釈と講讃者の言説とにより掘り起こされ言語化される過程で、聴聞者は、すべての衆生に向けられた「阿弥陀の本願」の不思議な働きに気付き驚いて、改めて「本願」への畏敬と讃仰の念に包まれる、そうした意味での「讃嘆」なのである。

その思想を大きく総括して表現すれば、法然以来といういわゆる「絶対他力」「悪人正機」的な思想を[1]、証空の「十二品義」や顕意の「四品知識義」の法門を用いて、「釈迦教」「弥陀教」の「二尊教」に則り開演したもので、単に深草義の念仏思想を示すというよりも、「今乗二尊教、広開浄土門」と述べた善導とその教えを取り込み教義を展開した法然・証空の、特にいわゆる「弘願」思想に重点を置いた考え方を展開していると言えよう。

引用される経典は浄土三部経や善導の「五部九巻」の他に、涅槃経・華厳経・法華経など他の大乗経典全般、さらに照明菩薩経などの中国撰述とおぼしき「偽経」類も見られる。また、経論引用の間に様々な譬喩・因縁を織り交ぜ、『観経疏』のテキストを在家信者に対して「談義」「直談」したものという性格も併せ持ち、これまで知られている著作群からは窺いがたい「唱導家」としての顕意の一面を彷彿とさせる。

実際の法会における讃嘆の記録というテキストの性格上、本文の各所に口語的な表現が散見され、当時の世相を反映した言葉が見られると同時に、論述の骨格となる経典類は正確に引用されており、説話の部分にも口語的な崩れが見られないことから、明らかに讃嘆の速記録という体のものではなく、事前事後に必要典籍を座右に置き、顕意自身あるいはその監督の下、周到に準備・補訂されていたことが推定できる。よって、本書は「口述」でも「述作」でもなく、顕意による「編著」とすべきものであり、そうした意味で「聞書」とは、弟子が顕意の言説を聴聞記録したというに留まらず、顕意自身がその師円空や他の諸祖師から学んだことの「聞書」であるという側面もあるだろう。事実、法然の高弟で円空の師である善慧房証空の言説が十数カ所にわたり引用され、これらの中には従来知られざる証空の言葉や行動、門弟達とのやりとりも記されていることから、当時京都の念仏教団の主流であった証空門流の実態を示すという点でも興味深い。

かような特色をもつ本書が、これまで刊行・翻刻なされなかったのは、むしろ不思議な感もあり、今後は様々な観点から中世思想史の上で正確に位置づけられる必要がある。以下、右のような諸論点につき、少しくテキストを引用してその根拠と実例を論述する。

本稿ではすべて通行の字体を使用する。「曼荼羅」という言葉には「曼陀羅」の表記もあるが、本稿においては、諸本分類の章を除き、原則として底本（西教寺蔵本）の表記に由来する「曼荼羅」で統一した。また『楷定記』にも『揩定記』なる表記があるが、ここではこの書名が善導の『観経疏』散善義後跋の「古今楷定」に由来するものとみて『楷定記』に統一した。また、本稿の性格に鑑み各上人方は敬称略とし、僧籍にある研究者の呼称も「氏」で統一した。

一　成立に関する諸問題

『聞書』の成立に関わる問題は、その諸本の状況とも密接に関係している。諸本の詳しい分類とその性格の分析は後述することとし、ここでは、『聞書』の本文系統が西教寺蔵本系（甲類）と大善寺蔵本系（乙類）の大きく二系統に分かれ、両系統間には相互に語句の相違、記事の有無など看過できない異同があることだけ述べておく。

『聞書』に対して近代的な意味での文献学研究の鍬を初めて入れたのは森英純氏であった(2)。大善寺蔵本のみを参照された森氏は主に次の諸点を解析された。

イ「本書（『聞書』引用者注）の講讃者は顕意である」

ロ「講讃の場所が竹林寺であること」

ハ「顕意は今出川女院の厚い帰依を受けて居たと言われる。本願の禅尼はその人であろう」

イについて、『聞書』の本文には顕意が編著者であることを直接明記する部分はなく、他の資料にも竹林寺における顕意の曼荼羅讃嘆の事実を記録するものはないから、編著者を特定するには、『聞書』本文より得られる内部徴証を積み重ねて論証するほか無い。森氏は顕意が『聞書』の「講讃者」である「証拠」として主に次のような点を挙げられた。

1「法然上人を曽祖上人と呼んで居ること」（大善寺蔵本巻第二「鉄鉤菩薩事」）

2「「宝林宝樹会の事」の条において天台大師の『五方便念仏門』を引用しておること」（大善寺蔵本巻第四）

1について、森氏は顕意の主著である『観経疏楷定記』（以下『楷定記』と略称し、引用にあたっては西山全書所収本を使用し書き下して提示する）玄義分巻第八並びに『浄土義端』玄義分に、法然の言説を「曽祖上人云」として引用することを挙げて証拠とせられた。但し、本書の底本である西教寺蔵本には同じ箇所は「曽祖上人」ではなく「法然上人」と記されている（巻第三「金剛鉤菩薩事」、本書三五頁一五行）。

2について、森氏は顕意が『註五方便念仏門』を著し、『楷定記』玄義分巻第一にも「同様の意を述べている」ことを証拠とされた。『楷定記』巻第一の該当部分は「故に天台師五方便門は先華厳に依り一切行皆是念仏智門差別を証す。」（西山全書本一九八頁下）とあり、西教寺本巻第五には「天台大師は花厳経等に依て念仏に於て五方便門を立てて念仏を以て十信三賢十地の諸菩薩の要行とす」（本書七七頁八行）とある。

また「証拠」とはされていないが、「楷定記の所説内容を平易に敷演し」たものとして「四品知識、四種往生を詳説する」点なども挙げられている。顕意には『観経四品知識義』なる著作があり、その中で「此四品の中、次の如く安心・起行・聞名・作業の四位の往生を顕示して以て弥陀智願の玄門を開く」（大正蔵八三巻四九六頁上）と述べ、『聞書』巻第二十四でも「此心を顕さんが為に四品に約して安心・起行・聞名・作業、四種の往生を説く故に四品の往生を意得れば安心弥よ増長する者也」（本書三四一頁一三行）と同様のことを述べており、これは証空・円空に見られぬ顕意独自の思想であることから、『聞書』が顕意の編著であることの有力な証拠となろう。

ロは大善寺本巻第六に「我等は竹林寺の道場木像の御前に在りて念仏すと思へども」との記載により（これは底本巻第七本書一〇六頁七行にもある）、「嵯峨の竹林寺は顕意所住の寺である」とされるが、特にその根拠となる資料は示されていない。顕意と竹林寺との関係については、永和元年（一三七五）「沙門堯恵勘録」とする『吉水法流記』の道教の注記に「諱顕意住竹林寺」とあり、永和四年（一三七八）「仏子静見勘録」とする『法水分流記』の顕意の注記に「嵯峨二尊院中院竹林寺各々暫住」とある。(3) また、『浄土宗三国伝来大血脈』（通称『大血脈』）(4)には「号顕意、始嵯峨釈迦院及竹林寺、後住深草龍御(ママ)殿、嘉元元癸卯年五月十九日六十六歳入」とある（誓願寺蔵本による）。またかつての大本山円福寺関係の古文書などを江戸期宝永五年（一七〇八）に集成した

『円福寺基誌』（『深草教学』第二〇号に翻刻）の道教の項に「常に嵯峨の竹林寺に住して真宗院を兼たり」とあり、これらを総合して顕意が「嵯峨竹林寺」に所住したことはまず疑い無い(5)。

ハについて、大善寺本巻第一には「今御願主、深く此経に帰して此作善を営み御す事」とあり（本書四頁一六行にも同様）、同巻第六の荊王夫人の往生譚に続いて「今の本願の禅尼は彼の夫人に例して清浄の信心をみがきませ。殿中伺候の人々はさして決定の信心無くとも彼の麁妄に例して決定往生と思食し、其他の聴聞の貴賎は我心のとあり、かくありの浅深差別をいはず仏名を唱へば云々」ともある（本書一一一頁八行にも同様）。森氏はこの「御願主」を「今出川女院」に比定され「顕意は今出川女院の厚い帰依を受けて居たと言われる」とされるが、特にその根拠となる文献名は記されていない。顕意と「今出川女院」の関係についても、やはり『浄土宗三国伝来大血脈』が参考になる。その中で「如円・道光・生智」の三人には次のような注記が付いている（浄珠院蔵本と誓願寺蔵本を校合して掲示）。

如円左京大夫信実猶子　道光　生智

如円深草跡継、弟子道光房、其弟子生智房、二代無子細持深草。生智房之時、道教上人依今出川女院御秘計、為令管領深草出沙汰。生智房久我殿為方人支申之。雖然道教上人廻強縁秘計、打入深草。此時生智房宿于隣坊、然而大御堂所作従両方勤行之、納聖教経蔵従両方付封不安、雖然所領有方道教上人知行之、生智房久我殿御寄進物播磨国小松原寄進三百斛所也。今当知行件所居住之処、生智房死去、其後道教上人深草龍護管領畢。仍如円房跡従生智房断絶也。

即ち、顕意は「今出川女院御秘計」により「強縁秘計」を廻らせて深草に「打入」ったという。顕意による深草「管領」の背景には立信門流の中での権力闘争があったようである。女院については次に述べる。

以上、『聞書』が顕意の著作であることの森氏の論証をめぐり、それを捕捉しつつ通覧するに、異論を差し挟むべき点は認められず、筆者はその妥当性を追認するものであるが、さらに加えて、『聞書』の引用するいくつかの説話的表現（譬喩・因縁）が『楷定記』と同文的に一致するという興味深い現象については後述する（第四章）。

ところで、本書の底本とした西教寺蔵本と森氏の依用された大善寺蔵本を比較検討すると、願主に関して更に多くの情報が得られる。先に述べたように、この二つの本文系統には様々な記事の出入りが見られるが、底本巻第一「中尊事」の本文中に「御願主姉妹、両所契り深くして同心同時に此逆修を始行せらる。是れ又一世の契に非じ。生々の御宿習なるべし」の一文があり（本書五頁九行）、これは大善寺蔵本には存在しない。底本によってのみ「本願の禅尼」が「姉妹」であったことがわかるのである。森氏が願主に比定した「今出川女院」とは、西園寺公相の娘嬉子のことで、亀山天皇即位の年九歳で入内、文永五年十六歳で院号宣下、弘安六年（一二八三）三十一歳で尼となり仏性覚と号した。さらにこの嬉子には相子という姉妹がおり、「後深草院妾、陽徳門院御母儀」とされる（以上『尊卑分脈』第一巻一五四頁参照）。亀山院は正応二年（一二八九）九月に落飾、後深草院も翌正応三年二月に落飾している。相子の出家時期は不明であるが、それぞれの院の落飾を知った嬉子・相子姉妹が同心に発願して逆修を営んだと推定すると、『聞書』の成立は正応三年（一二九〇）から顕意の寂する嘉元二年（一三〇四）の間に絞られるのである。この法会の挙行を記録した資料は管見に入らないが、『公衡公記』に収められた「後深草院一周忌御仏事記」には、鎌倉後期の宮中仏事に当麻曼荼羅が用いられたことが記されている。嘉元三年（一三〇五）七月にその前年崩御した後深草院の一周忌が伏見殿にて大々的に営まれ、後深草院ゆかりの人々がそれぞれに追善を営む中で、正応四年（一二九一）に出家し自性智と号していた玄輝門院愔子（後深草院妃、伏見院母）は「浄土之変相」を顕し「極楽曼荼羅一鋪」を図絵することをもって院への追善としている。新調の曼荼羅を前にしての讃嘆も行われたのではないか。また、後深草院落飾の正応三年（一二九〇）に南都に下った後深草院二条は当麻寺を訪れ、『とはずがたり』にその縁起を記している。参詣の目的は当然曼荼羅の拝見にあったであろう。これらのことを勘案するに、後深草院周辺の女性の間で当麻曼荼羅への信仰が高まる様子が浮かび上がる。(6)

建長六年（一二五四）自序の『古今著聞集』巻第二所収の「当麻寺と当麻曼陀羅の事」や同じく鎌倉中期の製作と見られる光明寺蔵「当麻曼荼羅縁起」の存在を考えると、十三世紀の半ばには、当麻曼荼羅が「横佩大臣娘」（藤原豊成娘・中将姫）の発願により出現したものであることが周知の事実となっていたであろうし、証空らの努力によるその図像の流布を通して、あるいは証空の弟子で後嵯峨院の帰依厚い証慧道観が弘長二年（一二六二）に編述した禅林寺蔵『当麻曼荼羅縁起』の言説などにより、この曼荼羅が単なる「極楽浄土図」ではなく、釈迦が実子阿闍世の暴力に嘆く韋提希夫人のために阿弥陀仏とその浄土の存在を開示した『観無量寿経』及び法然が「偏依善導」とまで傾倒した善導の『観経疏』にもとづく図像であることも、後嵯峨院とその周辺でよく知られていたはずである。(7)すなわち、この変相図の成立には「韋提希」と「中将姫」という二人の女性が深く関わっており、まさに女性による女性のための法門であるという認識の醸成が予想される。四十九日間という長期にわたり、道観など以来専修念仏と当麻曼荼羅に由縁の深い嵯峨の地において、『観経疏』

の「談義」と当麻曼荼羅の「讃嘆」に自らの後生菩提を託した「御願主姉妹」は、自分たちの姿を「韋提希」

や「豊成娘」に重ね合わせていたとも考えられ、『聞書』の成立はかような歴史的文脈の中で位置づけられるものであろう。

さて、日々の讃嘆の記録としての『聞書』の構造についてここで若干触れておく。『聞書』各巻の冒頭にはその巻に含まれる記事の目録が、例えば「中尊弥陀如来事」「観音勢至之事」というように、複数の「―事」いわゆる「事書」の形式で列挙され、さらにその下に小項目が挙げられている（本書冒頭の「目次」はそれを集成一覧したものである）。この大きい「―事」は五十七を数え、法会の期間を四十九日間とすると、一日にこの事書を一つ乃至二つ讃嘆したと推定される。事実、『聞書』の各事書の冒頭には次のような文言が見られるのである。

巻第一「今日講ずる所道俗時衆等の二行八句の偈、此の意を顕す也」（観音勢至之事・本書十頁一四行）

巻第二「今日披講する序題門に」（観音開華三昧事・本書二一頁二行）

「第三日に蓮華三昧経を引て惣じて三十七尊と讃嘆し奉るに事足りぬれども」（除蓋障菩薩事・本書二六頁十行）

「今日序題門の談義の如く」（除蓋障菩薩事・本書二九頁一行）

巻第三「今日は逆修初七日に相当りて」（金剛鈎菩薩事・本書三四頁一行）

巻第四「上々品は昨日讃嘆畢りぬ」（上中・上下・中上、三品聖衆事・本書五〇頁二行）

巻第六「昨日、道理破の釈に九品来迎の文を引て九品の機は凡夫也と証せしは即此来迎の法門也」（左右立仏事・本書八七頁一五行）

巻第十一「禁父禁母の曼荼羅は昨日大概畢ぬ」（厭苦縁事・本書一六一頁一〇行）

巻第十二「この段は明日の讃嘆に残すべき也」（欣浄縁四種仏土事・本書一八四頁四行）

巻第十三「但し昨日の序分義の曼荼羅の終に習ひ事あり。」（日想観事・本書一九四頁五行）

例えば巻第二に「第三日に蓮華三昧経を引て」云云とあるが、巻第一の「三十七尊惣功徳事」には『蓮華三昧経』が引用されていることから、これを指していると思われ、この事書は巻第一において「中尊弥陀如来事」「観音勢至之事」に続く三番目の事書で、これらの事書を一日一つずつ讃嘆していったとすると、「三十七尊惣功徳事」は確かに三日目に相当するのである。また、巻第三の「今日は逆修初七日に相当りて」で始まる「金剛鈎菩薩事」の段も、巻頭から数えて丁度七番目にあたっている。これらのことから、事書の一つ乃至二つが毎日讃嘆されていったという先の推定が裏付けられるのである、これに関連して注目されるのが崇運寺蔵『曼陀羅聞書』（本書に影印を所収）で、零本一冊に「中尊事」「観音勢至事」「三十七尊事」「観音開華三昧事」「勢至合華三昧事」と五つの事書を収録し、それぞれに「曼陀羅聞書一」から「曼陀羅聞書五」と内題を付している。つまり、事書一つ、即ち一日分の讃嘆が『聞書』の「巻数」に相当するがごとくである。あるいはこれが当初の巻数配分なのかとも想像できるが、こうした表記は他の諸本には全く見られず、またその本文は乙類（次章参照）に属するものであることから、この表記を『聞書』の原初形態とするには躊躇せざるを得ない。なお、『聞書』よりも遅れて成立した深草派の当麻曼荼羅讃嘆の記録と思われる『輪円草』（本書に影印所収）でも、やはり一日「一座」ごとの段落表記となっているようである。

二　諸本の伝存状況

近年の活発な調査活動の結果、かつては大善寺蔵本しか知られていなかった『聞書』の写本も十指に余る程になった。管見に入った『聞書』の諸本は以下の通りである。

甲　類

西教寺蔵本（滋賀県・天台真盛宗）　明暦三年　写本二十五冊（欠本）

楊谷寺蔵A本（京都府・西山浄土宗）　江戸後期　写本六冊（欠本）

乙　類

崇運寺蔵本（愛知県・浄土宗西山深草派）　享禄元年　写本一冊（欠本）

大善寺蔵本（京都市・浄土宗西山深草派）　元文五年　写本七冊（完本）

楊谷寺蔵B本（京都府・西山浄土宗）　天明三年　写本十四冊（完本）

時光寺蔵本（兵庫県・浄土宗西山禅林寺派）　江戸中期　写本十三冊（完本）

瑞蓮寺蔵本（大谷大学図書館寄託・真宗大谷派）　江戸後期　写本十五冊（完本）

超世寺蔵A本（和歌山県・西山浄土宗）　江戸中期　写本九冊（完本）

超世寺蔵B本（和歌山県・西山浄土宗）　江戸後期　写本六冊（欠本）

超世寺蔵C本（和歌山県・西山浄土宗）　明治期か　写本四冊（欠本）

満国寺蔵本（愛知県・浄土宗西山深草派）　江戸後期　写本十二冊（欠本）

海徳寺蔵本（愛知県・浄土宗西山深草派）　江戸後期　写本十一冊（欠本）

前章冒頭で述べたごとく、『聞書』の本文系統は大きく二つに分かれる（本稿ではこれを甲類・乙類と称する）。甲類は三鈷寺上衍房に寄進された本の系統で、江戸期には嵯峨二尊院に蔵されており、それを書写したのが西教寺蔵本・楊谷寺蔵A本である。乙類は甲類から願主に関する情報や十王讃嘆の記事、説話などを省略したものであり、本文の語句の異同も多く注意を要する。甲類と乙類の間に見られる語句の異同や文章の繁簡、記事の出入り等については次章に譲り、本章では以下に諸本の書誌事項を列記して『聞書』伝写過程の素描を試みる。

甲類

一、西教寺蔵本（本書底本）

写本二十五冊。楮紙の袋綴じで明暦三年（一六五七）写。法量は二八・一×二〇・五糎、半葉十行。扉題「曼荼羅聞書」「曼荼羅聞書抄」、内題「当麻曼荼羅聞書」とする。「舜興蔵」印あり。全二十七巻中、巻第十・巻第二十五の二巻を欠く。全巻一筆書写。巻第二十七の末尾に次のような奥書がある。

「本云
此曼荼ラ廿七巻者為統円論師頓証菩提
奉寄附西山上衍院也
本云
惣都合二十七巻此外縁起一巻在之云々
永享十年六月廿三日依為彼縁日一校畢

于時明暦三丁酉年六月廿六日以嵯峨二尊院本
書写之畢　筆者法真院善祐七十才於河原森庵室書之畢
江州栗太郡芦浦
観音寺舜興蔵（印）」

一、楊谷寺蔵A本

写本六冊。楮紙の袋綴じで江戸中期頃書写。法量は二七・一×一八・九糎、半葉十一行。外題「当麻曼荼羅聞書鈔」（書題簽）、内題「当麻曼荼羅聞書」「曼荼羅聞書鈔」とする。全二十七巻中、巻第一・二・三・四・十・二十四・二十五の七巻を欠く。各冊冒頭に「隆賢之印」と朱印あり。各冊の配巻は次の通り、第一冊（巻第五・六・七・八）、第二冊（巻第九・十一・十二）、第三冊（巻第十三・十四・十五・十六）、第四冊（巻第十七・十八・十九・二十）、第五冊（巻第二十一・二十二・二十三）、第六冊（巻第二十六・二十七）。各巻の冒頭や末尾に見える墨書書き込みは本書三八九頁を参照。巻第二十七の末尾に次のような奥書がある。「宇津弥邑法蔵寺」は『両本山禅林寺光明寺諸末寺法末寺院牒』（元禄三年成立）の丹波国の項に「法蔵寺宇津根村東山方末除地」とあるのがそれであろう（『西山禅林学報』第二六号一七〇頁参照）。

「写本云　此曼陀羅廿七巻者為統円論師頓証菩提
奉寄附西山上衍院也以二尊院文庫本而令書写候ト云々」

また、付属の紙片（二六・四×一〇・九糎）に同一の筆跡で次のようにある（□は虫損）。

「惣都合二十七巻此外縁起一巻在之云々
写本云
永享十年六月廿三日依為彼縁日一校畢
此鈔物全部十二冊丹波宇津祢邑法蔵寺十六代完空嶺全上人
□筆書写之後見称名所仰也」

乙　類

一、崇運寺蔵本

写本一冊。楮紙の袋綴じで享禄元年（一五二八）写。法量は二七・〇×一九・一糎、半葉九行、墨付三十五丁。外題「曼陀羅中尊」、内題「曼陀羅聞書」とする。その内容は「中尊事」「観音勢至事」「三十七尊事」「観音開華三昧事」「勢至合華三昧事」を含む。これまでに判明した『聞書』伝本中では最古写本となる。奥書は次の通り。「崇然信慶」は円福寺十六世・浄珠院五世（永禄六年寂）、「参空」は宝珠院二十一世参空観禅（天明四年寂）か。

「南無阿弥陀仏命終之後生仏前ト云々
享禄元戊子季霜月五日朝於洛陽二条円福寺方丈書之（以上本文と同筆、以下は別筆）
人王百六代後奈良院御宇
自永享元戊子至明和四亥二百四十年也

此書筆者崇然信慶上人（永禄六年十月十四日寂）浄珠院一代円福寺十五代番住也
惜哉破本依之参空書写而全部成就終
三陽吉良吉田邑
如意山宝珠院
現住
参空誌」

一、大善寺蔵本

写本七冊。楮紙袋綴じで元文五年（一七四〇）写。法量は二七・六×一九・四糎、半葉十一行。外題「曼陀羅聞書」（書題簽）、内題「曼陀羅聞書」とする。全二十七巻完本。「峻空」印・「釈氏孤峯」印あり。奥書は次の通り。「峻空」は誓願寺六十七世峻空孤峰月泉（宝暦六年寂）。

巻第一の末尾

「元文三戊午冬十一月初五未剋拭老眼書写竟
偏乗二尊教決定往詣安楽刹乃至見聞
道俗平等普潤
峻空」

巻第二の末尾

「右第一第二合シテ本一冊時元文三戊午冬十一月初九日夜

戌剋計リ書写竟一校了
尾州祐福講寺般若室主席西山末嗣峻空月泉」

巻第三の末尾

「右曼陀羅聞書第三也時元文三戊午歳霜月十七日申剋
書写功畢（尾陽愛知郡部田玉松山祐福講寺般若室主人）　峻空泉満六拾
一校了」

巻第四の末尾

「第四巻元文五庚申夏六月十六日計リ写功畢峻頭陀」

巻第五の末尾

「　一校了
本云文正元年七月二十三日　慶運
曼陀羅聞書第四第五合冊文正中ノ写本蟲損狼藉今為後来見聞
道俗拭瞖眼不顧禿筆謄写功畢元文五庚申夏六月廿日巳下剋
尾陽部田祐福講主　月泉叟峻空　（願共結縁者同生安楽国）」

巻第六の末尾

「曼陀羅聞書第六ノ巻　元文五庚申六月廿五日謄写了（未剋計□□□也）」

巻第七の末尾

「本云文正元年八月一日　慶運
一校了
右曼陀羅聞書第六第七合冊古本蟲損夥因茲拭瞖眼雖禿
筆書写功了
元文五庚申夏六月廿八日巳剋於尾州鳴海庄玉松山祐福講
寺般若室主人　峻空　月叟願共結縁者同生安楽国」

巻第八の末尾

「一校了
元文五庚申七月朔晡時書写了」

巻第九の末尾

「本云
寛正七年正月廿八日
曼陀羅聞書第八第九合冊今第九巻也元文五庚申秋七月廿八日未下剋計
於尾陽祐福講寺般若室東軒拭瞖眼拝写了本巻蟲損狼藉
因茲不顧悪筆仍為法久住也　一校了
般若室主人月泉叟峻空六貳歳」

巻第十の末尾

「曼陀羅聞書第十元文五閏七月朔午剋写功了」

巻第十一の末尾

「本云寛正七年正月六日慶運之

曼陀羅聞書第十第十一合冊本写紙蟲損多之為法久住拭瞖眼模写

功了就文字不審夥雖然唯如型移此者也時

元文五庚申秋閏七月初三未剋書記了　一校了

尾陽祐福講寺主人月泉叟」

巻第十二の末尾

「元文五庚申夏六月九烏巳剋写功畢

泉頭陀六十貳」

巻第十三の末尾

「本云

寛正七年二春十一日　主慶運之

右曼陀羅聞書第十一第十三合一冊為補闕本拭老眼如形謄写畢

就文字不審多端得善本可校正也　一校了

元文第五庚申六月十二日未剋記之尾陽玉松山峻空於般若室

東軒書之　見聞道俗互均普利」

巻第十五の末尾

「右曼陀羅聞書第十四第十五元文戊午十一月晦日巳剋書写訖是為補

闕本拭瞖眼書畢　一校了

尾州玉松山祐福寺峻空満六十歳」

巻第十六の末尾

「元文三戊午歳冬十二月六日辰剋書写功訖是則為補闕本拭

瞖眼馳禿筆於尾州玉松山祐福講寺般若室峻空満六拾拝書」

巻第十七の末尾

「元文三戊午歳臘月九烏巳剋計写功訖此則為

補闕本拭瞖眼採禿筆矣見聞随喜同昇解脱而已

一校了　　　峻空叟　泉」

巻第十八の末尾

「旹元文三戊午臘月十二日晡時書写竟　峻空叟満六拾」

巻第十九の末尾

「第十八九ノ両巻写本不正如形書写者也更校他巻　　一校了

右曼陀羅聞書第十九元文三戊午臘月廿二日申剋写功了峻空叟満六拾齢」

巻第二十一の末尾

「本云文正元年卯月七日　慶運之
右曼陀羅聞書第廿第廿一合巻補闕本書写畢
元文五庚申夏五月廿三烏　一校了
祐福講寺第三十五世月泉叟峻空」

巻第二十二の末尾

「一校了
右曼陀羅聞書顕意上人講讃今第廿二巻書写
是補闕本拭瞖眼拝写了元文三戊午臘月廿五
日夜戌剋於尾陽玉松山般若室月泉叟満六拾」

巻第二十三の末尾

「右観経曼荼羅顕意上人講讃聞書第二十三今為
補闕本拭瞖眼拝写訖見聞道俗同昇解脱而已　一校了
旹元文三戊午臘月廿七日未剋尾陽部田談義所主席峻空泉叟満六拾」

巻第二十四の末尾

「曼陀聞書第廿四　元文五申閏七月四日巳下剋計写功了」

巻第二十五の末尾

「本云寛正六年六月日　勢運

曼陀羅聞書第廿四第廿五合冊依古写本蟲損今新写了
元文五庚申閏七月初八午剋功竟　一校了
尾陽祐福般若室主峻空頭陀六十貳歳」

巻第二十六の末尾

「元文五庚申閏七月十二日辰下剋写功了
第廿六巻」

巻第二十七の末尾

「本云
文正元年六月十二日
主慶雲之
元文五庚申閏七月十三日未剋計書写了　峻空　一校了
右全部廿七巻大尾訖」

一、時光寺蔵本

写本十三冊。楮紙袋綴じで江戸中期写、文政五年（一八二二）表紙修補。法量は二六・五×一九・四糎、半葉十行。外題「曼陀羅聞書」（打ち付け書）、内題「曼陀羅聞書」とする。全二十七巻完本。「萬獄山印」あり。奥書は無く、巻二十七末尾に次のような識語がある。

「文政五年壬午七月繕表紙并蟲損

一、楊谷寺蔵Ｂ本

写本十四冊（この他に附冊『曼陀羅聞書科段』一冊あり）。楮紙袋綴じで天明三年（一七八三）書写。半紙本、半葉九行。外題「曼陀羅聞書」（書貼題簽）、内題「曼陀羅聞書」とする。全二十七巻完本。一冊目の扉に「サクラ本空瑞翁」、九冊目末尾に「観空在判」、十四冊目に「本云立信記之」とそれぞれ墨書。

附冊の末尾に次のような奥書がある。その中の「継空」は深草派養寿寺第十世継空見龍（享保十九年寂）、「山空林翁」は深草派東竜寺二十四代林翁求賢（天明元年寂）と思われる。

「元禄頃西城吉良亀休集継空上人洛南等禅
寺光覚和尚弁釈開講有事ヲ遙ニ聞テ上洛
シ玉フ其時光師ノ給ク予立信大和尚自製ノ秘
書年来秘持シ未書写スルコトヲ不レ許トイヘトモ遠国上京ノ
至誠不レ浅ラ感スルニ何ノ可レ惜書アラント全部十四巻
并ニ光師自製ノ科図一巻都合十五巻許シアタフル
故ニ写シ得玉ヘリ帰国ノ後小子深草ノ流ヲ汲ミ法宝久
住ノ寸志不慮ニ発シ継上人ノ本書ヲカリヘテ亦十五巻
宝永第五季春ニ写エタリ此時ヨリ此書当国ニ来レリ

後見一覧ノ時ハ称名回向ヲ仰而已

第二ノ伝写宝永第五子六月二十三日

観空林岫謹書

右ノ書知多郡大野邑東竜寺一代之住

山空林翁和尚ヨリ借用

鼻祖報恩之志ヲ以第三伝書写之者也

維時天明第三卯年九月

尾陽城南法喜山誓願教寺

満七十歳之隠士本空瑞翁」

一、瑞蓮寺蔵本

写本十五冊（この他に附冊一冊あり）。楮紙袋綴じで江戸後期写。法量は二三・二×一七・〇糎、半葉九行。内題「曼陀羅聞書」とする全二十七巻完本。「瑞蓮寺文庫」（朱方印）あり。書写奥書無し。巻第二十七の末尾に次のような本奥書がある。

「本云　立信記之」

附冊は「曼耳目科」と題し、本文中「定散・念仏・来迎」の名目と「応永廿七歳次庚子八月時正結願已等日沙門某春秋五十四」の記載があり融栄の『秘口決』に類するものである。

一、超世寺蔵A本

写本九冊。楮紙袋綴じで、江戸中期頃書写、寛政元年（一七八九）二尊院蔵本と対校。法量は二四・〇×一七・〇糎、半葉十行。外題「当麻曼陀羅聞書」（書題簽）、内題「曼陀羅聞書」とする。全二十七巻完本。「大亨山印」あり。二尊院蔵本との不十分な校合は巻第十一までで終了している。巻第一冊見返しに「十巻妙心寺三拾世願空所持」を墨滅する。「願空」は深草派妙心寺三十世願空大宏（文化八年寂）か。巻第五冒頭に「康富殿歌」等、巻第九末尾に「宝物集云」、巻第十一冒頭に「楊傑云」としてそれぞれ書き込みがあり、これらの書き込みが底本に由来するものであることは、同じ二尊院本を書写した楊谷寺蔵A本にもこれらが共通して見られることから判断される。

各巻校合奥書は次の通り。「頤空」は妙心寺二十七世頤空賢谷（文化五年寂）か。

巻第一奥書

「右嵯峨二尊院所蔵善本一校畢　頤空」

巻第四奥書

「拠嵯峨小倉山二尊院之蔵本一校畢」

巻第五奥書

「今幸得嵯峨二尊院之蔵本一校畢旹寛政改元己酉夏安居（花押）」（朱書）

巻第六奥書

「寛政改元己酉六月得嵯峨二尊院蔵本而一校畢」（朱書）

巻第七奥書

「拠小倉山蔵本一校了」（朱書）

巻第八奥書

「右小倉山之蔵本一校了

寛政改元己酉夏閏六月上旬　頤空」（朱書）

巻第二十七奥書

「本云

立信記之」

一、超世寺蔵B本

写本六冊。楮紙袋綴じで、江戸後期写。法量は二四・〇×一六・七糎、半葉十行あるいは八行。巻第三・四・五・六・九・十の六巻存。扉題「当麻曼陀羅聞書」、内題「曼陀羅聞書」とする。奥書無し。

一、超世寺蔵C本

写本四冊。袋綴じで明治期写か。法量は二四・五×一六・八糎。超世寺蔵A本を底本とした新写本。巻第一から巻第十一まで存。

一、満国寺蔵本

写本十二冊。楮紙袋綴じで江戸後期写本。法量は二四・三×一六・三糎、半葉九行あるいは十一行。巻十四・十五・二十六・二十七の六巻欠。外題「曼陀羅見聞」（書貼題簽）、内題「曼陀羅聞書」とする。一冊目の末尾に次のような識語がある。その中の「俊雅」は深草派光明寺十八代（文久三年寂）、「音空」は満国寺二十二世（明治九年寂）。

「立信上人曼陀羅見聞全部二十七巻合本十四巻純空観粋上人玄峯観洲上人合力書写シ玉フ其功唐損ナラス然ルニイツノ頃ヨリカ一二ノ巻合シテ一巻紛失シテ知レズ余コレヲ惜ム事久シコノ頃京師誓願寺辻子光明寺主俊雅上人書写ノ本ヲ珍蔵スト聞テ遙ニ尺素ヲハシラシメテ乞テ一二ノ巻ヲ写得タリ後来重テ反故ニ混セシムルコトナカレ旹嘉永三年庚戌三月中旬和中山現住廿二世桑門音空謹記」

一、海徳寺蔵本

写本十一冊。楮紙袋綴じで江戸後期写本。法量は二三・三×一五・四糎、半葉九行。巻第十六・十七・二十・二十一・二十六・二十七を欠く。内題「曼陀羅聞書」とする。「大浜海徳寺蔵本」（角方印）。奥書は次の通り。「察悛」は海徳寺十四世観翁察禅（文化二年寂）のことか。

一冊目末尾

「謹察恮写之」

八冊目末尾

「観翁在判」

以上の諸本の奥書等から読みとれる転写の年紀をまとめると次のようになる。

中世

永享十年（一四三八）西教寺蔵本本奥書（二尊院本奥書）「寄附西山上衍院」「一校畢」

寛正七年（一四六六）大善寺蔵本本奥書（書写地不明）

文正元年（一四六六）大善寺蔵本本奥書「慶運　一校了」

享禄元年（一五二八）崇運寺蔵本書写「於円福寺」

近世

明暦三年（一六五七）西教寺蔵本書写「以二尊院蔵本」

元禄年中（一六八八―一七〇三）三河養寿寺継空、洛南等善寺光覚より『聞書』を借覧書写する。（楊谷寺蔵　B本附冊奥書）

元文三年（一七三八）大善寺蔵本書写「於尾陽部田祐福寺」

元文五年（一七四〇）大善寺蔵本書写「於尾陽部田祐福寺」

天明三年（一七八三）楊谷寺蔵B本書写（尾陽誓願寺本空）

寛政元年（一七八九）超世寺蔵A本校合「以二尊院本」
文政元年（一八二二）時光寺蔵本表紙修補
嘉永三年（一八五〇）満国寺蔵本補写（音空奥書）

『聞書』が成立したと思われる十三世紀後期から甲類の二尊院蔵本（西教寺蔵本底本）が写された永享十年まで、他書において『聞書』の引用や言及が見られず、『聞書』の流布状況は全く不明であるが、『実隆公記』にもしばしば登場する学僧統円の「頓証菩提」のために三鈷寺上衍院に寄附されていることから、西山派のうちいわゆる本山義において伝承されていたことが想像される。二尊院蔵本に約三十年遅れて書写された乙類の大善寺蔵本の底本がどこで写されたか、また奥書にみえる「慶運」がどのような学派の人師なのか残念ながら詳らかではないが、最も注目すべきは、この十五世紀中頃に既に本文の系統が二つに分かれていたということである。そして享禄元年に深草派本山円福寺に於いて書写された『聞書』も乙類であり、以降江戸期に書写された『聞書』は、同じ二尊院本を写した西教寺蔵本・楊谷寺蔵A本を除きすべて乙類本であって、甲類は二尊院蔵本系以外のものが伝来した形跡が全くない。ところでこの乙類の諸本中、その末尾に「本云立信記之」との本奥書を持つのが、楊谷寺蔵B本・瑞蓮寺蔵本・超世寺蔵A本であり、楊谷寺蔵B本附冊奥書や満国寺蔵本奥書には『聞書』が立信の製作である旨のことが述べられており、ある時期から『聞書』の作者を顕意の師立信とする見方も広がっていたことが窺える。一方、大善寺蔵本の書写者峻空は明確に「顕意上人講讃」とその奥書に記している。顕意が立信からどのような思想を伝えられたかは、立信のまとまった唯一の著作である『深草抄』と『楷定記』との詳細な比較検討が必要であるが、前章で検討したように、また第四章で述べるように、『聞書』に見られる名目・表現・話材などいずれも顕意の著述として矛盾するものは無く、むしろこれを肯定するものばかりであり、逆に立信作とする積極的な徴証は何も見いだせない。もとより「本云立信記之」という奥書がいかような写本に由来するものかも明らかでなく、その信憑性には疑問を抱かざるを得ない。

『聞書』が書写伝来した場所として、甲類が三鈷寺・二尊院といういわゆる本山義の寺院に留まるのに対し、乙類は深草派本山円福寺や岩津妙心寺はもとより、西谷義談義所である尾張祐福寺や同じく西谷義の播州時光寺でも伝来書写されており、また江戸期に当麻曼荼羅関係の著作を多数刊行した西谷義の学僧光覚もこれを所持していたことから、深草義の寺院に限らず広く西山派の寺院に伝来していたのであり、幻の稀覯書というわけではないのであるが、何故か刊行されることなく現在に至ったのは、江戸初期以来「寺院法度」にもこれによることが規定された証空撰とされる『当麻曼荼羅註』（通称『註記』とも）の「権威」に圧倒されたためであろうか。西山派のいわゆる「事相釈」の代表であり特殊な名目に支配される『当麻曼荼羅註』は、江戸期の俊鳳以来その「証空真撰」に疑いの目が向けられており、近年では『註記』を含め「三十八巻鈔」の「証空真撰」は文献学的見地からはほぼ否定されている[8]。証空が残した多くの著作の中でも、善導の『観経疏』に対する三部の注釈（『自筆鈔』『他筆鈔』『積学鈔』）がその学問活動の中心を成していることは明らかであり、単に深草義の曼荼羅解釈というだけではなく、証空の曼荼羅解釈を探る上でも、同じく『観経疏』のいわゆる「教相釈」に立脚する『聞書』の価値が改めて見直されるべきであろう[9]。

三　本文系統間の相違

従来、大善寺蔵本のみを参照していた段階では明らかにならなかった『聞書』本文の異同が、西教寺蔵本と比較対照することにより明瞭に浮かび上がり、筆者は後者を甲類、前者を乙類と二つに分類した。両者の間に見られる顕著な相違は、長短様々な形で現れる記事の有無と繁簡の差であり、次のような状況に分類できる。

A　甲類には存在する記事で乙類には見られないものがある。

B　甲類で詳述される記事で乙類では省筆されているものがある。

C　甲類と乙類で別の語句・文章が使われている箇所がある。

D　乙類には存在する記事で甲類には見られないものがある。

両者の本文を彼我対照してあぶり出されたこれらの相違、特にA・Bの場合についてその内容を検討すると、両者の関係は甲類が先行して存在し、乙類は甲類の記事を省略・省筆したものであり、乙類の本文を増広して甲類が成立したものではないと推定するに至った。「甲乙」とは「優劣」ではなく「前後」の区別を意味する。前章で述べたように、伝残する諸本を見る限り、むしろ西山派寺院に比較的広く伝来し多くの写本を見る乙類ではなく、唯一二尊院蔵本系に限られる甲類を本書の底本として採用した理由はここにある。本章では以下具体例を提示してそのことを論証してゆく。

Aの場合、甲類・乙類で出入りする記事の分量は、長いものでは一段落に及ぶものから短いものでは一行の短文に至るまで様々である。その中で甲類・乙類の前後関係を推測する上で重要なのは十王讃嘆の記事である。七七、四十九日間に及ぶ逆修法会では七日ごとに次のような該当の十王の本地仏の効能が讃嘆されている(10)(但し各王についてはほとんど言及されず)。

初七日　不動明王（秦広王）　本書三八頁一六行より
二七日　釈迦如来（初江王）　本書七二頁一六行より
三七日　普賢菩薩　本書一一四頁五行より
四七日　文殊菩薩　本書一一七頁八行より
五七日　地蔵菩薩（閻魔法王）　本書二三三頁一七行より
六七日　弥勒菩薩　本書二九六頁一七行より
七七日　薬師如来　本書三八六頁六行より

さて、甲類にはこれら七体の讃嘆がすべてを記されるのに対し（巻第一で讃嘆される阿弥陀如来・観音菩薩・勢至菩薩を合わせれば十体ともなる）、乙類では七体の内の三体（釈迦如来・普賢菩薩・文殊菩薩）の讃嘆を記しながら四体（不動明王・地蔵菩薩・弥勒菩薩・薬師如来）についてはその讃嘆を欠いている。讃嘆の内容を見るに、「不動明王弥陀一体」（二七日の讃嘆）、「地蔵法蔵一体異名ト習也」（五七日の讃嘆）、「弥陀薬師同心に本願に帰し」（七七日の讃嘆）などとあり、どの仏・菩薩を讃嘆しても結局はそれらが弥陀と一体であり弥陀の功徳を説くことに収斂するという論理で一貫しており、これら七つの讃嘆は当初より一具のものと考えられる。すると乙類は甲類より「釈迦三尊」を残して他の諸尊を省略したものと考えられ甲類が当初の形を保存していると推定する根拠となるのである。

甲類の本文に存在し乙類の本文に欠落するこうした比較的長文にわたる記事には次のようなものが挙げられる（巻数は甲類による）。1は第一章で既に紹介した。10は『楷定記』と関係する記事なので次章で述べる。各記事の詳細については本文を参照されたいが、いずれも当初からあったものとして、また顕意の言説として矛盾の無いものばかりである。12の記事には、提婆を単なる悪人とするのではなく、仏の威徳を輝かすためにあえて障碍を成す「権者」として把握する日本中世に顕著な思想が見られる。13の記事も『聞書』全巻の大尾として相応しいもので後人の手による増補とは考えにくい。これらの長文の他に、一二行程度の短文でAの状況にあるものが全巻にわたりかなりの数存在する。こうした異同は将来乙類本を底本として校訂本を作成した上で詳細を明らかにしたい。

1　巻第一「中尊事」末尾（本書五頁九行「而れは」より一六行「事也」まで）
願主に関する情報と逆修の意味を説く記事

2　巻第一「三七尊事」文中（本書一二頁五行「既に」より七行「至り也」まで）
弥陀三七尊と密教のそれとの一致を述べる。

3　巻第三「金剛鉤菩薩事」末尾（本書三八頁一六行「次に初七日は」より四〇頁一行「者也」まで）
初心七日不動明王讃嘆

4　巻第九「化前広摂一代事」文中（本書一三五頁一七行「等説給」より一三六頁五行「可証得」まで）
仏と智光長者の対話

5　巻第十一「厭苦縁事」文中（本書一六六頁一〇行「其故は」より一一行「故也」まで）

提婆・闍王の出現も弥陀の大願を顕すためであること。

6　巻第十四「宝地観事」末尾（本書二一四頁四行「然則」より七行「者也」まで）

変相に侍女を織らざる理由

7　巻第十六「華座観事」末尾（本書二三三頁一七行「抑」より二三四頁一七行「故也」まで）

五七日地蔵菩薩讃嘆

8　巻第十九「観音観事」末尾（本書二六五頁一〇行「次に」より二六六頁三行「主れり」まで）

地蔵は弥陀の因徳であること

9　巻第十九「勢至観事」末尾（本書二六九頁四行「勢至菩薩」より一一行「是他力也」まで）

聖道浄土二門、自力他力のこと

10　巻第二十「普観事」文中（本書二七三頁一二行「義の意者」より一五行「銅仏也」まで）

銅仏鋳造の譬喩

11　巻第二十一「深心事」末尾（本書二九六頁一七行「抑は」より三〇〇頁六行「顕也」まで）

六七日弥勒菩薩讃嘆

12　巻第二十六「下品下生余残事」文中（本書三六六頁一四行「大雲経云」より三六七頁五行「有也」まで）

提婆は権者であること（大雲経引用）

13　巻第二十七「下品下生余残事」末尾（本書三八五頁一一行「三部経は」より三八七頁五行「貴り奉るべき也」まで）

全巻の大尾・七七日薬師如来讃嘆

次に甲類と乙類の間で記事に繁簡の差があるBの場合を考える。まずは極端な場合であるが、乙類巻第二十二「中三品事」に次のような一文がある。

　されば念仏すれば魚捕らるる方便一有りて魚を捕らんが為に多くの人念仏して往生したる事も有り。阿弥陀魚の因縁の如き也。是れ則ち本願大悲の広大なる色を顕す也。

ここに言うところの「阿弥陀魚の因縁」とは、阿弥陀仏が魚と化して漁師達に念仏を唱えしめ極楽に導くといった内容で、非濁集『三宝感応要略録』巻上「第十八阿弥陀仏作大魚身引摂漁人感応」を原拠とし、『今昔物語集』巻第四の三十七話や真福寺蔵『往生浄土伝』（『偽戒珠伝』）巻下第三十三話、『三国伝記』巻第六の第二十二話などにほぼ典拠と同じ形で引用される説話である。乙類では説話の内容を記さず、その名目だけを示すのみであるが、甲類の本文（本書三〇六頁八行「天竺に執師子国と云国あり」から一五行「一島の諸人悉く念仏して遂に往生すと云云」まで）では原拠よりはかなり省略があるものの説話内容をしっかりと記している。この現象を見るに、名目だけの乙類本に他の説話資料をもって本文を補充したと考えるよりも、当初は備わっていた説話本文が乙類本に至り省略され名目だけが残されたと考えるほうがより自然であろう。

同様に乙類巻第二十二「中三品事」には次のようにある。

　出家の功徳を云に龍樹智論に酔婆羅門と淫女との二の因縁を挙げたり。酔婆羅門は酔いて青道心を発し、醒めて還俗せしかども、一念の道心に依りて今日釈尊に逢て得果す。淫女は酒興に頭を包み尼のまねをし、袈裟を掛けて尼舞をしたる徳に依りて、今日、顔貌端正の蓮華比丘尼と成りて終に大阿羅漢果を得たり。是れ則ち流転久しと雖も戯れの出家の形の利益有り。

甲類の本文（本書三一三頁四行「昔迦葉仏の出世に」から一七行「出家受戒の者又多し」まで）を参照するに、やはりより詳細な記述であることがわかる。酒に酔った「婆羅門」と「淫女」が「戯れの出家」をして得果するという、かほどに出家の功徳が莫大であることを強調する説話で、原拠である『大智度論』巻第十三末において「婆羅門」と「淫女」の一対で登場し、日本では十世紀の『三宝絵』序文でも言及され、それを承けたと思われる鎌倉期の『宝物集』巻第四（七巻本）にも次のようにある。

婆羅門、酒にゑいて僧のまねをしたりし、をはりに仏をみたてまつる事ありき。蓮花女が、たはぶれに尼の袈裟をきたりしゆへにのりをきく事をえたりき（新日本古典文学大系所収本による）

一見、乙類と類似するようであるが、乙類に見られる「青道心」「還俗」「頭を包み」「尼舞」などの語句は見られず直接的関係は想定できない。実は乙類の本文はより詳しい甲類の本文を抽出点綴して短縮した形をとるもので、これを見る限り甲類・乙類の関係は直接前者を抄出して後者が生まれたと考えられ、両者を介在する資料の存在は可能性が薄い。ここでは説話部分を例として取り上げたが、説話に限らず解釈・法門の部分に於いても、このような現象が全巻の各所に散見され、Bの場合でも先に検討したAと同様、甲類の先行と乙類の後出性が見て取れるのである。

次に、甲類と乙類で別の語句・文章が使われているCの場合であるが、これも甲乙両者を比べるに全巻に多数検出される。巻第十三「日想観事」（本書二〇〇頁二行より三行）に聖徳太子や聖武天皇とその妻子（即ち光明皇后・孝謙天皇）の本地を比定して記すところがあるが、甲類と乙類では次のような相違を示す。

聖徳太子　　聖武天皇　　光明皇后　　孝謙天皇

甲類	如意輪観音	聖観音	千手観音	如意輪観音
乙類		如意輪観音	十一面観音	千手観音

この文章は甲類乙類共に、聖徳太子は天照太神の再誕であり聖武天皇は聖徳太子の再誕であると述べるものであるから、論理的に考えるならば甲類のように聖徳と聖武の本地仏が相違するのは腑に落ちない。乙類は聖武の本地仏のみを記し聖徳のそれを記さないが自然に読めば当然二人の本地物は如意輪観音で共通するわけである。A・Bで検討したように甲類の先行を認めるならば、乙類は何らかの資料により記述を改めたとも考えられる。例えば巻第十六「華座観事」の中で甲類では「観仏三昧経に云はく」として「仏心紅蓮華の如く」以下の文を引用している所（本書二二六頁六行）、乙類では出典を「観念法門に云はく」と相違する。『観念法門』を検ずるに「観仏三昧経に説きたまふがごとし」としてこの文を記しているから、甲類が誤りというわけではない。しかし、正確には直接『観仏三昧経』を引いたものではなく『観念法門』の孫引きなのである。これなども甲類が先行したとすれば、乙類はその引用文を確認してより正確な出典を記すよう「推敲」を加えたということになる。こうした「語句」レベルの相違の場合、その違いが如何なる「意図」の反映であるのか、試作した手元の校合資料を見てもにわかに速断することは困難な状況にあり、今のところ乙類に見られるCのごとき相違点を以て、これを例えばいずれかの「学派」の作為に帰着させたり、「変化」した時代の特定に利用し得るような根拠は見いだしていない。

次に、乙類に存在する記事で甲類には見られないものがあるというDであるが、これにあてはまり長文にわたるものは巻第二十一「上上品至誠心事」の一カ所しかない（本書二九〇頁一〇行より二九二頁一三行）。その内容は「真宗」の意味を説くもので、これも決して顕意の言説として矛盾するものではなく、その前の文脈で「真」や「心」について述べているから、接続の具合に違和感はない。但し後人の増補を積極的に否定する根拠も見あたらないようである。その他、乙類に独自の短文もいくつかあるが、その数はAに比べてかなり少ない。

以上、甲類と乙類の『聞書』本文を比較して、特にAやBの現象をもとに、先行して成立した甲類に何らかの手が加わり乙類が成立したことを想定するわけであるが、巻によってはCの現象が目立つ巻もあり、乙類に看取される「改変」が顕意の言説に矛盾したり、いずれかの学派に識別されるものでもない。そうした意味では、甲類から乙類への変化を促した要因として、例えば顕意自身、あるいはごく近しい門弟等による改訂作業など、様々な可能性の検討を続けねばならないが、Aの十王讃嘆のごとき法会の枠組みそのものに由来するような記事の有無や、Bのごとき乙類に見られる記述の「省略」を考慮すると、ともかくも甲類の本文に『聞書』の「原態」の面影を探らざるを得ないことも又事実なのである。

ところで、甲類の『聞書』はその題名（内題）を『当麻曼荼羅聞書』とするのに対し（扉題は『曼荼羅聞書抄』）、乙類は諸本すべて『曼陀羅聞書』とするのも顕著な相違点であることを申し添えておく。

四　引用説話に見たる『聞書』と『楷定記』との関係

『聞書』の意義を掘り起こした森英純氏の先駆的研究は、近年深草派の宗学研究者らにより改めて再評価され、西山派の当麻曼荼羅解釈の歴史における『聞書』の重要性が認識されるようになり今日に至っているが[11]、『聞書』の編著者が顕意であるという森氏の考察は、その妥当性故にあたかもそれが自明のことであるかのごとく、特にそのことが論点になることは無かったため、「記主」顕意の主著である『楷定記』と『聞書』が具体的にどのような関係にあるのか、そのことを主題として正面から総合的に分析されることは無かったようである。しかし『観経疏』の解釈に立脚する『聞書』の思想構造を余すところ無く解明するには、『楷定記』との綿密な比較対照作業が不可欠であることは言う迄もなく、それがかなり煩雑な手続きを要するであろうこと想像に難くない。本章はそうした研究への準備作業の一つとして、『楷定記』と『聞書』に共通して見られる説話（譬喩と因縁）に着目し両者の先後関係などを探ってみる。使用した『楷定記』の頁数は『西山全書』巻第六・七所収本による。

1「七子中病子を愛する譬」と「恒河辺の七種人の譬」（『涅槃経』巻第三十二）
『聞書』巻第二十六（本書三六二頁から三六三頁）と『楷定記』玄義分巻第六（一一二頁から一一三頁）

2「光台見仏」を正しく予想した証空は自らを道安に喩え、曼荼羅を十三鋪模写して流布する。

『聞書』巻第十二（本書一八二頁）と『楷定記』玄義分巻第十（一八八頁）

3「蓬撞の譬」（戒度所引『魏志』）、「今教」を鐘に譬え、韋提希を撞木に譬える。

『聞書』巻第九（本書一二六頁）と『楷定記』序分義巻第一（二一一頁）、『楷定記』序分義巻第六（二九五頁）

4「阿闍世王の因縁」（照明菩薩経の引用、雁王因縁など）
『聞書』巻第九・巻第十（本書一三六頁から一五六頁）と『楷定記』序分義巻第二（二三〇頁より二四六頁）

5「摩納梵士因縁」（憬興所引四分律）
『聞書』巻第十一（本書一六五頁から一六六頁）と『楷定記』序分義巻第三（二五九頁より二六〇頁）

6「鋳仏の譬」（択瑛『観経修証儀』）

『聞書』巻第二十（本書二七三頁）と『楷定記』序分義巻第六（三〇七頁）

1では、『涅槃経』巻第二十と同巻第三十二として典拠として二つの譬喩を引用している。『楷定記』の一部を示す（訓点を省略する。〈 〉内は割り注である）。

（あ）故知涅槃云。父母之心非不平等。然於病子。心則偏重。如来亦爾。於諸衆生。非不平等。然於罪者。心則偏重。〈第二十〉（中略）

（い）此喩亦准彼経説。故三十二云。如恒河辺有七種人。〈前文初云譬如一人而有七子。是七子中一子遇病余如上引。故知二喩所喩同也〉。恐畏寇賊則入河中。〈合譬文云。有七種人恐煩悩賊発意欲度生死大河〉。第一人者。入水即没〈既出家已親近悪友断善根故没生死河〉（後略）

次に対応する『聞書』の箇所を書き下して掲示する。

（ア）一処の文に云く、譬は有人の如し而も七子有り。是七子の中に一子病に遇ぬれば父母の心は平等ならざるには非れども、然も病子に於て心則ち偏に重し。如来も亦尓なり。諸の衆生に於て平等ならざるには非れども、然も罪者に於て心則偏に重しと。（本書三六二頁一六行より三六三頁一行）

（イ）又一処の文に云く、恒河の辺に七種の人有りて殻賊を恐畏して則河の中に入るが如しと。第一の人は水に入て則沈む。（中略）随分に出家発心する事有と云へとも悪友に遇て退入退没する即ち我等衆生也。（本書三六三頁三行より四行、一五行より一六行）

両者を比べるに（あ）と（ア）などは全く同文で、（イ）は『楷定記』を適宜抄出した形となっている。但し、『楷定記』が典拠を明示するのに対し、『聞書』には『涅槃経』の巻数が記されていない。また、『楷定記』で後略とした部分には詳細な割り注が見られ、これらを勘案するに、『聞書』から『楷定記』へ増補されたという道筋は考えにくく、両者が直接的な関係にあるとすれば、『楷定記』の譬喩を抄出して『聞書』に利用したということになるのだが、あるいは顕意は別に譬喩因縁を集めた草子のごときものを製作していて、それを共通の母胎として『聞書』と『楷定記』の執筆にあたり利用したとも考えられ、両者がいわば兄弟関係にある可能性もある。

2は、欣浄縁において韋提希が阿弥陀三尊を既に見ていたという証空の予想が的中したというもので、当時の他の人師はこの説を「嘲弄」していたが、当麻曼荼羅の図像にはまさしく三尊が織られており、それを見た証空は自らを経論の三段分別を予想した中国の道安に擬したという逸話である。『聞書』と『楷定記』を比較するに、漢文体である『楷定記』は『聞書』に比べて当然ながら漢語の量は多いものの、記事内容はほぼ同じで同文的に一致する部分が多々あることは1の場合と同様である。とりわけ、証空が自分で自身を「弥天の道安」に譬えたということと、証空が「大小十三鋪」の曼荼羅を写して「都鄙有縁の道場」に送ったという二点が一致するのは注目すべきところで、まとまったものでは現存最古の証空伝である至徳三年（一三八六）成立の仁空実導編『西山上人縁起』第二段によれば、「野宮左大臣〈公継公〉」が「弥天の善恵上人」と称賛したことになっており、また図絵した曼荼羅の数も「数鋪」とすることなど、『聞書』や『楷定記』の記事とは似て非なるものである(12)。『聞書』や『楷定記』は、深草派に伝承した証空逸話の一つを記しているのかもしれない。

3は、阿弥陀仏の教えを洪鐘に、韋提希をその響きを叩き出す撞木に譬えるもので、『楷定記』には「魏誌云」とあるが、直接『魏誌』に拠るものではなく、北宋戒度の『霊芝観経疏正観記』巻中（『浄土宗全書』五の四七九頁）の孫引きである。『楷定記』の二カ所の引用は戒度の著作に同文的に還元することができるが、『聞書』はかなりこなれた言い回しになっており、特に韋提希を我々「悪人」の代表と見て、「弥陀の本願は専ら悪人の為に発し給へる故也」とするなど、顕意の「唱導」における譬喩の自由な用法を示している。『聞書』と『楷定記』の関係を考察するに、やはり1と同様で前者から後者へと変化するのは不可能で、後者の記述を唱導に利用したか、あるいは共通の情報源によるものかであろう。

4は、「禁父縁」に見られる「阿闍世・提婆説話群」ともいうべきもので、両人の因縁譚が次々と列挙される。『聞書』の説話的表現の展開を簡略化して示せばおよそ次のようになる。

あ　王舎城の由来
い　阿闍世の様々な名前の説明
う　善導『観経疏』に記された阿闍世と父王の因縁（父王、三年命終の仙人を殺す）
え　『涅槃経』による阿闍世と父王の因縁（毘富羅山での狩猟に於いて父王は仙人を殺す）
お　『照明菩薩経』による阿闍世と父王の因縁（瓶沙王に追われた仙人は白兎となる）
か　『有る別記』による因縁（追われた兎は井戸に落ちて死ぬ）
き　釈迦と提婆の前世における因縁（摩納梵士と瞿夷女のこと、短文）
く　釈迦と提婆の技能比べの結果、釈迦は耶輸陀羅と結婚する

け　頻婆沙羅王が釈迦を招き供養したこと
こ　自らの足を焼いた提婆を釈迦が治療すること
さ　提婆、阿難より習った神通を使い、阿闍世の心を捉える
し　阿闍世、嬰児と化した提婆の口を吸うこと
す　提婆は釈迦に取って代わろうとして毘嵐風に倒される（智論に拠るか？）
せ　提婆、阿闍世に新王・新仏になろうと唆す
そ　提婆、阿闍世に出生時の秘密を暴露する
た　阿闍世、父王の暗殺を企てるが、父王はそれを許す
ち　阿闍世は父王を幽閉する
つ　提婆、釈迦を酔象で襲撃する
て　釈迦と阿難の前世の因縁（雁王因縁、報恩経巻第四に同話あり）
と　提婆、伽耶山の五百人の新比丘を惑わし、目連がそれを奪還する（法華文句によるか）
な　提婆、巨岩で釈迦を襲撃する
に　提婆、蓮華色比丘尼を殺害する
ぬ　提婆、毒の爪で釈迦を襲う
ね　韋提希、王に食物を運び、阿闍世、父王の足の皮を剥ぐこと
の　七歳の阿闍世の子、狗を拾い共に食事を取る

は　阿闍世の夫人、父王が三歳の阿闍世の膿を吸ったことを明かす

ひ　父王、解放されるも命終す

『楷定記』では、これらが概略次のような順序で記されている。なお、『聞書』と配列が類似するグループ毎に改行して示した。

と・な・に・ぬ（以上、法華文句に拠るか）

す・そ・せ・た・ち

い・え（龍興所引涅槃経）・お（龍興所引照明菩薩経）・か

さ・し

と・な・に・ぬ・ち・ね・の・は・ひ

『聞書』の特徴としては阿闍世・提婆を単なる「悪人」として糾弾するのではなく、仏の威徳を示すために敢えてこれに反抗して見せた「権者」であることを繰り返し強調することなどが挙げられるが、全体としては、『楷定記』のほうが記事量は多い。『聞書』の説話はそのすべてが『楷定記』に還元されるわけではないが、類似するものに関しては同文的に一致すると共に、ここでもやはり『聞書』から『楷定記』の表現を導き出すのは不可能であり、『楷定記』あるいはこれに類する資料を『聞書』が参照している可能性が高い。なお、記事「お」の『照明菩薩経』とは散逸して久しい古逸偽経であるが、近年未公開の敦煌資料の中より発見されている(13)。但し『聞書』や『楷定記』は直接これを引いたのではなく、「龍興」所引のものを孫引きしている。この経典は後述のごとく鎮西派の良忠もその著『観経疏伝通記』の中で引用しており（やはり孫引き）、

『楷定記』と『伝通記』の関係を究明する上でも興味深い部分である。

次に5は、『楷定記』によれば「憬興引四分律」というもので、確かに『四分律』巻第三十一には存在するが、『楷定記』に比べてかなり長いもので、憬興の抄出引用を『楷定記』が更に孫引きしたと考えられる。ここでも『聞書』の記事がすべて『楷定記』に還元されること先の場合と同様である。

6においても、『聞書』には「とらけおつ」「わかして」「へきのけて」などの口語的言辞が特色として見られるものの、記事内容そのものは『楷定記』にすべて還元されるのである。

以上の考察をまとめると、女院を始め在家の貴顕を当面の講述対象とする『聞書』の言説が、多くの説話(譬喩因縁)やそれに類した表現(例示)を駆使して濃厚な「唱導性」を帯びるのは当然の帰結と言えるが、僧侶、特に専門の学僧が対象と思われる『楷定記』に於いても少なからぬ譬喩因縁が効果的に使用されていることは注目に値する。『聞書』と『楷定記』とは引用される譬喩因縁譚を見る限り極めて密接な関係にあることがわかる。後者から前者に変化することは可能であるが、その逆はあり得ない。ただし、『聞書』に含まれる譬喩因縁譚のすべてが『楷定記』に見いだされるわけではないことから、むしろそうした先後関係に限定するよりも両者の共通母胎たりうる譬喩因縁を集めた手控えのごときものの存在を想定するほうが自然ではなかろうか。

『楷定記』の成立について、それが一時に完成したものか、あるいは長年にわたって推敲の手が加わり練り続けられたものかなど、正確な状況や時期は不明である(14)。一般的には顕意晩年の著作とも言われるが、引用説話を比較する限り、『聞書』との間に先後関係をつけることは無理で、『聞書』にいう午前中の「談義」のごとき行為が、あるいは『楷定記』を生み出す土壌となっていたかもしれない。顕意あるいはその門弟が『聞書』に手を加え続けていたであろうことは次の甲本独自記事からも想像されるのである。

但し此証拠を申し出らる事は、此変相讃嘆より後、天王寺の聖霊院の曼陀羅讃嘆の時始て申し出らる。然りと雖も有人の所望に依て今此を書次也」（巻第十一、本書一六〇頁五行）

ところで、鎮西義の「記主」良忠（一一九九―一二八七）の『観経疏伝通記』や『観経疏略鈔』（『浄土宗全書』二所収、以下その頁数を示す）にも豊富な説話が引用されており、『聞書』や『楷定記』に関係するものは先程の番号を利用して記すと次のようになる。

1は『玄義分略鈔』第二（浄全二の四六八頁）

3は『伝通記』序分義記第三（浄全二の二七三頁）

4は『伝通記』序分義記第第一（浄全二の二三二頁から二四一頁）

5は『伝通記』序分義記第第二（浄全二の二五八頁）

良忠は顕意よりも約四十年の年長で『観経疏伝通記』が書かれたのはその奥書によれば正嘉二年（一二五八）のこと、さらに十八年後の建治元年（一二七六）に重ねて「治定」したという。これらはそれぞれ顕意二十歳・三十八歳にあたり、年紀のみ見ると『伝通記』が先行しているようであるが、右の説話部分を比較した限りにおいては、顕意が『伝通記』を直接典拠としたという明確な根拠は見いだせなかったが、「有云」「有人」として顕意が論難する釈義には良忠の解釈が含まれていることも予想され、『伝通記』の成立過程も含め、この問題については稿を改めて論じたい。

五　『聞書』に見たる証空の思想

『聞書』には「西山」あるいは「祖師上人」として証空の言葉や逸話が記録され、それによって我々は、直接には当麻曼荼羅の注釈書を残さなかった証空の曼荼羅に対する考え方や解釈に触れることが出来るのである。「光台密益」を疑う宇都宮実信房らとのやりとりや、「即便往生・証得往生」についての考え方など、いずれも興味深い記述である。これらは証空の考え方として、例えば成立は『聞書』より遅れるもののその記述にはかなり信憑性の高い部分が多いと思われる『西山上人縁起』巻第二などの言説と比較しても、矛盾する不自然なところは無く、ある程度まとまった量の証空の曼荼羅解釈としては、『聞書』は現存最も古い文献となるのではないか。こうした記述については、既にいくつかの分析も成されており（註(11)に挙げたものなど）、『西山上人縁起』や証空仮託『当麻曼荼羅註』などの教説と比較対照すれば興味深い現象もみられようが、本章では教義的贅言を弄することは控えて、以下にこれらの「証空語録」を読み下して抄出し素朴に列挙して大方の参考に供するものである。それぞれの詳しい文脈については本文を参照されたいが、まずは当麻曼荼羅の図像に関する言及を取り上げる。

「故に西山上人の移し玉へる第二伝の曼陀羅にも宝冠なし」（巻第三、本書四〇頁五行）

「当世本寺の変相をば、かりやすを以て彩色云々」（巻第四、本書五九頁一七行。曼荼羅の色彩について長文の記述あり。曼荼羅縁起とも関連）

「当流相伝に、此曼陀羅は往生の鏡と思ふべきと祖師上人言ふ」（巻第七、本書一〇四頁九行）

「而に此所に当て庭上に鑊あり。其中に三本の白蓮花生ぜり。祖師上人義云、此は世王の二逆、提婆が三逆は正く今経の発起たり。」（巻第十一、本書一五八頁四行）

「されば此相は地獄の鑊と定て三本の蓮花は懺悔念仏の浄業を標すと云ふ祖師上人の御料簡、深く経の意に相応し又仏意に符合せり」（巻第十一、本書一六〇頁一六行）

「祖師上人此等の文に依て夫人光台を見て密益ありと料簡せられき。諸人これを承けず。于時、当麻寺へ参詣して拝見せらるるに、光台に三尊を織れり。上人感嘆して宣はく、昔唐朝に（中略）我れ若し上代ならましかは、道安法師の如く叡感にも預なましと云々。感嘆の余りに大小十三鋪の曼荼羅を写て、都鄙有縁の道場に送て往生の本尊と崇められき。」（巻第十二、本書一八二頁一〇行）

「今云く、顕説の通りにては見ず。密益の通りにては見る也。今の変相は正く正報を見る方を織るが故に、三尊を図する上へは、西山の一義相違無きもの歟。」（巻第十二、本書一八四頁二行）

「而に当観の経には三尊を説て、曼荼羅には織らざるに付て不審あり。西山の上人、御談義の時言はく、第七観の三尊は、実には光台に有るべし。夫人九方を選捨て西方を選取て、我今楽生極楽世界阿弥陀仏所と請ぜし意は、密には此三尊を拝見して得益すべき故也と。時に衆徒の中に当麻の曼荼羅には此三尊をば何にか織たるらんと不審せしに、上人言く、彼変相は観音の所作と聞く。若実に大権の所作ならば、第七観にはよも織らじ、光台にぞ織たるらんと云々。実信房以下の門弟等驚き怪む。さもなからんには如何んがすべき。浅猿き事也と云々」（巻第十六、本書二三三頁七行）

「西山上人これに付て二義を申されき。一義に云、仏身の大小に随て侍者にも大小有るべし。（中略）一義に

云、中尊脇士の身量全く等同にして差別有るべからず（後略）」（巻第二十、本書二八二頁九行）

次に証空の念仏思想をうかがうに足る記述を掲げる。

「上人の仮名書の書の中にも、行者の正念に依て来迎有るべく思は僻事也。経に慈悲をもて加へ祐けて心をして乱らしめずと説が故に、仏の来迎に依て行者の正念は開発すべき也と云へり」（巻第十一、本書一六四頁一一行）

「而に西山の上人の御時、抑も此弥陀本国四十八願々願皆発増上勝因已上の重々の深義は、夫人の所見をのぶる歟、又夫人の所見にはあらず、ただ和尚則仏の密意をさぐりて釈し述べ給へるかと云に、他門の義は、（後略）」（巻第十二、本書一八六頁一二行）

「西山の門弟の中にも、経に既に若し念仏せんと欲はん者のは、先花座を観ぜよと説故に、念仏の行者也とも此の如く観じ知てこそ、念仏往生の益をも得べけれと云ふ人ありけり。これを聞て祖師上人歎て云く、我は念仏を弘れば、門弟は観仏を修すと」（巻第十六、本書二二八頁五行）

「昔、西山上人御在世、東国より有僧上洛したりけるが、遣迎院へ参じて上人に対面して、誠事候哉、西山には即便往生・証得往生と云義を立てられ候なるはと問奉ければ、上人良久あて言く、西山に全くさる義申さず。即便往生は経文也。証得往生は釈文也。全く私の義に非る上は、西山の義と云事勿体無き妄語也と仰せられて、其の後は物も仰せられざりきと云々」（巻第二十、本書二七五頁一七行）

「されば西山上人の常の御持言には、若十悪五逆の罪人、一念十念の功に依て往生すと云はば、是則迷見也。若尓者、千石の漆に一の蟹の足を入れたらんが如しと云々。此則、偏に機の功と思ふ念を捨て

て他力本願の功を顕也」（巻第二十四、本書三三九頁五行）

なお、数は少ないが法然の言葉についても引用する部分があるので次に紹介しておく。

「法然上人は十八の願は正因の願、余の願は欣慕の願と釈し玉ふ」（巻第三、本書三五頁一五行）

「選択集にも、念仏は易くして勝れたるが故に、善悪の凡夫平等に摂す。故に此を取て本願とす。余行は難く劣なるが故に、善人のみ行じて悪人を漏らす。故に此を捨てて本願とせずと釈せられたり。」（巻第十八、本書二五五頁一一行）

「法然上人云、太陽世界を照す。地の高低を論ぜず。一月万水に浮かぶ。水の浅深を簡ばざるが如く、万機を一願に摂し、千品を一行に収むと云々」（巻第二十七、本書三八〇頁一行）

「故に黒谷上人は静かに以んみれば善導の観経の疏は西方の指南、行者の目足也と。又云、此疏は是れ弥陀の真説也と。」（巻第二十七、本書三八六頁五行）

他に空也の和歌なども一首引かれている。これは『拾遺集』に初出し『宝物集』巻第四に収録されるものである。

「空也上人の云はく、一度も南無阿弥陀仏といふ人の蓮すの上にのぼらぬはなしと詠ぜられけるも此意なるべし」（巻第二、本書二五頁五行）

六　『聞書』の思想

『聞書』の文章は、法会の場で発せられた、あるいは発するように意図して作成されたものであり、その究極の目的は自派の教えをわかりやすく伝え、聴聞衆の信心を確立することにあり、しばしば西山派の重要な思想や教義をずばりと端的に表現した印象的な要文に出会う。これも前章と同様に抄出して書き下し文で示し、以て『聞書』の思想に直接触れてみよう。まず、西山証空の解釈に対しては絶対的な厚い信頼を表白している。

「嘉祥・天台・浄影・龍興等の他師の料簡には依るべからず。自宗の祖師の釈に依るべし。其中に宗家の釈に此相違をば明めたり。但し西山の料簡無くば経釈変相不審にて息むべし」（巻第三、本書四五頁六行）

「仍経と釈と変相と互に一義を顕すをば、西山の上人のみ此義を極給へり。」（巻第二十二、三〇八頁一五行）

『聞書』には証空以来の西山派の教義が集約して示されているがごとくで、「行門・観門・弘願」のいわゆる「三門」や「釈迦教」「弥陀教」の「二尊教」が表裏一体のものとして提示される「十二品義」、顕意独自の法門である「四品知識」や「生仏不二・生仏一体」（顕意は「機法一体」の名目は使用しないようである）、その他「平生業成」「真宗」(15)「煩悩即菩提・生死即涅槃」といった名目を使用して教説を宣揚しているが、惣じてそれらが目指しているのは「悪人」の救済に他ならない。

「未来散動の根機、自力にては叶ひ難ければ、仏力の観門に入、願力易行の門に帰して往生すべしと顕す」（巻第四、本書五七頁二行。自力行門・仏力観門・願力之念仏）

「十悪五逆具諸不善・応堕悪道経歴多劫の悪人、釈迦教の前には作善人皮の畜生と嫌われしかども、弥陀教の前には一念十念の名号の力に依て往生して如来正覚の花台に坐して不退無生の聖衆成る事」（巻第四、本書五七頁一五行。釈迦教・弥陀教）

「凡曼荼羅讃嘆の詮句と云は、此散善九品の変相に付て本願の不思議を意得べき故也。談義の時申述が如く（後略）」（巻第四、本書五六頁八行）

「又九品を開して十二品とする当家の義にも意得合うべし。其故は九品皆善人往生と云ふ釈迦教の通り一つ、又下三品は悪人往生と云弥陀教の通り一つ有が故に、十二品の往生と云法門あり。」（巻第九、本書一三九頁一行。十二品義）

「而に超世大願極善最上の法音をば、貪瞋具足極悪最下の韋提の鐘木ならでは叩き出すべからず。弥陀の本願は専ら悪人の為に発し給へる故也」（巻第九、本書一二七頁八行。悪人）

「夫人の請に趣て王宮へ来る事は弥陀の三念願力の故也と観念法門には釈する也」（巻第十一本書一六四頁二行）

「今の変相に禁父縁より欣浄縁までの四縁を図して、銘に我今楽生極楽世界阿弥陀仏所の文を書留て、顕行示観の両縁を織らざる事は、先此等を料簡すべき也。」（巻第十三、本書一九四頁六行）

「実には称名の声即仏体也。而を世人称名しながら声の外に仏を求るは愚也。」（巻第十六、本書二三一頁八行）

「心既に仏を念ぜば是則摂取也。故念仏衆生摂取不捨と説也。而に世人は念仏の外に摂取有るべしと思へり。今の義はしからず。仏を念ずる即摂取の相也。」（巻第十八、本書二五三頁一七行）

「生仏不二・生仏一体」（巻第十八、本書二五六頁七行）

「念仏の宗を真宗と名くるも、是の如く真実の道なる故也」（巻第十八、本書二五七頁一〇行）

「而に身を捨て後往生と云ふ義無きに非ず。其は当得往生也。今は平生業成の義に付て即便往生の益を論ず。又身を捨て往生すと云も其身は往生せず。心こそ往生はすれば、平生にも又此の如し。」（巻第二十、本

書二七六頁一七行）
「下三品に悪人往生の義を為顕」（巻第二十一、本書二八八頁五行）
「此定に今上品の人、己れに本所修の善有と雖、弥陀の本願は下々品の人の為也と聞かば、本所修の善を募らずして、下々品に同じて仰ぎて罪悪生死凡夫無有出離之縁と信じ、念仏して益をば受くべき也。乃至十地の聖人なりとも、聞名歓喜の一念に依て彼土に往生せん日は、下々品の機に同じて仏願力を恃むべき也。」（巻第二十一、本書二九五頁一行）
「而に仏の功徳は煩悩即菩提、生死即涅槃の悟也」（巻第二十四、本書三三六頁一二行）
「但し中品下生以下の四品知識の法門は機の僻見を破し願力に重々の益ある事を顕すと習也」（巻第二十四、本書三四一頁一行、四品知識義）
「獄火来現の機ながら来迎する本願也と聞に依て、往生に於て疑無き也」（巻第二十五、本書三五一頁七行、悪人正機）

七　当時の時代相を窺う記述

『聞書』の本文中には、鎌倉時代後期の世相を反映したと思われる記述が見られる。思想的なものについて見ると、既に述べたことであるが、悪人を善人の対極にあるものとするのでなく、一種の反面教師たる「権者」として把握する思考がしばしば見受けられる。これらの背後には「煩悩即菩提」「生死即涅槃」といった名目に象徴されるいわゆる「本覚思想」が控えているものと思われる。

「而に此二人皆是権者也」（巻第十、本書一五四頁四行）

「四聖と申すは頻婆娑羅王・韋提希・阿闍世・提婆是也」（巻第十一、本書一六六頁一四行）

「此等是仏菩薩の化身にて、仏の教を受て末代悪世の衆生の振舞を兼て知て、仏在世にて振舞はれけるが、仏法の肝心、出離の根源にては候ける也」（巻第十一、本書一六六頁一五行）

こうした考え方は、例えば本文中に文保年間（一三一七―一八）の年紀を有しこの頃成立したかとされる中世の聖徳太子伝『正法輪蔵』などにも見られ、そこでは仏教導入に反対し太子・蘇我氏連合軍に敗れた物部守屋がやはり「権者」として把握される。太子伝と言えば、巻第十三に太子の本地を如意輪観音とし、聖武天皇を太子の生まれ変わりだとする記述が見られるが、これも『正法輪蔵』などで喧伝されている。

巻第十三には「凡そ吾国の代々を尋ぬれば天神七代・地神五代・人代百王也。」（本書一九七頁三行）とあるが、これは鎌倉後期の朝廷の脅迫観念とも成り、第九十六代後醍醐の思想と行動の重要な動機の一つでもあった、日本の天皇は百代で尽きるというういわゆる「百王思想」を示すものであろう。ちなみに筆者の推定する『聞書』の成立年代は第九十二代伏見から第九十四代後二条の治世下に当たっている。

また、法会の現場での言説に由来するかと思われる口語的な表現も散見される。

「御辺は仏の御弟子として」（巻第十、本書一五三頁一四行）

「こざかしきわ比丘尼めがと」（巻第十、本書一五三頁一五行）

巻第二十三の「せせかむ」（本書三三一頁九行）は『日本国語大辞典』によれば「こせこせといじりまわす。せせくるようにする。」という意味で、次の二つの用例を出しており、これらは鎌倉期の作品であることから、

『聞書』の成立時代を推定する一つの根拠ともなろうか。

『教訓抄』巻第十「心得ず、打物せせかめば、よく聞けばわろくて楽はなほらぬなり」

『名語記』巻第九「せせがむ、如何。しけしけからめくの反」

巻第二十二には当時の武士などの行動と信仰の矛盾に言及した記述が見られる。

「即大乗不思議の益なり。悪人を摂するも此定なり。念仏以後も武士なんどは風儀として殺生をも留むべからず。さもあれ唯念仏申さば往生と云こそ平等の本願の甲斐なれ。」(本書三〇六頁六行)

さらに巻第二十三には平家語りの享受を示すと思われる記述もある。

「平家なんどを聞てもいみしくもしたるもの哉なんと思心は」(本書三一八頁一一行)

永仁五年(一二九七)の序文を持つ『普通唱導集』は、『平家物語』が『保元物語』や『平治物語』と同様、琵琶法師によって語られていたことを示す資料の初出例とされるものであるが(16)、『聞書』の成立が、筆者の推定するように正応三年(一二九〇)から嘉元二年(一三〇四)の間であるならば、まさに『普通唱導集』と同時期の『平家物語』享受のあり方を示す資料となるわけである。『聞書』によれば、僧侶が『平家』を聞いて「いみしくもしたるもの哉」と感心しており、前後の文脈では人々が殺生を楽しむことが話題に上っていることから、これはおそらく『平家物語』の合戦場面などを聞いている場面を描写したものと思われる。

巻第三には「いわゆる法勝寺の如き、先づ門を指し入り見れば池水あり、宮殿あり、林樹あり」(本書四一頁一二行)とある。洛東白川に所在した白河天皇の御願寺である法勝寺は、元藤原氏累代の別荘地で師実が白河天皇に寄進した。金色三丈二尺の毘盧舎那如来を安置する金堂を中心に五大堂・阿弥陀堂などの諸堂が林立し、八二メートルの八角九重の大塔がそびえ立つ盛観は、『愚管抄』に「国王の氏寺」と呼ばれるものであったが、元暦二年（一一八五）の大地震で堂塔の大半が倒壊し、再建された建物も南北朝の動乱期に焼失し廃墟と化している。『聞書』の記述を見ると建物と庭園はあるようで、塔が倒壊してから廃墟と化す南北朝期までの間の描写と考えて矛盾はない。

当時の仏教界の状況を反映したものとして、『聞書』には密教や禅宗に対する言及が見られる。まず密教についてては次のような記述がある。

「次に印相に付て密教に論義あれども広座にして顕露に談ずべき法門にあらざれば之を略す」（巻第一、本書四頁一三行）

「近来密教の先達、今の三十七尊の名字及び次位を料簡する事あり」（巻第一、本書八行）

「惣持経の中に四重の釈あり。顕露に是を談ずべからずと雖も」（巻第二、本書二〇頁一七行）

「而れば東寺の流には」（巻第二、本書二二頁三行）

「爰を以て覚鑁は今経の定善十三観をば金剛界に当て、三輩九品をば胎蔵界に配てて、九品往生人は胎蔵界の九尊也と得たり」（巻第四、本書五一頁二行）

鎌倉後期の無住は弘安二年（一二七九）自序の『沙石集』巻第一で「西山」の念仏者が密教に傾倒している様子を次のように述べている。

念仏・真言ハ大概風情アヒワタリ、義門互ニ相資シテ、信ヲマスベシ。アラソヒアル事、返々詮ナクコソ。当世ハ西山ノ浄土宗ノ人共、真言ヲ習アヘルト聞。尤然ルベシ。（日本古典文学大系所収本一二三頁）

無住はその著『雑談集』巻第三においても嵯峨義の道観について述べており、当時の西山や嵯峨の念仏者と何らかの接触があったものと思われる。顕意は『聞書』の叙述において至る所に密教の用語や解釈を援用して自説を補強しており、密教に関してもかなりの知識を持っていたことが知れるのであるが、その背景には『沙石集』に言うがごとき状況があったのであろう。同様に、当時流行していた禅宗についても、荷沢神会や『宗鏡録』の編者智覚延寿の言葉や行状を紹介するのも『沙石集』と同様の傾向で、『聞書』の中では禅宗の祖師達も念仏信仰を持っていたことが盛んに強調されている。巻第二十七に引かれる白楽天の鳥窠禅師参禅説話なども、やはり『沙石集』に引かれており、例えば道元はこの説話に対して批判的であるなど、当時よく知られていた話である。顕意は禅宗についてもこれを念仏門に包摂すべく高い関心を持ってその教義を吸収していたようで、『聞書』の末尾近くにはこの鳥窠禅師説話と智覚禅師説話が並んで記されており、禅宗への特別な意識が感じられる。諸宗派の教説に深い理解と共感を示した無住の思想と顕意のそれとの比較も興味深いテーマであろう。

八　西山派教理史の構築に向けて

前章まで、『聞書』の成立とその思想に関する問題について、いくつかの論点を挙げて考察を加えた。拙稿の関心はいささか『聞書』の編著者と成立の時代そして甲類・乙類の先後問題に重きを置き過ぎたきらいがあるかも知れぬ。しかし、これまで本文が公刊されていない新しい文献を紹介するとき、最も意を用いるべきはその成立年代と作者についてであろう。特に『聞書』のような作品の場合、それらの推定の根拠をすべて内部徴証に求めねばならず、テキストに表れた「現象」には時として様々な「解釈」が可能となる。本稿の検討を通じて、『聞書』が鎌倉時代後期に顕意道教により編まれた「当麻曼荼羅讃嘆」であることがより鮮明になったとすれば幸いである。と同時に、『聞書』を読み込むほどに様々な検討課題の存在も浮かび上がってきた。『楷定記』との関係については、今回は説話に絞って測鉛を下ろしてみたが、今後はこれを「釈」の部分にまで拡大して考察せねばならないだろう。顕意の他の著作についても同様である。さらに、『楷定記』との説話比較の過程で明らかになった鎮西義良忠の『伝通記』を含めた三者の関係はいかがなものであるか、これに同じく鎮西義聖聡の『当麻曼陀羅疏』や金沢文庫の浄土教資料などを加味して包括的に分析を進めねばなるまい。それはひいては証空の『観経疏』解釈に及び、さらには中国北宋時代の例えば同じく説話を多用する傾向にある戒度の著作などについても遡って触手を伸ばす必要があるだろう。当麻曼荼羅の解釈については、今回残念ながら本書に収録することができず本稿でも言及しなかったが、聖聡などがしきりに引用する『曼陀羅不審鈔』の翻刻と研究が急務の課題である。美術史の方面では『聞書』の研究から当麻曼荼羅の図像や「序分義曼荼羅」「二河白道図」の解釈に新境地を開いた加藤善朗（義諦）氏の業績がある(17)。引用される説話に関しても、当麻曼荼羅縁起や清涼寺縁起、蓮花三昧経の将来譚や照明菩薩経と敦煌壁画等との関係など、取り上げるべき興味深い材料は尽きないが、何よりも鎌倉時代の観経疏注釈書を総合的に研究し、『聞書』の中で「有人」「有云」「或云」などとして記される論難の教説がそれぞれ如何なる流派に還元さるべきものなのかを特定した上で、『聞書』や『楷定記』の言説を評価する必要がある。かように思う時、まさに本書は『聞書』研究のささやかな一歩に過ぎず、行く手には未だおびただしき問題が山積しているようだ。

かつて「民芸」運動の提唱者で念仏信仰に深い共感を寄せた柳宗悦は六十二歳の昭和二十六年から雑誌『大法輪』誌上に『南無阿弥陀仏』を連載し昭和三十年に単行本として上梓した。その中で柳は次のように述べている(18)。

純教義の上から見ると、鎮西よりむしろ西山義の「一類往生」（念仏の業のみに往生を認める）の方が、一段と祖師（法然のこと—引用者註）の元意を発揚したものと思われてならぬ。その西山の教学には一層の哲学的深さがあるといえるであろう。この西山義の歴史の中で立信によって建てられ、顕意によって更に高揚せられた「深草義」は、最も哲学的深さを持つものといえよう。（岩波文庫版五八・五九頁）

この著作は「法然から親鸞・一遍へ」という、いわばある種の「発展史観」に基づくもので、右にいわゆる「哲学的深さ」の内実とその主張の当否は直接同書に依られたいが、柳としては、法然の念仏思想から親鸞・一遍のそれへの展開過程における大きなキーポイントとして西山派特に深草義顕意の存在に注意を喚起している。例えば蓮如などの親鸞門流が重視する『安心決定鈔』について

近時それ（安心決定鈔のこと—引用者註）が顕意上人（一二三八—一三〇四）の作だということが、ほぼ明かにされた。顕意は西山派深草義の人で、若い頃一遍上人と共に聖達上人に師事した。それらのことは別として、読んでみると、よほど宗教的体験の深かった人でなければ、到底書けぬ本で、浄土系統の宗教書として第一列に置くべきものであろう（後略）（岩波文庫版二三六頁）

と絶賛している。柳がこの書で示した念仏信仰に対する理解の背景には、例えば『安心決定鈔』の著者を顕意に比定することなど、当時顕意の著作を研究していた故奥村玄祐氏の教示に依るところが大きいと思わ

れる(19)（同氏のご自坊には柳からの書簡が保存されている）。『安心決定鈔』の著者については近年異論が提出され、これを西山派東山義阿日房彰空（本願寺覚如は樋口大宮安養寺において彰空に師事している）に擬する見解が出されているが(20)、そうした事情はともかくとして、他にも柳は同書において証空や顕意の名を挙げてその「思索」を称讃しており、近代における一般からの発言としてこれほどに西山派及び深草派の名が宣揚されたのは希有のことではないか。それと同時に柳は次の様に歎いてもいる。

この中で西山派は浄土宗の一派とはなっているが、その正脈を任じる鎮西派とは大変に違い、甚だ思索的で、将来その価値はもっと論義されるであろう。宗派として微弱な現状にあるためか、この派から活溌な著作や説法を聞くことが出来ないのは遺憾である。時宗(ママ)は人も知る通り、この西山派から生まれたものである。特にその深草義との関連は注意されてよい。（岩波文庫版二四四頁）

柳の発言からおよそ半世紀、その期待に応えるためには閉ざされた宗派内でのみ流通する護教論的宗乗だけでなく、客観的視点に立ち得る土台の提供が必要で、研究の出発点となる基本資料の整備提供と、それに基づく文献学的研究の蓄積が、迂遠な道ではあるが不可欠な作業であり、本書の刊行はささやかながら着実なそうした活動の一環なのである。

註

(1)「絶対他力」「悪人正機」といった「用語」は、中世浄土教における重要な思想を表現する言葉であるが、その意味概念については、研究者間で必ずしも統一しているとは言い難い状況にあるのではないか。一般的には教科書等の影響により、こうした思想が法然の弟子親鸞の創始にかかるがごとき印象を与えているようであるが、近年ではむしろ師の法然にそうした思想への展開を見ようとする研究の動向がある。筆者にはこれらの思想に関する鬱蒼たる研究史を概観する準備は無く、「用語」の「定義」を廻る教義的論争に参入するつもりも無い。本稿ではこれらの用語を何らかの定義を前提として用いるのではなく、あくまでも「絶対他力的」「悪人正機的」な思想として、広義のゆるやかな意味で使用していることを断っておく。これらを廻る深草派からの発言には例えば次のようなものがある。稲田順学・吉良潤・加藤義諦三氏「西山深草派における悪人正機説―その典拠と真宗との関わりについて―」(『深草教学』第一〇号、平成二年四月)、稲吉満了・吉良潤・稲田順学・加藤義諦四氏「法然と貞慶の悪人正機説」(『深草教学』第一四号、平成六年三月)、稲田順学・稲田廣演二氏「勝尾寺における法然の二度目の廻心」(『深草教学』第一八号、平成一〇年三月)。

(2) 森英純氏「伝顕意述『当麻曼陀羅聞書』について」初出『日本文化と浄土論攷』昭和四九年一一月。後に『森英純全集』第一巻(平成八年刊)に所収。

(3) この浄土宗にとって重要な血脈譜は、牧哲義氏「『吉水法流記』『法水分流記』の翻刻とその研究 第一部資料編」(『東洋学研究』第三〇号、平成五年三月)に翻刻された。次に挙げる『大血脈』と共に比較検討の必要がある。これらの血脈に関する疑義問題点の一端は、拙稿「深草史覚書」(『深草教学』第一八号、平成一〇年三月)にて触れた。また、系譜類や『聞書』の諸本を始め深草派に関する重要典籍については近年の調査にかかる新出資料を含めて、安城市歴史博物館における特別展「京都誓願寺と三河の念仏宗―浄土宗西山深草派の名宝―」(平成一三年)に出品され、同展図録にて解説を加えたので参照されたい。

（4）従来この系譜は『蓮門宗派』などと称されているが正しい名称ではない。西山派西谷義の人師の手になるものと思われ、特に深草派の人師についての傍記に興味深い記述が見られる。なお、この系譜の原型の成立時期は南北朝期十四世紀中頃以前と推定している。中世後期以降西山派において師資相承される性格のものであった。古写本に益子円通寺蔵本（永正三年写）、上和田浄珠院蔵本（慶長十六年写）があり、貞準の『浄土承継譜』は江戸期にこれを刊行したもの。諸本の校合と翻刻が急務である。

（5）この寺は現在の嵯峨釈迦堂清涼寺の裏手に位置したようで明治四年の境内図にはその名が見える（四五八頁図参照）。現在は園池式の某家墓所となっており、昔日の面影は全く無い。なお塔頭の薬師寺に顕意や道宗の位牌その他若干の資料が伝来している。

（6）以上、『聞書』の成立時期の推定、および「後深草院一周忌御仏事記」の存在などは、拙稿「『曼陀羅聞書』の成立―逆修と十王讃嘆をめぐって―」（『西山学会年報』第七号、平成九年六月）にて既に述べたところである。

（7）後嵯峨院の帰依を受けた道観は嵯峨亀山殿の一角に浄金剛院を開き西山義を宣揚していた（『百錬鈔』、凝然『浄土法門源流章』）。西山派と当麻曼荼羅との関わりについては、次の文献を参照。森英純氏「初期の西山流による当麻曼荼羅の流伝」初出『西山学報』第一三号、昭和三五年七月。後に『森英純全集』第一巻収録。関山和夫氏『説教の歴史的研究』昭和四八年法蔵館刊。河原由雄氏「「当麻曼荼羅縁起」の成立とその周辺」『日本絵巻大成24』昭和五四年中央公論社刊。

（8）例えば、以下の文献を参照。ただし「三十八巻抄」の作者を「康空示導」とするにはいくつか首肯できない点もある。吉良潤・稲田順学・加藤義諦三氏「『三十八巻抄』は本山義開祖康空示導の著」（『深草教学』第九号、平成元年四月）、吉良潤・稲吉満了・稲田順学・加藤義諦四氏「西山三鈷寺と吾妻善導寺を結ぶ道覚号と『三十八巻抄』」（『深草教学』第一〇号、平成二年四月）、加藤義諦・吉良潤・稲吉満了・稲田順学四氏「『註記』と本山義に共通する当麻曼陀羅中台の位置付け」（『深草教学』第一一号、平成三年三月）。

(9) その意味では、これまで『註記』系の言説による「口伝」の伝授であった西山派の「曼荼羅相承」において、一九九六年に初めて『聞書』の言説が抄訳されて披講されたことは特筆すべき動向であろう（稲田順学氏編『曼荼羅助講録』白馬社刊）。

(10) 『聞書』の十王讃嘆の言説の特徴については前掲註(6)拙稿参照。

(11) 例えば次のような文献を参照。稲田順学・吉良潤・加藤義諦三氏「記主顕意上人『曼陀羅聞書』の歴史的意義」（『深草教学』第八号、昭和六三年四月）、加藤義諦・吉良潤・稲田順学三氏「『当麻曼陀羅不審抄』の成立問題」（『深草教学』第九号、平成元年四月）、その他、『深草教学』掲載の諸論考。

(12) 『西山上人縁起』の本文は浄土宗西山三派遠忌記念事業委員会編『西山国師絵伝』（平成六年）による。

(13) 落合俊典氏「羽田亨稿《敦煌秘笈目録》簡介」郝春文氏主編『敦煌文献論集』遼寧人民出版社二〇〇一年所収。

(14) 『楷定記』には弘安九年（一二八六）成立の自著『観無量寿経義拙疑巧答研覈鈔』が引用されていることから、その成立はそれ以降となろう。

(15) 中世の浄土教文献に頻出する歴史用語としての「真宗」は特定宗派の呼称では無い。善導の「真宗遇ひがたく、浄土の要逢ひがたし」（『観経疏』散善義）に由来し、鎌倉期以降の浄土宗（即ち法然門流すべてのこと）では他宗派に対して自宗を「真宗」と称し、さらに法然の弟子達がそれぞれに教線を張る浄土宗の中において、自門の教説の優位を強調するため、他の門流に対し自門を「真宗」と称した。即ち、常に相対的に自称する名称であって、浄土門のすべての諸派が自派を「真宗」と称しており、「真宗」あるいは「浄土真宗」を固有名とする教団が存在したわけではない。これも前掲註(1)と同様、教科書等の影響により今日一般に「真宗」「浄土真宗」という固有名の教団を鎌倉期に法然の弟子親鸞が「開いた」かのごときイメージが見られ、研究者間でも「親鸞門流」と「真宗」「浄土真宗」を同義の如く慣用している。そうした事情を承知した上での「慣例」であることは専門研究者には自明の事柄であろうが、同じく中世の研究者においても少し分野が異なると、かような認識がないこともあるようで敢えて附言した次第である。なお『聞書』における「真宗」観については乙類本の独自文（四三二頁にて紹介した）を参照されたい。

(16)　その本文は次の通り。「伏惟、琵琶法師勾当／平治保元平家之物語、何レモ皆暗シテ而無滞／音声気色容儀之体骨、共ニ是レ麗シテ而有興」

(17)　一例を挙げれば、加藤善朗氏「一遍における二河白道図—絵画と儀礼とのかかわり—」（『密教図像』第一九号、平成一二年一二月）、同氏「クリーヴランド美術館蔵〈二河白道図〉の成立について」（日本宗教学会第五八回学術大会発表資料、平成一一年九月）など。また、当麻曼荼羅をめぐる加藤氏の論考は、近刊の同氏『当麻曼荼羅と中世浄土教』（法蔵館、二〇〇三年一一月三日発行予定）に収録される。

(18)　以下、岩波文庫版柳宗悦著『南無阿弥陀仏』（一九八六年）による。

(19)　奥村玄祐氏『安心決定鈔—浄土への道—』（パドマ叢書3、昭和三九年鈴木学術財団刊）を参照。

(20)　加藤義諦・小島英裕両氏「安心決定鈔について—撰者は阿日房彰空か—」（『深草教学』第一四号、平成六年三月）。

塚本俊孝氏「嵯峨清凉寺に於ける浄土宗鎮西流の傳入とその展開」
（『佛教文化研究』第5号、1955年）所収の図

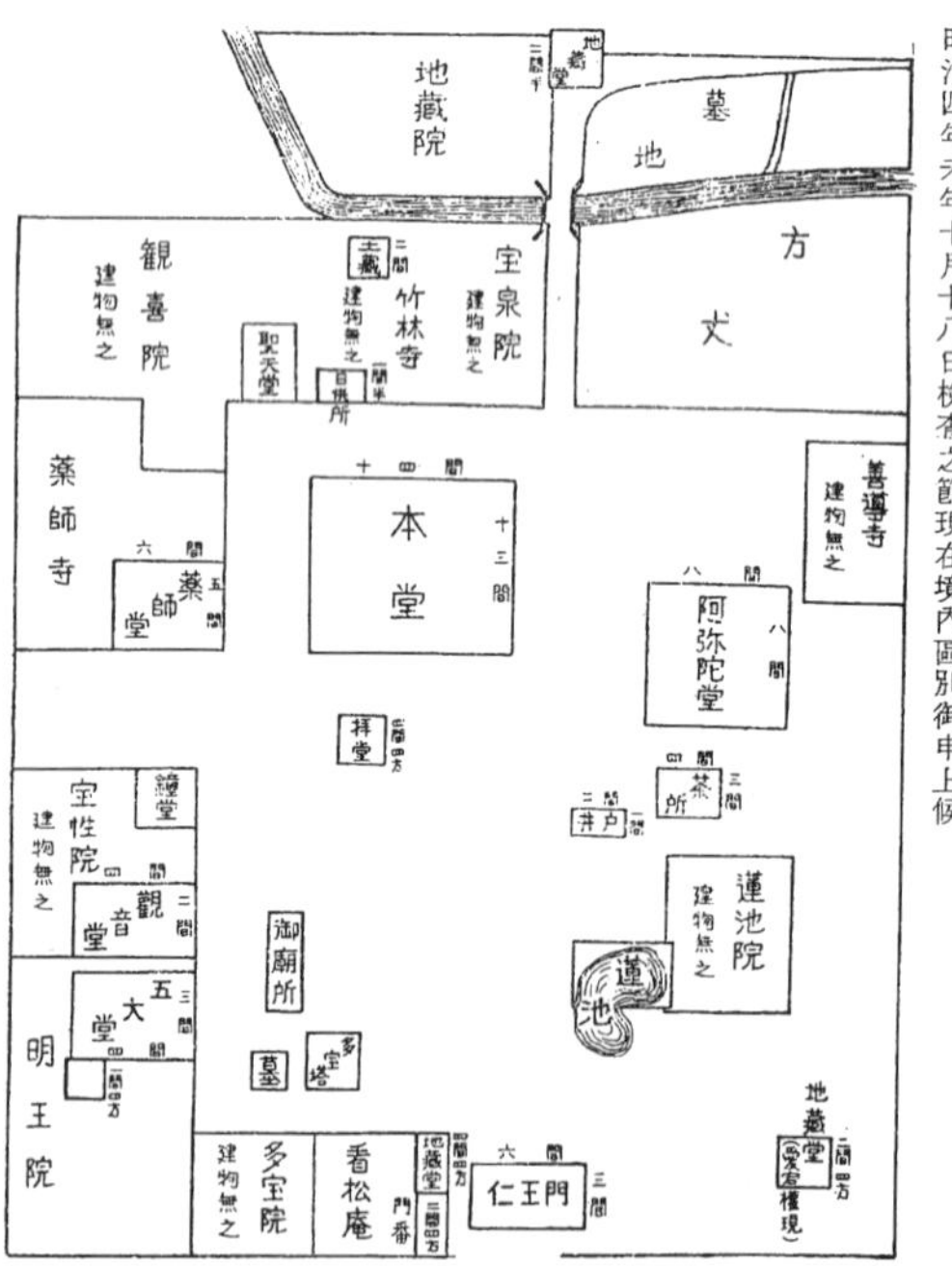

『当麻曼荼羅聞書』所収説話一覧

以下の一覧表は、『聞書』に見られる譬喩・因縁を摘出列挙し、私に説話題目あるいは説話内容を記して検索の便をはかるものである。浄土教説話の典拠関係を調査した文献の中で、まとまったものとしては、高橋信幸氏「『私聚百因縁集』所収説話の出典と同話（一覧表）」（『解釈と鑑賞』五八の一二、一九九三年一二月）と上野麻美氏「『当麻曼陀羅疏』所収説話一覧―出典・関連説話―」（『人間文化研究年表』第二四巻、二〇〇一年三月）がある。特に後者は従来の研究を総括する形で有益なものであり、『聞書』と聖聡の著作（『大経直談要註記』『小経直談要註記』なども含めて）との関係は興味深い課題であるから、両者に共通する説話については『当麻曼陀羅疏』等が所収される『浄土宗全書』巻第一三の頁数を付記することとした（浄全と略称）。但し、上野氏の「認定」と編者のそれがすべて一致するわけではない。また紙幅の都合で依拠文献・関連文献の注記は代表的なものに留めざるを得なかった。

巻第一

1 阿弥陀の前生（六頁一四行、冊提嵐国、無諍念王、宝蓋梵士、『悲華経』）

2 観音の前生（七頁二行、早離、速離、『観音本縁経』、浄全六二九頁）

3 慈愍三蔵、濫僧より本覚讃を授かる。（一五頁一一行、参考『今昔物語集』四の一〇、『宝物集』六）

巻第二

4 常啼菩薩、七年般若を聴聞せず。（二七頁一四行、浄全一二六）

巻第三

5 曇鸞法師、我が身を牛に譬え浄土に帰して往生する。（三六頁一二行、参考『続高僧伝』六）

6 楊傑、財を愛するごとく弥陀を念ぜよと説く。（三七頁六行、参考『沙石集』四）

7 鉄鉤の譬喩。天竺に大象を調する器也。（三八頁七行、参考『沙石集』三、『維摩経』）

巻第四
8 当麻曼荼羅の「再発見」、熊野権現夢告、西山上人曼陀羅を図す。（五九頁一七行）
9 五歳の小児、念仏往生して悪人の祖父出家する。（六一頁一三行）
10 鮮白比丘尼の因縁（六二頁一四行、『三宝絵』僧三十一、『倶舎論』九）
巻第五
11 迦葉尊者、大樹緊那羅の琴を聞き発心する。（六九頁八行、『大樹緊那羅王経』）
12 高野山の鳥獣を弘法大師の変化として礼拝する。（七二頁九行）
13 祇園精舎の鐘、諸行無常と鳴る。（七六頁八行）
巻第六
14 穴憂観音の因縁（八〇頁一一行、参考『宝物集』他）
15 維摩大士、説法不参加。文殊の活躍（八九頁一〇行、『三宝絵』僧二八、『維摩経』）
16 二人の小児、砂袋を食物と見て延命する。（九一頁一七行、『註論』）
巻第七
17 懐感、善導より念仏三昧を得る。（九八頁一七行、『宋高僧伝』六）
18 目連、仏の声を試し神通を失う。（一〇一頁一行）
19 天竺五通菩薩、浄土の荘厳を図画し弘通する。（一〇一頁一七行、『私聚百因縁集』五の二他、浄全四三六）
20 思法尊者、二十五菩薩の見て往生し娑婆へ消息を出す。（一〇二頁五行、浄全四三九）
21 勝尾寺の善仲・善算往生する。（一〇二頁一六行、『江師神仙伝』、『善氏往生伝』）
22 或る女房、鏡をみて嫉妬する。（一〇四頁一三行、『百喩経』三五、『宝物集』五）
23 天竺延遮達（演若達多）、鏡を見て頭を失ったと慌てる。（一〇四頁一五行、宗密『円覚経疏』、浄全一三一三）

24　荊王夫人、夢に浄土を見る。（一〇六頁の一〇行、『楽邦文類』三、『浄土文』五、浄全五四三）
巻第八
25　大行禅師、普賢の教えにより念仏往生する。（一一五頁三行、『私聚百因縁集』五の七他）
26　天竺仏陀波利三蔵、清涼山で文殊を拝し、尊勝陀羅尼を将来する。（一一七頁一六行）
27　法照禅師、五台山で文殊、普賢を拝し念仏に帰す。（一二〇頁二行、『私聚百因縁集』五の五他）
巻第九
28　霊鷲山の因縁、鷲の子、二親に孝行する。（一二七頁二八行、『直談因縁集』一の一二他、浄全四八六）
29　仏伝、下天から転法輪まで。（一二八頁一七行、浄全四三二）
30　釈迦八塔の事（一三三頁二行）
31　王舎城の由来（一三七頁五行）
32　阿闍世の種々の名前（一四二頁九行、浄全四八九頁）
33　阿闍世の過去世の因縁（一四二頁一四行、『観経疏』『涅槃経』『照明菩薩経』『有別記』、浄全四八八）
34　提婆の釈迦への反抗（一四四頁一一行、浄全四九〇）
巻十
35　提婆、阿難より神通を習い阿闍世を悪事を勧誘する。（一四八頁三行、浄全四九一）
36　五百雁王因縁（一五二頁一行、『報恩経』四）
37　提婆、岩にて仏足を傷害する。（一五三頁九行、浄全五二〇）
38　提婆、蓮華色比丘尼を打ち殺す。（一五三頁一三行、浄全五二〇）
39　瓶沙王、阿闍世の膿を吸うこと。（一五五頁一行）
巻十一

40　仏、念仏によりて治病を説く。（一六〇頁七行、『疫病消除業障経』）
41　芭蕉樹の譬喩。馬鳴菩薩、楽を作る事。（一六一頁一一行）
42　頻婆娑羅王、仙人を殺す。（一六五頁七行、『涅槃経』、『三国伝記』七の七他、浄全四八八）
43　摩納梵士、醜婆羅門と論議する。（浄全四九九）

巻十二

44　貧女、仏に食を施す。（一七三頁二行『往生拾因』）
45　弥天の道安、序正流通、三段分別を予想する。（一八二頁一〇行）
46　孝謙女帝、経文を破る。（一八九頁六行）
47　仏、阿難の勧めにより喬曇弥の出家を許す。（一九〇頁七行、『三宝絵』下、『今昔物語集』一の一九）

巻十三

48　天地の始源、天人、地味を食す。（一九六頁一行、『安楽集』所引『須弥四域経』）
49　日天子月天子、天神七代地神五代、国造り譚、天照大神と第六天魔王の契約（一九六頁一二行、『倶舎頌』他）
50　聖徳太子、四天王寺建立（一九八頁一〇行、『聖徳太子御手印縁起』）
51　当麻曼陀羅縁起（一九九頁九行）
52　比叡山の僧、一生西に背を向けずと誓う。（二〇三頁一行、『日本往生伝』）
53　曇鸞法師、自分を牛に譬える。無為子楊傑、浄土に帰して往生する。（二〇三頁四行）

巻十四

54　陶淵明、廬山の慧遠の弟子となり帰去来の詩を作る。（二一二頁六行、『楽邦文類』五）

巻十六

55　壁塗りの譬喩。（二二九頁二行、『大日経演密抄』所引『荘子』）

巻十七

56　荷沢禅師、木像を焼く。（二四二頁九行、参考『宋高僧伝』八、『沙石集』拾遺）

57　清涼寺釈迦像の縁起（二四三頁五行、『今昔物語集』六の五、『宝物集』一）

58　清海上人、生身の像を得て超勝寺の本尊とする。（二四四頁一六行、『拾遺往生伝』上四五、『閑居友』上）

59　真如堂の本尊阿弥陀は慈覚大師の作なり。（二四五頁一行、『真如堂縁起』）

巻十八

60　蓮華色比丘尼、一番に仏を見ると誤る。（二五二頁一三行、『宝物集』四）

61　澄憲、中堂で夢に金色の阿弥陀を拝す。（二五九頁三行）

巻二十

62　蜎印の譬喩（二七三頁一〇行、『観経修証義』）

63　東国の僧、西山上人に即便往生を問う。（二七五頁一七行）

64　須達長者、祇陀園に黄金を敷く。（二七八頁一四行、『今昔物語集』一の三一）

巻二十一

65　鴦崛摩羅の因縁（二九四頁一行、『今昔物語集』一の一六）

巻二十二

66　阿弥陀魚の因縁（三〇六頁八行、『三宝感応録』上の一八、『今昔物語集』四の三七他）

巻二十三

67　酔婆羅門と蓮華比丘尼の因縁（三一三頁四行、『智論』、『宝物集』四、『三宝絵』序、『今昔物語集』一の二八）

68　或る人、臨終時、法華経をやめ念仏往生する。（三二一頁六行）

69　天台大師、国清寺にて入滅する。（三二二頁八行）

70　妙楽大師、臨終時、高声念仏して往生する。（三二五頁五行）
71　慈覚大師の臨終時、相応和尚、不動の呪をやめる。（三二五頁七行、参考『拾遺往生伝』下一）

巻二十四

72　永観の夢に青衣の鬼二人来て両目に釘を打つ。（三三一頁二行、『拾遺往生伝』下二六）
73　天竺、滅除薬の鼓の譬喩。（三三七頁五行、『註論』所引『首楞厳経』）

巻二十五

74　求縛婆羅門の因縁、随求陀羅尼の功徳。（三四五頁一二行、『宝物集』四、『雑談集』十、浄全四三八）
75　迦葉仏の父、枳栗記王、一夜に十の夢を見る。（三四九頁五行）
76　善財童子、無厭足王を訪問する。（三四九頁一三行）
77　離越尊者の因縁（三五三頁七行、『今昔物語集』三の一七、『三国伝記』三の一六）

巻二十六

78　恒河辺の七種人の譬喩（三六三頁三行、『涅槃経』）
79　提婆、仏を害せんとして無間地獄に落ちる。（三六五頁一六行）

巻二十七

80　阿闍世王、悪瘡を病む。（三七〇頁二行、浄全五一八）
81　唐の恵布法師、臨終に苦しみ、念仏往生する。（三八二頁二行、『往生伝』、参考『続高僧伝』七）
82　大智律師、十六観堂で浄土を観想する。（三八四頁一行）
83　白楽天、鳥窠禅師と問答して得法する。（三八四頁三行、『沙石集』四）
84　智覚（延寿）禅師、頌を作りて念仏を勧める。（三八四頁一四行、『宋高僧伝』二八、『沙石集』四、同拾遺）

崇運寺蔵『曼陀羅聞書』（影印）

曼陀羅中尊

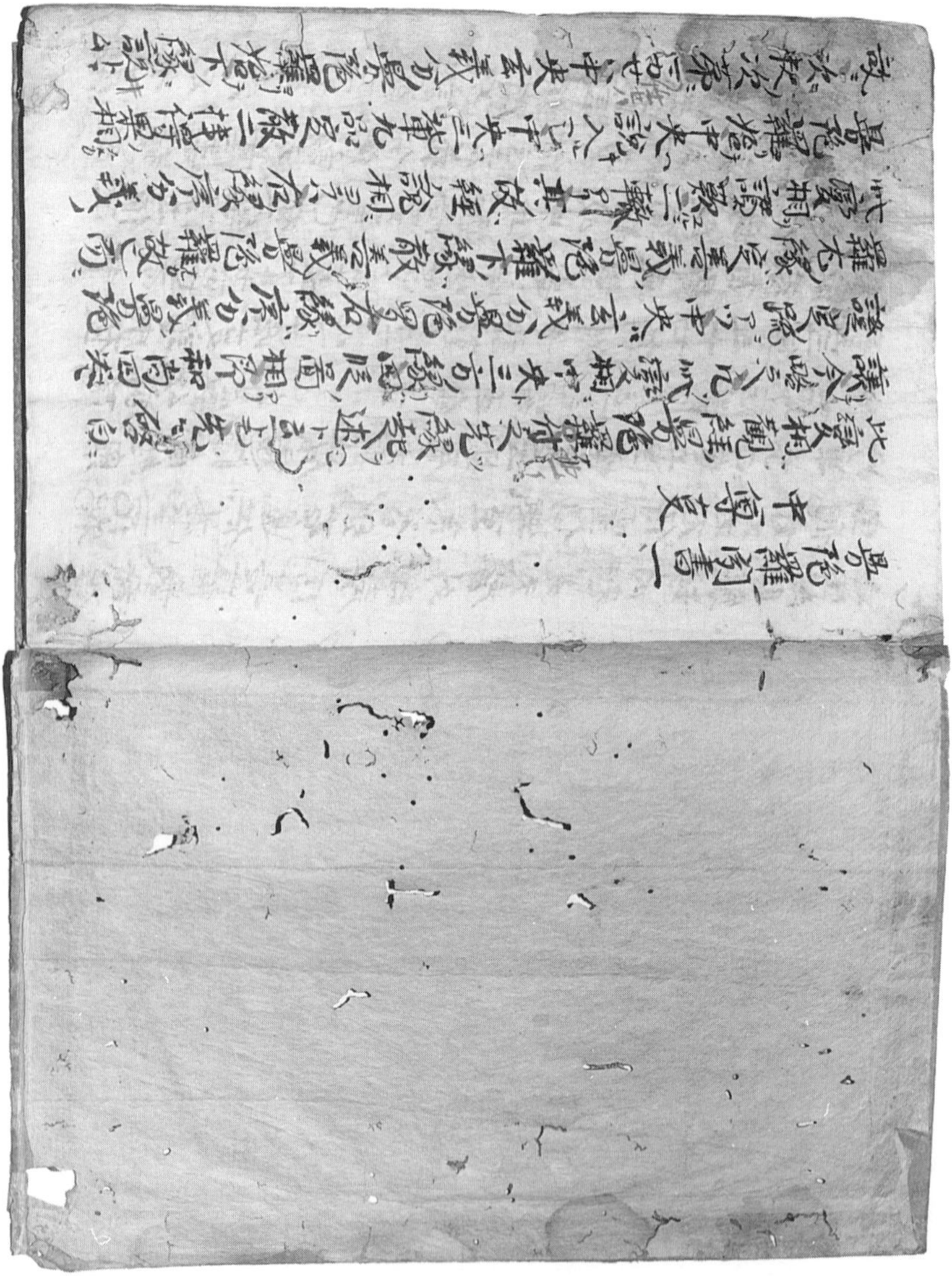

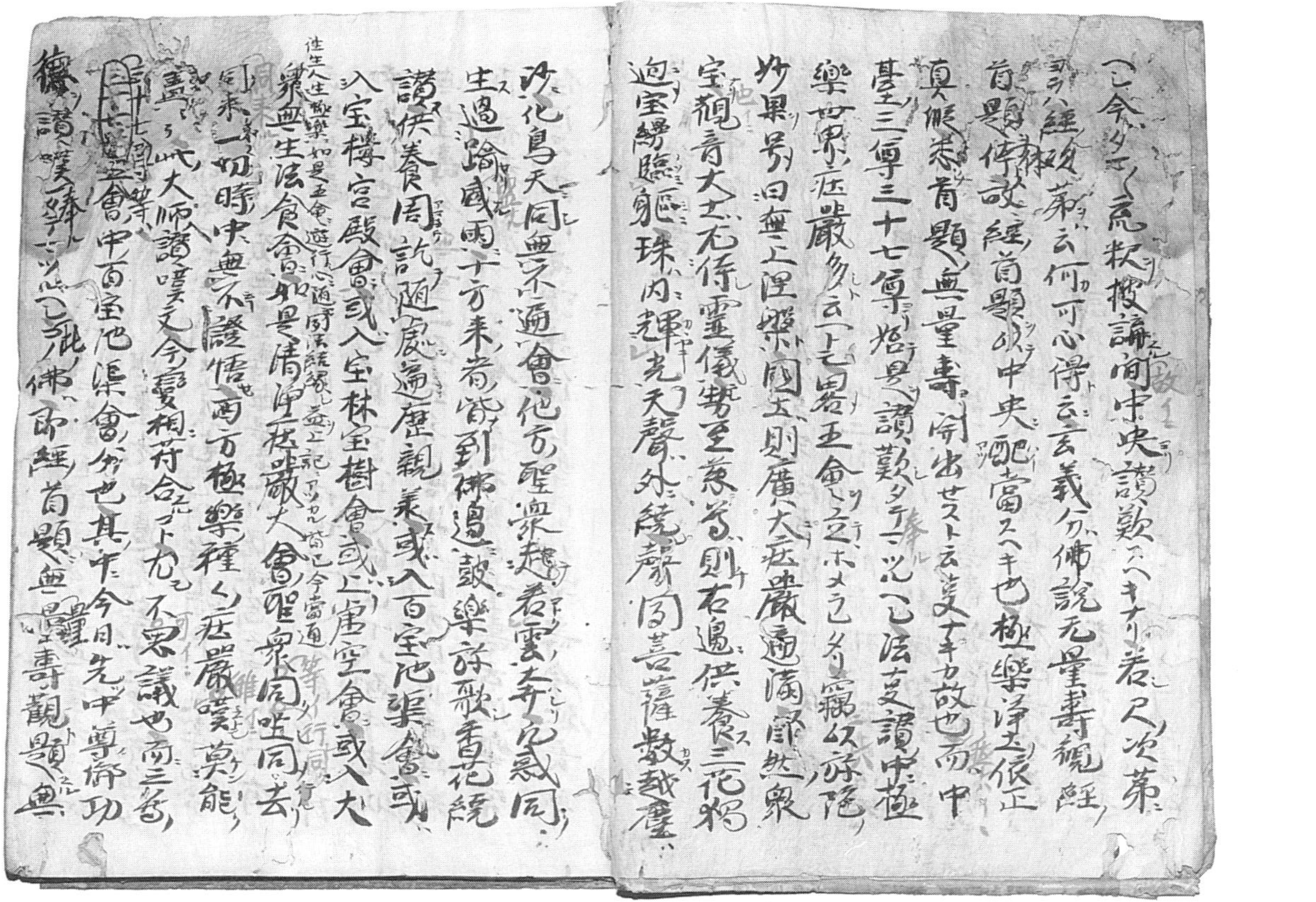

〔乙〕今夕〔乙〕元択被論間中央讃歎スヘキナリ若人次第ニ
如ク八経ノ次第ニ云何可心得云玄義分ニ佛説无量寿観経ノ
首題ノ標ニ依テ故ニ経首題ノ中中央配當スヘキ也極樂浄土依正
眞假悉首題無量寿ニ含出セスト云事ナキカ故也而ニ中
基三尊三十七尊塔是讃歎タテニ〔乙〕法主讃中極
樂世界荘厳多云〔上〕〔乙〕略王舎ヽ立ホメ〔乙〕有寵依尓陀ノ
妙果別旧無上涅槃国土則廣大荘嚴遍満自然衆
宝観音大士无倚霊儀勢至慈尊則右邊供養三花独
迥宝縷臨躯珠内輝光天聲外繞聲聞菩薩数越塵

沙化鳥天同無不適會他方聖衆趣若雲奔而感同
生過踰感西ニ十方来皆到佛邊鼓樂弦歌香花繞
讃供養周訖随處遍歷観義或入百宝池渠會或
入宝樓宮殿會或入宝林宝樹會或上虚空會或入大
衆無生法食會如是清浄荘嚴大會聖衆同此同去
同来一切時中無不證悟西方極樂種々荘嚴嘆莫能
盡此大師讃嘆之文今要相符合[illegible]不思議也而ニ三部
〔二〕十七門ニ中百宝池渠會分也其中今日先ツ中尊功
德ヲ讃嘆[illegible]〔乙〕此佛即経ノ首題無量寿観是無

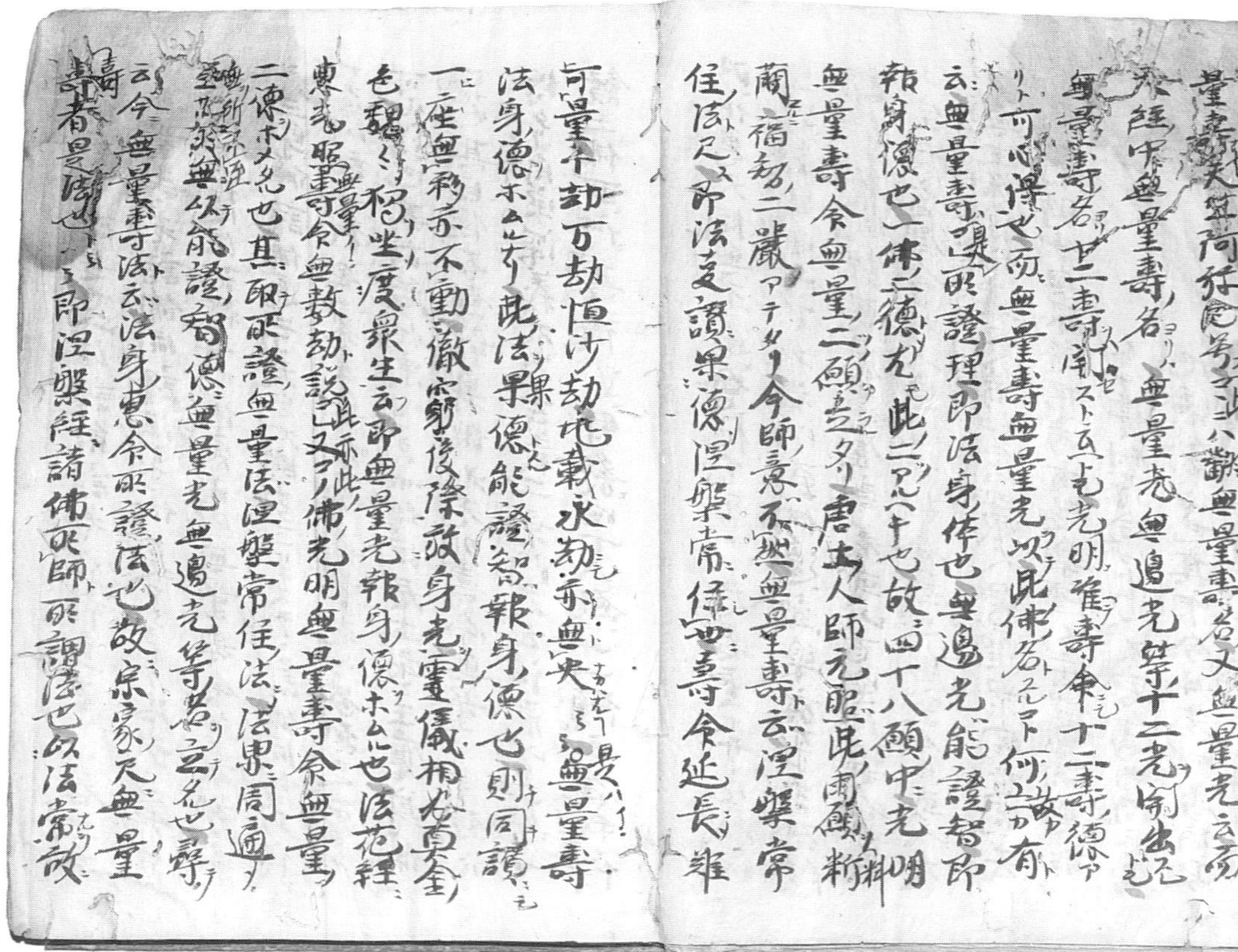
量壽也其阿弥陀号ス此ニハ翻無量壽名又無量光云而
大経中無量壽名ヨリハ無量光無邊光等十二光ヲ開出ス
無量壽名廿二壽開ストモ光明ト寿命十二壽徳ア
リトモ可心得也而無量壽無量光以此佛名トスルコト何故有
云無量壽是所證理即法身体也無邊光能證智即
報身徳也一佛二徳也此二ツアルヘキ也故四十八願中光明
無量壽命無量二願立タリ唐大人師元照此二願ヲ料簡
蘭稲劫二蔵アテタリ今師意不然無量壽ト云涅槃常
住法又所法爰讃果徳涅槃常住無寿命延長雖
可量千劫万劫恒沙劫尤載永劫亦無也是ハイ無量壽
法身徳ホムルナリ此法果果徳能證智報身徳也則同讃
一座無称亦不動徹窮後際放身光靈儀相好真金
色巍巍稱坐度衆生云即無量光報身徳ホムル也法花経
惠光照無量壽命無数劫説此亦此又コノ佛光明無量壽命無量
二徳ホメ名也其所證無量法涅槃常住法法果同通ナ
無所證無以能證智慧無量光無邊光等云名也尋
云今無量壽法云法身恵命所證法也故宗家天無量
壽者是法也即涅槃経諸佛所師所謂法也以法常故

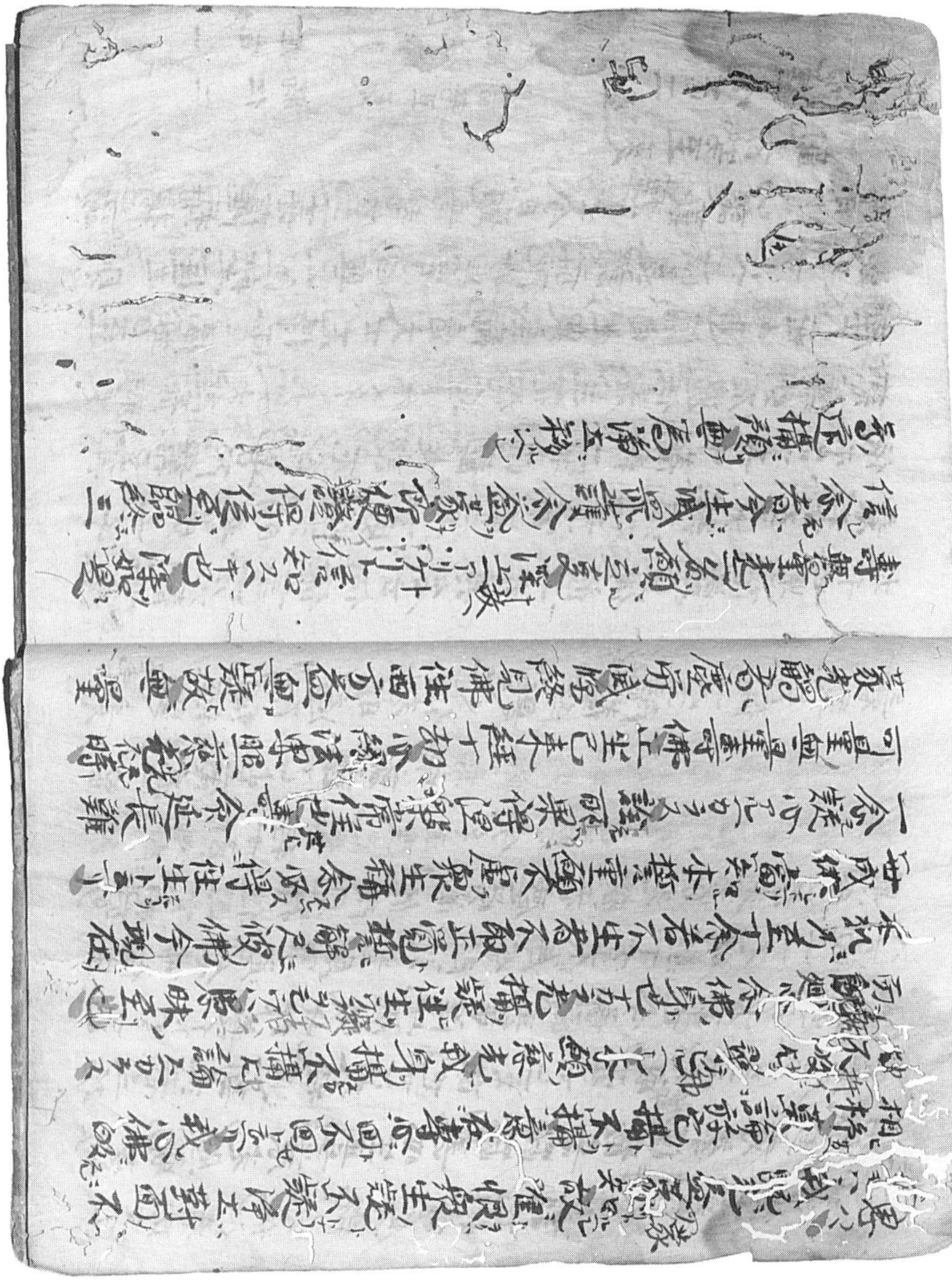

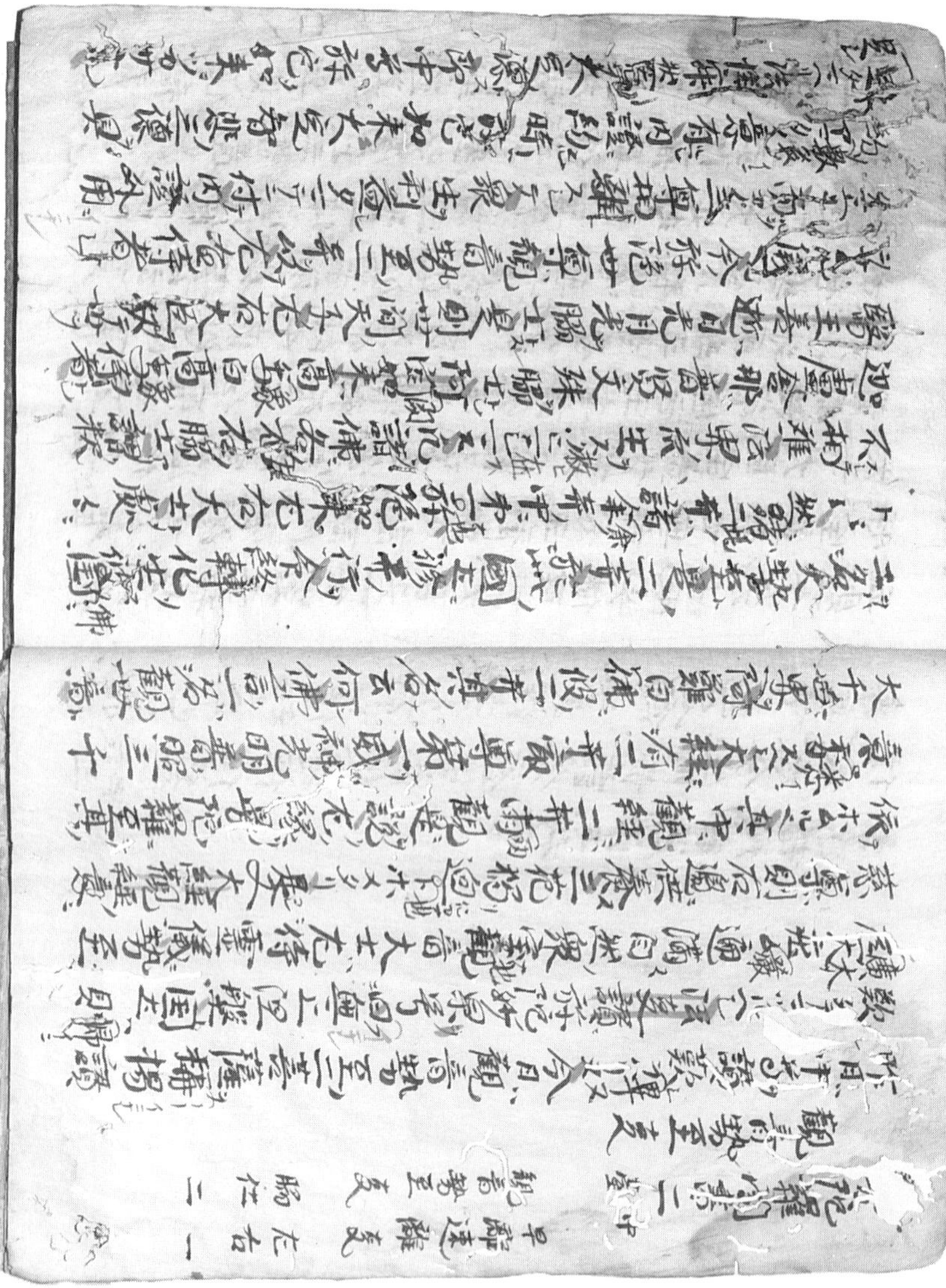
□陀羅門第二　堂中
早離速離変　左右一
観音勢至変　脇仕二
観音勢至変
昨日ハ中尊ヲ讃歎シ奉リ又今日ハ観音勢至ノ二菩薩ヲ称揚讃
歎シ奉ルヘシ弥陀讃云阿弥陀如来号無上涅槃国土ハ則
廣大ニ嚴飾遍満自然衆宝観音大士左侍霊儀勢至
慈悲則右辺供養三花捕廻下ホメタリ是又大経観経意ニ
依ホムル也其中ニ観経ニハ二菩薩ヲ観ス是説モ縁ヲ号陀羅至其
意ヲ発スヘシ大経ニ有二菩薩最尊第一威神光明普照三千
大千世界阿難白仏彼二菩薩其名云何仏言一名観世音
二名大勢至是二菩薩於此国土修菩薩行命終転化生彼仏国
[illegible]然ルニ諸菩薩中ニモ弥陀如来右大士ヲ處ス
不相離法界衆生[illegible]一一ノ諸仏各右ニ脇士ヲ謂釈
迦盧舎那普賢文殊ヲ脇士トシ阿閦如来ニ高象白高象ヲ侍者ニ
薬王善逝日光月光脇士是則世間天子左右大臣ヲ敬也
今此儀ヲ令弥陀世尊観音勢至ノ二菩薩ヲ以テ左右侍者トシ
[illegible]尊相離シテ衆生利益[illegible]付テ内證外用
功徳[illegible]内證約ノ時ハ弥陀如来大定智悲三徳ヲ具
[illegible]

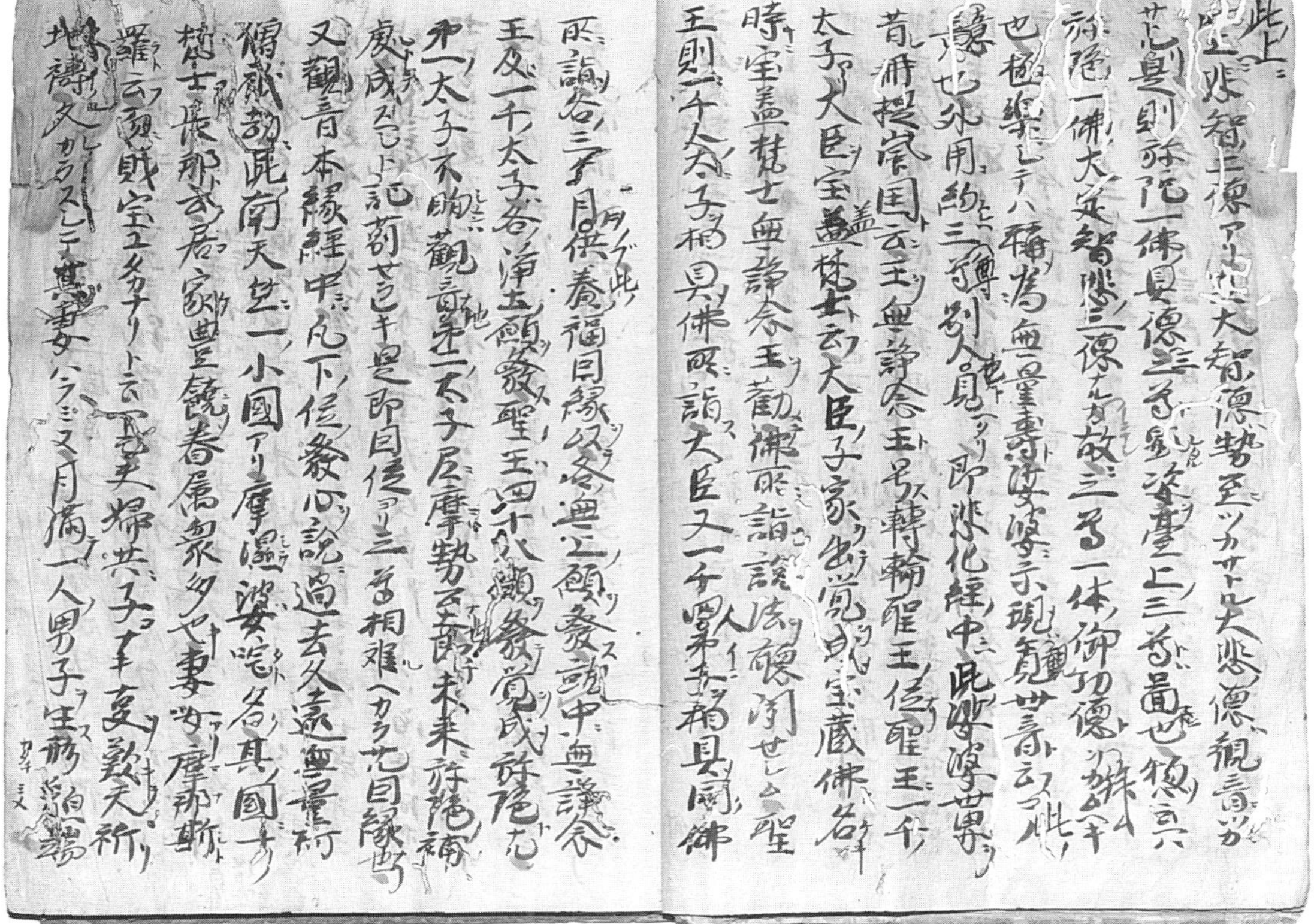
此上ニ悲智二徳アリ此大智ノ徳ハ勢至ツカサトル大悲ノ徳ハ観音ツカサトル
サレハ則弥陀一佛具徳ニ三尊ト[illegible]臺上ニ三尊[illegible]也[illegible]
弥陀一佛大悲智慈ノ三徳ナルカ故ニ三尊一体ノ御功徳[illegible]
也極楽ニシテハ稱ヲ爲無量壽娑婆ニ示現ヲ觀世音ト云ス此ノ
[illegible]也外用約三尊別人ト見ヘタリ即悲化經ノ中ニ此娑婆世界ヲ
昔シ刪提嵐国ト云フ王ヲ無諍念王ト号ス轉輪聖王ノ位有リ聖王ニ一千
太子アリ大臣ヲ宝蓋梵士ト云フ大臣ノ子家ヲ出テ覚ヲ成ス宝蔵佛ト名ケ
時ニ宝蓋梵士無諍念王ヲ勸メテ佛所ニ詣テ説法聴聞セシム聖
王則一千人ノ太子相具シ佛所ニ詣ス大臣又一千四人ノ弟子相具シテ詣ス佛
所ニ詣ス各三月ノ間佛ヲ供養シ福因縁ヲ以テ各無上ノ願ヲ發ス中ニ無諍念
王及一千ノ太子各浄土ノ願ヲ發ス聖王ハ四十八ノ願ヲ發シ覚ヲ成ス弥陀ナリ
第一ノ太子不眴ハ觀音菩薩ナリ第二ノ太子尼摩ハ勢至菩薩ナリ未来ニ菩薩ニ補
處成ス記ヲ蒙リキ是即因位ヨリ三尊相離ルヘカラサル因縁也
又觀音本縁經ノ中ニ凡下ノ位ヲ發心ヲ説ニ過去久遠無量劫
爾時ニ南天竺ニ一ノ小國アリ摩涅婆咤ト名ク其ノ國ニ
梵士長那ト云フ者居ス家富饒ニシテ眷屬衆多ナリ妻ヲ摩那斯ト
羅ト云フ顔貌宝王ノ如クナリト云フ夫婦共ニ子ナク年久シク天ニ祈リ
地ニ禱ル久シカラスシテ其ノ妻ハラミ又月満テ一人男子ヲ生ス[illegible]

即令縁浄土ニ移ル時ナリ處々向浮提大動諸天来リ集リ會歎ス
鳴空中ニ花蔵白骨供養ス其時ニ父長那梵士ト云今尺
迦如来是也母摩那斯羅女ト云今西方阿弥陀如来是也早離速
離ト云ハ観音勢至是也普音明女ト云ハ總持自在菩薩是也普
檀那羅山ト云今霊鷲山是也前絶嶋ト云ハ今ノ補陀落山是也
云リ自位ト云ハ如是三尊ノ位ノ差別若然者内證約三尊一体
云ヘ義相違ト云大乗道理會ニハ全相違ニ非ス其故自位本誓
執ス時ハ各別ト也果位ノ時ハ諸佛覚知會成一佛ノ故前佛
後佛皆同ク一佛ナリ時ハ大定智悲三徳ヲ二佛ノ徳
観音勢至全ク許也具徳也雖然内證ノ法樂ヲ従衆生為ノ益本
カ故自位本願差別立ル故摩那斯羅ハ大定ノ徳ツカサトリテ
阿弥陀如来ト云ハ速離大智徳ヲツカサトリテ勢至是也
三尊位各別也云ヘ仍観音已得果捨不證ト文勢至光明
諸佛浄妙光明ト説三十七尊ハ形相各別坐タモ己心所
自位之時差別位也而佛菩一体ノ義也我本住法
一体ノ義ハ其ノ義也即今日讃既道俗時衆
等ニ行八句偈是意趣也時衆ト云ハ當今劫末ノ我末衆生
各發無上心ト云無上ト云ハ弥陀無上功徳ヲ信スルコトハ此無上

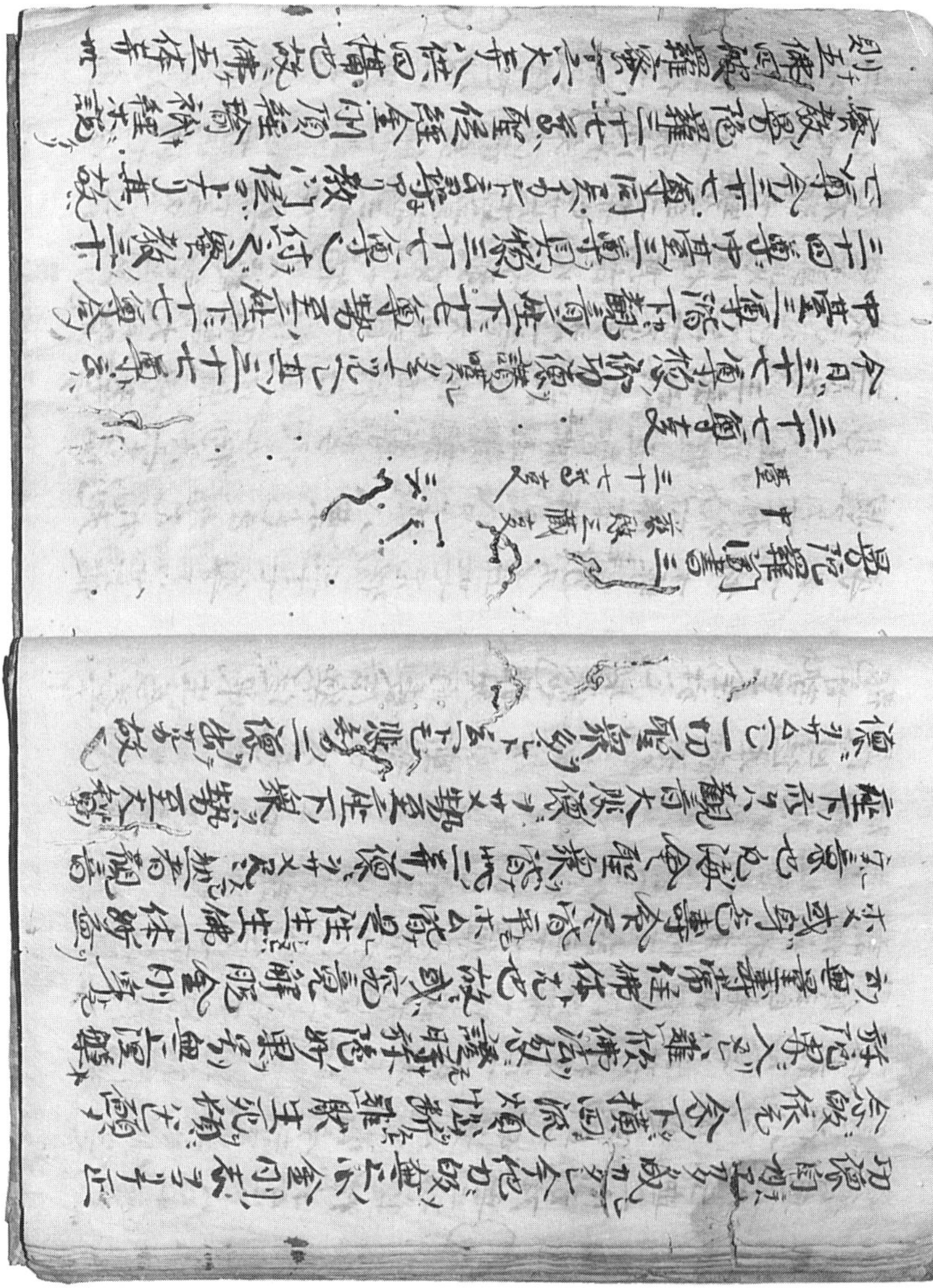
功徳自切五カタ成カタシ今他力故無上心金剛志コリナ正
念故依テ一念下ニ横四流煩悩断ス離厭生死頓證菩提
菩陀界ニ入ル雖依仏法自然證得菩提妙果ヲ得無上涅槃ト
而無量寿常住仏体也故或究竟解脱金剛身ト
変或身色寿命尽皆平等ニシテ皆是往生仏一体妙益
究竟也鬼海会聖衆皆此二菩薩徳ニヨサメ尽ニ然者観音
座下亦タ八観音大悲徳ニヨサメ勢至座下衆ハ勢至大智
徳ニヨサム二一切聖衆多シト云トモ悲智ニ徳ヲ出サヌ故

曼陀羅聞書三
中 慈恩三蔵
臺 三十七尊

三十七尊事
今ノ三十七尊ハ惣徳ノ御功徳讃嘆スルナリ其ノ三十七尊ト云ハ
中臺三尊階下観音座下七尊勢至座下十七尊合
三十四尊中臺三尊具惣三十七尊ト付ク密教三十
七尊合三十七尊同シ教門従ナリ其故ハ
密教曼陀羅三十七尊聖従経金剛頂経瑜祇経ニ説ク
則チ五仏四波羅蜜十六大菩薩八供四攝也故仏五体菩卅

二体也奈憐ノ任ノ手ハ六任也彼ノ中尊ハ大日如来即チ法身ノ
佛也今ノ中尊ハ釈迦如来即報身ノ佛也然者四方四佛也今ハ
左右ハ観音勢至ノ二并也廿ハ真言教ノ三十七尊ニアラストハ云ニ
實義意同作ノ其ノ故ハ凡ソ密教ノ意ハ一切ノ物カスニ納ル智法門ノ
表示ト云也廿ハ一ツアルモノヲハ一智ノ大日ト習ニ二アル物ヲハ両部ノ大日ト習ニ
三ノ物ヲハ三部ノ諸尊ト談シ四ノ物ヲハ四種法身四種曼荼ラ
トモ云ヒ五ノ物ヲハ五智佛五部諸尊アラ云ヒ六ノ物ヲハ六大法
界トモ云ヒ七有ル物ヲハ七佛薬師トモ云ヒ八ノ物ヲハ八葉トモ云ヒ九ノ物ヲハ九
尊トモ名ク十ノ物ヲハ十界トモ云乃至卅七ノ物ヲハ三十七尊ニアツサハ能
金竹木木卅七本明ソコ尊三十七尊ノ道場也ト観ハ卅七尊ノ
三ヘノ地法門修證スヘキ也廿ハ不動ノ明王ハ十六ノ童子アル八中
尊ノ具ノ不動ノ卅七尊ト習ヒ又釈摩訶衍論ノ前重ハ八法ハ八門後
重ハ八法ハ八門合ノ卅二門ノ不摩訶衍ノ具ノ卅三門法ノ四具ノ徳ノ卅七重
凡ソ八高野大師ノ卅七尊ニ三摩地法門ヲ立タマヘリ既ニ竹木ノ木カスニ
納ル法門ノ義理ヲ標ス何ソ今ノ佛并ノ卅七体ナレハ即チ卅七尊ニアラサランヤ
又本日不動ハ各ノ卅七尊アリト云何ソ極楽無漏ノ宝地中央ノ臺
上ノ座ナラハ之ニ諸尊ノ諸佛ノ卅七尊アラサラン既ニ卅七尊ノカス
同ノ何ノ密教ノ卅七尊ニアラスト云ンヤ凡ノ大日釈迦ノ一体異名也普

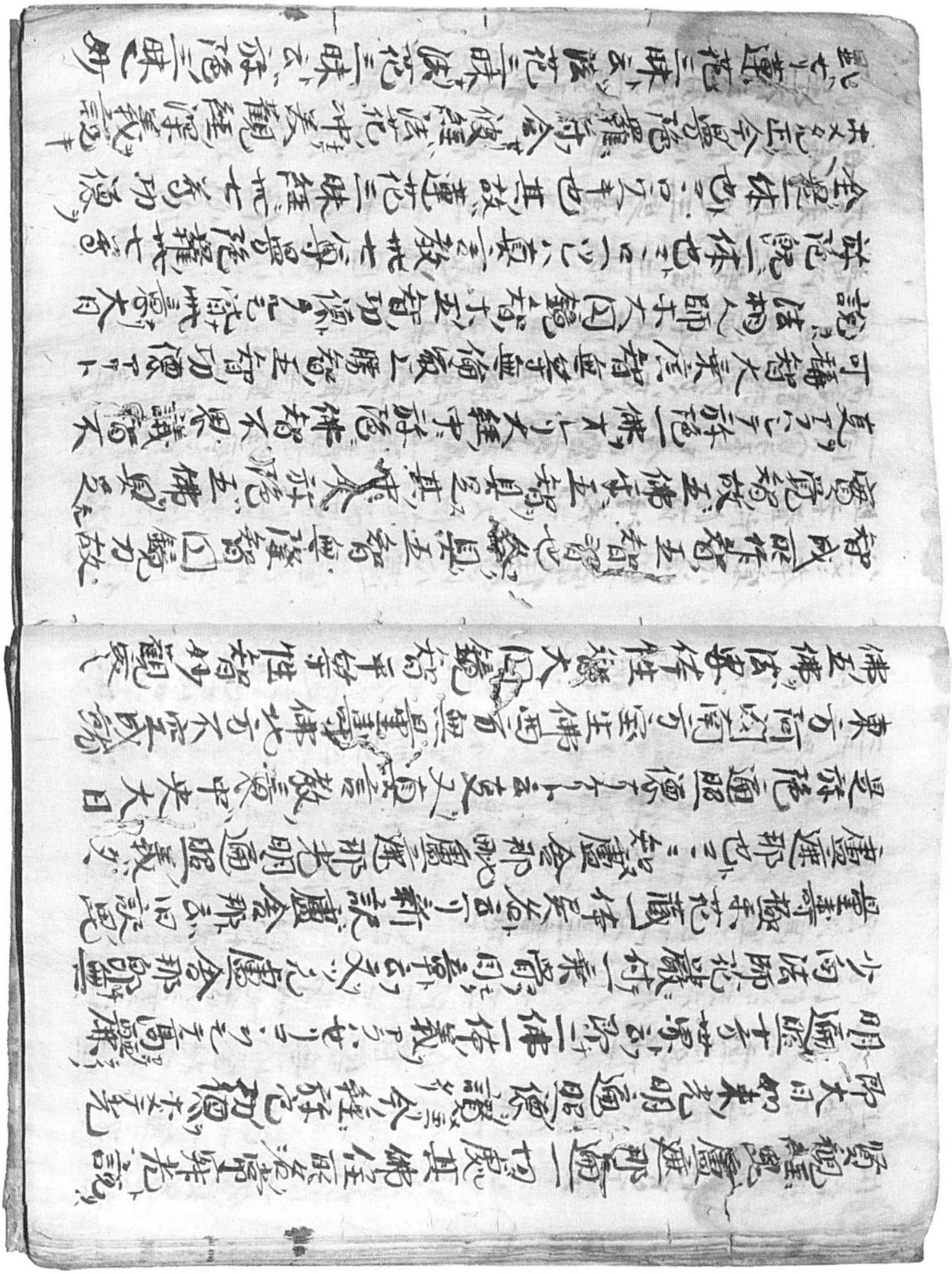

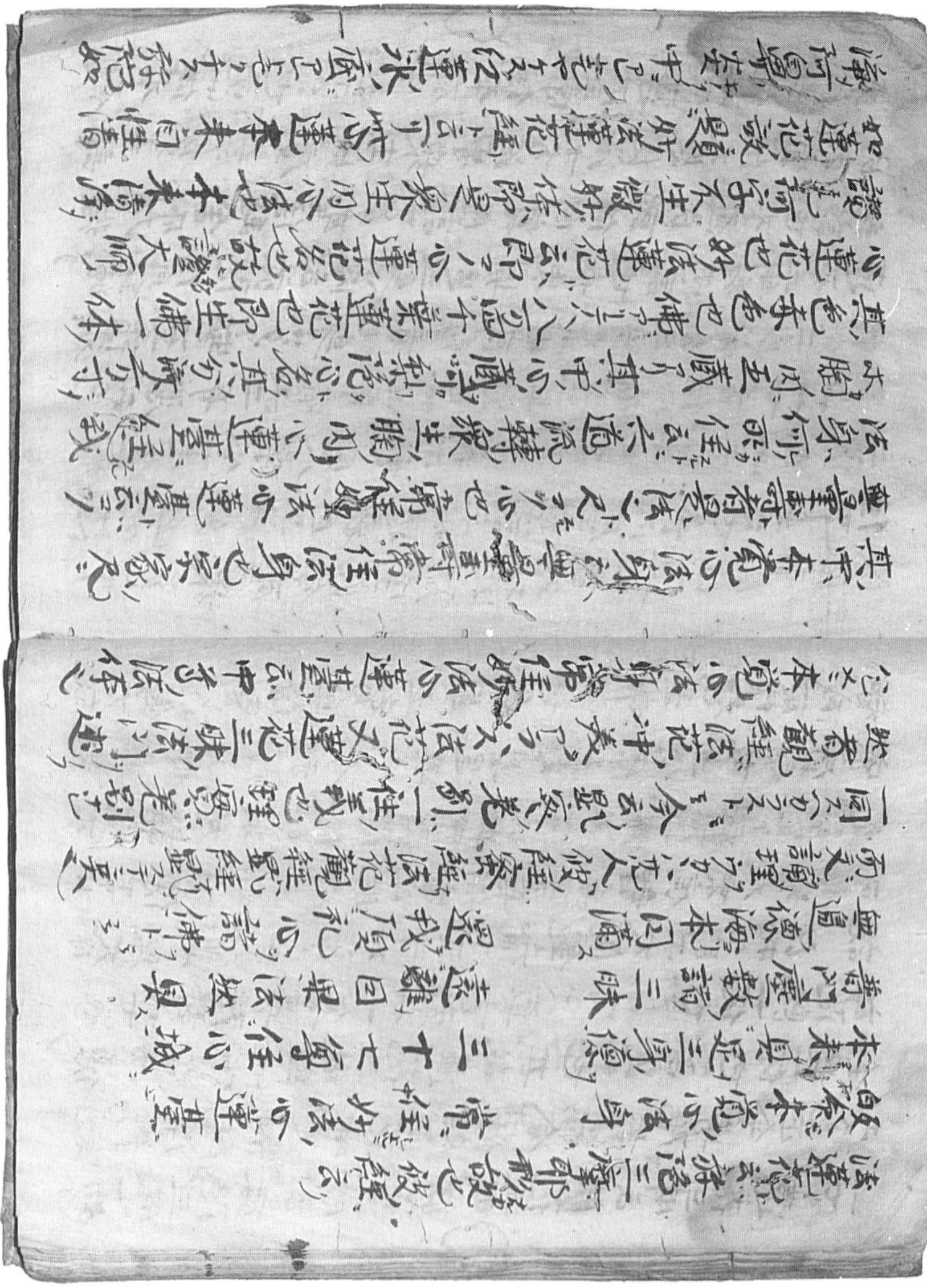

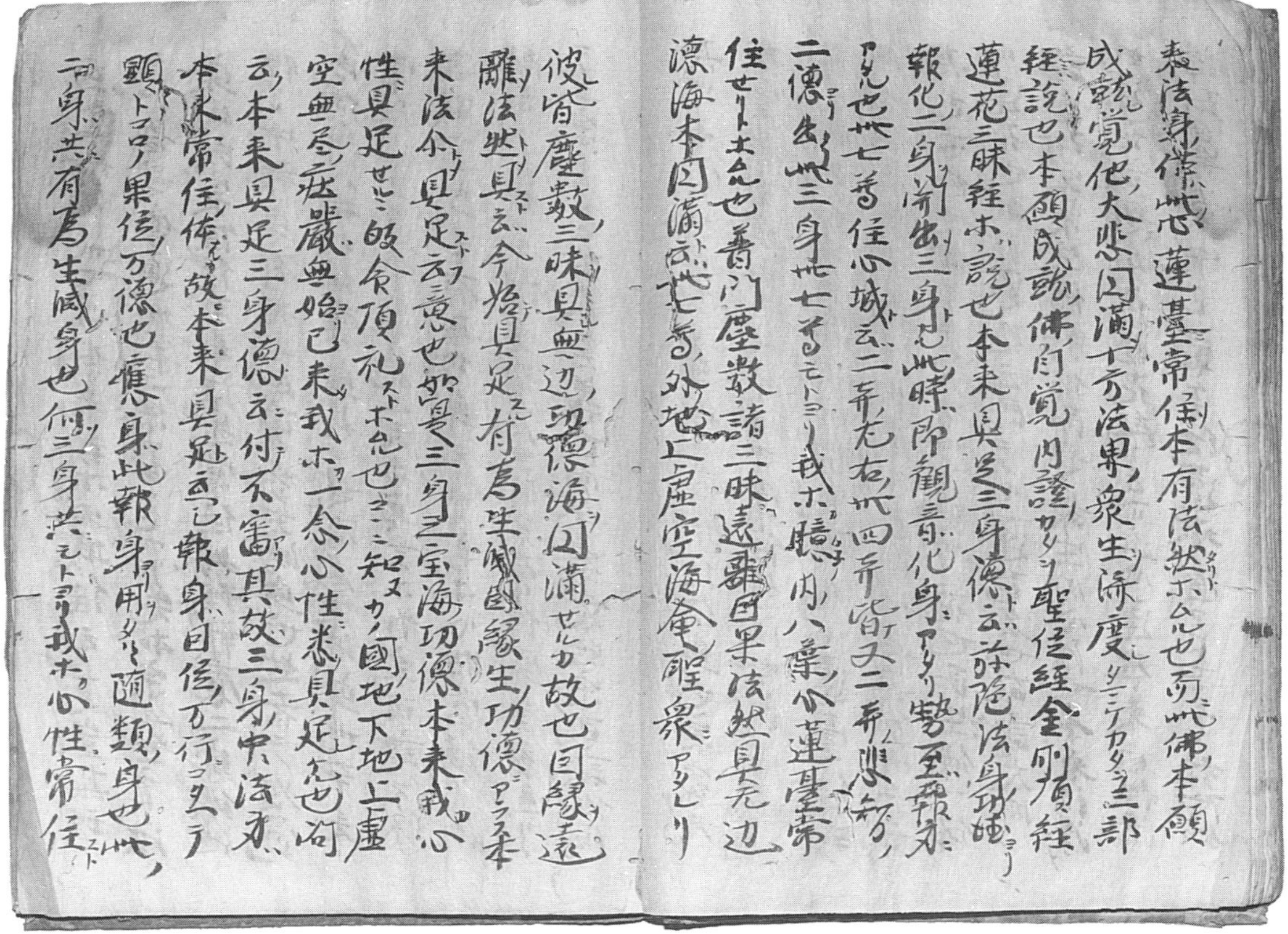

夫法身ノ佛ハ此心蓮臺ニ常住本有法然タルナル也而ルニ此佛ノ本願
成就シ覺他ノ大悲圓滿シテ十方法界ノ衆生ヲ济度シタマフヲ三部
經ニ説也本願成就ノ佛ノ自覺円證カタシ聖位經金剛頂經
蓮花三昧經ホニ説也本来具足三身德ト云ハ法身ハ功德ヨリ
報化二身ヲ削出ス三身ト云ハ此時即觀音ハ化身ニアタリ勢至ハ報身ニ
アタル也此七善住心城ト云ハ二并右右ハ四并皆又二并悲智ノ
二德ヨリ出ス此三身七善ヨリ我等カ聴内ハ八葉ノ蓮臺常
住セリト云ル也普門塵數ノ諸三昧遠離因果法然具足无辺
德海本因滿ト云ル此七善ノ外ノ地上虚空海會ノ聖衆ニアタレリ

彼ノ皆塵數ノ三昧具無辺ノ功德海圓滿セルカ故也因縁遠
離ノ法然具足スト云ハ今始テ具足スルニ有為生滅因縁生ノ功德ニアラス本
来法爾トシテ具足スト云意也如是三身ノ宝海功德本来我心
性ニ具足セルニ故令頂礼スト云ル也ニ知ヌカノ國地下地上虚
空無邊莊嚴無始ヨリ已来我等カ一念ノ心性ニ悉具足スル也何
云ノ本来具足三身德ト云ニ付テ不審アリ其故ハ三身ノ中ニ法身
本来常住ノ体ナルカ故ニ本来具足ト云ヘシ報身ハ因位ノ万行ヲ以テ
顯トコロノ果位ノ万德也應身ハ此報身ヨリ用タル随類ノ身也此ノ
二身ハ共ニ有為生滅ノ身也何ソ三身共ニ本ヨリ我等カ心性ニ常住スト

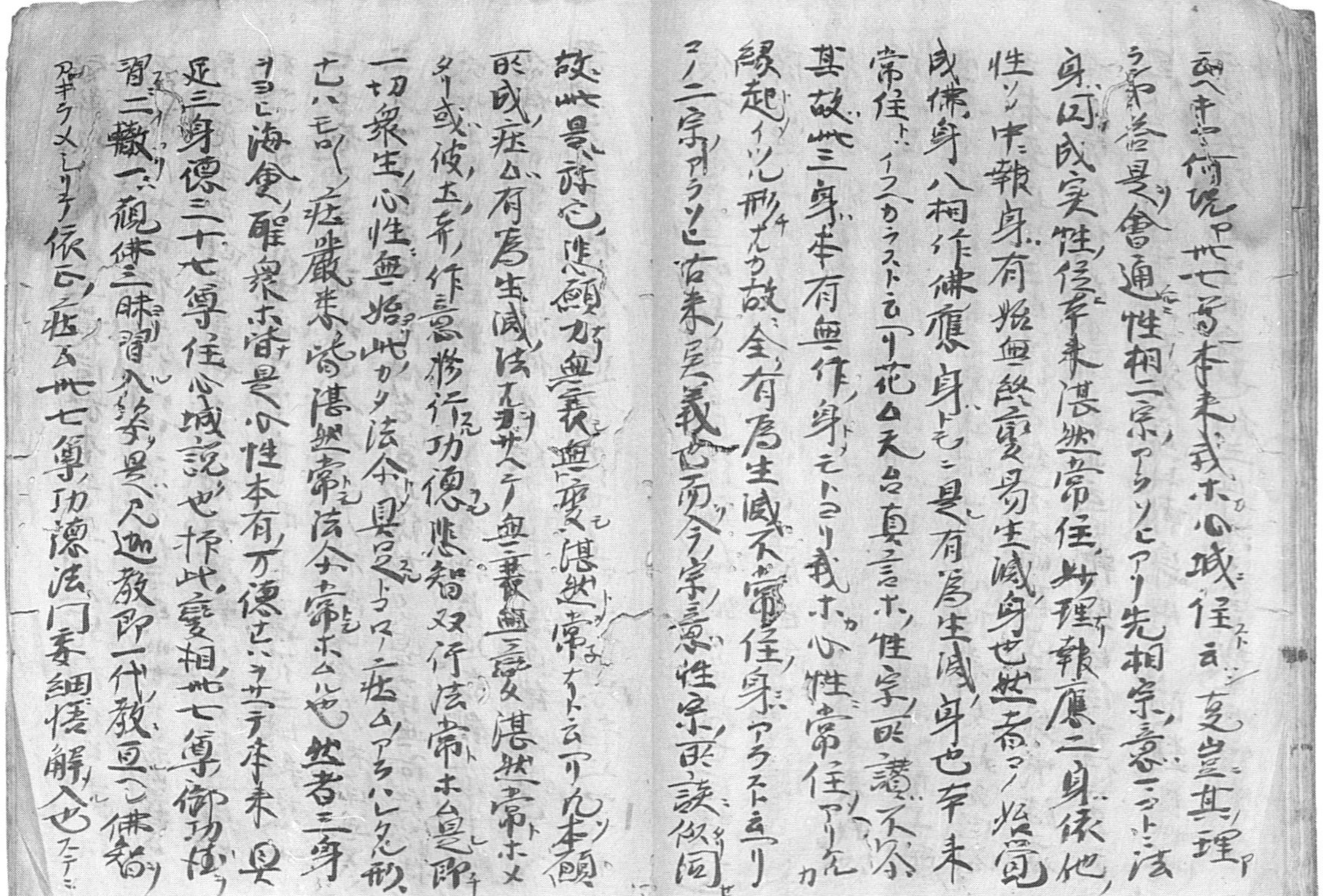

爾ヘキヤ何況ヤ卅七尊本来我等カ心城ニ住スト云ン寔ニ豈其理ア
ラン若爾者是ヲ會通セハ性相二宗アラソヒアリ先相宗ノ意ニ云ハ法
身ハ凡成実性ニ依テ本来湛然常住也此理ヲ報身應身ニ身ハ依他
性ソノ中ニ報身ハ有始無終變易生滅身也此者ハ始覺
成佛ノ身ナリ八相作佛應身トモニ是有為生滅ノ身也本来
常住トハイフヘカラスト云ヘリ花厳天台真言等ノ性宗ノ所談ハ不尓
其故ハ此三身本有無作ノ身ニシテトヨリ我等カ心性常住ナリケル
縁起イツル形ナルカ故ニ全ク有為生滅不常住ノ身ニハアラスト云ヘリ
マノ二宗アラソヒ古来異義也而今ノ宗ノ意ハ性宗ノ所談ニ似同セリ

故ニ此是ハ許ス也悲願力無義無變湛然常住ナリト云ヘリ凡ソ本願
所成ノ荘厳ハ有為生滅ノ法ニ非スサヘテ無義無變湛然常住ナル
タリ或ハ彼五劫ノ作意思惟修行ノ功徳慈悲智ヲ行法常住ナル是即チ
一切衆生ノ心性無始ヨリ此カタ法尓具足セル所ノ荘厳アラハレ來ル形チ
ナレハモ同シ荘厳皆湛然常住法尓常住ナル也然者三身
ヨリヒ海會聖衆ハ皆是心性本有ノ万徳ナレハ本来具
足三身徳三十七尊住心城ト説也抑此變相卅七尊御功德ヲ
習ニ徹スレハ観佛三昧習入ル染ル是ハ凡迦教即一代教ヲ亘テ佛智
ヲ弁ヘラメシリテ依正ノ荘厳卅七尊ノ功徳法門委細悟解スヘキ也

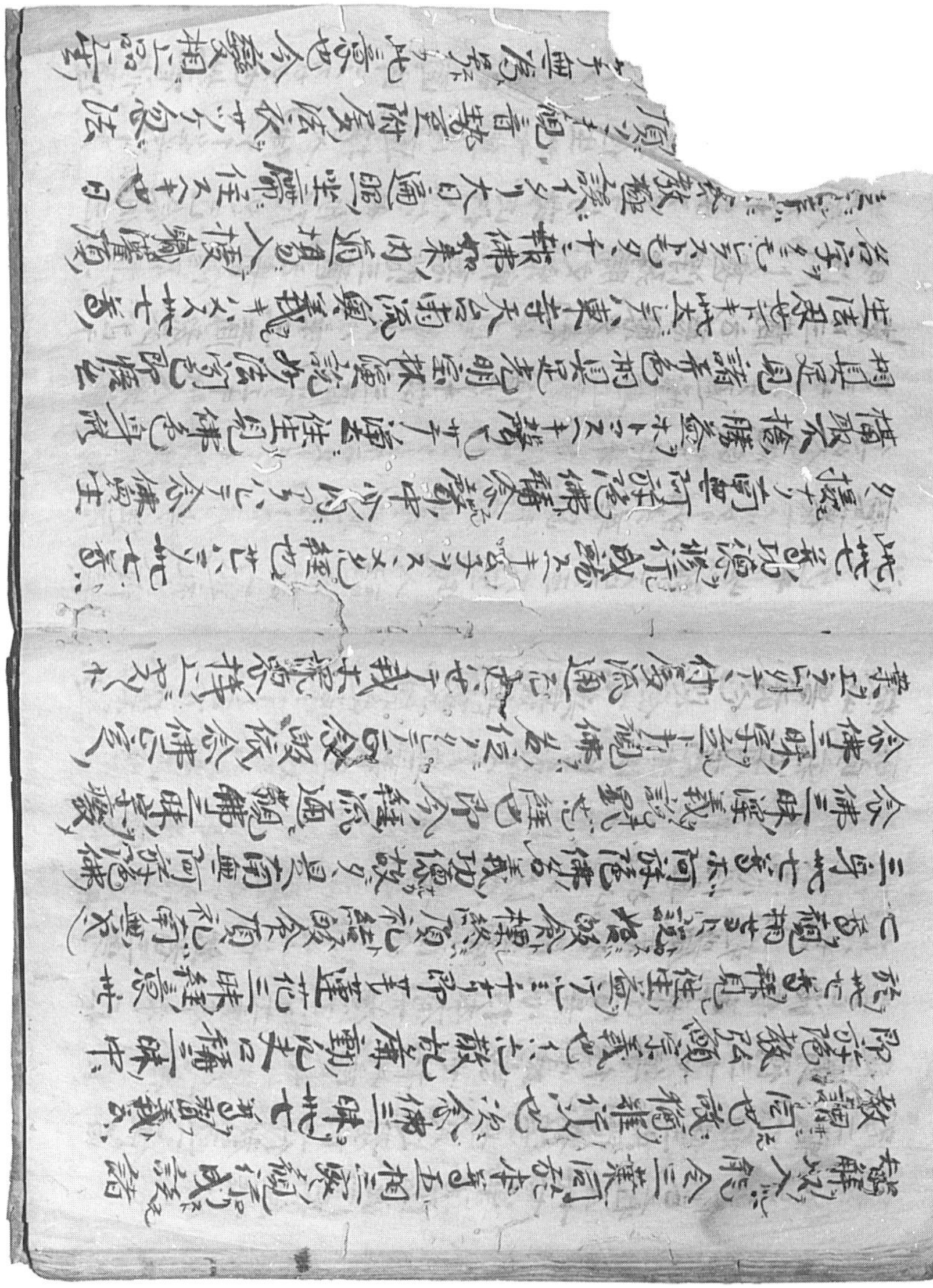
解以入能令三業同於本尊五相三密観行成就諸
教謂同也故備雑行也 次念仏三昧廿七尊習義
即阿弥陀教弘顕宗義也 亦散乱麁動凡夫口称三昧中
於廿七尊拝見往生益 即蓮花三昧経意廿
七尊観相尊説 始畢標終頂礼結畢令頂礼南無
三身廿七尊本阿弥陀仏名義功徳故 是南無阿弥陀仏
念仏三昧深義説畢也 即今経流通観仏三昧宗義
念仏三昧字之 観仏名位 念畢依念仏心
業 付属流通 我大衆持
此廿七尊功徳修行成就 廿七尊
摂 南無阿弥陀仏称念声中 念仏衆生
摂取不捨勝益 往生見仏色身
相具足見諸尊色相具足光明宝林演説妙法聞已即悟
生法忍 此大 東寺天台両流奥義 廿七尊
名字 報仏如来内道場入授職灌頂
教極談 大日遍照 坐 任 日
頂 観音勢至附属法衣 忽法
無為 此意也今變相上品上生

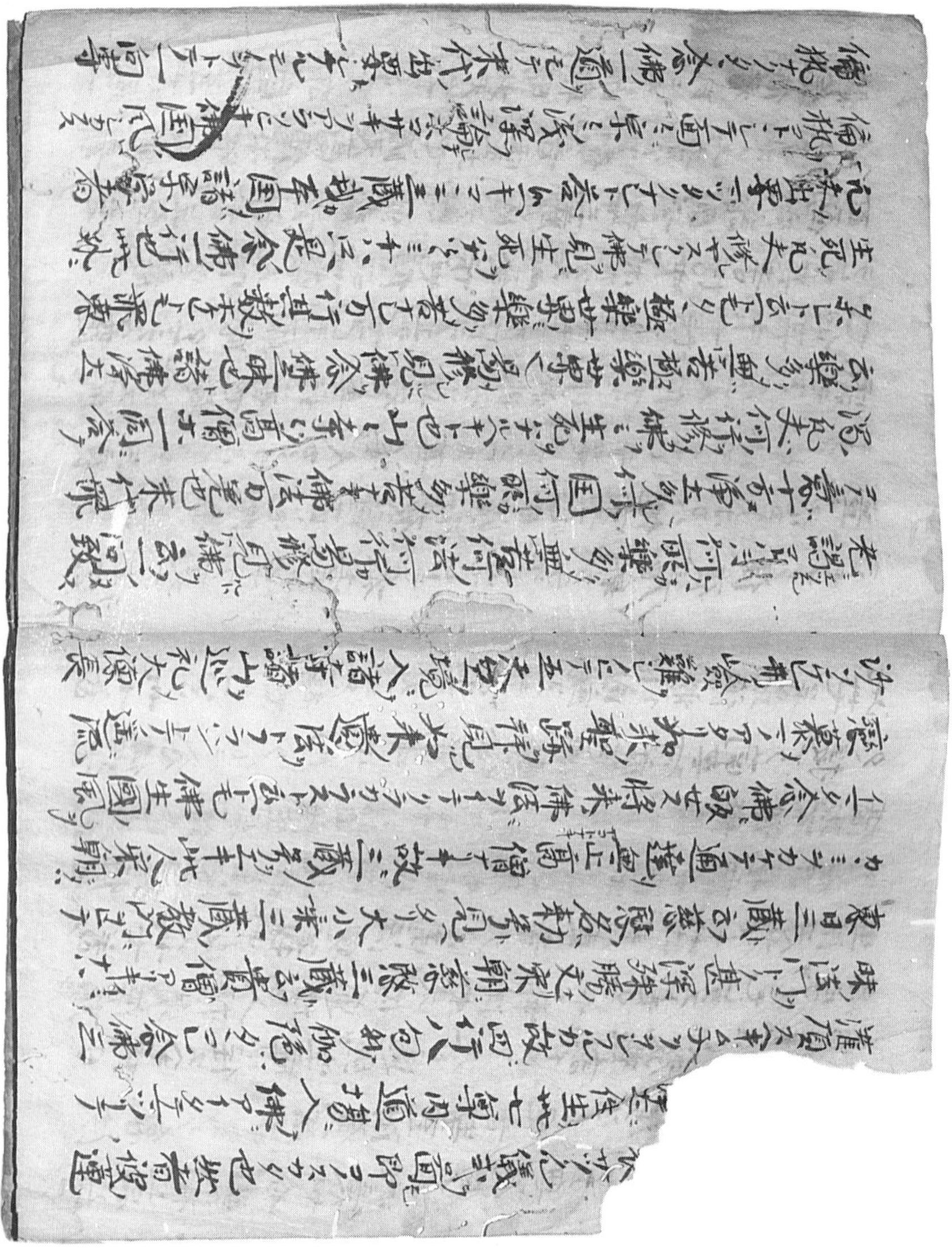

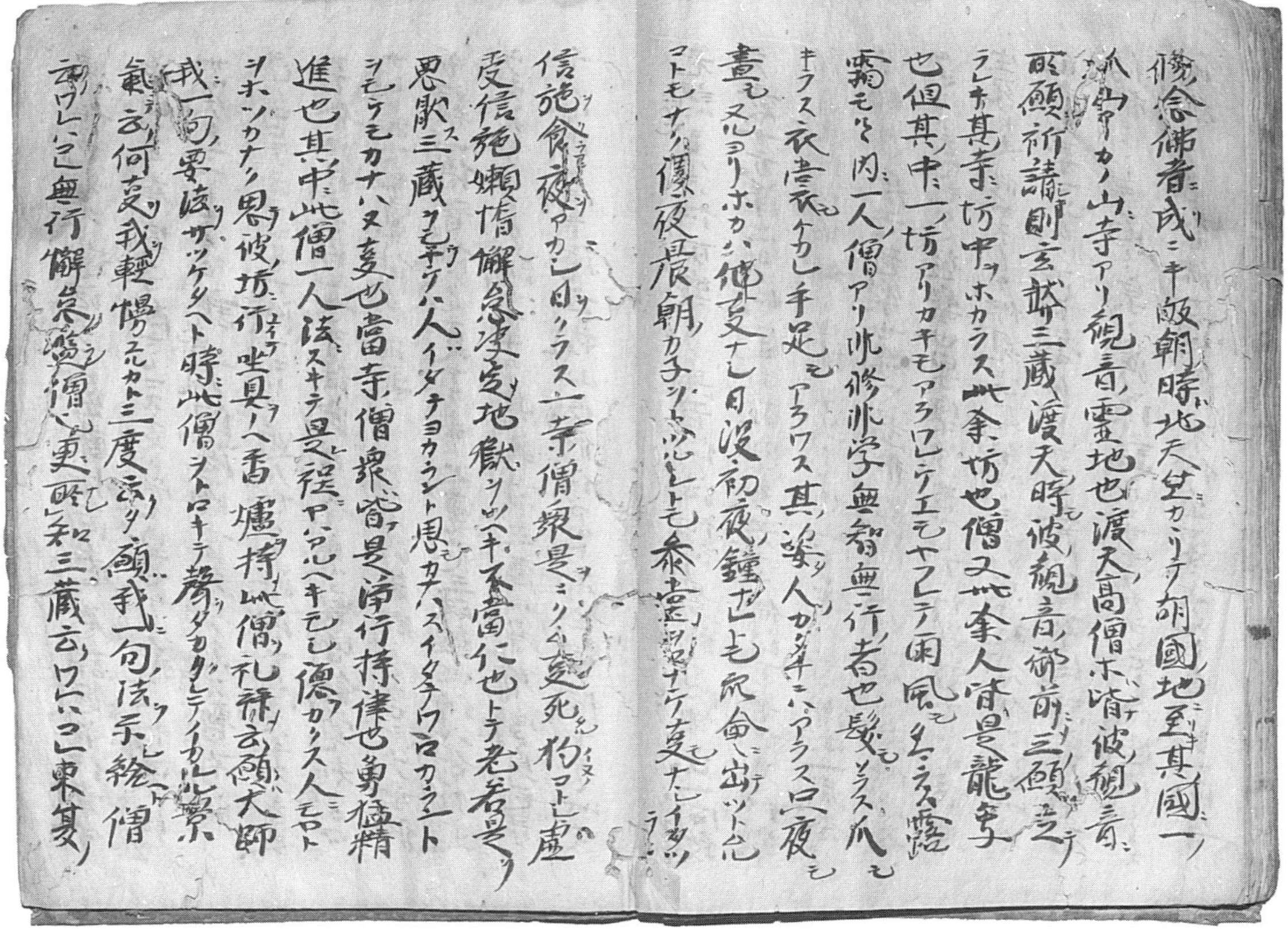
修念佛者ニ或ル十斎朝時ニ地天ヨリ生カリテ胡國ノ地ニ至ル其國ノ一
爪山寺カノ山寺アリ観音ノ霊地也渡天ノ高僧ホ皆彼観音ニ
所願祈請ス則玄奘三蔵渡天ノ時モ彼観音ノ御前ニ三願ヲ立テ
ラレキ其寺ノ坊中ニホカラス此余ノ坊也僧又此余ノ人皆是龍字
也但其中ニ一ツノ坊アリカキモアラワレテ玉モナシテ雨風モ父ス露
霜モタマル内ニ一人ノ僧アリ此修非学無智無行者也髪モソラス爪モ
キラス衣ニ衣モカケス手足モアラワス其ノ姿ノ人カラキニハアラス只夜モ
晝モ又ヨリホカハ佛事ナシ日没初夜鐘ヲ打モ[illegible]命ニ出ツトモ
コトモナク晨夜晨朝ノカネウツトモ参ル事モナシ[illegible]
信施ヲ食ス夜アカシ日クラス一寺ノ僧衆是ヲ見テ死シテ後ニ虚
受信施嬾惰懈怠ノ者地獄ニ堕ヘキ不当ノ仁也トテ老若是ヲ
思ヒ歎ス三蔵ノ弟子ノ人々イタチヨカラントモ思ヒカナハスイタチワロカラント
ヲモフテモカナハヌ事也當寺ノ僧衆皆是浄行持律ノ也勇猛精
進也其中ニ此ノ僧一人法ニ背キテ是ヲ従ヘキモシ德カクス人ニモヤト
ヲホツカナク思ヒ彼ノ坊ニ行テ坐具ノヘ香爐ヲ持テ此僧ヲ礼拝シ玄奘大師
我ニ一句ノ要法ヲサツケタヘト時ニ此ノ僧シトロキテ驚タカタカレテ[illegible]
氣ニ云ク何ヲ我ヲ輕慢スルカト三度云ヒ頻ニ我ニ一句ノ法ヲ示シ給ヘト僧
哀レワレハコレ無行懈怠ノ僧也更ニ悟ル所無シ三蔵ニ云ク我ハコレ東ノ其ノ

愚僧也如来遺法ヲ出離ノ指南ト知カ爲ニ諸國修行ス筆今
大師ニ奉リ定子細ニシテスランド覚與ニケテ我一句ノ要法ヲ
サツケタマヘトモタシ請ス此ノ僧落涙久モノイハス暫有テ涙ヲ
ミシノコヒテ云ヲヨキカナ汝ニコトノ道人也ケリ法ヲ求テ下向ハチスト云事
アリ今汝是ナリワレ此ノ寺ニ住テ既ニ年久シ愚痴闇鈍ニ覚知トコロ
ナシト云ヘトモ要傳ノ出要ナキニアラス即先師ニシタカヒテ大乗修
多羅ノ一偈ヲ習傳ル事アリトキ[illegible]ノ上ノ蓮花三昧経ノ四行八句ノ文ナリ
ウラニカミタテトクノ誦カサチテ其義ヲ談ス三蔵此ノ聲ヲ聴聞ノ身毛ヨタ
チテ心肝ニ[illegible]キ僧ニ云ク我レ此ノ法ヲ修行アルトキ八[illegible]ヲ胸ニアテ此ノ文ヲ
誦サヌ此ノ夢ノ中ニ三十七尊ノ座アラハテ胸ノ間ニ住シ給フヲミル時アリ
或時ハ合掌ヲ額ニアテニシキサテ此ノ文ヲ誦スルニ此ノ七尊ナラハヘテ眼ノ前ニ現シ
フツミルサリモアリ我無智愚鈍ノ身也ト云ヘトモ年来此妙偈ヲ持ス見佛
三昧勝利ノ[illegible]ヲ盤ニ[illegible]一偈ヲ持ス無学ノ果ヲ證シタリシカコトシ而カ
此ノ法ヲテケタモチテ年久シト云ヘトモ傳法ノ器量ノ仁ナキカ故ニアエテ是ヲ
披露セス請法ノ人レテ要道ヲシトサレ又サラシカ爲メニ故ニ無行ノ懈怠ノ
相ツレレキ念ノ汝求法ノ志切ナレテ三請スルニ辞退アタハス是ヲ
サツケン東土ニ行テ此ノ法ヲモテ人ヲ化シ往生セシムヘシ我本望既トケヌ今ハ
業モ盡ナシ今月往生スヘシ願ハ三蔵受法ノ恩ヲ報セントナラハ[illegible]一

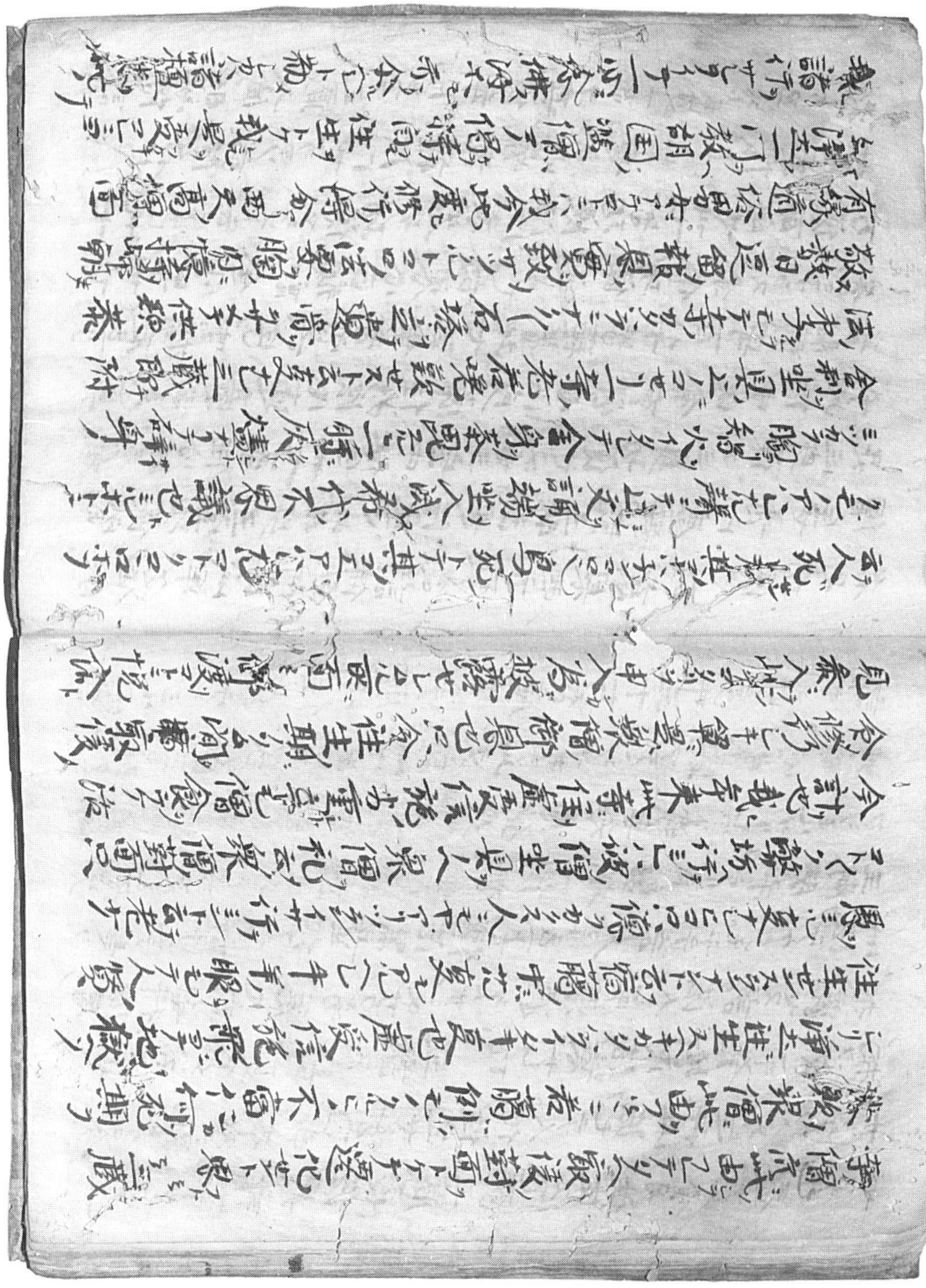

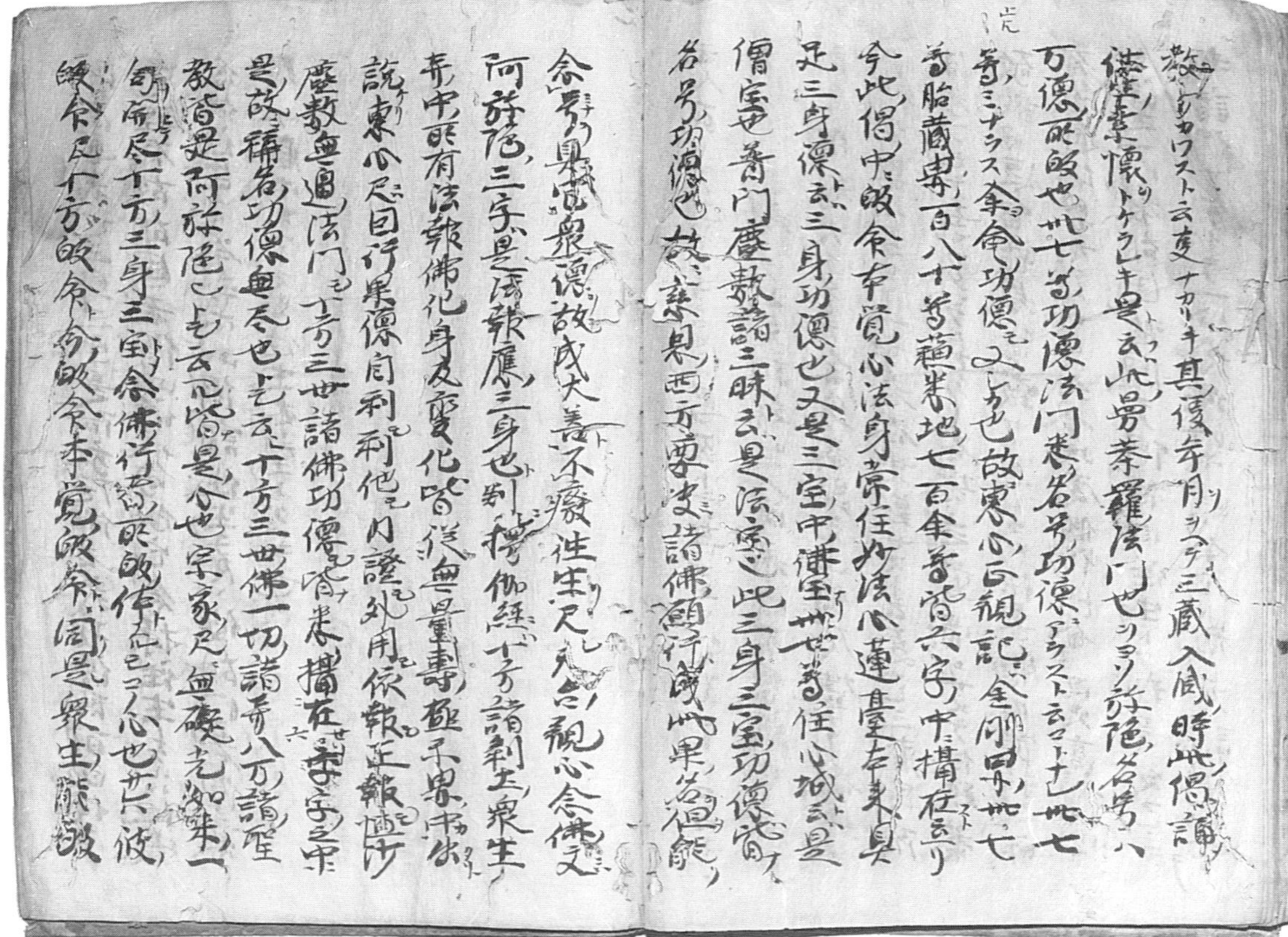
歎ヲカワスト云事 又ナカリキ 其後年月ヲヘテ三蔵入滅時此偈誦
修集ノ懐トケテ是云 此男恭羅法門也 此ヨリ弥陀名号ハ八
万徳所故也 卅七尊功徳法門悉名号功徳アラスト云コトナシ 卅七
尊ニナラス余命功徳モ又然也 故東心正観記云 金剛界卅七
尊胎蔵界百八十尊蘇悉地七百余尊皆六字ノ中ニ構在ストイリ
今此偈中所令本覚心法身常住妙法心蓮台本来具
足三身徳云ト 三身功徳也 又是三宝中仏宝 卅七尊住心城云ト 是
僧宝也 普門塵数諸三昧云ト 是法宝也 此三身三宝功徳皆
名号功徳也 故ニ慈恩西方要決ニ 諸仏願行成此果名 但能
念号具包衆徳 故成大善 不廃往生ト 又 念ノ観心念仏文
阿弥陀ノ三字ハ是法報応ノ三身也 對揀伽経ニ 十方諸刹土衆生
并中所有法報仏化身及変化皆従無量寿極楽界中出
説 東心尼 回行果徳 自利利他 内證外用 依報正報 摠以
塵数無辺法門 十方三世諸仏功徳 皆来摂在六字之中
是故ニ称名功徳無尽也 云云 十方三世仏一切諸尊八万諸聖
教皆是阿弥陀 云云 皆是今世宗家 足無礙光如来一
句所尽十方三身三宝 令仏行所成 作 一心也 此彼
頌令足十方所令 令所令本覚所令 同是衆生所徴

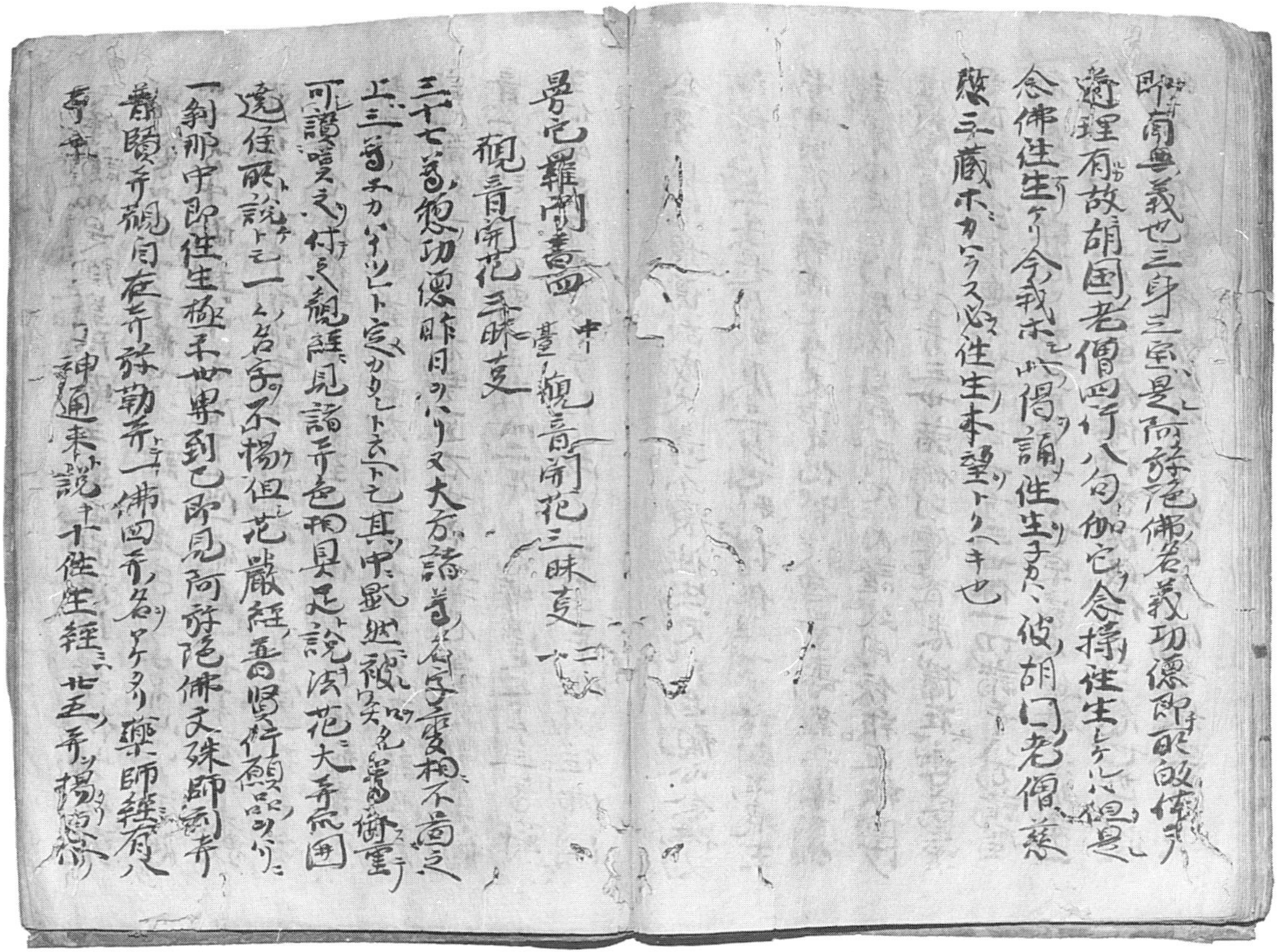

即南無義也三身三宝是阿弥陀佛名義功徳即取故佛
道理有故胡国老僧四行八句伽陀念揚往生ケリ但是
念佛往生ナリ今我ホモ此偈ヲ誦往生ナリ彼胡国老僧ノ慈
悲ニ蔵ホカハラス必往生ノ本望トリハキ也

曼陀羅開書四　中
観音開花三昧支　臺ノ観音開花三昧支
三十七尊ノ徳功徳昨日ハリ又大方ノ諸尊ノ尊字変相不尚之
上三尊モカハツヒト定カクヒトスト下之其ノ中ニ鼠然ニ被ルクス尊ノ衛霊
可ト讃嘆之ヲ付之ハ観音ヲ見ノ諸尊色相具足ト説法花ニ大尊ノ宗田
遠任所説ト云一ノ名字ヲ不揚但花厳経ノ普賢行願品ハリ
一刹那中即往生極楽世界到已即見阿弥陀佛文殊師利尊
普賢尊観自在尊弥勒尊一佛四尊ノ名ヲアケタリ薬師経ニ八
尊ト文　神通来ト説十往生経ニハ廿五尊ヲ揚ケタリ

六時讃ハ如是除蓋障薬王薬上跋陀婆羅抜(?)陀花聚
山海恵地蔵千手観世音諸菩薩名字ツラ子タリ此ハ大聖等
廿七尊中御其中先階下右一座當一尊アテ右手ニ未敷
蓮花ヲ千右手ニ開花下ヲ持則観音左一座當一尊アテ合
掌ヲ捧合蓮花勢ナセルハ勢至也但シ普通儀観音左ハ
勢至右也今ハ勢至勢ガ至左観音右座キカエテ是ハ諸経ニ見ヘ
説也観経ニ意観音右勢至右也亡羅尼集経勢至左観
音右説其故暫置桁此二尊ノ多クハ時其臺ニアテ三尊對
坐何時階下ヘ下リタリテ往シ給フト云此ニ尊(?)佛別信佛ニ同
信アリ佛ハ聞時三尊對坐三花相迴相見即涅槃三德清
浄因明三身円満内證平不体標也佛別昧大悲大智
利益衆生向時道階下ニカリクタリテ観音開花三昧入衆生
度勢至合花三昧倒衆生度也此時我不為大尤(?)也
然者三尊威儀内證平等德標二尊一階クタル威儀三
尊巻別相標也其中ニ観音開花三昧ト云事大日経金剛
頂経未委説又和尚定善義見ニ或曰大悲心菩入開花三
昧疑障乃除宮花開發見則今念佛行者三心開發相
也大方此開花三昧是亂変諸教説今云中ニ怨持教(?)

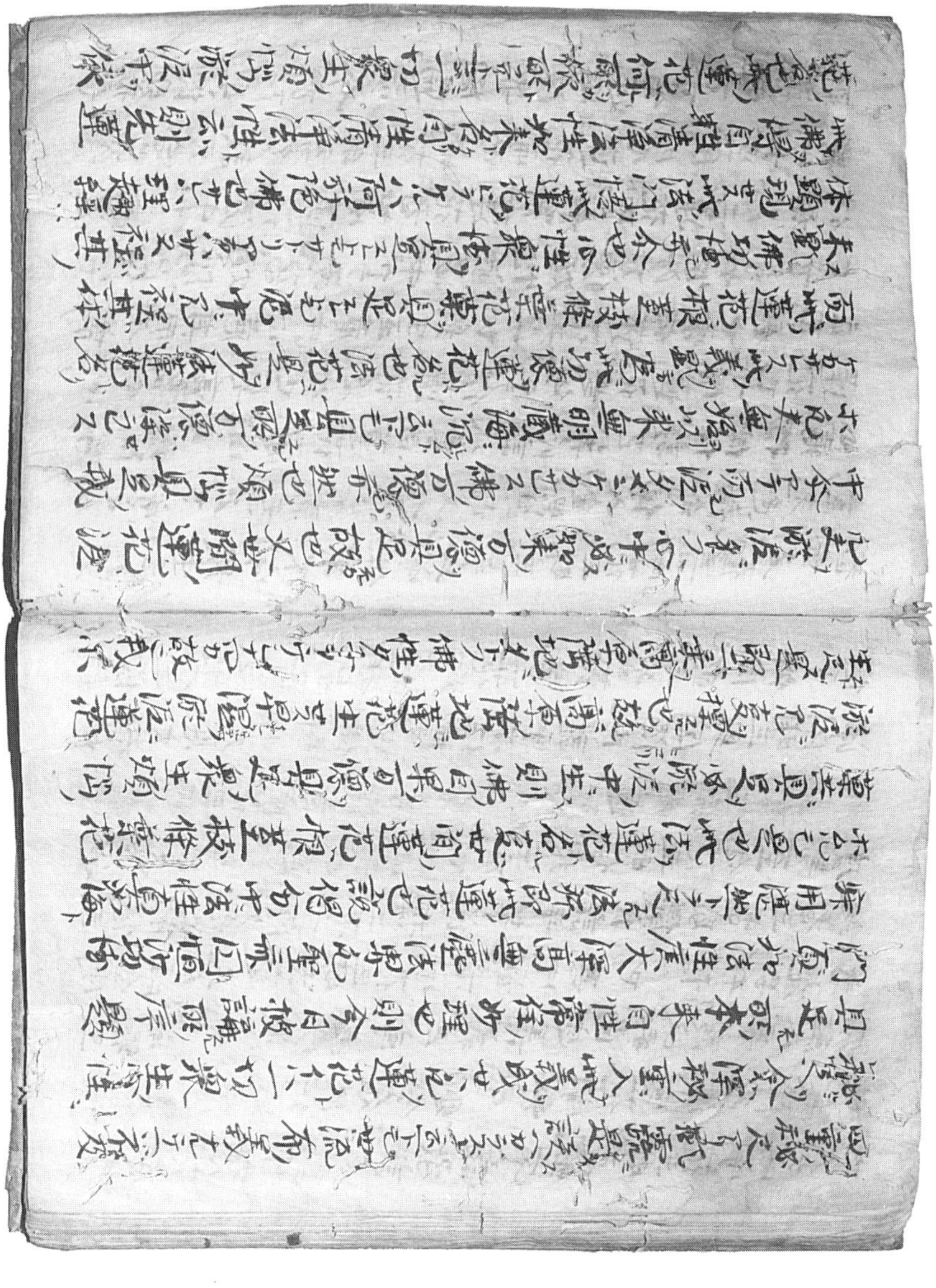

取意。今説方寸肉團遍法界圓遍。而今彌陀果徳則觀音
顯衆生臆内心蓮花開形。開花三昧説天台蓮華當
体譬喩二蓮花習譬喩蓮花者世間蓮花泥中ナテ而泥ニ
不染又如煩悩万徳煩悩泥中ナテ而不為煩悩染汚セ
之花譬也當体蓮花者一切衆生五蔵中心蔵其形八葉ノ
蓮花也世間蓮花是似テ備蓮花名付也真言教心此
心蔵指佛体説也弟心論八葉白蓮花一時間炳現阿字
素光色禅智倶入金剛縛超入如来寂静智乙セリ開之人ノ
觀音名觀音開花三昧王トシテ此開佛トモ不開衆生ト云然若

密教意諸佛成正則弥陀位ニ入也自性清浄法性倶ニシテ
佛云故自心則得自性清浄如来ト能令三業同於本尊ノ
密觀行修之凡一代教王真言教也彼教即身成佛ノ
義弥陀成也東寺流一佛二明王弥陀ト不動愛染ト諸
修習諸尊功徳此三尊納也但彼宗意我身則觀音
觀能令三業同於本尊觀解住自心花開説故難行
難開會宗不然觀音開花三昧カヨリテ一分信心開發位
入我々入三密觀行成就スヘキ也我末此大ニアラハ真言三種ノ即
身成佛中ニ理具成佛其ノ一分アリ今加持顯徳成佛某

雖得天台ニ六即信約セハ始理即名字即信不可出東心
備都ナリ我身理即ナサラル信也被作此我ホリ薄地凡夫
而法蔵菩薩日信苗我ホカ為ニ大悲誓願発給其願意一
切衆生心内自性清浄仏体ヲ云ト云モ垢障シホウ事深キ故ニ
我ヨリ此理悟ル本願其願ニ答成仏時十方ノ衆生其名号聞
一念十念セン我同念解脱ス如来正覚花臺不在生我此
心花開無益誓給ナリ已本願成就仏ナリテ正覚花臺坐給今
衆生此本願名号聞テ称念セン心花開クト云フ事アルヘカラス依之此
界一人念仏若西方便有一蓮生但彼一生常不退此花
還此開遅云一声称念下我ホカ胸ノ八弁肉摶彼仏自性
清浄心水中開テアル也但此花開往生云ト云モ日中信不信ニ
往生已後又開不開不同若人種善根疑則花不開信心清
浄者花開即見仏云此意也云云意罪障深重也又觀遍
心也行学共疎也往生イカニト疑称一分信ニテ生ルトモ疑多辺
地又故花合開事シソレ此時観音階下ヨリクカテ擲武没ホ
往生云モ仏智疑故此花不開此花仏智浄花也仏智淨
花ヲ衆生心花也雖然無明疑見霧覆開事ヲソキ事ヨトサ
則開花三昧入加持給時疑障忽ニ去リ心蓮速開相好見

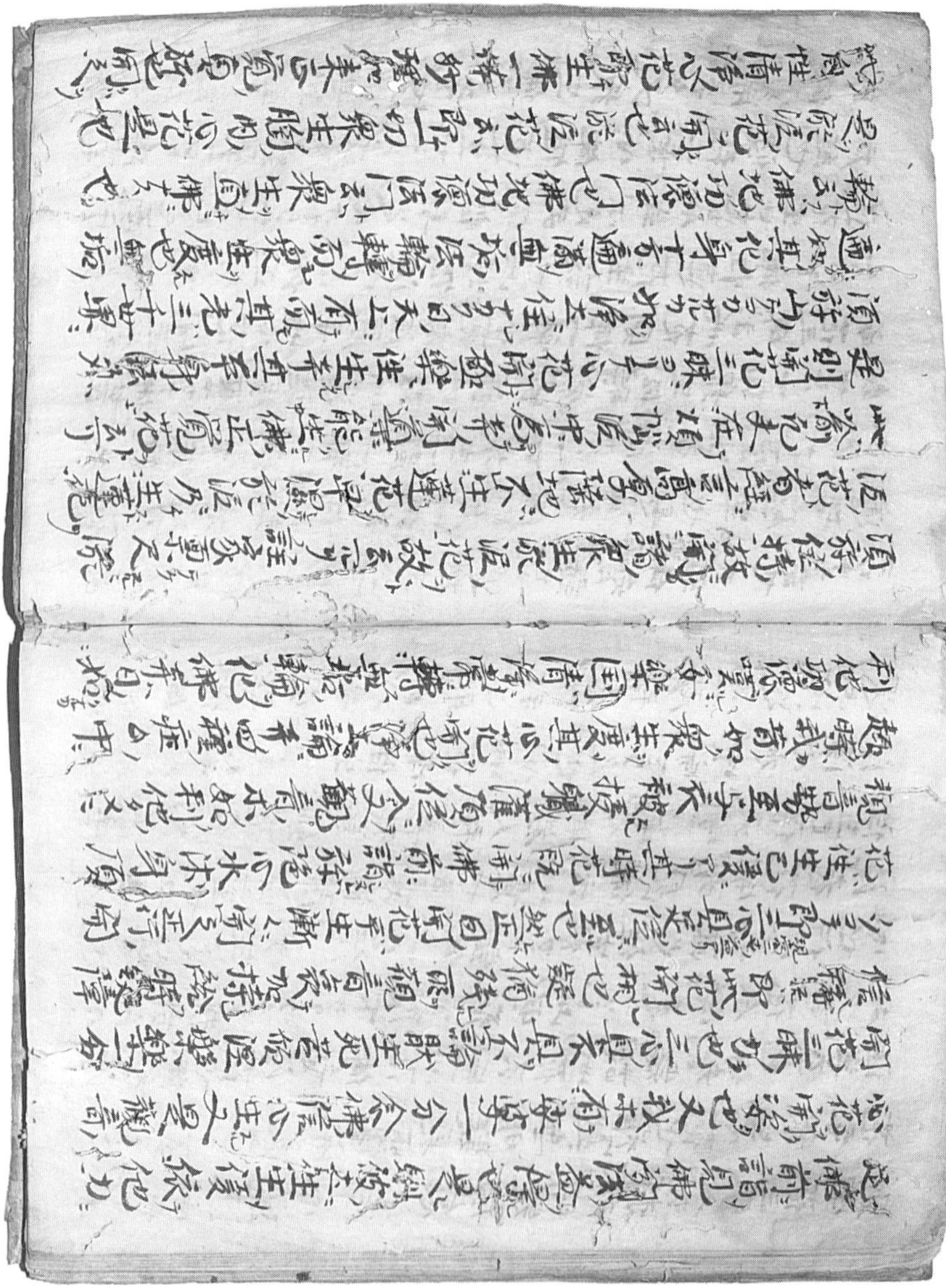

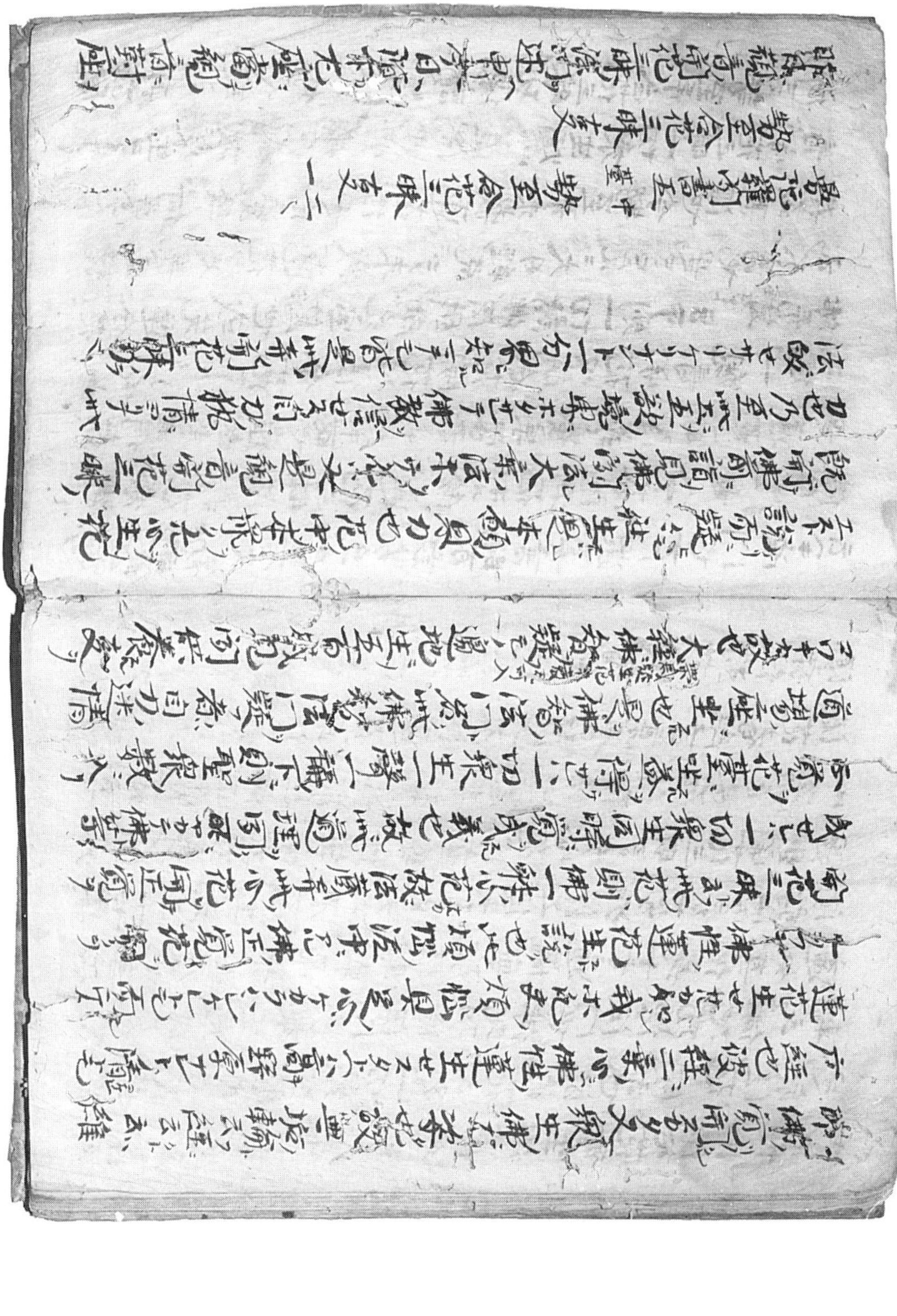
所佛ノ覚所ナリ又衆生佛ト等シ故ニ無垢輪ト云経ニ云ク維
摩経也彼経ニ云ク二乗ノ心ニハ佛性ノ蓮生セスタトヘハ高野原ナレトモ清泥ニ
蓮花生セヌカ如シ我ホ凡夫煩悩具足ノ心ハケカラハシケレトモ而モ
ソノウチニ佛性蓮花生スト説ク也此煩悩ノ泥中ニアル佛ノ正覚ノ花ヲ開ク
ノ蓮花三昧ト云ナリ此花則佛ノ一乗ノ心花故ニ法蔵菩薩此心花ヲ開テ正覚ヲ
成セシハ一切衆生同時ニ覚成ノ義也故ニ此道理ヲ同ク明カテ佛等
正覚ノ花台ニ坐ス益ヲ得セシハ一切衆生一聲一稱ノ下ニ則聖衆ノ数ニ入リ
道場ノ座ニ坐スル也是レ佛智ノ法門ト名ク此佛智ノ法門ヲ疑フ者ハ自力ノ迷情
ニマワキカ故也 大経ニ佛智ヲ疑フモノハ邊地ニ生シテ五百歳ノ間供養ヲ欠ク
エスト説ク所ヲ疑フ往生ノ本願ノ具力セ花ノ中ノ本旨ナリ凡心生花
既ニ前ニ佛ノ前ニ諸見佛ノ法大乗法ホトケテ又是観音ノ蓮花三昧ノ
力セ乃至此五五説境界ホタセテ佛教信セス自力執情ヨリテ此
法飯セサリケリナシト一分界知ニテモ皆是此菩薩蓮花三昧ナリ
曼陀羅ノ書五 中台 勢至合花三昧ト云也 二
勢至合花三昧ト云也 一
昨日観音蓮花三昧深ク述ヘ申ナリ今日ハ隨分右ノ座ニ當テ観音ノ對座

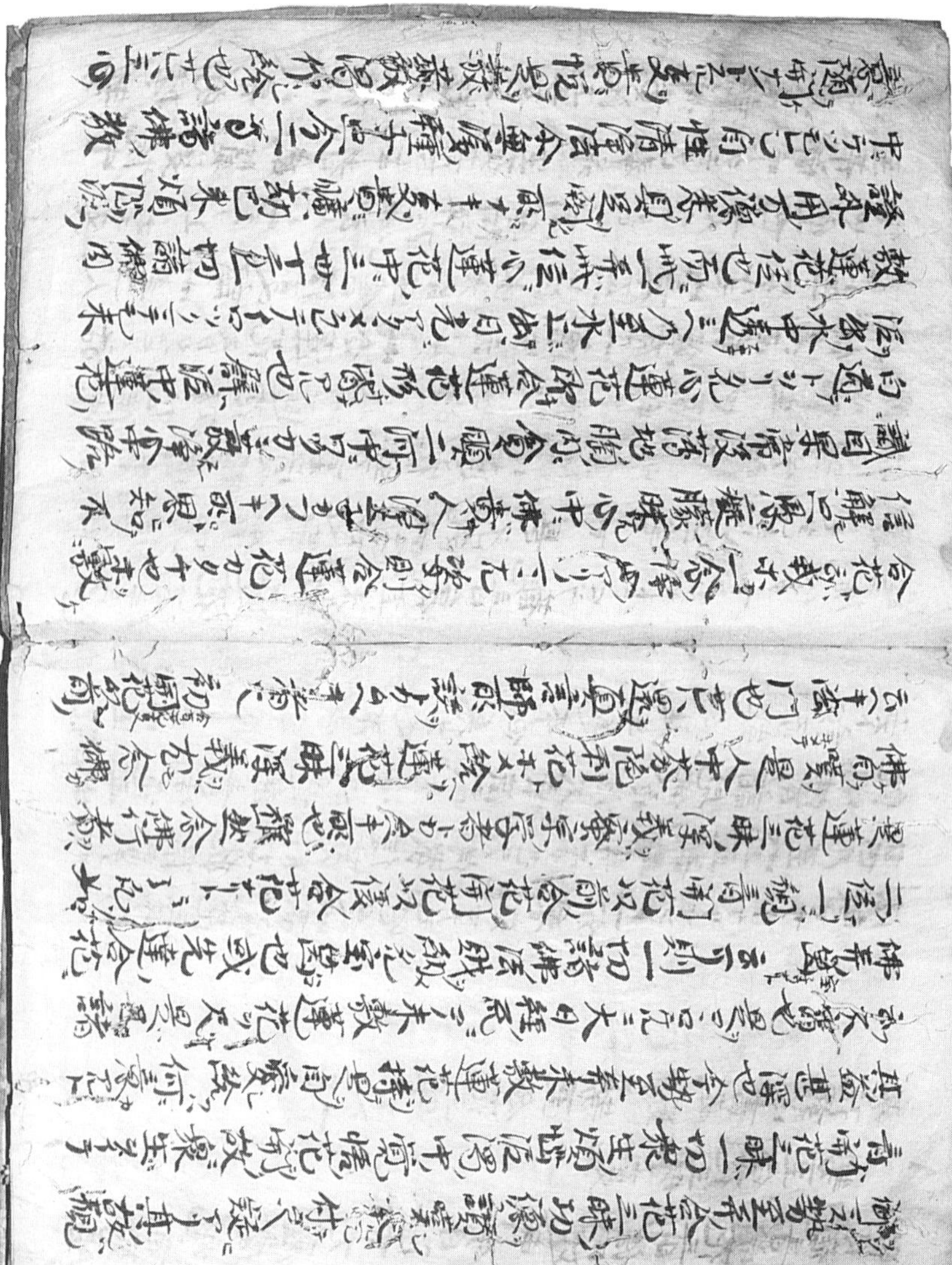

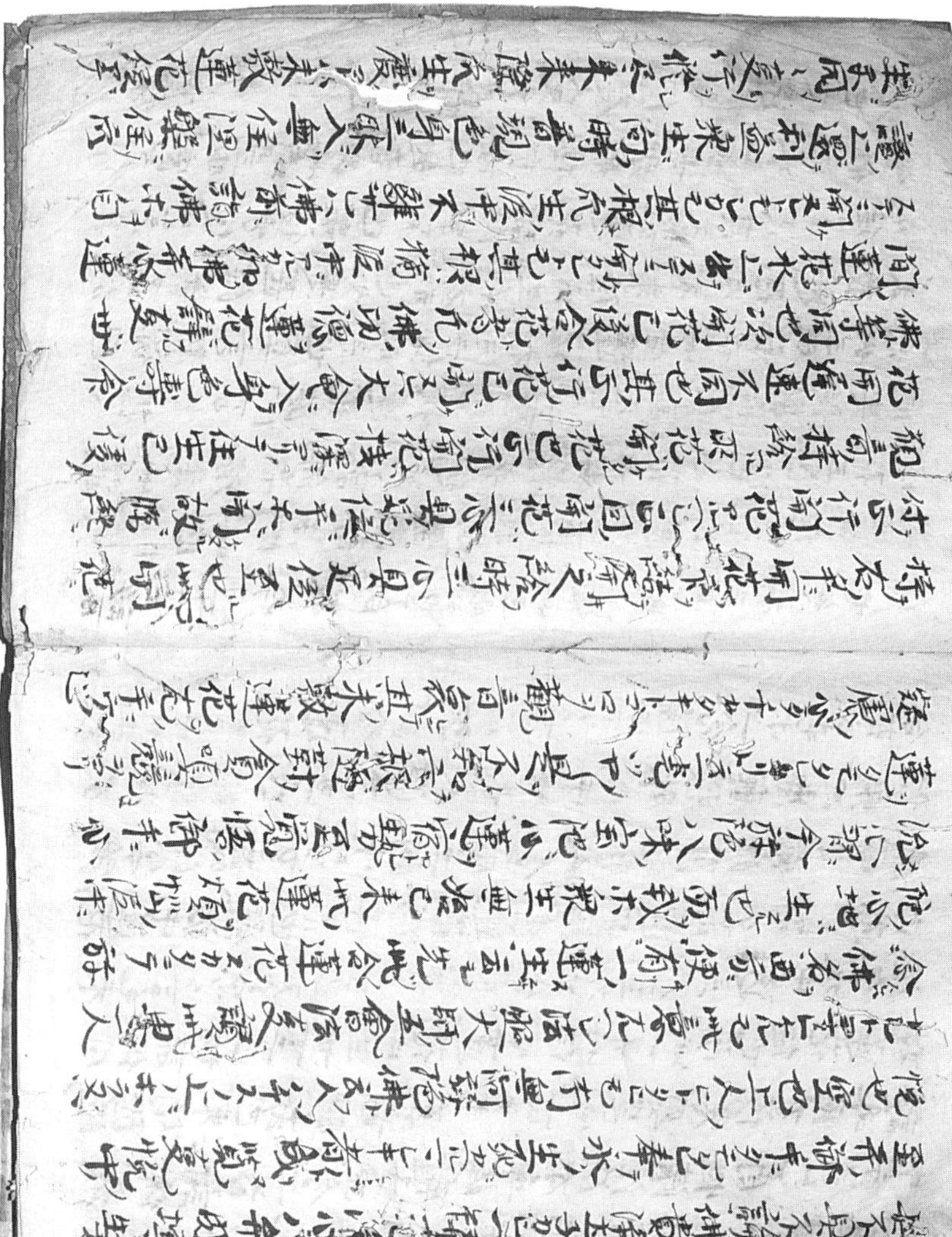

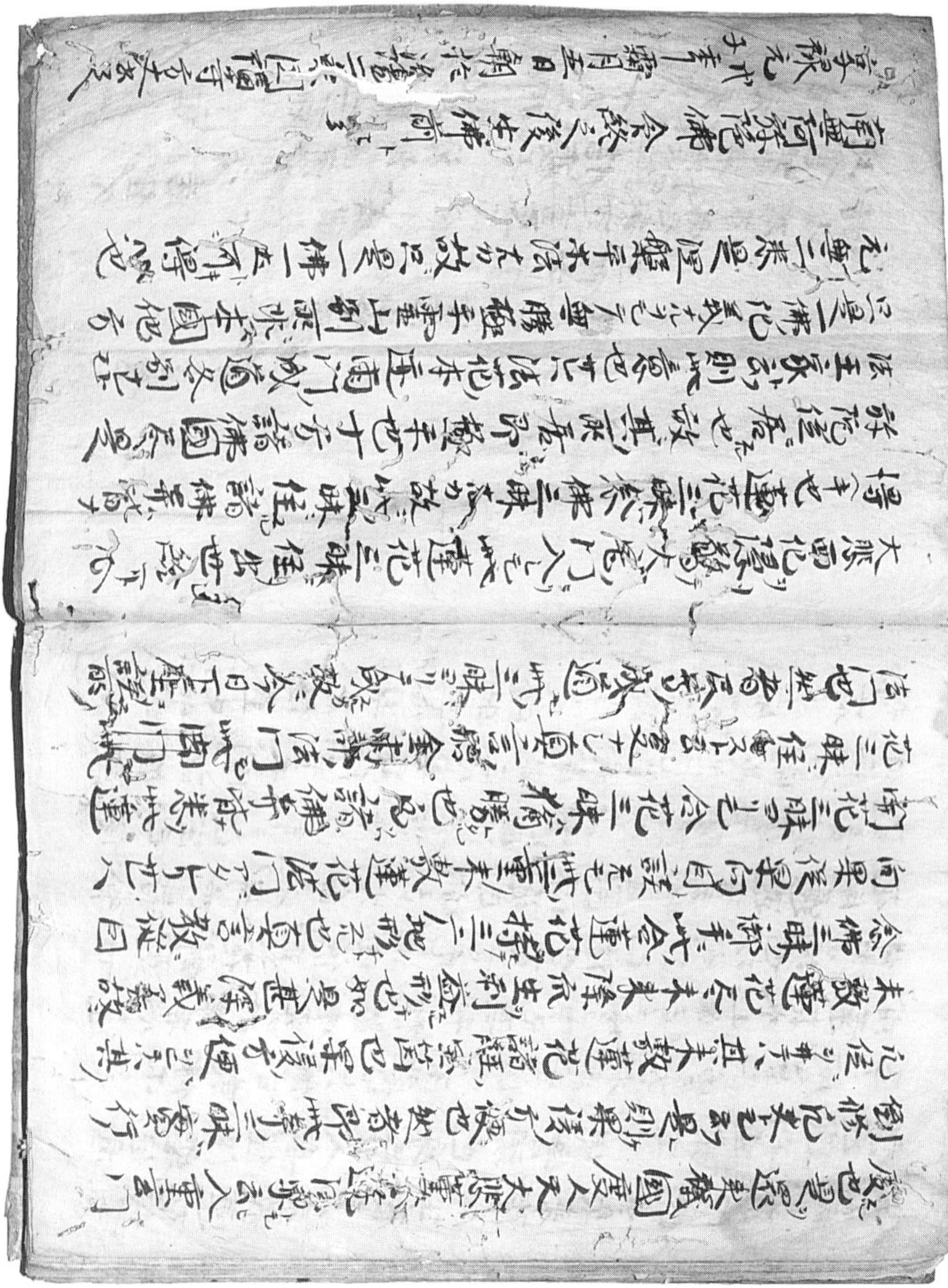

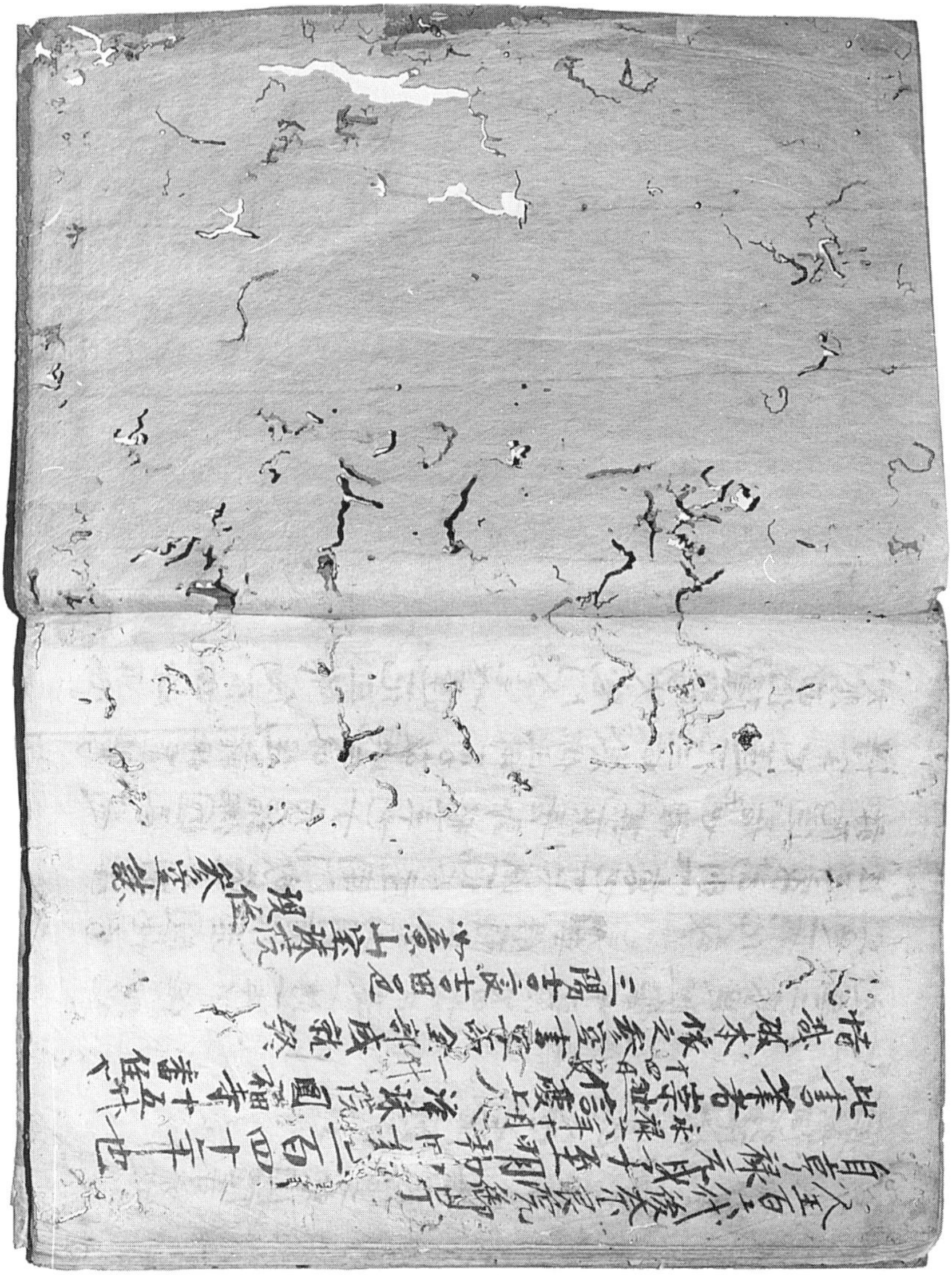

輪圓草

第三　中央

愛知県幡豆郡吉良町　北星山　西福寺蔵

病園草史二　甲戌
月旬

(表紙裏)

輪圍草第三十四

中央五會物ノ讚嘆　五廿日

中央ノ物ノ讚嘆事
四重圍壇事
國土ノ名事
中央ノ立義文五會ノ事

今日ヨリ中央ノ廣大寛平之莊嚴四十八願建立之功徳ヲ讚嘆スヘシ　付之今日先中央之物ノ讚嘆　二會之大義可稱揚ス

一凡四十八願ノ莊嚴　弥陀佛智ノ建立ナレハ　聖道浄土法義歴數無量ノ功徳　中台五會ノ中ニ説羅セリ　争カ一分ノ功徳ヲモ可讚嘆スヘキ　稱讚浄土経云　如来不可思議劫ヲ以テ無量ノ舌ヲ一

一舌上ニ以無量ノ舌ヲ説クトモ　不可盡トモ云リ　不可思議ノ境界事ヲ廿八

不可説不可盡ト領解ノ可作信也　雖然大経ニハ四十八願ヲ以テ依正恒沙ノ法義ヲ盡ス　観経ニハ十六ノ観相ヲ挙テ浄土ヲ宣説スト

経ニハ四種ノ荘厳ヲ説キ 六方ノ諸佛誠ヲ顕シ浄土ヲ称讃ス 天親ハ三
経通申ノ論判ヲ設テ廿九句ノ功徳ヲ判ス 加之安国抄ニハ廿四種ノ
荘厳ヲ挙テ歎揚シ 感師ハ三十種ノ益ヲ挙テ讃嘆シ 恵心ハ十
楽ヲ引テ浄土ヲ欣求セシム 和漢済トシテ意楽如此 唯是九牛ノ一
毛ト可云乎

次佛名国土名ト倶ニ益甚深也 サレトモ国土ノ名ヲ本願トセサルハ有ニ
往生ノ因トハ不成トモ其益勝妙也 極楽ト云安楽ト云 涅槃常楽ノ異
名也 精鬱大般若ニハ安楽解脱身ト説キ 安楽極楽ハ大矣ノ
異名也 又経ニハ常住ノ二字ヲ聞者ハ三悪ヲ離ト云カ如シ 浄土論妙
功徳ノ義ヲハ 註家(高祖) 国土ノ名字ヲ聞テ往生ヲ欲願セシハ如願也此名

臨報

悟物也證也ト釈スル依正二報使人欣求ト云ヘル願生何意切ト云ヘル
國土ノ功徳ヲ願ヘ往生欣心モ有ヘキ者也
一宝里圓壇（宝里円壇ハ）宝里圓壇ニ付テ三方ハ一経序正起盡也能所南無信心ヲ詮ス定散
文中唯標専念名号得生義也　中央ハ阿弥陀佛果徳ノ国
備ノ躰相ヲ顕ス　宝壇ノ法門ノ物ニハ六字法門ヲ宗躰トスル者也　依之定散善
悪ノ凡夫能所所願行具足ノ願来テ迎接高妙報土ニ入佛所
花池ニ誕生スル姿ヲ簿品ニ見ヘタリ三方善悪ノ機得果ヲ顕ス中
央ト云也　誕生寶池花開大會（近門）　瞻仰尊顔礼佛得甘露歴事供（大会自在門）
養ス　因円果満ノ當坐道場ノ妙果ヲ證スル儀式ヲ中央五會讃門ト
スル也　既誕宝池観音花聚ノ過来テ開花三昧ノ威神ヲ施シ苑

開ケテ金剛無漏ノ寶地ニ歩進テ大寶ノ宮殿ニ詣ノ佛ニ走ツ礼メ得果ヲ增ヒ
進スルヲ礼佛一拜得無生忍ト云也　淨土論ニ五門立ルニ寶池ニ詫ル八
近門ト名ク衛佛ニ近ツク義也　已ニ佛前ニ望ニ詣スルヲハ大會衆門ト
名ケタリ新生菩薩親リ大覺花王ノ邊ニ詣シ種々ノ説法聴聞スル之
達ノ諸法性一切空無我ナル門ヲ無生忍ヲ證シ得ノ入三賢ノ進ム初地ヲ得
果甚深ノ達施陀佛來國六道ノ苦辛事ヲ問ヒ或不得人天報
アヒトテ飢餓困苦ヲ辭ニ交ヘ生ズル事ヲ問ヨリ或等ハ煩悩ノ賊ニ害セラレ身ハ
人皮ニ畏ル驢胃ヲ辭ナレトモ頓ニ雖思力ニ乘ル自然ニ遍無身無
極ノ辭ト成リ高妙ノ内證ヲ道場ニ居テ妙覺高貴ト御言ニ懸ヲ事識
雖述有乎　新往化生俱ニ欲報合掌悲咽不能言口トアリセ乙モ

臨三　二一

ウカリシ娑婆ノ有様疊目出ル極楽ノ荘厳勝タルカ中ニ春申ス可ン
憂アル時モ先立ツ者ハ涙ス　恒アル時モ先随フ者ハ涙モ出ス

一 次中央玄義分ッ掌リ荘厳五會ニ分レタリ玄義ト云ハ仏自唱観極楽
國ノ無量寿仏観世音菩薩大勢至菩薩等ト説テ而ル譯者經題ヲ
置ク時無量寿観ノ五字ニ縮タリ而ル教家是ヲ号ス三字ヲ能覚
所覚能所ノ意ヲ示シ又能観所観ニ約メ尺ヲ設ケテ所観境依正ニ
通別等ヲ開キテ極楽ノ所有ノ荘厳ハ無量寿ノ人法所開ノ非ニト云
事ナシ設ニ中央玄義ト云也　五會ト云者法事讃ノ人法所開ノ荘厳
讃ノ西方極楽ノ荘厳ノ数莫能盡ト云ノ五會ヲ教ナ三種ノ荘厳ヲ
分別セリ百宝池渠會　宝樓宮殿會　宝林宝樹會　虚空

今日　大衆無生法食會
三花独過超衆座正覚ヲ成セシ三十七ニ箇尊光ヲ交ヘタル高廣ニ天床ニ（宝池會ト云）
宝池會ニ及ヘシ　四面ニ巡テ宝池アリ　佛身圍遶無背相十方
来人皆對面ス　西ヨリ往キ東ヨリ来ル　悉ク佛前ナリ
弥陀正覚ノ座シ池中ニ建立スル八十方衆生ノ善悪ニ及更得
生義成立シ正覚成スル時ハ自覚ハ心蓮無漏宝池ニ顕シハ覚他浄花
佛前宝池ニ顕シテ九品生人羅列スル表之云ナリ
次宝楼宮殿會ト者　金柱（柱）玉ノ甍ヲ盡タル宮殿中ニ三八尊
對坐シ聖衆圍遶スル所ヲ是之也　次宝樹會ト者　佛前左右宝
樹アリ　新生菩薩圍遶メ礼佛讃嘆礼拝事供養食スル儀式也

次虚空會者　菩薩諸天虚空ニ飛騰シ樂器ヲ飛シ唱樂ヲ奏スル儀也　次大衆無生寶食會者　中央中尊ノ上ノ左右ノ宮殿聖衆集テ金銀机案ノ上ニ七寶ノ鉢器アリ百味茘飾盛テ受用スル儀式也寶食無食者但見色聞香スルハ弁事ニ定ノ威力ヲ顕也　所詮五會ハ寶池會ヲ根本トス　三花獨迫ノ儀式ハ中央高座ノ大床坐ス次ニ三十四尊アリ二菩ノ座下ニ各々十七菩薩普門智印ヲ發ケ三昧耶印ヲ契ヲ結テ坐ス又一々池渠九品主人蓮花或合シ或開シ各坐一箇聽自在常ノ儀式也　或池中ニ龍頭鷁首ノ船ヲ泛ヘテ新生ノ菩掉ヲ遊化スル姿也新往化生ノ菩薩金色ト諸大衆無ニ殊異ハ　座　殿

改筆不
覺悟入

輪圓草第卅五　中央中尊自他受事　五廿五　以葉功徳事　光寿二徳事　有量無量寿事　報化二身事

今日者中央中尊御功徳ヲ讃嘆スヘシ　即経題ハ無量寿ト三字也梵云阿弥陀漢云無量寿ト此仏名ヲハ仏自問答シテ無量光無量寿二儀ヲ顕シ玉ヘリ仏寿ニ不限彼土ノ人民仏寿ニ等シ能所ノ依正所成正覚スル故也　浄土主伴等無量寿ナル故ニ阿弥陀云又光明無量ナル故ニ阿弥陀ト云例寿思モ人民モ又介也

大経云吾為十方諸仏菩薩ノ歎其ノ光明ヲ亦如今文　一念業成入仏舎ノ身色寿命尽皆平等　此二名ヲ仏名トスル意ハ何ナラハ無量寿ハ所顕證理也　法身ノ徳文　無量光ハ能證智文　報身ノ

臨三

德也四十八願ノ中ニ光明壽命ノ二願アリ願因果相叶シテ應ノ義也果

德ハ常住也ト云ヘハ法身常住ノ德ヲ讃スル也一理無移故身光

光明者即是智慧

能讃ノ智報身ノ德ヲ讃スル也 文 所讃ノ法ハ常住ナレハ能

讃ノ智モ又常住周遍スル也 或經云諸佛ノ所讃ハ所謂法也以法常

故諸佛亦常 文 問云法花本門ノ佛ノ惠光壽命 天台云諸佛

同讃ノ功德通号也ト尺シタリ今何光壽并夫ノ二德ヲ以テ超世願ト

云又佛別号ト云々 答云諸佛通讃スル并夫ノ二德ヲ以テ諸佛ニ

異ナル德用願ノ二乘凡夫ヲ攝在シ彼ノ群類ノ教主トナル事ハ是レ別

願力ノ故也故ニ超世ト云ヒ別名ト云ヘルナリ

一他宗ノ意ハ 同居教主ハ應身ノ佛ナル故ニ因位本願ニ酬テ壽命無

量寿ナレトモ有量ノ無量ニ入シメ給フ期アリ　因リ自宗ノ意ハ是之報化身土也ト云テ、
本願酬因ノ義ヲ云ス　因円果満実修実証也　十方常没凡夫
至心信楽シテ往生セントヲ思ハン者ニハ未来際ヲ尽シテ光明ヲ以テ摂取シ聖
衆倶ニ来テ迎ヘント　摂シテ不ハ不取正覚ノ誓言ヲ致ニ光寿二徳ヲ備ヘ罪
悪凡夫直ニ如来ノ正覚ノ土ニ入テ無漏無生ノ法楽ヲ受ル也　仍自性覚超ヘ
諸仏境覚化猶名ケ　諸仏頭智能究ムル往海源底ヲ致也
法相宗ハ雖報通二土ノ義ヲ今同前説　天台宗ハ同居勝劣ニ云歳
釋自他受事　酬因身ト云ニ自受用ニ当リ酬因実証ハ自証徳ニ当ル方
致他受果後ノ方便ナレハ他受用應化身ト云フ亦報ハ多ク化ト云フ自他
受新家ハ自宗ノ名目所随身土ヲ判ステキニ非自受非雇仏境界

臨三　五十

也他受ノ十地所見也、今ノ名号醍醐ノ一報身也、如自證覚ニテ他證覚
他自證覚不待、當今凡夫他宗各ニ浄土ニ心ヲ懸ケ欣趣セントセハタトヒ化
身浄土也トモ決定往生ノ信ヲ難取人天少善尚難弁也、況去ノ
善處尚難シ況浄土ノ人天ヲヤ、方便實報ノ浄土ト聞ハ許聖絶タリ何
況無為證ノ六通ヲ遂タリ曠劫多生ニモ不可入、而今醍醐ノ所成ノ身是也、
名号ヲ所乗ト本願ヲ強縁トシ内證ノ浄土ニ直入スルハ諸教化土ヲ願フヨリモ易シ、
他宗ノ報土ニ入ヨリハ以テ遠也

東大寺棟木本

仙薬ヲ乞修覚降ヲ三為カケル事、漢土ニ淮南王ト云人仙薬ヲ服シ、
仙人ト成テ水陰雲霊ニ自在也、仙薬ヲ調ヘ薬ニ庭上ニ落散タルヲ犬鶏服シテ、
仙王ノ御幸ニ随テ空ニ行狗天上ニ吠ヘ鶏雲中ニ鳴トイヘリ仏法ノ醍醐モ、

号阿弥陀仏導トヤ

一 教主ノ心華ノ功徳ヲ以地水火風ト作リ　依報荘厳ト奇麗ニシテ数相海殊（心華功徳トハ—）
妙有トモ佛ノ心ニ若所成アラハ所念トナラス　外面似菩薩内心如夜叉ト号セシ
地前賢無涯量之殊　水潤長無昔菩提果ハ（西方浄土端的）　大成就ハ十方自別
風起者無眠惱差　虚空之文無開塞念　得之于内物在于外文

輔圓道　第三十二ノ五廿六、中央二丹
一三尊而二下二十ス　非智右右依儀中　二十一終至了未之　海會聖衆安居ノ二者本
今日者左右大士観音勢至二菩薩ヲ請喚之奉ヘシ
弥陀如来号曰無上尊。　観音大士左侍霊儀勢至大士右邊
供養三花擲迴トイリ　大経云有二菩薩最尊第一。威神光明　土

臨三二丁

於菩薩行命終傳化 生於佛國 菩薩左右大士ト處ニ不相離法
界衆生ヲ利益スル 菩薩悲智ノ功徳也 觀音施無畏ヲ普照有縁故
本國云ト 勢至ノ增長智恵超三界ト云ル 無畏頓益光照ニ益推功
的本誓ナレハ 菩薩有縁菩薩無畏利益也 凡佛ハ各ニ左右ノ脇士アリ 謂ク
釋迦ハ 普賢文殊ヲ脇士トシ（亦身子目連阿難） 阿閦（東方不動佛）ハ香象白香象ヲ侍者トシ
藥師王善逝ニハ日光月光 多寶佛ニハ智積菩薩也 今又一切時中助佛
化ヲナシ本佛化儀ヲ助ト云ハ 因念佛也

一 而今此三尊内證外用ヲ 而二不二ノ義在之 内證果德ヲ望ハ 三
尊一體ナル大定智悲ノ三德ハ甚深ニシテ 三尊ト顯スハ 已得菩提捨不證 次
品ノ眞菩薩名無邊光ナリ 次外用而二時 本生因緣三尊各別也 大經ニハ

入命終轉化生彼國云又 悲化經云無諍念王一千太子等一不眴等一

尼摩等云云 可尋之也一代教中諸大菩薩父母等云云

一觀音本緣經云 凡下位名ヲ說ヲ云 過去久遠無量阿僧祇劫ニ

此南天竺ニ一小國 摩涅波吒ト名ク 其國ニ一ノ梵士ノ長那ト云 居家豐

饒春屬數多之 其妻子ヲ摩那斯羅ト云 而ルニ財寶豐ニシテ云上ヒ夫婦

共ニ子ナキ事ヲ歎テ天神地祇ニ禱ル 不久其妻懷姙ス 月滿男子ヲ生ム 顏

端嚴也 並ニ其子三歲ノ時又一人男子ヲ生ス 容顏殊妙ニテ夫婦

共ニ二子ヲ得テ踊躍歡喜ス 相師ニ令見 良久不言 二親怪テ問云何ナル

相ゾヤ 答云 此二子顏白端正也 又宿因殊ニ傷當來目出カル云ヒト

云上ヒ 不久父母ニ離ル相アリ 此故ニ不言而ヒハ 兄ヲハ早離ト名ケ 弟ヲハ速

臨三

離ト各ヘヒトミラ　父母聞之愁歎無極而トモ肤ラ心ロ無養育スル程ニ
兄七歳弟ノ五歳ノ時キ母摩耶羅女身ニ重病ヲ受テ限リ三七日間タ
長那梵士別ニ事ヲ悲ム七歳小兒漸モ心ロアル故ニ又悲ミ歎ヲ見テ挙ナ
聲其涕ヲ哭ス五歳小兒ハ兄ノ悲ミ泣スルヲ見テ聞同ク流涕ス其時母此ヲ見
聞ノ又悲ノ海ニ流ス即病床ヨリ起テ泣ク左右ノ手ヲ以テ二子頭ヲ摩テ云ク
一切世間ニ生アル者ハ必ス死スヘシ一人トシテモ此ノ苦ヲ脱ルヽ者ナシ昔相師ノイフ所
其ノ言實也ケリ　但恨ラクハ汝等未タ幼少ナルヲ捨テ別ナム事ヲ歎中ノ
歎也昔何ナル罪業アテカ今此ノ苦ニアヘルト　早離枕ノ邊ニアテ悶絶ノ外ニ
良久ノ穌テ挙テ聲ヲ呼テ天ニ云ク我今幼稚ニシテ知所モ非ス生母ニ若離カ
明操ノ道ヲ教ムヤト　又速離幼稚ノ心ロヘトイヘトモ二ノ手ヲ以テ母ノ頭ヲナテ

高聲ニ啼哭ス　其ノ時父母告ニ二子ニ云ク汝等歎ク事勿レ生者必滅世間
法ノ不道理也我今為ニ菩提心ヲ仏浄土ニ生スヘシ汝等モ同ク菩提心ヲ為メ
我生所ニ来ルヘシ　又我ハ死ストテモ父ハ存スヘシ父ト共ニ住スヘシナムト携ヘテ慰サム
又梵士呼云我ト汝ト車ノ二輪鳥ノ二羽如ク二人養育セキ我今死モ
汝ハ存スヘシ他縁ニ依テ心ロ不ノ改愛養育スヘシト慇懃ニ遺言ス　梵士聞テ云ク
車ニ一輪ナケレハ寸歩モ進マス鳥ノ翼ナケレハ大空ヲ飛ハス汝死テ門ニ入ナハ
我死ナ誰ニ人ト共ニカ此ノ二子ヲ育ムへき夫婦別離因愛至テ悲ニ我世ニ
アラン事ヲ子カハス汝ト共ニ死スヘシト帰ス云顧別離ノ悲ヤメテ曰ク二人ヲ
将養育スヘシト云テ自ラ息絶ヘ眼閉ヌ父子三人共ニ泣キ悲シテ死骸ヲ収メ塔
婆ヲ起テ孝養ノ誠ヲ至ス

備三　一丁

二
サテノスクル程ニ梵士謂ク我レ一人ニシテ此子ヲハクヽメトモサスカニ男子ノ身サハ尚ヲ
コニヤカナリケル事多シ女畐覓ナラム女ヲ求テ婦トシ此子ヲ養育セムト
時ニ梵士アリ毗羅若ト云フ彼ニ一人ノ娘アリ此ヲ収メテ妻トシ二子ヲ養育スル程ニ
或時ニ世間大ニ飢饉ス其ノ家窮テ衰微ニ貯宝モ盡キ眷屬モウセテ
唯タ夫婦兄弟四人殘リ生活ノ便モ無リケリ時ニ梵士妻ニ語テ云ク
我聞ク此ヨリ北方七日ヲ過テ山アリ檀那羅山ト名ク其ノ山ニ草子アリ饅頭ノ菓ナト
名ク我レ彼ノ山ニ往テ草子ヲ拾ヒ來テ汝及ヒ二子ヲ養ヒ來ラン程相構テ二
子ヲ養育セヨト云テ則二子ヲ繼母ニアツケテ去リヌ又梵士彼山ニ入テ後ニ一
七日ヲ經レトモ不敢ラ其ノ時妻ヒソカニ思樣何ノ日數モ已ニ過キヌ空ク
猶野干ノ為ニ害セラレニケルニ我又二子ヲ養ヘキ術モナシ又草ヲ拾テ來ノ

二人ノ愛念ハ我ニ於テ云限リ無ルヘシ速ニ二人ヲ失ヒテ只唯一人船中ニ語リ出テ云ク
時ノ節来ス　即二子ニ語テ云ク汝カ父未タ還ラス汝ヲハクヽムニ術計ワキテ又此南
方ニ近キ程ニ面白キ嶋アリ峯ニ菓アリ草アリ清キ水ニ美草アリ　我汝ト共ニ彼嶋ニ
往テ遊フヘシト　二子此ノ詞ヲ悦テ即船中ニ乗テ彼ニ往テ三人共ニ船ヲ下テ海岸ニ
孤絶ノ嶋ニ至テ二子ニ語テ云ク汝等先ツ下リテ清キ水ニ遊ヒ汝ニ戯レヨ我暫ク船ノ
中ニアテ食物ヲ料理シテ儲ケ送ルヘシト云テ兄弟二人ヲ下リテ東西ニ遊ヒ戯レ他事ヲ
忘レタル時継母ハ船ニ乗テ古郷ヘカヘリヌ又　サテ二人良アテ岸ニ帰テ見ルニ
母モナシ船モミエス海邊ニ走リ渡テ声ヲ挙テ父母ヲ呼ヘトモ更ニ答ル者ナシ兄弟
数日ヲ經テ晝夜ニ悲ミ泣ク程ニ二人共ニ已ニ死門ニ入ナムトス
時ニ早離兄弟ニ告テ云ク我等タヽ此嶋ニアテ命ヲ終ム事ハ継母アル故

滿ニ本

而ニ悲母別離ッ告テ一ヒ去テ毎ニ不来 慕テ父ハ檀那羅山ニ住テ不ス還

母ハ我等ヲ絶深ニステ・過去又此深ノ人跡タヘテ還ルヘキヲ不可得 但シ悲

母遺言ニ任セテ共ニ無上道心ヲ發シ并ニ大悲ッ願行成就シ先ツ他人ヲ

度メ然シテ後成佛スヘシトニ云テ 其山ノ高キ嶺ノ上ニ昇テ十方諸佛ヲ礼メ

種々ノ願ヲ發ス 我カ為ニ加ノ父母無ラン者ノ為ニハ父母ノ形ヲ現シ貧賤者ノ

為ニハ富貴ノ身ヲ現シ 乃至國王大臣長者居士宰官婆羅門四衆

八部一切ノ形ヲ現スヘシ 又願ハクハ常ニ此深ニアテ十方國土ニ於テ飢乏ニ施シ

此深ノ草木五穀ヲ受用セム者ヲノ畢ノ生死ヲ出サシメン 又願ハ母ノ

生所ニ生シ常ニ父母ノ生所ヲ不ラン離 如此一百大悲ノ誓願ヲ發ノ兄弟共ニ臨ミ

發心念シテ佛國ニ生ス 其時父長那梵士鐘頭草ヲ指テ本宅ニ還

来テ見ニ一人ノ妻アレトモ二人ノ子ナシ仍二人ノ存スル間ニ縫ヒ養ヒ
給ヘ子ハ曰ハ今食ヲ求ムカ為ニ外ハ出ストテ又在ムテ隣ノ以ノ知音ノ許ニ往テ子ノ
在所ヲ尋ヌ彼答云海ニ出テ後二七日ヲスキテ後ハ彼海ヵ二子ハ 南
海ノ毒龍ニ逢ステ後テ日数已ニ久ク成リヌ今ハ餓死セムト此ヲ歎ナルコト
時ニ梵王天仰テ地ニ伏テ帰テ泣メ云ク 我昔長者ノ身トシテ万事ヲ心ニ任セテ妻ト
去テ後一旦ニ長者ヲ貧窮ノ身トナル只ハ是已ニ妻カ福力ナリケリ而シテ妻ヲ
語テ云ク春ハ労カ為メ 草ヲ拾テ来テ二子ヲ助ムカ為ニ我昔何ナル罪アテカ
今此二子ヲ失ヘルト泣キ悲ムテ則小船ヲ求メテ是ニ乗テ彼海ニ往テ四方ニ
走求ルニ唯白骨衣裳或ハ藻クツノ中或ハ岩ノハサマニ纏揃散在セルヲ
見テ帰テ哭スルコト極ナシ 即種々ノ願ヲ発ス云ク願ハクハ諸ノ衆生ヲ度セメ連

臨三

佛道成シテ又云或ハ地水火風草木叢林ト衆生ノ依怙トナラムト如此
五百大願ヲ発シテ又願ハ此娑婆世界ニ住シテ説法教化セムト誓言シテ
即命終ノ浄土ニ詣リヌ　此時閻浮提大ニ動キ諸天来集テ空中ニ花散ス
白骨ヲ供養ス　其時長那梵士ト云ハ今ノ釈迦如来也　摩耶斯羅女ト云ハ
今ノ西方ノ阿弥陀如来也　早離速離ト云ハ観音勢至也　薩埵知音ト
云ハ捴持自在菩薩也　昔ノ檀那羅山ト云ハ今ノ霊鷲山是也　昔ノ施済ト
云ハ今補陀落山是也　一如此因位ノ人ハ三尊ノ位異乞別セリ　因
證誠スレハ三尊ノ一躰也　其ノ證ハ因位未離我執持ハ各別各願各勝
往生ストエ(上モ)　諸佛皆覚證会成一佛證ハ前佛　後佛躰皆同シ只ミナ
一佛也　而トモ自受法楽ノ位ニハ衆生ノ為ニ益無キカ證ハ同位本願無別ノ

位立臥テ摩那斯羅龍王ハ大定ノ徳ヲ掌テ跋陀羅龍王ハ大悲ヲ主トテ観音ハ
仁ノ建難陀ハ大智ヲ掌テ勢至ト云々

一次定恵ノ悲智左右ノ義ニ依テ観音ハ定ノ徳大悲ヲ先トスルハ本願誓願
因位不取正覚ノ悲願ヨリ起テ五智円明覚ヲ成スル義也 仏心者大慈
悲ヲ本トスト是也

一次観音大悲無尽也ト云ヘトモ勝極無垢ノ大聖ト
百福荘厳ノ御手ニ花台ヲ捧ケテ座下愚鈍ノ我等ヲ可引接ス勢至ノ智
恵無辺無量也ト云ヘトモ大定智悲ノ御手ヲ下メ罪垢不浄ノ我等頭ヲ摩ナフ
臨終現前ノ本誓ナレハ念仏ノ行者誰人カ不蒙哉益耶

一次九品海会ノ聖衆ヲハ二菩薩ニ収メテ観音座下ノ衆ヲハ観音大悲ニ収メ
勢至座下ノ衆ヲハ大智ノ徳ニ収ム云々 一切聖衆多ト云ヘトモ悲智ノ二徳ヲ

臨三十二

不出文根本ニ收ムルハ所随一佛ノ覺躰文

輪圓ノ尊第三十七　三十七尊惣讀

三十七尊ノ同異事　四行八句三字事

三十七尊ト文合事　大日所随一躰事

偈文要集　弘願ニ徹事

今日者中臺三十七尊惣御功徳ヲ讃嘆シ云〃其ハ三十七尊ト云ハ中台三尊階下ニ觀音ノ座下ニ十七尊勢至ノ座下ニ十七尊合ノ卅ノ尊ニ中台ノ三尊ヲ具ノ惣シテ卅七尊也　付之密教三十七尊今卅七尊ト同異云何ト云ニ教門ノ位ハ異ナリ又實義意ハ同躰也　密教ヲ讀ハ聖位經金剛頂經瑜祇經等ニ五佛ノ四波羅蜜十六大菩八供養ノ四攝智也　大日ノ四佛ノ四波羅蜜ト

八供四攝智令ハ一佛三十六尊也彼ノ中尊ハ大日如來法身令ハ中尊報身彼ハ四方四
佛ナリ令ハ左右二菩薩也總別差異法報ノ不同大ニ相違ス令ハ一佛卅七尊ノ圍遶講讚ノ
儀式ナリ又三華獨迴超界座　三身對坐最秘爲尊　本國他方菩薩無
一切時中圍遶講讚　仍密教甚深ノ義ト一致スト雖モ云所ノ簡ナル義アリ　令ハ二
門分別ナルニ根性利者ニハ顯密甚深法門ヲ示スト作仁トモ鈍根無智ノ凡夫ハ顯力ノ一門ヲ
開時キ名号所具ノ功德ニ顯密事理ノ万法闕減ナシ　廿九ハ後報ノ莊嚴ヲモ
法性ノ門ニ示ス無表無二變ス又所報ノ主モ窮ノ浮盡無性妙智存ノ如來ト詠
隨正覺ノ心佛蓮中臺上ニハ開ナル所ニ本來ノ具足ノ三身ハ三尊顯レテ佛菩
三十七ヤハラヅ以テ所隨三十七尊ト談セシ事何有變失乎　又我等カ胸
中ノ直涉功德ヲ顯スラ往生ノ時ト談ル何為卅七尊致從スト可云乎
胸中ニ在蔵ヲリ其中ニ心蔵ヲ阿利耶ト隨心ニ至リ佛ナシハ八万四千ノ世界ノ蓮華花之

臨三　十二ー

彩色青黄赤白アレトモ言有ノ不見
優異彩色ニ無キニ非ガ如シ
恵心正觀記ニハ名号大善ノ義ヲ救スルニ金剛（又一千四百五尊）
界ノ三十七尊　胎蔵界ノ百八十尊（五百三尊）蘇悉地ノ七百（七十三尊ン）余尊　皆六字中ニ具セリ（三部合ノ一千九百八十一尊ヲ具スト云リ）

一　蓮華三昧經三十七尊事（無障碍経）　帰命本覚心法身（中台無量寿）　常住妙法
心蓮台上（弥陀化主当心坐）　本来具足三身徳　三十七尊住心城　普門塵数諸三昧（仏平等中之義）
遠離因果法然具（無辺無量ノ）　無辺徳海本円満（恒沙功徳ノ）　還我頂礼心諸仏
六字称名願行ヲ以テ超世別意具足せり　又云南無者即是帰命〇
必得往生文　阿弥陀ハ所覚法即本有三身三十七尊普門塵数功徳ヲ
浄土論ニ無量光名義ヲ開ク、實相為物身　法性身　方便身ト對ノ無
礙ニシテ万徳備在ノ義ヲ顕せり　今宗義ヲ以テ帰命本覚ノ文ヲ會スル宗見ハ
言ハ本覚以下ノ法門悉ク弥陀ノ功徳ニセ　帰命トイフハ南無者即是帰命ト

云〻其ハ遮那ニ皈スル信心〈文〉 亦者六字法門也名ハ皈ニ依テ歸命ス今此曼陀
羅ハ六字所具ノ歸ノ姿ヲ畫セリ 中臺三十七尊嚴然タリ不可思議者也
次三十七尊ニ又合事 先ツ三十七尊ノ教ヲ説テ法義ヲ顯スニテ〈文〉本ヨリ
普門ノ智ハ下無量ニシテ三昧ノ下帰一雜ナラス大悲ノ三摩耶種ニ〻ナル〻
但十六大菩薩四攝八供等ハ定ルニ遍ニ相當ル義分無キニ非ス已ニ普門塵
數ノ諸三昧ナリ 一〻ノ尊ニ不可思量ノ眞言教ニテ一切ノ者數ニ約ス法門ッ
表示ナリ 一ツアル者者ラス 一智大日トモナス己二アルラス兩部大日三アルヲ三
部諸尊四ラハ四種法身 五ラハ五智五佛等〈文〉 不動明王三十六ハ童
子アルヲハ中尊ヲ具ス不動三十七尊トス
次大日所隨一體異名也 普賢觀經ニ毘ルサナ遍一切處其佛住處名

常寂光ト説ハ即大日如来ノ光明遍照ノ徳ニ喩タリ今経ニ蘇悉地ノ徳ヲ
才メテ光明遍照十方世界ト云リ二仏一躰ノ義ヲ顕ス是以高麗鶏州小
向一乗青目章ニハ盧舎那則無量寿極楽花蔵一躰異名ト云リ
新訳ニハルサナ旧訳ニハビルサナ之ト也花厳ノ意也 天台ニハビルハ法身也ルサナハ
報身也毘字ノ存没遮舎不同ヲ以テノ法報簡別ス花厳ニハ言存略
新久不同也妙楽ハ近代翻訳法報不分ト雖破云リ 真言ニ蘇勤ハ胎蔵大日 蘇悉ハ金剛界大日也
台上三尊一仏ノ大定智悲ノ三徳ニ本来具足ノ三身也仍蘇悉ヲ大日徳ニ
等メテ法界ノ躰性智トモ 大遍光明照 亠訶ビルサナノ法身酬ヌル義在之大日ニテ法中
諦三トテ大毘ルサナ成仏身神変加持身ト云リ 今モ三身即一報身也
摩訶大多勝ノ三義 大義阿蘇悉仏放大光明ト云リ 多義ハ十二光ヲ至

数光明也　摂義寂尊乎一威神光明也此三義ハ除闇遍明（報身）
能成（化身）受殺力ハ　光無生滅也　今ハ除闇ハ無明黒闇ヲ除キ能成ハ至ル十地願行ヲ
自然彰也　光無生滅ハ法身常住ナルカ故ニ徹窮後際放身光ナリ也
一　偈文ニハ字功徳ト云ルニ付テ此ノ受相三十七尊ニ二ノ徹アリ一ニハ観仏三昧アリ
習入スカタ　釈迦教ノ分域一代ニ立ヘシ仏智ヲ明知シテ依正ノ荘厳三十七尊ノ
功徳ヲ領解スル也　次ニ念仏三昧ハ弥陀如来弘願ニ帰スル宗義ナレハ散乱麁
動ノ凡夫モ口称三昧ノ修行ノ中ニ往生ノ三十七尊ヲ拝見スル也　心城ニ住スル三
十七尊ヲ観相セヨトテ不説始ニハ帰命ト表シテ終ニハ頂礼ト結ス帰命頂礼ハ
南無ノ義也　三身三十七尊ハ阿弥陀仏ノ名義功徳ニ在ルカ故ニ南無阿
弥陀仏念仏三昧得義ヲ説顕セスル経ノ文也　サレハコソ三十七尊ハ様モ無ク

南無稱ル聲ノ中ニ心内ノ三十七尊ノ頭ヲ下リ　得生已後ハ見佛色身ヲ受
相具足見諸菩薩。無生法忍ノ時キ東寺天台両流ノ異ノ義極シテ三十
尊ノ名字ヲツタヘモ不ﾚ知　直ニ報佛如來ノ内ノ道場ニ入テ授職灌頂ノ位ニ望ム
時ハ速ニ字ノ教ヲ極ル談ハ至リ大日遍照ノ坐席ニ住スヘキ也　彼下品人○自然而
滅頓中頓ノ了義ノ中ノ廣弘ツ了義也　彼ノ有大乘ノ量ノ勇鋭無二成ツ諸テ
頓悟矣ストテ云ハ起ノ名ル法義也

輪圓草第三十八　五廿八

階下二菩薩　臺上階下事　觀音開花三昧事
勢至合花三昧事　左右不同事
勢至合佛三昧事

今日ノ階下三十四菩薩圍遶ノ儀式付テ別功德ニシテ諸尊ノ誓願之ニ
大方諸尊ノ名字ヲ受相不ﾚ同上ハ三尊ノ外ニ何ル雖ト定イヒモ其ハ中ニ頭

露ナルニ付テ深才ニ讃嘆スル也　觀經ニハ二菩ノ外ニハ見諸菩色相具足説
法花ニハ大菩ノ衆圍遶住所説ケトモ　一モ名字ヲ不揚　但シ花嚴經ニ普賢
行願品ノ終ニ即得往生極樂世界到已即見阿彌陀佛文殊師利
菩普賢菩ノ觀自在菩ノ彌勒菩ト説テ四菩ヲ擧タリ　廓作經ニハ
有八菩ノ乘神通来説テ十往生經ニハ廿五菩ヲ擧タリ　揚嚴讃ニハ除
蓋障藥王藥上跋陀跋羅枝極花聚山海慧地蔵千手觀
世音トテ諸菩ノ名字ヲ連タリ　此寺ノ大聖意ヲ三十七尊ノ中ニ御坐也
其中ニ先階下ノ右ノ一座ニ當テノ一菩アテ右手ニ未敷蓮華ヲ取テ右ノ手ニ開花ノ
印ヲ持スルハ即觀音也　觀音開花三昧也　次ニ左ノ一座ニ當テノ一菩アテ合
掌ヲ捧テ合蓮花状勢ヲナセルハ勢至ナル也　但シ普通ノ儀ハ觀音左勢至

臨三十

右也。今ハ勢至左観音右ニ座ヲ替ヘタル事、諸経ノ異説也。陀羅尼集経ニハ階下ノ如ク勢至右観音右也。次ニ𦬇何ナル時キ甚室ニ上テ三尊対坐セシ（甚室上階下事）何ナル時キ階下ニシリテ住ヱラト云ニ、此ニ二𦬇仏ニ同スル位アリ、仏ニ別ナル位アリ。仏ニ同スル時ハ三尊対坐シテ三花相向シテ相顕ス。即涅槃ノ三徳秘蔵三身円満ノ内証平等ノ体ヲ顕ス也。而ルニ仏ニ別スル時ハ大智大悲ノ徳ニ利益衆生ニ向フ時、逢ニ階下ニシリクタテ観音ハ開花三昧ニ入テ衆生ヲ度シ、勢至ハ合花三昧ニ住ス。衆生ヲ度スル也。而シハ三尊対坐ノ威儀内証平等ノ徳ヲ表シ、二𦬇一階ヲ下ル威儀ハ三尊差別ノ相ヲ表スル也。

一　先観音開花三昧ノ事。観音皁敷蓮花ヲ持ノ開花ノ下ニ住スハ、蓮花ハ一切衆生自性ノ心蓮也。此花常ニ泥中ニ在テ水ヲ出テ未開敷ノ姿ヲ未敷蓮花ト此ノ未敷蓮ヲ心蓮ニ

観音大悲ノ加持ヲ以テ生死ノ泥ヲ令ム出世尊ノ三昧也是善義哉ニ曰ニ
大悲ノ菩薩入テ開花三昧ニ疑障乃除宿花開務ストイヘリ我等一念信
心ノ開務スルモ観音冥加ノ力也仍浄土不信ノ人也トモ観音信仰ノ人終ニ
浄土ニ送テ心蓮花ヲ令シ開ヒラシム　又念仏行者モ疑心善ニ未ラハ観音ノ念疑障ヲ
除ク　　次勢至合花三昧事　　勢至菩薩ハ合掌ハ未敷蓮花ノ
也合掌ハ蓮花ノ合アリタル姿也合掌好籠テ処胎トヲカ如シ菩薩自證ノ
心蓮ハ開タリト云トモ無住處矣功徳ニ任セ衆生ニ示同ノ同事ノ行勝ニ盡
未来際ノ未敷蓮花ノ位ニ居ノ衆生ヲ度スル入重玄門果後方便顕ノ
因位ニ下リ階下ニ居ノ凡夫未敷ニ同スル三昧也　勢至未敷蓮花持ヨリ
事ハ観音開花以前以後ノ義アリ　以前ト云ハ蓮花ハ泥中ヨリ出テ水中ニ

傳三十六丁

透見ハ水上ニ出テ日光ニ映ス色ワクニテモ無数蓮花也　或本花泥

中ニ有トイヘトモ八弁肉団ノ泥カ勢至ノ御足下ニ持タル也　及ヒ開敷ノ後ト

云ハ蓮花ハ水上ニ出テ已ニ開タレトモ其根ハ尚泥中ニアルカ如ク仏菩薩ノ蓮モ

已ニ開ケレトモ而モ其ノ根ハ衆生ノ泥中ヲハナレス衆生ニ示同メ無数蓮花ヲ示ナリ

本願恵心先徳　黒谷上人此義也

一 況左右章　其臺上左右ノ尊ハ大悲ヲ當トスル也後得大悲ノ本願ヨリ

起テ正覚ヲ成スルカ故ニ弥陀大悲無漏中道大智ヨリ起トイハ智ヲ當トスル也

若無ノ智恵(般若ノ)為衆生ノ時則随顛倒ニ若無ノ方便(後得大悲也)観スル法性時則證ス

實際文　此智ト云ハ一切衆生ノ心中無相ノ智恵也實相法性之源ニ如来ハ無二異

智恵無相智恵ハ一切衆生ノ心中ニアリト云此義也

一 勢至菩薩ハ念仏三昧ヲ掌ル義 首楞厳経ニ五十等倫ノ菩薩ハ説教ヲ造
種ノ円通ヲ説ニ我本因地。以テ浄土ト云リ 其義云何ナレハ世俗法天竺ニハ
諸臣帝王ノ前ニ侍スルニ必ス合掌ス 両手左右相分ルハ王臣相阻ルヲ（ヘタツル）
而ツ臣ト君ニ似居スル時キ阿順ノ義ナク二心ナク帝徳ニ似テ揆ノ動静非ス
包（ツツミ）君臣合躰之王臣一躰ノ義ヲ顕ス左右ノ手ヲ相寄テ合掌スルアリトイヘリ 或等
流傳生死ノ凡夫也トイヘトモ弥陀法王ニ似ル凡聖相阻ルトイフ（上ヒ）一念ノ
浄信ニ生仏ニ一躰ノ凡聖不二ノ益ハ念仏三昧ノ功徳也 依之若念仏者ハ
芬陀利花ト云ヘ 四種ノ中ニハ白蓮花也 三時中ニハ栄耀盛ニ満ル花也 勢至
菩薩ハ本有心蓮ヲ観シテ我等ニ念仏セシメ 観音菩薩ハ開花ニトツテ心蓮ヲ開
覚セシメ玉ルナリ 二土ノ利益甚深也 一 念ノ者ハ心所ニ五種ノ嘉誉ヲ讃テ二聖ノ

臨三十二丁

擁護シ蒙ル常來至ノ常隨影護ヨリ當ニ正覺華花ニ説ニ諸上善
人俱會一處ス道場不得佛果妙法甚深深妙唯也　兩巻ハ合掌
二邊ヲ合スル中道ノ義也

輪圓草第三十九　白拂鐵鉤二菩薩　白拂菩薩除蓋障　鐵鉤菩薩　五障

三十七尊ノ内臺上ノ三尊階下ノ二尊已ニ讃唄唱畢ヌ　其ノ餘ノ菩薩衆何ヒト
雖モ蓮華三昧經ニ列テ惣ジテ三十七尊ト讃唄唱スルニ事足ヌトモ威儀ノ
形相ダニ讃唄唱スル也　所持ノ三摩耶形ハ所得ノ法ヲ示ス也　或ハ合掌ヲ持シ或ハ
衣裓ニ花ヲ入テ持スルモアリ　或ハ鐵鉤ヲ持シ或ハ白拂ヲ持スル等也　所持物ニ付テ諸
經ノ意ニ依テ讃唄唱スヘキ也　凡其臺上ノ三尊ヨリ相乃至階下諸尊ノ

尊形不相三耶形顯教不知事也或深秘故不配之歟
或不知深秘故不配之乎　　三尊来迎佛不相空風上
空火空水等沙汰甚深義在之歟　今宗不及其
談旨一是法躰化用也五智圓滿頓王光明遍照法王之妙觀
察智一智主トス諸佛三身此尊化用トス謂ユル楞伽經十方
諸刹土説聖位經四種法身也極樂ハ諸佛家名彌陀ハ
諸佛法躰也　但眞言兩部五佛説中甚二訶ヒルサナ上西
方阿彌陀佛以二佛胎金兩部名相同其三佛其名異也其故ミタ
別名ナレトモ諸佛惣躰證スル尊号ナル故也天台本門佛諸佛同
證功徳通号也下尺上ハ光壽二徳ヲ彌号ト説台密一同也　今重

臨三十八丁

東方阿閦　南方宝性　北方不空成就　胎蔵ニ東方宝幢　南方蓮花開敷方　天鼓雷サレハ彼等ニモ諸佛ノ覚ハ前隠ノ位ニ入ト談メ一佛二明王トテ前隠ト不動愛染トシ以テ諸尊ノ躰ト習コト在之欤

一　今日者　白拂持セル菩ハ鐵鈎ヲ持セル菩ナリ讃嘆ニ云ク而ニ千手ノ中ニ十二ノ御手ノ中ニ白拂ノ持リ手アリ鐵鈎ノ御手アリ彼経ニ鐵鈎ノ御手ヲ礼スル者ハ諸天擁護ヲ蒙リ白拂ノ御手ヲ礼スル者ハ諸障難ヲ拂イトリ

先白拂持セル菩ハ除蓋障菩也　世俗ニ白拂ニテ蚊虻ヲ拂ニ譬ヘ一切ノ障ヲ拂カ如ク有漏不浄ノ罪業ヲ拂テ無漏清浄ノ白業ヲ顕也　除蓋障ト云ニ一念ノ心即如来蔵ノ理ノ恒沙功徳ヲ備ヘ遂ニ中ニ収ルヽ三毒煩悩ノ蓋ヲ覆カ如ヲ除スルヲ除蓋障ト

五障在之 五蓋又此義也 一ニハ煩悩障 三毒ヲ根本トシテ等分煩悩ヲ
合八万四千ノ塵労門衆生ヲ乱障也 二ニハ業障 三毒ニ催サレテ業ヲ
煩悩相應シテ現行スル十悪等也 三ニハ報障 業ニ依テ所卑ニ生スル八難所
等也 三途 北州 無想天 長寿天 佛前佛後 世智弁聡 根不具 四ニハ法障 雖所ニモ不生煩悩業モ不トモ雖先世ニ
於テ他人ノ聞法ヲ障スル者今生ニ法ツ不聞也 子アテ学問修行セントスレハ父母
身ヲツカレ慎シ事ツ思テ制之 妻アテ聴聞セントスレハ夫ト制也 或ハ高貴ニ依テ
不聞之 或ハ卑賤ニ依テ不聞之等也 五ニハ所知障 知ヲ不知ニ仏法覆也
邪見無明等也 三ニハ異ニ通スル無明也 并ツ障也 五障ハ共ニ所知ニ通也
此ノ五障五蓋ヲ障事ハ 二門雖易不同也 聖道ニハ断煩悩在之 断教門ハ
貪ヲ障ルカ為ニ不浄観 瞋ヲ為ニ慈悲観 愚痴ノ為ニ十二因縁等ト八万

临三十九丁

四千塵労門ニ對シ八万四千ノ對治ノ教ヘアリ　頓教ハ浄菩提心
観ヨリ入テ無生心観（性）本来自性清浄ナリ也　花妄染塵霧ニ依テ心性ノ
月輪ヲ不ルカ失ハ出ル也　一切業障海皆従妄想生　若欲懺悔者端
坐思實相等ト云々　漸頓皆是依心陀羅尼也　而今ハ門ニ不同ノ宗
皆陀羅尼門ニ不同ハ八万四千ノ三昧ハ漸教長遠ノ三昧也　利鈍ノ名号ノ三昧ハ
一聲ニハ八万四千ノ塵障ヲ打ツ仏易行頓教ノ三昧也　超日月光等ノ一切ノ
障難ニ障ラレス無量光ニ同シ一毫ノ惑品ヲ断セストモ云ヘトモ仏智即仏
願ニ乗スレハ自性清浄ノ浄菩提心ヲ顕現ノ心性明ナル於百千日唐リ忽ニ闇也
専日照世間消除生死雲ト説キ仏専明浄日除世ニ痴闇明對是也
安楽集ニ攝旦係蘭ノ以栄ヲ以テ陀羅尼三昧ノ義ヲ顕セリ四十里ニナ

ミテル伊蘭林ニ其香ヲ聞者狂ヲ發シ即死ス此中ニ一科ノ牛頭栴旦ロツカニ
フタハニ生スレハ四十里ノ伊蘭忽ニ栴旦ト成ル衆生煩悩ノ伊蘭ト成ル六
道生死ノ狂ヲ發シ法身ノ惠命ヲ害ス僅ニ六字ヲ唱レハ一聲ヲ稱ニ羅漢スル
コト一科ノ牛頭栴旦ノ四十里ノ伊蘭ヲ變シテ香并トナスカ如シ

既念行者ノ貪嗔ハ水ノ上ニ降ル雪ノ如シ降トハミエテクニテ消ルカ如シ一夜間雪ヲ花ノ上ニ宿ス野十四字草王達ノ
木モ白妙ノ

一　深鐵鉤持下九并ノ事

三十七尊中ニハ鉤菩薩鏁鈴ヲ備ヘ随一金剛鉤并也又鐵鉤ヲ召請ノ
儀也諸佛并ノ説法時此衆ニ住ス龍神八部等ヲ召集ス神力集ル衆ト
并ノ又對告衆ニ不限一切衆生ヲ招寄佛ノ道ヘ今ニ入義也維ニ經ニ先ツ以鐵鉤

稿二十一第……

尋後令入佛恵ニト說キ或ハ婬女ヲ現作シ諸何色青ノ詞ヲ貪者ノ爲ニ無尽藏ヲ

現作ス菩薩心ヲ令發シム等トイヘリ　而今ハ全用鉤大悲ハ全ノ菩薩功德也衆生ノ

樂欲ニ任セテ所求滿足功德ヲ成就セシムル也　別願超世建立也　嚴

與ヘ引群萠ト云ヘリ　四十八願ハ大悲ニ依テ衆生ヲ引備ル相ヲ示ス此菩薩ノ三十二相形ニ

住スル也　四十八願建已テ重テ三誓言ヲ立ツルニ我於無量劫　普爲大施主ト云ハ

四十八願ハ衣服隨念等ノ種ニ樂欲ヲ十方衆生五道六流輪ノ貪窮無福

悪ノ衆生ヲ召集メ極妙樂事ノ欲ヲ鉤ツナス也　揩此鐵鉤ヲ何事ニ用ト云ニ

天竺ニ大象ヲ調スル器也大象ハ強力也野牛七頭カ力ヲ合テ一ノ水牛トシテ七

頭カ一ノ象トシテ一牙セガ香象也此大香象ヲハ縄ヲ以テモ調セスハナツラヲ以テモ調セス

鐵鉤ニ鐵柄ノ長クツケテ象ノ頭ノ脳ヲ打テ引時キ象イタミテ即テ隨フル也

此尊作トモ云フ佛ノ十号ノ中ニ調御丈夫ト云名ハ此尊作ノ義也　剛強難化衆生ヲ
調伏スル義也三且四攝淨土テ大慈ノ鐵鉤ヲ以テ有情執着ノ貪等ヲ伏スル也
事同愛作ト云事ノ　見者弁心ノ務ム属解ル者到佛三昧莫如三昧ト云云
厭捨世俗食欲極樂食ノ義是也　樂多ノ無三病道ト云へり

愛染作事

空也上人云　後ノ期スル心ヲ以テ極樂ヲ期ス者ワ染ム心ヲ以テ彌陀ヲ染メ者ニワク
心ヲ以テ彌陀ワ々ト云ル所ノ心也別ノ鬼角スワラワ心ヲナクテ世情ヲ入也

輪圓草中尊十座　　無天冠三義事　中尊御後二丼事
　　　　　　　　　三十七尊座席事
今日者無宝冠丼等三丼ノ讀煩之云　先無天冠丼事　諸尊寶冠

恃三　廿二丁

冠ヲ著ル中ニ髪ヲ頭ニせん形大聖又作臍以難知ニ愛相若現中没年暦ヲ遂ケ恭
敬ニ人ナニ牛馬押當テ揁破ニハケタルニコフトテノ宝冠ヲキセテ高繪スルコトアルハ
餝事也　仍有三義　一（宝髪事）義云宝髪𦬇也　此ノ𦬇ハ措記哉　宝髪ヲ見ム者ハ
佛道ニ入テ𦬇ト心ヲ発セシトイヘリ　但シ宝冠ナレトハ不トモ説宝冠ヲ帯セハ宝髪不可
頭ス也　一（金剛焼香𦬇事……八供中内四供養良𦬇之）義云三十七尊中金剛焼香𦬇也　所持ノ三ツ鈷形蓮花ノ
香呂ニ焼香ヲ焼キ（佛）供養也　下化更懈怠ナラン　精進波羅蜜ノ出音ナル𦬇也
謂ク鑽火ノ義体ナレハ　火雖得濟水手ヲ不シテ動　水雖渡戒香薫修故ニ
塵勞煩障ナク上求モ下化モ精進ノ𦬇也　今意ハ利智精進ナラス　緩
漫懈怠ナレトモ　於随如来同位ニ勇猛ノ精進修行ヲ取テ佛徳ヲ備ニ往生ストコト
幼之示位ヘリ

文殊事

一義云　一髻文殊（五髻文殊也）文殊師利童子ト云童真トイリ十五以次前未タ住法位ニ童子ト云也而ルニ一髻ハ一智ヲ表シ五髻ハ五智ヲ表ス一智ト云ハ無相般若ノ躰也迷悟凡聖一躰不二也無相ノ一法ヲ指ス一智是也五智ト云ハ一ゾ智ヲ開テハ大円鏡智等ノ五智ゾ此義ヲ顕サンカ為ニ五髻ヲ置ク則差別門也サレハ一智五智一法開合ノ内證ノ本末也　聖位経（真言ノ所依ノ経也）云自性及受用変化并等流佛徳ハ三十六皆同自性身文　一法身ノ三十六ノ徳ヲ具足スル故ニ何ノ尊ヲカ召キテ稱揚スレトモ相違ナシ　其中ニ今ハ一髻文殊ト云ニ付テ所持ノ三摩耶形ハ見蓮花香呂ナリ梵香ヲタキテ佛ニ供養スル威儀也香呂ハ文殊ノ身也無相般若ノ智火ヲ以テ戒定ノ香ヲタキ前施作業ヲ供養者也

願クハ我身浄キコト如シ香炉ノ　願クハ我心如シ智恵ノ火ノ　念々ニ焼ク戒定ノ香ヲ供養セン十方三世ノ佛ニ

惰ミサニ丁

一 次中尊ノ御後ニ左右ニ二菩アリ 一ニハ右ニ梵篋ヲ捧タリ 文殊菩也 如来所説ノ経教ヲ持シ智恵ヲ表ス 三世覚母也 一ニハ左ニ宝珠ヲ持スル地蔵菩也 宝珠ハ福徳ヲ表スル也 此則所施ノ福智二門ヲ以テ衆生ヲ利スル 恒沙福智皆円満ノ教主也 又十八願修善福智同福智二門也 十八生因願因正覚根本智ヨリ後得大悲ヲ開テ五種神通以下種々修善ノ福ヲ開也 文殊地蔵福智 悲智二門ヲ顕ス也 極楽種種奇妙ノ楽地蔵如意珠ヨリ流出スル也

一 地蔵所化自性菩也

[illegible]地 [illegible] [illegible]字ヲ合[illegible]字ヲ成スル此義也 中尊雲先徳歌云 [illegible] [illegible]字合成風吹統里クモハレテアミタトソナル 菊ハ勝行菩薬[illegible]字合成スルニ始テ[illegible]字ヲ地蔵種子トスル也 因果異也トモ一躰也 三井慶祚ノ顕密ノ明匠也 西坂本人宿地蔵堂ノ柱ニ書之云 法蔵比丘ノ昔ノ名ナ地蔵沙

其後寛平供養良蹤山ニ登テ見之畳紙ヲ取リ　奉　照

門ノ令ノ梵ヲ蔵字可ト思ヘ

出ノ書写ノ本様ノ字ヲ削リ捨ナリ　一次ノ文殊両童ノ雖アリ全ク断見香ヲ弃ハ

無天冠ノ義不成ス宝髻ノ義相叶欤但ニ仏果ニ甚深功徳ヲ示シハ仏徳ヲ世ニ示ス門

自性身ノ義ニ入テ一往ニ二一遍ニ二果徳ヲ表顕ストニ云フ義アラハ仏前仏後ニ

顕仏前ニ依正主伴ノ儀式ヲ顕ス仏後ニ福智二荘厳ノ欣慕生ノ義示スシ

トモ云ヘシ観音勢至其臺上階下ニ顕ス因果差別ノ福智ノ二門ノ表顕ストモ読セ方便

中尊宝在亍事

品次三十七尊ノ座席ハ宗家ノ救対ニ云ク三百宝池浜ニ来ル会せ　九品往生人先ッ

仏前ノ宝池会ニ入テ花開已後仏前ノ宝池ニ至ニ教主ヲ拝見大聖ヲ囲遶シ

説法聴聞ノ礼仏ノ拝得無生忍ヲ即神通起ノ宝楼宮殿会ニ至リ宝林

宝樹会ニ下リ虚空会ニ上リ無生宝食ニ入テ故ニ五会ノ中ニハ宝池会ニ収ム彼ノ穢土ノ

臨ニ廿一ニ二

建立堂社佛閣此儀式也先門差入テミレハ池水アリ林樹宮殿アリ得通ノ
分無レハ虚空ニ昇コト無ナシトモ衆僧供養ノ分アレハ無生法忍會ニ在之
問云觀經ニ別依報在所ヲ云ヘ求七觀ニハ於七寶地上ト說キ龍樹讃ニハ金底
寶間池生花トニニ 今ノ愛相ハ池中ノ嶋ノ上ニ在此經讃ト呂ト三相違ス何
答云觀經ノ雜想ノ觀ノ經ニ丈ノ此義ヲ明メタリ經ニハ一丈六ノ像ヲ在池水ノ上ニ云リ
此說ハ龍樹ノ讃ニ符合ス而於ニ觀像表眞想水表地ト又池水花上丈六ヲ
觀ムルハ眞佛ヲ見セシメンカ為ノ假觀ノ方便也池水ト云ハ假水也此池水ヲ支ス彼ノ
眞地ト成ス像身ヲ眞佛ト成ル位ヲ求七觀ニハ於七寶地上ト說也今ノ方俺羅ハ
池中ノ地上ノ花堂ト呂ト云ハ眞假一躰因果不二ノ義ヲ示ス也池水ハ因分往生人宿ノ
花也地上ハ果分也金剛無漏ノ實地也此卑ハ器世間建立ニテ寂下ニ風ニ臨テ

其上ノ水輪也即車軸ノ如クナル雨アリテ凝テ水輪ナルト其ノ水輪ノアツサ十六
洛叉中八洛叉ハ金輪ナル其上ニ深不地輪ヲ成セリ淨土果報モ相似セリ
先ヅ寶池ヲ會入ダル功ノ曰分ノ此池水深不輪無量金剛瑠璃寶地ト成ル時ハ
池水ノ底輪地上ノ衆列也
標立段ニ今品池水曰分ノ上ニ正覺金對ノ寶地ヲ顯ス事深意アリ今正
覺ハ稱義名号不取正覺願曰ニ翻ニ正覺躰ヲ成シ池ハ往生ノ花池也淨
土論云如来淨花衆ト所隨正覺從圓滿スル深意也仍淨花化生ノ名ヲ起ス
因ノ念佛對スル故ニ四邊花池ノ中央寶地ノ上ニ正覺成スルハ如来正覺ノ花ハ
金底寶間ニテ水底ノ蓮花ヲ生ス大座ヨリ十四丈ツヽ分テ六十億ノ蓮花顯ステ
往生人宿ナレハ如来自覺ノ蓮花ノ根ヨリ四邊ニ指ノ九品淨花成ル也此ノ中ニ一人ノ

輪二　廿四丁

西方便有ト足ヘシハ一念佛ヘシハ翻同ノ念佛ヲ發ニ種トシテ池中蓮花成ル義是レ一

致ノ不思議成也

聖道難行ノ長遠ノ基ト云ヘル下云云
顯宗帝時ニ朱ト雖ト云智者アリ毀ト云殊ヲ極テ
王由ヘリ勒問アルニ毀ノ名ヲ極也
孔子渇ニ飾於盗泉之水ニ
曾参返ニ車於勝母之里ニ此謂歟

上品上生二人事
大乘意義　三種法輪義
諸宗権實人作ハ今二人事

輪圓草第十一　上品上生二人事　授職灌頂事

今日者中臺三十七尊以テ上品上生ノ繪像ヲ讃嘆云云

謂ク佛前ノ金剛無漏ノ寶地ノ上ニ上品上生ノ銘ヲ中ニ置テ左右ニ相向テ二人ノ新生ノ菩薩

品付釈經ニハ上々品後有三種衆生説テ三人アルヘシト見タリ尓者上々品銘下ニ三人ノ聖衆顕ヘキニ變相ニ二人ヲ織レリ 観音ノ變相ト釈尊ト全言ト相違ス云何ト云ニ此事ニ嘉祥浄影天台龍興等ノ解尺料簡不可合 而宗家處以定判其義ヲ明タリ 此義又西山上人料簡ナス人經ト尺ト互ニ相不當不可教者也 散善義云此明衆生性習不同執法各異 前中一人ハ但用慈持戒為能ト 次中二人唯将讀誦大乗為是ト 就戒即能持五乗三佛之戒 法能薫成三賢十地万行之智恵 若以徳用来比校セハ者各一能アリ也 一家指定宗義大小善西方ニ廻スト浄土往生ハ本願念佛一路ニ不依トハ不可成 設ヒ十八願中唯明専念文 定散文中唯標専念ト云足 同一念佛蓮花化生義也 又上々品持戒讀

恟三 廿ノ四

○七

○示下 誦六念ノ三人ヲ説ケリ 其六念ト云ハ大乗意宗義専念阿弥陀仏ト云ヘ唯明
唯標義ヲ存ス 今云ハ三者修行六念ノ一ハ持戒読誦ノ二人通用所行也 往執不
同ノ過云不可混者也 此義ヲ眼トシテ今文ヲ見ニ前寸一深寸二ト云ハ前決ハ後対メ
随他ニ諸行往生ヲ許ス三人アルヘキ義ヲ表シ寸一寸二ト云ハ持戒読誦ハ正行ノ範
別ツ正因ハ六念ニ佛一法ニアリト示ス也 一字一句不可加減ノ読定也 随自實
義ハ上々品二人新生ヲ出スヘキ也 仍天竺随他誘引深求ヲ説テ 復有三種ト
示ス 弥陀観音ハ本願ノ實義ニ入テ一二人得果往生ヲ出メ又相ヒ解スト相叶也
六念ト云ハ戒捨ハ法宝ニ攝シ 天ハ僧ニ攝ス 又三宝ト云ハ法宝ハ佛ノ所説僧宝ハ
佛ノ所尊也 ハ念三宝ハ念佛也 念佛ハ弥陀ナレハ専念阿弥陀仏ト云也
一 諸大乗経意宗義事　根本花厳経 善財 初ハ文殊菩薩心 次ハ徳雲

并行唯知一行也　最後ハ普賢ニ遇テ而見彼佛阿彌陀等ヲ　ヲ根本際ト
也　披于ハ大集大品各三ハ念ニ三昧ヲ要行トス般舟十住等又彌陀念佛也構
末段本　一乘所説ノ所皈即往安樂ニ明ス　天台法花三昧ノ法則廻向句云臨
命終時心不乱　正念往生極樂國　而奉彌陀值衆生　修行十地證常樂
一　禅教性相祖師各奏良ニ皈スル求一人開衛頓法花旨皈門ニ求ス一人直
往頓之花厳宗旨門ス　所詮二類共ニ修行難成他土往生期各々性
執果遂スヘキト也　各稱本習而入円ニ乘本宗不同円ニ乘悉文　全同其ニ
乘ノ一實道ヲキニテ普賢ノ行願悟入スト也　而今衛頓ノ一機ハ依心
起行往押上テ漏ル之佛法世俗ノ善ヲナキ　唯知作西ハ念佛モ不ハ報佛無
上果海ニ郷宗スル深義也　我身曠劫已来小無有出離之緣ノ下機也ト思ニ

臨三　廿六丁

知テハ旃ヨリ念佛往生ノ信心ヲ開発スヘキ也 花厳宗ノ為ト云ニ我等カ為ニ信ス云ニ

一 上品上生ハ金剛無漏地上ノ金剛甚深ニ説キ解脱法衣ヲ服ノ右ス二聖重テ衣被ヒツ授ケ菩薩心ノ水ヲ身頂ニ灌テ授職灌頂位ニ入ル桐ヲ畠スル也 灌頂王子位ニ昇ル儀式也 転輪王ト云ハ四海ヲ統領ノ王也 梵王ヨリ帝釈勅ヲ下シ帝釈天ニ人毗首羯磨三十三天ノ巧匠ニ仰テ金輪宝ヲ造ラシメ 十善具足人前ニ昼モ飛行ジツ夜叉神ニ仰セテ殿前ノ石壇ニ懸テ之ヲ昼夜転モ若御幸スルニハ高峯ヲ崩シ溪谷ヲウメ護敵ヲ取テ忽ニ降伏スル徳アリ 此等ノ王子ノ灌頂王子ト云也 此王子宝祚ヲ践儀式ニ龍神八部四海ノ水ヲ取テ珂雪ニ過タル大白象ノ頂ヨリ懸下ノ鼻ヨリ受テ鉢ノ中ニ入ル蘭差ヨリ鉢前ニ懸ケ水ニ移シ此ノウツシホヲ取テ并ニ臣下王子ノ頂ニ灌テ聖王ノ位ニ昇ル儀式也 而今

弥陀五智圓滿心水ヲ取テ一菩薩新生菩薩ノ頂ニ灌ク忽ニ法王子トナル所ノ補處ノ位ニ
至ラシム設ニ無漏金剛甚深堅固ノ衆佛位ニ補スル人ニ佛難思利益ヲ顕ス此
意ヲ日中結讃ニハ性海如来盡是弥陀心水依身觀音勢至与—
衣被教不騰空待法ヲ以トスト云也 法性真如海ヲ證スル佛ナレハ弥陀ヲ性海ト
為也 仍弥陀ヲ師トシ佛前ニシテ二菩薩ニ弥陀心水ヲ身頂ニソヽカレテ授職灌
頂位ニ至ル已ニ灌頂位ニ至ルハ忽ニ法界ノ空ニ上テ諸佛ノ御前ニシテ成佛記別ヲ蒙ル
無為ト云ハ佛果ノ名也 我等ガ先世ノ狂ハ人皮畏衣驢胃三途ニ入不請第ト
云ハ作善人皮畜生也ト云ヘトモ弥陀願力ニ乗ノ弥陀内證ノ門ニ無邊菩薩ト
同學トモ諸上善人倶會一處ノ五智心水ヲ頭ニ灌キ忽ニ佛位ニ補スル之 金剛臺ト
云ハ上品上生ニ限ル上品中生已下ハ皆蓮華也 上品中生ニハ紫金臺 経宿即開トイヘリ 花ハ目ニ覚果之花

備三廿七

華實ノ再復位ハ因分ノ果分ノ功德ヲ再復スル義也至極究竟ト云ハ八ツ果ニスノ實ハ

高顯ニテ花ハカ（ル）リ花ニ在ル位ヲ金剛甚堅ト云也 三世諸佛成等正覺座ヲ金

剛座ト云モ金剛甚堅ト云也仍上ミ品行者即此ノ正覺座ニ昇テ佛ト等同スル義ヲ

顯也經云無量壽國在九品淨域三元地 即是諸佛境界ノ如來所（正覺成佛）

（正行成佛）居三世諸佛從是成正覺文 若念佛者ハ當座道場文 人中芬陀利文

花落蓮成ル位ヲ金剛甚堅ト云當坐道場ト云也

上中中上二重蓮花事 中上花藏等同益

輪圓草并下十二座

上上下中中上三品事 十聖往生事 上下品一階上事

大乘初心勝小乘極位事

上品下生向佛後召事

上中上下中上三品事 九品往生ノ中ニ上ミ品ハ昨日講談ニ畢ス

今日ヨリ上品中上巳下八品宝池ノ中ノ蓮華ニ座ス聖衆等ヲ序テ諸説ス
上中上下中上三品ノ繪畫二ノ不審アリ 先ツ上中上下ハ佛邊近佛左右對ツ
坐スキカ上品下生ハ佛ニ向ヘテ中ニ於テノ一階ヲ三サケテ中品上生ヲ上品中上ニ
對ノ左右ニ並ス事如何 次ニ上品中生中品上生ノ花座各ニ二重蓮花ニ
織ル事如何 先ツ二重蓮花ノ事例證ヲ尋テ君相心得ヘシ 梵網經ニ云
我今盧舎那 方ニ坐ス蓮花臺ニ 周匝セル千花ノ上ニ 復現ス千釈迦ヲ
一花百億ノ國アリ 一國ニ一ツノ釈迦アリ 各坐ス菩提樹ニ 一時ニ成ス佛道ヲ 文
此ノ意ハ二地戒波羅密山教主ノ花蔵世界ヲ説ク也 千葉大蓮花ノ花臺ノ
上ニハ一ツノ盧舎那佛坐シ花上ニハ千ノ大釈迦居ス葉中ニハ百億ノ小釈迦ニシテニシテ
各菩提樹下ニ坐シテ成佛スト云リ 或人作ハ千葉ノ蓮花ハ即盧舎那佛ノ所坐

脩ニサハ了…

也判ス　而太賢經作ノ意ハ千葉大蓮花ハ是レ世界ノ形也円經ニハ大蓮花ノ上赫ニ
天光師子座アテ盧舍那佛其ノ上ニ坐玉リ介者千葉花實ノ上別ニ華坐ノ
重タルナリ知ヌ盧舍那佛ノ所座ノ蓮花ハ二重也　而今上中ニ上ノ二類遇縁
有異ノ凡夫モ上中ハ大乗空義解ストモ又トモ行業稍弱ノ中上ハ戒行受持
勇猛精進セトイトモ已是小根也而トモ願力ニ依ノ一心念佛スレハ生死ノ
苦臨ヲ出テ、花藏世界ニ往スル趣也　華藏世界トハ自性清淨ノ蓮華ノ
開ル時キ内證德外ニ顯テ國土トモ別依也トモ成也此兩品人
大小平太ニ願力ノ德用ヲ蒙テ直ニ彌陀内證ノ蓮花藏ニ得入スル義
世九品往生ノ花生ハ同是三世諸佛成正覺ノ所坐ト思モ上ヲ
品ハ金剛臺成佛ノ所座ノ義顯ス乎又池中ノ上中ノ上大小乗二

類又是花蔵世界也ト顕ス者也覺鑁今經定善十三觀ハ金剛
界ニアテ三重也九品ハ胎蔵界ニアテ九品往生人ハ胎蔵九尊ト得上リ
淨土論五門 第一礼拜門（近門） 得生安樂世界 第二讃嘆門（大會） 得入大會
衆数 第三作願門 得入蓮花蔵 第一安樂第三花厳也安樂花厳ハ他
宗人師異釋アリ 或ハ安樂ヲ大花蔵報土 或ハ安樂ヲ云云（密厳経勧往） 密厳ト云云ハ他
今宗意ハ唯是一土ノ三名也他師中ニモ極楽ヲ花厳雖名異而非異
厳文 玄云安樂世界亦ハ名蓮花厳世界文 今詩偈頌モ願生安樂
國ノ句ヲ第三願ト判シテ此門ヲ得入蓮花ト判ス第一礼拜門得生安樂
一同也但シ横竪ノ次第在之一心專平求ノ蓋ハ初生即花厳也九品往
生經云諸佛境界如來所居ト文 此義也 正行竪證ノ時ハ微塵故

論三十九丁

業随智滅機ノ開行ク次第ニ幼ナ證入スルニ華蔵ノ名ヲ与也 三世諸仏
従是正覚ト云此レ其義也 観彼世界相ト云彼ノ言ニ安楽花蔵ノ名ヲ付テノ
二門ヲ開也 近衛院ノ御歳二才ニテ宝祚ヲ践ミ即位ノ時ハ云トモ長大ノ後天子ノ
儀ヲ覚悟スルモ而トモ帝位ノ儀幻稚ノ時ヨリ定リシカ如シ仍今初
生ヨリ花蔵也トイヘトモ機ノ自知スル方ヨリ第三ニ得入蓮花ト云也
一問云中品ハ小乗也生後ノ益又小果也上品中生ハ大乗人也ハ花蔵ノ證入
ストモ小乗人同前ノ益雖思云何 答云本願不思議ノ儀ヲ顕ス品相也ト
可意得也大海ハ無機ニ通ナ小機ヲ不隔ヘ深義ヲ所以ニ超世トモ約ハ注之ト
殊ニ賞翫スナ此相ヲ識ル也小執不改ノ凡夫入大乗差別ナキ不思議ノ中品ノ始ニ
幼ナ之可顕之他宗同居浄土ト下ト判スル尚小執不改雖入要由須経故

大乘心ト判已乎今不翻小執不改本謀直入高妙ノ大規模也故ニ中惟大
生花嚴澗頭メノ人皆慕フ之ヲ令進也
一次不限小乘ニ凡夫小聖ノ有學無學モ生死也　若諸小聖去ニ不並病トイフ
定性無年ツ乃乃ハ但離虚妄名為解脱ナレハ必ス反易生ヲ受ケ年困ニ花ヲ
度スヘシトミエリ　智論ニ出過三界ヲ有妙淨土トイヘル是也　註家實際證ト云ヘ
乃乃ノ佛道ノ根本芽ヲ生セストミエトモ本願不思議ノ神力ヲ以テ攝令生彼無
上道心ヲ令生鶴鳥鳧棒辟アリ　正法法花ニハ臨滅度時佛在前
立 乃乃ノ無數願義　勸務無上正真道意ハオ大願發スト也　識是空見闇トキ定性無年ノ
二乘ニハ永不成佛トイハルニモ願力ニ乘ノ勝過三界ノ有妙淨土ニ生ノ報佛ノ說
法ヲ聞テ丁丁明鏡ノ身ト成テ空報眠サメテ大菩心ヲ務テ已ニ佛種子ヲ失フカ

臨三昧丁……

無量壽德ニ和合シテ無上大利ヲ彼ガ自性淸淨ノ心蓮開悟ニ一一ニ開クナリ菩
薩天先作子座ノ上ニ坐ストセシハ此念佛ヲ修スル者一人念トシテ成佛セズト云事ナシ
例者大經ニ若人好田種子ヲ下シ後此種子不可生ロ云トモ其種子不生
云事無キガ如シ大集經ニ説ク常住ノ二字ヲ耳ニ觸ルル者我佛道成ントスルトモ不トト
成佛セズト云事ナシトイヘリ 今ハ無量壽常住ノ德号ヲ聞テ佛性種子ヲ殖ヘテ未
領解ノ念佛也ト云ヘドモ定性無性ノ者モ成佛シ花藏界ノ主ト成ベキ者也
大乘ノ通理意ノ趣也

一 次上品下生中品上生ヨリ下ル事 凡上位下位ノ相望ノ義我等ガ為ニ依テ無盡也 經文ハ
大小乘ヲ以テ階位ヲ分別ストモ云トモ品相ハ修行ノ強弱ニ依テ當果ノ勝劣ヲ顕ス
也 上品下生ハ大乘ノ異ト云トモ修行ヲ誦スル日ハ三葉起ル行ニ篇慢シテ(善心數退)大行ノ微弱ナレハ

花開テ一日一夜也中上ハ小乗ノ位也ト云上ニ云戒行精進ニ花開蓮座ヲ蓮花品等開ケリ
上中中上三重ノ蓮花ハ正因増益ヲ顕ス相對ノ義ハ正行差別ノ義ヲ表ス也 經ニ云大小ニ
約シ修品ハ修行ノ功ヲ得果ノ勝劣アリト品云ル也 問云諸教談大乗初ハ
小乗極位ニ不及ナリ仍廻向菩提ノ及始到十信ト定タリ羅漢ノ一ノ沙彌ノ顛路ノ
衣鉢与ヘ前後推シテ如キ大小已ニ疑講セリ如何 答云大小相望勝劣ヲ勿論也
是以九品大小分別ス也但シ直往ノ十信ハ廻向并ヒ十信相對スニ進道ノ遅速要ス
退ヒテ廻入ノ十信ノ煩悩厚ヘ無キ菩提ヲ究竟スルコト遅速ヲ要ス也直往ハ今日頓悟等ノ般若
設ニ修道遠縁アテ成佛ヲ遅ク遅ル也仍中上品ノ人ハ戒行精進ニシテ自性ノ心蓮開敷スル
事劣残大乗ヨリ勝レタリ願ニ力猶持ラル正因増益ハ九品一列ニシテ功徳増減
ナシトモ云上ニ云正行修ニ進ニ方ハ精勤ナルハ切也往生益助ヲ以テ二六時ニ修行ヲ勧ムル是也

臨三 廿ノ二 ——

一上品下生ノ人佛前ニ向ヒタルハ上求菩提ノ義代ヲ後ロ向ヘタルハ下化衆生ヲ表也

輪圓草本尊十三座 中之以下五品事 六劫十二大劫花劫合事

上中上下中上ノ三品講讃嘆既ニ證訖ス 従今日者中品中生已下ノ五品可

奉講讃嘆也 付夫上品上生ハ佛前地上ニ品之池中ニハ八人ノ聖衆可有領覚ル

處ニ十二人聖衆ヲ識リ 其中ニハ八人ハ八品ノ銘ヲ帯セリ 今四人ハ銘ナシ如何ト云ニ経文ノ意

趣入テ其ノ義ヲ授シハ三輩九品ニ二輒アルヘシ 一ニハ玄義所施経ノ義ヲ以テ九品ヲ判ス

意云 玄義云 上輩三人遇大凡夫 中輩三人遇小凡夫 下輩三人遇悪ノ

凡夫也 此遇悪ノ人ハ 雖知作悪ト判セリ 散善義ニハ三福無分ノ輩ハ 十悪ハ邪見闡

提人作者人皮畜生ナリ 此等悪人補ス所施ノ名号ヲ列浄刹ノ花台ニ是以

一切善悪凡夫口為増上縁也文 十悪之与五逆 廻心皆往 私云悪人尚生況善人乎 六八誓願船筏

二ニハ三業敬善一門之義 一名明三福 二明九品定ヲ 謗法与無信ノ人雖

及少人等不受也 朽林碩石不可有生潤之期 悪人ヲ尚世戒行三福

有分ニ往生様也 見タル面ハ探逆権方様ヲ調教門也 付文探逆教三業敬

善之義ヲ成ル事ハ大乗行福止上善況善下善況下場也 上業三人也 中業ハ

中品上生ハ戒福上善摂之 中品中生ハ戒福下善摂ス義ト戒福況善句可有

之乎 中品下生ハ世善上福ト至リ世福況下ノ二福甚種也究也 其二戒

況善何ゾ不成往生因 又世福況下又廻セハ可往生通種不可説也 不者戒福

一人世福二人往生勝因可有之　将付中品下生経有不審此品

人ヲハ行世仁慈ト説故ニ仏法義之行ト摂也　然者何此品花開得益ヲ経一小

略三卅二丁……

劫成阿羅漢ト説也 尤大ニ不審也 彼国ハ三界ノ不生ノ境也 未聞佛法世俗人ト
彼ニ生テ何ソ小心可発ス 若此土デ必ス小乗ノ業ヲ生ズ 彼ニテ小果ヲ得ルハ 諸師所発其
本解先證等ノ果トスル事ニシテ 由ヲ不及誤謬ナルニシテ已ニ彼土ノ小心ノ習性ヲ聞テ中輩ハ説ニ
小果ノ之終ニ解不生ノ義 下輩ハ就テ不定之始通不生論者乎 其義又何ナス
當品経文 得果ニ望メテ晩同見レハ 戒福下善ノ人也 中上者白蓮花尋開即得羅漢 中下者経半劫成羅漢
當品一小劫成羅漢 次善ノ開中ニ品ヲ正行スルト 次ニ晩同ヲ次テ得果ヲ判ス 彼ト不得果ハ
大乗ニ入可也 不定ノ機ナリ可発大心故也 又世善ニ已上福アリト足ス 次下ニ善ニ已
然ハ三福ニ各三品ヲ作リ 上次下ノ三輩 散善一門之義ヲ成ス 善人往生九
品ヲ顕ス 又散ノ疑ヲ定ム 散両門之義ニ随テ化法ヲ… 其時今下三品軽次重三
類ヲ顕ス 所施教ヲ未被成故ニ 又迹所施ニ二教ヲ所被ノ合ス 於謂セハ 勘ニ 三福九人唯

知作悪三人也八十二人聖衆也 而今上々品三人又池中十二人合十
四人聖衆識此意得上々品様形 讀誦一人也六上々品一人増是戒
善 治善 一人世善 治下 二人加之摠四人増此九品人合之摠十三人也令一
人聖衆又何哉 一義云雖今佛上々品可在之観念門三万六万十万
上品生一類可有之十万聖列也 一義云上々品二人可有加中品上生
二人可有也 生讀云中品上生名丈等備學多縁覚行又中輩二乗
可有義顕也 二乗七異三門義有 利鈍 依佛 自覺 諦
十二縁 三生六十劫 四生百劫 果一果等教 三乗大異 十面方云
差異分明也 問云今義ナラハ何十二品ヲ不說乎 答釈
述教立観佛為宗立一經宗述 称隠教念佛三昧為一經成

帰三 卅三丁

點佛意ニ教乎所ハ随自随他相依利権實二揆也若十二品ヲ説テハ終ニ
一致ニ不可會也　次ニ三輩ハ散善ヲ外經ハ平文ニ向ヘ下三品ヲ雖知作西ニ以説品ヲ
善人往生義云何トイハヽ念佛ノ定散随一ニ落也残ノ三輩ノ募動者ハ名聲功ヲ存セハ
定散ハ域ノ封ス也定善散善大概如斯 私是也
下中下ヽ六劫十二大劫花合事ト　劫ニ二義ヲ分セハ一増一減ヲ小劫トセ廿増
減ヲ中劫トモ成住壊空ノ四劫ヲ大劫トス十二大劫ハ時劫ナリ　高僧傳ニ
專布法師ト云人アリ西方ハ云ク土浄トイヘトモ六劫十二大劫花ヽ開アテ佛法ヲ不行衆
生ヲ不利ヨリハ不如穢土ノ衆生ヲ利セシニハト云リ　作此義不盡理往生人ノ輩九品アリ
何ゾ最下ノ二人ヲ以テ量トノ可仿浄土乎又下中下ヽ分ハ通トモ云ヘ十悪五逆破
戒ノ四重ノ謗人不知古奏食云フヽ　観佛經ニ阿鼻獄死生寒ヽ氷中ヨ畜生ノ中ニハ

旃者伏弱ノ人中ニ生メハ貪欲ノ下賤他ノ為ニ策役ラレ無量ノ辛苦ヲ受ケ餓鬼ノ中ニシテ
多劫飲食ノ名字ヲ不聞如此三悪ニ輪廻シテ自利利他不叶空ク送ル多劫ヲ乎 杖人モ
云雖在テ花中ニ多劫不開ニ可不勝阿鼻地獄之中ニシテ長時永劫受ケン諸苦痛ヲト文
苦楽相對解之慙布謬ヲ通也　但花開早晩事 經文甚深義含ケリ
定善義湯地ッ尺ニ帯歟寡疑生ス　内受法楽無窮若文　内受法楽トニ云ハ念佛三
昧法楽也蓮花ト云ハ覺他圓満蓮花ス也弥陀自覺覺花坐中央宝地上頭テ
寵ニ獨坐心光ニ念佛攝取如来淨花託生スル故ニ真實念佛限リ
故ニ同一念佛判ス全ク渠宝池神宿スハ念佛ハ一目也花基臺端坐念弥陀トナリ
知ヌ法楽ハ念佛三昧法楽也　彼土ニ生ズル人宿命智アリ決時ニ一生ノ西方業ニ依テ一念
既託セハ泥梨ニ入リ火車授ヘトモ一心念佛スル故ニ来迎ヲ頂キ高妙土ニ入ル事ハ
悟ニ廿三 ——

命終ハ皃弊衣ヲ脱テ美服ヲ服著スルカ如ト知諸人勧励思念シ口稱ノ因徳修ス

受樂スル人念佛スル法樂ト云也 彼天ニ生スル者宿命アテ眼ニ因ヲ施ヘシ死骸ヲ供養スト云リ

供養月天人善
昔餅善

六十億蓮花ニ託シ十六万由旬ノ身量トノ宿命ト具足シ終ニ勇見佛

知諸人勧進近キアリ不可思議 値若失念ノ念佛多劫罪懺滅ス花臺端

坐ノ身器清淨也 往所清淨也 念佛セハ殘殃速疾ニ消滅ス 今ハ理ノ必然也 但十二

劫後始花開ト云ハ殘殃アテノ償フ此時分ヲ達ヘシト佛智所照ヲ顕也 例者人

間壽限五十六十トハ業報定ルト云とも造悪造善ニ依テ長短不定ナル如也 方業非 隆感淨

同分亦荒ニ声斯
感別命根故

殘殃ニ依テ長時ノ花合ヲ現量ヲ妨ルトも念佛スルハ花開速疾也 是故

此義ヲ抑止門ニ解ストモ又人ノ殘殃消滅スル義アリトモ多劫ヲ顕ノ造逆ノ罪ヲ誡ムルナト

抑止スル也 五逆ノ花合トニ通スル抑止也

一問云 長遠ノ花合速疾ニ開クヘシト云義顕ナル也 不着

小時也上モ花合時分アルヘシ其程ハ見佛聞法ノ義無ナリ云事　答云妙楽始ニハ
悉皆見男下品生人ハ觀音説法文見佛ハ且ク置ク花中聞法ノ楽アリト判スル家
内受法楽ト云ヘル門也　冨婁那戒為開陳相ヲ説トシテ其因諸菩薩欲ニ已ニ判結
一反化生法喜禅悦食更無余食相文　此ハ下品生人花中ニ聞法ノ楽ヲ受ル法
喜食ノ所ニスル也　此ハ念佛三昧ノ力ニ依テ見佛スヘキ条ハ勿論也　依身欲界ノ人ハ念佛見
佛ノ益アリ不觀相白ニ得見彼アミタ佛文　又見佛セハ聞法又勿論也　既隠卸耳
アミタ来現致来迎我国等ト説ケ給ヘリ　經ニハ且ク花開時ニ値滅罪当覚相法ヲ説ト
イフトモ花内法楽ニ入テ見ル時ハ宮中見佛ノ位ニ値滅罪ノ法ヲ聞ヘキ也　仍花中念佛
滅罪見佛聞法花開遅疾遍理極成スル時ハ六劫十二大劫ハ多ク須臾刹那間
也　十劫須臾不覺見盡ト　大劫小劫僧祇劫亦如障指須臾頃ト云　此義也　宗家殊

帖三廿ナ丁

樂一円也 三祖鈔前ニ云 乃入定中ニ五識不起何見聞トモ云事 一云法眼ニテ構也
一云佛果恒在定也 問云下中下ノ合花姿ヲ品而テ白色ノ躰相ヲ顕之何
一云三昧定力ニ依テ見聞具足ノ義ヲ顕之合花姿ヲ未敷ヲ表ニ面像ヲ顕見聞具
足ヲ表也 一云花中ニシテ合掌シ下之合佛スル義ヲ顕也 若年法ニ住セハ只又定ニ下等云々
花臺端坐念称隨ノ義ヲ顕スル也

輪圓草子四十四座

下中下ノ白色事　恵門新方便羅事
花内白色花開金色事　白色童子事
下中下ノ裸形事　商那和脩　鮮白比丘事
補處并裸形事

九品往生人ノ得益ノ浅深華開ノ早晩講異畢 又

今日下中下ニハ聖衆其外處々白色ノ童子并天衣ヲ不著裸（露）形ノ相ヲ讃
嘆ス云々 付之本願ニハ悉皆金色ト誓ヘリ 今三處ニ相白色アリ相違云何 有云
初生菩薩ノ相顕ス人間ニ同ク順ス白色幼稚形ヲ織トイヘモ實ニハ金色也 仍本曼荼
羅ヲ見ルニ當時ノ色薄ク金色也非唯白ニハ云々 仍アリヤスク以テ深ナリノ或
靈場ニ安置スル事アリ大ナル謬也 有云章有疏中ニ白色ノ金アリト見ヘタリ
尓者金色ニ多種アリ黄金ハ佛ケ觀音ハ而如閻浮檀金ノ身紫磨金也往生人ノ
初生ハ白色也云々 此義モ選擇ニ黄白二類ニ出ス紫磨黄金一色ナラス取トイリ白
色ノ義ヲ成ナリ 西山上人參詣以前建保比後鳥羽院ノ御宇ニ奉寺執行
遁世惠阿ト号ス此人寫ス本新曼陀羅ト号スルモ白色也
其後西山大小十三鋪皆是白色也 大方智光ノ曼陀羅ニモ白色童子在之

臨三廿上二

又達保已前七十年前或ル僧中ニ三方ノ縁ヲハ畧シ中央計ヲ寫シ安置スル本アリ
ケルモ白色也　而ルニ本寺ノ万陀羅ヲ拝見スルニ白色キハミテ黄色ニ見ユル也　シカシハ昔ハ
輙ク開ク事無リケルシ近年（中比）衆詣繁依人繁キニ依テ常ニ開閉シテ香煙ニフスホリテ
又年暦久ケレハスヽケ玉ル色也　而トモ白色キハミタルト金色ヲスヽケタルトハ其色ニ浅
深アルヘシ　又阿難（井提）両尊者并閻王ノ白馬等モ白色ナレトモ薄金色ニフスホリタリ
此モ金色也ト可云乎　本ト金色ナル三十七尊等ハ其色コシ爾ルハ同色ナル者多キ
中ニ童子計ノ金色ニ成ス事甚以不審ヲ得者也　又本寺モ住古ヨリ某白子ノ并ト
申習ハセリ　（東阿万陀羅ノ事）有翁熊野山ヘ年詣シケルニ或時夢ニ権現示シテイワク我栖ハ
當麻寺是也　汝何ノ身ヲ苦シテ遠ニ是ニテ参詣スルトヨ　此翁熊野ヘ参詣ヲ止テ
一向ニ當麻寺ヘ参詣ス　時彼執行此事ヲ聞テ随喜シテ云ク當寺ハ是一万陀羅

菩提道場也　即菩薩垂迹也権現本地菩薩也権現変相一躰ト御事
左右放ニ此ノ夢相アリトテ随喜餘リ當寺ノ方陀羅或ハ儒縁ノ難ニ値ヒ或ハ紛失ノ
縁ニ値フ事アリトテ高丁帽リ本方陀羅ニ不違写置タテニツフニト頓為祈請
熊野山ヘ参詣下向ノ道ニ是親卿値テ我ガ九頭アリ此様奏聞賜キ申
合タリ　彼卿申入シ処ニ殿庫快然トシテ被作良加六法下 号讃摩法下 曼荼羅又
東河大願成就ニ当テニ菩提又其本モ白色也

一　今云下中下ミ白色事　初生花内色也悉皆金色ニ花開已後色也相違ノ
夫モ花内白色花開金色ノ義云何ナラハ　此上第中生 此等ハ金茎如大宝花経宿即
開テ行者ノ身作ニ紫磨金色ト文　定善義帯惑疑生花未発無済磨
障尽須臾花自開ク耳目精明ゾ身金色文　又云疑障乃除テ宮花

幡二卅七丁

開敷身相顯説ヲ文 經ニハ分明ニ花内ニ於テ金色ヲ見タリ但シ報盡臨終之菩薩

身ト云ハ上ニ釋スル也 然ニ己身内證ノ金身ト云又上ニ也 蓮ノ數ハ黄白二類ノ義ハ釋覺也

一 問云花内白色花開金色其義云何 答云白色表無垢清淨ノ德ニ金

色ハ表常住不壞ノ義 此等人ハ單依三惡黒業可爲地獄苦器

辨セヨ 答一念十聲稱名轉黒業感無漏緣白果ヲ超世願力ノ功

力ヲ顯也 信此識身證法性云此義也 但含三惡道ヲハ黒業ト云欤

欲界人天ヲハ黒白業ト云 色界ヲハ白業ト云 無漏無生ノ法ヲハ白ニ業ト云ナリ

以色顯法本懷也 下品中生黒業ノ下云此義也

應隨地獄ヲ隨惡道無有 諸惡而自莊嚴 經ニ多劫受

苦無窮ノ黒ニ業ノ人直ニ願力ニ依テ無漏ノ爲牟大悲爲用果報證

義ヲ顕ス白色ハ表ス花也　十四字五逆（黒業）至愚人○至彼四衆同法性身文（無明白義）

次花開位ハ黄金色ノ義ハ常住不壊ノ義也　一念帰空入佛会自身色寿

命トイフ花開已後大会四衆入テハ皆金色トナル也所詮如来一證隱堪

然徳ト等ノ義常住色身也　新往化生菩薩大衆與諸大衆無殊異文　況若

今佛者○芬陀利花ト云フ　白蓮花也蓮花ハ自性本源ノ心蓮也此花水

中ヨリ出タルハ浄土ニ初生也ト顕ス也白色ハ本有明白ノ理躰也而ヲ金色ト云ハ理ノ上ニ

智徳ヲ顕シ二轉円満シテ常住不壊ノ金軀ノ佛也　白黄二色理智因果也白色ハ

般色ハ本也自性本覚ノ躰理性ヲ表ス也　仍普賢ハ一乗ノ因分ヲ主ル故ニ白色

也文殊ハ一乗果分ヲ主ル故ニ金色也即是理智冥合也

一次下中下下ノ外ニ白色童子ノ事　此モ初生ニ稚（幼）ノ同徳ヲ表スル義ナラハ花開次

臨三 卅八丁

後モ少ニ白色ノ有ベキソ不可離イ上ニ此ハ佛ノ化現セ宝性論ニ佛聖ナ在ムノ
土周備セル建立セ為ヲ他方。設佛現文 他方ノ小兒ヲ引導セシガ為也佛
小兒ノ相ヲ示シ彼土ニ遍満シ管絃歌舞ニ遊戲快樂ニト依テ善知識アテ
誨ヘ後ニ往テ彼土ニ遊戲セム戲ニト思ハ連ニ念佛往生スヘシナムト小兒其ノ勧ニ随テ
往生スヘキカ設ニ此ハ不思議ノ益ヲ成セシカ為ニ化現セ而ハ觀音ノ以紅蓮花色ニ
皆金色ノ純黄金色ノ願ニ違スハ難ナシ無三悪趣ノ超誓ヨテ化鳥等アルニ
本願無キカ如シ　小兒往生事

一 次ニ下中下ニテ白色童子裸形等事　倶舎ニ云衣ト倶生ス慚愧増ス故文
又布施ノ義ヲモ判セリ　是ハ色界ノ諸天衣ハ倶生シ欲界ノ人天ハ裸ニテ生ヲ受ル無
牛牛ノ設也判也　而ノ在世ニハ鮮白比丘尼衣ト倶也滅後ニハ阿難ノ弟子

尚那和於衣ト倶也　此ハ二人ハ布施ノ果報也　尚那和於（付法蔵ノ伝）往昔ノ波云問諾ク
迦葉衣施肩ヌ忍僧功徳ニ依テ生ニハ衣ト倶也　釈尊摩冥羅国ニ往テ化ヨウ
時ト一樹ノ枝茂ソ盛ナルヲ阿難ニ示シテ云　此樹ハ優留奈ト云　我滅後ニ一百
年ニ比丘アルヘシ　尚那和於ト名ケン　此所ニ法臨轉シ衆生ヲ度（済）度スヘシト　果ノ其
事不空ニヲ　鮮白比丘尼事　舎衛国ニ一ノ舎衛女アリ　生一女其色
白ク鮮也　仍鮮白ト名ケ　又白疊（ヒヤウテウ　白キ毛ノ名也）トテ白絹ヲ著テ生ル　其衣モ随テ成大
衣モ随長ス　年始テ十二ハ也　父母嫁為ニ儀式　嫁娶為年ツ　女阿之云　我世間愛欲ノ
事ハ所不欲　願欲ス仏寺了ニ　又母悲歎シ止ニ之　更教ヘニ随色終ニ
許出家畢ヌ　仍父母致シ調出家ノ五衣　女云不及所著ノ衣可轉
成五衣ト云リ　遂詣スルニ佛所ニ　佛善来比丘尼ト勅　髪落テ衣変ノ

臨　十三　廿九丁

五衣具足シ即成大羅漢大衆列坐ス時波斯匿王此事見聞メ曰
縁佛ニ奉問佛言過去毘婆尸佛出世ノ時キ一ノ勸進比丘アテ人ヲ勸メ令
行セ布施ヲ殺令得未來福田ヲ時キニ夫妻二人アテ會貧窮困乏ナ
小屋ニ住ノ衣食闕タリ二人ノ間ニ一ノ白氎ヲ著せり勸進僧來世殺植福
因ヲ可奉加之由勸之返答云施物無之ミ比丘云先世闕布施ノ因
得タリ今世貧窮之果ヲ今不殖福因ヲ當來又可悲ミ勸進丁寧 時妻云
可奉施セ一衣ヲ夫云両人中持一衣ヲ衣食ニモ出入闕ス之今ヲ施ム事
無疑ミ妻云我等過去ニ慳貪ニ依テ不布施貧乏尤モ廿廿ミ奉
施セ一衣ヲ成ハ富貴ノ身近ニ三寶ニ至ラテハ佛果ニ尤可庶幾セ夫云許不
述尤テ也トテ二人裸ニ窓ヨリ隙ヨリ出ヲ奉僧比丘得之詣毘婆尸佛施由來ヲ

奏ス時如来垢膩白氎ヲ御手ニ持シテ我レ心ニ重キヲ受ケテ施物ノ重ニハ不依

垢膩白氎軽ケレトモ施心ノ殷重清浄ナリト時ニ列ル仏會ニ國王瓔珞衣ヲ

脱キ貧女ニ賜フ大丈夫人即チ衣服飲食ヲ賜フ大臣以下各々衣服ヲ与ヘ珍寶ヲ

施ス仍テ女帰儀ス富貴ト成ル詣ツ佛所ニ時ニ如来種々ニ説法示教利喜ナリ

其以来九十一劫生々世々富貴自在ノ所生ニ必ス衣ト倶也彼時ノ布

施ニ因テ依ス令ム修行ノ遇ヒ釋迦大羅漢ト成ケリト云 而ニ今下三品人無有ナリト

説ケリ當今末法誰カ有ナリ心ヲ乎 於テ随始末地獄永劫慚愧有ル

施功徳ノ備在ル六字中ニ一念十念ノ大善根功徳ヲ成ス直ニ無漏解脱ヲ色

身ニ無漏法性身ト轉成ス 而トモ無有慚愧残殃未盡ル花中ニ於テ

衣ヲ不着事恨也行者随分ニ慚愧心ヲ可催ス 此ノ義ヲ存トノ令メ

悔二第十一

花ノ様ヲ出ナカラ其躰ヲ顕ス猶様々トモ可心得也　但此ノ裸ナル形ニ衆多ノ
色ヲ東天ニモ劣ナル無十無一十ノ様々ニシテ萬境ノ土ニ生ノ大會ニ列スト顕ス
願力ノ不思議也　例者ミタ目行周備感報圓明報土ニ帯感疑生ノ
類ヲ挙ルカ如シ
補処菩薩裸形事
一義云　分分論云　補処菩薩　王宮誕生時裸ニシテ生スル義有乍非義ト
三天僧祇ノ万行ノ布施トナナト在之何裸ナルヤ云ニ廣大ノ布施ナナ併ヲ
衆生済度ノ為ニシテ被テ不為自身故也トイヘリ　今弥陀ノ徳ノ円明加ヘル
衆生ニ目裸ナル（カラス故ニ衣服自在願在之　而ノ花中裸ナル佛意ハ復於
迦如来ノ大悲ヲ本懐トシ自ラノ二存歳ヲ不欲如ノ往生人大悲利生ヲ其心トナル
由也　浄土之中一切聖人〇大悲ハ為用トイヘリ　万陀ノ法門無盡　又此義ナルモ

百宝池集会無残事　宝水　宝鳥　宝船事
宝林宝樹会事　宝蓋映現仏事
樹下如意輪事　坐仏前立像事

輪円草第四十五座 六六

付宝池会ニ荘厳相残ニトアリ所謂池水宝鳥宝船ノ荘厳也

一池水ハ阿弥陀無漏心水也　阿弥陀仏神通如意故於十方国変現自在文

非ノ神通功徳池ノ心ノ如意ニ尼トスル也　神通如意ノ宝珠ヨリ万法出生スル

義分ヲ表ニ十方衆生ヲ構宝池ニ託生セシムル事自在也ト顕ス也　宝池観ニ

議ノ委細略之

一宝鳥事　鳥ハ鳧鴈鶩鵝鷺鴨鶄鶴等ハ池中池鳥ニアリ伽陵

頻伽孔雀鸚鵡等ハ必ス水中ニアルヘカラス或宝地ノ上ヘ或虚空等ノ間ニアリ

臨三四十二

而ニ淨土ニハ無三悪趣ナリ何ゾコノ鳥アルヤト不審ヲ阿彌陀經ニ佛自ラ會通シ玉ヘリ
汝勿謂此鳥實是罪報所生 變化所作文 形ハ鳥ナレトモ其躰佛也問
云 淨土ニハ佛菩薩ノ鎮ニ説法ス何用衆鳥ノ説法乎 答此事智論ノ問答
アリ衆生ノ好ム所ノ事ニ依テ爲ニ求道ノ佛菩薩ハ説法ハ常ノ事ナレハ畜類トノ根
力覺道八正道分ヲ説クヲ聞ク人ノ心ヲ爲ニ心スヘキ大事也 又淨土ニハ實ニ身器
清淨ニシテ佛菩薩法ヲ橋渡心ス義ナレトモ云上テ爲ニ他方ノ義也 サレハ智論ニ實ノ鳥説
法其ノ義不足 水波林樹等ノ説法何事ソト云ニ鳥ハ畜類ナレトモ有情也
不殊非情 甚深ノ法ヲ説ト聞ナハ欣樂スヘシト也 彼土ノ凡聖ミナ阿彌陀ノ又
化スル鳥ノ音波ノコトヲ聞テ增進佛道ノ心ヲ進ムヘキ也 例セハ香山ノ大樹緊那羅王ノ瑠
璃ノ琴ヲ彈セシヲ聞テ迦葉ハ三衣ノ袂ヲ翻シ舞ヒカナツルカ如シ舍利弗等ノ諸大了

了所作已弁ノ思ニ住セシテ一切諸法向緣俟等ト琴ノ音ヲ以テ呵責セシカハ也
華愛佛愛菩薩ト心ヲ爲ニ遂ニ法花ニ至テ迴向菩薩ト云カ如シ
一以池中寶船是池ノ莊嚴也人間常事ニ門國王ノ御遊ニハ龍頭鷁首ノ
船ヲ浮テ詩歌管絃ノ儀アルカ如シ 水中ノ毒蛇毒龍等ニ逃去ラシメンカ爲也
而淨土ニハ此雖ナシ只ノ寶ノ船ヲ以テ菩薩童子池中ニ採遊之花ヲ採也 寶樹
飛ンテ花ヲ流德水ニ童子投取已テ爲船ト 乘船直ニ入ルハ蓮花會ニ 化佛豈只
菩薩ト衣被セシム 寶樹ト云ハ菩薩道場樹花也 菩薩已覺開者花ナルヲ取ト
云ハ佛智ヲ得テ還テ佛智願ヲ爲ス義也 菩樹花ヲ取テ弘誓ノ船トメ生死ノ
大海ニ浮テ濟度利生スヘキ方便ヲ成スル也 菩薩智願ノ船ヲ彼土衆生ニ与ヘ示也 菩
薩記別ノ言ニ滿足之諸妙願ノ(四十八) 必成如是刹 見彼嚴淨土文

論三 四十二

一義云弘誓ノ船ニ乗ルト云ハ我等カ法性ノ大海ヨリ所随無漏ノ心水ノ智海ニ三タノ
觀音勢至等ノ船中ニ二乗シテ渡シ移ス義也此ノ三船直入蓮花會ト是也
真如ノ水法性ノ海ニ入ル義也法性如大海。平等無高下ノ旨也雖在心城

一次左右二ノ船事 觀佛念佛兩三昧權實相依テ衆生ヲ済度スル義也觀
音、觀佛三昧ノ船ヲ以テ衆生ヲ渡シ勢至ハ念佛三昧ノ船ヲ以テ衆生ヲ度スル也
惣云ハ清淨覺經ニ云所随觀音勢至等大願ノ船ニ乗リ生死ノ大海ニ浮テ
大音聲ヲ上テ一切衆生ニ此ノ船ニ乗レト呼ヒ玉フニ若一人モ此船ニ乗ルハ佛菩薩勸
喜シ咲ヲ含テ極樂ノ岸ニ送リ玉フ也

一白色童子半座事 蓮花中ニ白色幼稚往生人或二人或三人ノレルハ
或語ヒ或笑ヒ身心ノ樂メリ即憶念ノ淨門行人ヲ表シ知ニ我モ心ニ相憶念名号ヲ留テ

座ニ与フ夫人往生人自受法楽ノ時閻浮門行人思出誓ヲ名ヲ護念ニ
定メ未定ノ神通自在ニ親類境界ヲ別ク数キ一処ニ居セト思フ心ヲ憶念スト云ヘリ
我カ半座ヲアケテ門行来ヲ待也

品
宝樹宝樹会事　彼土ニ無量界会アリ一ニ界会ニ七重宝樹遍
満セリ仏ノ左右ニ大ナル樹二本アリ其本ニ仏菩薩囲遶セリ此中ニ臺報身ヨリ
化身ヲ現シテ十方ニ悲化スル空ナケレハ也　其ノ八観云一ニノ樹下ニ復有三蓮花諸蓮花
上各有一仏二菩薩像遍満彼国ト云是也　此ハ一座無移ニシテ後際徹窮ノ
衆生ヲ度ストフ無縁大悲ハ或ハ分身遣化シ或ハ八相現スル無量悲化ノ本
身顕也　囲遶ノ諸菩薩ハ諸位ノ菩薩也　臺上ノ報身道場樹下ニ
随如来別依報菩薩樹也界会ニ遍満ノ宝樹通依報也ト云下モ一ニ樹

帖三　四十三二

下各有一佛ト云カ故ニ多是菩提樹也而モ化佛菩提樹報佛ノ道場ニテ成
也。識ニ化身ニモ菩提樹アリ花厳経ニ云往昔勤修多劫海　能
轉衆生深重障　故能分身遍十方　普現菩提樹王下文

一　況ニ寶樹ハ寶蓋ニ映現三千大千世界ノ一切佛事トイヘリ又迹ノ一代説法
利生等今日我等往生ノ相ヲ現ス也　浄飯王都ヨリ跋提婆樹ニ至テ
誕生童子時ヨリ八十年ヲ盡ヘシト讃頌スル是也西ニハ迷悟ノ善根各ニ追福ノ
廻向ヲ現スヘキ事ノ尤甚深也

樹下如意輪観音事

寶樹ノ下ニ三尊對坐ノ一ニ云ス其中ニ左膝ヲ立テ左手ヲモテテシトカイシサ
サヘテ思惟ノ相ヲ顕頭髪半ニ落タレ各菩提アリ　如意輪観音也此菩提　殊ニ

大悲ノ誓願ニハ一切衆生ノ重苦ヲ悲ムコトヲ思フ也　世間ニモ物思フ者ハ手ヲ汲テツラト
カイラ押ヘ髪ヲモ落セ　而如意輪ト名ル事ハ如意珠ト金剛輪トヲ持福智ノ
二門ヲ衆生ニ与ヘテ設也　金剛輪ニテハ衆生ノ三毒七難ヲ摧破シ　西障業障ヲ
消除スル也　如意珠ヲ持スルハ二求両願ヲ円満シ二世ノ悉地ヲ成就スル也　昼夜
六時ニ衆生済度ノ肝膽ヲクダキ御ス也　若其ノ機感厚ヲ云　過去現在ニモ此ノ
菩ニ縁ヲ結フ者ハタトヒ定業アリトモ輪ニ結縁セバ少ク若モ転スル事ナリト也
次ニ一切時中助佛化ノ大悲ハ観音ノ大悲ヲ三タヒ説スト云義勿論也　作（上ニ）殊更
如意輪ノ顕ハ神通如意ノ義也
一　次ニ坐佛ノ前ニ左右ニ立像ヲ置セリ　侍從ノ菩ナリモ　皆ナ立像也
中其ノ三尊ハ真身観佛親縁ヲ表ス也　次ニ樹下坐像ハ観樹下三尊也

悟二十三十一

今立像ハ雜想觀ノ化佛像也　增上縁

今般舟三昧立定見諸佛ノ身也　立ノ義ハ宗家ニ即得生ノ義ニ擬即行義向義

也。中台一坐無移ノ尊ヲ分身遣化スルニ樹下坐像ハ八相ノ義樹下ニ立像ハ往相也

一道場樹ノ事

一宝樓宮殿ノ會ノ事　来迎之今佛往生人事

肉色僧形事　他方来ヲ事

現身往生人事　即便往生事

一南方宮殿入三尊事

輪圓草守宮十六座

一昨日寶林寶樹ノ會ノ事　樹下坐像ニ立像ハ他ニ尊ノ輪ハ觀音菩薩事

寂是講問ノ後ノ畢　又

降ニ中ニ通滿ノ宝樹ハ多ク分通ニ報タリ至ト云　又弁樹也一ニ樹ノ下復有三

蓮花ロ各有一佛二菩薩ヨリ説テ中台報身ヨリ化身ヲ出テ十方ヘ悲化スル八相化

儀ハ本身ヲ顕ス也　蔵土化身ニ云　荘樹アリ花厳経ニ云　往昔勤修多劫
海　能轉衆生深重障　故能分身遍十方　悉現菩提樹王下文　三世遍
門法則也　謂ハ毘婆尸仏 尼倶陀樹　尸棄仏 尸利沙樹　迦葉仏 畔婆陀樹
釋迦佛 畢波羅樹　此畢波羅樹ハ中天竺國摩訶陀國ノ在ル正覚山ノ西
南十四五里ニ行テ三千大千世界ノ中央ナル此處ニ依テ金剛座アリ其上ニ
畢鉢羅樹アリ如来其ノ本ニ坐シ吉祥草ヲ敷テ無上正覚ヲ成ス仍テ名ヲ
菩提樹ト　其時ハ高顕殊特ニシテ花葉衰壊(滅)也　衆宝荘厳ス在世正
法ノ初ハ高数百尺也　其後諸悪王アテ毀伐スル故ニ後ニ生セルハ僅ニ四五
丈也　其樹本ハ黄白枝葉ハ青緑也　冬夏不萎光鮮無ニ変　但毎
年二月十五日夜ヲ逐テ葉枯落テ頃之復スト説ニ　此日諸國ノ君王戴テ

悩二　四十　乎

星月ヲ恭敬ミ異ニ方ノ法俗ガ當テ風霜ヲ圍遶スト　以之人ノ正忌死已ノ月日久
可訪者也　頻頭娑羅王ノ曽孫无憂王初テ位ニ昇テ不信佛法仍樹摩(茎)
枝葉ヲツタ々ニ伐ヲ召テ事火ノ婆羅門ニ令燒ラ火ニ而ニ煙焔ノ中ヨリ忽ニ雨
樹生出タリ猛火ノ中ヨリ葉モナラ緑也　時ニ無憂王見テ異ト改ム邪見ヲ時ニ道
護大羅漢ニ値テ深ク皈依佛法ニ　王ノ后本ト信外道ニ毎ニ生ヲ悪テ於夜分ニ伐ム
之ヲ王朝敬ニ礼敬セントシ　空キ机ノミナリ　悲慨ノ祈精スルニ不日ニ又生ヌ
其後又設賞迦王アテ伐之ヲ尽ク堀テスイテ以火燒之　又頻頭娑羅末孫ニ滿摩
王アテ悲テ之ヲ數千ノ牛乳ヲ搆テ其地ニ灑テ祈精スルニ一夜ヲ逢テ又生ス高サ僅ニ
一丈余也　以樹ノ希ニ持全ノ非凡樹人ノ邪見ヲ改ミヌ佛法ノ利益ヲ興ス併是如筆神加
一　菩陀伽耶道場樹事
佛ノ右石ノ觀音勢至ニ二菩ノ御後當テ菩陀伽

来道場樹アリ二井ノ上ニ有トイヘトモ佛ノ左右ヨリ得ヘキ也大經云無量壽佛其道樹高四百万里也其本周圍五十由旬也枝葉四布ナ二十万里也一切衆宝自然合成。微風徐動吹諸枝葉演出無量妙法聲音。目覩其色耳聞其香。一切皆得甚深法忍。又皆無量壽佛威神力故（現獲威力）本願力故（過去本願）滿足願故（願心円満）明了願故（求心願著）堅固願故（遂不作壊）究竟願故ニ（使成不退）云

本願ノ中廿八見道場樹願アリ佛ノ無見頂相ノ上ニアリ因位知見ヲ雅ヨトモ今見之又タトヒ見トミエトモ六根淨ヲ得三法忍ヲ得コト又難シ一テモ本願ノ不思議也况ニ道場樹佛身量ト兩經相違云何ナス本ヨリ已成窮理覺躰也トイヘトモ正行差別ノ前ニ道場ノ樹身量ヲ定メ身量ニ約メ道樹ヲ知ヘキ也

一宝樓宮殿ノ事　經云衆寶國土一一界上有五百億宝樓閣其

恊ニ四十一　二十

楼閣ノ中ニ有無量ノ諸天作天伎楽ヲ文　究竟如虚空広大無辺際量
功徳成就セルナハ無量楽人會也今念仏往生人已ニ今ニ当類ニ如駛雨也トミヘトモ
若意ニ欲セハ宮殿楼閣若広一由旬若百由旬若千由旬千万由旬ニ随意
所成也此皆本願所成也必前ニハ未得通者ナレトモ若依テハ得通人或昇天
上或見地獄如シ　目連福増ヲ度事如シ　其宮殿ニ荘厳微妙厳麗也金楼ニハ玉ノ柱ヲ
立テ瑠璃殿ニハ珊瑚ノ瓦ヲ葺ケリ彼種々事或ハ一宝十宝百宝千
万宝随心称意無不具足所施願智巧尤建立也既有積思竭想
豈能感國ト法性自尓即事而真也　識者感果畢尽也以泥土為
宮餝以木石為花観ト縦金彫玉鋳トモ意願無厭（尽）労備千万也
具受辛苦ス我等今已ニ念仏スヘシ可知彼宝楼閣主也ト思ヘシ　法照問答云

借問家ハ卿何ノ處在ル 極楽池中ノ七寶臺ナリ 借問相尋ハ何處去ト
浄土中ト極楽ニ向テ答ハ宝樓宮池ノ處ニ空寺ノ處ニヲ指スヤ
報道ス弥陀浄土中ニト 借問何縁ヲ得テ生彼 報道ヘテ念佛自成功ヲト 般舟讃
寶樓ノ義ヲ又云 化天童子無窮ノ數ナル 生已是念佛往生人 文 ヒ宮殿ノ主ト
成コトハ不定 答曰念佛也 彼土ノ樓ヲ云ハ不可以少善根ト説キ 随縁雑善ト
又云 浄花誰生 答曰 曰一念佛云ヒ 寶樓所住ノ答曰念佛可思之
一 次ニ寶樓宮閣禮品ニ付テ無盡法義アリ 云上ヘ 其中ニ左右ノ寶樓階
道中ニ相向ヘテ香染墨染因色 僧形佛會ニ詣ス人ハ 後分アリ 三変易浄
浄ノ土ニ分明有漏ノ形不可有者也 本有頭相違難ハ 花内白色花開ニ
色ノ會通アリ 今ノ何ヲ取 花内ニ往スハ 父母所生ノ肉身 香染墨染ノ衣 其義云何 云ハニ
色ヽ料簡アリ 一云ハ 佛菩薩ノ化現ノ殺 如中輩比丘衆来迎(云)
一云ハ 即便往生ノ殺像

臨三〇十一 七一

欲 如大経他方ヨリ来ノ往詣

於中他方来ヨリ事（他方来ヨリ事） 大経ニ十方比丘衆往詣ノ説ノ中ニ暫時往詣ノヨヨ也 其皆金色ニシテ自上飛ヒ周遍也 雖云彼土報土也 小聖雖階也 他方小聖何可入耶トヤ 有学ノ肉身ヲ改テ銀顔力ニ生シ住果ノヨヨヨハ入無為ニ後身心遍生ノ人ニ至 其義有之 父母所生ノ肉身ヲシタト云暫時也ト云トモ雖往詣スル 義云肉身ハ小聖ナレトモ仏力ニ依テ暫時往詣無失 小聖通力ハ大力ト云分 僅ニ一大三千界ノ中也 サレトモ依仏力到報仏土超無過境 大集経ニ神力加備念暫得見ト云モ梵網経ニ十二地戒ハラ土ノ加之

（目連尋梵音声事） 釈尊在世ニ目連尊者仏ノ梵音声ヲハ何ノカ聞ヘルト遠近ヲ試ニ為ニ遠ク近ク口ヨリ中音ニ説法御音ヲ聞テ遠ク行ク程百億ノ三千大千世界乃至無量三千大千世界ヲ過テ東方光明幡世界ニ往テ勝ヘウ之（光中九恒沙）

池ノ邊ニ至テ閑ロハタ本ノ如シ其土ノ聖衆ノ鉢ハタツ田迴ナリケリ 其聖衆箸ニヲ
以テハサミアゲテ佛弟子ニ似タル事カナト 其土ノ教主告云ク汝等彼ヲ不可
輕ミ釈尊弟子神通第一ノ目連也 其佛目連ニ告テ汝今神通ヲ現シ衆會ノ
橋慢ヲ治スヘシ 目連即チ大ナル八變ヲ現シ大身ヲ現ス 佛言ク西方ニ世界アリ卅一ト
云五濁亂慢ナルカ故ニ佛身モ早少ニシテ丈二六也 彼諸弟子又少身ナレトモ皆悉ク
六通八解神通自在也ト 爰ニ其土ノ菩衆神變ヲ見説法ヲ聞テ目連ヲ
信仰ス 時目連本國ヘ皈ラントスルニ神通忽ニ失ヌ 佛目連ニ告ク汝ニ
来ルハ汝カ神力ニ非ス佛ノ神力也 佛神力ヲ収メ玉ハハ汝カ神力モナシ 四十四世界ニ向テ
南無釈迦牟尼佛ト礼セハ即佛ノ神力ヲ得テ本國ヘ皈ルヘシト 即目連本師ノ御名ヲ
稱ス須臾ニ本師ノ御前ニイタレリ 光明播世界ハ報土也トイヘトモ佛力ナレハ目連至ルカ如シ

[illegible]

一 次現身往生人ヲ欲スト云事　天竺振旦日本其類在之　問云他方来ノ菩薩ハ依テ佛力ニ暫時往来セシハ本土ニ既ニ改ム無相違乎　現身往生人ハ父母所生ノ分段不淨ノ肉身ヲ不改シテ變易土ニ居ス諸上善人倶會一處ノ義如何　答云他宗ニハ生身得忍菩薩ハ變易土ニ入ルニハ分段身ヲハ捨テヤ不捨ヤト云論義也　法相ニハ迴向菩薩ハ多ク増壽變易ノ義ヲ存ス而ヲ法花ニハ大目揵連捨是身已文　勝鬘經ニハ變易生死ノ三事ヲ構文　此文ヲハ法相ニハ變易生死往是之有漏文轉捨スルヲ捨是ト意也ト　天台ニハ分段捨不捨諍論未盡無所捨ノ義經文分明也　不捨ノ義ハ圓頓一實ノ妙智開スルハ一色一香無非中道妙理ナレハ煩惱即菩提生死即涅槃苦道即法身極理ノ肉身トテ不捨也　但經ニ捨是身已ト云ハ二ノ意也　一ニハ轉捨ナリ如治鐵　二ニハ未悟ノ凡夫行者ノ見ニ随也　他宗ニハ

断惑證理ノ悟ニ依テ重々ノ沙汰ニアル歟 今宗意ハ得生ノ人ハ其ノ理ヲ不トモ開悟所
飯船来法性ハ如大海不説是非凡夫賢聖人平等無高下悟往ノ向佛
往大乗如其所得ノ自證ノ德ヲ未悟ノ凡夫ニ与ヘテ摂ニ入タル時他力ノ德ト諸
上善人倶會一處ストモ心得ヘキ也 佛智無等ノ功ニ已ハ悟不悟共ニ自然虚
無ノ身無極ノ躰ヲ成也 但嶮菩薩等ノ位ニ至テ轉悟ノ義如冶鐵ノ不遷也
一 今云即便往生ノ行者ノ影像也 此ノ僧形ニ不限處ニ荘厳皆法界ノ同事ノ
形已ハ此ノ義ヲ成スヘシ而ルモ今ハ先ツ僧形ニ付テ義ヲ顕ス也 此ノ曼陀羅ハ凡夫往生ノ
鏡ノ思ト西山上人被仰ケリ 示観縁ニ如執明鏡自見面像ト云リ 佛力ヲ觀シテ
淨土ノ依正ヲ照シ見ル鏡ニ喩ヘタリ 依正ヲ見ルハ我往生ノ形ヲ見ヲ詮トス故ニ往生ノ
形アリミシハ應時即得無生忍トス也 願力ニ依テハヤ往生シテンケリト知ルハ生死

情ニ四十一 左

無キ者ニ上ルヲ無生忍ト云也　愚癡ノ凡夫ハ往生ノ思ヒ無レトモ五會ノ中ニ各形ヲ顯シテ
或ハ花上ニ座シ或ハ宮殿ノ中ニアワシ或ハ寶地ノ上ニアユミ或ハ虚空ノ中ニ飛ヒ在マス處
處ニ憲ヲ顯現スキ也楊標馬打事可思之
又即便往生ノ人ハ四輩也何限僧形ヲ乎ト云ニ多ト已大俗女人也ト云ヘトモ南無ノ
信心為ノ即便往生スル我ナラハ僧寶義ヲ成ス也　南無ト云ハ僧寶ニ所隨法
寶佛ノ一字ハ佛寶ナルカ故ニ南無ノ信心為ラハ四輩ノ門ノ僧寶ノ謂アル故ニ
僧形ヲ得識也
一南方宮殿中入定三尊事　左右宮殿ノ中ニ入定ノ御形ニ三尊ヲ顯セルハ雜
想觀ノ心也下ノ立佛ハ未來迎ヲ現ス令ノ化佛ハ我ヲ觀ス御形也　（雜想云）或在宝宮宝閣内ニ
皆作化佛想ト文　此ハ寶樓ノ中ノ化佛也　能觀所觀ノ事衆生奉見思ハ大

悉ク沈テ頭ヲ々ハ衆生觀ト成リ又十方衆生乃至十念聲ヲ觀メ平生ニモ影護シ臨終ニモ来迎スル方ハ佛ダ能觀ト云ル所觀ト成ル時キ三尊寶樓ノ中ダアテ衆生ヲ觀スル入定ノ義也觀音ノ觀其ハ音聲ヲ皆得解脱ヒテノ衆生稱念ノ音ヲ觀メ二世利益ヲ成下ハルカ如シ

輪圓草字宗十七座

無生法食會　四食事　渇閑般若　念食無生事

淨名香飯　五分法身事　香飯勝劣室香合成願事

大衆無生法食會事　當ノ中臺本佛後左右宮殿中ニ衆寶ニ莊嚴ノ淨机上ニ七寶ノ鉢器ニ百味ノ香飯ヲ盛滿テ聖衆向テ列坐下ル儀式是也毎日ノ朝ニハ微妙ノ花箱ニ妙花ヲ入テ他方十方ノ佛ヲ供養シニ奉ル　彼土ニハ雲雷鼓掣電ノ張音モ無ク降雹澍大雨ノ聲モセス唯絲竹管絃ノ雲ニ奏スルノミヲ聞キ

是ノ色是ノ珠花ノ天ヨリ翻ヘルヲ見ル。其ノ花ヲ取テ衣裓ニ盛テ他方ニ飛往テ供養スル也ト

万億ト云ニ二ノ義アリ。一ニハ此土ト極楽トノ中間ハ十万億ノ刹也。此ノ東ノ霊山浄土ト詣ノ

釈迦ノ発遣ノ因ニ宿信ヲ報スト云ヘシ　仍他方ノ仏ヲ供養シ已テ本国ニ還リ到テ飯食経行

七宝ノ堂ニ即与宝草ノ教食セシムル也　大経云　若欲食時七宝鉢器自

然在前。百味ノ飯食自然ニ盈満ス。雖有此食実無食者。但見色聞

香自然飽足ス。無所味着。事已化去時至復現ス　文

彼土聖衆ハ浄土之中。之生滅ス　文　変易清浄ノ身也　又　水穀長養ノ身ニ非ズト

イエリ不ト受用儀式ノ凡事ハ只是之法門ノ顕ス功徳ニ荘厳也。故ニ無生法食ヲ食スト云也

一　釈尊初成道ノ時、外道尼健子等無義苦行ヲ全ス除ムト欲シテ乳粥ヲ食シ給フ。一切

有情皆依食住ト云テ四種ノ食ヲ説玉ヘリ。一ニ段食ト云ハ変壊ヲ相トス。欲界ノ繋ノ

香味觸ノ三塵ヲ取テ舌ノ上ニ於テカミクタキテ呑ナミ後テ變壞スル位ニ諸根ヲ
長養シ色力ヲ增長スル也 二觸食ト云ハ觸境ヲ相トス 六根ト六塵ト相對シテ一ノ識ヲ長（於呑咽時名爲觸食トナリ）
養スル也 三思食ト云ハ希望ヲ相トス 註ニ云或饑饉ニ砂ヲ指袋ニ爲相對之諸子
實可愈心ト云ヘル是也 此事倶舍論思食ヲ釋スルニ世傳ヘテ云リ上テ自縁アリ昔シ
一ノ父アリ時ニ飢饉ニセメラレテ欲至他國ニ（ノ父母儀ヲ云ハ此ニ親子トモニ飢死スヘシ他國ニ往テ乞食セント） 麦ニ二子幼稚ナルアリ六ニ神ニスカテ
往ントスルニ自己ニ疲レテ不可堪其ノ仍テ二子ヲ捨テ去トノ嚢ニ灰ヲ入テ壁ノ上ニ懸テ
誘云此ハ麦粉也可食ト云テ去ヌ其子欲食セント高ノ不能取得
數日逕テ空ク哭ス隣ニ人住テ哭泣聲ヲ訪子云麦粉アリ高不能取得（蛇乃及時ニ出ル乃取テ食ス冬ニハ穴中ニ入ル三ハカ出ル乃一ツ取テ生キカラ穴ノ中ヘ入テ海ニ於テ守テ彼ハ我カ食ヌヘキ者ト思テ泣キ春ニテ）
時ニ隣人伐袋ヲ衛テ念見ハ灰ナリ二子見テ即死スル也云々（今ト存トイヘリ）
四識食ト云ハ執持ヲ相トス 心識食トシテ命ヲ存ス 壽ト識ト無ノハ爛壊スヘキカ故ニ識在ノ有

臨三 る一 二丁

様貪ハ彼二子之爲ニ或ハ採リ菓ヲ破リ卵ヲ爲ス備ヘ善ト或ハ屠リ肉ヲ濫ニ爲ス上善ト
春卵夏筍秋菓冬青菜十三十一本之志ハ辛苦也志ハ業之奇特ナリ罪業非ス食
菱病在リ食ニ令ム増不浄表ス恥辱ヲ又五辛ハ生スル増ス嗔恚ヲ鼓ス惑ヲ擾ス一切
悲地不成冥道増スル之悪鬼親近ス令盡無ク随テ無間ニ聖教明カニ禁スト
トモ之誰人カ禁之

一 而ルニ彼土ノ法ハ食非ス段食ニ雖モ有リト食ト云フ礼拝渇仰般若ヲ総ス思ニ
将来食無生ヲ即断ス飢ヲ般若トモ云ハ真如ニ達スル智恵之七生ト云ハ不死ト
真如之浄土聖衆自然所現ノ者領依真如実相深ク理ニ達スル而モ捷ノ七
七法食ト云フ之七七理ニ叶フ又ハ能ク死身不死ノ理事理不二真俗一如ト云フ
門ノ今即事命ナ實ハ妙境ト者一致ニ食ト云フ之付七七有横竪横ト云ハ浄浄

也観モ七々之際ヘト云拙聞諸法深キ約スル元地果地ニ元ニ之留随根利鈍之　二行
一次此香飯ハ浄名ノ香飯也維摩ノ問疾為ニ文殊来赴テ不来ヲ来ニ居
士云不見ヤ見ヨト三万六千ノ芳座随長スル東方須弥燈王仏ニ八万四千
由旬ノ七宝ノ大高座三万二千ヲ方丈ノ室内ニ並ヘ立タリ
居士須弥燈王仏ヲ念ミ玉ヒシト　香積世界ノ一鉢香飯持来ル小乗思ハク
三万六千大衆云何一食　居士知テ彼心ヲ此飯ハ香積如来戒定慧解
脱々々知見五分法身体之大海水モ可竭ツ此飯不可尽以愚勿憂
仍大衆門ニ与ニ飯為不尽大小亦甚深無生法忍ヲ悟リ　今浄土ノ香飯
随心至ナ見色聞香又ハ法身是但此若虚空極楽ナリ　無量寿芽
露王如来所生尚座居場如果之但折シ乃至易ク寧愁聖果遠　文
帰三　畢　一了

彼ノ香飯ハ如来ノ上分法身ヲ顕スト云ヘリ　上根上智ニ非ハ香飯モ亦益無シ
得テ今於施シ上分法身ノ香飯モ他方便下品生類ニ一念モ亦食ヲ得不令
教限之汝香飯ニキヒ微妙ト云モ世ニ一宝香合成ス益是ハ無既ニ
超世ノ香飯又起シ乃至　如是樂シ受用報ヲ報セシハ受用ナト名受用
身シハ食身ト名ツクル　若大ハ彼食ヲ以テ身心ヲ浄ナハ佛法味ヲ以テ食トスル
一浄大論云　愛天作法味　禪三昧為食　経ニハ二種ヲ三類ニ又云ヘリ
法喜食　日月燈明佛法花ヲ説シ玩是レニ六十小劫ナリ時会聽衆
謂テ知食ヲ須ヘ　若心若身懈怠ヲ不生ナリ聞法身心ホ天ヌ持食トス
二禪悦食ト云ハ禪定力能持食ス　是ハ直ニ定天シ食トス　三ニ三昧食ト云ハ
定下知也一而味ニ縁ナ食トスル也　此ツハ弁事定ト名クル　浄大ハ三食又アル

ヘシトモ大經ニハ百味飲食ト說キ小經ニハ飯食經行ト說クガ故ニ且弁事
定三昧食ニ約シテ往生法食ノ義ヲ顯ス之往生食義三類通ス可キ者也
說法集會ノ座モアリ入定坐禪ノ定モアリト之アリ惣シテ之ヲ佗像ニ説シ
受用ス為我食之註ニ云下之不食而資命豈不是如來滿我所願乎
佛所為我食ト不可思議

一 虚空会事　一 依正二報事　一 サ佛事
化方來佛之 所通悲化 旅後身之 法花ヲ說ト之云 義
輪円草第四十八座 依正使人欣慕義 四十八願三願事 化覺三佐事ノ
三心不退ノ事 今日ヨリ虚空会ヲ可有讃歎云義ニ彼ノ大衆ノ依正ヲテ
帰サシ 廿十二ア

其依報ニ付テ地下地上虚空ノ三種ヲ分別セリ　其虚空荘厳ハ即一切ノ変化
又似星月懸處虚空
宝宮花網　宝雲化鳥　風光動発声楽等是ナリ今変相虚
空ノ合ハ儀式依正ヲ重々ニ分別シ已テ先依報ニハ宝宮ト布　又似星月懸
處虚空ニ光明台楼閣千万ト説ケリ光明転変ナ空重表ニアテ楼
台ト成シ宝殿ト還テ身飛ム　化ストモ云ハ宝池空ニ現ス併合ム
風光動発声ホトモ云　礼讃ニ云八種清風尋テ光出随時鼓楽応ス機音ニ
如天宝幢不鼓自鳴ト云ヘリ　又并ノ奏天モアリ使天モアリ弦天ノ奏天モアリ
其天音ノ悉ク念ス三宝ノ功徳ニ其機音ニ応ズル帝釈ニ法宝ヲ宣ヘ法ヲ時ニ随テ説ク
香山大樹緊那羅ノ　猶瑠璃琴ヲ雖テ　管絃歌舞曲ハ　法性真如ヲ唱フ
一切諸法寂滅　四生モ滅シ毀壊シ寂静ナリ未世所得如是白法ヲ念現

盡虚空界ノ荘嚴ハ眼雲路ニマトヒ轉妙法輪ノ音聲ハ隨寶刹ニ滿テリ
伎樂勝劣事
音樂勝劣相對スルニ世間帝王ニ礼樂アリ又轉輪聖王ニ六天ゞ各々ニ伎樂
展轉ノ相勝スル事百倍千倍也乃至六天ノ万種ノ樂音ハ無量壽國ノ寶
樹ノ一種ノ音聲ヲ對スレハ百千万倍セトイヘリ此相對ハ本ヨリ穢土ニ三界ノ人天ノ
伎樂也浄土無漏ノ伎樂ニハ相對スヘキニ非ス浄土ニ於テ諸佛ノ土ト極樂ト對スルニ
超世願ヨリ成スル荘嚴ナレハ十方諸佛ノ土ノ伎樂ト相勝劣スル勝劣雲泥也
一次ニ正報ニ付テ一念乗空入佛會ノ儀式ハ事他方聖衆超若雲奔
各盛同生過鷲峯集（盛）雨 文 三尊化身ハ地上虚空ニ遍滿シ普賢菩薩ハ
勝蓮花剎ノ雲霞ヲ分ケテ来リ文殊菩薩金色世界ノ雲ヲ凌テ臨ミ下リ
其中ニ虚空會同佛事 十方諸剎生 文 二ノ義アリ 音樂他方迎發累般 文
脇三石十一 三一

一ニハ他方ノ數ノ向諸佛也　二ニハ弥陀ノ分身也　他方ヨリ来ル諸佛トイフハ女女世界ニモ金
光明經ニハ四方ノ四佛現シ法花ニハ他宝佛化現シ壽命經ニハ塵數ノ諸佛遍
満ツ虚空ニ来テ集マルト説テ般若ニハ千佛来トイフカ如ク十方ノ諸佛来ル安養ニ来ル義
アリカ設ニ四方ニ約ノ四佛ヲ顕也　十方浄穢化儀已ニ畢テハ啓本迹ニ故ニ安養
義是也　次ニハ弥陀ノ分身也　勢至菩薩極楽ニ坐シテ有ル時ハ分身ヲ三尊ノ極
楽國土ニ雲集ス則塞虚空中ナリ坐蓮花座ニ遍ク説妙法ト云ヘリ弥陀佛集来法花
經ヲ説トイフトモ云ヘシ　勢至ハ智恵ノ菩薩也　法花ヲ佛智ヲ為ス躰蓮花座ニノ又
則塞虚空中ノ儀ヲ以テ虚空ヲ為ス座ト説ケリ．　一物ノ虚空会依正二報ヲ
十八願ハ荘厳起　超諸佛刹最為勝ト云ヘル是也　超世願十七ハ浄土荘厳セリ
以テ依正ノ願ヲ謂ハ為我等也　又四十八願為我等也　攝佛身義　佛身ヲ成ス　為衆生也今既成

佛ト何リ構淨土義為衆生也弥陀本国ニ十八願　ノ構衆生ヲ義ハ四十

八願構受衆生ト云リ使人欣慕依正ナリ第十八誓曰念佛也念佛者

往生ヲ疑テ不定ノ思ヲ成ハ弥陀正覚ヲ失ヒ諸佛ノ舌相ヲ壊リ釈尊ノ本懐ヲ失フ八

万法門ノ深義ヲ悟也蔵ノ妙義ヲ破スル也信心堅固ノ人ハ弥陀正覚ヲ成シ諸

佛舌相ヲ遺シ釈迦ノ本懐ヲ顕シ八万法門ノ深義ヲ悟ル人也　我等往生不

可疑事　云何ナレハ一念十念往生スル懈怠ノ類ヲモ不捨十悪五逆モ同生スル悪人

類ヲモ不漏

三心退不事

　　起悪造罪事

年々歳々造悪　其悪如慕風之扇遠近

日々夜々造罪　其罪似駛雨之灑朝暮

情三　五千　四千

一 普賢菩薩事　十願等佛三昧事
恒順衆生還來济度事　在世善財滅後大行事
一 花蔵法花普賢主トノ殊勝眷属事
一 清涼大師別行衆事　不生花蔵主亦眷属事
有縁教　殊勝情一　不離花蔵即本所説

輪円草第四十九

虚空會莊嚴事　他方聖衆飛天菩薩散花衆身衆生樂器
充滿虚空中各現神變事　註論云諸羅網遍務無量微妙
法音其有聞者塵勞垢習自然不起然後為佛事最可思議
羅網遍虚空文ヲ 尺スルナリ
池多説法身　宮滿散花天 文
一 正報中 他方聖衆起若雲大菩乃盛因生遍踊 文　一会三乗定入佛會 文
三文殊菩薩乗師子王淺金色世界ノ雲ニ臨ム普賢菩薩鷲白象王ニ分テ勝蓮花刹ヨリ來ル

今日者普賢井ヲ可讃嘆　普賢ハ諸佛ノ因徳ヲ掌リ　文殊ハ諸佛ノ果徳ヲ掌ル
普遍賢善ノ義也　其義ハ一切有情ヒ皆ナ如来藏ナリ　普賢菩薩ト自
躰遍該トシテ一切諸佛ノ因分本有ノ万徳ヲ名テ普賢トス　此井本誓ハ十方諸佛ノ
行化ヲ助ク　其本意ハ念佛往生ノ淨土ニシテ普賢ノ行願ヲ念ス也　此ヲ恒順衆生ノ
願ト云也　此義又念佛往生ノ罪来識因ノ後可キ説ニ　善財童子ニ十願ノ法
門ヲ教ナリ　礼敬諸佛　稱讃如来　廣修供養ノ三ハ念佛三業也　後七
願ハ念佛ヨリ開ク自利ニ他願也　普遍賢善ノ誓ニハ六道四生ノ有情非情
草木國土ト顕シテ衆生ヲ利益セントナリ　在世ニハ善財童子ヲ勧メ念佛淨土ニ
令入　滅後ニハ大行禅師ニ教テ往生ノ一路ニ令歸ナリ

大行禪師事　　賢首井見佛之事

臨三五丁　十一

一次普賢ハ花厳ヲ主リ法花ヲ主ニテアリ　初後佛恵ハ圓頓義斉トミタリ花厳ニモ亦
養良ニ皈シ法花モ亦養良ニ皈スルカ故ニ一乗極唱等ト之ニ仍法花文殊花厳普
賢西方ヘ構入スル義ヲ顕ス　二十重虚空会ハ末入スルカ也　清凉大師別
行疏ニ云　一願我臨欲ノ我既往生文　願我二字ヲ改テ其人ノ名ヲ成ヘシ
則無惑生ニトイフ　不生花厳（蔵）生極楽事　四意アリ　一有縁故　無諍念王時ノ普賢随一也
二皈帯情ノ故　三不離花蔵故　四即本仏故　楞伽経ニ云十方諸刹土
極楽衆生ノ中ニ出ス文　此中ニ法身仏ハ密厳浄土也　報身仏ト云ハ花蔵世界之　化
身仏ト云ハ千々世界ノ千百億大小之迹也　又化云ニ六道随類形也　此四
種法身ハ無量寿仏極楽ヨリ開出ス各ノ群機ヲ構ヘテ本国ノ弥陀会ニ令
皈故ニ即ノ本仏故トミヘタ　本仏ハ弥陀也　末師ハ密厳国ヲ毘盧舎那以下也

花嚴ハ亡ルニヤ　新久不同也　天台ハ近代翻訳法報不分トモ

一文殊惣ナ金色又一切佛　補習異別ナ毎安忝事

一三経同開目果表事　一文殊三多果徳事

一切佛菩薩四十八願為惣宗事　大恵　法照事

一四重圓壇二教分別事　不思議智事

輪圓草第五十座　至徳三丙刀六十二　剂操結縁事

一虚空會中ニ普賢文殊二聖来儀ノ中ニ昨日ハ普賢菩薩詣

儀式シ讃嘆畢又　今日者文殊業ナ師子王金色世界ヨリ来

會儀式シ讃嘆スモ　彼菩薩住處東方不動智佛國ナ之真妙

狰頭ヲ不可虜分故十方佛國ニ遍シ十方諸佛ノ補習異ノ八大ト云フ

狰三句十也六

仍今安養住詣又其ノ随トモ云云　但シ弥陀願海ニ入テ深義ヲ談スレハ曰ク意ハ
楽他方住即住形ヲ不動智佛侍者ト説キ　須欲還皈安養ハ今ノ未義ト云云
弥勒ノ懺悔文殊五悔トテ菩薩ノ諸行アリ神経ニ云ク五悔ノ徳ヲ釈スニ晝夜
六時勤行五悔不假若行能得菩提ト乃懺悔ト云テ騎ハ五悔也五悔ト云ハ
〻〻勧請随喜廻向発願也　此ノ五悔一ニ弥陀ノ所立ナカ設ニ文殊発
願経云　願我命終時盡除諸障碍面見弥陀佛往生安楽国文
菩薩所願已ニ安楽也　罪障ノ〻〻〻〻〻ノ所對ハ弥陀也　是以宗家畧〻
〻ノ法則一ニ其終ニ弥陀所ヲ趣キ此ノ意也
一　次普賢ハ理ヲ掌ル因徳也　文殊ハ智ヲ掌ル果徳也　仍三経ノ同聞衆ノ中ニ大
経ニハ普賢ノ妙徳トノ二聖ヲ上首トノ妙徳ハ文殊ノ翻名也　此経ニ弥陀ノ

因果功徳ヲ並ヘ説カ故ニ二菩ヲ挙タリ　観経阿弥陀経ハ文殊ヲ上首トシ普賢ヲ
不列コトハ弥陀因徳ヲハ大経ニ之ヲ列リ　両経ハ仏ノ果地ノ功徳ヲ説　故ニ文殊ヲ説テ
普賢ヲ不挙也　文殊ハ實解ハ弥陀仏ノ智弥陀ノ果徳也　乗物ヲ師子王トス
即無畏ノ徳ヲ表ス　東方不動智仏ノ金色世界ヲ常ノ栖トシ遊化ヲ十方ニ
現ス辰旦清凉寺是也　菩住處無量也ト云ヘトモ念仏三昧ヲ為解也　仏
去世後四百五十年ノ時　猶在世間天竺ニテ滅シ振旦清凉山ニ住ストイリ

大恵禅師事　　法照国師事

一　次一切仏菩云十八願ヲ惣シテ宗トシ自利々他ノ義無也　仍賢首菩見仏光
文殊ハ覺了光弥陀ハ名義ノ功徳也

一　次四重円壇ニ教分別スルニ　観仏三昧ハ三方ハ能観ノ機分中央ハ所観ノ

臨三五十七丁

浄境也 三種荘厳ハ日水池今三ハ佛三昧ナス、南無ハ機也中央ハ、アミタ佛ノ名義也 (巨観之)
一佛智者超世大願ニ酬テ開悟ヲ根本後得ノ惣ノ躰也 不思議智已下別ノ
法義ヲ顕ス妙智也 浄土中所有功徳ヲ言フ不思議也不思議者三乗
當分ノ智ノ不測義也 唯佛所證也 大乗善根達ニ三ノ廻心ノ二乗
引ク花臺ニ 高妙ノ無漏ノ境ノ是究竟ノ輩ノ威ニ護ニ託ス宝池ニ善根不
成国ノ十悪ヲ五逆モ往生ノ其ニ不退ノ位ニ至ル 如来ノ自證ヲ不動十信三賢ヲ
地菩ノ因ヲ生ス 其機不改本位其土又依大不改荘厳喩如海性一味ス
諸河ノ浅水ニ依テ不改其ノ味ヲ又諸水悉同海水ノ一味ヲ如ク諸往生
人初生コリ無漏ノ為躰 大悲為用来自在位ナルト云 施自在
用不思議ノ智ノ不可作也

五通妙用事ノ拵結縁義中央不亞差依最一心六字
不思ノ功徳之

一 授与

後記

西山派における『当麻曼荼羅聞書』の近代的な文献研究は故森英純師に始まるが、深草派では故石黒観導師が戦前より大善寺蔵本の考察と筆写を行ない―現に鳴門西光寺に伝来する石黒師の書写本を拝見し感銘を覚えたものである―戦後、台湾善光寺で石黒師に師事した宝珠尼より、その筆写した『聞書』を継承伝来した三河養国寺故岡田祥璨師は『聞書』の価値を高く評価し、当時深草派の六時礼讃を制定すべく共に声明研究に従事していた吉良潤師にその重要性を示唆し研究を慫慂されたという。一方、独自に大善寺蔵本の研究と書写を進めていた森師は、御令室菊子氏に書き下し文の浄書を依頼し膨大な原稿を残していた。菊子氏より森師の遺稿を譲り受けた吉良師は、広島にて原爆により失われたと思われた『聞書』が大善寺に蔵されることを知り、その影印の頒布（小部数限定出版）を行なうと共に、いわゆる「四人組」（吉良師の他に稲田順学・稲吉満了・加藤義諦の三師）を組織して、以後、『輪円草』の発見などを伴い、西山派の曼荼羅解釈に大きな波紋を及ぼす斬新な構想が次々と論文化されてゆく。

平成七年冬、説話文学研究の立場から坂本西教寺に蔵される『聞書』に注目し、その欠巻を補うべく完本の存在を探索していた編者は、「存分に研究するように」と、洛中長仙院にて初対面の吉良師より大善寺蔵本の複写一式を恵与され驚天し、爾来、その翻刻刊行は常に念頭を去らぬ要事となったが、図らずも数年を経ずして、井ノ口法主猊下の英断と、畔柳宗務総長及び杉浦教学部長の強力な指導力のもと、『顕意上人全集』の企画が立ち上がったことは望外の喜びであった。さらに数年にわたる調査の結果、『聞書』の諸本は二類十二本を数えるに至り伝本の状況は隔世の感がある。

さて、西教寺蔵本を底本に据えて翻刻作業に取りかかったものの、資料集の刊行はやはり難事であった。特に全頁完全版下で入稿する関係上、独特の書体で筆写された底本の景観の復元や、翻刻本文の前後に付属する目次や索引の作成など、通常出版社に任せることを含めて、すべて自力で入力形成せねばならず、粒々辛苦したる本文の整定以後も、多くの付属部分と全体の校正に予想外の時間を要した。こうした様々な困難を克服して入稿に至ることができたのは、偏に吉良師の労を惜しまぬ献身的なご助力の賜物である。教区長としての様々な要務、とりわけ、最近の諸問題に対処すべく奮闘された困難多忙な時期に、機械の操作から、本文の校正、索引の作成に至るまで、日夜倦まず弛まず編者を督励しご指導ご協力下さった吉良師の、宗派の将来を見据えた無私のご労苦には感謝の言葉も無い。もとより、魯魚の誤りの編者の責に帰すこと勿論であるが、師の骨身を惜しまぬご尽力に改めて満腔の謝意を表するものである。また、稲田宗学院長・加藤教授を始めとして出版部の諸師よりも有形無形のご協力を賜ったことを明記する。

研修生の身に成って考えると、必要な此の計画。労多くして利の少ない、故に誰れも手を付けなかった。
釈尊出世の本懐を顕す段に至れば、最も重要な作業である。
仏法を食物にするか？　仏法の肥料に成るか？　僧ならば自ら後者を取らなければならない。
此の行こそ精進の二字を与えたい。此の業の関係各位に心から深謝します。合掌

一九九一年一月二十一日　瑞空祥瑧

右は、晩年にいたるまで『聞書』を座右に置いて研鑽された岡田老師が、大善寺本の複写頒布の際に吉良師に贈られた言葉である。これはまさに本全集の刊行を発願したる宗門すべてに向けられた励ましの道標（みちしるべ）のようにも感じられ、全集の完結に向け今後の指南としてかみしめたいと思う。

最後に、典籍の調査並びに撮影複写をご快諾いただきました各御所蔵寺院・機関に、この場を借りて厚く御礼申し上げます。

平成十五年三月六日　未開紅に白雪の舞うころ　　編者　識

索　引

書名とそれに準ずるもの

人名とそれに準ずるもの

地名索引

記主顯意道教上人七百回大遠忌委員会
出版部部長
宗学院長・教授　稲田　順学
出版部委員
宗学院教授　稲吉　満了
宗学院教授　牧　哲義
宗学院教授　加藤　義諦
宗学院助教授　湯谷　祐義
宗学研究員　稲田　廣演

記主顯意道教上人七百回大遠忌　記念出版
顯意上人全集第一巻『當麻曼荼羅聞書』

二〇〇三年五月一九日　初版第一刷発行

企　画　記主顯意道教上人七百回大遠忌委員会出版部
編　者　湯谷　祐三
発　行　浄土宗西山深草派　宗務所
〒604－8035
京都市中京区新京極桜之町453番地
電　話（075）221－0958
FAX（075）221－2019
e－mail seiganji@skyblue.ocn.ne.jp

製作・発売　株式会社　法藏館
〒600－8153　京都市下京区正面通烏丸東入
電　話（075）343－5656
FAX（075）371－0458

印刷・製本　株式会社　平河工業社

ISBN4－8318－7574－0　C3315